广州远洋运输公司年鉴

GUANGZHOU OCEAN SHIPPING COMPANY YEARBOOK

2008

《广州远洋运输公司年鉴》编纂委员会 编

2009年刊

廣東省出版集團
广东人民出版社

《广州远洋运输公司年鉴（2008)》编纂委员会

主 任 委 员： 徐惠兴　刘书田

副主任委员： 傅　伟　翁继强　黄继忠　马宗梅

委　　　员： 林旭东　姚　勇　黎光葵　谭　力　蔡梅江　池新旺　朱航员　符　雄
韩国敏　赖奕光　林立兵　王玉生　陈建钦　赵寿春　龚艳平　何伟杰
顾卫东　刘贤蒙　李　伟　邱　波　袁伟贤　张唯耀　涂慕欧　凌保平
方少彪　甄　伟　徐国新　周　舟　郑培贤　张清强　闭晴安　何向宁
施金安　程一高　梁伟文　杨　涛

《广州远洋运输公司年鉴》编纂人员

主　　　编： 林旭东

执 行 主 编： 张莲芳　刘锐祥

编辑及编务： 吴彩区　许德茂　王　勇　宁仁化　米军喜　张竹玲　张超文　林海霞
滕丽云

2008 年 5 月 7~10 日，由广远承办的中远集团经营管理委员会第十五次会议在广州举行。会议期间，中远集团与广东省签署了战略合作协议。参加签字仪式的有中共中央政治局委员、广东省委书记汪洋（右五），广东省省长黄华华（右三）、副省长佟星（右一）和中远集团总裁魏家福（右四）、党组书记张富生（左四）、副总裁陈洪生（左三）、副总裁李建红（右二）、副总裁许立荣（左二）、总裁办公室总经理石泽民（左一）等领导。

2008 年 2 月 25 日，交通运输部副部长徐祖远（中）莅临广远指导工作。

2008 年 2 月 25 日，广东省总工会主席汤维英（中）莅临广远指导工作。图为汤维英为广远题词：“坚持科学发展，再创广远辉煌”。

2008 年 2 月 1 日，中远集团总裁魏家福（前中）到广州港慰问抵港船员。

2008 年 2 月 1 日，中远集团党组书记张富生（前右一）慰问“衡山”轮船员。

2008 年 5 月 8 日，由广远承办的中远集团“履行全球契约、创建绿色家园”公益植树活动在广州举行。图为中远集团总裁魏家福（前右四）、党组书记张富生（前右二）、副总裁李建红（前右一）、总会计师孙月英（前右五）、广远总经理徐惠兴（前右三）等在“中远林”石雕揭牌后合影留念。

2008 年 11 月 15 日，中组部、国资委联合调研组莅临广远调研党建工作。图为中组部组织局副巡视员、调研组组长李志宏（左四）在作指示。

2008 年 2 月 22 日，中远集团副总裁许立荣（中）参加中远南方乔迁庆典。

2008 年 3 月 4 日，中远集团纪检组组长李云鹏（后排左三）一行莅临广远检查指导工作。

2008 年 4 月 15 日，中国海员建设工会主席李铁桥（左）一行莅临广远指导检查工作。

2008 年 4 月 29 日，人力资源和社会保障部养老保险司副司长尹志远（左）一行莅临广远调研指导工作。

2009 年 9 月 24 日，广州市副市长曹鉴燎（左一）率队莅临广州远洋宾馆进行安全检查。

2008年1月30日，中远集团春节慰问组慰问“毓骐海”轮船员。左一、左二分别为中远集团工会副主席陈永生、党工部副部长辛加和。

2008年7月2日，中远集团研发中心党委副书记李景林（右二）一行莅临广远进行调研指导。

2008年11月19日，中远集团劳动保险统筹中心党委书记张有庆（后排左四）一行莅临广远调研指导。

2008 年 6 月 16 日，中远集团领导慰问执行危险品运输任务胜利归来的“安岳江”轮船员。

2008 年 6 月 16 日，中远集团党组书记张富生（中）代表中远集团奖励“安岳江”轮船员 10 万元。

2008 年 6 月 16 日，中远集团副总裁许立荣（右二）代表中远集团向“安岳江”轮船员赠送“忠于祖国，不辱使命”的锦旗。

2008年8月4日，广远召开“庆祝原交通部远洋运输局驻广州办事处（备注：广远前身）成立50周年”大会。图为会议部分代表留影。

2008年11月7日，广远总经理徐惠兴荣获“中国海运60年青史人物”。

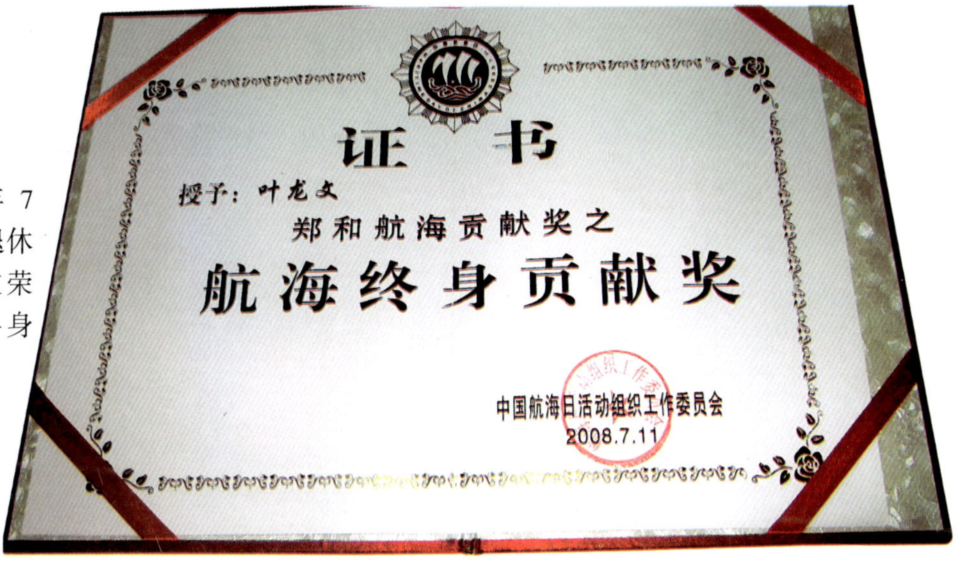

2008年7月11日，退休船长叶龙文荣获“航海终身贡献奖”。

2008 年 4 月 30 日，广远党委书记刘书田（中）荣获“广东省五一劳动奖章”。

2008 年 10 月 29 日，广东省总工会党组成员、纪检组组长肖建葵（右三）代表广东省总工会给广远纪委书记、工会主席马宗梅（中）颁发“广东省五一劳动奖章”。

2008 年 12 月，广远被评为“广东省安全文化示范企业”。图为广远副总经理翁继强（前左一）代表广远上台领奖。

2008年2月，广远荣获“2006至2007年度全国交通行业文明单位”荣誉称号。

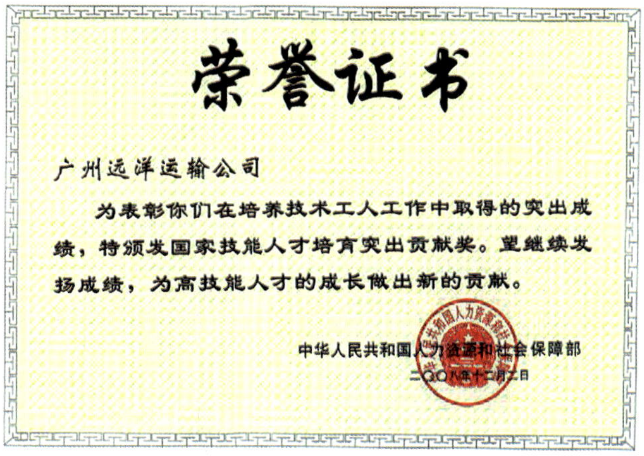

2008年12月2日，广远荣获国家人力资源和社会保障部颁发的“国家技能人才培育突出贡献奖”。

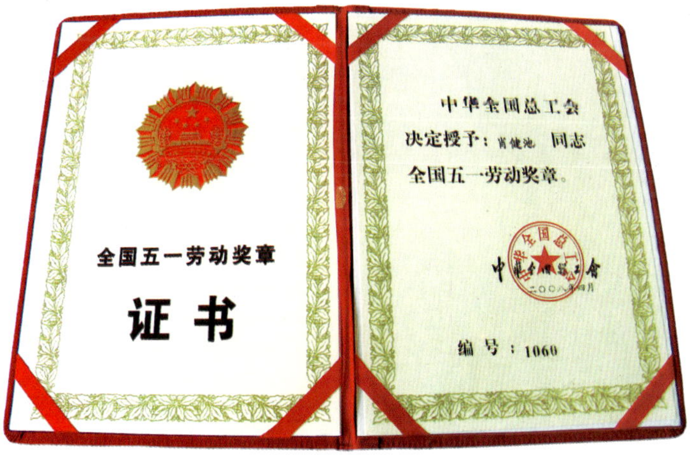

2008年4月，船舶政委肖健池荣获“全国五一劳动奖章”。

2008年1月，水手长吴禄伟荣获“广东省五一劳动奖章”。

2008 年 6 月，中远航运被《大众证券报》评为“十佳最具持续投资价值上市公司”。

2008 年 4 月 1 日，中远航运荣登“2007 年度广东纳税百强企业”榜。

2008 年，中远航运荣获“2007 年度中国 A 股公司最佳投资者关系管理百强”称号。

2008 年，中远航运被评为“2007 年度中国上市公司价值百强”。

2008 年，中远航运被评为“中国上市公司最佳董事会奖”和“中国上市公司最佳治理奖”。

2008 年 2 月 14 日，中国船级社广州分社总经理谭好修访问广远。图为谭好修（左）给广远总经理徐惠兴赠送纪念品。

2008 年 2 月 25 日，集美大学党委书记张向东率队来广远访问。图为广远党委书记刘书田和张向东（右）亲切交流院校学生培养问题。

2008 年 3 月 1 日，青岛远洋船员学院副院长周明顺（左）来广远访问，交流学院学生培养问题。

2008 年 7 月 1 日，中国国际海运网总裁康树春（右）一行到广远洽谈业务。

2008 年 10 月 31 日，中国外轮理货总公司党委书记吴子恒（左）率队来广远访问交流。

2008年8月28日，中远物流总经理叶伟龙（左二）到广远访问交流。

2008年9月23日，镇江口岸代表团访问中远航运。

2008年12月22日，中远船务党委书记周协东（左一）率队访问广远。

2008年12月25日，中国建设银行广东省分行行长曾俭华（右三）一行来广远访问。

2008 年 3 月 21 日，中远南方与中国船级社广州分社、海南分社共同签署开展文明共建活动协议。

2008 年 5 月 20 日，中远航运与青岛远洋船员学院签署校企合作协议。

2008 年 9 月 3 日，中远航运与哈尔滨电站工程有限责任公司战略合作协议举行签字仪式。图为中远航运首席执行官韩国敏（前排左一）和哈尔滨电站工程有限责任公司总经理郭宇（前排左二）交换协议文本。

2008 年 4 月 7、8 日，SHELL 公司检查官 Tony Moran，Capt. Luo（左四）到中远南方开展油公司第二方管理评审工作。

2008 年 11 月 11 日，Fairstar 首席执行官 Philip Adkins（右一）一行访问中远航运。

2008 年 11 月 13 日，广远通导公司工程人员与外籍船长 John Anders Nilsen（左中）进行业务洽谈。

2008 年 1 月 18 日，广远召开工作会暨思想政治工作会、安全工作会，并表彰先进。

2008 年 7 月 18 日，中远航运召开第三届董事会第二十二次会议。

2008年3月17日，中远远达举行MW451-1#2#32000吨木材船开工仪式。

2008年4月7日，中远航运“十一五”规划中订造的4艘27000吨多用途船首制船“凤凰松”轮举行开工仪式。

2008年8月28日，中远航运在广州举行50000吨半潜船开工仪式。

2008年11月2日，中远南方和广州黄埔造船厂举行“澎湖湾”轮交接船仪式。

2008 年 10 月 27 日，广远召开第三季度经济成本分析会暨航运市场研讨会。

2008 年 11 月 19 日，广远召开会议专题研究如何应对金融风暴。

2008 年 12 月 10 日，广远召开降本增效协调会。

2008年1月28日，中远航运成功发行10.5亿元认股权和债券分离交易的可转债公司债券；2月26日，在上海证券交易所挂牌上市交易。至此，中远航运共有股票、债券和权证三种证券同时在上海证券交易所挂牌交易。

CHINA SECURITIES JOURNAL

中国证券报

www.cs.com.cn

首份半年报快报亮相 中远航运每股收益1.3元

李克强在浙江考察时强调

有信心有能力保持经济平稳较快发展

增强宏观调控预见性和灵活性 把物价涨幅控制在经济社会发展可承受范围内

今日视点

别拿房价下跌“绑架”紧缩政策

2008年，中远航运取得较好的业绩。7月9日，《中国证券报》进行了报道。

2008年7月15日，广远举办船员“红树林”工程技能竞赛。

2008年11月20日，广远举办新企业所得税法培训。

2008 年 4 月 17 日，广远总经理徐惠兴（左三）、副总经理翁继强（左二）上“海王星”轮检查、指导安全工作。

2008 年 5 月 3 日，广远总经理徐惠兴（右五）上“泰安口”轮指导安全工作。

2008 年 5 月 30 日，广远召开“安全生产月”活动动员大会。

2008 年 6 月 10 日，中远南方参与海南省首次船岸反恐保安演习。

2008 年 6 月 22 日，广远举行消防救生安全技能竞赛。

2008 年 9 月 12 日，“乐同”轮船员在亚丁湾成功击退海盗的袭击。10 月 25 日，广远纪委书记、工会主席马宗梅（左一）代表广远慰问“乐同”轮船员并发放慰问金。

2008 年 12 月 23 日，广远总经理徐惠兴（左一）在广州远洋大厦施工现场检查工作。

2008年2月7日，“泰安口”轮第28航次单侧浮箱成功潜装6艘工程船。这是“泰安口”轮第一次进行单侧浮箱潜装作业。

2008年3月26日，“乐宜”轮在天津新港巧装107节火车车厢安全驶往苏丹。

2008年7月22日，“西昌海”轮船籍港由巴拿马改为上海。图为“西昌海”轮船员在举行升国旗仪式。

2008年12月30日，“泰安口”轮成功定位安装BOA石油平台。此次安装成功，刷新了中远航运半潜船DPS安装作业单件货物重量的历史纪录。

消防演习。

安全检查。

高空作业。

防抗海盗。

现场培训。

2008 年 10 月 15 日，广远召开年度民主生活会暨述廉议廉会议。

2008 年 12 月 18 日，广远召开政研会理事会。

2008年3月7日，广远召开2008年纪检监察审计工作会议。

2008年3月24日，广远召开工会八届七次全委会暨2008年工作会。

2008年8月1日，“珍珠湾”轮党支部在“浮动的国土”上举行新党员入党宣誓仪式。

2008年8月29日，广远举行廉洁从业知识竞赛决赛。

2008年1月28日，广远总经理徐惠兴（左一）慰问前任广远老领导。

2008年1月17日，广远党委书记刘书田（左二）慰问离退休职工。

2008年1月29日，广远副总经理傅伟（右一）慰问离退休职工。

2008年1月29日，广远副总经理翁继强（左一）慰问离退休职工。

2008年1月21日，广远党委副书记黄继忠（右一）慰问离退休职工。

2008年9月10日，广远纪委书记、工会主席马宗梅（中）慰问广远幼儿园教师。

2008 年 1 月 15 日，中华全国总工会文工团为广远职工专场演出《相聚在这里》。

2008 年 1 月 30 日，广远举办迎春团拜会。

2008 年 9 月 28 日，广远团委与培智学校儿童共庆国庆。

2008 年 12 月 22 日，广远团委举行迎新联欢晚会。

2008年4月7日，广远党委书记刘书田在“广远杯”职工篮球赛开幕式上致词。

2008年7月19~20日，广远承办广东省海员系统迎奥运“海员杯”羽毛球总决赛。

2008年8月4日，“毓骐海”轮举行迎奥运卡拉OK演唱会。

2008年11月15日，广远举行女职工趣味篮球赛。

2008年春节前夕，中国南方发生了一场50年一遇的雪灾与冰冻，广远员工慷慨解囊捐款捐物，共捐款70308.6元，衣物1035件。图1为2008年2月4日，广远工会在清点员工的捐款。图2为2008年2月4日，广远将捐赠物资移交慈善机构转交给灾区人民。

2008年2月2日，中远航运举行以“迎战冰雪　让爱回家”为主题的赈灾捐款活动。

2008年广州春运期间，广远派出民兵前往广州火车站协助维护春运秩序。图为2月3日广远民兵出发前合影留念。

天灾无情人间有爱。2008年，广远员工共为汶川地震灾区人民捐款（含特殊党费等）814.8万元。图为5月18日，广远员工踊跃为抗震救灾捐款。

2008年5月19日，“白沙岭”轮船员列队向汶川大地震遇难同胞致哀。

2008年5月19日，广远本部员工为汶川大地震遇难同胞默哀。

2008年7月2日，广远派出工作组慰问成都片区受灾职工。

欢度春节。

亲切交谈。

海上对弈。

众志成城。

广远领导成员

总经理、党委副书记
徐惠兴

党委书记、副总经理
刘书田

副总经理
傅伟

副总经理
翁继强

党委副书记
黄继忠

纪委书记、工会主席
马宗梅

驶向世界的民族巨轮

（广远全球航线示意图）

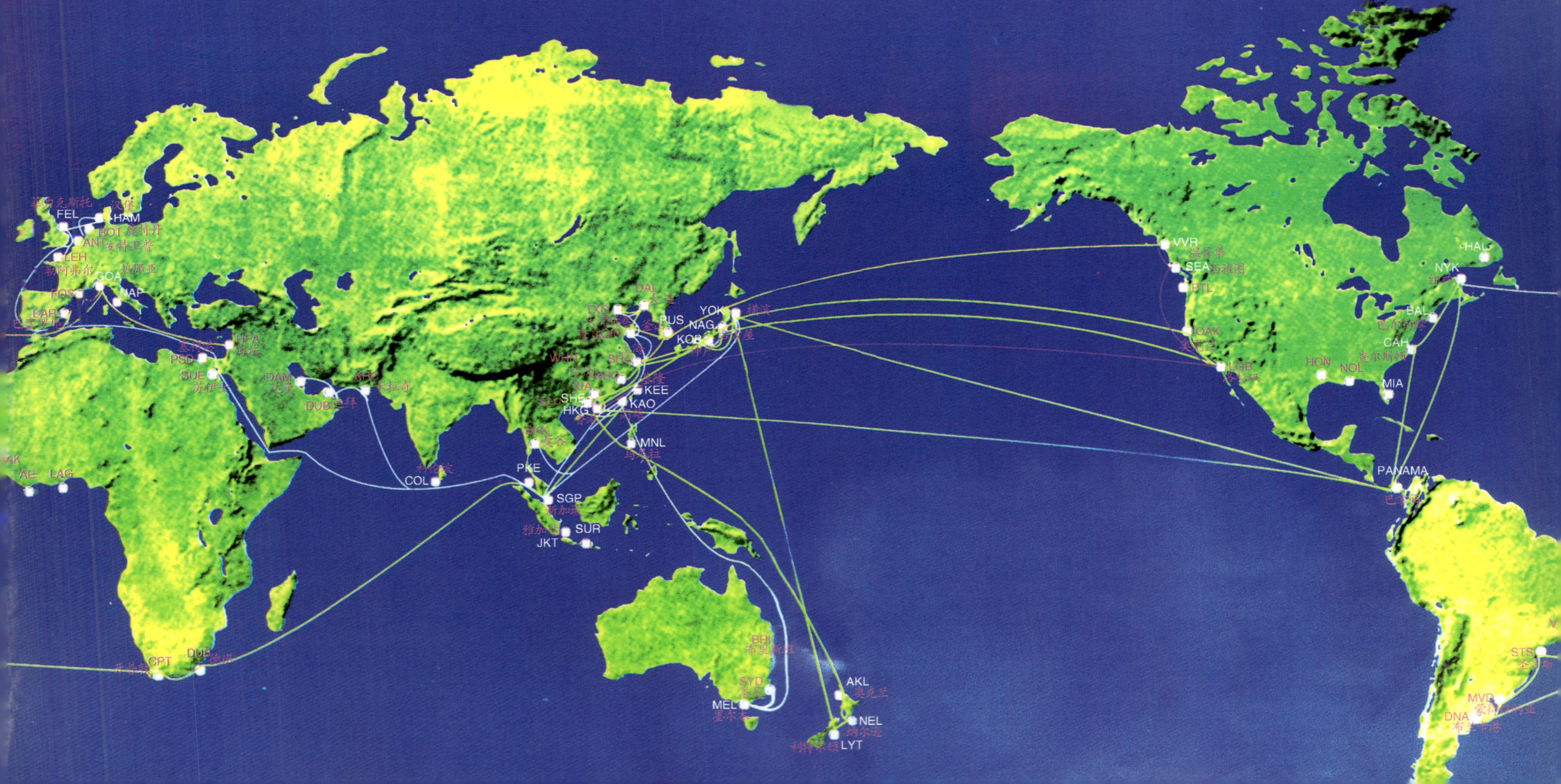

目 录

第一章
特 载

深化改革　创新经营　科学发展　促进和谐
继续开创广远事业发展新局面

——在广远2008年工作会议上的讲话

（略有删节）

广州远洋运输公司总经理　徐惠兴

2008年1月18日

各位离退休老领导，在座的各单位、各部门的同志们：

大家好！

刚刚过去的2007年，是广远取得不平凡业绩的一年。在中远集团的正确领导和支持下，广远始终坚持以党的十六大、十六届六中全会和十七大精神为指导，坚持以科学发展观统领全局，坚持以改革创新为工作主线，按照年初确定的工作思路和发展战略，不断解放思想，更新观念，深化改革，自主创新，经过广大船岸员工的艰苦奋斗，在改革、发展、安全、稳定、效益各方面的工作都取得了令人振奋的成绩，经济效益连续第四年创历史新高，开创了广远事业发展的崭新篇章。

在此，我代表广远公司向在座同志们，向奋战在生产第一线的广大船员，向基层、本部的广大员工，向关心、理解和支持广远的各级领导、离退休老同志，以及广大船岸员工家属，致以崇高的敬意和衷心的感谢。在新春佳节即将来临之际，祝大家身体健康、家庭幸福、工作顺利、万事如意！

我今天的工作报告有以下三个部分：

第一部分　总结、回顾2007年的主要工作

首先，通报广远2007年主要生产财务指标完成情况：

——货运量1743.8万吨，同比增长21.1%。

——周转量769.5亿吨海里，同比增长20.4%。

——运输收入同比增长33.77%。

——运输成本同比增长28.53%。

——运输净利同比增长70.43%。

——连续第4年创广远成立以来的历史新高。

回顾2007年工作，主要有以下方面：

一、航运主业效益实现稳步增长

始终坚持“以航运为主业，航运是重中之重，只有航运才能发展广远”的发展战略，并结合自身实际，制定和明确了一系列航运主业经营战略。经过一年来的努力，航运主业效益和船队竞争能力得到了快速发展和明显提升。

（一）特种船发展战略成效显著

大力发展特种船，是广远近年来贯彻科学发展观，推进航运主业结构调整优化的突出体现。经过几年来的潜心发展，广远已经拥有半潜船、重吊船、木材船、沥青船、汽车船等船型较为齐备的一支特种船队，创效能力日益突出，已经发展成为航运主业乃至广远整体经济效益的一大支柱。

半潜船充分利用船舶科技和优质服务的双重优势，紧紧把握高准入、高回报的高端市场货源，做到客户稳定、货源稳定、效益稳中有升。

重吊船积极培育和开发货源市场，逐步从POOL里返租经营，取得较好成效，利润同比有所增长。

汽车船积极履行战略合作协议内容，利润同比有所增长。

木材船把握市场节奏，有效实现双向货源平衡，取得较好效益，木材船队利润同比有所增长。

沥青船加强市场调研开拓，在市场出现短期回调的不利形势下，沥青船队利润同比也有所增长。

（二）租船经营战略取得较大突破

租船经营是广远贯彻“从拥有向控制转变”思想，执行“四个转变”战略的重要举措，也是对航运经营能力和市场控制能力的考验。去年以来，加大了租船经营力度，明确提出1个亿的租船效益目标，经过各航运公司的共同努力，广远2007年租入一批船舶平均租入运力占自有运力的32.9%，全年租船取得较好的效益。在自有运力基本持平的情况下，运输收入同比增加47.13%；运输净利同比增加82.53%，租船经营为此做出了重要贡献。

（三）船队定位转变和船队结构调整取得实效

去年初明确将广远船队定位进行战略性调整，从“以特种船为主的杂货船队”调整为“以特种船为主的多用途船队”。围绕这一船队定位调整战略，我们通过买、造、租、改、退等多种手段，加大特种船和多用途船优质运力扩充。2005～2007年，船队结构调整数量大为增加。其中，已有一批新增运力投入营运，船队结构调整取得了明显的进展。

（四）打造精品航线战略初见成效

坚持以固定航线为依托的经营策略，精心经营，进一步优化以多用途船、杂货船为主的固定航线运力投放，利用航运市场整体高位的机遇，着力打造优质精品航线，取得一定成效，部分航线如波斯湾、东非红海、西非、西北欧、拉美等航线货运量、周转量得到大幅增长。主要固定航线市场份额的持续上升，为将来新造多用途船投入市场打下良好基础。

（五）汽车船项目战略发展稳步推进

本着“积极、稳妥、慎重”的原则，认真部署，积极筹划，结合汽车运输市场需求特点和广远自身的实际，加强客户维护工作，深化各方战略合作伙伴关系，深挖现有汽车船资源，落实战略合作协议内容，立足船队长远发展，稳步推进汽车船发展工作。2007年10月份，4艘5000车位汽车船首制船顺利开工。广远现有汽车船队承运车辆中有60%以上为17家签约厂商的车辆，在一定程度上履行着中远集团对汽车厂商的承诺和战略合作协议。

二、打造“资本广远”工作稳步推进

坚持“生产经营和资本经营并重”的双轮驱动发展战略，按照“整体规划，分步实施”的思路，有计划、有步骤地推进打造“资本广远”工作。从2002年中远航运上市，到2004年重组改革、2005年中远航运股权分置改革，2007年又分别实施了办事处改革和船员管理改革。通过深化各项改革，建立健全现代企业制度，做强做优上市公司，取得明显成效。

（一）顺利实施办事处改革和船员管理改革

2007年8月1日起，广远驻各港口办事处整体划归中远航运管理。9月21日，正式实施广远船员管理改革，中远航运定向招募广远船员，这是广远2004年航运主业重组改革以来的又一次重大改革。10月1日起，中远航运船员管理部正式成立并运作。这两次改革，符合中央关于国企改革的方向和要求，符合中远集团的战略部署，体现了广远作为母公司对上市公司的全方位支持，得到了投资者的充分认可，为进一步做强做优中远航运，打造“资本广远”奠定了坚实基础。

（二）不断夯实上市公司中远航运资本平台

在深化改革、健全现代企业制度的同时，中远航运进一步做强做优。新成立了中远航运天津子公司，转入2艘半潜船、7艘多用途船，打造新的资本运作和经营平台。增资香港子公司，承担未来建造12艘多用途船的境外融资任务。2007年，中远航运经营业绩稳步增长，公司治理取得进步，荣获中国上市公司董事会“金圆桌”奖，荣登2006年中国上市公司绩优榜百强榜，被评为第三届“漂亮50——中国未来十年成长性蓝筹上市公司”，入选“上证公司治理板块指数样本股”，各项工作得到了资本市场管理者和投资者的广泛认同。

三、安全生产形势保持基本平稳

始终坚持安全工作压倒一切，坚持安全生产是重中之重，将安全工作作为一项群众满意工程来抓。在安全管理中，坚持早研究、早动员、早布置、早检查、早落实，软、硬件相结合，主、客观相结合。突出重点，提前打响“四大战役”，重点打好“防碰撞”攻坚战。切实把安全工作作为一把手工程，加强广远特色的安全执行力文化建设。深入开展“红树林工程”，提高船岸员工安全意识、安全责任心。加强老龄船管理，对安全风险很大、创效能力弱的老旧船按计划退役，为航行安全提供硬件保障。经过努力，广远2007年未发生上报等级的海损、机损、货损、污染事故和保安事件，船舶安全面100%，保持了安全生产形势的基本稳定。

四、精益管理工作取得较好成效

2007年，我们进一步贯彻落实精益管理思想，深入开展第二个精益管理年活动。一是把“两个20%”赋予新内涵，即高回报的COA合同同比增加20%，船舶在港停时同比减少20%，取得一定成效。二是大力推行“精益改进”，通过优化流程、提高效率、改进工艺等，2007年上报的精益亮点项目创造了可观的经济效益。三是积极推进节能减排工作，采取各种措施节约燃油、节约物料，在减少污染、减少浪费方面取得一定成效。广远获得中远集团2006～2007“精益管理年活动杰出贡献奖”荣誉称号。

五、船岸员工队伍建设得到进一步加强

继续深入开展加强船员教育培训的“红树林”工程，取得较好成效。加强船员队伍结构优化取得实效，船员平均年龄、学历结构持续改善，截至2007年12月31日，船员队伍平均年龄35.5岁，同比下降2.5岁。根据船员队伍新老交替的实际，加强“传、帮、带”工作，广远优良传统得以传承发扬。重视加强了“三个三百”人才队伍建设和后备干部队伍建设，为广远可持续发展提供人力资源保障。

六、历史遗留问题和不良资产项目得到逐步解决和盘活

近几年来，广远紧紧抓住航运市场高位的有利时机，逐步对一些历史遗留问题加以解决。如解决军产房产权问题、船员住房公积金问题，特别在中远集团支持和帮助下，2006年解决了富余船员安置、住房公积金历史欠账以及住房货币补贴等一系列关系到广大员工群众切身利益的重大问题，得到了广大船岸员工的好评。

按照精益管理、缩短管理链条的要求，陆续对历史上个别造成资金积压、难以盈利且有较大投资风险的投资项目进行理顺和清理。先后清理了印刷公司、新利公司等四级企业；华南医疗改制转让协议已签订；I1-4地块最终得到集团批复，广远人自己的新的办公大楼“广州远洋大厦”已经开工建设；目前正在按计划推进投资企业风险清查工作，并对现有资产、资源的进一步理顺、优化、整合进行深入研究。

七、党建思想政治工作取得新的成效

一年来，广远党委大力加强和改进企业党建思想政治工作，着力维护企业和谐稳定发展的大好形势。继承发扬广远党建光荣传统，创新抓好党的建设。以作风建设为重点加强

各级领导班子建设。在思想政治工作、企业文化建设、“三学一创”、精神文明建设等各项工作都取得新的成效，广远公司领导班子被评为中远集团“四好领导班子”。各级党组织较好地发挥了政治核心作用，为广远改革、发展、稳定各项工作的顺利推进提供了强有力的政治保障。在党风建设上，围绕企业中心任务，突出抓好惩防体系和企业内部监督机制建设，为企业又好又快发展提供了重要保证。

八、稳定和谐的良好氛围明显形成

工会和共青团组织积极发挥桥梁纽带作用，深入开展各种群众性的安全生产活动与和谐创建活动，营造了全体船岸员工共建共享和谐企业的良好氛围。2007年，广远被中华全国总工会、国家劳动保障部联合授予首批“全国模范劳动关系和谐企业”光荣称号。目前，广远政通人和、执行力强，和谐凝聚人气，成绩鼓舞士气，目标激励志气，广大船岸员工都展示出了前所未有的精神面貌和工作热情，广远团结、和谐、务实、奋进的整体氛围已经明显形成。

第二部分　正确认识当前面临的形势和任务

近几年来，在中远集团的正确领导下，广远认真贯彻党的十六大精神，以科学发展观统领全局，坚持改革创新这条主线，一年一个台阶，各方面工作取得了明显进步。特别是2004年广远重组改革完成以来，在打造“资本中远”宏伟战略指引下，广远事业实现了跨越式发展，走出了低谷，走上了可持续发展、又好又快发展的良性轨道。

一、认真总结发展中的主要体会

近几年广远各项工作之所以取得比较好的成绩，体会主要有五条：

第一条，必须坚持科学发展观，坚持改革创新。广远作为一个老国有企业，要解决历史遗留问题，要有跨越式的发展，必须坚持科学发展观统领全局，必须通过改革创新来实现，通过发展来解决历史遗留和发展中遇到的问题。

第二条，必须坚决贯彻执行中远集团的战略决策。广远在各个方面所取得的成绩，都是坚决贯彻执行中远集团确立的打造“资本中远”、“四个转变”等各项战略的结果。

第三条，必须创新思维，制定符合自身实际的战略体系。广远近几年结合自身实际所制定的各项经营战略体系，正是经营业绩和船队发展取得长足进步的制胜法宝。

第四条，必须以党建、思想政治工作作为强有力的政治保障。广远近年来卓有成效的党建、思想政治工作，为企业改革、发展起到了较好的保驾护航作用。

第五条，必须紧紧依靠和发动员工群众共同促进广远的可持续发展。广远拥有一大批政治素质高、战斗力强、勇于奉献、忠于远洋的广大干部群众，正是广远改革发展的力量源泉和胜利之本。

二、清醒看到工作中的问题和不足

总结成绩的同时，还要看到广远对照科学发展观的要求，所存在的一些问题和不足：

（一）实现科学发展的综合实力还有待进一步增强

一是特种船数量、规模和竞争实力还不够，还不能满足航运主业跨越式发展的战略要求，对特种高端市场的把握和控制能力还存在一定差距。二是主力船队真正由杂货船更新为多用途船还需要一个过程，以投放杂货船、多用途船运力为主的固定航线核心竞争能力还有待增强。三是航运主业盈利基础还不稳固，经营盘子太小，双向货源不平衡，抵御航运市场周期性风险能力不强，还需要进一步贯彻“四个转变”战略，加大租船经营力度，通过控制运力来增强市场控制能力，还要进一步加强海外揽货工作。四是广远系统各模块、各单位之间的统筹规划、协调发展还有待加强，航运企业与岸产企业、上市资产与未上市资产之间还存在发展不同步、不协调的问题。

（二）领导科学发展的能力素质还有待进一步提高

一是少数领导人员改革创新意识不够，还存在小富即安思想，缺乏进取精神，主要体现在发展思路不清、业务停滞不前、经营缺乏创新等。二是各单位发展和盈利状况参差不齐，主观上暴露少数单位领导工作能力不强、业绩不理想。三是个别领导人员组织纪律性、大局观念、工作作风、执行能力还有待进一步改进和增强。

（三）保障科学发展的各项机制还有待进一步加强

一是现有人力资源特别是后备干部队伍、航运经营和资本经营人才状况还不能满足可持续发展需要。二是投资管理水平有待进一步提高，特别是以财务监督管理为核心的投资企业全面风险管理有待加强。三是安全生产仍然是广远的薄弱环节，突出体现在老龄船安全管理风险，目前船队平均船龄已超过20年，面临的安全形势仍然是没有老本、没有退路。四是建设“和谐广远”仍需进一步努力，作为一家老国有企业，历史遗留问题和一些不稳定因素仍然需要妥善加以解决。

三、分析展望未来航运市场经营形势

（一）宏观经济贸易环境总体比较有利

总体来看，世界经济和世界贸易有望保持增长态势，中国因素将进一步发挥带动世界经贸和海运市场需求持续增长的作用。因此，未来两至三年内航运及相关产业仍将面临相对良好的发展机遇。根据我们的判断，尽管短期内BDI指数有所回调，但2008年的国际航运、物流、船舶市场总体将保持供需基本平衡、相对平稳发展的态势。

（二）特种、多用途船细分市场形势相对乐观

杂货和多用途船市场：在国际干散货市场高位盘整的带动下，预计今明两年杂货运输市场景气还将继续。由于发展中国家大力兴建能源项目工程和基建工程等运输需求，目前多用途船市场平稳发展，这种势头有望延续2～3年。

特种船细分市场：随着世界经济贸易新兴国家经济的持续增长，未来2～3年半潜船、

重吊船、汽车船、木材船、沥青船等细分市场仍将处于运力供不应求的状态，但竞争也将趋于激烈。

第三部分　全面做好2008年各项重点工作

未来三年（2008~2010年），是“十一五”规划后三年，广远将面临又一个难得的历史发展机遇期，我们将紧紧抓住历史机遇，以党的十七大精神为指引，坚持科学发展、和谐发展，坚决贯彻打造“资本广远”战略，进一步转变思想观念、坚持改革创新，着力解决影响和制约广远科学发展的突出问题，努力为广远事业再次腾飞积蓄力量。

未来三年发展总体目标：到“十一五”规划末年即2010年，广远要实现收入100亿，利润20亿，打造成为一支在国际航运市场上具有系统集成者实力的以特种船为主的多用途运输船队。

2008年工作思路：深入贯彻党的十七大精神，坚持以科学发展观统领全局，坚决贯彻执行中远集团的战略部署，深化改革，创新经营，科学发展，促进和谐，努力完成2008年效益目标和各项工作任务，实现广远科学发展、和谐发展、可持续发展。

2008年重点工作要求：

一、要进一步贯彻科学发展观，促进广远又好又快发展

胡锦涛总书记在党的十七大报告中指出：“科学发展观是我国经济社会发展的重要指导方针，是发展中国特色社会主义必须坚持和贯彻的重大战略思想，第一要义是发展，核心是以人为本，基本要求是全面协调可持续，根本方法是统筹兼顾”。科学发展观是贯穿党的十七大报告始终的思想灵魂。学习贯彻十七大精神，最根本、最核心的就是要学习贯彻好科学发展观。回顾近年来广远走过的历程，始终坚持以科学发展观统领全局，坚持改革创新，这正是我们走出低谷、不断取得骄人发展业绩的宝贵经验和强大思想武器。未来的竞争，将是科学发展能力之间的竞争。2008年，广远必须坚定不移地深入贯彻科学发展观，坚持改革创新，促进广远事业又好又快发展，当前重点要做到“两个坚持”：

（一）坚持发展不动摇，牢固树立科学发展是第一要务的观点和认识，立足于在科学发展中解决存在的矛盾和问题。发展是科学发展观的出发点和立足点，离开了发展就根本谈不上科学发展。广远公司如果没有近几年来的快速发展，不仅不可能解决原有的历史遗留问题，而且必然会产生新的矛盾和问题。广远虽然取得了一些发展成绩，但与科学发展观的要求还存在着差距，还必须进一步加快发展，在发展中解决自身存在的问题和不足。

（二）坚持统筹兼顾，把发展质量放在第一位，又好又快，“好”字为先。科学发展观的基本要求是“全面协调和可持续”，广远近年来虽然始终把加快发展作为主题，但我们并不是盲目地追求发展、片面地强调运力规模扩张，而是认真贯彻落实科学发展观，在

发展中更加注重船队运力结构、人才队伍结构和投资结构的调整和优化。如在航运主业发展上，我们大力发展特种船运输业务、主力船型由杂货船调整为多用途船，有力促进了广远航运主业的可持续发展。当前，广远既面临难得的发展机遇，又深感形势任务紧迫，必须进一步加大结构调整力度，实现发展速度与质量的协调统一，真正实现科学发展、又好又快发展。

二、要进一步深化改革，推进打造"资本广远"

2008年是中远集团的"深化改革年"，也将是广远公司的"深化改革年"。深化改革，打造"资本广远"，是广远2008年一项重要工作。

（一）正确认识深化改革、打造"资本广远"的重要意义。一是贯彻党的十七大精神、落实科学发展观的重要举措。打造"资本广远"符合党的十七大关于促进科学发展、构建和谐社会的精神，符合中央国企改革的宏观政策要求，符合中远集团"整体规划、分步实施"的战略部署。二是解决存续公司可持续发展问题的根本出路。利用资本市场优势和上市公司现代企业制度，改造广远，发展广远，才能彻底解决发展中遇到的深层次问题，是广远事业健康发展的方向，也是解决影响广远生存发展问题的根本出路。三是促进中远航运可持续发展的必然要求。目前中远集团在中远航运的持股比例为50.36%，按国资委要求保持国有控股地位，中远航运融资发展的空间受到极大限制。通过打造"资本广远"，既保持中远控股地位，又具备了新的发展空间和动力。四是做大做强做优中远特种船队的客观要求。未来几年，广远特种船队（包括汽车船队）的发展需要大量资金，随着国家货币政策和宏观调控的实施，从资本市场融资来发展船队运力将成为最佳和必然出路，既可以满足做强做优特种船队的资金需求，又将极大降低资金成本，提高抵御市场风险能力。

（二）切实统一全员思想和行动，自觉拥护、支持和参与广远的改革发展。广远各级领导人员、全体船岸员工必须进一步提高认识，增强大局观念和一盘棋意识，牢固树立责任感和使命感，切实把思想和行动统一到改革发展的中心任务上来，积极为广远事业的又好又快发展做出应有的贡献。

（三）抓住机遇，实现深化改革、打造"资本广远"工作取得实质性进展。当前，打造"资本广远"的各方面条件已经基本成熟，且当前资本市场、航运市场都在高位运行，是一个资本运作的最佳时机。2008年，广远要按照"整体规划、分步实施"的原则，在中远集团领导的高度重视和大力支持下，以强烈的历史使命感，勇挑重担，全力以赴，积极稳妥地推进相关工作。

三、要进一步创新经营，促进航运主业跨越式发展

要继续坚持"以航运为主业，航运是重中之重，只有航运才能发展广远"的发展战略，增强以特种船为主的多用途船队的市场控制能力和核心竞争能力。

（一）切实增强特种船高端市场控制能力

大力发展特种船经营，是广远近年来落实科学发展观，推动航运主业结构优化和快速

发展的重要战略。2008 年，要立足特种运输高端市场，进一步提升特种船队竞争实力，促进航运主业的跨越式发展。

半潜船，要认真做好已签约新造 2 艘 5 万吨半潜船建造工作，强化中远集团在半潜船市场的品牌，增强对高端市场的影响和控制能力。重吊船，要立足中国市场，紧跟大工程、大项目，加大重件货市场研究开发力度，逐步建立起自己的大件货市场网络，强化中远和广远自己的重吊船队品牌。木材船，要进一步加快发展、率先发展，继续加大租船力度，通过控制运力增加对航线的影响能力和货源控制能力，重点打造西非木材运输精品航线。沥青船，要通过加大租船经营力度，增强对沥青运输市场的控制能力，不断创新和拓展经营空间，利用自身经营管理优势，开拓新航线、新业务、新领域。汽车船，要本着"积极、稳妥、慎重"的原则，在中远集团的统一部署下，紧跟中国民族汽车产业发展的步伐，有序开辟航线，满足 17 家汽车厂商运输需求，积极推进汽车船队的发展。

（二）着力打造多用途船精品固定航线

2008 年，要进一步转变观念，创新经营，以高回报 COA 合同和优质货源为基础，精心配置运力，进一步加强广远系统内航线和运力资源互补，解决双程货源问题。继续充分利用国家政策环境，抓住市场有利时机，加强开拓西非等优质航线，扩大市场占有率。在固定航线经营上，要树立创新意识，决不能墨守成规、固步自封，一定要根据市场需求的变化坚持差异化战略，做到有进有退，扶优汰劣，加强对重点航线的运力支持和倾斜，将主力船舶投放在创效最高的航线上，加快打造高准入、高回报的精品航线。

（三）继续加大租船经营工作的力度

必须看到，广远目前的资产规模、收入盘子和盈利基础，还不足以抵御航运市场周期性风险，还不能保证 2010 年收入 100 亿、利润 20 亿的发展目标，更不能满足打造"百年广远"的战略需要。而在新增特种船、多用途船陆续投入营运以前，控制运力、控制市场、扩大收入的最有效途径就是租船经营。广远 2007 年在租船经营上取得了一定突破，但还不平衡、不稳固，有的公司做得比较好，有的效果还不明显，整体上与中远集团租入船运力超过自有运力相比，与中远散运等优秀兄弟公司相比，还存在很大差距。要求各航运公司一把手和主管经营的领导，必须从贯彻落实科学发展观、"从拥有向控制转变"、"四个转变"战略，以及促进广远又好又快发展的高度，正确认识租船经营工作的重要性，认真分析把握各自船队的细分市场，加大力度，在租船经营上再研究、再推进、再巩固、再提高。2008 年，广远租船经营利润目标是必保 2 亿元，力争 3 亿元。

（四）加快推进船队运力结构调整和优化

2008 年，要继续围绕"从以特种船为主的杂货船队调整为以特种船为主的多用途船队"的船队定位调整战略，继续加快买、造、租、改、退的船队结构调整工作，进一步加快船队运力更新步伐。对于已签约订造的船舶，必须盯紧看牢，造船进度要严格按照合同约定，只能提前不能拖后，以免造成被动，错失市场良机。

我们有理由相信，随着新增运力陆续投入营运，广远船队结构将更加合理，经营创效能力将进一步增强，企业竞争实力将实现质的飞跃。

四、要进一步提升投资企业管理水平

近年来，特别是航运主业重组以来，广远投资管理主体职能越来越突出，对历史上多元化投资的管理水平也亟需进一步提高。2008年，根据新的形势任务要求，要进一步加强对投资的企业管理。一是要继续完善财务监督管理机制，强化财务监督，确保资金安全，财务监督管理的重点要从决算管理向预算管理转变。二是以财务管理为核心，做好投资企业全面风险清查的相关工作，理清和解决历史遗留问题，进一步规范企业经营管理，规避投资风险。三是加强投资企业发展模式和定位的研究，加强资产、资源的优化整合，进一步促进上市资产与未上市资产、航运企业与岸产企业的统筹协调发展，为打造“资本广远”奠定基础。

五、要进一步加强企业人才队伍建设

人才是第一资源，是企业的竞争之本、发展之源，只有不断加强人才队伍建设，才能为广远快速健康发展提供坚强的人才保证和智力支持。在广远事业面临改革发展新机遇的形势下，人才队伍建设要围绕“一个规划，三个重点”。

“一个规划”：就是要紧紧围绕广远改革发展的战略目标和战略规划，制订和完善与之相适应的人力资源管理中长期规划，提高人才队伍建设的前瞻性和科学性，提升人力资源管理的水平和层次。

“三个重点”：一是要坚持人才队伍建设以培养领导后备人才、航运经营和资本经营人才为重点，要有针对性地培养和锻炼一批综合素质高、工作能力强、有冲劲、敢创新、能干事、能干成事、敢负责任的年轻干部，为广远航运主业、资本经营工作提供高素质人才保证。二是要坚持人才队伍建设以教育培训为重点，充分挖掘现有人力资源，继续深入开展“红树林”工程，提高船岸员工队伍综合素质，进一步加强“三个三百”人才队伍建设工作。三是要坚持人才队伍建设以完善薪酬激励机制为重点，在继续完善现有年薪激励、租船激励、船员激励机制和本部员工薪酬跑道等各项分配制度的基础上，进一步实现分配与业绩贡献相联系的薪酬激励机制，同时要加强人才职业生涯发展规划设计，帮助员工早日成才，使企业获得更大发展。

六、要进一步深入开展精益管理活动

2008年，广远要以降本增效、流程优化、节能减排为重点，进一步深入开展精益管理活动。一是要继续以增加高回报COA合同和降低船舶在港停时为抓手，切实把精益管理思想融入到广远深化改革、航运经营、企业管理、安全生产和企业文化建设等各方面工作。二是要不断深化活动内涵，推广优秀成果，建立长效机制，深入打造精益企业，通过提升经营管理效率来增强广远的核心竞争能力。三是要与节能减排工作相结合，全面实现降本增效，要紧紧围绕中远集团履行全球契约责任、有关国际公约和国家节能环保的要求，以控制燃油风险为重点，将节能减排作为一项长期战略任务来持续推进，在节约能源和保护环境上做出贡献，促进企业与环境的和谐发展。

七、要进一步加大安全生产管理力度

广远船舶老旧、船型多、货种多，航经海区、港口复杂、落后，安全工作压力巨大。要继续坚持安全工作压倒一切，把安全工作作为群众满意工程来抓，早研究、早动员、早布置、早检查、早落实，突出重点，做好各项安全管理工作，确保全年安全生产形势的基本平稳。

（一）在强化船舶航行安全管理上下足功夫。要打好安全生产“四大战役”，当前要重点做好冬防工作，继续严肃值班纪律，整顿驾驶作风，打好“防碰撞”攻坚战。加强老龄船管理，对那些安全管理风险很大，且盈利不多的老旧船要下硬指标坚决退役，确保船舶航行安全。

（二）在提高员工队伍责任心和安全素质上下足功夫。继续深入抓好“红树林”工程，安全管理和安全教育培训的重心要放在船舶现场，抓好“安全一把手工程”和安全执行力文化建设，结合“平安旅程”等安全主题活动，建设具有广远特色的安全管理长效机制。

八、要进一步加强党建思想政治工作，构建“和谐广远”

2008年，要紧紧围绕广远改革发展的中心任务，深入学习贯彻党的十七大精神，要确保十七大精神贯彻落实到广远每一个基层党组织和每一名党员，让科学发展观深入人心。要以十七大精神为指导，大力加强企业党建工作和思想政治工作，进一步加强先进性长效机制建设，研究抓好新形势下的学创活动，促进企业党建思想政治工作持续创新，与生产经营、安全稳定相互促进、协调发展。

2008年，要进一步推进惩防腐败体系建设，要以完善预防腐败体系为重点和有效载体推进反腐倡廉建设。要加强领导干部的作风建设，深入开展遵纪守法和廉洁从业教育，加强廉洁文化建设，强化制度建设和执行力，强化效能监察和审计监督，加大对违法违纪行为的查处和惩治力度，进一步健全董事、监事机构并充分发挥作用。

2008年，随着企业改革的不断深化，有可能增加新的不稳定因素。我们各级领导人员和全体干部群众必须清醒地认识到企业所面临和谐稳定的形势仍然严峻，要看到广远作为老国有企业的实际特点，一些历史遗留问题还亟待解决。我们要充分认识到科学发展与构建和谐是有机整体，确保安全、稳定、效益的良好局面，保障广大员工群众根本利益，就是广远最大的和谐。要充分发挥工会和共青团组织的作用，有针对性地深入推进构建“和谐广远”的各项工作，为广远改革发展保驾护航，促进企业安全、效益、稳定与企业精神文明建设协调发展。

同志们，2008年，是我们全面贯彻党的十七大精神的第一年，是广远实现三年发展目标的新的起点，是广远改革发展历程中又一个关键之年。在新的形势任务下，广远要在中远集团的正确领导下，全面贯彻党的十七大精神，深化改革，创新经营，科学发展，促进和谐，坚定不移地做大做强广远航运主业，坚定不移地打造“资本广远”、“百年广远”、“和谐广远”，以实际行动为中远集团宏伟的战略发展目标做出应有的贡献。

谢谢！

以党的十七大精神为指导
全面开创广远各项事业新局面

——在广远2008年思想政治工作会上的报告
(略有删节)

广州远洋运输公司党委书记　刘书田

2008年1月18日

同志们：

下面，我代表公司党委作工作报告。

一、2007年党委主要工作回顾

2007年以来，广远公司党委在广东省直工委和中远集团党组的正确领导下，坚持以邓小平理论和“三个代表”重要思想为指导，全面贯彻落实科学发展观，大力加强和改进党建思想政治工作，着力维护和谐稳定发展的大好形势，较好地发挥了党组织的政治核心作用，为公司2007年顺利推进深化改革、安全生产保持稳定、经营效益连续四年创历史新高提供了强有力的政治保障。主要工作及成效体现在以下六个方面：

(一) 围绕主线抓理论学习，思想政治建设取得新成效

1. 迅速掀起学习宣传贯彻十七大精神热潮。公司党委积极营造喜迎十七大的浓厚氛围，及时组织收看、收听十七大相关报道。十七大闭幕后，迅速举行学习贯彻动员会，下发了《广州远洋运输公司党委关于认真学习贯彻党的十七大精神的通知》和《公司中层以上干部学习贯彻党的十七大精神轮训工作计划》，选派党员领导干部和党务工作骨干参加上级组织举办的十七大精神专题学习班和理论骨干培训班，利用中心组学习、党团活动、员工大会等多种形式，通过《广州远洋》杂志、广远宣传网络平台等多种载体，广泛宣讲十七大精神，掀起了学习宣传贯彻十七大精神的热潮。

2. 全面加强各级党委理论中心组学习。党委理论中心组以学习贯彻科学发展观为主线，全年共组织5次（扩大）集体学习、12次个人自学、6次网上学习和专题讨论活动，重点学习了十六届六中全会、中纪委七次全会精神、胡锦涛总书记关于加强领导干部作风建设的重要讲话和在中央党校的重要讲话精神等重要内容，分7个专题系统学习了科学发展观重大战略思想，全面掌握科学发展观的核心本质、基本要求和根本方法。各级党员领导干部坚持以科学发展观统领工作全局，切实用十七大精神武装头脑、指导实践、推动工

作，思想政治理论建设取得了扎实成效。

3. 扎实开展党建思想政治理论研究工作。下发了《关于做好2007年党建思想政治工作研究的通知》，研究确定了28个参考课题，结合学习贯彻十七大精神和落实科学发展观，深入开展政研活动，取得了一批具有前瞻性、指导性的研究成果。其中，有8篇优秀论文获集团政研会和省政研会表彰。公司党委两次在中远集团政研会常委理事会和年会上作专题发言，受到集团领导和与会者的肯定。2007年，公司政研会分别被广东省和中远集团政研会评为“思想政治工作研究先进单位”。

（二）创新思路抓党建工作，远洋党建传统实现新突破

1. 创新推进先进性长效机制建设。认真贯彻落实中央关于加强党员经常性教育等四个先进性长效机制建设精神要求，以改革创新的精神加强和改进企业党建工作。2007年，中央企业巡视组、国资委党建局、中远集团党组先后到广远进行党建调研。公司创新开展党员远程教育的经验，被省直工委推荐参加省委组织部“固本强基”创新成果评比；公司在先进性教育活动中创新实施的“送学上船”做法，被作为国有企业党建工作典型经验，写入中央办公厅印发的正式文件，在全党上下推广介绍，远洋党建光荣传统实现了新的突破。

2. 深入开展“三服务一促进”党建主题实践活动。按照省直工委部署，广远深入开展以服务基层、服务群众、服务大局，促进社会和谐为主要内容的“三服务一促进”主题实践活动。公司结合实际制定具体实施方案，召开各个层次的动员大会。各级党组织广泛开展春风送暖行动、优质服务行动、基层维稳行动、和谐创建行动等活动，进一步巩固发展了先进性教育活动和排头兵实践活动的成果。2007年，公司有3个部门和个人被推荐参加省直工委“优质服务排头兵”、“和谐创建排头兵”评选。

3. 扎实加强基层党组织和党员队伍建设。认真按照中央和上级组织的部署，完成广东省直机关党代会、广东省第十次党代会和中央十七大代表推选工作，刘书田、肖健池2位同志当选省直机关党代会代表，刘书田同志当选广东省第十次党代会代表。2007年，公司党委指导物业公司、离退休服务中心、船员管理公司等单位完成了党组织调整和成建制转移工作，补充和调整了一批基层党组织主要负责人。全年发展新党员260名，转正预备党员182名，培养入党积极分子786名。“七一”前夕，公司党委表彰了2个先进基层党组织、29个先进党支部、100名优秀共产党员和25名优秀党务工作者。

（三）突出重点抓队伍建设，党员干部群众展现新风貌

1. 以强化作风为重点加强领导班子建设。坚持把加强作风建设作为深化“四好领导班子”创建活动的突出主题，认真贯彻落实中纪委七次全会精神，组织各级领导班子召开了以加强作风建设为主题的专题民主生活会，举行以廉洁从业为主题的述廉议廉专题会，按照国有企业领导人员廉洁从业若干规定要求，在各级领导班子中深入开展作风建设自查自纠和整改提高活动，全面抓好各级党员领导干部的思想作风、学风、工作作风、领导作风和生活作风建设，各级领导班子整体呈现廉洁、为民、务实的崭新风貌。

2. 以提高能力为重点加强干部教育培训。制定了《广远公司中层领导人员后备人选管

理办法》，全年选送13名处以上干部参加省委党校培训，选派9名优秀管理骨干参加中远集团“三个三百”人才工程培训班，组织2期共70多名船舶政委参加船舶政委轮训班。对下属14个基层单位领导班子进行调整交流，择优提拔了一批青年骨干进入各级领导班子，并按集团部署，选拔确定了1名援藏干部后备人选和1名备选后备人选，选拔推荐了1名江西省远洋副总经理人选。

3. 以增强素质为重点加强员工队伍建设。深入推进加强船员教育培训“红树林”工程，扎实推进职工素质工程建设。全年共举办60多期综合培训班及业务学习班，培训船员1744人次，培训陆地员工913人次；组织50多名员工参加全国各类专业技术职称考试，推荐了一批专业技术人才参加中远集团职称评审，2名员工取得高级会计师任职资格，4名员工取得高级政工师任职资格。公司组队参加广东省首届“海员杯”船舶水手技能竞赛，勇夺全能总分第一，并包揽全部3个单项比赛的冠军，全面展示了广远员工的综合素质。

（四）服务大局抓思想宣传，两个文明建设取得新进展

1. 围绕深化改革加强思想政治工作。在去年公司实施的办事处改革、船员管理制度改革、船员工资改革中，公司党委认真部署，多次召开动员大会和座谈会，组织撰写宣传提纲，加大改革宣传教育力度，积极宣传改革创新的必要性，引导员工解放思想，转变观念，打破不适应市场经济的传统思维定势，理解、支持和积极投身改革。各级党组织做好深入细致的思想政治工作，深入了解员工的思想动态，对改革中出现的矛盾和问题，及时化解疏导，为改革营造了良好的环境，保证了各项改革的顺利进行。

2. 结合中心工作加强思想政治教育。坚持思想教育与企业生产经营、安全生产、精益管理等工作相结合，结合开展“平安之旅”、“精益管理年”等群众创建活动，大力加强思想教育和形势宣传，引导员工牢固树立安全生产、科学发展的思想，不断增强竞争意识和服务意识，自觉实践系统集成和精益管理理念，踊跃参与节能减排和降本增效活动，为确保公司圆满完成2007年各项工作创造了良好内部环境。

3. 筑牢精神纽带加强企业文化建设。突出抓好以爱国主义为核心的企业文化建设，制定了《广远公司企业文化建设“十一五”规划》，对今后五年企业文化建设进行了总体部署；组织编写了《远洋船员思想教育读本》，大力开展以理想信念教育为主要内容的爱国主义、集体主义、社会主义思想教育，不断强化员工的岗位道德观、共同价值观和创新发展观，筑牢企业与员工共同的思想基础和精神纽带。积极参与交通运输部及中远集团组织的中国航海文化研究项目，承担了“航海文化的价值观念”分课题研究任务，得到中远集团党组的充分肯定。

4. 深化创建活动加强先进典型培育。继续深入推进“三学一创”活动，制定了加强先进典型培育工作的实施意见，确立了“以点带面，全面创建”的先进典型培育思路，注重加强对先进典型的发掘、培育和总结推广工作，涌现了“泰安口”轮、“白沙岭”轮、“安泰江”轮等一批船舶学创新标兵，推出了“中远集团十大杰出青年”蔡连财等一批先进个人新典型，为公司深入开展学创活动、协调推进两个文明建设，提供了比、学、赶、

超的新榜样。

（五）完善制度抓廉洁建设，惩防腐败工作形成新格局

1. 深入开展党风廉洁教育。以开展“加强作风建设，勤政廉政为民”为主题的纪律教育学习月活动为契机，加强各级领导人员廉洁从业教育。2007年，公司党委领导与23个基层单位党政一把手、财务负责人及合资合营企业我方负责人进行廉洁从业谈话47人次，各级纪检部门完成廉洁从业谈话共322人次。公司廉洁教育网页更新宣传资料350多条，营造了廉洁从业的良好氛围，推动了廉洁文化建设。

2. 扎实推进惩防制度建设。制定了《广远公司贯彻落实〈国有企业领导人员廉洁从业若干规定〉实施细则》、《广远公司党风建设责任制实施办法》等文件，推进实施全员廉洁从业等工作制度，并按照惩防体系的要求新建和修订各项监督管理制度105个，形成了全方位、多层次、整体推进党风建设和反腐倡廉建设的工作新格局。实施全员廉洁从业承诺制以来，公司领导班子成员和本部、各基层单位及参股企业共96名中层以上干部签订了廉洁从业承诺书，廉洁承诺签订率为100%。同时，把廉洁承诺向重要岗位和一般管理岗位延伸，广大在船船员及参与广州远洋大厦建设项目的70名工作人员，均签订了廉洁从业承诺书。

3. 大力加强监督检察审计。发挥纪检、监察、审计和监事会“四位一体”的监督合力，去年共检查单位47个（次），进行141项监督检查，发现问题27个，提出并落实整改建议28条，督促建立和完善各类规章制度28项。完成经营管理及财务审计8项，完成船舶机务费用审计1075项，审计核减额为131万元；完成日常基建审计项目93项，审计核减额为711.81万元；提出审计问题及建议51条；受理信访举报6件，受理初核2件，有效促进企业规范经营和增收节支，防止国有资产流失。

（六）立足和谐抓群众工作，和谐广远建设开创新局面

1. 工会工作迈上新台阶。广泛开展“亲情祝安全”活动，充分调动船岸员工及广大船员家属的积极性，合力推进公司安全生产，有效保障员工劳动安全。充分发挥“三项基金”的作用，深入实施“送温暖”工程，全年发放特困定期补助358人次共76183元，发放其他困难补助1778人次共1027754元。全年共实施高教助学和希望工程助学51人次，助学金额66000元。胜利召开广远公司第七次船员家属代表大会，表彰了一批优秀船员家属、家属工作站和家属工作者，起到了凝聚人心、鼓舞士气、增进和谐的积极作用。2007年，广远大力推进构建和谐企业工作，得到上级组织的充分肯定和高度评价，被中华全国总工会、国家劳动保障部联合授予首批“全国模范劳动关系和谐企业”光荣称号。

2. 青年工作取得新成绩。结合纪念建党86周年和建团85周年，认真组织各级团组织深入开展“与祖国共奋进”、“以一流业绩喜迎党的十七大”、“立足岗位成才，服务企业建功”等主题实践活动。公司团委举办了“新广远、新青年、新风采”形象展示大赛，积极组织参与了中远集团“十大杰出青年”评选活动。2007年，公司13个先进青年集体、23名青年先进个人分别获团省委、省直团工委和集团团委表彰，其中，1人获全国交通行业青年岗位能手称号，1人获“中远集团十大杰出青年”称号，“泰安口”轮加宽改造项

目获得首届中央企业青年创新奖优秀奖。

同志们，在各级党组织和广大党员的共同努力下，公司党委2007年的各项工作推进顺利，取得良好成效，并得到上级组织的充分肯定。在这里，我代表公司党委，向各级党组织、广大党员干部和全体船岸员工，表示衷心的感谢。

二、2008年党建工作形势分析

同志们，2008年是我们党和国家各项事业发展的关键一年，也是广远公司能否顺利实现深化改革、加快发展、确保稳定各项任务的关键一年。各级党组织要深刻认识肩负的重大责任，正确分析面临的机遇和挑战，认清形势，统一思想，全面推进党的建设新的伟大工程。

1. 党的十七大胜利召开，为党建工作提供了更加坚强的政治保障，也提出了更为艰巨的工作任务。党的十七大提出，要以改革创新精神全面推进党的建设新的伟大工程，并从强化理论武装、加强执政能力、推进党内民主、深化干部改革、加强基层党建、改进党的作风六个方面，明确了加强党的自身建设的目标任务。贯彻落实好十七大精神，全面完成中央提出的各项任务，要求各级党组织既要坚定信心，明确方向，始终坚持以中国特色社会主义理论体系为指导，切实增强做好党建工作的责任感和使命感；又要结合实际，勇于探索，始终坚持以改革创新精神全面推进党的建设新的伟大工程，着力提高党建工作的针对性和实效性，推动企业党建工作不断迈上新台阶。

2. 中远集团发展形势喜人，为党建工作创造了更为有利的工作条件，也提出了更深层次的工作要求。2007年，中远集团和广远公司各项工作都取得前所未有的历史佳绩，广远全年利润总额在突破历年指标的基础上，再次实现大幅度增长。中远集团和广远公司深化改革工作全面推进，打造“资本中远”、“资本广远”的步伐明显加快，整体发展形势喜人，员工精神面貌焕然一新，企业党建工作具备非常有利的条件和环境。各级党组织必须紧紧把握这一难得机遇，牢固树立“党建工作也是生产力”的思想认识，始终坚持“围绕中心抓党建，抓好党建促发展”，用世界眼光、战略思维来考虑谋划党建工作，充分利用各种有利条件，趁势而为，再接再厉，着重在“融入中心，服务大局”上下功夫，推动党建工作在企业改革、发展、效益、安全、稳定等各个领域发挥新作用，体现新作为，使党的政治优势、组织优势和群众优势切实转化为促进公司安全生产、科学创效的强大动力，在新的更高起点上推动广远实现又好又快科学发展。

3. 广远党建传统不断发扬光大，为党建工作提供了更加充足的创新动力，也提出了更高要求的创新挑战。近年来，广远党委结合开展保持共产党员先进性教育活动等重大党建主题活动，充分依托现代网络通讯技术优势，创新开辟了“跨海送学”、“党员远程教育”等党建工作新经验，使“支部建在船上”等远洋党建光荣传统不断得到发扬光大。这些创新成果既为我们提供了可以借鉴的成功经验，也对我们的党建工作提出了更高要求的创新挑战。各级党组织一定要坚持与时俱进，勇于创新，继续深入研究新形势下党建工作的新特点，把握党建工作的新规律，探索党建工作的新模式，赋予党建工作更加鲜明的科学性和时代性，为远洋特色的党建光荣传统注入新活力，增添新经验。

同志们，实践永不停步，创新永无止境。党建工作能否真正“融入中心，服务大局”，一要靠实干，二要靠创新。从理论到理论，讲一套做一套不行；凭经验办事，走一步算一步也不行。必须脚踏实地，真抓实干，党建工作才能落到实处，取得实效；必须勇于探索，锐意创新，党建工作才能永葆生机，充满活力。希望各级党组织要认真贯彻党中央和上级组织的统一部署，以高度负责的态度和改革创新的精神，切实领导好、组织好、开展好本企业的党建工作，为全面实现公司提出的各项奋斗目标保驾护航。

三、2008年党委主要工作部署

按照党的十七大精神要求，结合广远党建工作实际，2008年广远党委工作的指导思想是：高举中国特色社会主义伟大旗帜，以邓小平理论和“三个代表”重要思想为指导，深入贯彻落实党的十七大精神和科学发展观，坚持解放思想，坚持深化改革，坚持科学发展，坚持构建和谐，持续加强和改进企业党建思想政治工作，全面开创广远各项事业新局面。

重点抓好以下几项工作：

（一）坚持解放思想，抓好思想理论建设，全面贯彻落实党的十七大精神

1. 加强领导，精心组织，再掀学习贯彻党的十七大精神热潮。各级党组织要把学习宣传贯彻党的十七大精神作为全年党建工作的主线，综合运用党委理论中心组学习、党支部会议、党小组活动、党课等多种形式，认真组织学习十七大报告原文和新党章；要充分发挥《广州远洋》杂志、公司宣传网络平台等各种载体，大力营造学习宣传贯彻十七大精神的浓厚氛围；要积极通过参加各级党校培训班、举办干部轮训班、开展理论学习班等多种途径，广泛开展十七大精神的教育培训工作，真正使十七大精神入耳入脑入心，切实把全体员工的思想认识统一到十七大精神上来。

2. 突出重点，区分层次，确保十七大精神覆盖全员。学习宣传十七大精神，要根据不同对象，区分好三个层次。一是要重点抓好各级领导班子学习，确保班子成员准确领会十七大精神的新思想、新论断、新观点、新部署和新要求，全面把握报告的丰富内涵和精神实质。二是要认真抓好党员干部学习，把十七大报告和新党章作为党员干部教育培训的重要教材，用十七大精神牢牢占领广大党员干部的思想阵地，始终保持先进性。三是要全面抓好普通职工群众的学习，采取员工喜闻乐见、通俗易懂的形式，全面准确、深入浅出地进行十七大基本精神教育宣传，增强十七大精神的吸引力和感染力，真正推动十七大精神进机关、进基层、进船舶，覆盖全员，贯彻落实到广远每一个基层单位、每一艘船舶、每一名党员群众。

3. 联系实际，注重实效，力争取得一批理论研究成果。学习宣传贯彻十七大精神，要紧密联系公司改革发展、生产经营、安全稳定及党建思想政治工作等实际，注重在武装头脑、提高认识、统一思想上下功夫，在创新思路、指导实践、破解难题上求实效。各级党组织要认真抓好以政研会为主要阵地的思想政治理论研究工作，紧紧围绕学习贯彻十七大精神这个热点问题，积极开展理论研究和理论交流，组织撰写一批有质量的研讨论文，力争取得一批有实际指导意义的理论研究成果。

（二）坚持改革创新，抓好党的自身建设，持续推动基层党建工作创新

1. 深入开展党建主题实践活动。按照广东省委、省直工委的部署，2008 年要继续深入开展党建主题实践活动。一是要认真开展解放思想学习讨论活动。各级党组织要以解放思想为先导，以深化改革为主题，以争当实践科学发展观的排头兵为目标，以学习讨论和调查研究为主要形式，深入开展“继续解放思想，坚持改革开放，争当实践科学发展观的排头兵”学习讨论活动，着力查找深入贯彻落实科学发展观中有待进一步解放的思想空间，着力克服制约科学发展的观念障碍和体制障碍，着力探索促进科学发展的新思路、新途径、新举措，为推动广远又好又快发展提供思想、体制和组织保证。二是扎实开展“三创建三促进”主题实践活动。以“创建学习型机关，促进思想解放；创建创新型机关，促进改革开放；创建服务型机关，促进求真务实”为主题，用改革创新精神加强党的建设，在夺取全面建设小康社会新胜利的进程中，更好地发挥排头兵作用。各级党组织要加强对活动的组织领导，认真制定活动方案，深入搞好思想发动，扎实开展实践活动，促进公司党建工作更加贴近中心，更好地服务大局。

2. 继续加强先进性长效机制建设。一是继续完善以“跨海送学”、“党员远程教育”为主要形式的党员经常性教育机制，依托公司党建思想政治工作网络，创新党员自主学习、自我教育的方式途径，加强对在船党员、公休党员的学习教育跟踪。二是积极拓宽党员联系群众、服务群众的工作渠道，建立健全党组织对困难职工的激励、关怀和帮扶机制。三是认真抓好党员日常教育管理的科学化、信息化、规范化建设，大力推进完善协作船员党员的培训、教育、发展、管理、考核等工作制度。四是切实抓好党建工作责任制的贯彻落实，着重在强化责任、增强活力上下功夫，充分发挥党组织在推动发展、服务群众、凝聚人心、促进和谐等方面的积极作用，使各级党组织和广大党员始终充满活力，永葆先进性。

3. 积极推进基层党建工作创新。高度重视研究新形势下党建工作的新情况新问题，配合整体推进、分步实施打造“资本广远”工作，围绕企业深化改革过程中的党建热点、难点、焦点问题，积极创新党建思路，完善党建工作制度，强化党建工作责任。鼓励和支持基层党组积极探索扩大党内民主、推动党务公开的多种实现形式，为基层党建工作注入生机和活力。积极配合中远集团党组开展上市公司党建调研、船舶党建调研等重大活动，认真研究探索新形势下基层党组织发挥政治核心作用的体制机制和方式方法，进一步发扬“支部建在船上”等船舶党建光荣传统和政治优势，力争在党建创新和理论探索两方面走在全集团前列。

（三）坚持提高素质，抓好干部队伍建设，全面实施“人才强企”战略

1. 以提高领导科学发展能力为重点，大力加强各级领导班子建设。继续深化“四好领导班子”创建活动，注重在增强政治素质、提高领导能力、改进工作作风、树立良好形象等方面下功夫，认真组织各级领导班子学习贯彻十七大精神和科学发展观，提高领导班子

的整体素质。继续深化干部人事制度改革，完善企业领导人员公开竞聘工作，积极探索扩大干部工作民主的有效形式，健全科学的领导人员考核评价体系，不断加大领导人员轮岗交流工作力度，认真做好新老交替和领导后备人员培养工作，进一步优化领导班子结构，增强领导班子整体战斗力。

2. 以提高综合素质为重点，努力加强员工队伍建设。大力推进“人才强企”战略，继续抓好“三个三百”人才工程和职工素质工程建设，抓紧制定完善企业人才建设中长期规划。以专业化为主要方向，以提高能力素质为主要目标，突出抓好航运业务、经营管理、财务法律、党务政工等方面的专业人才梯队建设，大力加强高素质、高技能、复合型紧缺人才的培养工作，多渠道、多形式加大人才培训及交流的工作力度。继续推进职业资格证书制度，加快培养一批具有中、高级以上专业技术职称的人才队伍。进一步完善人才队伍的培养选拔、管理使用、考核提升工作机制，为优秀人才脱颖而出、干事创业搭建平台，创造空间。

3. 以增强可持续发展能力为目的，深入推进“红树林”工程。要毫不松懈地深入推进“红树林”工程，进一步抓好新老船员“传帮带”工作，突出抓好思想教育，重点抓好技能培训，着重帮带作风，力争取得更好成效。要充实内涵，拓展范围，把加强教育培训工作从船员向全体员工延伸，使“红树林”工程成为一项覆盖全员的职工素质工程。要在总结推广典型上下功夫，集中树立一批特点突出、成效显著的先进典型，适时举行现场观摩会和经验交流会，推动“红树林”工程再上新台阶，掀起新高潮。公司党委将把“红树林”工程推进实施情况作为重要指标，纳入各级领导班子考核和各单位精神文明建设考核工作体系。希望各单位领导要从广远未来可持续发展的高度，进一步增强责任感，认真抓好落实。

（四）坚持以人为本，加强企业文化建设，不断夯实发展共同思想基础

1. 以深化改革、促进发展为目标，促进思想文化大融合。2008 年是中远集团“深化改革年”，广远深化改革的各项任务十分艰巨。各级党组织要紧紧围绕改革，切实加强思想政治教育工作，牢固树立“文化力制胜”的思想观念，大力加强以爱国主义为核心的广远企业文化“软实力”建设。要坚持以人为本，高度重视加强思想政治工作和企业文化建设中的人文关怀和心理疏导，充分发挥思想政治工作统一思想、凝聚人心的积极作用，以优秀的企业文化引领企业改革和员工队伍建设，促进广远的文化大融合与思想大融合，夯实公司改革发展的共同思想基础。

2. 以科学化、规范化为努力方向，推动文化建设新发展。认真贯彻落实中远集团、广远公司“十一五”企业文化建设规划，坚持以科学化、规范化为努力方向，力争在以文化力提升员工队伍的执行力、学习力和创新力等方面取得新突破。要按照统一标准、科学规范的要求，积极推进广远企业文化的整合构建工作，修改完善企业文化建设纲要，抓紧制定企业文化建设手册，大力开展企业文化调研宣传，建立健全广远企业文化建设考核评价体系，精心打造具有先进性、战略性和普适性的广远企业文化体系，推动企业文化建设实现新发展。

3. 以培育典型、推广经验为重点，提升精神文明创建水平。认真贯彻落实广远公司《关于加强先进典型培育工作的实施意见》精神，进一步创新“三学一创”活动的内容和形式，广泛开展形式多样的精神文明创建活动。2008 年，公司学创活动要坚持典型引路，紧紧围绕培育典型、推广经验这个重点，大力加强先进典型的发掘培育工作，努力完成公司党委确定的“四个一”先进典型培育工作目标，不断提升公司精神文明建设工作水平。

（五）坚持惩防并举，抓好反腐倡廉建设，精心营造廉洁从业良好氛围

1. 重点加强领导人员反腐倡廉教育。以各级领导人员为重点抓好党风教育和廉洁从业教育，认真组织各级领导人员和党员干部深入学习贯彻党的十七大精神和新党章，以中国特色社会主义理论体系武装思想头脑，坚定理想信念，教育和引导各级领导人员牢固树立正确的权力观、地位观和利益观，筑牢思想道德和党纪国法两道思想防线。继续开展纪律教育学习月活动，加强反腐倡廉典型案例教育，推进廉洁文化建设，为公司健康发展营造廉洁氛围。

2. 继续推进惩防腐败体系制度建设。2008 年到 2012 年是构建惩防体系的第二阶段，国资委党委、中远集团对做好第二阶段惩防工作提出了明确的工作目标和任务要求。各级党组织要按照上级部署，切实抓好今后 5 年惩防体系构建工作的组织领导和推进实施工作。要注重在强化制度执行力上下功夫，加强对制度贯彻落实情况的监督检查，不断拓展和延伸惩防腐败工作的覆盖领域，推动惩防体系与企业经营管理的融合互动，使反腐倡廉工作真正落到实处，取得实效。

3. 大力开展纪检监察审计监督工作。认真做好信访举报和案件查处工作，加强对权力运行的监督，坚决治理商业贿赂，坚决查处“小金库”和“账外账”，保持查处违法违纪行为的高压态势，确保国有资产保值增值。围绕企业生产经营，结合开展节能减排和降本增效工作，认真开展经济责任和财务专项审计，加强监督检查，深化效能监察，促进企业不断完善内控机制，提高管理水平，节约经营成本，增强竞争能力。

（六）坚持构建和谐，抓好群众组织建设，努力开创和谐发展生动局面

1. 进一步加强工会工作。各级工会组织要在公司党委的统一领导下，履行好维护、建设、参与、教育四项职能，坚持以构建和谐劳动关系为工作中心，夯实公司改革发展的群众基础，开创广远和谐发展的生动局面。一是健全维护职工合法权益的机制。要继续完善职工民主管理厂务公开制度，尊重职工群众主体地位和创造精神，支持和鼓励职工群众积极参与企业管理、安全生产的民主监督，增强职工群众的主人翁意识和责任感。今年要重点抓好贯彻落实《劳动合同法》和《船员条例》的监督工作，促进用工制度规范化，构建和谐劳动关系，切实保障职工合法权益。二是组织动员职工为广远发展建功立业。要继续开展各种群众性创建活动，紧扣降本增效、节能减排的主题，推进“安全在我身边，降本增效从我做起”活动、“亲情祝安全”活动的深入开展。要广泛开展岗位练兵、技能比武活动，推进职工整体素质的提高。要继续开展职工群众喜闻乐见的业余文化活动，满足职工群众的精神文化需求。三是继续健全完善服务职工群众机制。要深入实施“送温暖”工程，继续发挥“三项基金”的扶贫帮困作用，认真关心离退休老同志和广大船岸职工的工

作生活，重视解决困难职工的实际困难，推动公司安全发展，科学发展，和谐发展。

2. 进一步加强共青团工作。各级团组织要立足服务企业、服务青年，全面加强青年思想政治工作，继续深化增强团员意识主题教育和“与祖国共奋进”主题教育活动，在广大团员青年中深入开展学习中远集团“十大杰出青年”活动。要扎实推进青年创新创效、青年文明号、青年安全生产示范岗等创建活动，调动团员青年立足岗位成才、服务企业建功的积极性。要切实加强团组织的自身建设，认真组织举办团干培训班和团员学习班，积极探索上市公司和船舶团建工作的方式途径。要认真做好“广远十大杰出青年”评比表彰和宣传推广工作，进一步发挥青年典型的模范带动作用，开创团建工作新局面。

同志们，2008 年是充满希望的一年，也是极富挑战的一年。让我们紧紧团结在以胡锦涛同志为总书记的党中央周围，坚持以党的十七大精神为指导，深入贯彻落实科学发展观，按照中央和上级的各项战略部署，进一步解放思想，认清形势，深化改革，科学发展，以改革创新的精神和求真务实的态度，努力完成公司确定的各项工作任务，全面开创广远改革发展稳定各项事业新局面，为实现“打造资本广远、构建和谐广远、建设百年广远”的宏伟目标而努力奋斗！

谢谢大家。

“亚龙湾”轮

第二章 专稿

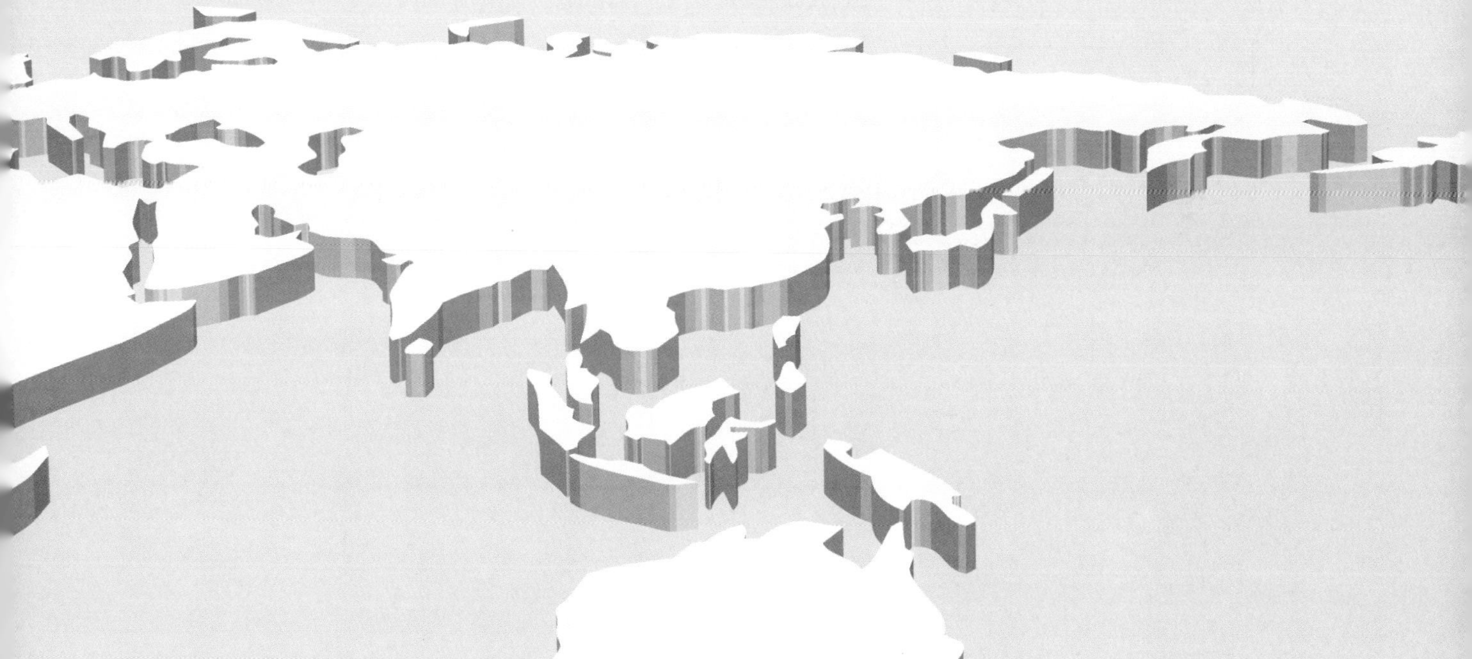

解放思想　深化改革
坚持走科学发展之路

——广远改革开放30年纪实

【编者按】　2008年，是我们伟大祖国——中华人民共和国改革开放30周年。30年来，我们国家发生了历史巨变，取得了举世瞩目的伟大成就。作为新中国第一家国有远洋运输企业，我们的步履始终与祖国同步，与时代同拍。乘着改革开放的春风，广州远洋运输公司（以下简称广远）在日益激烈的国际航运竞争中不断解放思想，开拓进取，破除传统守旧思想和习惯思维的制约，实现了跨越式的发展。

在纪念我国改革开放30周年之际，回顾总结广远改革发展的艰难历程和光辉业绩，对进一步统一全体员工的思想认识，加快推进企业建设，全面贯彻党的十七大精神，深入贯彻落实科学发展观，开创广远发展新局面，都具有十分重大而深远的意义。为此，《中国远洋报》编辑部精心撰写了《风正扬帆破浪行——广州远洋运输公司改革开放30年发展纪实》一文，《广州远洋》编辑部精心撰写了《三十年改革发展，春风一路——广州远洋改革发展30年事迹》、《解放思想，开拓创新，走科学发展之路——广远公司改革发展30年回顾与思考》、《三十年改革之路，我们这样走过》等一系列文章。为了存史和便于读者阅读，我们参阅了这些文章，吸取和引用了其中很多成果，整理成此文，特刊登在年鉴上。

改革开放是社会主义现代化的活力源泉。从1978～2008年，是我国改革开放的30年，是我国蓬勃发展的30年。30年来，广远乘着改革开放的春风，以放眼世界的眼光、超前的战略，扬起了改革创新发展的风帆，在中远集团的正确领导和大力支持下，广远人审时度势，跨越发展，组建起目前我国最大、世界领先的以特种船为主的多用途船队，推进“生产经营”和“资本经营”并重的发展战略。从2004～2008年，广远安全形势基本稳定，经济效益连续五年创历史新高。与此同时，广远和谐企业建设也取得了丰硕成果：先后荣获“全国模范职工之家”、“全国思想政治工作优秀企业”、“全国五一劳动奖状”；被评为“全国厂务公开民主管理工作先进单位”、首批“全国模范劳动关系和谐企业”，以及“中央企业思想政治工作先进单位”、“全国交通行业文明单位”等称号。

一

1978年，我国进行了拨乱反正，开始

了历史发展的新时期。广远的航运事业也随之走上健康发展的轨道。30年来，广远创下了许多全国第一：1978年5月27日，“眉山”轮从黄埔港起航，穿越台湾海峡，安全抵达日本名古屋，这是新中国成立后，中国商船第一次通过台湾海峡，从而开通了穿越台湾海峡的南北航线；12月17日，“明华”轮开辟东太平洋旅游航线，成为新中国最早的国际旅游船；1980年，“西江”轮首航香港至菲律宾，开辟了我国第一条全集装箱定期班轮航线；1983年，中国第一艘半潜式子母船“沙河口”轮投入营运；1987年，广远在全国率先利用计算机指挥船舶运输生产；1992年，“赤峰口”轮执行我国首次参加联合国维持和平行动任务，运载1500多吨物资驶往柬埔寨磅逊港；1994年，“海后”、“珍河”轮等8艘装载3800标准箱的大型集装箱船相继投入营运，广远成为中国首家管理第四代大型全集装箱船的企业；1995年，“沙河口”轮从韩国运载53.2米，重818吨的平吊到美国，创中国远洋船运单件设备最高纪录；2001年，广远是中国第一家导入新版质量管理体系的航运企业。

广远在努力壮大自身远洋船队的同时，积极支持兄弟公司的组建。1980年1月，大连远洋运输公司成立时，广远调拨了13艘、67.3万载重吨的油轮、885名船员和管理干部支援。后来，连云港远洋运输公司、深圳远洋运输公司、厦门远洋运输公司成立时，广远又先后支持了2艘、3艘、1艘船。广远为中国远洋运输事业的发展作出了重要贡献。

1996年底，广远拥有15000多名员工，121艘船舶、284.5万载重吨，船舶航行147个国家和地区的1279个港口，成为全国船舶类型最多、最齐全的综合性远洋运输企业。

1997年，广远从大局出发，按中远集团航运体制改革的要求，分别向上海远洋运输公司、天津远洋运输公司移交了当时经营效益较好的36艘集装箱船和17艘散装船，同时接收92艘平均船龄超过20年的杂货船。从此，广远从一家综合性航运公司转变为杂货船专业运输公司。船队规模、船队结构、业务范围都发生了重大变化，加上当时国际航运市场持续低迷，一度给广远的航运生产经营带来极大的困难。在这关键时刻，广远人坚定信心，坚毅不拨，勇往直前，在中远集团的正确领导和大力支持下，解放思想，创新思路，果断调整经营发展战略。2000年5月，广远副总经理徐惠兴（主持广远工作）在年中工作会议上提出“航运是广远的主业，是广远的重中之重”的战略思想。2004年，广远又总结了实践经验，将发展战略思想调整为：“航运是广远主业，是广远的重中之重，只有航运才能发展广远。”

广远在上述战略思想的指引下，在拓宽企业发展空间上，根据国内外航运市场的发展趋势，创新经营思路，敢于向新的先进生产力进军，将目光瞄准了四个“特”字——建立人无我有的特种项目船队、控制一片特有的专业运输市场、为客户提供特别优质的服务和培养一批符合市场需要的特殊专业人才，并且加大了对特种专业运输领域的研究、参与和开拓的力度。

广远实施上述的战略决策，逐步确定了“以一拖五”的船队发展格局——以杂货船、多用途船为主力，不断充实半潜船、重吊船、汽车船、木材船、沥青船等特种船舶。1998年11月30日，由日本船厂建造的“大中”、“大华”、“大富”、“大强”4艘载重16500吨、超大舱口围、联吊起重达500吨的多用途重吊船全部投入营运，重吊船在国际重件货和设备货运输市场上频创典型运例，赢得市场赞誉。2001年4月2日，“安吉江”轮完成散装沥青运输船改造，成为广远，也是中远集团第一艘沥青运输专业船；继“安吉江”轮之后，广远先后将“安泰江”、“安达江”、“雅江”、“洪江”、“涵江”等杂货船改造为散装沥青运输船，建立起广远、也是中远集团第一支沥青船队，经营效益显著。2002年12月18日，中远航运定造的半潜船“泰安口”轮首航，为广远、也为中远集团立足远洋杂货运输高端市场打下了坚实的基础。2003年8月28日，“泰安口”轮的姊妹船“康盛口”轮投入营运，使广远和中远集团在海洋工程重大件运输方面的实力跃居世界第二位。2003年2月22日、3月17日，广远新购汽车船“富源口”和“富康口”轮相继投入运营，扩大了汽车运输专业市场，汽车船的发展紧跟我国民族汽车产业发展的步伐，有序开辟航线和市场空间。2004年，广远整合系统内木材运输资源，重组中远远达航运有限公司，细致把握市场节奏，打造出澳新、西非精品航线。广远经过10年的艰苦拼搏，开拓创新一支能够代表中远集团品牌的“特”字号船队，凝聚起了强大的实力，其标志着我国最大、技术先进的广远特种船队初具规模。

从1988年开始，广远就与地方合资经营地方运输。1988年，与广州港务局合资经营广州船务有限公司、与海南省合资经营组建海南船务企业有限公司；1989年，与招商局蛇口港务公司合资经营深圳市蛇口远达航运企业有限公司；1989年，与福州港集装箱公司、香港美通船务有限公司合资组建福州榕龙集装箱有限公司；1991年，与福建省海运发展公司合资组建福建船务企业有限公司；1995年，与广东省电力集团公司、香港鹏业国际有限公司、超康投资有限公司合资组建广东省远洋运输公司。

2004年，广远为更好地巩固航运市场，加强与大客户的合作关系，又先后与多家公司携手成立合资航运公司，建立起更紧密的战略联盟，扩大航运主业发展平台。3月2日，与鞍钢集团国际经济贸易公司签署合资成立中远鞍钢航运有限责任公司协议，主营钢材运输；9月26日，与营口港务集团、海南港丰绿色物流公司合资成立中远营港航运有限责任公司，主营冷鲜货物运输；9月27日，与广州发展实业控股集团股份有限公司合资成立中远发展航运有限公司，主营电煤运输，为华南地区的煤炭运输服务。

从2007年开始，广远将船队定位从“以特种船为主的杂货船队”进一步调整为“以特种船为主的多用途船队”。按照这一新的定位，广远通过买、造、租、改、退等多种手段，加大特种船和多用途船优质运力的扩充。

30年，广远的航运主业发生了历史性的飞跃。30年前的1978年，广远是一家以杂货船为主的远洋运输企业，现代化的船舶不多。而30年后的2008年，广远发展成为我国乃至世界上最大的以特种船为主的多用途船远洋运输专业公司，拥有和控制半潜船、重吊船、多用途船、滚装船、汽车船、木材船和沥青船等111艘。其中，拥有的2艘20000吨级半潜船“泰安口”

轮、“康盛口”轮，是全球唯一拥有DP-Ⅱ技术，可自行从事海上大型工程定位安装的大型半潜船，被国际航运界誉为“全能冠军”、“亚洲第一船”。广远不仅实现了特种船船型配置多样、特种船队规模世界领先的目标，而且还在许多专业运输领域占据着国际领先地位。

广远船舶数量、种类一览表

艘数/载重吨 年份 名称	1978	1988	1998	2008
客船	3	1	/	/
油船	14	/	/	/
冷藏船	/	2	2	/
散货船	11	13	2	/
普通杂货船	102	59	58	28
全集装箱船	/	14	/	/
沥青船	/	/	/	13
木材船	/	6	/	9
滚装船	1	4	3	3
汽车船	/	2	/	5
半潜船	/	2	2	3
多用途船（杂货集装箱两用船）	10	43	37	50
重大件船	/	/	4	4
合计（艘/万吨）	141/256	146/239	104/147	111/167
备注：广远船舶的艘数和总载重吨，由于1997年中远航运体制改革而有所减少，而船队的科技含量大为提高。				

从上述表格，可以清楚地看到广远30年来，船队的发展正在向世界先进高科技的船队迈进。特别要强调的是广远的特种船队在中国乃至亚洲处于领先地位，在亚洲仅有日本的一家重吊船公司经营同类业务，而全球只有6家航运公司有相同的业务能力。而半潜船经营，只有2家欧洲公司同行；在海洋工程运输方面，广远居世界第二，而某些技术性能居世界前列。如“泰安口”、“康盛口”轮在国际特种高端运输市场创下了多项世界纪录：第一次运载超宽、超高、超万吨、超亿美元的单件货物，第一个使用船舶动态定位系统进行海上组装超大型天然气钻井平台，实现海上工程设备从运输到安装一次完成的革命性突破。30年间，特别是近几年，广远高科技船舶取得了突飞猛进的发展。

广远完成货运量、货运周转量情况表

年份	1978	1988	1998	2008
货运量（万吨）	847.31	1091.70	775.9	1493.61
货运周转量（亿吨海里）	377.3	553.5	321.4	737.14
备注：1997年中远航运体制改革，广远的集装箱船、散装船全部移交给兄弟公司，接回一批老旧杂货船，故1998年的货运量与货运周转量都大为减少。				

从上述表格，可以清楚地看到2008年广远完成的货运量、货运周转量又有新的、突破性的发展，比1978年有了大幅度的提高。特别要说明的是，1978年以前的货运往往是价值不很高的一般杂货件，运费收入也不高。而2008年的货运，特别是半潜船、重吊船经营的往往是世界超极限高端运输领域价值昂贵的货物。如2008年12月30日，“泰安口”轮完成的12900吨BOA项目模块的定点安装，运费收入就超过700万美元。

二

正当广远航运主业逐渐走上发展正轨，特种船队在国内外航运市场上赢得新的广阔空间之时，广远人没有满足以往的成绩，而是面对时势，冷静反思：随着国有航运企业参与世界竞争的程度不断加深，经济全球化的趋势更是呼唤“全球承运人”时代的到来。在这样的时代背景下，广远的领导班子认识到要实现企业的可持续发展、跨越式发展，必须进一步解放思想，开拓创新，带领全体员工勇往直前，从深层次上实现战略、体制和模式的根本变革。

在中远集团的指导下，广远人把目光投向了资本市场。1999年12月8日，由广远作为主发起人，联合广州经济技术开发区广远海运船务有限公司（以下简称海运公司）、中国广州外轮代理公司（以下简称广州外代）、深圳远洋运输股份有限公司（以下简称深远）和广州中远国际货运有限公司（以下简称广州中货）共同发起，成立中远航运股份有限公司（以下简称中远航运）。中远航运成立时，股本为23000万元。其中，广远以其所属主要远洋特种运输的25艘船的优良资产经评估确认后的经营性净资产29095万元出资，海运公司以现金850万元出资，广州外代以现金350万元出资，深远以现金300万元出资，广州中货以现金200万元出资。各发起人投入该公司的净资金及现金共30795.09万元。广远占总股本的94.48%。2002年4月18日，中远航运在上海证券交易所挂牌上市，成为中远集团航运主业第一家在国内上市的公司，标志中远集团及广远航运主业首次进入国内资本市场。中远航运的成功上市，通过资本市场共融资9.7亿人民币，这为广远航运主业提供了宝贵的融资平台，为进一步调整广远资产结构和船队结构，做大、做强、做优航运主业，从深层次上解决企业可持续发展的问题。广远开始驶入“生产经营”和“资本经营”并重的“双轮驱动”发展轨道。

2004年，广远又将航运主业的优质资产（40艘船舶）注入了上市公司中远航运，实现了重心由“以生产管理为核心”向“以市场经营为核心”转移，实现了“从拥有向控制”的重大转变。而“生产经营”和“资本经营”并重的“双轮驱动”发展格局，也使广远迅速建立起航运主业与管理体制相适应的运行机制，促成了广远与中远航运之间的良性互动。广远不断向中远航运注入优良航线资源、项目资源、船舶资源和人力资源，大力支持中远航运拓宽海内外融资渠道。中远航运上市后至2004年，广远先后将65艘船舶出售给中远航运，加速其发展。中远航运则坚持规范运作，致力企业优化治理，不断强化投资者关系。2006年，中远航运进行了股权分置改革，实现经营业绩的稳步增长，赢得了资本市场的高度认可。2006年，中远航运从全国1300多家上市公司中脱颖而出，荣获“100家投资者心目中最亲切的上市公司”、“2006年度中国绩优公司榜100强”称号。中远航运的总资产由成立时的7亿元增长到2008年的60多亿元，主营业务收入由1999年的5.2亿元增长到2007年的53.25亿元，是原来的10.24倍；净利润由1999年的3548万元增长到2007年的10.74亿元，增长了30.27倍。2008年，中远航运抓住改革和发展的良好契机，抓好航运主业经营和资本运作的“双轮”驱动，拓展特种船运输品牌，在企业发展、资本运作、业务开拓、安全生产和企业党建等方面又取得了良好的业绩。全年实现经营收入69.01亿，比2007年增加39.59%；利润总额17.31亿元，比2007年增长17.77%；净利润14.48亿元，比2007

年增长34.86%。基本每股收益1.11元。经营效益再创历年新高，“经营效益、公司价值、股东回报”最大化再次得到体现。2008年，中远航运荣获中国上市公司“最佳董事会奖”、“最佳治理奖”，荣登2008年度中国上市公司市值管理百佳榜，并被评为“价值百强”。

三

我国改革开放的30年，广远栉风沐雨、昂首向前。30年来，广远不仅航运体制进行了改革，企业管理也进行了创新；不仅航运主业在飞跃，岸产和劳务外派也有了很大发展；不仅物质文明建设取得丰硕成果，精神文明建设、企业文化建设、员工队伍建设、企业和谐建设同样是硕果累累。

在企业管理改革方面，广远是在改革中前进，在改革中发展的。从1979～2008年的30年间，广远不断探索、创新、改革，朝着建立既符合中国国情，又与国际接轨的灵活高效的航运企业管理机制迈进。从某种意义来说，广远的历史就是一部改革发展史。1979年，广远在全国远洋运输系统率先对船舶管理方式进行改革，“玉林”、“陆丰”轮首先开始实行经济承包责任制，得到交通部、国家计委、国家经委肯定，并在全国交通运输系统全面推广。1981年，广远在全国交通系统率先试行在航船员岗位职务津贴制；1988年，广远实行经理负责制和船长负责制，并实行工资总额同经济效益直接挂钩，实现了企业向以经济效益为中心的根本性转变；1990年，广远在经营体制上实行重大改革，由公司——船舶二级管理，改为公司——运输部——船舶三级管理。同年，广远执行扶贫政策，试行在农村贫困地区招收“全民农村合同工”船员的用工制度。1999年底，实行高级船员职务聘任制，船员根据综合素质高低能上能下，能进能出。

2001年，广远推进了机关机构改革，精简了机构和人员。此次机关机构改革是广远成立以来力度最大、范围最广、影响最深、难度最大的一次改革，旨在使企业在组织机构上突出以市场为导向，力图整体面向市场，提高市场分析能力、决策能力和应变能力，为企业实现可持续发展提供组织机制保障。这次改革，广远机关的职能管理部门由2000年的19个减为11个，管理人员由2000年的437人减为238个。机构和人员精减了，而工作效率却大为提高了，改革有力促进企业的发展。是年，广远推进了人事制度改革，实行竞聘上岗，打破论资排辈；实施机关员工工资改革，个人收入与企业效益挂钩，初步建立符合市场经济的分配激励机制；推进了自营船船员工资改革，初步建立与国际接轨的船员工资分配制度，建立起“以岗定薪，岗变薪变”的内部分配制度。2004年，广远进行了用工制度改革，实行“高级船员公司化，普通船员社会化”。从2005～2008年，广远进行了船员管理体制改革、驻国内港口办事处改革、车队改革等等，重新架设组织机构，建立偏平优的、科学高效的管理机制。

在岸产事业方面，广远采取独资、合营、合资、合作等方式，全面拓展岸产企业。1996年，广州远洋船舶物资供应站改为股份制公司，成为中远系统首家按现代企业制度建立起来的股份制企业。经过30

年改革开放的洗礼，广远的房地产、物业管理和酒店旅业已具规模，船舶物资供应、润滑油、通讯导航、计算机技术、教育培训等发展势头良好。

2008年，广远岸产全资和控股企业共有12家：广州远洋船舶物资供应有限公司、广州远洋建设实业公司、广州远洋物业管理有限公司、广远海运服务有限公司、广州金桥管理干部学院、广州远洋通信导航有限公司、酒店管理公司、广州远洋宾馆有限公司、广州天河远洋大厦有限公司、广州远洋大富酒店有限公司、东海大厦、广州远洋电脑系统公司。全年，岸产企业超额17.2%，完成广远下达的考核利润指标，岸产企业总体营运呈现健康、稳定、发展的良好态势。

在劳务外派方面，广远是我国较早进入国际劳动市场的企业之一。1979年9月28日，第一批22名船员外派香港益丰公司，标志着广远船员劳务输出的开始。1990年广远外派船员达1242人，年收入622.9万美元，比1979年分别增长7.2倍和14.6倍。1979~1990年，累计外派船员10316人，收入外汇4543.9万美元。此后，广远外派规模一年比一年大，范围一年比一年广，营业额一年比一年多。2003年，广远与33家船东建立劳务合作关系，外派船100艘，在船船员1619人。其中，境外1303人，境内316人。2007年，广远平均每天外派1547人次。其中，境内737人次，境外810人次。外派业务营业额为3651.62万美元，与2006年同比，增加了1000多万美元。2008年，广远的劳务输出又有了新的进展，平均每月外派1588人次。其中，境内1107人次、境外481人次。外派业务营业额为4672.81万美元，与2007年同比，增加了1000多万元。

在党建和思想政治工作方面，广远不断加强党的建设，坚持"支部建在船上"，充分发挥船舶党支部的战斗堡垒作用和共产党员的先锋模范作用；机关和基层党组织建设、思想政治工作有了新的加强；开展保持共产党员先进性教育活动取得了新成效；党风建设和反腐倡廉工作情况良好；"三学一创"活动坚持与时俱进、创新载体，不断拓展学创内涵，使学创活动有了新的发展和新的提高。特别值得提出的是，广远在党建工作中，创新"一校一刊一网"（企业党校、《广州远洋》杂志、党建网络平台）高度流动分散党员教育管理模式，打造海上坚强堡垒，建立健全了"送学上船"等一系列先进性教育长效机制，党组织工作覆盖面和党员教育管理覆盖面均达到100%。广远创新高度流动分散教育模式，较好地解决了党组织和党员高度分散、频繁流动带来的教育和管理难题。该经验受到了中共中央办公厅、国资委党委、中远集团党组、广东省委组织部、广东省直工委等上级党组织的充分肯定。2007年，中共中央办公厅印发的《保持共产党员先进性四个长效机制文件精神贯彻落实情况的报告》，将广远"送学上船"的做法写进报告。2008年，广远"一校一刊一网"党员教育模式被中共广东省委评为固本强基创新成果。

在企业文化建设方面，2001年广远制定了《企业文化建设纲要》，实施了企业文化建设五年规划（2001~2005年），坚持不懈地抓好企业文化建设。2006~2008年，广远的企业文化建设又有了新的发展，广远把"爱国奉献，振兴广远"的企业精神作为企业文化的核心和灵魂，进一步弘扬了广远“忠于祖国，热爱远洋，艰苦奋斗，遵守纪律”的优良传统。通过加强企业文化建设，让企业价值观、企业经营理念、企业优良传统在广大员工心中生根；努力塑造企业形象，大力实施品牌战略，提升了广远的品牌价值和核心竞争力，积极发挥企业文化的磁力作用、效力作用和潜力作用，大力构建安全文化、廉洁文化，营造了具有时代特征、行业特点、广远特色的企业文化氛围。

在员工队伍建设方面，30年来，特别是近10年，广远坚持党管干部、党管人才的原则，深化人事制度改革，推进任前公示、公开选拔、竞聘上岗等制度，形成了“能者上、平者让、庸者下”的用人机制；实施加强船员教育培训“红树林”工程，造就了一支政治强、业务精、懂经营、善管理的人才队伍，打造了一支具有市场竞争力、敢打硬仗、能打胜仗的高素质船员队伍。30年来，广远涌现出一大批先进船舶，如荣获全国“两个文明建设标兵船”的“华铜海”轮、“全国青年文明号”的“安龙江”轮，荣获全国“五一劳动奖状”的“海腾”轮、“全国工人先锋号”的“泰安口”轮。30年，在广远的历史上，人才辈出，群星灿烂。由于功绩突出，享受国务院特殊津贴的专家有叶龙文、王颂汤、张其波、戎嘉隆、吴如松、程荣生、余文成、林秉中、奚国华、孙凤羽、王光桢、王学勤、谭活钦、张如德、徐惠兴、蔡映庭、王雄华、卫其明、蔡茂镛、金宏、张建浩等21位。30年间，获“全国劳动模范”称号的有李娑贵、叶龙文、徐惠兴，获“全国五一劳动奖章”的有姜阿南、陈云生、刘志爽、肖健池，获“全国优秀企业思想政治工作者”称号的有程受煌，获“全国优秀工会工作者”称号的有马宗梅，获“中央企业优秀思想政治工作者”有刘书田，获省部级劳动模范的有王颂汤、官雄、肖健池、黄成好等，获“广东省五一劳动奖章”的有郑兰勋、王颂汤、刘书田、马宗梅、吴禄伟。还有王润德、蔡连财、王叶红、徐文凤等一大批先进个人获各种荣誉称号。

在构建和谐企业方面，广远和谐企业的构建取得显著成效，企业上下紧密团结，呈现出三个特点：一是实行“厂（船）务公开”，加强企业的民主管理。1979年，党的十一届三中全会以后，广远的民主管理有了新的进展，逐步建立和健全了企业和船舶民主管理大会制度。1998年，广远在广东地区的企业中率先抓了厂（船）务公开的试点和推广工作。到2001年广远厂（船）务公开率达100%。多年来，广远以实现企业健康、协调和可持续发展为目标，积极探索厂（船）务公开民主管理的新路子，努力打造员工履行民主权利的平台，将厂（船）务公开民主管理工作融入到现代企业制度建设、生产经营、企业管理、基层民主政治建设等方面，保障员工的知情权、参与权、监督权，实现了厂（船）务公开民主管理工作的新发展，最大限度地发挥了广大员工的智慧和力量，促进了企业的和谐，推动了企业的健康发展。二是船员家属工作不断提升，稳定航运主业后方。广远自1985年成立第一批船员家属站以来，船员家属工作蓬勃发展。到2008年，广远共有76个船员家属站形成了较为健全的船员家属工作网络。在船员家属中广泛开展热爱远洋、热爱船员、“亲情祝安全”、做一个好“海嫂”等活动。通过做好船员家属工作，建设和谐温馨港湾，稳定航运主业后方。三是不断加大凝聚力工程的力度，坚持与员工分享改革开放的成果。广远在运输生产发展和企业经济效益增长的前提下，不断提高员工的工资收入和生活福利待遇。1997年，在职员工工资性收入，人年平均为24536.26元，是1980年的13.22倍，2008年在职员工工资性收入又比1997年有较大幅度的提高。30年，广远员工居住的条件也有较大的改善。1979～1981年，广远才建房77000平方米，解决员工住户为数很少，借给员工建房资金仅80多万元。1995年，广远实施“安居工程”后，到1998年，解决了员工住房1784户，为外地员工筹借建房款就达7655000元。与此同时，着力做好离退休人员的工作，让其老有所养、老有所医、老有所乐，安度晚年。广远从1995～1998年，对船员家庭进行4次大慰问，走访了26个省、市、自治区的1320个省市县，走遍大江南北、长城内外，给12391户船员家庭送去了党的关怀和温暖。广远对于员工群众最关心的切身利益和实际困难凡是能办到的，一定千方百计地帮助解决。1996年2月，广远设立解困基金会，其后，又建立了高等教育助学基金、希望工程基金，及时解决员工的疾苦。据2003～2008年统计，广远希望工程、高等教育和解困三项基金共发放335万元，帮扶了广远224名特困员工子女提供了助学金。2008年，广远为汶川大地震受灾员工170人发放了30多万元的救助金。

近年来，广远在中远集团的大力支持下，下大决心、花大力气解决历史遗留问题，完善了船员激励机制，为外地员工补储历史上由于效益一度不好而未缴齐的住房公积金，妥善解决了军产房的产权问题，加大推进实施住房货币分配和货币补差工作力度，于2006年7月24日正式启动实施住房货币补贴工作。据统计，可享受住房补贴的总人数为1万多人，至2008年12月止，已经广州市房改办审批计发住房补贴的人数为9517人，基本完成了此项工作，广大员工深为满意。

四

广远改革开放30年的实践充分证明，广远人有能力迎接改革开放带来的严重挑战，有能力抓住改革开放带来的良好机遇，在剧烈的市场竞争中完善和发展远洋运输事业。回顾广远30年的改革进程，广远有什么宝贵的经验呢？概括起来，有以下“五个必须”：

一是必须坚持解放思想，更新观念，才能从认识上冲破束缚发展的桎梏。解放思想是发展中国特色社会主义的一大法宝。改革开放30年，是广远实现跨越发展的30年，也是广远不断解放思想的30年。当改革开放的春风一夜拂来，敏锐的广远人很快便觉察到时代变迁的气息，主动打开思想之门，接纳新观念、新事物。推行单船经济核算、船长负责制是广远人从“大锅饭”旧观念的桎梏中解放出来的开始；实行高级船员聘任制、全员竞聘上岗、薪酬管理体制改革，是广远人对传统的“铁饭碗、铁工资、铁交椅”观念的重要挑战。广远从新中国远洋长子到改革先锋、从计划经济时代的运输生产者到市场经济大潮中的弄潮儿，每一次嬗变都闪烁着解放思想的智慧、勇气和魄力！实践证明，面对开放的市场、激烈的国际竞争，以及企业内部体制转变等等深层次矛盾和困难，只有解放思想，敢为人先，大胆探索，勇于实践才能冲破一切妨碍发展的因素，改变一切束缚发展的弊端，从根本上促进企业的科学发展。

二是必须坚持深化改革，开拓创新，才能在实践中开创发展新局面。改革开放是发展中国特色社会主义的强大动力。30年来，广远在深刻变化的社会、经济、政治环境中，不可避免地遭遇众多前所未有的问题和困难，如改革开放初期经营体制陈旧、活力不足；市场加大开放时，市场意识与抗风险能力较弱；航运体制改革时，杂货船队生存发展空间狭窄；还有老企业历史遗留的问题多、包袱重，船员队伍、船舶结构不合理等问题。面对这些问题和困难，广远人始终坚定信念，着眼未来，以改革创新的利刃突破藩篱，通过航运体制改革、企业管理体制改革、资产重组等一次比一次深化的变革行动和经营管理上的持续创新，逐步建立和完善企业法人治理结构，确立现代企业发展模式，使广远走上可持续发展的道路。广远30年来改革创新力度的不断加大、程度的不断加深，让我们深刻地认识到，只有立足于实际，着眼于发展，放手于改革，才能在实践中总结和创造新的经验，才能使我们的事业不断开创新的局面。

三是必须坚持与时俱进，求真务实，才能在不断变化的环境中始终把握前进的方向。广远人在实践中认识到：解放思想，改革创新，不是一蹴而就的，而是需要从事物发展变化来思考、决策，紧跟时代发展的潮流；解放思想，改革创新不是盲目的，而是需要坚持从实际出发，以科学的理论为先导，以发展的目光来分析、指引和推进。为此，30年来，广远始终坚持环顾四周、把握发展趋势，立足自身，研究发展规律，提出发展思路，推进各项改革，保证各项工作贴近实际，发挥特色，符合规律。

2000年以来，广远明确以航运为主业的发展战略，着力特种船运输业务，瞄准了国际航运市场全新的利润区域，开辟了企业生存发展的新天地。近年来，广远打造“资本广远”，推进“双轮驱动”发展战略，更是让广远实现了“从拥有到控制”的重大转变。可以说，广远改革开放30年的历程，正是一个坚持实事求是，不断审时度势，努力走在时代前列，实现跨越发展的过程。广远人的实践表明，无论市场形势如何变化，无论遇到什么样的难题，只要我们坚持发展的思维，立足实际，不断提高谋划、指导企业改革发展的能力，就能够将改革开放的主旋律落到实处，将创新发展的方向牢牢地掌握在自己的手中。

四是必须坚持加强党建，固本强基，才能为企业改革发展提供最稳固的保障。党建、思想政治工作是我党的政治优势，是推动广远发展壮大的重要法宝。改革开放30年来，广远始终坚持不断适应经济社会的发展变化，加强和改进企业党建和思想政治工作，为企业提供强有力的政治保障和组织保障，为企业的改革发展稳定保驾护航。改革开放30年来，无论形势怎么变化，企业模式怎么变革，广远党委始终坚持加强和改进党建和思想政治工作不放松，充分发挥各级党组织政治核心作用、战斗堡垒作用和共产党员的先锋模范作用，为企业发展领航，为企业改革护航。在党旗的引领下，广远培养了一支政治立场坚定、精通业务技术、能打硬仗、敢于拼搏、具有钢铁般意志的骨干队伍，牢固确立了党组织的干部队伍优势；树立了一批以“华铜海”、“安龙江”轮为代表的先进典型；弘扬了“忠于祖国，热爱远洋，艰苦奋斗，遵守纪律”的广远优良传统，建立起以爱国主义为核心的企业文化体系和“爱国奉献，振兴广远”的企业精神；牢固确立了企业党组织强大的政治优势、思想优势、作风优势、干部优势、文化优势和群众优势，为实现企业科学发展提供了坚强的保障。

五是必须坚持以人为本，建设和谐企业，才能从基础上夯实发展的根基。人是最宝贵的财富。以人为本，是回答改革开放进程中，企业相信谁、依靠谁、为谁发展问题的关键所在。30年来，广远在推进企业深化改革的实践中，始终牢记全心全意为人民服务的宗旨，并在具体工作实践中，将为人民服务的宗旨诠释为在深化企业改革、推动企业发展中相信员工群众、依靠员工群众、服务员工群众的指导思想。从1995年提出“以人为本、依法治理，构筑利益、荣誉、命运共同体”，连续4年开展大慰问活动到近几年大力构建和谐广远，努力为员工办实事、做好事、解难事，解决了一系列关系员工切身利益的历史遗留问题。广远通过实实在在的行动，将以人为本的理念落到实处，使广大员工在感受春风化雨般的温情中自觉地把个人与企业结成利益相关、荣辱与共的命运共同体。2001年以来，广远推行了一系列深刻的变革，这些变革是推动企业发展的必要步骤，但不可避免地要涉及利益格局的重新调整、员工岗位和身份的变化，然而广远始终保持思想不乱、人心不散、工作不间断，充分体现了广远依靠员工办企业，坚持以人为本，构建和谐的工作成效。实践证明，越是在企业发展的关键时刻，就越是要全心全意依靠员工队伍，调动员工的积极性、创造性，着力提高员工素质。企业深化改革必须紧扣“人”这一要素，这是企业发展的永恒主题。（刘锐祥）

“大富”轮

天灾无情　人间有爱

——广州远洋情系地震灾区

【编者按】2008 年 5 月 12 日，汶川大地震发生后，广远领导亲自部署应急工作，启动突发事件应急工作预案，公司上上下下迅速行动起来，组织人员联系灾区船员，成立内部赈灾机构，对灾区船员、员工家庭进行慰问救助，将党的温暖、企业大家庭的关怀及时送达灾区员工心中。与此同时，广大员工踊跃为灾区人民献血、捐款、捐物，充分表达对灾区人民的浓浓情谊，谱写了一曲“一方有难，八方支援”，誓与灾区人民同甘苦共患难的爱心乐章。

据不完全统计，广远累计向灾区捐款达 814.8 万元。其中，单位捐献 510 万元，员工捐献 304.8 万元，特殊党费 189 万元，并向灾区捐赠了一批新棉被、新帐篷、电风扇等紧缺物资。广远通过各种途径向受灾员工家庭累计发放赈灾救助金 30 多万元，使企业的凝聚力进一步增强，有力促进了和谐广远建设。

对此，《广州远洋》、《广远工会信息》、《中远航运》刊登了许多感人的文章，很多基层单位2008 年的年鉴也撰写了有关的条目。为了存史和便于读者阅读，我们将有关资料综合在一起，编纂成这一专题。

天灾无情人有情

2008 年 5 月 12 日 14:28，我国四川汶川地区发生了 8 级地震，造成了重大人员伤亡和财产损失。广远领导及广大员工获悉此消息后，时时刻刻牵挂着灾区人民，时时刻刻牵挂着地震灾区广远系统船岸员工及家属的生命安危和生活困难。广远领导迅速就有关抗震救灾工作作出指示，及时启动突发事件应急预案，成立了广远系统内部救助工作领导小组和工作小组，多次召开会议，研究对策，制定内部救助受灾员工实施方案，全面部署抗震救灾工作。

广远系统共有 1126 名家在四川的在职员工和退休员工，汶川没有广远的员工。广远离退休服务中心、中远航运船员管理部通过各种途径，甚至发动当地船员家属站、退休人员管理站以及个人上门搜集受灾员工信息。截至 5 月 28 日，公司与所有灾区员工家庭都取得了联系，了解了受灾情况，并进行了电话慰问和安抚。据统计，广远有 163 户员工家庭受到不同程度的损失，没有人员伤亡。

广远在实施救助过程中，准确掌握受

灾船岸员工的情况，救助工作既做到广泛关怀，雪中送炭，让受灾的员工顺利渡过难关；又做到突出重点，确实帮助到最需要帮助的员工家庭，把好事做得更好、更实。至5月底，公司对163户受灾员工家庭发放救助金17万多元。内部救助金全部从广远解困基金中列支，体现了解困基金“扶贫帮困”的根本宗旨。

6月2日，广远纪委书记、工会主席马宗梅受广远党委和领导班子的委托，前往远洋宾馆、物业公司、远洋大厦、金桥学院和供应公司等岸产企业慰问四川籍受灾员工并送上慰问金。

广远在做好本公司员工的受灾慰问、救助工作的同时，积极响应中共广东省委、省政府、中远集团开展捐助活动的号召，广泛发动广大船岸员工为灾区人民捐款捐物，帮助灾区人民渡过难关，重建家园。

在广远每天的调度会上，总经理徐惠兴、党委书记刘书田多次过问受灾地区员工情况，并号召大家出钱出力。公司领导身先士卒，带头捐献。在广远各级领导的带动下，广大员工捐款捐物献爱心的热情高涨，航行在世界各地的100多艘船舶纷纷组织船员积极认捐，陆地员工、离退休人员争相解囊捐献，一些家住外地的船员还打来电话询问捐款事宜，并将捐款汇来公司。

广远机关各部室的广大员工未等动员已纷纷伸出援助之手，陈奕、虞笑晖、梁恩发等人当天将身上仅带的300元全部捐出后，第二天又各自捐出300元。许多员工除参加公司募捐外，还在网上、社区参加社会捐款、献血活动。短短几天时间，广远本部机关工会共收到员工捐款219200元，新棉被30床。

中远航运的捐赠活动于5月14日举行，船岸全体员工踊跃参加。正准备出差的首席执行官姜立军和副总经理杜俊明，当场每人把2000元捐赠款交给工会主席，以表达对灾区人民的深切关爱，为员工作出了表率。远在苏丹疏港的航运部业务员黄东海专门给公司的同事发来邮件，要求在捐款时记得代他捐上一份。中远远达于5月15日举行向汶川大地震灾区送温暖献爱心捐款活动。截至5月19日，中远远达捐出款物共38000元，其中含现金24100元、价值13900元的全新帐篷、棉被等救灾物品一批。中远营港8名员工于5月14日通过海南省红十字会捐献6000元人民币给灾区人民。中远南方全体员工心系灾区，为灾区人民捐款17400元。广远其他航运企业的员工也纷纷向灾区人民献爱心，积极参加捐款活动。

岸产事业部发动岸产企业广大员工积极为地震灾区捐款、捐物，为灾区人民送上温暖和关爱。截至5月27日，岸产企业（含岸产事业部）员工共为灾区捐款285247.10元。

5月16日，在共青团广东省直团工委开展援助汶川大地震灾区预约志愿献血活动中，广远共有174名青年报了名预约献血。其中，来自中远航运人力资源部的罗小光代表广远青年参加了志愿献血仪式，并现场进行了志愿献血。

灾情同样牵动着广远幼儿园的娃娃们。5月16日，远洋天河幼儿园举办了一场《深情系灾区，童心耀中华》幼儿募捐活动。大中班级的幼儿们跳起了一曲舞蹈《明天会更好》，表达了希望灾区人民早日重建家园的美好心愿。在一片《爱的奉献》歌声中，孩子们在父母的带领下，将自己积攒的零花钱或压岁钱投进了捐款箱，并在《爱心记录簿》上庄严地写下了自己的名字。此次募捐，共收到捐款6096.3元。此外，幼儿园还举办了《深情系灾区，童心耀中华》义卖活动。孩子们把自己的心爱玩具与自己手工制作的作品拿出来进行义卖，所得款项全数捐献灾区。

在捐款活动中，许多退休员工主动联系公司，纷纷要求通过单位向灾区人民捐款。供应公司退休老员工曹健修两年前做了腰部大手术，行动不便，生活也不富裕，当她看到电视灾情画面时，特意让家人代她捐款。通导公司退休员工汤正文一大早就送来300元捐款，其说："看到灾区人民遭受苦难，我唯一能做的是给他们捐点款，这样我心里才好受一些。"内退员工冯卫江打来电话，毫不犹豫地要求将当月工资全部捐给灾区。在此次募捐活动中，离退休员工共捐款132650元。

截至5月26日，广远系统共捐款766万元（内含特殊党费、特殊工会费、特殊团费）。其中，单位捐款500万元（中远航运），船岸员工捐款266万元。同时，还收到员工捐赠的75床新棉被、50个新帐篷、新电风扇等物品。员工的捐款充分体现了"一方有难，八方支援"的同胞深情。

让爱撒满受灾员工心田

广远为进一步落实企业内部救助地震灾区员工，宣传和弘扬抗震救灾精神，表达公司和1万多名员工对灾区员工家庭的关爱，根据总经理徐惠兴、党委书记刘书田的指示，由纪委书记、工会主席马宗梅负责率领3个慰问组于6月28日至7月5日，专程分赴成都、南充、达州等地震灾区开展走访慰问活动，实地了解员工家庭受灾情况。

慰问活动采用召开座谈会和上门走访相结合的办法，突出慰问重点，扩大慰问范围。慰问组全体人员克服种种困难，经过一周的长途跋涉共走访167户船员、退休人员家庭，召开7次抗震救灾座谈会，发放了一批慰问金、慰问品。慰问组根据现场了解到的员工受灾的新情况，除已经实施的普遍救助外，还对21户受灾比较严重的家庭现场发放救助慰问金2.3万元。

这次慰问活动，范围大、时间紧、任务重，慰问范围覆盖了四川都江堰市、德阳市、彭州市、成都市、浦江市、眉山市、乐山市、南充市、达州市、达县、开江县、宣汉县、中江县等10多个市县的灾区员工家庭。各慰问组不顾长途劳碌，顶烈日、战风雨、冒险情，跋山涉水，早出晚归，连续作战，全情投入，争取时间深入一线了解员工家庭受灾情况，将企业的温暖送到更多的员工家庭。

成都慰问组一下飞机，就与成都船员家属站站长刘萍和船员王朝辉会合，完善慰问方案，落实慰问活动具体行程，紧接着一一走访员工家庭，一直忙到晚上。慰问组起早摸黑，马不停蹄，顾不上中午休息，经常错过正常用餐时间。该慰问组在船员家属站和当地船员的全力配合下，慰问活动准备充分，合理安排，紧凑高效，仅短短的5天时间，先后对成都市区及周边地区的74户员工家庭进行了走访慰问。

南充慰问组刚放下行装，立即展开走访慰问和慰问座谈会的准备工作，直到深夜才休息，第二天一大早又出发。在慰问灾重户龚海东家庭时，由于地处偏远山村，刚下过大雨山路极其难走，汽车在村外3公里处再也无法前行。马宗梅首先跳下车，连水鞋也没顾得上换，就沿着泥泞的小路往前走。其他人员二话没说，脱下鞋、卷起裤腿，提上慰问物，深一脚、浅一脚行走在泥泞小道上。龚海东的家人看到一身泥水的公司领导和慰问组人员，十分感动，其父亲表示一定要把公司慰问组来看望他家的事，转达给在船工作的儿子，让他安心工作，不辜负公司的关心和厚爱。

达州慰问组，6月29日15:00一出达州机场，就与当地4名退休船员取得联系，着手筹备当晚的慰问座谈会。19:00，除2户员工家庭因路远不能参加外，40户员工及家属如期参加了慰问座谈会，会场始终洋溢着浓浓的情意。该慰问组还长途跋涉6个多小时的崎岖山路，从达州市到通江县慰问1户船员家庭，在当地传为佳话。

慰问组每到一处都代表广远领导、广远系统各单位及全体船岸员工向受灾地区船员、员工及家属表示亲切慰问，号召大家树立信心，互相关爱，克服困难，发扬抗震救灾精神，更加坚强、更加团结、更加充满激情把家乡建设得更加美好。

广远组织的这次慰问活动不仅让灾区员工家庭感受到企业的关爱和温暖，而且激发了员工做好工作的热情，凝聚了人心，凝聚了力量，增添了企业发展的动力。不少被慰问的员工和家属深受感动。船员家属们表示一定努力克服困难，安排好家里的事情，全力支持丈夫在船上安心工作。许多公休船员表示，一定加倍努力工作，为广远又好又快发展做出新的贡献，以实际行动回报公司、回报社会。

爱心在大洋深处弥漫

汶川大地震灾情发生后，广远立即部署向灾区人民献爱心活动，中远航运向船舶发出了救助灾区倡议书。“一方有难，八方支援”。船员们得悉汶川地震灾情后，深感震惊和悲痛，纷纷为灾区人民献爱心。

5月12日，“白沙岭”轮正在太平洋上航行。船员们获悉汶川大地震消息，内心万分沉痛。船员自发组织了募捐活动，通过募捐的形式表达对受灾同胞的同情和关怀。新上船的2名实习生，因刚从学校出来，自己还没挣上钱，大伙劝他们可以免捐。但他们还是参加了捐款。实习生钟云说：“我们是祖国的一分子。我们钱是捐得少了一点，但也代表我们对灾区人民的一点心意。”正是天灾无情人有情，力量有限爱无限。

“松山”轮收到中远航运电子邮件后，船长曹桂贤、政委牟之平、轮机长邹祖荣每人主动认捐500元。老电报员肖贞元家庭面临还购房贷款的压力，老机工林崔济子女即将成婚，水手何冰准备公休做眼科手术，但他们首先想到的是灾区人民的需要，他们怀着对灾区人民的无限深情主动认捐。全船认捐了6200元。

“大强”轮船员得到消息后，大家齐聚餐厅，不等船舶领导开口，有的船员就自觉向灾区捐款。于是你100、我300、他500……船员们很快就认捐了4820元。2名随船监货到目的港的美国人看到后深受感动，他们向中国灾区捐了300元美金。船员们一再对他们表示感谢，Nick Moen用一句美国的谚语作为回答：“朋友有难，举手相助。”Brian Narple 说：“我们作为中远船舶的‘准船员’，理应为中国灾区人民献爱心。”

汶川大地震消息传到正在南海航行的“大西洋商人”轮上，所有船员都被这突如其来的灾难所震惊，同时也深为祖国受难的同胞们着急。有的船员马上通过电子邮件通知家里捐钱捐物。船上发起了捐款活动，不到 30 分钟，船员就认捐了 3200 元。尽管数额不多，但代表了每位船员对灾区人民的一片爱心。

外派到其它航运公司的中远航运船员，也时刻没有忘记遭受灾难的同胞。“嘉荫关”、“西昌海”、“天坛海”、“鞍山”轮的船员们表示要和灾区人民心连心，纷纷认捐。“西昌海”轮政委刘志鹏有感而发，作诗一首：惊知汶川震灾重，“西昌海人”齐伤恸；情牵灾民衣食住，心盼国家万事安；职务担当有相异，爱心奉献无不同；水头捐款做表率，机工报名抢前头；车薪杯水力绵薄，一分一角都有情；祈祷灾区重美丽，祝福中华长盛昌！

有道是：“天灾无情人有情”。广远的远洋船员虽然远离祖国，航行世界各海域，但他们拳拳报国之心洒遍大洋，感动五洲。

“特殊党费”特殊的爱

汶川大地震灾情一直牵动着广远广大共产党员的心。广远党委所辖 239 个党支部广泛开展“抗震救灾中党员尽义务和企业尽责任”专题组织生活，共产党员们纷纷响应中共中央组织部、广东省直工委、广远党委的号召，踊跃缴纳“特殊党费”，用党员对党的赤诚和忠心向灾区人民献上特别的爱。据统计，广远共有 4053 名党员缴纳“特殊党费”189 万元。其中，缴纳“特殊党费”1000 元以上的有 850 人，1 万元以上的有 5 人，最多的达 3 万元。这充分体现了广远党员的高风亮节。

广远 6 名公司领导率先缴纳“特殊党费”，每人 2000 元。广远本部机关党委共有 197 名党员缴纳抗震救灾特殊党费 154777.00 元。其中，缴纳 1000 元以上有 92 人。原汽车船项目部总经理、党支部书记陈新川不仅上交了 5000 元“特殊党费”，还给公司党委写了一封信，表示“随时可以收拾行装到组织需要的地方去”，“恳请（组织）给一次为灾区人民做贡献的机会”。中远航运岸基 245 名党员缴纳“特殊党费”302730 元，人均 1235.36 元，其中缴纳 1000 元以上的党员达 196 人，占党员总数 80％。中远远达共有 30 名党员，共缴纳“特殊党费”33500 元，人均 1150 余元。现年 80 岁退休干部、原广州远洋物管处副处长张俊年从自己不高的收入中，拿出 1 万元作为“特殊党费”，交给了党组织。离休干部刘子明、退休干部施慧美夫妇已向灾区捐款 3000 元，这次各自缴纳了 1000 元“特殊党费”。海运公司的孙庆民当时正在国外探亲，听到公司党员缴纳“特殊党费”的消息，立即打电话给公司要求认捐 1000 元。

特别难能可贵的是，5 月 17 日去世的原广远党委书记、正厅局级离休干部、八路军老战士朱汉雄，临终前嘱咐女儿将他 3 万元积蓄作为“特殊党费”捐献给四川灾区。他在生命垂危时对女儿交待说：“我是四川开江人，看到家乡遭受如此巨大的灾难，我非常难过。作为一名党的干部和四川人民的儿子，我应该为家乡做点什么。我想和你母亲联名捐赠3万元钱，用于关心和帮助广远的受灾船员，支持他们自救，劳烦广远公司代为转交。”朱汉雄一生对党无限忠诚，生活简朴，大爱无私。朱老虽然去世了，但他留下了对党、对祖国、对家乡的无限眷恋和对灾区人民的一片深情。

航行在世界各海域和停靠在各港口的100多艘船舶的共产党员、在家休假的船员党员，从四面八方发来缴纳“特殊党费”的确认电函。5月13日，“毓骐海”轮党支部写下了一段感人至深的话：“一点很小的善心，乘以13亿，就会变成爱的海洋；一个很大的灾难，除以13亿，就会变得微不足道!”船上7名党员捐款3800元。党员大厨林敏强捐款400元，他深情地说：“在巨大的天灾面前，四川同胞坚强不屈、坚忍不拔的精神让我们感动。同胞需要帮助，我们责无旁贷。”其实，林大厨自己73岁的母亲做完心脏搭桥手术后还需要住院观察治疗，高额医疗费用已给了他很大的压力，但他自觉地履行了一个共产党员的义务。

正在印度装载深海钻探平台的“泰安口”轮，船长、政委、轮机长每人缴纳“特殊党费”2500元。在他们的带动下，船上11名党员纷纷慷慨解囊，全船党员共缴纳了17250元“特殊党费”。正在地中海航行的“乐同”轮船员党员还没等政委将中远航运发来缴纳“特殊党费”的通知读完，全船15名党员就争相缴纳，共缴纳“特殊党费”10050元。其中，缴纳“特殊党费”1000元以上的有8名党员。

外派“德富”轮，5月22日正在茫茫的印度洋上航行。傍晚，在船长办公室由政委传达关于缴纳“特殊党费”支援抗震救灾的精神。党支部副书记、船长刘铁军说：“这是我入党以来第一次缴纳‘特殊党费’，很有意义，我缴纳2000元”。轮机长陈启仁说：“一方有难，八方支援，作为党员缴纳‘特殊党费’，义不容辞，我缴纳1200元。”不到10分钟，“德富”轮5名党员共缴纳了6700元“特殊党费”。

“安龙江”轮5月23日早餐时，船舶政委将通知传达给全体党员后，无需动员，不到10分钟，9名党员已在登记表上签名填上缴纳金额。这时，正在就餐的三副白志愿走过来，问政委他是否可以缴纳“特殊党费”。该同志前一天，也就是22日晚才被党支部大会通过吸收为预备党员，船上党支部还未来得及报上级谈话、审批，没有得到上级党组织的正式批复。此时此刻，党支部尊重他的决定，同意他缴纳“特殊党费”。白志愿激动地在登记表上端端正正地写上自己的名字和缴纳数额，并深有感触地说：“自己第一次所缴纳的党费用于抗震救灾，具有特殊的纪念意义。”

“黄云”轮5月24日晚餐后，党员们在餐厅排队缴纳“特殊党费”。轮到50岁的机工长邹建文时，他在认捐表中一笔一画地填上了1000元。当有人提醒他家境并不宽裕，收入也不高，劝他少交缴时，这位有34年党龄的老党员激动地说：“我是党员，不能亲自去灾区赈灾，不多捐点钱，我心不安。”在短短几分钟里，船上7名党员共缴纳“特殊党费”4100元。

“大西洋商人”轮党支部在航行中举行了一次令人难忘的党日活动，全船党员集中一起重温入党誓词，探讨在和平时期如何去实现共产党员自身的价值。船长和轮机长说：为了不忘记2008年我国举办北京奥运会和汶川发生的大地震，我们就缴纳

2008元“特殊党费”。全船9名党员共缴纳“特殊党费”12388元。

截至5月28日，广远系统100多艘船舶党支部937名船员党员，缴纳“特殊党费”共计390643元。

广远本部内退支部的共产党员，是一群特殊的群体。由于内退，平时不在岗，但他们也积极参加了缴纳“特殊党费”的活动。5月23日，十几名内退员工党员来到人力资源部/组织部缴纳“特殊党费”，有的缴纳100元，有的200元，还有的1000元。内退党员陈真的小孩在读大学，妻子下岗多年，但他却毫不犹豫地缴纳200元。他说，看到电视转播的地震灾区灾情，不知流了多少眼泪，为灾区缴纳“特殊党费”是应该的。

这次广远共产党员缴纳“特殊党费”的行动带动了广远广大共青团员。共青团员们按捺不住满腔的热血，主动要求缴纳“特殊团费”，以表达自己的赤诚爱心，为灾区人民尽一点绵薄之力。短短几天时间里，就有“泰安口”、“康盛口”、“大强”、“乐鼎”、“乐和”、“黄山”、“乐从”、“白沙岭”、“毓骐海”、“西昌海”、“瑞昌海”轮等11艘船舶的63名共青团员缴纳“特殊团费”11166元。

船员家属心系灾区献爱心

灾难无情，人间有爱。汶川大地震时时刻刻牵动着广远广大船员家属的心。各船员家属站除积极参加社会捐款捐物外，还自发组织起来，为广远所属受灾地区船员献爱心。

广东肇庆船员家属站站长陈桂平在听到四川汶川发生大地震的消息后，她第一时间，便给四川各船员家属站打去电话。由于种种原因，第3天才接通。当陈桂平得知四川的姐妹们都还平安，她才放下心来。四川各船员家属站的姐妹们对于远在千里之外的广东姐妹们的关切，感动得流下热泪。5月17日，肇庆船员家属站召开了为灾区人民献爱心座谈会，所有公休船员、退休船员及家属参加了座谈会。在座谈会上，大家纷纷表示要用自己微薄之力，为灾区人民奉献一份爱心。据不完全统计，肇庆船员家属站的船员及家属共募捐16000元。

福建惠安船员家属站于5月24日举办了以《心系灾区，奉献爱心》为主题的向受灾地区船员表爱心捐款活动。来自福建泉州、惠安地区的休假船员及船员家属40多人参加了活动。在活动开始前，大家为灾区遇难的同胞默哀三分钟。随后，该站站长刘亚非向大家宣读了《告船员家属倡议书》，倡议广远系统各船员家属站及姐妹们，发动辖区内在家的船员及家属伸出友谊之手，援助之手，参与到抗震救灾紧急救助行列中来，尽自己的力量帮助受灾的船员同胞兄弟姐妹们早日战胜灾害，渡过难关，重建家园。倡议得到了广大船员及家属们的热烈响应，大家踊跃捐款，在短短的一个多小时，共收到捐款10500元。

丹东船员家属总站在站长徐文凤的倡议下，在丹东、凤城、东港等地先后举办了向受灾地区船员募捐活动，共捐款6260元，为受灾船员重建家园献出了一片爱心。6月1日，丹东船员家属站举行向受灾地区船员募捐活动，船员和家属们纷纷投入捐款行列之中。凤城船员家属站此次共捐款1860元。凤城市退休船员时景福还没有拿到退休金，本人又患有哮喘病，家中生活比较困难。但让人感动的是，他提前赶到现场，捐出了100元。凤城船员家属站站长鲍秀君考虑到他家实际情况，劝他不要捐了，他却动情地说："在我最困难的时候，是公司和大家帮助我战胜困难。人要懂得感恩。捐100元，是我的一点心意，如不让我捐，我的心会不安的。"时景福的话正体现了"捐款无论多少，真诚最为重要"，这是广远人无私奉献精神的写照。6月2日，丹东船员家属站在丹东步行街组织捐款活动。73岁的轮机长毕玉和代表家属孙绍新捐款100元。政委王国英、退休电机员郑显臣主动到红十字会捐了300元后，又到船员家属站代表各自家属捐款100元。他们说："大灾大难面前，人人都要有大爱。在生活中人人节省点，就能为受灾的船员兄弟分担一点困难。"刚刚退休的船长王玉洪因身体原因10年没上船，家属也下岗多年，夫妇先后在红十字会、船员家属站共捐款2000元，王玉洪爱人说："平时说爱国，就应该在国有难、民有灾这关键时刻，奉献出我们的爱心。"这次活动丹东船员家属站共募捐3300元。东港船员家属站站长沈素荔和女儿在3次捐款1000元后，在船员家属站组织的捐款活动上，又首先捐出200元。在她的带动下，居住在东港市的退休、在职船员及家属全部参加了捐款活动。

这里特别提一下的是"富裕星"轮政委的妻子李娟，她家住四川省成都彭州市。地震时，她爱人正在印度洋上航行。发生地震，其房屋被震成危房，墙体开裂，天花板裙边脱落，电视机摔烂。在公司电话了解情况时，李娟表示请组织放心，自己家里没有事。她自己虽然也是灾民，但她看到山里居民受灾更严重，解放军救援条件艰苦，于是，联系了几位好姐妹，每人出资1000多元，买了一头猪和一千多斤西瓜送到解放军和山里居民手中。

天灾无情人间有爱。广远员工、船员、家属的捐助行为代表着广远人发扬了中华民族团结友爱、众志成城的精神，用真诚的心诠释了大难之中有大爱的崇高理念，体现了广远人履行社会责任的强烈意识。

（刘锐祥）

第三章
大 事 记

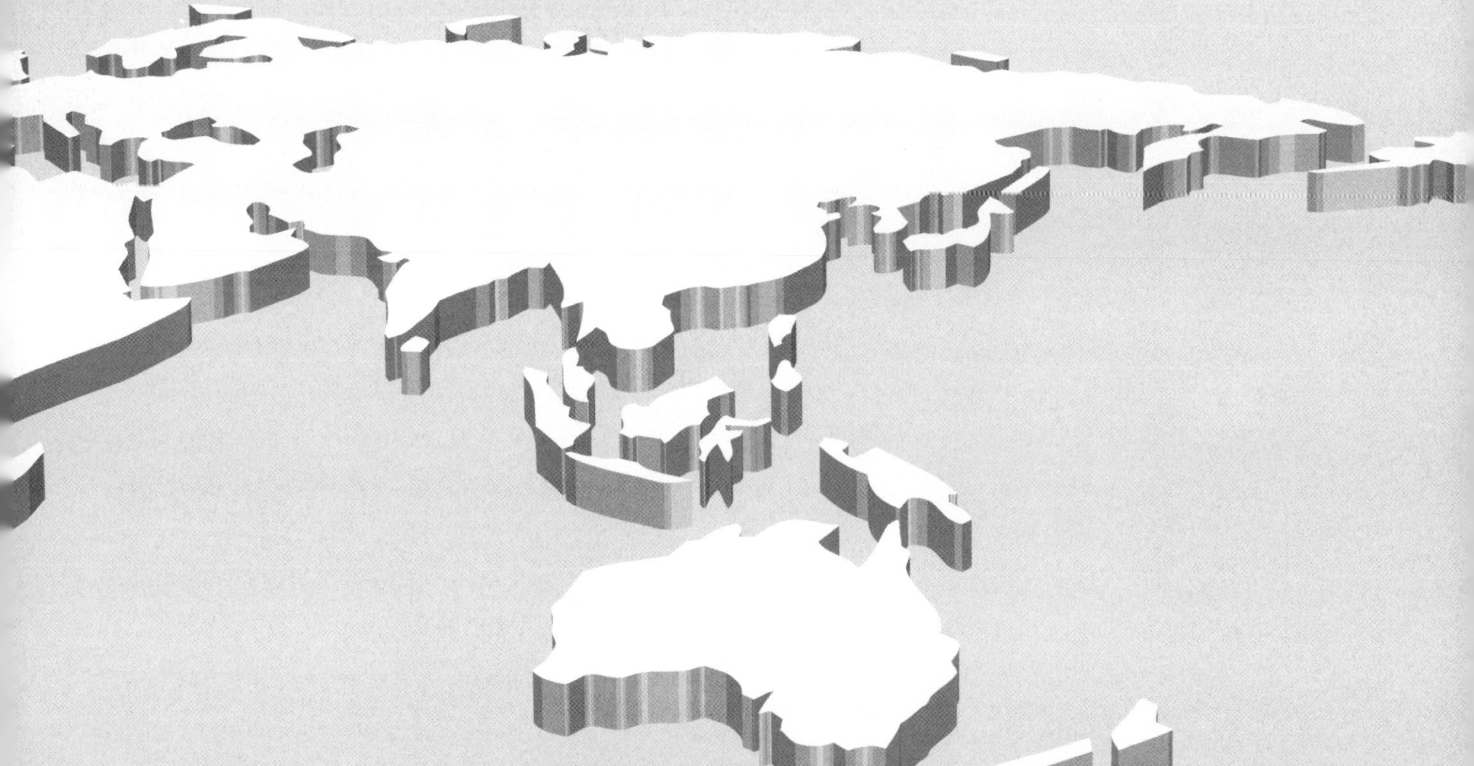

一月

6日 中远南方第6艘5900DWT新造沥青船“澎湖湾”轮在广州黄埔船厂顺利下水。

7日 中远集团发文，对在“精益管理年”活动中，表现突出的先进单位和优秀成果给予表彰。广远被授予中远集团2006~2007“精益管理年”活动“杰出贡献奖”荣誉称号；中远航运被授予“最佳应用奖”荣誉称号；中远航运经营部的“全流程精益管理使费”、中远南方的“旧沥青船改造延长使用年限”、中远远达的“区别不同航线合理使用燃油”等项目荣获“优秀成果奖”。

15日 中远航运控股的中远日邮汽车船公司经营的“纪祥口”轮第12航次满载着182辆东风牌集装箱拖头车，驶离广州港南沙汽车码头，驶往伊朗的阿巴斯港。这是广州港南沙汽车码头自2006年6月6日投入营运以来第一个外贸航次。

同日 中华全国总工会文工团在广州广联礼堂为广远员工举办专场慰问演出——《相聚在这里》。广东省总工会党组成员、纪检组组长肖建葵，省海员工会主席卢晓露、副主席陈小翠，广远在家公司领导，广州地区港航系统工会领导以及广远的1200多名员工观看了慰问演出。

16日 广东省总工会召开2007年度省十项工程劳动竞赛总结表彰暨“广东省先锋号”命名大会。“泰安口”轮被授予“广东省工人先锋号”，水手长吴禄伟（广东省首届“海员杯”船舶水手技能大赛第一名）被授予“广东省五一劳动奖章”。

18日 广远召开2008年工作会议暨思想政治工作会、安全工作会。会议传达了中远集团四届一次职代会暨2008年工作会议精神，总结了2007年的工作，对2008年各项工作作出全面部署。会上，总经理徐惠兴作了题为《深化改革，创新经营，科学发展，促进和谐，继续开创广远事业发展新局面》的工作报告，党委书记刘书田作了题为《以党的十七大精神为指导，全面开创广远各项事业新局面》的党委工作报告，副总经理翁继强作了题为《立足新起点，迎接新挑战，努力开创“平安之旅”新局面》的安全工作报告。大会对荣获“广东省文明单位”称号的“大华”轮及在企业两个文明建设、“精益管理年”活动、安全生产中取得优异成绩的先进集体和个人进行了表彰。会上，徐惠兴还与中远航运、中远远达、中远南方及建设实业等单位的行政一把手共同签署了《安全责任书》。广远领导班子，广远本部、岸产事业部业务经理以上人员，广州地区各全资及控股企业领导班子成员，外地全资控股企业党政一把手及主管安全负责人，合资合营企业广远方代表，专职监事，以及广远部分离退休老领导参加了会议。

28日 中远航运成功发行了10.5亿元分离债，年利率仅为0.8%。中远航运充分利用资本市场资源，极大地满足了企业船队结构调整的资金需求，实现企业低成本扩张，获得了资本市场的高度认可。

30日 广远2008年迎春团拜会在远洋宾馆国际会议厅隆重举行。广远本部、中远远达全体员工，广州地区各全资及控股企业党政一把手和工会主席，参股企业广远方负责人等欢聚一堂，共叙情谊，喜迎新春。中远集团工会副主席陈永生、党组工作部副部长辛加和代表中远集团春节慰问组出席了团拜会。团拜会由广远党委书记刘书田主持，总经理徐惠兴在会上致辞。团拜会上，员工们观看了精彩的文艺表演。

31日 中远集团总裁魏家福率领中远集团春节慰问组莅临广远慰问，并出席了中远驻穗单位2008年迎春团拜会。这是总裁魏家福连续3年亲自率队到广州地区开展慰问活动，充分体现了总裁魏家福和中远集团对广远和驻穗单位的关心与重视。在迎春团拜会上，魏家福作了激情洋溢的致辞，介绍了中远集团改革发展的整体形势，通报了中远集团生产经营的工作情况。中远集团总裁办总经理石泽民、工会副主席陈永生、党组工作部副部长辛加和出席了团拜会。

二月

1日 中远集团总裁魏家福率领中远集团春节慰问组，在广远总经理徐惠兴、党委书记刘书田等领导的陪同下，来到停靠在广州南沙港集装箱码头的中远“上海”轮和“山河”轮，亲切慰问了奋战在生产一线的船员。

同日 中远集团广州地区离退休老领导2008年迎春团拜会在广远隆重举行。中远集团总裁魏家福率领中远集团春节慰问组出席团拜会。魏家福在团拜会上作了讲话，通报了中远集团2007年的经营生产情况，充分肯定了老领导们的历史功绩。魏家福代表中远集团领导班子，向广州地区的各位离退休老领导表示衷心的感谢和崇高的敬意，给老领导送上了慰问品和慰问金，祝愿老领导身体健康，家庭幸福，万事如意。

同日 由中远集团党组书记张富生、副总裁许立荣，中远集运副总经理韩成敏、工会主席房迪坤等6人组成的中远集团春节慰问组，登上正在上海港张华浜码头装货的广远“衡山”轮进行慰问、指导工作。张富生代表中远集团领导对“衡山”轮全体船员表示节日的慰问。

4日 广远为帮助华南部分地区遭受严重的雨雪冰冻灾害的群众，共捐款7万多元，御寒物品900件送交广东省慈善总会。

22日 中远南方在海口市滨海大道财富广场隆重举行乔迁揭牌仪式。中远集团副总裁许立荣、广远总经理徐惠兴为中远南方新办公楼揭牌。海南省政协副主席赵莉莎、海口市副市长袁光平、海南省海事局局长杨盘生等上级领导到场祝贺。广远党委书记刘书田、副总经理翁继强，中远集团和广远相关职能部门负责人出席了仪式。

25日 广东省总工会主席汤维英率省总工会、省海员工会领导班子成员莅临广远慰问和指导工作。汤维英在广远召开了座谈会。广远领导班子成员及相关部室负责人参加了座谈会。座谈会由广远党委书记刘书田主持，总经理徐惠兴作了汇报发言。

27日 广远在远洋宾馆国际会议厅召开了广远岸产企业专题工作会。总经理徐惠兴、党委书记刘书田及在家的广远领导、广远本部各部门总经理和总经理助理，岸产企业领导班子成员和财务负责人以及岸产事业部全体员工参加了会议。会议由岸产企业运营总监林立兵主持。岸产事业部总经理王玉生作了题为《清理风险，加强管理，优化整合，为打造“资本广远”贡献力量》的报告。徐惠兴和刘书田在会上作了讲话，肯定了岸产企业的历史贡献，指出了岸产企业发展存在的问题，对岸产企业下一步发展提出了具体的要求。

同日 中共广东省直机关工委在广州珠岛宾馆隆重举行精神文明创建表彰大会。“白沙岭”轮被授予中共广东省直机关工委精神文明创建活动“先进单位”称号，中远远达党委书记龚艳平代表该轮上台领奖。

是月 中共广东省直工委对在“三服务一促进”（即服务基层、服务群众、服务大局，促进企业和谐）主题实践活动中的先进单位、集体和个人进行表彰。中远航运船舶管理部被评为“优质服务排头兵”（窗口单位），中远航运船员管理部三处李锐源被评为“优质服务排头兵”（个人），中共广远党工部党支部荣获“和谐创建排头兵”称号。

三月

5日 广东省政府残疾人工作委员会（简称省残工委）召开2007年度驻穗中央、省属单位按比例安排残疾人就业工作总结大会。会上，对按比例安排残疾人就业的先进单位和超比例安排残疾人就业的先进单位及先进个人进行通报表彰。广远人力资源部/组织部总经理黎光葵被省残工委授予“2007年度按比例安排残疾人就业工作先进个人”荣誉称号。会议期间，广东电台记者就广远主动关怀和爱护伤、病、残员工，扶持弱势群体，进一步促进企业和谐发展等方面的情况对黎光葵进行了现场采访。

7日 广远召开2008年纪检监察审计工作会议。会议传达了中远集团2008年纪检监察工作会议精神，总结回顾了2007年广远纪检监察审计工作，认真分析了反腐败工作面临的严峻形势和存在问题，并对2008年的党风建设和反腐倡廉工作进行了部署。总经理徐惠兴、党委书记刘书田、纪委书记马宗梅在会上作了讲话。广远领导、广远本部各部室、各全资控股企业的业务经理以上管理人员和参股企业广远派出负责人等共266人参加了会议。

17日 中远远达的1#、2#32000吨木材运输船开工仪式在福建马尾船厂隆重举行。福建省船舶工业集团公司副总经理黄莼、广远副总经理翁继强、中远远达总经理赵寿春以及马尾船厂、广远海运公司等相关单位的领导参加了仪式。本次仪式标志着广远与马尾船厂的合作迈上新台阶，中远集团与福建省的战略合作关系上升到一个新阶段。

24日 广远工会在远洋宾馆国际会议厅召开八届七次全委会暨2008年工作会。广远工会委员会、经审委全体委员，各全资及控股企业工会主席共30多人参加了会议。会议由工会副主席符雄主持。会议回顾总结了工会2007年工作，对2008年工作作出了部署，表彰奖励了一批达标模范、达标先进工会，部分基层单位工会主席在会上作了交流发言。工会主席马宗梅在会上传达了中共中央政治局委员、广东省委书记汪洋在视察广东省总工会时的讲话精神、广东省总工会十一届四次全委会和中远集团工会六届三次常委扩大会议精神，对进一步做好2008年工会工作提出了具体要求。

26日 “乐宜”轮第59航次在天津新港装运了57台火车敞车、50台火车棚车，启航赴苏丹。

是月 广东省企业联合会、广东省企业家协会对2007年度广东省创建学习型企业优秀单位和个人进行了表彰。广远被评为“广东省创建学习型企业先进单位”，广远人力资源部/组织部总经理黎光葵荣获广东省创建学习型企业“十佳先进管理干部奖”。

是月 中国海员建设工会和交通运输部交通安全委员会下发了《关于2007年全国水运系统船舶、班组安全竞赛活动的表彰决定》，对在2007年全国水运系统船舶、班组安全竞赛活动中的先进集体和个人进行表彰。“西昌海”轮、“亚龙湾”轮荣获2007年全国水运系统“安全优秀船舶”称号。

四月

7日 中远航运4艘27000吨多用途的首制船，在江苏泰州口岸船厂正式开工建造。这是中远航运自2002年4月上市以来首艘新造船的开工仪式，标志着中远航运船舶结构调整正式拉开序幕。

7~20日 庆祝广远成立47周年“广远杯”职工篮球赛在广州军体院隆重举行。广东省总工会党组成员、纪检组组长肖建葵，省海员工会主席卢晓露，广远党委书记刘书田、工会主席马宗梅等领导出席了开幕式。在开幕式上，肖建葵致辞，刘书田作了讲话。这次职工篮球赛以“迎接奥运，构建和谐”为主题，广远系统共有13支球队170多名队员参加了比赛，另有200多名员工参加了投篮有奖活动。这次职工篮球赛，是广远历年来举办的赛事规格最高、覆盖范围最广、参与人数最多的一次体育活动。

12日 第四届中国上市公司董事会“金圆桌奖”颁奖盛典在北京隆重举行。中远航运董事会荣获本次“金圆桌奖”的“优秀董事会奖”。

由《董事会》杂志社主办的“金圆桌奖”评选，是从1700多家国内A股上市公司中，评选出2007年度中国最优秀的30家董事会。中远航运董事会在30家优秀董事会中排行第9位。

14日 广远召开2008年第一次经营管理例会第一季度经济成本分析会，总结2008年第一季度生产经营情况，对2008年的市场形势作了分析、判断，并对下一步的工作提出了具体要求。

15日 中国海员建设工会主席李铁桥、副主席朱临庆一行，莅临广远检查指导工作。李铁桥召开了调研座谈会。在调研座谈会上，广远党委书记刘书田介绍了企业党组织加强对工会的领导、支持等方面情况，工会主席马宗梅介绍了广远工会近几年的工作。李铁桥充分肯定了广远所做的工作，并表示广远作为中国远洋运输事业的摇篮，在工会工作上取得了很多成绩，为保障海员权益作出了贡献。

30日 在广东省庆祝“五一”国际劳动节暨劳动模范表彰大会上，广远党委书记刘书田荣获“广东省五一劳动奖章”。

是月 中华全国总工会表彰了一批“全国工人先锋号”。“泰安口”轮榜上有名。

是月 “安岳江”轮在执行从国内至非洲的第134航次任务过程中，由于受某些国际政治因素影响，船舶未能按照原定计划靠泊卸货，船上燃油、淡水和食品出现短缺，严重影响船员健康和船舶安全。在各级领导的亲切关怀下，在船舶领导和党支部的带领下，“安岳江”轮船员面对错综复杂的国际势力的干扰，顶住歪曲事实的国外媒体的压力，发扬中远人敢打硬仗、能打硬仗、打赢硬仗的精神，经受了各种严峻考验，以不屈不挠的实际行动，维护了国家尊严和企业声誉，平安回到祖国的怀抱。

是月 广远党委创新实行的“一校一刊一网”党员教育模式获广东省“固本强基”创新成果奖。

五月

5日 中远航运董事刘书田、首席执行官姜立军和驻休斯敦首席代表吴小明，在美国新泽西拜访了中远美洲公司总裁周琥。周琥介绍了中远美洲公司的经营管理情况及其发展前景。姜立军介绍了中远航运的发展情况，特别介绍了中远航运半潜船队以休斯敦为基点，开拓世界海上石油工程运输市场的情况。

7～10日 中远集团经营管理委员会第十五次会议在广州举行。本次会议的主办方是中远集团总裁办公室，承办方是广远。广远为开好这次会议作了精心策划，会务工作涉及广远总经办、党工部、航安部、工会、远洋宾馆、中远航运等部门和单位。参与办会工作的广远工作人员克服了筹备时间短、任务重、议程多等困难，圆满完成了任务。这次承办工作充分体现了广远应有的水平、气魄和办会能力。

8日 由广远承办的中远集团“履行全球契约、创建绿色家园”公益植树活动在广州举行。中远集团总裁魏家福、党组书记张富生和参加中远集团第15次经营管理委员会的中远集团本部有关部门负责人、各二级单位主要负责人，以及广远部分员工参加了活动。魏家福、张富生为广州“中远林”石雕揭牌后，与参加活动的人员一起为“中远林”栽下了树苗，并预祝这些树苗就像中远的事业一样茁壮成长，万古长青！魏家福、张富生在活动中作了讲话。

12日 四川汶川发生了8级地震。大地震发生后，广远马上启动救灾预案，慰问家在灾区的员工，并作好准备随时响应政府号召，力尽所能为灾区提供援助。

19日 广远响应国务院号召，在办公室的员工站立为汶川大地震遇难者默哀3分钟；靠国内港口船舶降半旗并鸣响了汽笛，以示哀悼。

12～26日 广远全体船岸员工对汶川大地震灾情表现出了极大的关爱之心，通过捐款、捐物、献血等各种途径为灾区人民分忧解难，奉献爱心。截至5月26日，广远系统捐款766万元（内含中远航运及缴纳的特殊党费、特殊工会费、特殊团费）。

15日 广远举行节能减排工作培训。由中国交通企业管理协会秘书长李和仁讲授《交通行业节能减排的发展趋势与深度思考》的课题。参加培训人员有广远副总经理翁继强，广远本部各部室员工，下属各航运企业、岸产单位领导等共80人。

30日 广远对开展“安全生产月”活动作出部署，提出安全“一把手工程”建设要取得实效、安全生产的理念创新要取得实效、安全执行力文化建设要取得实效，以迅速掀起"安全生产月"活动高潮，推动企业安全生产管理。

28～30日 广州市2008年度QC成果发表会在广东省阳江市召开。广远11个QC成果参加此次成果发表会并获得好成绩。11个QC成果均获得80分以上市级优秀成绩，超过了原来预期9个市级优秀的目标。

六月

2日 广远成立了系统内部救助工作领导小组和工作小组，研究对策、制定内部救助受灾员工实施方案，全面部署抗震救灾工作。

同日 广远工会主席马宗梅、副主席符雄，岸产事业部党委书记陈建钦一行，代表广远党委、广远领导班子前往远洋宾馆、物业公司、远洋大厦、金桥学院和供应公司等岸产单位看望和慰问家在汶川大地震中受灾的四川籍员工。

6日 "泰安口"轮被国务院国有资产监督管理委员会（以下简称国资委）、共青团中央命名为2007年度"全国青年文明号"。

12～13日 中远远达安全管理体系（ISM规则）及质量管理体系（ISO9001：2000标准）接受了由中国船级社认证处及质量认证公司组成的联合审核（即"双证"审核），并获得通过。

15日 新浪财经与《大众证券报》联合主办了第三届"大众证券杯"活动。在活动中，对荣获"大众证券杯"各个奖项的企业和个人颁奖。中远航运荣获"2007十佳最具持续投资价值上市公司"奖，董事会秘书薛俊东荣获"2007投资者关系金牌董秘"称号。

16日 "安岳江"轮第134航次执行危险品运输任务胜利归来，停泊在上海港。中远集团党组书记张富生，副总裁、工会主席许立荣，运输部总经理赵小宁，工会副主席陈永生，中远集运工会主席房迪坤，广远总经理、中远航运副董事长徐惠兴，中远航运首席执行官姜立军、董事会秘书薛俊东等各级领导登上"安岳江"轮慰问全体船员。慰问大会由徐惠兴主持。"安岳江"轮船长孙爱军汇报了工作。许立荣代表中远集团向"安岳江"轮赠送了"忠于祖国不辱使命"的锦旗。张富生作了讲话，并给"安岳江"轮题词："不辱使命、恪尽职守、牢记责任、心系祖国。"

17日 由中国上市公司市值管理研究中心评出的"2008年度中国上市公司市值管理百佳"在"第二届中国上市公司市值管理高峰论坛"上揭晓。中远航运以51.21的总分，荣登"2008年度中国上市公司市值管理百佳"总排名第27名。

同日 中共广州市越秀区区委、区政府、区预防道路交通事故联合召开表彰大会，表彰越秀区2007年度预防道路交通事故先进集体和先进工作者。广远总经办车队荣获先进集体称号，江伟添、钟武霖等6人获先进工作者称号。建设实业被评为先进集体，李业强等3人被评为先进工作者。

22日 广远2008年消防救生安全技能竞赛在金桥学院隆重举行。来自广远系统14个单位的15支代表队，130多名职工参加了竞赛，近100名员工报名参加了"救生衣穿着"有奖活动。广远副总经理翁继强、工会主席马宗梅等领导参加了整个赛事活动。

24 日 ExxonMobil Asia Pacific Pte. Ltd 全球货运优化组亚太总经理 Emilio Tsocalis 率其公司安全部（IMT）、贸易部以及运输部相关主管访问中远南方，双方就如何进一步加强沟通与合作进行会谈。

25～27 日 中国海事局审核组对中远远达中国旗 DOC 进行了年度审核。经过整体评估，审核组认为，中远远达 SMS 的运行是有效的，建议交通运输部安全质量管理体系审核中心给予中远远达 DOC 年度签注。

26 日 广远党委书记刘书田代表广远，将员工支援汶川灾区建造过渡安置房所捐赠的 10 万元款额，交给广州市越秀区华乐街转交汶川有关部门。

28 日 以广远纪委书记兼工会主席马宗梅为总领队的广远灾区现场慰问工作小组，分赴达州、南充、成都等地对受灾职工家庭进行慰问。

是月 广远荣获 CECA 国家信息化测评中心颁发的“2007 年度中国企业信息化 500 强”奖状。

广远船舶政委肖健池被中华全国总工会授予“全国五一劳动奖章”。

广远党工部部长姚勇被中共广东省委评为“广东省优秀党务工作者”。

七月

2 日 在广州中国大酒店隆重举行的首届中国资本榜样高峰论坛暨 2007 年度中国上市公司价值百强评选发布会上，由中联控股集团、《财经时报》和国资委有关专家共同组成的业绩评价课题组，发布了 2007 年度上市公司价值百强榜。中远航运以综合得分 83.61 分获得了 2008 年“价值百强”上市公司排行榜第三名。

4 日 “瑞昌海”轮成功改挂五星红旗。

11 日 广远召开年中工作会。会议回顾总结上半年工作，认真贯彻落实中远集团年中工作会精神，对下半年工作任务和措施作了部署。广远领导，本部各部室、岸产事业部业务经理助理以上人员，中远航运，中远远达领导班子成员，其他全资、控股企业党政一把手及安全主管领导，合资合营企业广远方负责人，专职监事等共 110 人参加了会议。总经理徐惠兴、党委书记刘书田、副总经理翁继强分别作了讲话。

同日 第四届中国航海日活动在江苏太仓隆重开幕。在庆祝大会上，首次设立的“航海终身贡献奖”隆重揭晓，广远退休船长叶龙文荣获 2008 年“航海终身贡献奖”。

航海终身贡献奖评选活动是由交通运输部、农业部、信工部、国家海洋局等 6 部委在涉海单位中组织推荐评选的。叶龙文是中远集团唯一获此殊荣者。

21 日 中远航运发布公告：中远航运第三届董事会董事、首席执行官姜立军因工作变动，辞去董事、首席执行官职务，由韩国敏担任第三届董事会董事、首席执行官（其董事聘任尚需提交股东大会批准）。

24 日 在福建漳州召开的全国大型交通企业安全工作会上，宣布了《关于授予中远航运股份有限公司等四家航运公司为 2007 年度安全诚信公司的决定》。中远航运以安全管理体系的良好运行、安全管理的良好记录和企业人员、船舶的诚信安全管理，成为全国航运系统首次评选“安全诚信公司”的首选公司，同时也成为中远系统唯一的一家获此荣誉的企业。

25日 广远工会召开八届八次全委（扩大）会。广远第八届工会委员会、经审委员会委员，各全资及控股企业工会主席30人参加了会议。会议由工会副主席符雄主持。会议传达学习了中远集团工会六届四次常委（扩大）会和广东省总工会十一届五次全委（扩大）会精神，回顾总结了工会2008年上半年工作，对工会下半年工作作了部署。工会主席马宗梅在会上作了讲话。

30日 中远南方5900吨沥青船“珍珠湾”轮交船命名仪式在广州黄埔造船厂隆重举行。广远副总经理翁继强、黄埔造船有限公司前总经理陈忠、中国船级社广州分社总经理谭好修、上海船舶研究设计院副院长万水生，以及北京中远船贸技术咨讯有限公司、中远南方等单位负责人出席了仪式。

八月

4日 广远举办原交通部远洋运输局驻广州办事处成立50周年庆祝会。总经理徐惠兴、党委副书记黄继忠、部分老领导及原交通部远洋运输局驻广州办事处工作人员等出席了大会。徐惠兴在会上致辞，高度肯定了各位老领导、老同志为广远事业发展所作出的贡献。

5日 中远航运召开船员人力资源规划会议。中远航运高管、船员管理及使用部门主管人员，广远人力资源部/组织部、中远远达、中远南方代表共40余人参加了会议。中远航运针对近年来船队发展趋势及现有船员队伍现状，拟订出《2009～2011年船员人力资源规划（草案）》。与会人员对该规划进行了审议，并就科学规划及配置船员人力资源提出了合理建议。

12日 广远女工委举办“现代子女成长的关键”为主题的女员工知识讲座，特邀中山大学人力资源办公室主任、心理咨询师刘中良教授前来讲课。广远本部、各基层单位女员工100多人参加了听课。

19日 大连海事大学世界经济研究所公布了《2007港口和航运上市公司绩效评价报告》，中远航运在航运类排名第二。

21日 广远61名员工参加了义务献血，超额完成广州市无偿献血指标，充分展现了广远人良好的精神风貌。

22日 第12号台风“鹦鹉”在广东登陆，对在中国沿海及附近航行船舶造成重大影响。广远认真贯彻中远集团防台工作精神，密切关注台风动态，对船岸防抗台各项工作进行周密部署，成功防御了这个2008年最强的台风。

26日 广远召开经营管理委员会2008年第二次会议暨经济成本分析会。分析会围绕“拼搏细分市场，把握创效机遇，努力实现效益目标”的主题，深入分析了1～7月的运输生产情况，研究了面临的市场形势，对下阶段工作进行了具体部署。

28日 采用全球先进技术的5万吨新型半潜船在广州开工建造。该轮由中远航运投资，由中船集团旗下广州广船国际股份有限公司承接，并与广州中船黄埔造船有限公司联合建造。

29日 广远从8月初开展的全员参与的群众性廉洁从业知识竞赛活动至8月29

日宣告结束。中远航运船员代表队夺得知识竞赛冠军，中远航运岸基代表队、广远本部代表队荣获二等奖，供应公司代表队、建设实业代表队和中远远达代表队并列三等奖。

九月

1 日 中远航运受国际特种杂货航运市场需求旺盛影响，上半年经营业绩继续实现强劲增长。报告期内，中远航运实现营业收入 34.64 亿元，实现营业利润 11.10 亿元，实现净利润 9.26 亿元，分别比 2007 年同期增长 41.20%、116.98%和 161.23%。在此基础上，中远航运推出了每 10 股送 10 股，派现金 2 元的丰厚中期分配方案。

2 日 “金牛岭”轮在张家港成功改挂五星红旗。

3 日 中远航运与哈尔滨电站工程有限责任公司在广州签署战略合作协议。中远航运首席执行官韩国敏、哈尔滨电站工程有限责任公司总经理郭宇分别发表了热情洋溢的讲话。双方密切合作，正式签署战略协议，标志着双方的全面合作更具深度和广度，具有新起点和里程碑的深远意义。

9 日 广远召开客户关系管理研讨会议。会议介绍了中远航运、中远远达、中远南方等公司大客户开发、维护的情况，通报了广远推进大客户战略的整体情况，就下阶段大客户开发、维护、内部协作等问题展开了热烈的研讨。

10 日 广远纪委书记、工会主席马宗梅率慰问组到金桥学院和天河幼儿园，代表广远领导班子向辛勤耕耘在教育战线的教师们表示慰问，并致以教师节和中秋佳节的祝福。

12 日 “乐同”轮在亚丁湾海域遭遇索马里武装海盗袭击。在面对海盗连连开 10 多枪的威胁下，全体船员依然英勇顽强，机智应对，5 次摘脱海盗强行登船的软梯挂钩，成功驱逐海盗，再次展现了广远船员是一支训练有素、敢打善打硬仗的队伍，是一支忠于职守，爱国奉献的队伍。

15 日 “涵江”轮由泰国至毛里求斯、留尼汪，圆满完成航次任务。此行为中远南方自营船首次执行亚洲至南印度洋航线任务。

是月 中远集团组织开展了中远集团第二届“职工文化月”活动。3～4 日，在天津举办了活动开幕式暨“中远散运杯”职工家庭才艺大赛。24～25 日，在青岛举办了文化月活动“青远杯”职工水上运动会暨闭幕式。在天津家庭才艺大赛中，广远职工方玉、艾宝松家庭分别荣获优胜奖。在青岛举办的水上运动会上，广远代表队分别获得男子 50 米自由泳接力、女子 50 米自由泳接力两项比赛的第一名和男女混合泳接力第二名，并荣获团体总分第一名；广远活动组委会被授予优秀组织奖。在个人项目中，广远职工何向宁、叶健萌、宋凌鹏、苏鸣德均获得优异成绩。

十月

7 日 中远南方举行了企业成立 20 周年庆祝活动。海南省交通厅副厅长周文雄、海南省海事局党委书记邱志雄及原海南省交通厅厅长马文金等嘉宾与中远南方全体员工一起参加了庆祝活动。交通运输部副部长徐祖远为庆典活动发来了贺电。

15 日 广远组织召开了 2008 年度党员领导干部专题民主生活会暨述廉议廉会议。会议由党委书记刘书田主持。广远党委、纪委全体成员，广远本部各职能部门主要负责人、民主党派人士代表和部分员工代表共 22 人参加了会议。中共广东省直工委企业工作处处长刘新，中远集团副总裁许立荣，中远集团组织部副部长王威、监督部办公室主任左霖等莅临会议指导。

25 日 广远纪委书记、工会主席马宗梅率慰问组前往天津港慰问“乐同”轮船员。慰问组听取了该轮船长黄慧雄、政委普枝培关于 9 月 12 日船员在亚丁湾成功抗击武装海盗袭击情况的汇报。马宗梅传达了中远集团领导对“乐同”轮的慰问，并代表广远领导班子对“乐同”轮船员表示衷心的感谢和崇高的敬意。

26 日 由南开大学公司治理研究中心主办的 2008 年度“中国公司治理指数发布与研讨会”在北京人民大会堂隆重举行。会上发布了以“华尔街金融危机背景下公司治理风险的强化”为背景的《2008 中国公司治理评价报告》。在此次研讨会上首次推出的“中国最佳上市公司董事会奖”和“中国最佳上市公司治理奖”两个奖项评选中，中远航运均榜上有名。中远航运 CEO 韩国敏作为获奖单位代表在研讨会上发表了获奖感言。

27 日 广远召开 2008 年三季度经济成本分析会暨航运市场研讨会。会议对前三季度的运输生产情况进行了具体分析，深入研究了全球金融危机对航运主业的影响，对如何积极防范市场风险，努力稳定经营效益作了总体部署。

29 日 广东省总工会党组成员、纪检组组长肖建葵，省总工会经济工作部部长张东升，广东省海员工会主席卢晓露一行莅临广远，给广远工会主席马宗梅颁发“广东省五一劳动奖章”，并与广远党委书记刘书田就评模树模情况进行了深入交流。

是月 远洋大厦工程部荣获国家级“质量信得过班组”称号。

共青团中央、国资委、交通运输部、中央企业团工委等上级机关下发文件，表彰一批先进集体和个人。“泰安口”轮被命名为“交通行业 2007 年度全国青年文明号”、中远航运经营部被继续认定为“2007 年度全国青年文明号”、中远航运船员管理部团委被确定为第八批（2008 ~ 2010 年度）“中央企业五四红旗团委创建单位”、船舶水手长吴禄伟被评为“中央企业杰出青年岗位能手”。

十一月

2 日 中远南方新造沥青船“澎湖湾”轮在广州黄埔造船厂举行交接仪式。广远、黄埔造船有限公司、中国船级社广州分社、上海船舶研究设计院、北京中远船贸技术咨讯有限公司、中远南方等单位领导及代表出席了仪式。至此，中远南方已经实现了“至 2008 年公司沥青船队规模达到 14 艘共 8 万多载重吨”的阶段性目标。

7 日 备受航运业界关注的“中国海运 60 年青史人物”获选名单在大连公布，广远总经理徐惠兴被评为“中国海运 60 年青史人物”。本次评选活动由中国国际海运网发起，中国交通运输协会、中国船东协会、中国口岸协会、大连海事大学、中国国际海运网、中国港航研究院等单位联合举办。来自世界30多个国家和地区的航运界代表以及国内数百家航运企业的负责人约600人参加了向“青史人物”颁发证书和奖杯的隆重仪式。

11日 中远南方新造第6艘5900DWT沥青船——“澎湖湾”轮正式投入运营，首航执行泰国至印度航线的任务。

15日 由中共中央组织部组织局副巡视员李志宏任组长的中组部、国资委联合调研组一行6人到广远进行党建工作调研。中共广东省委组织部组织处调研员吴琪，广东省直机关工委副巡视员邹发生、企业工作处处长刘新等陪同参加了调研座谈会。

十二月

4日 广东省总工会女职工工作考核评比工作小组莅临广远检查指导。广东省总工会党组成员、纪检组组长肖建葵，广东省海员工会主席卢晓露、副主席陈小翠等参加了考核评比活动。考核组对广远女工工作给予了充分肯定，对如何做好下一步女工工作作了指示。

10日 中远航运举行预算管理系统项目启动大会。中远集团总会计师孙月英、中远航运副董事长徐惠兴、中远集团财金部副总经理马鸿瀚等莅临大会。孙月英在会上作了讲话。

同日 广远举办了岸产企业财务知识竞赛决赛暨《解放思想论文集》首发式。在首发式上还举行了颁奖仪式，甄伟等15名优秀论文作者受到了表彰。

30日 20000吨级半潜船“泰安口”轮在马来西亚Bunga Orkid Field，经过13个小时的精心操作，成功地利用船舶DP系统（卫星动态定位系统）定点安装BOA项目石油平台的上层模块（NORTHERN FIELDS DEVELOPMENT PROJECT Bunga Orkid A topside module）。此次“泰安口”轮安装作业成功，刷新了中远航运半潜船DP安装作业单件货物重量的历史记录。

该模块高约94米、宽约102米、重约12900吨，这个由马来西亚SDE船厂为该国TML公司制造的海上石油平台，包括安装在船上的轨道、稳性柜等附属设施的总重量已经达到“泰安口”轮的极限装载重量。

是年，广远拥有船舶111艘，167万载重吨，完成货运量1493万吨，货运周转量737亿吨海里。 （张超文）

第四章
概　况

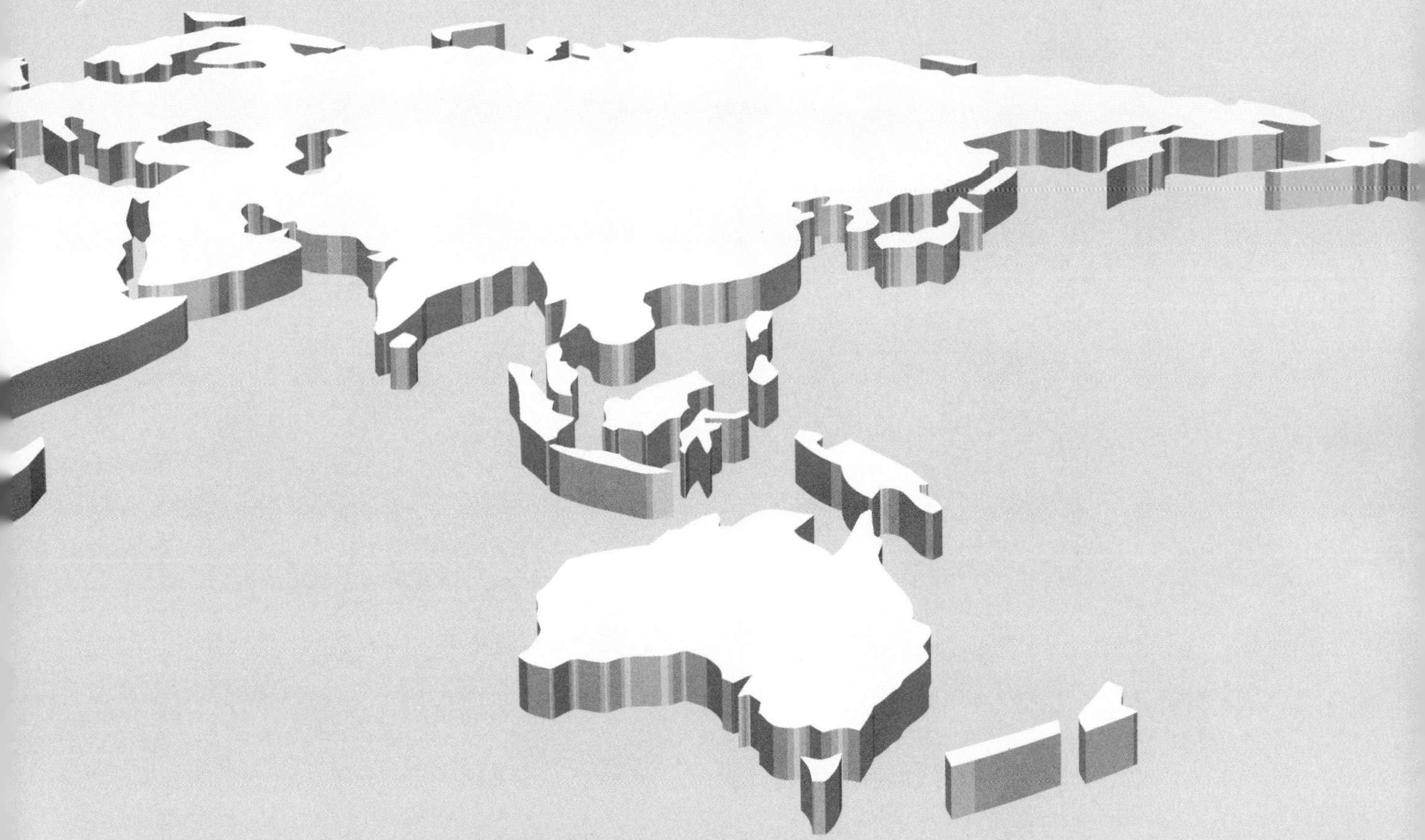

第一节 工作概况

2008年，是广远历史上极不平凡的一年。这一年，广远在中远集团等上级机关的正确领导下，坚持以中共十七大、中共十七届三中全会和中央经济工作会议精神为指导，全心全意依靠广大员工，坚持以科学发展观统领全局，以改革创新为工作主线，以生产经营为工作重点，深化改革，不断创新，在安全、稳定、效益等各方面都取得十分喜人的成绩，全面完成了中远集团下达的各项考核指标。特别是在第四季度国际金融危机和航运市场快速下滑的严峻形势下，全体船岸员工团结拼搏，积极应对，克服困难，全年经济效益再创历史新高，企业的政治建设、文化建设、和谐企业建设均取得丰硕成果，涌现出一批先进单位、先进集体和先进个人：广远荣获“全国交通行业文明单位”、“中央企业思想政治工作先进单位”、“国家技能人才培养突出贡献奖”、“广东省创建学习型企业先进单位”，广远工会荣获“全国交通建设系统工会工作先进集体”；“泰安口”轮被评为“广东省工人先锋号”和“全国工人先锋号”；“大华”轮被评为“广东省文明单位”；肖健池荣获“全国五一劳动奖章”，刘书田、马宗梅、吴禄伟荣获“广东省五一劳动奖章”。

一、坚持以航运为主业，航运生产经营效益保持稳步增长

2008年，广远拥有船舶111艘，167万载重吨。是年，广远努力增强以特种船为主的多用途船队的市场控制能力和核心竞争能力，航运主业效益和船队竞争能力得到进一步增强。全年，广远主要生产财务指标完成情况如下：

货运量1493.61万吨，与2007年同比减少2.84%；周转量737.14亿吨海里，与2007年同比增长1.94%；营运率95.6%，与2007年同比下降1.8个百分点；航行率61.3%，与2007年同比上升3.6个百分点；载重量利用率67.3%，与2007年同比下降1.7个百分点；利润总额增长21.74%，净资产收益率达55.96%。经济效益连续5年创广远成立以来历史新高。

（一）制定针对性经营策略，积极应对航运市场形势变化。受世界金融危机和全球经济贸易形势的影响，2008年是国际航运市场出现大起大落剧烈动荡变化的一年。广远及时调整、制定了一系列针对性措施，确保航运生产经营稳定。1～6月，由于采取了一系列有效措施，较好地把握了上半年难得的市场创效机遇，为实现全年效益新高奠定了基础。下半年以来，特别是第四季度，受美国金融危机影响，航运市场形势急转直下，BDI指数直线下降，航运市场快速进入严冬。对此，广远高度重视，积极应对，及时召开经营管理座谈会和风险控制专题会议等，对细分市场、大客户维护、内部协作、风险控制、租船经营等问题进行了专项研究，高度关注市场的不确定因素，调整航运经营思路，深化精品航线的内涵，继续推进大客户战略，细化落实节能减排精益管理等各项措施，采取了一系列控制经营风险的有效措施，保持了第

四季度盈利以及全年航运经营效益的稳定。

（二）大力发展特种船经营，特种船高端市场控制能力切实增强。广远立足特种运输高端市场，进一步提升和巩固了特种船队竞争实力，为航运主业经营效益稳定打下了坚实的基础。

半潜船，充分发挥新型半潜船的优势，对“康盛口”轮实施加宽改造，拓展了市场中的品牌效应，为船队整体经营效益作出重要贡献。重吊船，立足中国市场，紧跟大工程、大项目，加大了重件货市场研究开发力度，建立自己的大件货市场网络，强化了中远和广远自己的重吊船队品牌。木材船，做好客户维护和管理工作，进一步巩固和发展了与澳大利亚、新西兰、西非、东南亚及国内多家大客户的合作关系，特别是西非木材运输市场份额不断扩大，西非精品航线经营取得了良好效益。沥青船，积极应对由于年初冰雪灾害、国际原油价格大幅度波动和国际金融危机等各种因素，造成市场需求下降、运价低迷的不利形势，合理部署运力、开拓新航线，努力把所经营航线打造成为精品航线，巩固了中远沥青船在相关航线上的主导地位。汽车船，根据国内外航运市场需求租入船舶和舱位，继续经营、巩固中国至波斯湾航线、东非航线、地中海航线，开拓中国——南美西滚装船航线，努力完成民族汽车出口运输任务，外贸航线经济效益取得显著成效。

（三）坚持打造精品固定航线战略，为船队的可持续发展奠定坚实基础。努力实践“从周期性发展向长期可持续发展转变”的战略思想，精品航线成为广远多用途船、杂货船队重要的利润来源和规避市场风险的有效阵地。

加大对重点航线的支持和倾斜力度，将主力船舶投放在创效较高的航线上，加强新兴市场的开发工作，加大对非洲市场的运力投入。加大高回报 COA 货源的揽货力度，加强各固定航线经营，加快打造精品航线，推行核心班轮运输方式，以保证持续稳定的效益，为新增多用途船运力提供货源和航线保障。

（四）谨慎开展租船经营，有效规避市场风险。上半年广远租船经营利润突破 1 亿元。下半年，广远根据航运市场风险情况和自身抵御风险能力，及时调整租船经营思路，继续关注航运市场和租船市场的同时，强调稳健操作，防范风险。第四季度当航运市场形势急转直下的时候，广远下属各航运公司大部分租入船已经退租或到期没有续租，从而有效规避了市场快速下滑造成的损失和风险，保证了租船效益。

（五）贯彻执行船队定位调整战略，船队结构调整工作稳步推进。年初，由于美国次贷危机影响，增加了市场的不确定性和各类风险。广远及时停止新增船舶投资项目，把工作重点调整到在建项目的风险管理上。两年前订造的沥青船、汽车船、多用途船、木材船、50000 吨半潜船等项目根据航运市场变化的情况，进行了适当的调整，其风险均在可控范围之内。

二、坚持深化改革，按计划推进打造“资本广远”工作

2008 年，广远坚持“生产经营和资本经营并重”的双轮驱动发展战略，按照“整体规划，分步实施”的思想，有计划、有步骤地推进打造“资本广远”工作。

（一）统一思想认识，顾全大局，打造“资本广远”工作取得初步成效。广远系统

各单位、全体员工充分认识到打造“资本广远”，既是执行中远集团的战略部署，也是广远自身发展的需要。

各部室、各单位统一了思想认识，步调一致，均能从大局出发，坚决贯彻执行公司的统一部署，按预定计划完成了相关工作。

（二）加强风险管理，缩短管理链条，为打造“资本广远”工作奠定坚实基础。广远有计划、有步骤地进行全面风险清查工作。优化股权结构工作取得实质进展，先后完成了天星公司、中远远达、省远洋、远洋宾馆、广裕等股权转让或理顺。管理链条的缩短使各家公司的股权结构更加清晰、更符合建立现代企业制度的要求，为打造“资本广远”工作扫清了障碍。

（三）规范经营，上市公司资本平台建设取得明显进步。顺利完成中远航运分离交易可转债工作。1月28日，成功发行了10.5亿元分离债，年利率仅为0.8%，获得了市场的高度认可。同时，充分利用资本市场资源，实现低成本融资，满足了船队调整的资金需求。是年，中远航运荣登中国上市公司价值百强和市值管理百强榜，中国十佳最具持续投资价值上市公司，并连续获得优秀董事会“金圆桌”奖等重要奖项。

三、坚持精益管理，进一步深入节能减排工作

2008年，广远船舶在港停时上升的趋势基本得到有效的控制。广远船舶挂港共4067艘次，平均在港停时为3.23天/次，比2007年同期减少0.50天/次，减幅13.4%，相当于节约了2034天船期。

广远对下属各航运公司技术节能情况进行了调查，指出存在的问题，提出工作思路和步骤，推进经济航速的实施。各航运公司把节能工作放在重要的议事日程上，在技术节能、经营节能、管理节能等方面均取得了一定的成效。是年，广远燃油单耗为4.69千克/千海里，比2007年下降5.63%；综合能耗指标达到0.8765吨/万元标准，比2007年下降12.2%。

四、坚持“以人为本”，企业人才队伍建设取得进步

2008年，广远把握改革发展的新机遇，紧紧围绕改革发展的战略目标和战略规划，着力提高人才队伍建设的前瞻性和科学性，提升人力资源管理的水平和层次，深入实施“红树林”工程，提高了人才队伍整体素质。

（一）围绕中心任务，突出人才队伍建设重点。广远坚持人才队伍建设以培养领导后备人才、航运经营和资本经营人才为重点，制定并实施广远紧缺和重点人才培训培养方案；坚持人才队伍建设以教育培训为重点，实施了覆盖广远全体员工的“红树林”工程；坚持人才队伍建设以完善薪酬激励机制为重点，进一步实现分配与业绩贡献相联系的薪酬激励机制。

（二）坚持优化提高，船员队伍建设取得实效。根据广远船队发展的规划，制定完善船员队伍发展规划，加强关键人才的培养与储备。规范企业劳动用工关系，完成了4200余名广远自有船员劳动关系的变更，加大了船员队伍结构优化力度，涌现出一批先进船舶和优秀船员。

五、坚持以财务为核心，稳步推进岸产企业各项工作

2008年，广远岸产企业坚持以财务管

理为核心，实行精益管理，全面推进各项工作的开展。

（一）进一步明确岸产企业的发展战略。广远的岸产企业划分为与航运服务相关业务，宾馆、酒店业务和房地产、物业管理业务三个模块的定位更加清晰，并明确优先发展与航运相关的业务板块。对部分企业重新进行了定位，如金桥学院重新定位为以船员培训为主；远洋大厦、大富酒店的业务进行经营转型。在此基础上，对岸产企业的业务结构进行优化，加强岸产企业资源的共享，促进岸产企业的科学发展。

（二）加强岸产企业历史遗留问题的清理。成功解决了金桥学院番禺、天河分校区转让，松涛公司持有东海大厦股权无偿划转广远，南海厂股权的转让，以及理顺建设实业、海运服务、物业公司交叉持股等问题。

（三）规范岸产企业的各项管理工作。加强对投资项目的管理，广州远洋大厦项目工程进展顺利；规范岸产企业财务管理，严格执行各项财务制度，加强对各企业的财务指导。是年，岸产企业的整体管理水平有一定的提高。

六、坚持安全是头等大事，安全生产形势保持基本平稳

2008年，广远的安全工作坚持以科学发展观为指导，认真贯彻落实中远集团安全工作指导意见，克服不安全、不稳定因素以及极端恶劣自然灾害的影响，贯彻落实“五早”（即早研究、早动员、早布置、早检查、早落实）的安全方针，以船舶航行安全为核心，以“四大战役”（即雾航战役、防台战役、冬防战役、沿海航行和进出港安全战役）为主线，以纠正习惯性违章为手段，落实安全工作责任制，完善安全管理体系文件，推进船岸员工“红树林”工程，强化安全隐患的排查和治理，深入开展“平安之旅”和安全文化创建活动，大力推进安全长效机制建设。

经过全体船岸员工的共同努力，全年没有发生上报等级的海损、机损、污染、重大货损等安全事故，船舶安全面100%，船舶防抗台成功率100%，船舶雾航和大风浪航行指导率100%。岸产企业无发生火灾、交通、食物中毒及群体事件。是年，广远安全形势基本稳定，实现了第三个安全年的目标，安全综合管理取得了显著进步，被广东省授予“安全文化建设示范企业”称号。

广远的安全生产重点抓了下面四个方面的工作：

（一）坚定不移打好“四大战役”。加强对冬季大风浪区域和能见度不良区域航行船舶的排查，坚持报告制度，保证了冬防战役胜利。加强雾航和防台工作，严格遵守驾驶台纪律和避碰规则，正规瞭望，正确判断，留足余地，防止出现紧迫危险局面。

（二）进一步加大“四重船舶”管理力度。广远安全生产的“四重船舶”为具备重点人员、重点船舶、重点航区、重点货载四个特点的船舶。

强化对“四重船舶”的跟踪指导，做好货物的绑扎和加固，把各种安全隐患消灭在港内。保持船舶“四机一炉”（即主机、辅机、锚机、舵机和锅炉）的正常运作，具备应有的防抗能力。针对船舶船龄、货载以及机械设备可靠性等因素，认真评估抗风浪能力，提高防范和规避风险。

（三）全力以赴做好防海盗、防偷渡工作。强化航经亚丁湾海域船舶防海盗工作的布置、检查和指导。“乐同”轮抗击驱逐武装海盗袭击的英勇事迹得到中远集团领导的表扬，也为其他船舶抗击海盗袭击积累了宝贵经验。2008年，广远船舶航经亚丁湾附近海域共150艘次。其中，遭遇海盗袭击骚扰13艘次，均成功脱险。

（四）强化广远特色的安全长效管理机制。

加强安全“一把手工程”建设和安全执行力文化建设，深入开展“隐患排查治理年”活动和百日安全督查专项行动等主题活动，强化广远特色的安全长效管理机制建设，有效杜绝了重大事故的发生。

七、坚持抓好思想理论建设，进一步加强党建和思想政治工作

2008年，广远党委坚持抓好思想理论建设，认真组织各级领导班子和广大党员干部贯彻落实中共十七大精神和科学发展观，扎实开展解放思想学习讨论活动和“三创建三促进”（创建学习型、创建创新型、创建和谐型企业，促进解放思想、促进改革创新、促进科学发展）党建主题活动，创新以船舶为重点的基层党建工作，广远党委制作的党员教育专题片《党旗，在浮动国土上飘扬》获得全国第十届党员教育电视片观察评比活动特别奖，进一步完善以“送学上船”、“网络送学”、“党员远程教育”等为主要内容的先进性长效机制，党委创新实施的“一校一刊一网”党员教育模式获得中共广东省委组织部“固本强基”工程创新成果奖和广东省直机关党建创新成果奖。大力开展创新“四好领导班子”活动，全面推进员工教育培训“红树林”工程，党员干部队伍整体战斗力和党员整体素质显著提高。坚持抓好廉洁从业工作和反腐倡廉建设，惩治和预防腐败工作形成新格局，着力抓好各级工会和共青团建设，充分发挥党政工团各方力量，形成合力，不断提升促进企业改革发展的“软实力”，开创了企业健康、稳定、和谐发展的新局面，为企业深化改革，打造“资本广远”的发展战略和经营效益，连续5年创历史新高提供了坚强的政治保障和坚实的组织基础、群众基础。（刘锐祥）

“乐和”轮

第二节　机构设置

1. 2008 年广远本部机构图

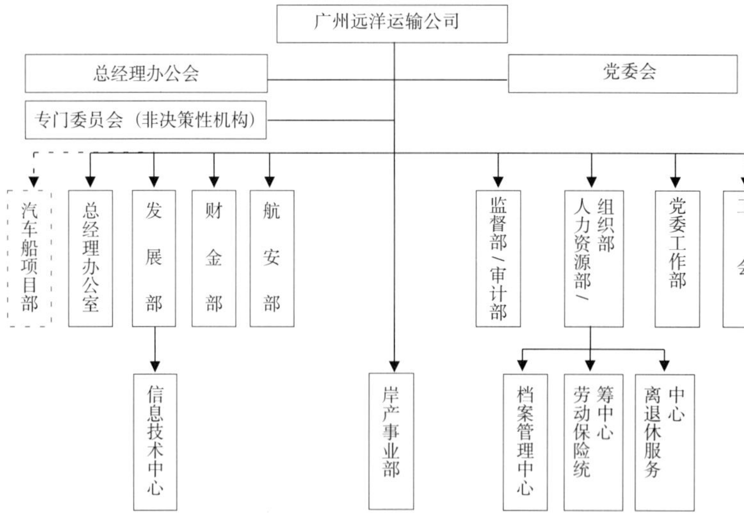

备注：2008 年 4 月撤销汽车船项目部。

2. 2008 年广远系统机构图

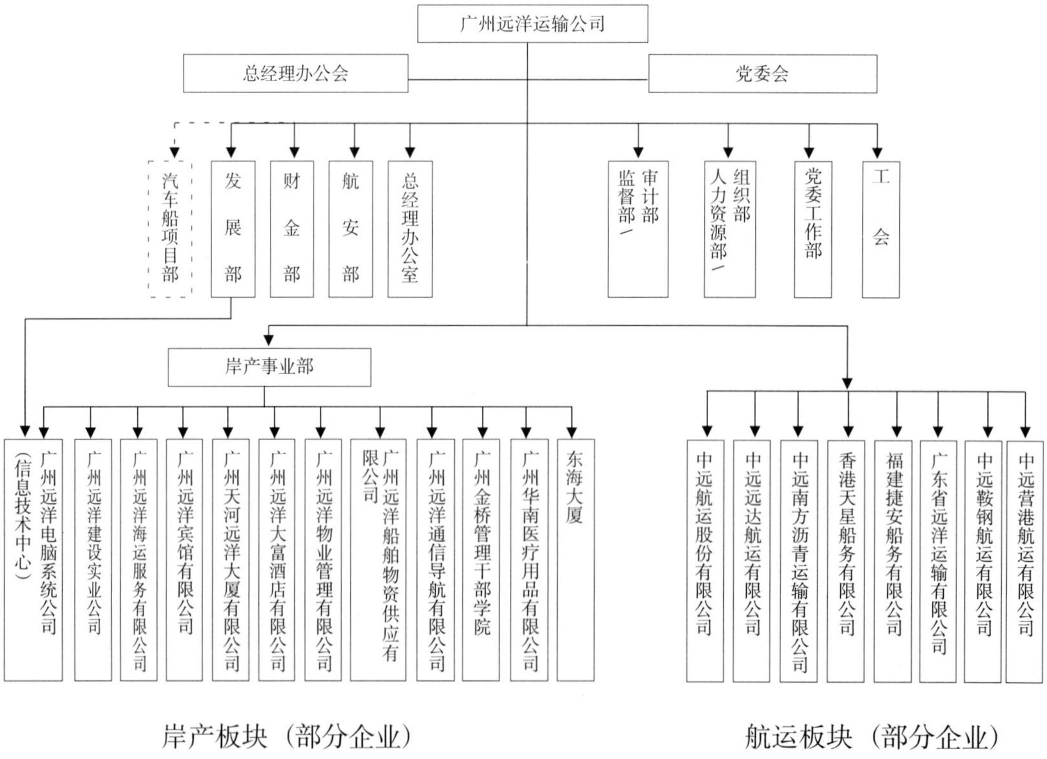

备注：2008 年 3 月转让华南医疗用品有限公司。

（吴思）

第三节　人 员 情 况

1. 广远领导班子

姓　名	出生年月	政治面貌	学　历	职　称	职　务	任命机关	任职时间
徐惠兴	1950.11	中共党员	大普	高级工程师 高级船长	总经理 党委副书记	中远集团	1～12 月
刘书田	1951.04	中共党员	大普	高级工程师 高级政工师	党委书记 副总经理	中远集团	1～12 月
傅　伟	1948.08	中共党员	大专	高级经济师	副总经理	中远集团	1～10 月
翁继强	1965.06	中共党员	大学	高级船长	副总经理	中远集团	1～12 月
黄继忠	1948.11	中共党员	大学	高级政工师	党委副书记	中远集团	1～12 月
马宗梅	1954.12	中共党员	大专	高级政工师	纪委书记 工会主席	中远集团	1～12 月

（吴思）

2. 广远部室领导和各投资企业领导（广远聘任或委派）

所在单位	姓　名	职　务
总经理办公室（简称总经办）	林旭东	主　任
	张莲芳	主任助理
发展部	谭　力	总经理
	张庆华	总经理助理
航运管理与安全监督部（简称航安部）	蔡梅江	总经理
	周维民	总经理助理
人力资源部 / 组织部	黎光葵	总经理 / 部长
	郑深恩	总经理助理
财金部	池新旺	总经理
	邓伟荣	总经理助理
党委工作部（简称党工部）	姚　勇	部长兼机关党委副书记
	章晓彤	部长助理
监督部 / 审计部	朱航员	纪委副书记兼监督部 / 审计部总经理
	佟文华	总经理助理
工　会	符　雄	副主席
汽车船项目部	陈新川	总经理（1～4 月）
	周维民	副总经理（兼）（1～4 月）
信息技术中心（简称信息中心）	杨　涛	主　任

（续上表）

所在单位	姓　名	职　务
岸产事业部	林立兵	岸产企业运营总监
	王玉生	总经理兼党工委副书记
	陈建钦	党工委书记兼副总经理
	张访苏	财务总监兼财务部经理
中远航运股份有限公司（简称中远航运）	姜立军	首席执行官（1～7月）
	韩国敏	首席执行官（8～12月）
	徐惠兴	党委书记（兼）
	郭　京	首席运营官
	赖奕光	党委副书记兼常务副总经理
	杜俊明	副总经理
	郭福祥	副总经理
	林敬伟	副总经理兼财务总监
	薛俊东	董事会秘书
中远远达航运企业有限公司（简称中远远达）	赵寿春	总经理兼党委副书记
	龚艳平	党委书记兼副总经理
	刘海平	副总经理
	曾远祥	副总经理
	黄　雁	财务总监
中远南方沥青运输有限公司（简称中远南方）	何伟杰	总经理
	顾卫东	党总支书记兼副总经理
	周佳忠	副总经理
	梁　杰	副总经理
	盛开薇	财务总监
香港天星船务有限公司（简称天星公司）	刘贤蒙	总经理
	蔡旦家	副总经理
	陈小华	财务总监
福建捷安船务有限公司（简称福建捷安）	张唯耀	总经理
广东省远洋运输公司（简称省远洋）	李　伟	总经理
中远鞍钢航运有限责任公司（简称中鞍航运）	邱　波	总经理
	周　斌	副总经理
中远营港航运有限责任公司（简称中远营港）	袁伟贤	总经理

（续上表）

所在单位	姓　名	职　务
广州金桥管理干部学院（简称金桥学院）	蔡志强	院长兼党委副书记（1~3月） 副院长（4~12月）
	涂慕欧	院长兼党委副书记（4~12月）
	凌保平	党委书记兼副院长 企业党校副校长
	郭智谋	纪委书记、工会主席
广州远洋建设实业公司（简称建设实业）	郑培贤	总经理兼党总支副书记
	陈建钦	党总支书记（兼）
	王庆来	副总经理
	陈永彩	财务总监（1~4月）
	杨　泱	财务总监（5~12月）
广州远洋船舶物资供应有限公司（简称供应公司）	方少彪	总经理兼党委副书记
	甄　伟	党委书记兼副总经理
	江日胜	纪委书记、工会主席
	焦丽文	财务总监（1~4月）
	廖伟文	财务总监（5~12月）
广州远洋物业管理公司（简称物业公司）	张清强	副总经理（主持工作）
	王玉生	党委书记（兼）
	张玉凌	副总经理
	任紫侠	副总经理、党委副书记
	吕英翼	纪委书记、工会主席
广州远洋通信导航公司（简称通导公司）	孟　政	总经理兼党总支副书记（1~11月）
	涂慕欧	党总支副书记（主持工作）（1~3月）
广州远洋海运服务有限公司（简称海运公司）	徐国新	总经理兼党总支副书记
	陈建钦	党总支书记（兼）（1~2月）
	周　舟	党总支书记（3~12月）
	林民育	副总经理
广州远洋宾馆有限公司（简称远洋宾馆）	施金安	总经理兼党总支副书记
	陈建钦	党总支书记（兼）
	洪　舸	副总经理
	杨　泱	财务总监（1~4月）
	陈永彩	财务总监（5~12月）
广州天河远洋大厦有限公司（简称远洋大厦）	程一高	总经理兼党总支副书记
	王玉生	党总支书记（兼）

（续上表）

所在单位	姓　名	职　务
华南医疗用品有限公司（简称华南医疗）	闭晴安	总经理（1～3月）
	李　伟	党总支书记兼副总经理（1～3月）
	廖小澄	副总经理（1～3月）
	郑婉洁	财务总监（1～2月）
大富酒店有限公司（简称大富酒店）	梁伟文	总经理兼党总支副书记
	王玉生	党总支书记（兼）
东海大厦	何向宁	总经理
广州越洋船务有限公司（简称越洋船务）	吴亮明	副总经理
ELF润滑油（广州）公司（简称广州埃尔夫）	王　珂	副总经理
南海海洋包装材料厂（简称海洋厂）	姜保民	厂　长

（吴思）

3. 广远系统员工人数总表

总人数	公司本部	船员人数	下属单位总人数
6644	203	5200	1241

（阮亦欢）

4. 广远本部员工人数一览表

本　部	岸产事业部	信息中心	3个挂靠中心
115	16	43	29

（阮亦欢）

5. 员工分类情况一览表

总人数	身　份	
	干　部	工　人
6644	4126	2518

（阮亦欢）

6. 干部技术职称情况一览表

总人数	职 称 情 况			
	高　级	中　级	初　级	无职称
4126	104	963	2721	338

（阮亦欢）

7. 干部学历情况一览表

总人数	学　历				
	研究生	大学本科	大学专科	中　专	高中以下
4126	52	1128	1401	1290	255

（阮亦欢）

8. 干部年龄结构情况一览表

总人数	年　龄			
	35 岁及以下	36 至 45 岁	46 至 54 岁	55 岁及以上
4126	1514	1460	927	225

（阮亦欢）

9. 干部从业人员变动情况一览表

2007 年年底人数	2008 年增加人数	2008 年减少人数	2008 年年底人数
4176	411	461	4126

（阮亦欢）

10. 员工政治面貌情况一览表（不含代管单位，含离退休人员）

项　目	人　数	所占百分比
总人数	17266	100%
中共党员	9057（含属地管理党员）	52.456%
共青团员	456	2.64%
民主党派	1	00058%
群　众	7752	44.899%

（蔡主清）

第四节　船舶总体情况

1. 广远营运船舶主要技术规范一览表

序	代码	船名	英文船名	船旗	船　型	建造年月	建造国家	接船日期	船舶主要尺度（米）				航速（节）	总吨	净吨	总载重吨	标准箱位（TEU）	功率（千瓦）
									总长	型宽	型深	吃水						
1	0005	大中	DAZHONG	巴拿马	杂货集装箱两用船	199806	日本	98-06-30	153.00	23.00	14.10	9.10	17.6	15300	6000	16957	685	6031
2	0006	大华	DAHUA	巴拿马	杂货集装箱两用船	199807	日本	98-07-31	153.00	23.00	14.10	9.10	17.6	15300	6000	16957	685	6031
3	0007	大富	DAFU	巴拿马	杂货集装箱两用船	199810	日本	98-10-30	153.00	23.00	14.10	9.10	17.6	15300	6000	16957	685	6031
4	0008	大强	DAQIANG	巴拿马	杂货集装箱两用船	199811	日本	98-11-30	153.00	23.00	14.10	9.10	17.6	15300	6000	16957	685	6031
5	0012	乐鼎	LEDING	中国	杂货集装箱两用船	199811	中国	98-12-02	169.00	25.20	14.10	9.98	17.6	15525	8765	21728		7550
6	0013	乐盛	LESHENG	中国	杂货集装箱两用船	199901	中国	99-01-22	169.00	25.20	14.10	9.98	17.6	15525	8765	21728		7550
7	0014	乐泰	LETAI	中国	杂货集装箱两用船	199903	中国	99-03-23	169.00	25.20	14.10	9.98	17.6	15525	8765	21728		7550
8	0015	乐昌	LECHANG	中国	杂货集装箱两用船	199907	中国	99-07-23	169.00	25.20	14.10	9.98	17.6	15525	8765	21728		7550
9	0016	乐宜	LEYI	中国	杂货集装箱两用船	200004	中国	00-05-19	182.67	26.20	14.70	10.00	14.0	19955	9412	28450	1089	6300
10	0017	乐里	LELI	中国	杂货集装箱两用船	200009	中国	00-09-19	182.67	26.20	14.70	10.00	14.0	19955	9412	28450	1089	6300
11	0018	乐从	LECONG	中国	杂货集装箱两用船	200012	中国	00-12-13	182.67	26.20	14.70	10.00	14.0	19955	9412	28450	1089	6300
12	0019	乐和	LEHE	中国	杂货集装箱两用船	200102	中国	01-02-16	182.67	26.20	14.70	10.00	14.0	19955	9412	28450	1089	6300
13	0049	乐民	LEMIN	中国	杂货集装箱两用船	199906	中国	99-06-30	169.00	25.20	14.10	9.98	17.6	15589	8766	21728		7550
14	0050	乐业	LEYE	中国	杂货集装箱两用船	199912	中国	00-03-23	169.00	25.20	14.10	9.98	17.6	15589	8766	21728		7550
15	0051	乐同	LETONG	中国	杂货集装箱两用船	200005	中国	00-06-26	169.00	25.20	14.10	10.00	17.6	15589	8766	21400		7550
16	0052	乐荣	LERONG	中国	杂货集装箱两用船	199904	中国	99-04-28	169.00	25.20	14.10	9.98	17.6	15542	8589	21728		7550
17	0053	乐山	LESHAN	中国	杂货集装箱两用船	199909	中国	99-09-16	169.00	25.20	14.10	9.98	17.6	15542	8589	21728		7550

（续上表）

序	代码	船名	英文船名	船旗	船型	建造年月	建造国家	接船日期	船舶主要尺度（米）				航速（节）	总吨	净吨	总载重吨	标准箱位（TEU）	功率（千瓦）
									总长	型宽	型深	吃水						
18	0054	乐锦	LEJIN	中国	杂货集装箱两用船	199911	中国	00-01-20	169.00	25.20	14.10	9.98	17.6	15542	8589	21728		7550
19	0215	桃江	TAOJIANG	中国	普通杂货船	198501	中国	85-01-30	149.90	21.20	12.30	9.00	14.8	10456	6407	15510		5582
20	0216	碧江	BIJIANG	中国	普通杂货船	198509	中国	85-09-25	149.90	21.20	12.30	9.00	14.8	10456	6407	15510		5520
21	0302	源江	YUANJIANG	中国	杂货集装箱两用船	198105	英国	81-05-21	144.00	20.42	11.75	8.87	15.0	9182	6152	15200	44	5662
22	0313	甬江	YONGJIANG	中国	杂货集装箱两用船	197803	德国	78-04-04	149.80	21.00	12.25	9.26	18.1	9792	6379	16270	263	6391
23	0314	闽江	MINJIANG	中国	杂货集装箱两用船	197805	德国	78-05-16	149.80	21.06	12.25	9.26	18.1	9792	6379	16270	245	6391
24	0315	湘江	XIANGJIANG	中国	杂货集装箱两用船	197802	德国	78-02-03	149.80	21.00	12.25	9.26	18.1	9792	6379	16270	247	6590
25	0333	永盛	YONGSHENG	中国香港	杂货集装箱两用船	200209	罗马尼亚	06-07-17	159.99	23.70	11.95	8.42	14.3	14357	6985	19461	1226	7860
26	0351	安华江	ANHUAJIANG	中国	杂货集装箱两用船	198709	日本	87-09-18	145.50	21.00	13.10	9.46	15.9	10511	6280	17324	530	3972
27	0352	安宝江	ANBAOJIANG	中国	杂货集装箱两用船	198709	日本	87-09-18	145.50	21.00	13.10	9.46	15.9	10511	6280	17324	528	3972
28	0356	安康江	ANKANGJIANG	中国	杂货集装箱两用船	198504	日本	85-04-13	140.00	22.70	13.20	9.51	16.0	11495	6620	15852	292	6399
29	0357	安龙江	ANLONGJIANG	中国	杂货集装箱两用船	198506	日本	85-06-10	148.00	22.70	13.20	9.51	16.0	11495	6620	15865	322	6399
30	0358	安宁江	ANNINGJIANG	中国	杂货集装箱两用船	198508	日本	85-08-29	148.50	22.70	13.20	9.51	16.0	11505	6620	15838	322	6399
31	0361	安庆江	ANQINGJIANG	中国	杂货集装箱两用船	198512	中国	85-12-21	149.70	21.80	12.50	9.07	15.0	11115	6259	14913	232	6222
32	0363	安新江	ANXINJIANG	中国	杂货集装箱两用船	198606	中国	86-06-16	149.70	21.80	12.50	9.05	14.5	11115	6259	14913	232	9000
33	0364	安岳江	ANYUEJIANG	中国	杂货集装箱两用船	198612	中国	86-12-19	149.70	21.80	12.50	9.07	14.5	11115	6259	14913	232	6222
34	0365	安泽江	ANZEJIANG	中国	杂货集装箱两用船	198702	中国	87-03-01	149.70	21.80	12.50	9.00	16.5	11115	6259	14914	232	6222
35	0366	安广江	ANGUANGJIANG	中国	杂货集装箱两用船	198710	中国	87-11-05	149.70	21.80	12.50	9.07	14.5	11115	6259	14913	232	6222
36	0367	安顺江	ANSHUNJIANG	中国	杂货集装箱两用船	198712	中国	88-01-09	149.70	21.80	12.50	9.07	14.5	11115	6259	14913	232	6222
37	0368	安涛江	ANTAOJIANG	中国	杂货集装箱两用船	198006	德国	88-07-08	141.70	21.50	10.50	7.92	18.0	8267	5052	10800	590	4400
38	0369	安武江	ANWUJIANG	中国	杂货集装箱两用船	198004	德国	88-10-21	141.70	21.20	10.50	7.92	17.0	8267	5052	10800	590	4476

(续上表)

序	代码	船名	英文船名	船旗	船型	建造年月	建造国家	接船日期	船舶主要尺度（米）				航速（节）	总吨	净吨	总载重吨	标准箱位（TEU）	功率（千瓦）
									总长	型宽	型深	吃水						
39	0401	赤峰口	CHIFENGKOU	中国	滚装船	198003	日本	80-03-28	146.50	22.70	15.00	9.18	15.3	13615	5407	13810		6693
40	0402	三江口	SANJIANGKOU	中国	滚装船	198006	日本	80-06-12	146.50	22.70	15.00	9.18	15.3	13615	5407	13826		6693
41	0403	关河口	GUANHEKOU	中国	滚装船	198009	日本	80-09-17	146.50	22.70	15.00	9.18	15.3	13615	5407	13798		6693
42	0407	富源口	FUYUANKOU	中国	汽车船	198209	日本	03-01-26	108.00	19.00	6.30	5.62	14.5	8553	2724	2796		4000
43	0408	富康口	FUKANGKOU	中国	汽车船	198301	日本	03-01-25	105.56	19.30	10.30	6.01	13.0	7551	3498	3516		4760
45	0411	常发口	CHANGFAKOU	中国	汽车船	198503	日本	05-02-01	158.94	27.80	19.91	8.71	15.0	27267	8180	11678		6906
46	0412	富瀚口	FU HAN KOU	巴拿马	汽车船	198601	丹麦	07-01-18	160.50	20.75	18.80	6.73	14.0	15373	6022	9300		6600
47	0434	发展之路	DEVELOPING ROAD	中国香港	子母船	197805	日本	91-03-11	134.50	34.20	7.50	5.18	10.0	10941	3282	13299		4413
48	0435	泰安口	TAIANKOU	中国	子母船	200211	中国	02-12-18	156.00	32.20	10.00	7.50	14.0	14184	4255	20620		9400
49	0436	康盛口	KANG SHENGKOU	中国	子母船	200308	中国	03-08-28	156.00	32.20	10.00	7.50	14.0	14184	4255	20248		9400
50	0555	西昌海	XICHANGHAI	巴拿马	木材船	199708	中国	97-08-29	165.72	26.00	13.90	9.82	14.5	18070	9485	27276		5845
51	0556	瑞昌海	RUICHANGHAI	巴拿马	木材船	199709	中国	97-11-18	165.72	26.00	13.90	9.82	14.5	18070	9485	27276		5845
52	0605	丹阳	DANYANG	中国	普通杂货船	197712	中国	98-01-11	161.90	21.20	12.50	9.20	13.5	10610	5953	13640		9000
53	0637	宣城	XUANCHENG	中国	普通杂货船	197707	日本	98-01-18	143.40	19.84	12.34	9.05	11.0	10150	5775	15112		3773
54	0639	晋城	JINCHENG	中国	普通杂货船	197508	日本	98-01-08	147.70	22.86	13.00	9.61	16.5	11959	7525	18755	376	9400
55	0640	项城	XIANGCHENG	中国	普通杂货船	197602	日本	97-09-30	147.70	22.85	13.00	9.63	15.5	11959	7525	18516	172	6909
56	0641	交城	JIAOCHENG	中国	普通杂货船	197803	日本	97-12-25	148.16	22.00	12.50	8.89	16.8	10481	6990	16250	312	5880
57	0645	浦城	PUCHENG	中国	普通杂货船	197701	德国	97-11-16	149.80	21.00	12.25	9.25	15.0	9979	6653	16070	208	6440
58	0648	安东江	ANDONGJIANG	中国	普通杂货船	197902	英国	03-09-14	144.00	20.42	11.75	8.86	13.0	9182	6152	15160		5670

（续上表）

序	代码	船名	英文船名	船旗	船型	建造年月	建造国家	接船日期	船舶主要尺度（米）				航速（节）	总吨	净吨	总载重吨	标准箱位（TEU）	功率（千瓦）
									总长	型宽	型深	吃水						
59	0650	安阳江	ANYANGJIANG	中国	普通杂货船	198004	英国	03-11-17	144.00	20.42	11.75	8.86	13.0	9182	6152	15250		5670
60	0717	赤云	CHIYUN	中国	普通杂货船	198308	中国	98-03-01	119.01	18.00	10.40	7.40	14.5	6472	2905	7126		3234
61	0725	大田	DATIAN	中国香港	普通杂货船	197402	日本	97-12-11	154.00	22.00	12.00	9.08	12.0	11288	6157	14469		6102
62	0730	黄山	HUANGSHAN	中国	普通杂货船	198201	西班牙	98-03-13	144.00	21.40	12.20	8.96	15.0	9445	6084	15631	251	5288
63	0731	华山	HUASHAN	中国	普通杂货船	198210	西班牙	98-04-13	144.00	21.40	12.20	8.96	14.5	9445	6084	15635	327	5184
64	0732	庐山	LUSHAN	中国	普通杂货船	198207	西班牙	98-01-09	144.00	21.20	12.20	8.96	14.5	9445	6084	15635	290	5182
65	0734	富阳山	FUYANGSHAN	中国	杂货集装箱两用船	198701	中国	97-10-29	162.00	23.00	14.00	9.20	15.0	13890	6233	17139	336	5618
66	0735	富文山	FUWENSHAN	中国	杂货集装箱两用船	198606	中国	98-02-08	162.00	23.00	14.00	9.20	15.0	13823	5826	17000	336	5619
67	0736	富清山	FUQINGSHAN	中国	杂货集装箱两用船	198904	中国	97-11-25	162.00	23.00	14.00	9.20	14.0	13823	5826	17139	336	5617
68	0737	富新山	FUXINSHAN	中国	杂货集装箱两用船	199006	中国	98-02-13	162.00	23.00	14.00	9.20	13.0	13823	5826	17258	336	5618
69	0738	富康山	FUKANGSHAN	中国	杂货集装箱两用船	198912	中国	98-02-12	162.00	23.00	14.00	9.20	15.0	13823	5826	17139	336	5615
70	0741	衡山	HENGSHAN	中国	普通杂货船	198407	南斯拉夫	98-04-03	157.64	22.90	13.00	9.31	14.0	12448	6548	16670	518	5640
71	0742	凉山	LIANGSHAN	中国	杂货集装箱两用船	198401	南斯拉夫	97-11-09	157.54	22.90	13.00	9.31	14.0	12448	6548	16670	610	5645
72	0743	松山	SONGSHAN	中国	杂货集装箱两用船	198401	南斯拉夫	98-02-27	157.60	22.90	13.00	9.31	14.1	12448	6548	16670	610	5645
73	0744	丰安山	FENGANSHAN	中国	杂货集装箱两用船	198505	日本	98-04-18	156.00	24.70	13.45	9.61	15.0	13367	7286	18270	614	5290
74	0745	丰顺山	FENG SHUNSHAN	中国	杂货集装箱两用船	198501	日本	98-03-01	156.00	24.70	13.45	9.61	15.0	13367	7286	18277	614	4769
75	0746	丰康山	FENG KANGSHAN	中国	杂货集装箱两用船	198509	日本	97-12-04	156.00	24.70	13.45	9.61	15.0	13367	7286	18264	614	7200
76	0747	富源山	FUYUANSHAN	中国	杂货集装箱两用船	198511	日本	98-06-06	151.00	25.00	13.60	9.90	15.0	13482	7799	20225	604	5110
77	0748	富裕山	FUYUSHAN	中国	杂货集装箱两用船	198512	日本	97-11-27	151.00	25.00	13.60	9.82	15.0	13482	7799	20225	604	5111

（续上表）

序	代码	船名	英文船名	船旗	船型	建造年月	建造国家	接船日期	船舶主要尺度（米）				航速（节）	总吨	净吨	总载重吨	标准箱位（TEU）	功率（千瓦）
									总长	型宽	型深	吃水						
78	0754	黄云	HUANGYUN	中国	普通杂货船	198406	中国	03-07-12	119.01	18.00	10.40	7.40	14.5	6472	2905	7137		3235
79	0755	橙云	CHENGYUN	中国	普通杂货船	198306	中国	03-07-12	119.01	18.00	10.40	7.40	15.0	6472	2905	7137		3235
80	0756	江宁关	JIANG NINGGUAN	中国	普通杂货船	198410	日本	03-06-25	103.50	16.40	8.50	6.76	13.0	4107	2059	5593		2580
81	0757	江埔关	JIANGPUGUAN	中国	普通杂货船	198411	日本	03-07-01	103.50	16.40	8.50	6.76	13.0	4107	2059	5593		2580
82	0758	山海关	SHANHAIGUAN	中国	普通杂货船	197703	日本	03-07-22	151.50	22.40	12.75	9.50	14.0	11920	7290	17325		5800
83	0759	江西关	JIANGXIGUAN	中国	普通杂货船	198501	日本	03-07-29	103.50	16.40	8.50	6.76	13.0	4107	2059	5593		2580
84	0760	居庸关	JUYONGGUAN	中国	普通杂货船	197611	日本	03-08-29	151.50	22.40	12.75	9.50	14.0	11610	5782	17401		5806
85	0761	嘉荫关	JIAYINGUAN	中国	木材船	198508	日本	03-06-28	109.60	17.80	9.00	7.15	14.0	4999	2725	7164		3499
86	0762	嘉禾关	JIAHEGUAN	中国	木材船	198503	日本	03-06-27	109.60	17.80	9.00	7.15	14.0	4997	2728	7110		3500
87	0763	嘉山关	JIASHANGUAN	中国	木材船	198505	日本	03-07-06	109.60	17.80	9.00	7.10	14.0	4999	2725	7149		3499
88	0765	白沙岭	BAISHALING	中国	木材船	198406	日本	03-07-11	174.00	26.00	14.80	10.65	13.5	18639	10508	30881		4192
89	0766	金沙岭	JINSHALING	巴拿马	木材船	199001	日本	05-10-20	169.03	27.20	13.60	9.74	13.5	16725	10435	28457		5162
90	0767	金牛岭	JINNIULING	巴拿马	木材船	199206	日本	06-01-18	169.00	27.00	13.60	9.74	13.5	16712	10435	28470		5733
91	0768	金达岭	JINDALING	巴拿马	木材船	199805	中国	07-05-29	169.00	27.20	13.60	9.71	14.0	17784	9924	28164		7100
92	0901	亚龙湾	YALONGWAN	中国香港	沥青船	200701	中国	07-01-08	106.84	17.60	10.10	6.45	14.0	5530	1659	6012		4440
93	0902	木兰湾	MULANWAN	中国香港	沥青船	200704	中国	07-04-24	106.92	17.63	10.10	6.58	13.5	5530	1659	6011		4440
94	0903	大鹏湾	DAPENGWAN	中国香港	沥青船	200708	中国	07-08-28	106.84	17.62	10.10	6.45	14.0	5530	1659	6011		4000
95	0904	福宁湾	FUNINGWAN	中国香港	沥青船	200801	中国	08-01-10	106.84	17.62	10.10	6.45	14.0	5530	1659	6109		4400
96	0905	珍珠湾	ZHENZHUWAN	中国	沥青船	200807	中国	08-08-08	106.84	17.60	10.10	6.60	14.0	5569	1671	6315		4000
97	0906	澎湖湾	PENGHUWAN	中国	沥青船	200811	中国	08-11-11	106.84	17.60	10.10	6.60	14.0	5569	1671	6327		4000

（续上表）

序	代码	船名	英文船名	船旗	船型	建造年月	建造国家	接船日期	船舶主要尺度（米）				航速（节）	总吨	净吨	总载重吨	标准箱位（TEU）	功率（千瓦）
									总长	型宽	型深	吃水						
98	0907	月亮湾	YUELIANGWA	中国香港	沥青船	199906	中国	07-04-17	126.81	21.40	11.80	8.10	12.0	9020	2706	11048		4200
99	0967	安泰江	ANTAIJIANG	中国香港	沥青船	198512	中国	01-04-27	106.04	16.00	9.00	6.67	12.0	3951	1285	4926		2867
100	0968	安吉江	ANJIJIANG	中国	沥青船	198606	中国	01-04-21	106.04	16.00	9.00	6.67	12.0	3951	1285	4926		2238
101	0969	安达江	ANDAJIANG	中国	沥青船	198611	中国	86-11-08	106.04	16.00	9.00	6.67	13.0	3951	1285	4926		2205
102	0970	雅江	YAJIANG	中国香港	沥青船	198512	中国	85-12-18	106.04	16.00	9.00	6.67	13.0	3951	1285	4926		2207
103	0971	洪江	HONGJIANG	中国	沥青船	198412	中国	84-12-24	105.90	16.00	9.00	6.67	13.0	3951	1285	4971		2206
104	0972	涵江	HANJIANG	中国香港	沥青船	198510	中国	85-10-12	106.04	16.00	9.00	6.67	13.0	3951	1285	4914		2205
105		桂江	GUIJIANG	中国	普通杂货船	197709	日本	77-09-25	143.40	19.81	12.00	9.06	12.5	8751	5522	15200		4413
106		曲江	QUJIANG	中国	普通杂货船	197710	日本	77-10-25	143.40	19.81	12.00	9.06	12.5	8751	5522	15200		3773
107		宝江	BAOJIANG	中国	普通杂货船	198305	中国	84-01-27	105.90	16.00	9.00	6.50	13.0	4042	2033	5082		2870
108		岱江	DAIJIANG	中国	普通杂货船	198411	中国	84-11-16	105.96	16.00	9.00	6.70	10.5	4042	2033	5082		2208
109		富裕星	WEALTHSTAR	巴拿马	普通杂货船	199110	英国	91-10-15	158.87	22.80	13.40	9.96	13.5	12453	7389	16979		10200
110		天王星	TIAN WANG XING	巴拿马	杂货集装箱两用船	200703	中国	08-02-05	122.20	19.80	10.70	7.20	13.5	7460	3295	9106	630	3300
111		海王星	HAI WANG XING	巴拿马	杂货集装箱两用船	200703	中国	08-03-20	122.20	19.80	10.70	7.20	13.5	7460	3295	9106	630	3300

2. 广远营运船舶船东、船籍、船级、主辅机型号一览表

序号	代码	船名	建造年月	船型	船东公司	船籍	船级 Class	呼号	营运耗油（吨/天）	主机型号	额定功率（kw）	辅机型号	辅机功率（kw）
1	0005	大中	199806	重大件船	中远航运	巴拿马	LR	3FNK8	21.3	KAWASAKI MAN–B&W 5S5OMC	6031	WARTSILA 4L20	645
2	0006	大华	199807	重大件船	中远航运	巴拿马	LR	3FPC8	21.3	KAWASAKI MAN–B&W 5S5OMC	6031	WARTSILA 4L20	645
3	0007	大富	199810	重大件船	中远航运	巴拿马	LR	3FUL8	21.3	KAWASAKI MAN–B&W 5S5OMC	6031	WARTSILA 4L20	645
4	0008	大强	199811	重大件船	中远航运	巴拿马	LR	3FWI8	21.3	KAWASAKI MAN–B&W 5S5OMC	6031	WARTSILA 4L20	645
5	0012	乐鼎	199811	杂货集装箱两用船	广远	中国	CCS	BOUF	27.0	MAN–B&W 6S50MC	7550	4L20	550
6	0013	乐盛	199901	杂货集装箱两用船	中远航运	中国	CCS	BOUF	27.0	MAN–B&W 6S50MC	7550	4L20	550
7	0014	乐泰	199903	杂货集装箱两用船	广远	中国	CCS	BOQB	28.3	MAN B & W 6S50MC	7550	Warlsila 4L20C	540
8	0015	乐昌	199907	杂货集装箱两用船	广远	中国	CCS	BOQC	30.0	MAN B & W 6S50MC	7550	Warlsila 4L20C	540
9	0016	乐宜	200004	杂货集装箱两用船	中远航运	中国	CCS	BOKX	22.7	SULZER 5RTA48T	6300	WARTSILA 4L20	600
10	0017	乐里	200009	杂货集装箱两用船	中远航运	中国	CCS	BOKW	22.7	SULZER 5RTA48T	6300	WARTSILA 4L20	600
11	0018	乐从	200012	杂货集装箱两用船	中远航运	中国	CCS	BOKU	24.5	5RTA48	6300	4L20C	620
12	0019	乐和	200102	杂货集装箱两用船	中远航运	中国	CCS	BOKV	24.0	SULZER 5RTA48T	6300	Warlsila 4L20	620
13	0049	乐民	199906	杂货集装箱两用船	中远航运	中国	CCS	BOQF	27.0	MAN B & W 6S50MC	7550	Warlsila 4L20C	540
14	0050	乐业	199912	杂货集装箱两用船	广远	中国	CCS	BOQE	28.0	MAN B & W 6S50MC	7550	Warlsila 4L20C	550
15	0051	乐同	200005	杂货集装箱两用船	广远	中国	CCS	BOQD	28.5	MAN B & W 6S50MC –MK6	7550	Warlsila 4L20C	540
16	0052	乐荣	199904	杂货集装箱两用船	中远航运	中国	CCS	BOQI	30.0	MAN B & W 6S50MC	7550	Warlsila 4L20C	540

（续上表）

序号	代码	船名	建造年月	船型	船东公司	船籍	船级 Class	呼号	营运耗油（吨/天）	主机型号	额定功率（kw）	辅机型号	辅机功率（kw）
17	0053	乐山	199909	杂货集装箱两用船	广远	中国	CCS	BOQH	29-32	MAN B & W 6S50MC	7550	Warlsila 4L20C	540
18	0054	乐锦	199911	杂货集装箱两用船	广远	中国	CCS	BOQG	28.5-29	MAN / B&W 6S50MC	7550	WARTSILA 4L20	540
19	0215	桃江	198501	普通杂货船	中远航运	中国	CCS	BOUM	20.0	6RLA56	5582	6UL-UT	400
20	0216	碧江	198509	普通杂货船	中远航运	中国	CCS	BOUN	19.0	6RLA56	5578	6UL-UT	400
21	0302	源江	198105	杂货集装箱两用船	中远航运	中国	CCS	BOUE	17.0	SULZER 4RND 68M	5590	YANMAR 6UL-UT	350
22	0313	甬江	197803	杂货集装箱两用船	中远航运	中国	CCS	BOVH	20.0	M.A.N16V 40/54A	8690	MAK 6M281AK	588
23	0314	闽江	197805	杂货集装箱两用船	中远航运	中国	CCS	BOVI	20.0	M.A.N16V 40/54A	8690	MAK 6M281AK	588
24	0315	湘江	197802	杂货集装箱两用船	中远航运	中国	CCS	BOVG	17.0	M.A.N16V 40/54A	8690	MAK 6M281AK	588
25	0333	永盛	200209	杂货集装箱两用船	中远航运	香港	LR	VR-CA4	30.0	MAN B&W 6S46MC-C	7860	6BDXC-750-100A	662×2
26	0351	安华江	198709	杂货集装箱两用船	中远航运	中国	CCS	BOAW	13.6	IHI SEMT PIELSTICK 10PC2-6V	3970	YANMAR 6UAL-ST	625
27	0352	安宝江	198709	杂货集装箱两用船	中远航运	中国	CCS	BOAX	14.0	PIELSTICK 10PC2-6V	3971	YANMAR 6UAL-ST	625
28	0356	安康江	198504	杂货集装箱两用船	中远航运	中国	CCS	BOUR	19.0	SULZER 5RTA58	6397	YANMAR T220L-UT	500
29	0357	安龙江	198506	杂货集装箱两用船	中远航运	中国	CCS	BOUS	18.0	SULZER 5RTA58	6395	YANMAR T220L-UT	610
30	0358	安宁江	198508	杂货集装箱两用船	中远航运	中国	CCS	BOUT	23.7	SULZER 5RTA58	6397	YANMAR T220L-UT	610
31	0361	安庆江	198512	杂货集装箱两用船	中远航运	中国	CCS	BOKA	20.5	YICHANG-SULZER 6RLB 56	6218	DAIHATSU 6DSB-22	550

(续上表)

序号	代码	船名	建造年月	船型	船东公司	船籍	船级 Class	呼号	营运耗油 (吨/天)	主机型号	额定功率 (kw)	辅机型号	辅机功率 (kw)
32	0363	安新江	198606	杂货集装箱两用船	中远航运	中国	CCS	BOAR	205	YICHANG-SULZER 6RLB 56	6218	DAIHATSU 6DSB-22	550
33	0364	安岳江	198612	杂货集装箱两用船	中远航运	中国	CCS	BOAS	20.5	YICHANG-SULZER 6RLB 56	6218	DAIHATSU 6DSB-22	550
34	0365	安泽江	198702	杂货集装箱两用船	中远航运	中国	CCS	BOAT	20.5	YICHANG-SULZER 6RLB 56	6218	DAIHATSU 6DSB-22	550
35	0366	安广江	198710	杂货集装箱两用船	中远航运	中国	CCS	BOAU	21.0	YICHANG-SULZER 6RLB 56	6218	DAIHATSU 6DSB-22	550
36	0367	安顺江	198712	杂货集装箱两用船	中远航运	中国	CCS	BOAV	20.0	YICHANG-SULZER 6RLB 56	6218	DAIHATSU 6DSB-22	550
37	0368	安涛江	198006	杂货集装箱两用船	中远航运	中国	CCS	BOOF	25.0	MAN KSZ 52/105	4400	MAN 7L20/27	630
38	0369	安武江	198004	杂货集装箱两用船	中远航运	中国	CCS	BOOG	23.0	MAN KSZ 52/105	7943	MAN 7L20/27	590
39	0401	赤峰口	198003	滚装船	中远航运	中国	CCS	BOKL	15.0	14PC2-5 V	6691	6PSHTC-26D	560
40	0402	三江口	198006	滚装船	中远航运	中国	CCS	BOQZ	15.0	PIELSTICK 14PC2-5	6023	DAIHATSU 6PSHTC-26D	640
41	0403	关河口	198009	滚装船	中远航运	中国	CCS	BOYO	15.0	14PC2-5 V	6691	6PSHTC-26D	560
42	0407	富源口	198209	汽车船	中远航运	中国	CCS	BOOH	9.0	HANSHIN 6EL-44	2646	YANMAR 6MAL-HT	320
43	0408	富康口	198301	汽车船	中远航运	中国	CCS	BOOI	12.5	B&W 7L35MC	3183	YANMAR S185L-UT	310

（续上表）

序号	代码	船名	建造年月	船型	船东公司	船籍	船级 Class	呼号	营运耗油（吨/天）	主机型号	额定功率（kw）	辅机型号	辅机功率（kw）
44	0409	富泉口	198501	汽车船	中远航运	中国	CCS	BOON	16.0	MAK 8M552	4900	BENZ OM424A	310
45	0411	常发口	198503	汽车船	中远航运	中国	CCS	BOOR	21.0	NKK 6PC4–2L	6906	YANMAR 6T220L–UT	560
46	0412	富瀚口	198601	汽车船	中远航运	中国							
47	0434	发展之路	197805	半潜船	中远航运	马耳他	CCS	9HFE3	12.5	PIELSTIC 6PC2–2L	2205×2	DAIHATSU 6DS–18	352
48	0435	泰安口	200105	半潜船	中远航运	中国	CCS	BOKD	49.0	WARTSILA9L32	4700×3	WARTSILA 6L20	1020
49	0436	康盛口	200202	半潜船	中远航运	中国	CCS	BOKF	49.0	WARTSILA9L32	4700×3	WARTSILA 6L20	1020
50	0555	西昌海	199708	木材船	广远	巴拿马	ABS	SFRC7	23.0	MAN–B&W 5L50MC MARK 5	5846	YANMAR M200L–X	485
51	0556	瑞昌海	199709	木材船	广远	巴拿马	ABS	SFSQ7	23.0	MAN–B&W 5L50MC MARK 5	5845	YANMAR M200L–X	485
52	0605	丹阳	197712	普通杂货船	中远航运	中国	CCS	BOMS	18.0	6ESDZ 76/160	6615	SKL 8BVD36A1	425
53	0637	宣城	197707	普通杂货船	中远航运	中国	CCS	BODY	14.0	12PC – 2V	3773	6PSHT6–18D	225
54	0639	晋城	197508	普通杂货船	中远航运	中国	CCS	BOBC	17.0	B&W 7K62EF	9400	DAIHATSU 6P8HTB–26D	750
55	0640	项城	197602	普通杂货船	中远航运	中国	CCS	BOBB	26.0	B&W 7K62EF	6918	6PSHT–26D	550
56	0641	交城	197803	普通杂货船	中远航运	中国	CCS	BOBG	20.0	MITSUI B&W 6L5GF	6372	YANMAR 6MAL–HT5	390

（续上表）

序号	代码	船名	建造年月	船型	船东公司	船籍	船级 Class	呼号	营运耗油（吨/天）	主机型号	额定功率（kw）	辅机型号	辅机功率（kw）
57	0645	浦城	197701	普通杂货船	中远航运	中国	CCS	BOMF	16.0	MAN 14V 40⁄54A	6440	6T23LH 4ED	552
58	0648	安东江	197902	普通杂货船	中远航运	中国	CCS	BOKE	16.0	SULZER 4RND68M	5594	ALLEN 4 BCS12-D	438
59	0650	安阳江	198004	普通杂货船	中远航运	中国	CCS	BOUO	17.0	SULZER 4RND68M	6848	PAXMAN-8RPH CZ MK7	350
60	0717	赤云	198308	普通杂货船	中远航运	中国	CCS	BOHA	13.0	B&W 5L45GA	3235	6ML-HTS	280
61	0725	大田	197402	普通杂货船	中远航运	中国	CCS	BOCB	13-15	B&W 6K62EF	6105	B&W 5T23HH	460
62	0730	黄山	198201	普通杂货船	中远航运	中国	CCS	BORW	20.0	B&W 8K45GFCA	5288	F-3335DSIM	376
63	0731	华山	198210	普通杂货船	中远航运	中国	CCS	BORY	20.0	B&W 8K45GFCA	5184	F-3335DSIM	441
64	0732	庐山	198207	普通杂货船	中远航运	中国	CCS	BORX	20.0	B&W 8K45GFCA	5202	F-3335DSIM	376
65	0734	富阳山	198701	杂货集装箱两用船	中远航运	中国	CCS	BOHS	18.0	DALIAN-B&W 5L60MCE	5620	6PSHT6-26H	456
66	0735	富文山	198606	杂货集装箱两用船	中远航运	中国	CCS	BOHT	18.0	B&W5L60MCE	5619	6PSHT6-26H	456
67	0736	富清山	198904	杂货集装箱两用船	中远航运	中国	CCS	BOHU	20.0	B&W5L60MCE	5620	6PSHT6-26H	456
68	0737	富新山	199006	杂货集装箱两用船	中远航运	中国	CCS	BOHW	18.0	B&W5L60MCE	5617	6PSHT6-26H	550
69	0738	富康山	198912	杂货集装箱两用船	中远航运	中国	CCS	BOHV	20.4	B&W5L60MCE	5615	6PSHTB-26H	551

（续上表）

序号	代码	船名	建造年月	船型	船东公司	船籍	船级 Class	呼号	营运耗油（吨/天）	主机型号	额定功率（kw）	辅机型号	辅机功率（kw）
57	0645	浦城	197701	普通杂货船	中远航运	中国	CCS	BOMF	16.0	MAN 14V 40/54A	6440	6T23LH 4ED	552
58	0648	安东江	197902	普通杂货船	中远航运	中国	CCS	BOKE	16.0	SULZER 4RND68M	5594	ALLEN 4 BCS12-D	438
59	0650	安阳江	198004	普通杂货船	中远航运	中国	CCS	BOUO	17.0	SULZER 4RND68M	6848	PAXMAN-8RPH CZ MK7	350
60	0717	赤云	198308	普通杂货船	中远航运	中国	CCS	BOHA	13.0	B&W 5L45GA	3235	6ML-HTS	280
61	0725	大田	197402	普通杂货船	中远航运	中国	CCS	BOCB	13-15	B&W 6K62EF	6105	B&W 5T23HH	460
62	0730	黄山	198201	普通杂货船	中远航运	中国	CCS	BORW	20.0	B&W 8K45GFCA	5288	F-3335DSIM	376
63	0731	华山	198210	普通杂货船	中远航运	中国	CCS	BORY	20.0	B&W 8K45GFCA	5184	F-3335DSIM	441
64	0732	庐山	198207	普通杂货船	中远航运	中国	CCS	BORX	20.0	B&W 8K45GFCA	5202	F-3335DSIM	376
65	0734	富阳山	198701	杂货集装箱两用船	中远航运	中国	CCS	BOHS	18.0	DALIAN-B&W 5L60MCE	5620	6PSHT6-26H	456
66	0735	富文山	198606	杂货集装箱两用船	中远航运	中国	CCS	BOHT	18.0	B&W5L60MCE	5619	6PSHT6-26H	456
67	0736	富清山	198904	杂货集装箱两用船	中远航运	中国	CCS	BOHU	20.0	B&W5L60MCE	5620	6PSHT6-26H	456
68	0737	富新山	199006	杂货集装箱两用船	中远航运	中国	CCS	BOHW	18.0	B&W5L60MCE	5617	6PSHT6-26H	550
69	0738	富康山	198912	杂货集装箱两用船	中远航运	中国	CCS	BOHV	20.4	B&W5L60MCE	5615	6PSHTB-26H	551

（续上表）

序号	代码	船名	建造年月	船型	船东公司	船籍	船级 Class	呼号	营运耗油（吨/天）	主机型号	额定功率（kw）	辅机型号	辅机功率（kw）
70	0741	衡山	198407	普通杂货船	中远航运	中国	CCS	BOSM	15.5	SULZER 6RL B56	5640	MAN B&W 5T23CIH-2XBSOTS	440
71	0742	凉山	198401	普通杂货船	中远航运	中国	CCS	BOSL	18.0	SULZER 6RL B56	5640	MAN B&W 5T23LH-2	530
72	0743	松山	198401	普通杂货船	中远航运	中国	CCS	BOSN	20.0	SULZER 6RL B56	5640	MAN B&W 5T23LH-2	530
73	0744	丰安山	198505	杂货集装箱两用船	中远航运	中国	CCS	BOST	22.0	B&W 5L60MCE	5290	YANMAR M200L-ST	420
74	0745	丰顺山	198501	杂货集装箱两用船	中远航运	中国	CCS	BOSV	15.5	B&W 5L60MCE	5295	YANMAR M200L-ST	470
75	0746	丰康山	198509	杂货集装箱两用船	中远航运	中国	CCS	BOSU	16.5	B&W 5L60MCE	5295	YANMAR M200L-ST	463
76	0747	富源山	198511	杂货集装箱两用船	中远航运	中国	CCS	BOHL	18.0	B&W 5L60MCE	4908	6DL-20	440
77	0748	富裕山	198512	杂货集装箱两用船	中远航运	中国	CCS	BOHM	18.0	B&W 5L60MCE	5110	6DL-20	440
78	0754	黄云	198406	普通杂货船	中远航运	中国	CCS	BOFF	11.0	B&W 5L45GA（D）	3235	6 ML-HTS	280
79	0755	橙云	198306	普通杂货船	中远航运	中国	CCS	BOFG	11.0	B&W5L45GA	3235	6ML- HTS	280
80	0756	江宁关	198410	普通杂货船	中远航运	中国	ZC	BOEG	10.0	B & W 6L35MC	2580	6ML-HTS	309
81	0757	江埔关	198411	普通杂货船	中远航运	中国	ZC	BOEH	10.0	B & W 6L35MC	2580	6ML-HTS	309
82	0758	山海关	197703	普通杂货船	中远航运	中国	ZC	BOEC	20.0	B & W 9K45GF	5292	6DS-18	441
83	0759	江西关	198501	普通杂货船	中远航运	中国	ZC	BOEI	10.0	B & W 6L35MC	2580	6ML-HTS	309

（续上表）

序号	代码	船名	建造年月	船型	船东公司	船籍	船级 Class	呼号	营运耗油（吨/天）	主机型号	额定功率（kw）	辅机型号	辅机功率（kw）
84	0760	居庸关	197611	普通杂货船	中远航运	中国	ZC	BOEE	20.0	B & W 9K45GF	5292	6DS-18	441
85	0761	嘉荫关	198508	木材船	中远远达	中国	ZC	BOEN	13.0	B&W7L35MC	3499	6DS-19A	353
86	0762	嘉禾关	198503	木材船	中远远达	中国	ZC	BOEL	13.0	B&W TL35MC	3499	6DS-19A	353
87	0763	嘉山关	198505	木材船	中远远达	中国	ZC	BOEM	13.0	B&W7L35MC	3499	6DS-19A	353
88	0765	白沙岭	198406	木材船	中远远达	中国	CCS	BOOM	17-18	B&W 4L60MC	7400	M200L-ST	440
89	0766	金沙岭	199001	木材船	广远	巴拿马	NK	3EDH9	20.0	B&W 5S50MC	5740	DAIHATRU 6DLB-19	220
90	0767	金牛岭	199206	木材船	广远	巴拿马	CCS	3ED05	21.8	MAN B&W 5S50MC	5736	DAIHATSU 6DL-19	750×2
91	0768	金达岭	199805	木材船	广远	巴拿马	CCS	3EKM3	26.0	SULZER RTA 52	7100	YARMAR 6M200L-EX	500
92	0901	亚龙湾	200701	沥青船	亚龙湾船务	中国香港	LR	VRCK5	15.5	YMD B&W 6S35MC	4440	6N18L-DV	400
93	0902	木兰湾	200704	沥青船	木兰湾船务	中国香港	LR	VRCU4	15.5	YMD B&W 6S35MC	4440	6N18L-DV	400
94	0903	大棚湾	200708	沥青船	大鹏湾船务	中国香港	LR	VRDC8	16.5	WARTSILA 8L32	4000	6N18L-DV	400
95	0904	福宁湾	200801	沥青船	福宁湾船务	中国香港	LR	VRDN9	18.0	WARTSILA 8L32	4400	6N19L-DV	400
96	0905	珍珠湾	200807	沥青船	中远南方	中国	CCS	BQCY	18.0	WARTSILA 8L32	4000	6N18L-DV	400
97	0906	澎湖湾	200811	沥青船	中远南方	中国	CCS	BQCZ	18.0	WARTSILA 8L33	4000	6N19L-DV	400
98	0907	月亮湾	199906	沥青船	月亮湾船务	中国香港	CCS	VRCG7	15.5	MANB&W 6S35MC	4200	S185DL-ET	380

（续上表）

序号	代码	船名	建造年月	船型	船东公司	船籍	船级 Class	呼号	营运耗油（吨/天）	主机型号	额定功率（kw）	辅机型号	辅机功率（kw）
99	0967	安泰江	198512	沥青船	中远南方	香港	CCS	VRXA9	10.0	6PC2-5L	2207	6ML-HTS	280
100	0968	安吉江	198606	沥青船	中远南方	中国	CCS	BOKB	7.0	6PC2-5EL	2207	YANMAR6ML-HTS	309
101	0969	安达江	198611	沥青船	中远南方	中国	CCS	BOKL	7.0	6PC2-5L	2306	YANMAR 6ML-HT	309
102	0970	雅江	198512	沥青船	中远南方	香港	CCS	VRXU9	8.0	6PC2-5L	2206	ANMAR 6ML HT	240
103	0971	洪江	198412	沥青船	中远南方	中国	CCS	BOUQ	7.5	6PC2-5L	2205	6ML-HT	240
104	0972	涵江	198510	沥青船	中远南方	香港	CCS	VRXX4	8.0	6PC2-5L400	2868	6ML-HT	280
105		宝江	198312	普通杂货船	福建捷安	中国	CCS	BOQR	9.2	6PC2-5L	2865	6ML-HT	279
106		岱江	198411	普通杂货船	福建捷安	香港	CCS	BOUP	8.0	6PC2-5L	2208	6ML-HT	280
107		桂江	197709	普通杂货船	福建捷安	中国		BOUB	14.0	12PC2V	3827	6SHTC-20	820
108		曲江	197710	普通杂货船	福建捷安	中国		BOUC	16.0	12PC2V	3827	6PSHTC-20	820
109		天王星	200703	杂货集装箱两用船	香港天星	巴拿马	CCS	3EOW4	12.5	6PC2-6/2L	3300	TBD236V8	300
110		海王星	200703	杂货集装箱两用船	香港天星	巴拿马	CCS	3EOW6	12.5	6PC2-6/2L	3300	TBD236V8	300
111		富裕星	199110	普通杂货船	香港天星	巴拿马	3FHK5	3FHK5	26.0	MAN B&W 6DKPH67/170-7	9600	SULZER 5AL25D/750	504
112		毓骐海	198106	干散货船	省远洋	中国	CCS	BOKH	35.0	SULZER RND 76M	10584	DAIHATSU 6PSHTB-26D	3×500

（杨向葵）

3. 广远退役船舶主要技术规范一览表

序	代码	船名	英文船名	船旗	船型	建造年月	建造国家	接船日期	船舶主要尺度（米）				航速	总吨	净吨	总载重吨	标准箱位	功率
									总长	型宽	型深	吃水	（节）				（TEU）	（千瓦）
1		牛郎星	ALTAIR SS	巴拿马	普通杂货船	197809	英国	78-09-25	149.08	21.00	12.25	9.26	12.3	10020	6487	16131		6440
				退役时间	20080314		去向	出售给中东买家继续营运										

（薛平）

4. 广远船舶主要通导设备一览表

中高频组合电台

型号	生产国家	数量（台）	型号	生产国家	数量（台）
SAILOR 2000	丹麦	3	SAILOR 4000	丹麦	6
FS2570	日本	7	SAILOR 600	丹麦	1
JSS710	日本	8	JSS800	日本	44
JSS850	日本	3	ANRITSU	日本	2
TRP8500	丹麦	2	FS1500	日本	3
SAILOR HC4500	丹麦	3	FS1570	日本	1
SAILOR RE2100	丹麦	2	TRP9000	丹麦	16
合计：101					

甚高频无线电话

型号	生产国家	数量（台）	型号	生产国家	数量（台）
TRP3000	丹麦	42	RT2048	丹麦	62
RT4822	丹麦	2	RU224	日本	2
JHS31	日本	4	JHS32	日本	83
FM8500	日本	21	FM8800S	日本	3
			RT-5022	丹麦	12
合计：231					

卫星紧急无线电示位标

型号	生产国家	数量（台）	型号	生产国家	数量（台）
KANNAD 406AUTO	英国	2	JQE3A	日本	8
KANNAD 406FH	法国	27	KANNAD 406WH	法国	35
KANNAD 406PRO	法国	11	MCMURDO	英国	6
MCMURDOE3	英国	5	TRON40S	挪威	3
MCMURDOE5	英国	3	EB-10	韩国	1
合计：101					

航行警告接收机

型号	生产国家	数量（台）	型号	生产国家	数量（台）
LO-KATA	丹麦	1	NCR330	丹麦	1
NCR300	日本	54	NCR333	日本	16
NX500	日本	26	NX700	日本	3
合计：101					

双向甚高频无线电话

型号	生产国家	数量（台）	型号	生产国家	数量（台）
AXIS150	英国	189	AXIS250	英国	24
JHS7	日本	36	RU207	日本	9
SP3110	丹麦	6	TRP9110	丹麦	12
SR102R	美国	24	FM-8	日本	14
TRON VHF	挪威	6	SP3300	英国	18
MCMRRDO M1	英国	3	IC-GM1600E	日本	3
合计：344					

卫通船站（A、B、F、M）

型号	生产国家	数量（台）	型号	生产国家	数量（台）
F33	丹麦	24	F77	丹麦	32
MINI-M	丹麦	38	NEAR-B	挪威	4
FELCOM70	日本	3	FBB250	丹麦	1
RSS402	日本	17	JUE310	日本	18
合计：137					

卫通 C 站

型号	生产国家	数量（台）	型号	生产国家	数量（台）
FELCOM11	日本	2	RSS406	日本	3
JUE75A	日本	6	JUE75C	日本	18
H2095B	丹麦	52	H2095C	丹麦	13
SCANSAT CG	丹麦	19	FELCOM15	日本	19
合计：132					

气象传真机

型号	生产国家	数量（台）	型号	生产国家	数量（台）
FAX207	日本	31	FAX208	日本	45
TF708	日本	3	FAX22	日本	2
TF721	日本	1	JAX90	日本	1
FAX408	日本	18			
合计：101					

全球定位系统（GPS）

型号	生产国家	数量（台）	型号	生产国家	数量（台）
GP31	日本	5	GP32	日本	5
GP50	日本	3	GP80	日本	87
GP90	日本	18	GP150	日本	21
JLR7700	日本	31	JLR4110	日本	21
KGP911	日本	4	JLR6800	日本	11
MX200	美国	4	KGP912	日本	12
KGP913	日本	5	KGP930	日本	3
合计：230					

雷达应答器

型号	生产国家	数量（台）	型号	生产国家	数量（台）
JOTRON	挪威	16	RESCUER	法国	188
JQX20	日本	10	JQX30	日本	12
PATH FINDER	英国	2	SAR9	韩国	2
合计：230					

雷达

型号	生产国家	数量（台）	型号	生产国家	数量（台）
BR3440	日本	9	MASTER E	英国	6
FR1510	日本	4	FR1941	日本	2
FR2125	日本	6	FAR2822	日本	6
FAR2825	日本	7	FAR2827	日本	11
FAR2830	日本	1	MR1600	日本	20
MR1200	日本	9	BR300	日本	1
JMA625	日本	2	JMA6000	日本	2
JMA7000	日本	8	JMA8000	日本	11

(续上表)

型号	生产国家	数量（台）	型号	生产国家	数量（台）
JMA9000	日本	61	JMA9823	日本	4
JMA9923	日本	9	KH6000	英国	1
JMA9923-7XA	日本	14	ST-MK2	英国	6
MR1210S	日本	8	JMA8263	日本	1
JMA850	日本	1	JMA9253	日本	5
JMA9122	日本	1	JMA9823	日本	1
FAR2125	日本	1	JMA9303	日本	5
合计：222					

电罗经

型号	生产国家	数量（台）	型号	生产国家	数量（台）
ANS-4	德国	19	ANS-12	德国	1
ANS-20	德国	5	TG8000	日本	8
MK10	英国	1	MK37	美国	34
TG200	日本	4	TG3000	日本	1
TG5000	日本	25	TG6000	日本	9
CMZ300	日本	6	CMZ500	日本	11
合计：124					

测深仪

型号	生产国家	数量（台）	型号	生产国家	数量（台）
ATLAS461	德国	5	ED162	英国	5
F850	日本	2	F851-SD	日本	24
FE680	日本	5	FE700	日本	12
FE800	日本	28	JFE570	日本	17
JFE582	日本	3	SIMRAD	英国	7
FE880	日本	2	DS-1068	中国	1
F-T851	日本	1	FE-6810	日本	1
FE-880	日本	2	R-851-DS	日本	3
合计：118					

计程仪

型号	生产国家	数量（台）	型号	生产国家	数量（台）
DL-1	英国	1	DS70	日本	10
DS80	日本	39	EML112	日本	8
SRD301	美国	4	TD310	日本	5
TD501	日本	16	JLN-202	日本	2
RLA	瑞典	2			
合计：87					

船舶自动识别系统（AIS）

型号	生产国家	数量（台）	型号	生产国家	数量（台）
FA100	日本	65	JHS180	日本	25
X-PACK DS	澳大利亚	1	FA-150	日本	10
合计：101					

船舶保安报警系统（SSAS）

型号	生产国家	数量（台）	型号	生产国家	数量（台）
TT3000SSA	丹麦	91	FELCOM16	日本	7
FELCOM-15	日本	3			
合计：101					

航行记录仪（VDR/SVDR）

型号	生产国家	数量（台）	型号	生产国家	数量（台）
HLD-B2	中国	3	HMT-S100	中国	9
HLD-S	中国	12	JCY1850	日本	20
SLT-18C	中国	1	VR3000S	日本	30
合计：75					

5. 广远退役船舶船东、船籍、船级、主辅机型号一览表

序号	代码	船名	英文船名	船旗	船型	建造年月	建造国家	接船日期	船舶主要尺度（米）				航速（节）	总吨	净吨	总载重吨	箱位（TEU）
									总长	型宽	型深	吃水					
1		牛郎星	ALTAIR SS	巴拿马	普通杂货船	197809	英国	78-09-25	149.08	21.00	12.25	9.26	12.3	10020	6487	16131	0

	船东公司	船级 Class	呼号	营运耗油（吨/天）	主机型号	额定功率（kw）	辅机型号	辅机功率（kw）	退役时间	船龄（年）	去向
续 1	香港天星		HOYQ	10.5	MAN 14V 4054A	6440	BURGEN-RS 次 GB 6	550	2008-03-14	29.5	出售给中东买家继续营运

（杨向葵）

第五节　运输生产效率指标完成情况一览表

指标	计算单位	2008 年	2007 年	比上年增减	
				绝对数	相对数（%）
运量	万吨	1493.6	1743.8	−250.2	−14.3
周转量	亿吨海里	737.1	769.5	−32.4	−4.2
平均运距	海里	4935	4413	522	11.8
吨船产量	吨海里	40883	39661	1222	3.1
营运率	%	95.6	97.6	−2	−2.0
航行率	%	61.3	57.5	3.8	6.6
平均航速	海里／天	284	286	−2	−0.7
载重量利用率	%	67.3	67.7	−0.4	−0.6
船舶总吨天	千吨天	559153	546779	12374	2.3
营运吨天	千吨天	534550	531201	3349	0.6
航行吨天	千吨天	327739	315550	12189	3.9
船舶吨位海里	千吨海里	93218499	90093356	3125143	3.5
平均使用船舶数	载重吨	1847071	2003066	−155995	−7.8
燃油单耗	千克／千吨海里	4.69	4.77	−0.08	−1.7
燃柴油消耗量	吨	437364	430114	7250	1.7
平均在港停时	天／艘次	3.23	3.73	−0.5	−13.4

备注：按照财务合并口径，2008 年不含省远洋（2007 年包含）。

（杨向葵）

第六节　经营主要航线一览表

指标航线	班／月	主要挂靠港口和地区
波斯湾线	2	新港、上海、卡拉奇、阿巴斯、迪拜、阿里山、达曼、科威特
孟加拉线	1	新港、上海、青岛、横滨、大阪、仁川、釜山、吉大港、仰光
美洲航线	2	上海、天津、大连、曼萨尼略、克萨尔（圣何塞）、阿卡胡特拉、圣洛伦索、科林托、卡尔德拉、瓜亚基尔、卡亚俄、圣安东尼奥
欧地航线	1	新港、大连、青岛、烟台、鹿特丹、安特卫普、不来梅、莫特里尔、土耳其
东南亚线	1	新港、上海、青岛、新加坡、巴生、雅加达、泗水、胡志明市、科锡昌
红海航线	2	新港、苏丹、荷台达、吉达、阿咯巴、吉布提、亚丁、穆卡拉
非洲航线	2	新港、上海、南韩、日本、达累斯萨拉姆、拉各斯、欧尼港、特马

（薛平）

“澎湖湾”轮

第五章
企业管理

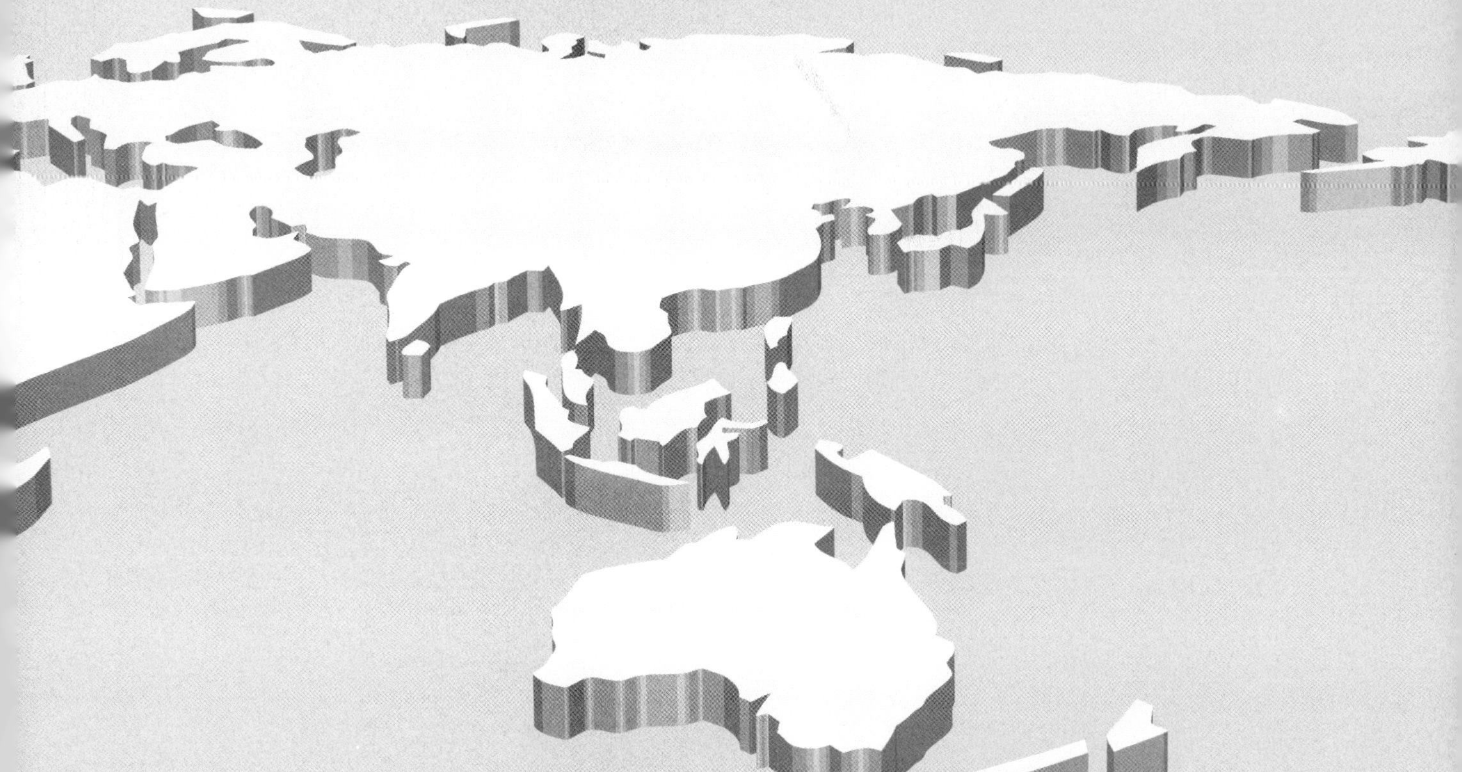

第一节 综合管理

【总经理办公室简介】 总经办是协助广远领导贯彻执行上级指示和部署，协调各部门关系，确保广远经营管理和其他行政工作正常运转的综合性部门。主要职责是负责为广远领导决策提供各种信息，发挥参谋作用；负责广远上传下达和综合协调工作，发挥桥梁作用；开展调查研究，掌握广远生产经营和安全质量情况，提出建议，草拟广远年度工作计划、目标，并组织实施；根据广远领导指示，组织召开企业综合性行政会议、庆典活动，组织实施和督促检查广远行政和生产经营各项会议决议的贯彻落实；负责广远的重大对外接待工作；负责广远信访综合管理工作；负责处理广远涉及的法律事务和有关法律问题；负责广远往来业务文电的接收、登记、编号、分发、流转、催办、审核、打印和归档，以及广远印章的保管和使用；负责广远的保密管理和对内、对外、对船舶机要通信工作；负责广远信件和报刊的订阅和收发；负责广远行政事务等后勤保障工作；负责对以广远名义参加的各类协会以及企业层面各种证件的管理；负责广远工商证照事务处理。

总经办下设文秘单元、法律单元、机要行政单元（对外保留机要室名义）。

时任主任林旭东，主任助理张莲芳。文秘单元业务经理张维伟，法律单元业务经理周学茵，机要行政单元业务经理郑潮藩。员工 20 人。 （林海霞）

【总经办工作概况】 2008 年，总经办紧紧围绕企业安全、效益和稳定的中心工作，积极做好为领导、为基层、为群众的“三个服务”，充分发挥参谋助手、综合协调、督促检查的“三个作用”，不断强化全局意识和服务观念，理顺管理渠道，增强内部凝聚力，提高工作效率，确保各项工作的顺利进行。

是年，总经办的主要工作：1. 全力参与广远的改革发展工作。广远深化改革项目工作是广远工作的中心任务，是各项工作的重中之重。总经办作为该项目工作组的主要成员，参与研讨该项目的各个方案和细节，牵头组织相关报告的撰写、修改、审核和把关，推进企业深化改革工作；筹备策划组织该项目工作组涉及的研究会、专题会和汇报会；作为负责广远法律工作部门，参与土地房产确权、广州远洋大厦项目、缩短管理链条项目、船员管理改革后续问题处理工作、退休人员养老问题等工作的法律事务工作，并于 10 月 23 日取得了广远注册资金更新的营业执照，实收资本增资得到了工商登记的法律确认，注册资金和实收资本一致，为该项目的具体实施奠定了基础。2. 以广远阶段性工作为重点，提高总经办的管理水平。总经办根据企业加强风险管理要求，对全部车辆逐一进行排查，通过全面清理，制定了风险管理措施，大大降低车辆管理风险；同时，理清了原广远驻国内港口办事处的房产、车辆、物业关系；牵头组织、协调广远与下属单位使用办公楼的关系等各项工作，推进中远集团审计意见的贯彻落实。总经办通过上述工作，理顺了广远内部管理关系，理清了资产关系，提高了组织协调和沟通办事能力。3. 认真做好各种会议的组织接待工作，特别是圆满完成承办中远集团经营管理委员会第十五次会议。4. 做好后勤保障，配合做好稳定工作，维护企业的稳定形势。总经办多次组织召开办公大楼安全管理协调会，布置相应工作，对各项安全、保安工作进行周密安排与布置，确保大楼正常办公秩序和相关会议安全。与此同时，认真做好信访和后勤服务工作，促进企业的稳定。5. 加强精益管理和节能减排工作，并取得了新进展。总经办以“加强协调、沟通、交流，加快工作决策进程”、“提高工作质量和办事效率”和“节能减排、反对浪费、降本增效”为出发点开展活动。总经办《货比三家，降低购车价格》被选入“精益亮点”项目，取得了较好成效。6. 深入开展信息调研工作，及时、准确上报信息，为企业决策提供参考。总经办编发《广远办公室工作信息》、《广远工作简报》、《情况通报》、《广远信息交流》。全年，上报中远集团信息 190 条，被采用 83 条。在中远 20 多家上报单位中，广远名列第二，受到中远集团的表扬。7. 做好广远年鉴和省市、地方志资料年报工作。8. 做好各项文秘工作。完成上级与广远领导指示、会议要求的各项文件起草、把关和催办工作，以及文件收发等工作。继续完善企业 OA 系统。加强了礼品采购和发放管理。9. 加强机要保密工作，取得了新的进展。安全保密完成了广远与中远集团、中共广东省委机要局之间的密码通信设备软件的更换工作；组织完成了对涉密计算机和移动载体保密专项检查、机要干部忠诚教育活动、密码工作条例落实、抗震救灾和奥运密码通信保障等工作。全年对密码通信设备及附设设备进行了维护保养，使设备处于良好状态；开展了专项保密检查，采取保密防范措施，取得了较好的成效。10. 做好行政事务管理工作，收发工作顺利、准确率 100%；加强车队管理，节约燃油费用，车辆行驶安全无事故。11. 加强法律业务，取得显著成效。在诉讼业务方面修改了大量合同，维护了企业利益；加强企业证照管理，保证企业的合法依规运转，完成大量的法律咨询工作，促进企业依法治企；在诉讼业务方面，各项工作进展顺利。（林海霞）

【工作流程梳理】 2008 年，总经办在工作流程方面，重点完善 OA 流程、优化程序，缩短管理链条，提高工作效率。1. 总经办广泛征求和收集有关 OA 流程的完善建议，整理分析后反馈给信息中心进行技术改进，使 OA 流程的操作步骤，简化流畅，提高了文件流转速度，提高了工作效率。2. 总经办对所有签订的合同归档步骤改为直接交档案中心归档，缩短了合同管理流程，提高了合同归档的效率。

（林海霞）

【方志年报工作】 2008 年，总经办完成了省市地方志办公室的各项任务：1. 完成了广州市地方志资料年报（2001 ~ 2005 年）和 2006 年的撰写任务，顺利通过广州市地方志办公室的正式验收。广州市地方志办公室称广远年报内容充实，结构清晰，体例完善，符合要求。2007 年地方志年报材料报送广州市地方志办公室，获得好评。2. 完成了《广州市志（1991 ~ 2000 年）水路志·远洋运输》补充照片事宜。3. 完成了

《广东省志·交通卷水运输》中《广东远洋运输》部分撰写任务，获得上级领导的表扬。4. 完成了广州市志办公室交办的纪念改革开放30年文稿《广州之最》——《“玉林”轮、“陆丰”轮实行经济承包责任制》的撰写。 （林海霞）

【年鉴工作】 2008年，《广州远洋运输公司年鉴（2007年）》完成编纂任务。年鉴文字共428页，约700千字。精选彩照48P（约148张）、内插照片（黑白）23张。2007年广远年鉴突出了航运主业，改进了封面设计，提高了文稿质量。

（林海霞）

【召开2008年第一次经营管理委员会例会】 2008年4月14日，广远召开了2008年第一次经营管理例会。广远领导班子，各部室、各航运公司、岸产事业部、岸产企业、信息技术中心负责人和有关人员参加了会议。会议由副总经理翁继强主持，会议传达了中远集团2008年运输生产会议和燃油会议精神，通报了企业节能减排工作开展情况；会议对一季度的生产经营情况进行了总结，对2008年的市场形势进行了分析和判断，指出了市场存在的风险和各种不确定的因素，对如何贯彻落实中远集团2008年运输生产会议和广远年初工作会议精神，抢抓机遇，防范风险，推进“四个转变”（即在发展方式上，实现从周期性发展向可持续发展的转变；在发展手段上，从“硬、软件并重，以硬件为主”向“硬、软件并重，以软件为主”转变，从拥有资源、控制资源向同时配置社会资源转变；从生产经营获取收益向同时从生产经营和资本经营两方面获取收益转变），对实现新的跨越提出了具体要求。

（周益桥）

【召开2008年第二次经营管理委员会例会】 2008年8月26日，广远为进一步贯彻落实年中工作会议精神，积极应对近期市场的急剧变化，努力完成全年的利润目标，召开了2008年第二次经营管理例会。广远领导班子，各部室、各航运公司、岸产事业部、岸产企业、信息技术中心负责人和有关人员参加了会议，会议由副总经理翁继强主持。会议的主题是“拼搏细分市场，把握创效机遇，努力实现效益目标”。会议对1～7月的生产经营情况进行了总结，对2008年下半年和2009年市场形势进行了分析和判断，提出了在生产经营上的两项重要任务：1. 把握机遇，顽强拼搏，努力完成2008年的攻坚目标；2. 从可持续发展的高度，为2008年的生产经营做好必要准备。会议同时提出：保证安全，维护稳定，确保奥运期间乃至全年的安全稳定局面。 （周益桥）

【召开2008年第三次经营管理委员会例会】 2008年10月27日，广远为了全面分析全球金融危机对企业航运主业的影响，正确判断市场走势，积极采取应对措施，抵御经营风险，稳定经营效益，召开了2008年第三次经营管理例会暨航运市场研讨会。广远领导班子，各部室、各航运公司、岸产事业部、岸产企业、信息技术中心负责人和有关人员参加了会议，会议由副总经理翁继强主持，会议对2008年前三季度的运输生产情况进行了总结，分析了当前生产经营面临的严峻形势，并围绕金融危机对企业所造成的各种影响制定了应对策略和措施。会议要求广远全体员工正视困难，坚定信心，在逆境中善于发现机遇，抓住机遇，秉承广远优势，进行科学发展。（周益桥）

【广远领导班子分工调整】 2008年10月29日，广远根据企业领导班子调整的情况，对领导班子的分工进行了调整。总经理、党委副书记徐惠兴为企业法定代表人，全面负责企业行政工作，协助党委书记开展党务工作，与党委书记共管干部工作；主管企业发展规划、资本运营、财务金融、改革重组、信息化建设和综合管理工作；主管总经办、发展部、财金部。党委书记、副总经理刘书田全面负责企业党务工作，协助总经理开展行政工作，与总经理共管干部工作；协助总经理负责岸上产业的管理及发展规划工作；主管党工部、人力资源部/组织部、岸产事业部。副总经理、党委成员翁继强协助总经理负责航运发展规划及航运投资企业的管理、协助总经理负责安全管理和治安保卫以及船舶管理、协助总经理负责买造船工作；主管航安部、航运投资企业。党委副书记黄继忠协助党委书记负责党委的日常工作；主管党工部的企业宣传职能、企业团委、人力资源部/组织部的离退休服务中心，兼任企业党校校长。纪委书记、工会主席、党委成员马宗梅协助党委书记负责纪检工作和工会工作；协助总经理负责监察、审计工作、法律事务和保密工作；主管监督部、企业工会；兼任广远总法律顾问。（张超文）

【公关接待总体情况】 2008年，总经办做了大量的公关接待工作：1. 成功策划和完成中远集团经营管理委员会第十五次会议的组织工作。2. 顺利完成2007、2008年中远集团高级工程师评审会议组织接待工作和2008年蛇口中远老干部春节团拜会。3. 全程接待中远集团总裁魏家福到广远进行春节慰问活动。期间，成功策划并完成广远离退休老领导2008年迎春团拜会、中远集团驻穗单位2008年迎春团拜会等接待工作。4. 全程接待中远集团副总裁许立荣一行参加广远民主生活会。5. 策划和完成广远2008年工作会暨思想政治工作会、安全工作会会务组织。6. 完成广远2008年务虚会暨经营管理例会会务工作。7. 协助中远南方完成新办公楼乔迁、揭牌仪式。

（张敏仪）

【精益管理工作】 2008年，总经办在广远统一布置下，积极开展精益管理工作，制定了精益管理活动方案，用精细化管理方法和手段抓好各项工作的深入开展，抓好员工的日常工作；将精益管理贯穿于各项工作之中，总结上报精益管理工作简报10份。总经办申报了《货比三家，降低购车价格》、《换领绿色标牌，延长车辆使用寿命》、《货比三家，降低办公用品成本》三项“精益亮点”，获得广远精益管理入围项目，促进了总经办工作质量、工作效率的提高，推进了节能减排工作。（郑潮藩）

【提高办文质量和效率】 2008年4月30日，广远下发了《关于进一步提高办文质量和效率的通知》，加强和规范了企业办文的严肃性、权威性和规范性，进一步提高了企业办文的质量和效率。（张超文）

【实施公务用车制度改革】 2008年8月22日，广远下发了《广州远洋运输公司公务用车制度改革文件的通知》，以进一步推进企业的改革，创新企业的管理机制，加强企业的管理，降低企业用车成本。是年，广远公务用车制度的实施，规范了公务用车的管理，提高了工作效率，达到了降本增效的目的。（张超文）

文 秘 管 理

【文秘单元概况】 2008 年，文秘单元做了大量的工作，主要有：1. 做好各项办文工作。起草各类文件、资料、函电、讲话稿、情况通报、工作简报、精益管理简报、汇报、会议纪要等共 390 份；按照国家和企业的公文处理办法，对广远领导所分管的部室呈阅、发文等文件把关 1300 份；做好外来文件收发流转工作，共处理外来文件 4463 份。2. 强化督办工作，提高执行能力。全年共下发和跟进《任务下达书》等督办任务 340 项；按广远领导指示、会议记录及文件的要求，加强对各单位督办力度，每周定期催办，全年共 180 项。3. 会同信息中心对 OA 系统进行技术改进，缩短管理链条，提高了工作效率。4. 做好广远重要会议的组织和接待工作。5. 做好来信登记和处理工作。全年收到信访 64 封，每封都有专册记录，并督促有关部门及时妥善处理。6. 加强礼品采购和发放管理，根据实际库存和使用情况制定合理的采购计划，防止库存积压；采购中实行货比三家，降低采购成本；全年共发放礼品 1000 多件。（林海霞）

【承办中远集团经营管理委员会第十五次会议】 2008 年 5 月 7～10 日，中远集团经营管理委员会第十五次会议在广州举行，这是广远承办的中远集团最高级别的一次重要会议。

这次会议规格高、项目多，特别是会议期间，中远集团与广东省签订战略合作协议，使会务工作增加了许多困难。广远总经办及早介入，努力协调，确保中共中央政治委员、广东省委书记汪洋，广东省省长黄华华出席了签字仪式，从而大大提高了签字仪式的规格。签字仪式第 2 天，广州各大媒体都对签字仪式进行了大篇幅的报道，扩大了中远集团的声誉，并对中远航运的股价产生了积极的影响。

在承办本次会议过程中，广远会务组全体工作人员克服了筹备时间短、任务重、议程多等困难。总经办全盘统筹策划、协调沟通和周密推进各项工作，有效开展了各项筹备工作。通过实施项目负责制，分工明确，责任到人，工作中互相支持、团结协助，做到代表们没有想到的，会务组已经准备好；代表们想到的，会务组已经做好了，圆满地完成了任务。承办这次会议的成功，充分体现了广远人应有的水平、气魄和办会能力。（张敏仪）

【承办中远集团 2008 年高级工程师评审会议】 2008 年 11 月 11～13 日，中远集团 2008 年高级工程评审会议在广西南宁市举行。广远承办此次会议，做到了文明礼貌、服务周到、节约有效。（张敏仪）

法 律 事 务

【法律单元工作概况】 2008 年，法律单元认真实施《广远合同管理办法》、《广远诉讼及仲裁法律业务管理办法》、《广远法律咨询管理办法》。广远根据《中远集团企业总法律顾问制度实施指导意见》，设定了总法律顾问的职责定位、任职条件、选任方式。在原广远总法律顾问傅伟退休离任后，于10月29日聘任广远纪委书记、工会主席马宗梅为广远总法律顾问，保持了法律顾问室到位、总法律顾问到位、内部管理制度到位。是年，法律单元为广远多个项目小组提供法律意见，消除法律隐患，努力促进项目完成；做了大量的日常法律咨询工作，促进广远依法治企；加强对企业证照管理，完成工商年检工作；办妥6宗诉讼法律业务。（周学茵）

【非诉讼法律业务】 2008年，法律单元共修改了70多份合同，涉及245.4亿元。其中最具代表性的是审查修改省远洋76000吨散货船贷款合同、2艘汽车船期租合同及转让协议、新造4艘汽车船的融资合同、天星公司2艘多用途船的融资贷款协议、8艘木材船的建造合同及贷款合同、“月亮湾”轮贷款合同等。

法律单元参与项目小组主要有：U项目工作组、土地房产确权工作小组、远洋大厦项目小组、缩短管理链条项目小组、船员管理改革后续问题处理工作小组、退休人员养老问题工作小组等，为上述项目提供法律意见，消除法律隐患，努力促进项目完成。

法律单元还做了大量的日常法律咨询工作，涉及《公司法》、《税法》、《担保法》、《海商法》、《保险法》、《劳动法》、《婚姻法》、《继承法》、《合同法》等法律和法规，其中咨询的主体包括广远本部、广远下属单位及员工。广远层面的法律咨询以解决具体问题为主，内容杂、时间紧，知识水平要求很高。法律单元工作人员利用业余时间努力学习法律知识和国内外新形势外，还与广东省劳动厅、产权交易所，广州市工商局、有关律师所及税务所建立联系，尽力把握法律规则，做到在短时间内准确回复咨询人员提出的问题，促进广远依法治企。（周学茵）

【工商证照及刻章业务】 2008年，广东省、广州市工商局对企业报送的年检材料有新要求，年检操作程序更为严格。为了使广远系统各单位顺利通过年检，法律单元对年检材料逐项严格把关，完善材料申报，并和工商局协调，攻克了多项年检难关。经过努力，广远系统17家法人企业和10家内部核算分支机构，于6月份顺利完成了工商年检工作。（周学茵）

【诉讼法律业务】 2008年，广远有21宗诉讼纠纷，分别是：1宗行政复议案件、1宗运费纠纷案件、6宗货损案、1宗船员劳务合同纠纷案、12宗劳动纠纷案件。除4宗案件律师参与代理、6宗中远航运主办外，其余案件由法律单元工作人员主办。截止到年底，有6宗案件结案，10宗仍在办理当中。已结案件中，除2宗是法院审理的非诉讼案件外，其余诉讼案2宗已和解结案，1宗正在执行，1宗收回8000美元。（周学茵）

机 要 保 密

【机要工作概况】 2008年，机要工作认真执行中远集团和上级主管部门的工作部署，将各项工作落实到位，以确保机要通信的安全与畅通为总目标，为企业的安全、稳定、效益提供了有力的服务保障能力。

是年，完成了对 1 名船舶机要员的培训、业务考核工作；安全保密完成了机要通信设备软件的更换工作；组织完成了对涉密计算机和移动载体保密专项检查、机要人员忠诚教育活动、抗震救灾和奥运机要通信保障等工作；对机要通信设备进行了维护保养，全年共计 128 台次，使设备处于良好工作状态；全年完成各种电报、文件、信息共 2845 份、24218 页，均无差错；机要值班人员协助完成广远年鉴打印、编排、校对、阅文室工作替代等工作。

（郑潮藩　吴彩区）

【保密工作】　2008 年，广远保密管理工作认真贯彻落实中远集团保密委员会、广东省国家保密局《2008 年年度保密管理工作要点》，坚持以“积极防范，突出重点，确保国家、企业秘密安全”为方针，积极开展保密宣传普法教育，主要工作有：1. 制定广远保密委员会工作规则，重新修订了保密要害部门部位、核心涉密人员保密管理责任。新规定进一步明确职责，增强履行保守国家、企业秘密的责任。2. 为加强计算机网络安全管理和避免计算机信息在网上失泄事件的发生，提供了人力和技术保障，成立了《广远公司计算机网络监督检查小组》。3. 组织开展保密大检查及采取保密防范措施，下发《关于开展保密检查工作的紧急通知》、《关于做好保密检查及登记工作的通知》、《关于进一步加强网络安全及保密工作的通知》，明确规定文件资料规范管理，杜绝失误和失泄密事件的发生，确保国家、企业秘密信息安全。4. 下发《计算机查杀木马病毒工作指引》，指导全体员工在保密自查中查杀木马病毒，清除及防止被恶意木马病毒攻击。5. 成立了保密专项检查小组，制订专项检查措施，开展专项保密检查，主要是对广远保密要害部门部位、涉密岗位员工的计算机进行严格、细致检查。通过检查，发现问题，堵塞漏洞，消除隐患，防止失泄密事件的发生。6. 根据“五五”普法教育规划，积极开展保密宣传教育活动。在广远数字平台、广远内部局域网《保密知识之窗》栏目上，宣传党和国家保密工作的方针政策、法律法规，共摘编 17 期保密知识，供广大员工学习。7. 积极开展保密宣传教育月活动。制订了广远开展保密宣传教育月活动的具体措施，突出全员保密教育，刊出了保密漫画、保密基本知识、商业保密技能等方面内容，共 6 期，供员工学习。8. 组织广远及广远下属企业员工积极参加广东省网上保密知识竞赛活动，下发了《关于参加保密知识竞赛的通知》，共有 336 人参加了网上保密知识竞赛，提高了企业员工的保密意识和保密观念。9. 积极做好《广远保密工作信息》的报送、报道工作，及时反映广远保密管理工作开展情况，全年编辑 4 期。　（郑潮藩　许德茂）

【成立广远计算机网络监督检查小组】 2008 年 2 月 25 日，广远成立计算机网络监督检查小组，主要职责是负责对广远及下属单位的保密管理与监督检查，负责对广远计算机互联网和广远局域网进行实时监控和保密检查；负责对泄密计算机信息在网上出现泄密事件进行调查、提出处理意见并向上级业务部门汇报检查情况。广远计算机网络监督检查小组的成立为广远及下属企业的计算机网络安全管理和避免计算机信息在网上失泄事件的发生，提供了人力和技术保障。　（郑潮藩　许德茂）

【保密岗位证书培训】 2008年9月20日，广远为增强广远经管国家秘密人员的整体素质，提高做好保密管理工作能力和水平，选派了保密相关岗位的5名员工，参加了广东省国家保密局举办的经管国家秘密岗位证书培训班，5人成绩均为优秀，并获得《保密岗位证书》。

（郑潮藩　许德茂）

【组织开展保密大检查】 2008年11月5日，总经办根据广远系统各单位的实际情况，下发了《关于开展保密检查工作的紧急通知》、《关于做好保密检查及登记工作的通知》。各单位按文件要求，对计算机在操作系统、OA系统、计算机文档、移动介质、涉密文件（含纸质文件和电子文件）进行了认真、细致的检查和清理。通过检查，使员工增强了保密意识和保密观念。

（郑潮藩　许德茂）

【为涉密岗位人员配制专用U盘】 2008年12月8日，广远保密办给相关涉密岗位人员提供专门加密U盘进行数据转移，并下发相关的使用指南和管理规定，确保企业涉密信息安全。（郑潮藩　许德茂）

行政管理

【行政管理工作】 2008年，总经办行政管理主要做了如下几项工作：1. 广远与远洋宾馆补签了《广远房屋（办公楼）租赁合同》。2. 组织、协调、续签了广远与物业公司、电脑公司2009年度《广远办公大楼管理协议》、《广远本部员工食堂管理协议》。3. 组织、协调、完成了广远与中远远达2008～2009年《广远房屋（办公楼）租赁合同》。4. 组织、协调、理顺了驻国内港口办事处划拨中远航运后的资产转移、移交、报废、汽车过户等清理工作。5. 完成了广远前台接待及引导工作。6. 做好收发工作，全年共收到从国内外寄到广远本部和船员信件共75680封（包括普通信件、特快专递、挂号信）、汇款单3970份、包裹单1516多份；收发报纸、杂志30种15680份/次，收寄机密件538份。全年寄发信件：寄往国内外信件共42630多封，资料杂志2140份。7. 广远机关本部办公用品的采购继续用货比三家方法进行，在保证质量的前提下，降低进货价格。此外还做好办公用品的保管、发放等工作。

（郑潮藩）

【对驻国内港口办事处的管理和服务】 2008年，总经办理清了原广远驻国内港口大连、天津、青岛、上海、宁波、厦门、湛江等办事处的房产、车辆、物业等问题。7月，与中远航运签订了《资产租赁合同》；12月，签订了17辆车辆《资产购买合同》，以及对原广远驻国内港口办事处的物品进行清理、报废和处置，使广远资产得到理清与明确。（莫凡凡）

【协助广州远洋大厦的建设】 2008年，总经办协助广州远洋大厦的建设，做了如下工作：1. 配合做好新办公楼的前期工作，总经办三次将汇总需求反馈给建设实业。1月15日，提供了《广州远洋大厦需求补充方案（一）》；1月17日，就《珠江新城I1-4项目经营的总体思路》专题报告中提出的相关问题，再一次对广州远洋大厦的需求、大厦公共功能等提出明确要求；根据保密管理发展需要，11月10日，又一次致函建设实业，提出《关于新办公大楼网络安全建设的意见》。2. 配合做好广州远洋大厦的内部装修工作，成立了相关机构。12 月 26 日，广远领导办公会批准成立新办公楼装修工作顾问小组。 （莫凡凡）

【车队管理】 2008 年，广远本部车队保持由物业公司派出司机，广远总经办负责日常管理、使用和调动的管理模式。广远本部车队在广远总经办和物业公司的双重领导下，全面落实各项规章制度，实行精益管理。车队管理重点是抓好行车安全，做好对车辆维护保养、降低成本、提高服务质量等工作。车队在保证车辆安全性能符合要求的前提下，认真执行“车辆使费申报制度”、“车辆修理费用控制管理办法”、“零件采购费用控制管理办法”、“车辆燃油费用控制管理办法”。采取扩大自修项目，减少修理费用；购买零备件货比三家询价购买；车辆厂修项目，先申报批准，再进厂修理；车辆使用燃油，选择资质好、信誉高、管理完善的加油站定点加油；每辆车建立完善的费用使用一览表。由于采取了上述措施，从而确保了车辆安全，控制了各项费用，降低了成本。车辆使费在燃油升价、规费提高情况下，仍比原计划节约了 10.6 万元。全年出车 6000 多次，安全行车 34 万公里，较好地完成了各项工作任务。是年，车队被广州市越秀区评为“预防道路交通事故先进单位”。

（郑潮藩　江伟添）

第二节　航运与安全管理

【航运管理与安全监督部简介】 航安部于 2004 年 9 月 27 日正式成立。航安部的主要职责是负责对投资及控股航运企业实施行业管理和监督指导；负责航运综合业务管理；负责管理大客户；经广远领导授权，负责签署和管理与广远各下属航运公司之间租船合同；定期组织广远下属各航运企业召开经济成本分析会，分析企业经营形势并提出建议；负责组织、协调相关航运公司研究和讨论生产经营中存在的突出问题；负责广远运输生产统计工作；按照广东省、广州市和中远集团的要求，上报有关广远航运经营的材料和统计报表；负责对广远投资及控股公司的安全管理活动、综合治安工作进行宏观指导和监督考核；负责广远安委会的日常事务工作；负责广远武装、交通战备工作。航安部对外保留保卫处、武装部的牌子和公章。

时任总经理蔡梅江，总经理助理周维民。业务经理温锐波。员工 10 人。

（周维民）

【航安部工作概况】 航安部业务主要有三块，即：投资控股企业安全监督管理、航运行业管理和航运综合业务管理（含行业管理、航运综合业务、运输生产统计、商务管理、大客户管理）、保卫/武装/交通战备。此外，还承担了广远安全委员会办公室、广远防抗台指挥协调小组、应急领导小组、节能减排工作小组、安全长效管理工作小组的日常工作。

2008年，航安部进一步明确了工作定位：即承上启下，为安全执勤；预警提示，为安全站岗；监督反馈，为安全立威；服务航运，为发展护航。航安部在主管的航运管理上，重点抓了三个方面的工作，即：以运输生产统计分析和中远集团明确的航运综合业务为基础，以经济成本分析会为基本载体，加强对投资控股航运企业生产经营态势进行分析，掌握情况，为企业领导决策提供参考，为航运企业生产经营提供服务；加强航运行业管理和航运综合业务管理，以精益管理为指导，组织力量开展港口使费控制、燃油风险控制、船期控制、经济航速多项研究，制定方案，下发指导意见，跟踪实施结果；协助广远下属航运企业处理个别港口错误收费问题，与广远下属航运公司共同对代理使用情况和代理服务情况进行考核；加强大客户管理，关注中远集团大客户开发情况，协同中远集团做好大客户维护工作，关注中远集团17家民族品牌汽车客户发展情况。

是年，航安部按照上级要求积极开展治安保卫、交通战备和武装等工作取得显著成绩，武装部被评为“广东省交通战备工作先进单位”和“越秀区武装工作标兵单位”。伍英华被评为广州市越秀区武装工作先进个人和广州市交通战备工作先进个人。（周维民）

【组织召开经济成本分析会和经营管理例会】 2008年，航安部根据广远领导的指示，先后组织召开了经济成本分析会、经营管理例会、客户关系管理与航运市场研讨会共6次。参加会议的有广远领导、广远所属各航运企业党政主要领导、企业职能部门主要负责人及有关人员。会议研究的主要问题：广远所属各航运企业生产经营整体情况、效益完成情况、市场变化情况、美国次贷危机引发的金融风暴对航运市场和广远生产经营的主要影响及应对措施等。（薛平）

【安全管理概况】 2008年，广远安全工作坚持以科学发展观为指导，坚持安全发展理念，认真贯彻落实“安全第一、预防为主、综合治理”方针，排查消除不安全、不稳定因素，克服极端恶劣自然灾害的影响，以航行安全为核心，以“四大战役”为主线，以纠正习惯性违章为手段，落实安全工作责任制，完善安全管理体系文件，推进船岸员工“红树林”工程，强化安全隐患的排查和治理，深入开展“平安之旅”和安全文化创建活动，大力推进安全长效机制建设。

是年，广远安全形势基本稳定，实现了第三个安全年的目标，没有发生上报等级海损、机损、污染、重大货损等安全事故，船舶安全面100%，船舶防抗台成功率100%，船舶雾航和大风浪航行指导率100%。岸产企业无发生火灾、交通、食物中毒及群体事件。广远安全工作涌现出一批安全生产先进单位和集体，中远航运、中远远达、中远南方、省远洋、建设实业、海运服务、远洋大厦、物业公司等被评为广远2008年度安全生产先进单位；航安部、工会、党工部被评为广远2008年度安全生产先进集体。（刘启清）

【提升安全理念，安全文化建设取得新进展】 2008年，广远为了积极推进企业特色的安全文化建设，由航安部牵头，党工部、工会密切配合，对广远的安全管理思想和经验进行了认真总结和梳理，提炼出十大安全理念。通过理念创新，引导员工立足岗位，自主创新，为安全工作出谋献策，使广大员工成为安全管理坚强的基石。这十大安全理念是：

安全愿景：安全靠大家，平安每一天，构建广远“平安之旅”。

安全方针：安全第一、预防为主；标本兼治、综合治理。

安全认识：安全是企业的生命线，是压倒一切的工作，是群众满意工程。

安全目标：坚守底线，实现“八无”，追求卓越。

安全基石：以人为本，以法为纲；实施“红树林”工程，完善安全管理体系。

安全重点：关注“四重船舶”，打好“四大战役”。

安全方法：落实“五早”要求，做到“六个到位”。

安全行为：居安思危，警钟长鸣，坚决纠正习惯性违章。

安全机制：落实一把手责任，强化执行力建设。

安全保障：员工不合格，坚决不上岗，船舶不适航，坚决不开船，关键设备完好率100%。 （周维民）

【完善安全制度，体系运行更加有效】 2008年，广远下属的各航运公司安全体系运行卓有成效。中远航运以提升自身管理需求为更高目标，强化流程管理，优化体系结构，持续改进运行质量，企业DOC活动审核连续4年免开不符合项，被国家海事局评为安全诚信公司；中远远达在不断完善体系的同时，注重船岸之间、人与人之间的交流互动，增加员工对体系的认同，提高了体系的执行力度；中远南方在完善体系上充分考虑客户对安全的需求，努力提高体系的针对性，获得客户的高度评价；是年，中远南方有26艘次船舶接受油公司检查，100%获得通过。 （刘锐祥）

【增加安全投入，安全硬件得到改善】 2008年，广远进一步增加安全硬件投入，与2007年同比增幅21.7%。在船舶老龄化不断加剧的情况下，安全投入的有效增加，改善了船舶的技术状况，从硬件上有效地保证船舶始终处于安全营运状态。

（刘锐祥）

【加强安全培训，安全技能明显提高】 2008年，广远进一步加大了安全培训的力度，大幅度提高培训经费，受训人员大为增加。广远下属的航运公司培训员工7583人次。其中，船员在船培训达5500人次，新员工岗前培训462人次，保安、医务专业培训125人次，驾报、英语适岗、业务更新318人次，在岗专业培训314人次，职务考证培训178人次，油轮等特殊培训191人次，其它方面的培训495人次。

（刘锐祥）

【规范老龄船管理，安全风险得到有效控制】 老龄船是影响广远安全的重要因素之一。2008年，广远下属各航运公司按照中远集团要求，严格管理，科学评估，合理投入，保证安全。中远航运高度重视对老龄船技术状况的调查，完成全部船舶的年度评估；中远远达认真开展评估，保证资金投入，按计划完成5艘船舶厂修；中远南方重视船舶的适航性评估工作，每半

年对船体结构、水舱进行检查，每年对船壳和压载水舱进行保养，确保船舶航行安全。（刘锐祥）

【深入隐患排查，整改力度明显加强】 2008年，广远高度重视排查隐患工作，取得了明显效果。广远下属航运公司（含船舶）共排查隐患1569项，岸产单位排查隐患133项，合计1702项，整改了1701项，其中，航运公司整改率100%，岸产单位整改率99.2%。

各单位的隐患排查主要采取了以下措施：按照方案要求深入开展排查整改；结合季节性安全工作特点排查整改；结合航线、船舶和货物特点排查整改；岸产企业结合行业特点排查整改；广远安委办在各安全主体排查的基础上，深入开展督查。

（刘锐祥）

【完善应急预案，船舶安保工作扎实有效】 2008年，广远本部及下属各单位按照广远应急预案的要求，进一步修改完善相关预案。广远下属各航运公司的应急计划符合ISM规则的要求，注重船岸一体；应急演练方案考虑全面，贴近实际，演练记录符合规范。全年，广远航行亚丁湾、索马里海域船舶共150艘次，有13艘船舶受到了海盗的袭扰。由于船员防范得力，预案切实有效，取得了防海盗的阶段性胜利。同时，岸产企业也结合各自实际，普遍制订了应急方案，并按要求开展演练，与2007年相比有了明显的进步。（刘锐祥）

【推进节能减排，全面完成节能指标】 2008年，广远积极响应国家和中远集团的号召，结合精益管理工作的开展，深入推进节能减排工作，主要是：开展了船舶节能减排技术使用情况调查摸底统计，有的放矢地开展节能减排工作；召开了船舶使用经济航速研讨会，下发了《运用精益管理理念指导船舶正确使用经济航速，确保航次经营效益最大化指导意见》，大力推广船舶使用经济航速工作；开展了节能减排宣传周活动，广泛开展节能减排宣传教育，购买了宣传画册在公共场所张贴，从网上下载了电子文档资料，节能减排手册发至员工电子邮箱，与党工部合作制作了节能减排影像资料等发给全体员工观看阅读；节能减排小组与工会一起策划开展了“我为节能减排献一策”活动，广泛发动员工，为企业节能减排工作献计献策。是年，广远的综合能耗按国家有关规定与2005年相比下降了23.14%，千吨海里油耗与2005年相比下降了13.63%。（钱汉东）

【总结安全生产经验】 2008年，广远总结了安全生产经验，主要是做到了“四个坚持”：1. 坚持以科学发展观和安全发展理念为指导，把安全生产作为压倒一切的工作，作为群众满意的工程来抓，正确处理安全与生产、安全与投入、安全与发展的关系，以安全促发展，以平安构和谐。2. 坚持按照“早研究、早动员、早布置、早检查、早落实”的要求，以航行安全为核心，以“四大战役”为主线，以纠正习惯性违章为手段，着力解决安全工作中的重点、难点和热点问题，较好地把握了安全工作的主动权。3. 坚持做到硬件投入和软件管理相结合，日常管理与长效机制相结合；一手抓体系文件的持续改进，一手抓船员素质的强化训练；深入开展“安全隐患治理年”和“两防回头看”等专项治理活动，不断提高船岸员工风险识别能力、事故预防预控能力及应急应变能力，提高安全的综合管理水平。4. 坚持推进广远特色的安全文化建设，落实“一把手工程”，强化安全执行力文化建设，推进“红树林”工程培训，完善安全管理体系文件，坚持“四重船舶”的跟踪，强调“五早”的工作方法，开展“平安之旅”创建活动，实现全员安全、本质安全。（刘锐祥）

【组织经济航速专题研究】 2008 年，航安部为控制燃油成本、防范燃油风险，协同发展部、财金部组成经济航速专题研究项目小组。项目小组认真研究了经济航速的定义、特性、适用范围、实施效果和保证措施，在此基础上，下发了使用经济航速的指导性文件。（周维民）

【航运统计工作概况】 2008 年，航安部按照中远集团《中远集团船舶运输生产统计报表制度》和《中远集团船舶运输生产统计工作管理办法》，在保证数据质量的基础上按时完成广远运输生产统计报表及月度统计分析，及时上报中远集团财务部。此外，航安部共收集汇总月度运输生产经营效益分析、内贸货物运输月报、租船货物运输月报、船舶代理委用情况季报、下季度预计租入租出船舶、生产周报、生产经营动态周报、船舶增减情况等 150 多份，及时上报中远集团运输部；完成广东省、广州市、越秀区统计局、交通运输部综合规划司、广东省交通厅、广东省海洋与渔业局、国家发改委、广东省经贸委等政府部门布置的定期、不定期或年度统计调查表或相关材料共 50 余份；对运输生产总体情况、非生产性停时等效率指标进行分析，制作演示文稿 PPT 参加经济成本分析会，起草相关会议纪要；为企业领导及相关部门整理、提供有关生产经营的各种数据、材料上百次。（薛平）

【开展水路运输量专项调查】 2008 年，交通运输部组织开展了全国公路水路运输量专项调查，这是中国首次开展全国性的公路水路运输情况摸底调查。此次运输量专项调查为一次性调查，调查对象主要涉及在中国境内从事运输生产经营活动的车辆和船舶，调查期为 6 月 1 日 ~ 30 日。调查内容：主要指标为货运量、货物周转量、燃料消耗量；运输结构指标主要包括分航区（沿海、远洋、内河），分船舶类型（普通货船、集装箱船、液货船等），分货物种类（17 大类），分不同的装卸港流向。

鉴于此次调查工作任务繁重，航安部于 4 月下旬派人参加了交通运输部举办的专项培训，下发了广远专项调查工作计划，细化了实施步骤和具体安排。6 ~ 7 月，为了保证数据质量，航安部指定专人对广远下属航运企业的填报人员进行跟踪、答疑、耐心细致的指导。针对广远 70 艘船舶 6 月份所完成的 87 个航次，就船舶基本信息、分港对、分货类运输量等填写“运专调 302 表”70 份并录入数据采集软件，还在该软件中录入广远 110 艘船舶的基本信息，总计整理录入相关数据近万个。8 月，航安部对数据库等审核修正后上报交通运输部，上报数据的差错率是全国交通系统最低的。（薛平）

【完成全国第五次投入产出调查】 投入产出调查是一项重要的国情国力调查，国务院办公厅规定每 5 年进行一次全国投入产出调查。

2008年，广远作为水上运输业投入产出调查单位，必须在规定时间内完成9份调查表约200个指标的填报任务。此次调查时间紧、任务重、技术和质量要求高，其中一些指标的设置与现行财务报表的格式明显不同，有些指标要通过翻查大量的原始凭证进行全年推算，填报工作存在一定的难度。此项工作主要由航安部负责，并得到了广远财金部、中远航运、中远远达、中远南方财务人员的大力支持和配合，按时按质完成了国家布置的统计调查任务。

（杨向葵）

【签订2008年安全管理目标责任书】 2008年1月8日，广远下达2008年安全管理目标，总经理徐惠兴与下属单位签订了2008年安全管理目标责任书。

（刘启清）

【召开安全生产工作会议】 2008年1月18日，广远召开安全生产工作会议，贯彻落实中远集团2008年安全工作会议精神，部署广远安全生产工作。职代会全体代表出席了会议。在会上，广远副总经理翁继强作了题为《立足新起点、迎接新挑战，努力开创“平安之旅”新局面》的安全工作报告（以下称《报告》）。《报告》明确2008年安全工作的指导思想是以中共十七大精神为指导，落实科学发展观，强化安全责任感。《报告》提出了“四个坚持”（即始终坚持把安全生产作为压倒一切的工作，作为群众满意的工程来抓；始终坚持以航行安全为核心，以“四大战役”为主线，按照“五早”的要求，把握安全生产的主动权；始终坚持硬件投入和软件管理相结合，日常管理与长效机制相结合；始终坚持推进广远特色的安全文化，落实“一把手工程”，强化执行力建设，推进“红树林”工程，开展群众性活动）。《报告》提出要完成10项工作任务（即贯彻落实中远集团会议精神，增强责任感和使命感；继续抓好安全“一把手工程”，促进安全责任制更加完善；继续抓好体系建设，促进安全管理基础更加扎实；继续推进“红树林”工程，促进员工素质明显提高；继续打好“四大战役”，促进航行安全更加可靠；继续加大安全投入，促进老龄船管理更加科学；继续抓好隐患排查，促进劳动保障更加有力；继续抓好应急预案，促进应急防线更加牢固；继续抓好综合治理，促进岸产企业更加和谐；继续开展“平安之旅”活动，促进安全理念更加成熟），立足新起点，迎接新挑战，争取新成绩，实现新跨越，努力开创广远“平安之旅”新局面。

（刘启清）

【召开安全专题会】 2008年1月23日，广远召开2008年第一次安全专题例会。会议由副总经理翁继强主持，参加会议有：航安部、党工部、工会、岸产事业部负责人，以及广远下属航运公司、岸产企业安全主管领导和安全主管人员。会议传达了国家安全监督总局《关于做好防范大雾天气影响安全生产工作的紧急通知》和中远集团《关于认真做好春节、春运、两会期间安全工作的通知》，对广远2008年安全工作任务进行了分析和分解；中远航运、中远远达、中远南方、建设实业、物业公司、通导公司、党工部、工会等单位以及中远集团督导员汇报了贯彻落实中远集团、广远2008年安全生产工作会议精神的情

况；翁继强对2008年安全生产工作提出了要求。（刘启清）

【召开安全专题例会】 2008年3月3日，广远召开3月份安全工作例会暨大调度会议。会议由副总经理翁继强主持。参加会议有：总经理徐惠兴、党委书记刘书田、党委副书记黄继忠，广远本部各部室、中远航运、中远远达、岸产事业部有关人员。在会上，航安部、中远航运、中远远达重点汇报了落实中远集团安全工作会议精神和安全工作指导意见的情况，总结了冬防工作。广远维护稳定工作小组汇报了有关不稳定因素和应对措施。徐惠兴对确保春季航行安全进行了动员和布置。

（刘启清）

【召开安全保卫工作会议】 2008年3月12日，广远召开安全保卫工作会议，落实中远集团“安全保卫工作紧急电视电话会议”精神。会议由总经理徐惠兴主持。参加会议有：副总经理傅伟、党委副书记黄继忠、纪委书记兼工会主席马宗梅，广远本部各部门负责人、广远下属的广州地区各航运公司安全主管领导及保安官和岸产企业安全主管领导。会上徐惠兴根据中远集团反恐与安全防范工作任务，对治安保卫和反恐工作提出具体要求。（刘启清）

【召开防抗台风工作会】 2008年4月28日，广远召开2008年防抗台风工作会。会议由航安部总经理蔡梅江主持。参加会议有：航安部、广远下属各航运公司、岸产事业部、岸产企业安全管理负责人及有关人员共27人。会议传达贯彻落实国务院、广东省、广州市、中远集团关于安全工作的系列文件精神，总结广远前一阶段的春季雾航安全工作，部署2008年防抗台风工作和“五一”期间安全工作。（刘启清）

【制定开展安全生产百日督查专项行动方案】 2008年5月4日，广远下发了《关于下发〈广远公司开展安全生产百日督查专项行动的方案〉的通知》，对开展安全生产百日督查专项行动的目的意义、具体要求作了明确的规定，促进广远全面、深入开展安全生产百日督查专项行动。

（张超文）

【召开“安全生产月”动员会】 2008年5月30日，广远召开“安全生产月”动员大会，部署“安全生产月”活动。会议由纪委书记兼工会主席马宗梅主持。参加会议有：总经理徐惠兴，党委书记刘书田，副总经理傅伟、翁继强，党委副书记黄继忠，纪委书记、工会主席马宗梅；广远本部总经办、党工部、发展部、人力资源部/组织部、财金部、航安部、监督部/审计部、工会；中远航运，中远远达安全主要负责人和主管领导，岸产事业部及岸产企业主要负责人和有关人员，广州地区公休船长、政委、轮机长。会议贯彻落实上级组织关于《开展2008年“安全生产月”活动》的通知精神，解读广远“安全生产月”活动方案，介绍和发放《广远安全理念》小册子。徐惠兴作了动员讲话，与会人员观看了安全宣传电影《火海逃生》。（刘启清）

【召开安全长效管理机制建设研讨会】 2008年6月24日，广远召开安全长效管理机制建设暨安全管理体系改进研讨会议。会议由航安部总经理蔡梅江主持。参加会议有：广远副总经理翁继强，中远航运、中远远达、中远南方、省远洋、福建捷安等体系主管人员及安全主管人员，广远航安部、党工部、工会有关人员。会议主题是：立足体系，持续改进，推进安全长效管理机制建设第三阶段工作，促进广远安全形势持续稳定。在研讨会上，中远航运、中远远达、中远南方等分别介绍了本公司体系运行的情况。航安部部署了第三阶段安全长效管理机制工作。翁继强作了讲话，就体系管理与长效管理机制建设提出了要求。 （伍英华）

【召开安委会扩大会】 2008年8月1日，广远召开安委会扩大会，会议由副总经理翁继强主持。参加会议有：总经理徐惠兴、党委书记刘书田、党委副书记黄继忠、纪委书记兼工会主席马宗梅，中远督导员，广远本部各部室、中远航运、中远远达、岸产事业部、岸产企业负责人及有关人员。会议学习了中远集团年中安全工作电视电话会议精神，进一步部署和落实广远年中工作会关于切实加强安全管理，确保奥运期间广远生产经营持续稳定的要求。在会上，徐惠兴就近期安全工作作了讲话。 （刘启清）

【召开保卫工作研讨会】 2008年8月6～7日，广远在广州军区从化接待处召开保卫工作研讨会。会议由航安部业务经理温锐波主持。参加会议有：广远副总经理翁继强、航安部总经理蔡梅江，岸产事业部总经理王玉生，中远航运、中远远达、岸产企业安全保卫部门负责人及安全保卫主管人员。会议探讨奥运会、残奥会期间企业内部安全稳定的措施对策，重申各单位安全保卫机构、人员的配置，要按照国家《安全生产法》和有关规定执行。在会上，翁继强作了讲话，对“两会”（全国人大会、政协会）的安全保卫工作提出了要求。会议期间，特邀广东省公安厅治安管理局处长廖华、广州海运公安局秘书长谷穗和作了《爆炸品识别和其它保安知识》、《公民防范恐怖袭击手册》和有关发案现场保护知识的讲座。 （伍英华）

【召开劳动安全研讨会】 2008年8月11日，广远召开劳动安全研讨会。会议由航安部总经理蔡梅江主持。参加会议人员有：广远副总经理翁继强，航安部、人事部、党工部、工会和中远航运、中远远达、岸产事业部及岸产企业主管安全领导和有关人员。会议通报了1～7月份发生的工伤事故，分析了事故原因，探讨了事故规律，制定了防范措施，交流了预防工伤事故的经验。 （任乃星）

【召开海务管理业务交流会】 2008年9月25日，广远召开海务管理业务交流会。会议由航安部总经理蔡梅江主持。参加会议人员有：广远副总经理翁继强，航安部、中远航运、中远远达、中远南方、省远洋、中鞍航运等海务安全管理人员以及广州地区部分公休船长。会议主要交流了海务安全管理理念、策略、方法，研讨了船舶进出港操纵，尤其是长江内河航行操纵方法和注意事项，探讨了当前海务管理难点、热点问题，介绍了复杂航区航行、长江内河操纵和船舶管理方面的体会。会上翁继强作了讲话，对进一步做好海务安全管理工作提出了要求。 （王涛）

【召开防范特大事故专题会】 2008年9月25日，广远召开了防范特大事故，做好国庆节安全工作专题会议。会议由航安部总经理蔡梅江主持。参加会议有：广远副总经理翁继强，航安部、岸产事业部、中远航运、中远远达、中远南方、省远洋、中鞍航运、岸产企业主管安全领导以及有关人员。会议传达了“9.24”国务院全国安全生产电视电话会议和广东省深圳“9.20”特别重大火灾事故分析会暨广东省政府防范特大安全事故电视电话会议精神。翁继强作了讲话，就防范特大事故，做好安全生产工作特别是国庆节期间安全工作提出了要求。 （刘启清）

【安全文化建设】 2008年，广远坚持科学发展观，坚持安全发展理念，落实安全生产责任制，推进“红树林”工程，完善安全管理规则，抓住“四大战役”主线，深入隐患排查治理，创新安全管理理念，强化安全执行力，深化“平安之旅”活动，形成广远特色安全文化。是年，广远被评为广东省“企业安全文化建设示范企业”，其标志着广远安全文化建设取得了阶段性成果，安全长效机制建设进入了新阶段。

（刘启清）

【开展“隐患治理年”活动】 2008年，是国家安全生产“隐患治理年”。广远按照国家、广东省和中远集团的部署，深入开展隐患排查治理工作，全年排查治理隐患1702项。其中，航运单位（含船舶）1569项、岸产单位133项。主要做法：结合实际，制定方案，迅速组织实施；领导重视，亲自挂帅，确保人、财、物落实；自查自纠，抓住重点，做到“三结合”（结合季节性安全工作特点排查整改，结合航线、船舶和货物特点排查整改，结合行业特点排查整改）；广远督查，分类指导，对排查中遇到的重大问题，提出治理措施。

（刘启清）

【开展“安全生产月”活动】 2008年6月，广远在企业范围内开展“安全生产月”活动，将“治理隐患、防范事故”活动主题与安全观念创新相结合，与安全工作重点相结合，与“红树林”工程相结合。通过宣传安全生产知识、安全技能大比武、安全应急救援演练，召开岸产企业安全保卫工作座谈会、安全管理体系座谈会，进行安全生产隐患排查治理。活动期间，组织员工参观了《广州市首届安全生产美术、摄影、书法作品展览》，开展了“亲情促安全”、“平安是福”巡回演讲等一系列活动，为全年安全生产奠定了基础。

（刘启清）

【安全五项工作取得实效】 2008年，广远推进安全5项工作取得实效，这5项安全工作为：安全“一把手工程”建设方面取得实效；安全生产理念创新方面取得实效；安全生产工作目标实现方面取得实效；安全执行力文化建设方面取得实效；隐患治理和事故预防方面取得实效。

（刘启清）

【进行安全管理状况评估】 2008年，航安部根据《广远公司安全现状评估实施细则》，组织对广远下属各单位2008年安全管理工作全面考核评估，针对认定的风险，提出改进措施，促进下属各单位安全生产责任制的落实。 （刘启清）

【海务工作概况】 2008年，广远海务工作以科学发展观为指导，坚持以季节性安全生产工作为主线，以航行安全为核心，以“四大战役”为抓手，求真务实，严肃值班纪律，整顿驾驶作风，着力提高驾驶员操作水平，增强航行事故的预防、预控能力，取得了明显的成效，实现了全年无发生上报等级海损事故的目标。按照“早研究、早动员、早布置、早检查、早落实”的工作要求，先后组织召开了“春防工作专题会”、“防抗台风工作会议”、“安全长效管理机制建设暨安全管理体系改进研讨会”、“海务管理业务交流会”，研究、分析季节性安全生产规律和特殊变化，吸取教训，总结经验，全面部署打好“四大战役”的具体措施。在日常工作中，把确保航行安全作为重中之重，牢牢把握防抗台、雾航、防止与渔船碰撞、大风浪航行、船舶进出港操纵的关键环节，对船舶实施全方位、全过程跟踪；加强应急管理，完善应急预案体系，加强船岸互动，开展船岸联合应急演习，提高船岸管理人员应急处置能力，预防事故减少损失；依法依规监督，加强预警提示。全年共下发安全提示15份，及时预警安全风险，提出工作要求和落实措施。是年，航安部和广远下属各投资控股航运公司共跟踪指导船舶进出港操纵1006艘次，雾航252艘次，大风浪操纵196艘次，船舶现场监督检查276艘次，中国沿海航行跟踪率100%，“四重船舶”跟踪指导率100%。 (王涛)

【广远防抗台指挥协调小组工作概况】 2008年，由国家气象中心编号热带风暴级别以上的西北太平洋和南海热带气旋共有22个。台风活动期间，广远防抗台指挥协调小组认真贯彻落实中远集团防抗台工作会议精神，坚持“以防为主，防抗结合，适时早避，留有余地”的16字方针，面对台风诸多不确定因素，周密部署，果断决策，靠前指挥，全年广远所属各航运企业共跟踪指导船舶防抗台160艘次，防台跟踪覆盖率100%，成功率100%。 (王涛)

【开展“平安之旅”活动】 2008年，广远不断深化安全理念，固化安全行为，继续开展“平安之旅”活动，以“十大安全理念”和“安全靠大家，平安每一天”作为活动主题，各级领导高度重视，广大员工积极参与，创建内容不断丰富，活动效果明显显现，实现了连续安全年的目标。

(王涛)

【加强安全长效管理机制建设】 2008年，广远结合工作实际，紧紧围绕安全长效管理机制建设第三阶段的工作重点，坚持以科学发展观为指导，以强化执行安全管理体系文件为手段，以提高全员安全责任意识为目的，实施了以提高船员综合素质为目标的“红树林”工程，开展了以灌输先进安全理念，分享安全经验的“平安之旅”活动，推进了广远特色的安全文化建设，在安全长效管理机制建设中取得了阶段性的成效。同时以落实国资委“21号令”为契机，建章立制，专门成立了领导工作小组，深入研讨文件精神，结合实际完善和改进企业安全管理规章制度以适应新时期安全管理要求，推动安全长效管理机制建设。 (王涛)

【机务安全管理工作概况】 2008年，广远机务安全管理工作认真贯彻中远集团制定的老龄船舶管理规定和要求，全面落实广远年初工作会议下达的安全管理目标和成本控制目标，紧紧围绕提高经济效益这个中心，抓住确保船舶安全、机务安全两条主线，以提高机务管理水平为突破口，扎扎实实地开展工作，取得了较好的成效。

广远下属航运企业以质量安全管理体系为依据，认真对船舶的机务管理和技术状况进行评估，深入开展隐患排查，船舶定期自查自纠，机务主管定期对船舶进行检查考核，并对船舶存在的缺陷进行分析，制定纠正措施，限期整改，从而达到持续改进、不断完善的目的，确保全年机务安全工作形势平稳，全年没有发生上等级机损、污染和船舶滞留事故。（钱汉东）

【PSC 工作】 2008 年，各备忘录地区相继开展了专项行动，国际公约更新生效的速度不断加快，国际上的港口国检查和控制越来越严格，检查范围及检查频率不断扩大。在这种新形势下，航安部保持清醒的头脑，找差距，挖根源，抓落实，及时进行整改，总体保持较好的港口国检查记录。全年广远所属各投资控股航运企业总受检船舶为 319 艘次，无缺陷批注 216 艘次，无缺陷批注率 67.71%，仅有一艘船舶在日本被批注 30 码滞留项（造船时存在的设计缺陷，非船舶管理方面缺陷）。其中，中远航运总受检船舶为 267 艘次，无缺陷批注 171 艘次，无缺陷批注率 64.04%；中远远达总受检船舶为 22 艘次，无缺陷批注 21 艘次，无缺陷批注率 95.45%，无滞留船舶；中远南方总受检船舶为 30 艘次，无缺陷批注 24 艘次，无缺陷批注率 80%，无滞留船舶。全年广远所属船舶共被批注缺陷 403 项，其中中远航运船舶被批注缺陷 385 项；中远远达船舶被批注缺陷 1 项，中远南方船舶被批注缺陷 17 项。各航运公司所有缺陷都得到了及时整改。

广远开展 PSC 工作采取的主要措施：

1. 加强自查自纠，深入开展隐患排查。广远鼓励船员开展自查自纠工作，及时发现隐患及时整改；不能现场整改的也制定计划，采取措施，将隐患消除在萌芽状态，消除在国内开航前。

2. 抓好现场管理，发挥现场管理的重要作用。船在国内由航安部主管或驻国内港口办事处人员上船，海务、机务、政工、通导等主管人员在船上进行现场工作，协助船上解决实际困难，处理实际问题，把船舶存在的缺陷、船舶管理死角解决在国内，解决在船舶离港前。船在国外则和中远驻外机构联系，及时解决出现的问题。

3. 加强岸基支持，搞好航修和坞修。对于一些船上无能力解决的大缺陷和重大缺陷，聘请中国船级社专家进行评估，科学制定修理方案，安排进行厂修或坞修解决。

4. 加强公约学习了解，有针对性地开展工作。根据船舶航次任务、挂靠港口，船舶有针对性地加强对不同地区港口国检查特点进行培训、演练工作，侧重检查消防、应急、救生、防污染等设备是否正常运转及载重线结构方面的缺陷，加强了救生、消防演习的应急应变能力。在船舶抵港前搞好船舶卫生，统一部署，迎接 PSC 检查，船舶领导亲自陪同，流利讲解，抢修队随时待命。

5. 加强沟通，搞好船岸各部门之间的协调。广远下属各航运公司广泛开展信息交流工作，海务、机务、通导等管船人员与业务部门主管进行沟通，根据船舶的状况和当地港口国检查的特点，共同制定周密的措施，做好港口国检查的迎检工作。同时，充分发挥中远海外网点现场管理的作用，及时将港口国当局的检查通知船舶，协助船舶做好 PSC 受检准备工作。广远还与海外有关单位签订了服务协议，使船舶的现场 PSC 检查多一层保护，保证船舶顺利通过 PSC 检查。（钱汉东）

【老龄船舶评估工作】 2008 年，广远所属的船舶船龄大、老龄船舶多，是机务管理工作的一个难点问题。广远严格执行中远集团下发的《中远老龄船管理办法》，加大对老龄船的评估和投入力度。中远航运高度重视对老龄船技术状况的调查，专门制定了《岸基船舶技术状况评估操作须知》。全年对 40 余艘进厂修理的船舶进行了船体结构状况的评估，并充分利用厂修的机会消除存在的缺陷。中远航运对 80 余艘自营船舶进行了技术状况评估，并按操作须知要求消除存在缺陷、制定风险预控措施。中远远达成立了以主管安全副总经理为组长、以机务监督员、海务监督员为组员的“船舶安全评估小组”，按照《安全状况评估细则》，以实事求是的科学态度，对老龄船的船体结构、关键设备、水密设备、电气设备和应急设备等进行全面“体检”，并聘请 CCS 专家帮助对老龄船进行检验、评估，为老龄船“会诊把脉”。每次评估后，依据评估结果提交书面技术评估报告，按照高、中、低 3 个等级来确定风险，并有针对性地制定整改措施，明确整改责任和时限，消除或降低风险等级。通过评估，从企业领导到主管人员对老龄船设备状况做到心中有数，提前做好维修保养，消除隐患。中远南方针对船舶老旧船较多，船形小，抗风能力差的特点，对船体结构、水舱进行检查，对船壳和压载水舱进行保养，有效地抑制了船体结构的腐蚀速度，以确保船舶航行安全和正常生产。中远南方还加大了投入力度，全年单船平均各项固定费用预算比 2007 年平均每船增加了 100 多万元，增幅为 52%；针对老龄船机务管理的特点、弱点，重点确保船体结构、压载水舱、海底阀箱、海水管系等方面存在的缺陷进行了永久性修理。

（钱汉东）

【防污染工作】 2008 年，在国际上对船舶安全、防污染的要求日益严格，检查面越来越广，频度越来越密的情况下，广远把船舶防污染工作作为安全工作的重中之重来抓，有针对性地采取预防措施。广远所属各航运公司船舶管理部门深入细致地研究港口国对船舶防污染方面的要求、规定和检查尺度，有针对性地进行指导与跟踪监督。广远防污染的主要工作有：1. 加强船岸员工防污染教育和培训，提高防污染意识和操作技能。2. 及时传达国际上有关污染事故的经验教训，以引起船岸员工的重视。3. 船舶定期组织溢油演习和训练，提高船员对发生油污事故的应急反应能力。4. 加强船舶及设备的维护，确保船体结构强度和机电设备的正常运转，尤其是防污染设备保持完好。5. 定期对船舶防污器材的状况、数量、存放地点进行核查，发现问题及时整改，确保防污器材完好和充足。严格按照安全质量管理体系的相关程序和须知进行防污染操作和管理，确保在装卸货油、加装燃润油时采取相应防污染措施到位。6. 严格按公约、法规和港口国主管当局的规定对污油水、垃圾等污染物进行处理和记录。7. 加强对抵港船舶进行防污染检查，企业管理人员每次上船安全监督检查都将防污染检查作为其中一项重要内容，检查船舶防污设备的状况是否正常、涉及防污的各项操作是否符合公约、法规及企业体系文件的规定、记录是否完整等。重点检查油类记录簿、垃圾记录簿的记录是否规范、是否符合要求，并及时提出要求。（钱汉东）

【开展“我为节能减排献一策”活动】 2008年9月1日，广远下发了《关于开展“我为节能减排献一策”活动的通知》。各单位深入开展节能减排工作，努力建设资源节约型、环境友好型社会企业，取得良好成效。（张超文）

【航运主业节能减排取得可喜成绩】 2008年，广远所属航运公司节能减排取得可喜成绩。

中远航运结合精益管理工作，把恢复船舶航行使用单台辅机作为重点攻关，基本上解决了老旧船不能辅机单机运行的问题，先后对21艘变航行双机为单台辅机运行，有效地降低了燃油的消耗。同时对部分老旧船进出港时长期使用轻油的情况进行了调查，对技术条件允许的船舶进行了适当的改造，改为在船舶进出港时保持使用重油，以降低轻油的消耗，减少燃油成本，并且在航运管理、机务管理、加装燃油和设备的技术改造方面精益管理，加大投入，节约了可观的能源和费用。

中远远达推进船舶使用经济航速，选定“西昌海”轮为代表船进行测算。通过在不同主机转速下主机耗油率、船期成本综合比较，指导船舶正确选择经济航速，多管齐下，借助先进的科学技术提升船舶节能减排可能性。

中远南方抓节能减排工作的主要措施是狠抓日常管理，实现长效精益管理，精益管理抓经济航速算细账；合理投入，减少主机燃油损失；改善辅机的工作条件，全面实现航行停泊期间单机运行；提高造水效率，充分利用废热抓节能；查找热油锅炉的散热点，提高热油锅炉的热效率。

（钱汉东）

【劳动安全工作概况】 2008年，广远劳动安全工作坚持以人为本，加强劳动安全教育，强化了安全责任感，坚持硬件投入和软件管理相结合，日常管理与长效机制相结合，全年没发生统计口径内工伤死亡事故，发生统计口径外工伤死亡事故1起。11月12日，“安龙江”轮水手石江在海上绑扎移动甲板集装箱时遭遇大浪袭击，被集装箱挤压，经抢救无效死亡。

（任乃星）

【保卫工作概况】 2008年，广远保卫工作认真贯彻“预防为主、单位负责、突出重点、保障安全”的方针，紧紧围绕“迎奥运、保安全”，防止恐怖袭击和索马里海盗袭击船舶事件发生。按照上级的部署，切实做好敏感时期、日子和防范海盗袭击工作，健全保卫机构，加强值班，完善相关应急预案，认真做好企业举办重大活动的安全保卫和节假日的安全检查布置，全力维护内部安全与稳定。全年组织对岸产企业检查13次，船舶共有332艘次受ISPS检查，均无缺陷通过。船舶在离港前查获外国人偷渡事件5起19人；广远加强治安保卫信息工作，转发保卫工作简报、信息13期，印发防海盗、防恐怖袭击通知、提示5期；组织举办保卫干部等消防业务培训1期，提高保卫人员业务素质；召开保卫工作研讨会2次，研讨当前治安保卫工作重点、难点、存在问题及对策；严密防控突发事件发生，协助有关部门做好多名解除劳动合同人员上访疏导，以及协助有关部门做好个别员工的疏导工作，防范了矛盾激化，维护正常的办公秩序；做好有关人员办理护照的审报工作和协助公安机关做好有关案件和事件的调查。全年没有发生职工刑事犯罪，没有发生火灾、爆炸、毒品走私、组织偷渡、恐怖事件、海盗袭击等重大刑事案件，确保了企业内部的持续稳定。

是年，广远认真贯彻执行国家有关国防法律法规，按照上级军事机关和交通战备部门的要求，认真落实国防后备力量队伍的组织整顿，积极开展民兵预备役队伍政治教育和军事训练，做好地方与军事专业对口人员及有关国防实力等调查、登记、统计，修订、完善有关动员预案，积极开展征兵工作和拥军优属活动，加强对人防工程和代管国防交通储备器材的管理，圆满完成上级赋予编写海上船舶训练教材等任务；对照上级考核检查标准，加强基础建设，提高武装交通战备正规化建设水平。

（温锐波　伍英华）

【抽调民兵参加火车站值勤维持秩序】 2008年2月2日，广远武装部按照广州市越秀区人民武装部《关于组织民兵协助火车站维持秩序的通知》要求，抽调应急分队10名民兵参加火车站周边现场执勤，协助有关部门维持春运秩序。（伍英华）

【召开岸产企业治安保卫座谈会】 2008年6月19日，广远召开岸产企业治安保卫座谈会。会上，各单位汇报了贯彻3月12日中远集团安全保卫工作紧急电视电话会议情况，研讨当前岸产企业治安保卫的重点、难点及存在的问题。会议认为治安保卫重点是防火、防爆、防群死群伤、防群体上访闹事和防恐怖袭击等重大案件、事件发生；会议明确提出各单位结合实际，完善治安保卫机构，配足人员，建立健全规章制度，落实各项防范措施；有存在问题的单位要制定整改方案，加快落实整改，防止恐怖袭击等突发事件发生，确保内部秩序良好、安全稳定。座谈会由航安部总经理蔡梅江主持，广远本部保卫人员，岸产事业部及岸产企业有关领导和治安保卫主管部门责任人参加了会议。（伍英华）

【组织消防主管人员业务培训】 2008年11月28～29日，广远组织消防主管人员进行业务培训。航安部保卫人员、岸产事业部、各岸产企业、广远下属在广州的航运公司主管人员共17人参加了培训。培训邀请了广州市消防局大队长邹灼焕授课，内容主要是火灾的预防与扑救，消防安全检查方法，单位、家庭防火常识，以及制定消防预案要素等。在培训班上给参培人员颁发了《广州市消防安全培训证》。

（伍英华）

【治安综合治理工作概况】 2008年，广远社会治安综合治理工作，认真执行中共中央、国务院《关于进一步加强社会治安综合治理的意见》，各单位、各部门、各轮各负其责，积极采取各项对策，管好自己的人，看好自己的门，办好自己的事，确保一方平安，维护了企业的整体稳定；按照“谁主管、谁负责”的原则，完善治安保卫责任制，一级抓一级，层层抓落实；认真落实各项防范措施，及时消除隐患和不安全因素，特别是及时采取有效措施，化解内部发生的矛盾和不稳定因素；发挥好党、工、团的作用，多管齐下，形成合力，促进治安形势的持续稳定；依靠政府有关部门，搞好单位与属地社区关系，做好信访工作，积极开展治安联防活动；加大宣传教育力度，增强广大员工的法纪观念和防范意识，有效地预防了员工违法犯罪；完善处置突发事件预案，做好应对突发事件准备，严密做好上访等事件的防控工作。是年，广远无发生重大治安事件和重大刑事案件，企业内部治安秩序良好。

（伍英华）

【召开船舶安全管理和防污染管理学术研讨会】 2008年7月15~19日，中国航海学会海洋船舶驾驶专业委员会在黑龙江省哈尔滨市召开“船舶安全管理和防污染管理”学术研讨会。会议由中远航运承办。出席学术研讨会的有作者、委员、顾问和航海工作者30余人，会上宣读和交流论文13篇。会议还对防止海洋环境污染和航海风险评估问题进行了专题研讨。

（刘启清）

【召开安全管理与实践学术研讨会】 2008年9月19~22日，中国航海学会海洋船舶驾驶专业委员会在青海省西宁市召开“安全管理与实践”学术研讨会。这次学术研讨会由广远主办。来自航海院校、航运企业、港航单位等10多个单位的专家、作者和代表出席会议。会上宣读了17篇论文，论文主要内容有人为事故因素的分析及预防、海上安全文化及建设、航运企业安全要素、船员教育培训与航海安全、海上安全与人的因素、大型散货船舶操纵与管理注意事项等。

（刘启清）

【出版航海论文集】 2008年，中国航海学会海洋船舶驾驶专业委员会出版论文集3集，其中《海洋船舶安全理论与实践论文集》由广远航安部总经理蔡梅江主编；《船舶安全管理论文集》由中远航运船舶管理部副总经理张建浩主编；《船舶防污染管理论文集》由中远航运副总经理郭福祥主编。

（刘启清）

第三节 发展规划投资管理

【发展部简介】 发展部是广远战略发展与策划、投资决策管理、企业研发和综合管理的职能部门。主要职责是负责广远发展战略、产业发展规划、资本运作、投资公司管理、项目决策管理、经营管理指标考核、企业环境研究管理、科研管理等事务以及广远本部的企业管理工作；负责企业管理相关数据统计、分析、评估；负责主持广远船舶更新改造和船舶买卖等可行性研究；负责组织广远航运经营的市场营销策划；负责广远资本运营策划和投融资项目的实施；负责广远投资者关系管理、广远信息披露；负责广远各投资航运企业的董事会管理工作；管理信息技术中心。

2008年，发展部机构设置有资本运营投资单元、企业管理单元、发展规划单元。

时任总经理谭力，总经理助理张庆华。资本运营投资单元业务经理任鑫、企业管理单元业务经理谢小梅、发展规划单元业务经理张新伟。员工 20 人（其中返聘 1 人）。（王平）

【发展部工作概况】 2008 年，发展部以科学发展观为指导，深化体制改革，加强专业知识更新和实践水平的提高，充分考虑企业的全局利益，发挥整体项目团队的集体优势，做好项目的组织协调，高效地开展企业资本运营投资、企业建设管理、战略研发等工作，配合各有关部门为广远的经营效益开展各项工作。

在深化体制改革，加强风险管理，缩短管理链条方面，发展部协助完成了广远深化改革、全面风险管理、完善土地房产产权、缩短管理链条工作、分离债发行及交易、境外公司重组、广州远洋劳务有限公司注销等项目；完成对外直接投资统计及境外投资综合年检；完成 2007 年亏损企业整改工作报告；完成广远境外投资及产权管理分析；完成年度非船舶投资计划的编报和调整；完成广远生产经营情况定期汇报工作；配合中远航运完成香港设立汽车船子公司项目的立项上报、中远航运香港公司增资 5000 万美元、广远电脑公司增资、海洋厂股权出售、华南医疗改制、交通大酒店股权转让、江林水电站退出、建设实业沈阳项目挂牌、I1—4 项目增加投资概算、通导公司 GPS 退出、通导公司增资、金桥学院分校区转让等项目。

在推进船队结构调整、加强买造船项目管理工作方面，发展部按照中远集团“十一五”规划要求，制定上报广远 2008 年船队发展调整计划；完成二手船购买、新造船合同签订、新造船接船、退役船出售等更新改造、买造船项目；完成 4 艘船特案免税进口回国内登记的全部手续。

在开展细分市场专题项目研究方面，发展部面对航运市场风云变幻，上半年高位运行，第三季度开始大幅下滑的复杂形势，加强了对航运市场形势的跟踪和研究，紧跟航运市场的发展变化，定期分析航运市场走势；根据航运市场和广远发展战略的需要，完成修订了广远“十一五”发展规划，并进一步修订了广远的战略目标（包括广远下属公司的战略目标），以及广远实现战略目标的发展策略；根据航运市场形势和广远船队经营情况，开展了特种多用途船细分市场研究、沥青船细分市场研究、木材船细分市场研究、水泥船细分市场研究、冷鲜船细分市场研究和燃油市场研究宏观形势专题研究等，并完成了各项专题研究课题，撰写了各项专题报告，组织召开了一系列专题会议并撰写相关会议材料；对特种杂货综合运价指数进行了设计，协助中远集团完成每月大调度会议材料，协助广远各经营单位提供信息咨询服务，深入广远下属各航运公司进行调研，完成编写研发刊物的工作。

在规范企业经营管理，做好广远各投资航运企业的管理考核方面，发展部完成了 3 家全资企业、1 家控股企业以及岸产事业部《企业负责人年度经营业绩考核责任书》的制定和签订；完善和履行广远对下属各单位董事会监督机制，加强对各单位董事会的日常管理工作；召开广远投资航运企业董事会议 15 次；制定下发了《广州远洋运输公司投资企业董事会事务管理规则》；做好全球契约、可持续发展工作，加强企业信息库建设，完成了“士帕能”

节油装置在各船舶上的实际节油效果检测的全部工作。

在QC小组管理工作、精益管理和其他基础管理的相关工作方面，发展部大力推动QC小组活动，完成QC成果发表评审及申报工作，QC小组活动取得优异成绩；加大了开展精益管理工作的力度，组织开展“精益管理年”活动，并取得丰硕的成果；积极做好基础管理的一系列相关工作，主要有协助中远集团Scom（远洋船舶及货物运输在线监控系统）项目开发，完成广远所承担的部分项目开发工作；完成与大连海事大学合作开发的汽车运输船配载系统项目并交中航试用；完成国家统计局、中远集团等上级单位要求填报的各种数据资料的收集、统计、汇总和上报；贯彻落实国家计量法令法规上传下达、信息跟进等相关工作。

2008年，发展部被评为广远先进集体；发展部总经理谭力获广东省QC小组活动优秀领导者，杨涛、谢小梅获广州市QC小组活动优秀推进者，黎清获广州市QC小组活动个人突出贡献奖等荣誉称号。

（王平）

资本运营

【资本运营投资单元简介】 资本运营投资单元主要负责编制及实施广远的资本运营方案，通过对资本的组织、筹划、管理和运作以实现资本最大限度的增值以及对项目开发、论证、申报及实施过程的跟踪管理和投资项目清算审查等工作；负责广远资产重组、上市、兼并、收购、出售等资本运营管理；负责广远新增项目投资计划编制、项目论证；负责清理广远存量资产；负责跟踪、操作中远航运资本运作；制订广远资本运营中长期工作计划。时任业务经理任鑫。员工5人。 （任鑫）

【资本运营投资单元工作概况】 2008年，资本运营投资单元围绕优化股权结构等方面积极开展工作，深化体制改革，加强风险管理，缩短管理链条，取得了较好的成效。组织实施并协助完成广远深化改革、全面风险管理、完善土地房产产权、缩短管理链条工作、分离债发行及交易、境外公司重组、广州远洋劳务有限公司注销、完成对外直接投资统计及境外投资综合年检、完成2007年亏损企业整改工作报告、完成广远境外投资及产权管理分析、完成年度非船舶投资计划的编报和调整、生产经营情况定期汇报工作、中远航运香港设立汽车船子公司的立项上报、中远航运香港公司增资5000万美元、广州电脑公司工商变更、海洋厂股权出售、华南医疗改制、江林水电站退出、建设实业沈阳项目挂牌、I1—4项目增加投资概算、通导公司GPS退出、通导公司增资、金桥学院分校区转让等项目。组织实施远洋劳务公司清算等具体项目。配合岸产事业部等部门开展了建设实业股权投资划拨、酒店管理公司股权收购、海南鸿光物业清算、松涛企业清算、金桥学院分校区转让等优化股权工作。重点参与了华南医疗改制项目的收尾工作，参与了江林水电站、建设实业沈阳项目以及南海包装厂股权的退出项目等。（王平）

【深化改革项目】 2008年3月，广远深化改革的实施工作正式启动。发展部作为广远的项目总体协调部门负责项目的整体沟通等工作，主要负责协调各专业部门配合中介完成尽职调查、共同完成方案设计。协助专家组进场开展工作，较好地协调中介、中远集团推进方案逐步完善，先后完成尽职调查、资产预评、存续管理设计等工作，完成了总体方案设计。通过持续沟通，统一了项目操作思路，使项目方案的出台，既符合广远实际，又符合中远集团的要求。（任鑫　王平）

【全面风险管理项目】 2008年，广远为进一步开展深化改革和优化企业管理，加强了风险管理工作。发展部作为项目牵头部门，负责项目的总体策划和协调，先后完成了方案制定、现场调研、报告总结，以及2007年的专题报告，使广远所属各公司风险管理能及时进行整改。协同相关职能部门进行监督，对风险问题进一步进行了全面梳理，并做好监督和协调工作，加快风险整改，及时将情况汇报中远集团。

（任鑫　王平）

【完善土地房产产权项目】 2008年，完善土地房产产权是广远深化改革的基础项目。发展部为此做了大量的工作。发展部向中远集团上报17块土地确权专项费用申请，完善广远下属公司土地房产确权的手续，完成500套房产处置的资金申请，协调中远集团出具各地历史房产的办证函和证明，制定了远洋宾馆和东海大厦房产过户方案，全面整理分类广远房产。

（任鑫　王平）

【缩短管理链条、优化股权结构项目】 2008年，广远优化股权结构工作在发展部的努力下，取得了实质进展。发展部对广远优化股权结构负责组织实施，先后完成天星公司个人持股转让天星公司；注销境外空壳公司；中远远达股权划拨；完成省远洋、远洋宾馆、广裕股权转让；着手新贸的股权出售等工作。（任鑫　王平）

【分离债发行及交易项目】 2008年初，广远配合中远航运成功发行10.5亿元分离转债。发展部参与广远及海运公司认购和交易的总体操作，协调沟通中远集团、财务公司、券商顺利完成全额配售。通过委托财务公司交易，成功地把握市场有利时机，规避市场风险，取得良好的投资收益。

（任鑫　王平）

【注销广州远洋劳务有限公司】 2008年，发展部根据广远优化管理的要求，对广州远洋劳务有限公司清理，进行国有产权注销，完成了该公司的注销项目。

（任鑫　王平）

【完成两单位投资统计及年检工作】 2008年6月，发展部根据国家商务部的管理要求，完成了天星公司和香港中远酒店投资统计及年检工作。（任鑫　王平）

【完成2007年亏损企业整改工作报告】 2008年，发展部按照中远集团要求，完成了《广远2007年亏损企业整改工作报告》及后续总结。报告对广远2007年度亏损企业亏损原因及整改措施进行了分析。

（任鑫　王平）

【完成广远境外投资及产权管理分析】 2008年，发展部完成了《广远境外投资及产权管理情况报告》上报中远集团，报告对广远境外投资及境外对境内反投资情况

进行了梳理。（任鑫 王平）

【年度非船舶投资计划的编报和调整】 2008年，发展部按照中远集团2008年年度非船舶投资计划，对广远2008年年度非船舶投资计划进行了分解、下达以及调整和上报；按时完成了月度、季度的投资计划统计分析，并完成了2009年投资建议计划的编制上报工作。（任鑫 王平）

【定期汇报生产经营情况】 2008年，发展部按照中远集团的要求，每月定期上报广远《经营业绩责任书》的完成情况，并按时完成2008年《企业负责人经营业绩责任书》自查情况上报。（任鑫 王平）

【协助中远航运设立汽车船子公司立项】 2008年，发展部协助中远航运完成了在香港设立汽车船子公司项目的立项上报。（任鑫 王平）

【中远航运香港子公司增资】 2008年，发展部协助中远航运完成了中远航运香港公司增资5000万美元项目的立项上报。（任鑫 王平）

【协助广远电脑公司进行工商变更】 2008年，广远着手下属公司的资本运作。发展部协助配合广远电脑公司工商变更的请示及上报中远集团。（任鑫 王平）

【协助海洋厂股权出售】 2008年，广远加大了对下属单位不良股权的退出力度。发展部配合进行海洋厂转让申报等工作。（任鑫 王平）

【配合华南医疗改制】 2008年9月，鉴于华南医疗改制接近尾声，收到全部转让款项以及需承让方代偿的借款和利息。对此，发展部配合华南医疗改制，向中远集团提交了华南医疗改制项目总结报告。（任鑫 王平）

【协助岸产事业部进行江林水电站退出项目】 2008年，发展部协助广远岸产事业部进行江林水电站退出的相关法律手续以及会帐册的完善工作，开展江林水电站价格转让工作。（任鑫 王平）

【协助建设实业增加I1-4项目投资预算】 2008年，受市场环境变化影响，建设实业I1-4项目因需增加投资。发展部协助相关部门对I1—4项目进行了增加投资预算并上报中远集团。（任鑫 王平）

【协助通导公司退出GPS】 2008年，发展部协助通导公司将退出GPS项目的情况总结止式上报中远集团。（任鑫 王平）

【协助通导公司增资】 2008年6月，发展部协助通导公司向中远集团提交了通导公司增资的请示报告，并得到中远集团批复同意。10月，广远完成了对通导公司的增资。（任鑫 王平）

【协助金桥学院分校区转让】 2008年，广远决定对金桥学院分校区进行清理转让。发展部协助金桥学院将金桥分校区转让的分析报告上报中远集团审批。（任鑫 王平）

企业管理

【企业管理单元简介】 企业管理单元主要工作职责是负责广远各投资航运企业的管理及考核，通过建立及修订考核体系实现对各投资航运企业的经营绩效考核评价；负责广远各投资及控股航运企业的船队结构调整工作，制订和修订五年规划及年度计划，推进各项船舶投资和处置工作；负责广远经营管理委员会的日常工作；负责广远信息库的建立和维护，搭建企业信息交流平台；负责广远企业管理的基础工作，包括QC管理、计量管理、综合统计、科技工作、全球契约可持续发展工作。时任业务经理谢小梅。员工7人（其中返聘1人）。 （谢小梅）

【企业管理单元工作概况】 2008年，企业管理单元做了大量的工作，较好地完成各项工作任务，主要有：按照中远集团的要求，完成了2008年关于全球契约、可持续发展数据的搜集和统计；按照中远集团“十一五”规划要求，制定上报广远2008年船队发展调整计划；完成了二手船购买、新造船合同签定、新造船接船、退役船出售等更新改造、买造船项目；完成4艘船特案免税进口回国内登记的全部手续；完成3家全资企业、1家控股企业和广远岸产事业部的《企业负责人年度经营业绩考核责任书》的制定和签订；完善和履行广远下属各单位董事会监督机制，加强了对董事会的日常管理工作；召开广远投资航运企业董事会议15次；制定下发了《广州远洋运输公司投资企业董事会事务管理规则》；QC管理工作取得了较好成绩，QC活动成果斐然，获国优QC小组1个，省部级QC小组共11个，市级优秀QC成果11个，是广远开展QC活动以来评上市级以上等级最多的一次；完成了“士帕能”节油装置在各船舶上的实际节油效果检测的全部工作；协助中远集团Scom（远洋船舶及货物运输在线监控系统）项目开发，并完成广远所承担的部分项目开发工作；完成与大连海事大学合作开发的汽车运输船配载系统项目并交中远航运试用；完成国家统计局、中远集团等上级单位要求填报的各种数据资料的收集、统计、汇总和上报；贯彻落实国家计量法令法规上传下达、信息跟进等相关工作。 （王平）

【全球契约、可持续发展工作】 2008年，广远的全球契约、可持续发展工作，按照中远集团的要求，需要搜集和统计的数据比2007年大有增加，由2007年的近200项增加至500项；数据内容更加广泛，项目划分、分类更加细致，数据统计的时间范围也增加到5年内，并且要求收集汇总的数据，不仅改手工输入为计算机管理系统处理，而且增加了各级主管领导审核环节，所有工作都必须赶在奥运会举办前完成。企业管理单元为了按时、保质、保量完成此项工作，不仅平时加班加点，并且“五一”节期间放弃了休息，确保了任务的完成。 （王平 王曙民）

【制定《广远2008年船队发展调整计划》】 2008年，发展部按照中远集团“十一五”发展规划，适度发展汽车专用船、沥青船等特种船队的发展方向，制定了《广远2008年船队发展调整计划》上报中远集团。 （谢小梅 王平）

2008年12月15日，举行“凤凰松”下船台仪式

【船队结构调整】 2008年，广远按照船队发展调整计划完成的买造船项目有：二手船购买项目—2月5日和3月20日完成天星公司购买的2艘9000吨级多用途船接船工作；新造船合同签订项目—5月30日完成省远洋与黄埔船厂新造2艘76000吨散装运煤船合同的签订；新造船接船项目—8月8日和11月11日完成2艘5900吨沥青船接船；退役船出售—3月14日完成天星公司“牛郎星”轮的退役出售合同洽谈及交船工作。 （谢小梅 王平）

【汽车船项目情况】 广远5000车位汽车船由国内首次设计、承建厂首次建造。5000车位汽车船的首制船到2008年12月为止，分段制作总共448个，占船厂制作分段总数479个的93.5%；船台总体搭载199个分段，约占总体搭载量568个的35%，总体搭载基本到主甲板，中部左右两舷各有5至7个分段搭载到9甲板。除主机以外，发电机、舵机等机电设备全部安装到机舱。2号船下料分段并上胎架制作96个分段，其中有44个分段下胎架，分段报验完成23个。大型汽车船建造技术含量较高，难度较大，而且是国内首次设计，承建厂首次建造。为此，广远在现场召开了6次联席会议，召开了2次有设计院、船级社、船厂技术中心、NYK技术部、中远日邮有关人员参加的大型技术研讨会，解决建造中的技术问题、适航适货问题和现场工程问题。（王平 梁合东）

【买造沥青船项目情况】 2008年，按照广远船队发展调整计划，黄埔船厂交付了“珍珠湾”、“澎湖湾”2艘沥青船给中远南方使用。后续4艘沥青船“平海湾”、“安海湾”、“星海湾”、“宁海湾”轮于2月18日开工。其中，“平海湾”轮（HPS2286号）的分段正在加紧施工，有21个分段已经下料，12月底上船台合拢。

（王平 肖庆平）

【买造木材船项目情况】 2008年，按照广远船队发展调整计划，在黄埔船厂和马尾船厂建造8艘32000吨木材船。其中，黄埔船厂对其所建造的木材船主要机电设备已订货完成，部分阀门、辅助设备等陆续到厂。其建造的第一艘船已于9月16日上船台合拢，其负责建造的第二艘船有38个分段下料后开始制作。马尾船厂有4个分段在平潭分厂开始制作，项目按计划推进。 （王平 肖庆平）

【办理特案免税登记项目】 2008年，“西昌海”、“瑞昌海”、“金沙岭”、“金牛岭”轮获得交通运输部、财政部批准回国内办理船舶登记。发展部经过近大半年的努力，于11月6日圆满完成上述4艘船的特案免税进口回国内登记的全部手续，并且做到了不影响船舶按期开航，未产生任何非生产性停时。 （王平 肖庆平）

【签订责任书】 2008年，企业管理单元完成了3家全资企业、1家控股企业和广

远岸产事业部的《企业负责人年度经营业绩考核责任书》的制订和签订，与其他股东单位商定下达了福建捷安、中鞍航运、中远营港的年度生产经营指标。

（王平　徐磊）

【召开广远下属航运企业董事会会议】 2008年，企业管理单元按广远领导指示，认真做好组织筹备工作，召开广远下属各航运公司董事会15次，及时搜集资料、反馈意见，并对董事会各项决议执行情况进行跟踪。（王平　徐磊）

【企业信息库建设】 2008年，广远企业信息库系统在试用中，部分数据由各有关部门输入。企业管理单元根据情况不断完善并及时更新系统数据信息，以加强企业信息库建设。（王平　徐磊）

【董事会日常管理情况】 2008年，企业管理单元根据广远各单位董事会工作状况，完善和履行董事会监督机制，加强了对董事会的日常管理工作，认真处理广远各投资航运公司董事会提交给广远董事通过审签的董事会决议、提交董事审议的议案以及广远各投资航运公司总经理提交的需要其董事长（通常是广远领导）双签的日常生产经营中的重要事项报告。（王平　徐磊）

【制定董事会事务管理规则】 2008年，为充分履行广远在股权多元化的投资控股型企业架构下的控股权，企业管理单元通过充分征求各方意见，制定了《广州远洋运输公司投资企业董事会事务管理规则》，下发给广远本部各部室、岸产事业部、广远各投资航运企业贯彻执行。（王平　徐磊）

【完成“士帕能”节油装置】 2008年，广远完成了“士帕能”节油装置在各船舶上的实际节油效果检测的全部工作，检测报告所示使用该装置节油率为2.4%，并且具有运行安全、改善主机工况等效果，有进一步扩大使用的前景。为此，企业管理单元将整个项目完成情况向广远领导做了书面报告，广远领导对技术创新工作表示满意，并要求在广远船舶进一步推广使用“士帕能”节油装置。（王平　徐磊）

【合作开发科技项目】 2008年，企业管理单元完成了合作开发科技项目，主要有：1. Scom（远洋船舶及货物运输在线监控系统）项目的监管。Scom项目是由中远集团承担的国家863项目，根据中远集团的统一部署，广远负责承担其中的部分开发工作。由于国家863项目要求比较多、标准比较高，项目管理工作要求不同其他项目，在各相关部门的大力协助下，由广远承担的项目开发工作全部完成。2. 汽车运输船配载系统项目监管。此项目由广远与大连海事大学合作共同开发，并交中远航运试用。（王平　王曙民）

【企业综合统计管理】 2008年，发展部完成了国家统计局广州企业调查队下达的《企业景气调查》季报和年报报表（纸面和电子版）报送；根据国家统计局下达广远业务经理《非制造业采购经理调查问卷》工作，年度内按要求通过网上直报国家统计局的采购经理调查问卷（月、季、年报）报表；按时完成广州市越秀区统计局下达广远岸上企业固定资产投资统计报表（月、年报）纸面和网上数据的报送。

（王平　黎清）

【计量管理】 2008年，发展部贯彻国家计量法令、法规，上传下达相关工作；保持与广东省计量协会、交通运输部计量管理部门的联系和会员义务的了解及信息跟进工作；加强了对广远本部和广远各下属单位的计量管理。 （王平 黎清）

【企业调查统计报表情况】 2008年，发展部完成了《企业景气调查问卷》的2007年年报和2008年各季度的定时报表的报送任务，完成了《非制造业采购经理调查问卷》的2007年年报、2008年各月份的定时报表的报送任务。以上2项报表获得国家统计局广州调查队颁发的“2008年度企业景气调查和非制造业采购经理调查先进单位”荣誉证书。 （黎清）

【资产投资统计工作】 2008年，发展部按时完成了广远2008年度固定资产投资统计（月报和2007年报）报送广州市越秀区统计局的纸面及网上数据报表工作任务。

（黎清）

【企业协会联络工作】 2008年，发展部根据中国交通运输企业管理协会、广东省质量协会、广东省企业联合会协同广东省企业家协会、广州市质量协会等协会的要求，完成了以上各协会的联络和保持了广远会员义务权利及企业通报相关信息等联系工作。 （黎清）

QC 管 理

【QC管理】 2008年初，发展部组织了广远注册的QC小组骨干、广远QC成果评审组成员、各单位QC活动推进员代表共59人的QC专题培训；对注册的QC小组，除培训指导外，到现场了解情况和利用信件、电话等方法进行跟踪管理，指导QC小组活动60多人次、发放QC培训材料100多份；派出5名QC推进员，参加广东省和广州市级诊断师培训以充实QC诊断师队伍；组织人员参加交通运输部、广东省、广州市QC成果发表、交流、工作会议6场次。 （黎清 王平）

【QC成果发表评审及申报工作】 2008年，广远注册活动的QC小组33个，收集活动成果24篇。发展部对以上收集的QC成果进行确认并提出各小组如何修改的反馈意见，进行限期整理，组织广远级QC成果的发表和评审，评选出2008年度广远级QC成果22项；推荐申报中远集团级QC成果12项、申报广东省级QC成果5项、申报广州市级QC成果11项、申报交通运输部级QC成果3项，申报广东省、广州市级QC小组活动优秀推进者5名，按时完成了对上述推荐成果的相关电子版及书面成果报告材料的整理、编写、呈批、申报等相关工作。 （黎清 王平）

【开展QC活动取得好成绩】 2008年，广远QC活动创造经济效益110多万元，节省费用2190多万元，并取得确保安全、技术创新、项目改造、提高管理水平、提高客户满意度、精神文明建设等一批无形成果。QC活动获得各级别优秀名次有：广远级优秀QC成果22个、市级优秀QC成果11个（是广远开展QC活动以来评上市级成绩最多的一次）、中远集团级6个、省级6个、交通运输部级5个、国优1个；获省级QC小组活动优秀领导者和推进员2

名、市级QC小组活动突出贡献奖和推进员奖共3名、广远级QC小组活动优秀推进员1名。远洋大厦工程部QC小组获得“全国质量信得过班组”荣誉称号。

（黎清　王平）

【QC小组获奖概况】　2008年，广远QC小组获中远集团、广州市级以上优秀成果名单表

2007质量年度活动，2008年获奖小组（注册号：广远QC-2007***）

登记	获奖级别	小组名称	课题项目名	组长、副组长
016	集团、市、省、部、国优班组	远洋大厦工程部信息中心QC小组	理顺接口缩短登记时间	温武伦、田新民、罗建发
017	市	物业公司汇富商务楼QC小组	提高汇富商务楼出租率	张清强、林远平
018	市	建设实业装修QC小组	远晖7楼装修，提升物业租金	杨小江、伍剑
019	市	供应公司代理部QC小组	提高进出仓效率降低代报关成本	杨育纯、陈溪连
023	市、集团、省、部	信息中心管事账QC小组	实现管事账规范管理	梁碧泰
027	市、集团、省、部	中远南方安全QC小组	降低双层底船壳改造成本	梁杰、金永昌
028	市	广东中远船务工程有限公司工艺QC小组	消除焊缝气孔缺陷	林钟卫
029	集团、、省、部	广东中远船务工程有限公司飞跃QC小组	提高管系工程报验效率	魏晓飞
039	市、集团、省、部	广东中远船务工程有限公司保障QC小组	确保熔透焊工艺验证成功	文俊峰
031	市	中远航运船员管理部船员一处QC小组	完善政委和普通船员的考核	林光桂
035	市、集团、、省	信息中心软件事业部QC小组	财务系统升级	杨涛、刘韶昶、张帆
037	市	中远航运船员管理部党委工作处QC小组	提高发展船员党员的数量及质量	林耀强、尤扬斌
广东省QC小组活动优秀领导者谭力，广东省QC小组活动优秀推进者尤扬斌。				
广州市QC小组活动优秀推进者杨涛、谢小梅，广州市QC小组活动个人突出贡献奖黎清。				
说明：获奖级别栏“集团”即：中远集团级、“市”即：广州市级、“省”即：广东省级、“部”即：交通运输部级的优秀QC成果奖、“国优班组”即：全国质量信得过班组。				

（黎清）

【理顺管理系统接口，缩短前台办理时间QC课题成果】 2008年，远洋大厦工程部信息中心QC小组，其QC活动选题为《理顺管理系统接口，缩短前台办理时间》。选题后，该QC小组针对原酒店管理系统功能单一问题，对原系统功能进行整合改造，使之成为一个功能齐全高效率的服务平台展开活动。对原系统修改，实现了各类接口无缝连接。新系统投入使用后，客人在前台办理时间从原来8～10分钟，下降为3分钟，实现了预定目标，简化了工作流程，提升了服务质量并赢得客户好评。

（黎清　田新民）

【提高汇富商务楼出租率QC课题成果】 2008年，物业公司汇富商务楼QC小组活动选定《提高汇富商务楼出租率》为课题。该QC小组积极与政府相关职能部门进行有效沟通并取得支持；认真研究政策法规，完善原物业报建资料，充分利用灵活方式，辅以公共关系，成功办理了滨江西路100号的住改商。（黎清　卓斯涛）

【远晖楼装修，提升物业租金QC课题成果】 2008年，建设实业装修QC小组选定课题为《远晖7楼装修，提升物业租金》。该QC小组通过活动，找出远晖商厦7楼部分空置的原因，制定改造措施并实施人性化的装修。装修后远晖商厦7楼出租率达到100%，取得了较好的经济效益。

（黎清　伍剑）

【提高进出仓效率，降低代报关成本QC课题成果】 2008年，供应公司代理部QC小组选定《提高保税仓进出仓效率，降低代理报关成本》为课题。该QC小组通过活动，有效提高了进出仓效率，大大降低了货物进出仓报关的成本，达到了降本增效的目的，完成了课题目标。

（黎清　张鹏）

【实现管事账规范管理QC课题成果】 2008年，信息中心管事账QC小组针对管事账核算效率低的情况，选题为《实现管事账规范管理》。该QC小组开展了10次QC活动，为管事账的核算开发了全新的管事账管理系统。开展的新系统严格按照财务的要求进行设计制作，并尽可能减少手工操作，实现对管事账核算3个环节的控制，提高了管事账核算效率，达到了该QC小组的活动目标。（黎清　朱玉峰）

【降低双层底船壳改造成本QC课题成果】 根据国际海事组织MARPOL公约新条款13H的实施，油轮必须具有双层船壳。这样，中远南方的6艘旧沥青船需进一步改装成符合公约要求的双层船壳沥青油轮。由于外单位船厂的改装报价太高，中远南方2007年3月成立了QC小组，以《降低双层底船壳改造成本》为课题。该QC小组围绕制定的改造目标，按最大限度控制改造成本的原则，确立了将舱内独立罐体局部缩小以满足罐体到船壳距离的要求的改造方案。按此方案，首先在“安达江”轮上实施改造，获得成功。2008年初，该QC小组将此办法推广到其他3艘姐妹船，共实施了4艘姐妹船的改造，取得了较好的效益，完成了该小组活动目标。

（黎清　丁亚明）

【消除焊缝气孔缺陷QC课题成果】 2008年，广东中远船务工程有限公司成立工艺QC小组，为消除“铁面前锋”轮焊缝气孔缺陷，开展了攻关活动。该QC小组对CO2气体保护焊接过程中，平角焊焊缝出现大量的气孔，严重影响焊缝质量及正常的施工程序。为确保施工周期和施工质量，该QC小组确立了目标，并对产生大量气孔缺陷的问题进行了论证分析，并实施了对策，获得成功。此研究成果解决了焊缝大量气孔缺陷的问题，完成了该QC小组的课题目标。（黎清　文俊峰）

【提高管系工程报验效率QC课题成果】 2008年，广东中远船务飞跃QC小组，选定《提高管系工程报验效率》为课题。该QC小组针对造船起步阶段管系报验出现效率低的问题，进行研究分析，展开现场调查，并对完工的管系报验工作进行统计总结，用多种数据进行分析方法和要因的确认，制定了解决措施。通过加强对现场的控制、改进措施、提高员工质量意识等方法，提高管系工程报验效率，到达了预期的效果，完成了该QC小组的课题目标。

（黎清　文俊峰）

【确保熔透焊工艺验证成功QC课题成果】 2008年，广东中远船务保障QC小组选定《确保熔透焊工艺验证成功》为课题。该QC小组根据以往工艺评定的检验，参考相关资料设计了工艺评定参数，并根据以往工艺评定的问题，分析影响工艺评定成功的要因，制定了有力措施。通过对设计参数的检验，确定了正确的工艺参数，申请船级社进行检验。结果CO_2平角熔透焊工艺评定验证成功，取得了预期的效果，完成该QC小组预定目标。（黎清　文俊峰）

【完善政委和普通船员的考核QC课题成果】 2008年，中远航运船员管理部船员一处QC小组，选定《完善政委和普通船员的考核》为课题。该QC小组成员根据各自的职责，先后进行5次活动。针对存在船员考核率低（政委考核率平均低于64%，普通船员考核率平均低于61%）的问题，进行了详细调查，对造成船员考核许多不全的要因进行确认并制定对策。该QC小组经过4个月的努力，完成了船员一处现有政委和普通船员1400名考核档案的全面整理，政委考核率达到100%，普通船员考核率达到97%，达到了该QC小组预期的活动目标。（黎清　黄超文）

【财务系统升级QC课题成果】 2008年，信息中心软件事业部QC小组选定《财务系统升级》为课题。该QC小组进行了18次活动，成功地将《航运调度系统》升级为符合新《企业会计准则》的财务系统，按时完成了上级领导下达的任务，为广远下属各航运公司的正常运转提供了有力的保证。活动由该QC小组成员自行完成，节省了大量的经费。据有关资料，各软件公司的收费约为3万～5万/套，该QC小组节省经费为40万元，完成了课题目标。

（黎清　王粤宁）

【提高发展船员党员的数量及质量QC课题成果】 2008年，中远航运船员管理部党委工作处QC小组，选定《提高发展船员党员数量及质量》为课题。该QC小组展开广泛的调查研究，找出发展船员党员数量不足，质量有待提高的原因，制定了《发展船员党员三年规划》，下发各轮加以实施。各轮党支部认真落实该规划，使船员管理部工作处发展船员党员的人数大有增加，发展船员新党员的质量也有明显提高，达到该QC小组活动的预期目标。

（黎清　黄桥伙）

发展规划

【发展规划单元简介】 发展规划单元的工作职责主要是负责组织并参与对广远经营管理密切相关的国内外政策、经济、贸易、航运市场及岸上产业相关的信息进行分析、研究；协助广远有关部门进行可行性专题研究，为企业领导和有关部门的经营决策提供参考依据；负责广远发展战略委员会的日常工作；负责对广远的结构调整、航运企业的重大结构调整、项目开发、企业改革等调研规划；负责对广远船队结构调整、发展工作机构、组织制定船队结构调整、发展研究项目工作纲要和工作计划；负责广远发展工作机构与广远有关下属企业沟通、交流，共同设计、制定其发展战略；负责中远集团技术中心广远分中心工作；负责航运市场信息与研究系统共享平台、广远研发信息网的维护工作。时任业务经理张新伟。员工7人。（王平）

【发展规划单元工作概况】 2008年，发展规划单元根据航运市场和广远发展战略的需要，完成修订了广远“十一五”发展规划，进一步修订了广远的战略目标（包括广远下属公司的战略目标）以及广远实现战略目标的发展策略；根据航运市场形势和广远船队经营情况，开展多个细分市场专题项目研究，完成了各项专题研究课题主要有：1. 开展了特种多用途船细分市场研究，完成了《2008年下半年特种多用途船市场走势展望》、《广远航运经营形势分析报告》等专题报告。2. 开展了沥青船项目研究，完成了《中远南方研发课题调研报告》、《稳步实施广远发展战略，打造沥青运输系统集成者的关键转变》、《2008年沥青市场分析和未来市场展望》等专题报告。3. 开展了木材船项目研究，完成了《2008年中国原木进口市场分析》、《CLIPPER SHIPPING概况介绍》、5篇《中国木材销售报价》信息月报等专题报告。4. 开展了水泥船项目研究，完成了《中国水泥出口形势分析》、2篇《2007～2008年水泥出口分析》专题报告。5. 开展了冷鲜船项目研究，完成了《国内市场（海南、粤西）的果蔬冷藏进出口市场报告》和《菲律宾果蔬出口分析报告》。6. 开展了燃油市场研究，完成了《国际油价破百影响几何》、《国际油价走势》专题报告等市场分析报告；开展了宏观形势专题研究，完成了《次贷危机专题分析》、《美国金融风暴的影响分析》的报告，《四川大地震对我司航运经营的影响分析》、《海峡两岸海运协议的影响分析》等专题研究分析报告。8. 与武汉理工大学联合组织项目小组进行专题研究，完成了《特种杂货指数任务书》、《特种杂货指数研究项目进展情况汇报》等专题报告。9. 对广远下属公司进行了调研，完成了《特种多用途船运输市场前景不容乐观》和《面对金融危机，发现机遇，实现新的发展》2篇调研分析报告。

10. 组织召开了一系列专题会议，撰写了各种会议相关材料。广开信息渠道，完成发展部编发的信息刊物和信息资料报送；对研发信息数据库进行日常更新维护，加强对各渠道信息的收集和维护，将有关信息资料及时更新和录入"宏观信息基础数据库"，并完成了日常OA处理、文件、资料收发、存档与催办以及年鉴编撰等工作。（王平）

【特种多用途船细分市场研究】 2008年，全球航运市场风云变幻，上半年高位运行，第三季度开始大幅下滑。面对如此复杂的形势，发展规划单元加强了对市场形势的跟踪和研究，紧跟航运市场的发展变化，适时对航运市场进行调研，完成了市场分析报告：《铁矿石大局已定航运市场去向何方》、《2008年下半年特种多用途船市场走势展望》、《近期航运市场波动及影响分析》、《航运市场分析和预测》、《广远航运经营形势分析报告》等，为企业领导及相关部门决策提供参考。

（张新伟　王平）

【沥青船项目研究】 2008年，发展规划单元通过对中远南方调研，完成了《中远南方研发课题调研报告》；根据不断变化的市场形势和沥青船经营情况，撰写了《稳步实施广远发展战略，打造沥青运输系统集成者的关键转变》；完成了《2008年沥青市场分析和未来市场展望》等专题研究分析报告，为企业领导和相关部门决策提供参考。（张新伟　王平）

【木材船项目研究】 2008年，发展规划单元对木材船项目，按照年初的木材船会议计划，逐步推进工作，基本上完成了计划安排；根据木材市场形势，完成了《2008年中国原木进口市场分析》、《CLIPPER SHIPPING概况介绍》、《2008年太平洋航运中期报告分析》报告，登在期刊《决策参考》上，分发给广远和下属航运公司相关领导和相关部门作决策参考。此外，还完成了5篇《中国木材销售报价》信息月报等工作。（张新伟　王平）

【水泥船项目研究】 2008年，发展规划单元根据福建捷安第十七次董事会第二次会议提出的发展"散装水泥船项目"的战略决策，对水泥船运输市场情况进行系列研究，完成了《中国水泥出口形势分析》和2篇《2007～2008年水泥出口分析》报告；同时配合福建捷安完成了《水泥船项目可行性研究报告》，并召开跨部门的研讨会，提出项目的可持续发展建议。

（张新伟　王平）

【冷鲜船项目研究】 2008年，发展规划单元与中远营港交流研讨，制定了项目组工作计划，按计划完成了果蔬冷藏市场信息层面上的情况搜集，并根据中远营港经营范围及进出口流向等情况，完成了《国内市场（海南、粤西）的果蔬冷藏进出口市场报告》和《菲律宾果蔬出口分析报告》，协助及配合中远营港开展冷鲜项目的可行性研究。（张新伟　王平）

【燃油市场研究】 2008年1月2日，国际市场原油价格在历史上首度突破每桶100美元大关，国际油价大幅攀升。6月，国际油价达到每桶138美元，创历史最高纪录。发展规划单元根据燃油市场趋势，上半年撰写了《国际油价破百影响几何》、《国际油价走势》专题报告，供企业领导参考。下半年，由于受美国次贷和金融危机蔓延的影响，国际油价大幅下滑，到11月底，油价跌破50美元，跌幅达到65%。由于燃油成本在航运企业的总成本占非常大的比重，发展规划单元对此很为重视，通过多方搜集信息，围绕每月国际原油、燃油价格的走势及未来油价的走势分析，结合广远下属各公司实际经营数据（油耗、油价、期租水平），撰写了《燃油市场月度分析报告》，提供给广远领导及相关人员参考；同时对广远历年的实际经营数据亦作了深度分析，完成了《我司航运经营与油价相关性分析报告》。（张新伟　王平）

【宏观形势专题研究】　2008年，国内外突发事件频发，对航运市场影响较大，特别是美国的次贷危机演变成金融风暴，对美国金融市场和世界实体经济产生影响。对此，发展规划单元对影响广远发展的因素进行了专题研究分析，完成了《次贷危机专题分析》、《美国金融风暴的影响分析》的报告，并作了进一步的跟踪分析研究；完成了《越南金融危机专题分析》、《四川大地震对我司航运经营的影响分析》、《中澳铁矿石价格谈判达成对相关市场的影响分析》、《铁矿石大局已定航运市场去向何方》、《海峡两岸海运协议的影响分析》等专题研究分析报告。（张新伟　王平）

【特种杂货综合运价指数的设计】　2008年，发展规划单元与武汉理工大学联合组织项目小组研究，制定了《特种杂货指数任务书》。在共同研究过程中，发展规划单元发现了诸多问题和不足，并将这些问题进行整理提出整改意见，撰写了《特种杂货指数研究项目进展情况汇报》，提交广远领导参考。（张新伟　王平）

【完成战略规划工作】　2008年，由于航运市场形势发生巨变，广远需要进一步修改战略规划。发展规划单元对航运市场一直保持高度的敏感性和前瞻性，对广远的战略进行思考、分析并提出修改建议。根据航运市场和广远发展战略的需要，修订了广远“十一五”发展规划，不仅修订了广远外部分析、内部资源分析，而且确定了广远的战略目标（包括广远下属公司的战略目标）以及广远实现战略目标的发展策略。（张新伟　王平）

【对广远下属航运公司进行调研】　2008年，航运市场面临寒冬，发展规划单元组成调研小组，对广远下属多家航运公司进行调研，分析金融危机对广远及其各细分市场的影响，同时提出了对策建议，完成了《特种多用途船运输市场前景不容乐观》和《面对金融危机，发现机遇，实现新的发展》2篇报告，提供给企业领导参考。

（张新伟　王平）

【组织专题会议和撰写各种会议材料】　2008年，发展规划单元成功组织了水泥船、木材船项目专题汇报会、航运经营管理人员座谈会、广远经营管理委员会会议及经济成本分析会等会议，并撰写了会议材料；参加了广远经济成本分析会、中远集团年中、年末航运市场研讨会等，并完成了相关会议的材料准备，主要有：年中航运市场研讨会材料及PPT、年终航运市

场研讨会广远的发言材料及PPT、广远每月经济成本分析会发展部的发言稿及PPT等。 （张新伟　王平）

【完成编写研发刊物计划】 2008年，发展部编发《决策参考》27期，每周编发《国际航运资讯》，编写《特种船市场动态》10期；每天完成《国际干散货指数》的收集、编写和发布，包括BDI、BCI、BPI、BSI等指数、原油和燃油价格等的收集、录入、绘图等工作；每日整理编写主要租家的租船成交记录，每周汇总后呈交相关领导和部门。 （张新伟　王平）

【"广远研发信息网"日常维护】 2008年，发展部对研发信息数据库进行日常更新维护，加强对各渠道信息的收集和维护，注意日常收集汇编相关资料，每周定期或不定期的上报广远总经办；做好每天的信息收集、发布等工作，收集和积累各相关信息资料，参与相关专题研究，将有关信息资料及时更新和录入"宏观信息基础数据库"，给相关领导和经营管理部门提供参考资料；协助维护广远信息网，做好航运经贸动态信息的发布工作，每工作日进行更新、维护；日常指数更新：将BDI各指数和燃油、原油指数更新，并将最新的指数更新到宏观数据库中；每周在调度会上报告BDI的最新指数行情；每周上报"一周市场综述"，内容包括干散货指数、燃油指数和上海及深圳股票指数行情及短评，发至广远领导及广远下属航运企业相关人员。 （张新伟　王平）

【完成广远分技术中心工作】 2008年，发展部作为中远集团技术中心的广远分技术中心，按中远集团要求，完成了每2个月上报一次《广远技术分中心工作情况汇报》，同时完成了中远集团层面的4篇决策参考资料。 （张新伟　王平）

【协助中远集团完成每月大调度会汇报材料】 2008年，发展部按照中远集团要求，定期研究杂货运价和市场走势，编撰了10期《杂货运价走势及市场综述》（月报），作为中远集团每月大调度会的汇报材料，上报中远集团研发中心。 （张新伟　王平）

【协助广远下属各经营单位提供信息咨询服务】 2008年，发展部根据广远各经营单位的实际需要，协助木材船、水泥船和冷鲜船项目的发展，广开信息渠道，如每日航运指数、市场报告以及租船报告等定期不定期开展特定内容的研究，为广远相关经营单位提供海关数据、关键市场信息等。 （张新伟　王平）

精益管理

【开展"精益管理年"活动主要成效】 2008年，广远不断创新工作思路，坚持以成本和流程为重点，推广优秀成果，建立长效机制，将精益管理思想融入企业文化，用精益思想的精髓指导日常管理工作，全面深入推进"精益管理年"活动。是年，广远上下开展精益管理，共创建"精益亮点"247项，可直接计算的精益效益达2.1亿元。在金融海啸导致的全球航运市场低迷背景下，精益管理作为应对航运寒冬的有力武器，为广远可持续发展做出了积极的贡献。

是年，广远的精益管理成果持续稳固。

在金融海啸背景下，广远航运市场遭遇重挫，广远下属各航运公司根据市场形势稳健操作租船，有效控制风险；建立良好的港航关系，在港停时明显下降。如中远航运船舶平均在港停时 3.3 天，与 2007 年同期相比减少了 0.6 天，降幅达 15.4%；中远远达累计平均在港停时 3.56 天，比 2007 年同期下降 0.72 天，降幅达 16.8%；中远南方基本保持持平。强力拓展市场，与大客户战略合作关系进一步巩固。与此同时，船岸积极探索、运用节能减排各项技术，节能成效显著。如中远航运在半潜船上进行试点推广经济航速的应用，主发电机每日油耗可减少 10 吨以上，经济航速成效显著。 （王平）

【开展“精益管理年”活动主要特点】 2008 年，广远在开展“精益管理年”活动中，始终坚持“开展精益管理，精益是手段、创效是目的、结合实际是前提、全员参与是基础、领导重视是关键、落实责任是保障”的原则，做了大量的工作，呈现出以下特点：

1. 完善全面流程管理体系，提升管理水平。中远航运推进全面流程管理体系建设，提升体系的覆盖面。引入 ISO9001/ISO14000 和 OSHAS18000 的概念，建立“三标”体系；充分发挥信息平台作用，启动船员管理系统的开发；依托全面流程管理体系，积极构建《中远航运惩治和防御腐败体系》。

2. 开展全面预算管理，实现成本控制的精细化。中远航运作为中远集团开展预算管理体系的建设及航运企业预算管理模式设计，推进全面预算管理，实施税务策划；梳理分析生产经营各环节主要成本，提高了财务核算质量；采取有效措施，应对金融危机和航运风险。

3. 深入开展“红树林”工程，不断提高船员队伍素质。明确目标，打造船员人才培养的“红树林”工程，创新形式，不断提升培训效果，使“红树林”工程更加深入推进，涌现出一大批先进船舶和优秀船员。 （王平）

【精益管理工作】 2008 年，发展部精心组织广远的精益管理工作，参与完成 2008 年广远“精益管理年”活动方案及年终总结报告，策划总结活动方案，组织每月的精益管理例会，对每月工作开展情况进行总结并在会上发言，编写每月的《精益管理简报》上报中远集团和下发广远各单位参阅。 （王平 张新伟）

【“精益管理年”活动获奖情况】 2008 年，广远精益管理取得丰硕成果，众多单位和个人获奖。

1. 银河奖（单位奖 1 名）：中远远达。

2. 阳光奖（船舶奖 3 名）：“大华”轮、“瑞昌海”轮、“月亮湾”轮。

3. 精益亮点项目奖 15 项，其中月光奖 5 项，星火奖 10 项。 （王平 张新伟）

月光奖名单

序　号	单　位	部门/船舶	项目名称
1	中远航运	中远日邮	调整装货港口，彰显精益管理
2	中远航运	“宣城”轮	主机提速，恢复轴带，节能增效
3	中远南方	“月亮湾”轮	自修货油泵隔油舱
4	中远远达	“白沙岭”轮	自制克令油马达拆、装工具
5	广远本部	发展部、财金部	中远航运分离转债投资项目

星光奖名单

序　号	单　位	部门/船舶	项目名称
1	中远航运	“泰安口”轮	扩大适货范围，创新单浮箱下潜
2	中远航运	“大华”轮	用多层板来替换木材做垫舱料
3	中远航运	“天王星”轮	改进开关舱吊具，提高开关舱效率
4	中远航运	“碧江”轮	废热利用，降低油耗
5	中远航运	“富文山”轮	改善主机工况，提速节能增效
6	中远远达	安技部	优化新造船木材绑扎设计方案
7	中远南方	“安泰江”轮	少用一台辅机，节能减排见成效
8	建设实业	工程部	广州远洋大厦设计优化—缩短工程工期及降低工程造价
9	通导公司	生产部门	控制驾控台成本，彰显公司造船实力
10	广远本部	监督部 / 审计部	“月亮湾”轮改装全过程审计

四、入围奖：112 项

入围奖名单

序　号	单　位	部门/船舶/个人	项目名称
1	中远航运	“安东江”轮	双锚链绞缠用车舵配合自解的方法
2	中远航运	“桃江”轮	智慧装载创奇迹
3	中远航运	“江浦关”轮	放残阀改装成手操式
4	中远航运	“富新山”轮	精益管理记心间 降本增效谱新篇
5	中远航运	“永盛”轮	主机备车程序优化
6	中远航运	“乐同”轮	小“乐”字号 NO2 克令吊钩头马达滑环表面烧蚀、绕组烧毁的原因分析及预防

（续上表）

序　号	单　位	部门/船舶/个人	项目名称
7	中远航运	广远、中航财务	申请劳动力中介资质节约税负
8	中远航运	“江埔关”轮	一场漂亮的船期抢夺战
9	中远航运	“鞍山”轮	以精益管理促进船舶效益的提高和“红树林”工程的开展
10	中远航运	船员部综合管理处	行之有效地分流安置不适岗船员
11	中远航运	船员部船员三处	加大干部船员提升力度，支持自营船队发展
12	中远航运	“丰顺山”轮	巧改靠港顺序节约船期
13	中远航运	“居庸关”轮	多管齐下抢船期
14	中远航运	“乐昌”轮	解决二层柜液压舱盖开关舱操作困难
15	中远航运	“乐从”轮	解决克令并吊后工作不同步、高速不来的难题故障
16	中远航运	“乐从”轮	精研细算，巧装多创效
17	中远航运	“乐里”轮	节省船期
18	中远航运	“乐昌”轮	积极配合卸货抢船期
19	中远航运	“天王星”轮	合理配载，深度挖掘舱容潜力
20	中远航运	“安宁江”轮	“安宁江”轮166航次精益管理出成效
21	中远航运	“常发口”轮	化废成宝，节支创益
22	中远航运	“富康山”轮	“富康山”轮提前7小时赢7天船期
23	中远航运	“黄云”轮	排除扫气箱着火的现象，提高营运效率
24	中远航运	“乐和”轮	“乐和”轮V61/62航次节能降耗见成效
25	中远航运	“永盛”轮	提高辅机承载能力实现单机发电
26	中远航运	“常发口”轮	“常发口”轮主机提速
27	中远航运	“安宝江”轮	择机使用轴带发电机
28	中远航运	“乐同”轮	“乐”字号船辅机机油滤器异常消耗的故障及排除
29	中远航运	“乐同”轮	自行抢修因NO1克令吊旋转电源滑环箱内绝缘套管烧毁造成该克令吊不能使用之故障
30	中远航运	“乐同”轮	自修NO.2辅机调速器的调速马达
31	中远航运	“山海关”轮	节能减排 降低成本
32	中远航运	“桃江”轮	科学选择航线，降本节能增效
33	中远航运	“桃江”轮	恢复单台辅机运行，降本节能增效
34	中远航运	“甬江”轮	从点滴抓起力保降本增效
35	中远航运	“安顺江”轮	想方设法多创效益
36	中远航运	“宝安城”轮	“宝安城”轮抢船期“三部曲”
37	中远航运	总经理办	运用精益管理理念，对车辆使用优化管理，降低成本
38	中远航运	“德荣”轮	只有“红树林” 才能抵挡“狂风暴雨”

(续上表)

序　号	单　位	部门/船舶/个人	项目名称
39	中远航运	“富裕山”轮	抢修克令争船期
40	中远航运	“海王星”轮	拼搏进取，首航硕果累累
41	中远航运	“黄云”轮	彻夜备舱抢船期
42	中远航运	“乐里”轮	精益管理见成效
43	中远航运	“天王星”轮	单航次货运量再创新高，德国媒体关注
44	中远航运	“天王星”轮	为保船期自卸大件
45	中远航运	“康耀”轮	紧急抢修锚机马达确保安全航行
46	中远航运	“毓骐海”轮	自引自靠降成本、想方设法多装货、自修保养降成本
47	中远航运	船员人事处	运用精益管理理念，降低培训费用，建立延续培训机制
48	中远航运	“大华”轮	精心设计航线，抓抢船期
49	中远航运	“大华”轮	科学装载压载，以减轻负荷
50	中远航运	“大华”轮	加强船壳保养，以削减阻力
51	中远远达	“金达岭”轮	创新绑扎索具
52	中远远达	业务部	有效实现100%运费回收率
53	中远远达	安技部	深度优化航线设计
54	中远远达	中远远达安技部、广远发展部	高效办理特案免税工作
55	中远远达	“白沙岭”轮	制定经济航线
56	中远远达	安技部、“白沙岭”轮	推广使用“士帕能”节油装置
57	中远远达	“瑞昌海”轮	航速、精益与节能
58	中远远达	“瑞昌海”轮	时间节能法
59	中远远达	“瑞昌海”轮	重教育　善管理　节能减排有的放矢
60	中远远达	“金达岭”轮	优化木材船绑扎流程管理
61	中远远达	“金达岭”轮	改换辅机透气管路径，降低机油耗量
62	中远远达	“西昌海”轮、安技部	“西昌海”轮、航速经济性比较
63	中远远达	“西昌海”轮	节约淡水，点滴做起为租家
64	中远远达	安技部	充分利用现有设备，合理减少履约成本
65	中远远达	“嘉荫关”轮	有效调节主机工况
66	中远南方	财务部	合理避税，节约成本
67	中远南方	办公室	规范管理节约成本
68	中远南方	“安达江”轮	积极应对按时受载
69	中远南方	“安达江”轮	克服困难　抢修油管
70	中远南方	安技部	货油罐热导油管技术革新改造
71	中远南方	“大鹏湾”轮	巧修造水机

（续上表）

序　号	单　位	部门/船舶/个人	项目名称
72	中远南方	“大鹏湾”轮	锚泊期间利用余热造水
73	中远南方	“福宁湾”轮	巧自修抢船期、创效益
74	中远南方	航运部	节省快递费、降低成本，加快应收运费、租金回收
75	中远南方	“洪江”轮	于细微处抓船期
76	中远南方	办公室	把好“走进来”的关口，培养“走出去”的人才
77	中远南方	“木兰湾”轮	造水机维修
78	中远南方	“月亮湾”轮	节省修理费　降低成本
79	中远南方	“月亮湾”轮	邮件联检 节省引水费用和船期
80	中远南方	“月亮湾”轮	节省滑油新流程
81	广远本部	人力资源部 / 组织部	优化取暖费发放流程，节约邮寄费用
82	广远本部	总经办	货比三家　降低购车价格
83	广远本部	财金部	降低贷款成本，节约谈判费
84	广远本部	发展部	办理“瑞昌海”轮特案免税工作
85	广远本部	党工部	流程管理和项目管理在宣传工作中的应用
86	广远本部	总经办	换领绿色标牌 延长车辆使用寿命
87	海运公司	韩列艺	开拓新业务，开辟新的利润增长点
88	大富酒店	工程部	自行对酒店网络线进行设计、安装
89	大富酒店	财务部	加强资金运作，树立理财意识
90	金桥学院	航海系	积极拓展船员教育培训项目
91	金桥学院	实习工厂	节省实习材料，降低教学成本
92	金桥学院	综合办	自修工程项目，节约开支
93	供应公司	陈　广	业务细分，开拓物料备件业务
94	东海大厦	何向宁、王焕清、陶雁施等 4 人	加强培训，提高接待水平
95	东海大厦	何向宁、王焕清、陶雁施等 4 人	客房牙具的合理使用
96	物业公司	房产部	降低成本、提高效率
97	远洋宾馆	销售部	实行全员销售长包房奖励机制
98	远洋宾馆	销售部	拓展酒店公寓市场
99	远洋宾馆	销售部	制作电子贺卡，体现个性化同时节约成本费用
100	远洋宾馆	房务部	管理模式实行改革
101	通导公司	通导公司	精打细算承办中远《通信导航》复刊工作
102	通导公司	通导公司	实施标准化战略，引领通导产业发展
103	建设实业	办公室	公司办公通信费用
104	建设实业	服务中心	远晖商厦电梯节能降本

（续上表）

序　号	单　位	部门/船舶/个人	项目名称
105	物业公司	王俊江	减少浪费、提高效率
106	供应公司	物料部	单船次供应额突破20万元
107	远洋大厦	邓　玲	控制存量资金，增加财务收益
108	远洋大厦	梁凤莲	优化整合，提高宿舍入住率
109	远洋大厦	梁凤莲	合理安排出车次数，减少车辆维修率
110	远洋大厦	工程部	优化配置炉灶，减少成本投入
111	天星公司	刘贤蒙、池新旺、蔡蛋家、陈小华	每日全额隔夜定期存款
112	福建捷安	财务部	“岱江”轮改造费用税前列支审批成功

（姚辉）

第四节　财务管理

【财金部简介】　财金部是广远财务会计工作的主管部门。主要职责是根据国家和中远集团的规章制度完成广远的财务会计工作，负责制定广远财务、会计核算管理制度；负责组织广远的会计核算、资金管理、税务、会计检查和监督、财务预算、财务分析，组织年度会计决算；负责编制年度财务报告；负责编制年、季、月度种类财务会计报表；负责税金的申报和缴纳，申领和保管发票，配合加强会计档案的管理工作；负责保管库存现金，保管有关印章和支票；负责投资项目资金的来源、投资项目财务分析和投资项目风险预测进行审核和监控，对投资分析提供测算基础财务数据；按照广远财务委派负责人管理办法，配合完成对财务委派负责人的选拔、考核和日常管理等。

财金部机构设置有会计核算业务单元、资金管理业务单元、财务管理业务单元等3个管理职能部门。

时任总经理池新旺（1月～12月27日），佟文华（12月27日～31日），总经理助理邓伟荣。资金管理业务经理叶苑群，财务管理业务经理林曦，会计核算业务经理张美琴。员工17人。

（邓伟荣　翁哲）

【财金部工作概况】　2008年，财金部抓好财务管理和防范财务风险工作，严格执行“三重一大”相关规定，在开展、巩固和完善财务工作的基础上开拓创新，取得显著成效。主要工作如下：加强资金管理工作，完善广远大额资金调动和支付管理办法，保证企业资金正常周转；配合相关部门开展买造船工作，开拓融资渠道，完成“天王星”轮等船舶的融资工作，保证企业船队调整的正常进行；制定相关财务制度，完善财务工作；参与企业改制分流工作，配合完成华南医疗股权转让后续工作；做好资产评估备案工作，完成船舶退役等相关资产评估和备案工作；做好企业产权登记相关工作；配合有关部门做好企业深化改革工作，完成中远航运可分离债投资项目；关注人民币升值，提前做好预测，降低风险；协助岸产事业部做好存量房处置相关工作；加强培训，举办《企业所得税法》知识培训，提高财务人员素质；配合人力资源部/组织部做好委派财务负责人的日常业务管理工作；完成2007年度广远年终决算工作、汇算清缴工作、《企业年度工作报告》的撰写工作、部署2008年广远年终决算工作及2008年所得税汇算清缴工作；转变思路，灵活运用不同方式，充分用好各种资源开展税务筹划工作，争取合理合法减免相关税费等。（邓伟荣）

【配合做好企业深化改革项目】 2008年，财金部积极参与企业的深化改革，对相关现金流量、资产负债、经营效益等进行了详细测算，加大了往来账款的清理，大力支持和配合清理不良资产、优化辅业资产、理顺投资企业的股权结构等工作，及时、按质提供资产评估资料，积极配合企业改革工作的推进。（邓伟荣）

【配合做好认购可分离债工作】 2008年，中远航运发行了可分离债。财金部按照相关规定积极参与了债券的认购工作，包括事前资金筹划工作、大股东配售大额资金操作的网上认购、网下申购工作以及后续的对指定债券操作的法律文书及条款的确定；主动筹划资金，理顺交易账户，为按时支付申购款做好了充足的前提准备，申购当日，不断跟踪资金动态，成功完成大股比配售大额资金操作的申购工作。此外，财金部还多次将暂不动用的保证资金调出使用，最大限度地提高了资金使用效率，并配合其他部门做了大量工作，按照相关规定进行了可转债的后续交易工作，促进广远资本运作。（邓伟荣）

【加强资金管理】 2008年，财金部严格执行“三重一大”中对资金管理方面的要求，完善资金管理，加强现金流量分析预测，将现金流量管理贯穿于企业管理的各个环节，高度重视企业的支付风险和资产流动性风险；严格执行全面预算管理制度制定的各项资金计划和指标；发挥广远整体资金优势，上下联动，盘活资金，提高整体资金使用效率，降低资金使用成本，提高资金效益，防范财务风险。

（邓伟荣　林盛鹏）

【做好住房货币补贴工作】 2008年，财金部与中远集团财务部密切联系，加强沟通，每月报送资金计划，及时足额将住房补贴拨入相关员工账户内。自2006年9月启动住房货币补贴工作以来，累计完成9708人的住房货币补贴资金支付工作。

（邓伟荣　林盛鹏）

【续办《财金简讯》周刊】 2008年，为了丰富广大财务人员的知识面，财金部续办《财金简讯》周刊。财金部为了传递财金最新信息，宣传财金最新法规，瞄准财金市场行情，组织员工搜集资料、捕捉与航运相关的经济信息、政策和会计相关的新知识，精心编辑排版，认真审核校对，按时推出电子版《财金简讯》，并及时利用电子邮件第一时间传递给广远所有财务人员和广远领导。（邓伟荣　林盛鹏）

【召开2008年财务工作会议】 2008年8月12日，广远召开2008年年中财务工作会议。总经理徐惠兴，广远本部所有财务人员和广远下属公司党政一把手、财务负责人参加了会议。徐惠兴在会议上充分肯定了财务人员的辛勤劳动，为实现广远总的发展新战略作出的贡献，并对财务人员提出了具体要求。财金部总经理池新旺在会上回顾总结了2008年上半年财务工作，部署了2008年下半年财务工作任务。

（邓伟荣　林盛鹏）

【加强企业金融风险业务管理】 2008年，中远集团为加强各所属企业金融风险业务的管理，及时了解和掌握中远集团金融风险业务情况，更好地推动金融风险业务的开展，专门下文规定定期报送金融风险业务制度。广远及时转发了该文件给下属企业。财金部严格执行上级规定，及时审核汇总广远所属各单位报送的金融风险业务情况，及时向中远集团报送。

（邓伟荣　林盛鹏）

【加强财会队伍建设】 2008年，财金部注重人才培养，加大力度组织财会人员进行专业技能和知识培训，组织各种业务培训和会计持证人员后续继续教育，组织委派财务负责人参加总会学习班学习，组织广远系统会计持证人员201人进行《企业会计准则》2007、2008年的继续学习等后续继续教育。派员参加中远集团的资产调整和SAP2008项目组等工作培训，不断加强财务队伍的建设。与此同时，财金部开展了内部的自我培训，利用业余时间进行自我培训。培训的主要内容有EXCEL、WORD、SAP等办公软件的功能操作和技巧操作以及公文写作、合并报表的编制事项等。通过财务人员的互相讲解和相互学习，全面了解财经业务，提高了操作技能，达到了资源共享、取长补短、互相进步的目的。（邓伟荣　林盛鹏）

【配合中远集团审计组完成对总经理任中审计等工作】 2008年6月17日至7月4日，中远集团派遣审计组对广远总经理徐惠兴进行任中经济责任审计。中远集团审计组对广远本部、中远远达、中远航运、远洋宾馆、海运公司等单位进行了实地审计工作。在历时18天的审计过程中，财金部作为牵头部门，积极配合中远集团审计组开展相关工作，在广远相关部门的大力支持和配合下，圆满完成审计既定的程序。

（邓伟荣　林盛鹏）

【加强资金安全管理工作】 2008年，财金部转发了中远集团《关于进一步加强中远集团资金安全工作的紧急通知》，督促广远各单位认真落实自查工作，按时报送自查报告，并且根据各单位上报的资金安全自查情况，以及结合各单位的实际情况，加强了对各单位资金安全工作的抽查工作，促使各单位进一步健全相关管理制度，规范业务操作程序，完善内部制约机制，把资金安全问题贯穿财务管理工作始终，有效减少资金管理中的安全隐患。是年，由于财金部加强了资金安全管理工作，确保了广远系统各项资金正常、安全、有序运

行。 （叶苑群）

【完善财务风险管理】 2008年，财金部协助监督部/审计部检查广远下属企业的风险整改落实情况，完善财务风险管理。在历时一个月的风险整改落实检查中，先后检查了远洋宾馆、物业公司、金桥学院等多家企业的风险整改落实情况。与此同时，财金部监督广远各单位财务部门加强与其他业务部门的配合，充分关注客户等交易方的经营状况，防范因对方财务状况恶化导致企业资产损失的风险。是年，在财金部的监督指导下，广远各单位的财务部做好客户信用风险控制，严格信用额度、信用期管理，加强应收账款的管理，加快应收款回收速度，提高了单位的经济效益。

（张美琴 叶苑群）

资金管理

【资金管理单元简介】 资金管理单元主要负责广远及下属资金管理、银行账户管理、资金结算、融资管理、广远本部行政费用日常核算管理、工资发放、航运财务核算与管理等工作。时任资金管理业务经理叶苑群。员工6人。 （邓伟荣 林盛鹏）

【资金管理单元工作概况】 2008年，资金管理单元严格执行“三重一大”对资金管理方面的要求，把资金管理作为日常财务管理的核心，以提高资金使用效率为出发点，加强现金流量分析预测，将现金流量管理贯穿于企业管理的各个环节，加快广远各投资单位分红款的催收，重视企业的支付风险和资产流动性风险，完善广远大额资金调动和支付管理办法；根据广远整体发展规划，开拓多种融资渠道，完成“天王星”轮等船舶的融资工作；做好广远系统的资金集中管理，加强资金统一调度；密切关注汇率和利率的变化趋势，减少财务费用开支；加强企业与银行的联系，推行委贷业务，利用不同的贷款组合降低企业的资金成本；调整机关员工差旅费及有关费用开支标准，完善福利机制；严格执行全面预算管理制度制定的各项计划、指标。 （邓伟荣 林盛鹏）

【催收投资单位的分红款】 2008年，资金管理单元加强日常资金周转管理，积极盘活广远系统内资金，防止出现“淤血”现象；每月做好周密的资金计划及偿债计划，并适时跟踪广远投资单位的分红方案，催收各单位的分红款的及时足额到位，特别加大原投资深圳远洋的分红款的催收，保证了日常流动资金的正常开支和债务的及时支付。 （邓伟荣 林盛鹏）

【完善广远大额资金调动和支付管理办法】 2008年，资金管理单元为进一步加强资金管理，健全内部控制机制，明确大额资金管理职责，保证大额资金使用合法合规，保障资金安全，进一步规范广远大额资金调动和支付程序，结合企业实际，对广远原定的大额资金调动和支付管理办法进行完善，下发了《广州远洋运输公司大额资金调动和支付管理（暂行）办法》，对大额资金调动和支付作了明确规定和细化，进一步明确相关责任，提高了防范资金风险。

（邓伟荣 林盛鹏）

【防范人民币升值风险】 2008年，财金部积极跟踪市场，密切关注银行汇率和利率的变化趋势，提高预警机制和资金使用效率，防范人民币升值的负面影响，加快结汇，减少人民币债务，放慢美元债务的还款速度，从而减少了美元汇兑损失。

（邓伟荣　林盛鹏）

【防范财务风险】　2008 年，财金部对广远下属各企业特别是航运企业未来两年的资金情况进行预测分析，掌握可能出现资金压力的关键时点，以提前应对，掌握资金运转的主动权。是年，财金部以广远利益最大化为出发点，对广远系统内的资金挖潜利用，合法依规提高资金的使用效率，充分发挥广远整体资金优势，提高整体资金使用效率，降低资金使用成本，从而提高了资金效益，防范了财务风险。

（邓伟荣　林盛鹏）

【调整机关员工差旅费及有关费用开支标准】　2008 年，财金部充分考虑广远员工在职代会上提出修改差旅费标准的合理化建议，在参照《财政部关于印发中央国家机关和事业单位差旅费管理办法的通知》规定的差旅费标准的基础上，对机关员工的差旅费及有关费用开支标准进行适当调整，并报广远领导审批，在合理的范围内保证出差员工工作和生活的实际需要。

（叶苑群）

【编制广远合并 2009 年资金融资计划】　2008 年，财金部根据《中远（集团）总公司关于境内企业债务管理的规定》的要求，加强了对广远下属单位的督促、检查工作，盘查广远下属企业自有资金情况，并且结合各单位的资金需求，做好 2009 年融资计划，巩固企业资金链条，满足企业生产经营需要。与此同时，财金部结合广远的实际情况，在广远总体平衡的基础上适当调整上报，有效地控制整体的财务风险。　（叶苑群）

【争取银行授信额度，巩固企业资金链条】　2008 年，财金部为了贯彻中远集团备足资金、抵御企业寒冬的指导精神和广远领导的指示，分别与建设银行、浦发银行、民生银行、中国银行、农业银行等单位洽谈，争取适量银行的授信额度，根据企业经营需要提取贷款，巩固企业资金链条，确保企业正常的资金周转，保证企业生产经营活动的顺利开展。　（叶苑群）

【加强现金预算管理】　2008 年，财金部为了应对全球性金融危机，防范资金流动性风险，将现金收支预算管理列为工作重点，认真落实现金收支预算，并及时向中远集团报送每周的现金收支及存量等情况，同时不断完善和加强现金收支预算管理，严格控制日常开支，积极推进资金的预算管理，做到按计划支出。是年，由于财金部加强了现金预算管理，从而提高了企业整体资金运用的主动性和有效性。

（叶苑群）

【完成“天王星”、“海王星”轮的融资工作】　2008 年 2 月，在财金部人员的共同努力下，快速取得“天王星”、“海王星”轮的融资，有力地配合了企业船队结构调整工作。　（叶苑群）

【完成购买“西昌海”、“瑞昌海”轮的融资工作】　2008 年，财金部向中远财务公司申请人民币贷款，按照代理协议的时间分 2 次提取贷款，完成“西昌海”、“瑞昌

海”轮的购买支付工作。 （叶苑群）

综合财务

【财务管理单元简介】 财务管理单元主要负责广远财务管理工作和综合事务，包括财务快报、财务预算、经济活动分析、委派财务负责人业务管理、财务人员培训、OA文书管理、资产评估、财务风险管理、企业产权登记，配合广远深化改革以及综合事务管理等工作。时任财务管理业务经理林曦。员工4人。（邓伟荣 林盛鹏）

【财务管理单元工作概况】 2008年，财务管理单元主要完成以下工作：完成企业的预算管理编制工作；编制财务快报和经济分析；对广远本部及投资企业的投资项目进行财务监督和审核；完成广远本部固定资产投资计划和固定资产清查的管理工作；对在建工程和固定资产进行相关监督管理；协助广远其他职能部门推进企业重组后的相关项目小组工作；协助广远相关部门进行资本运营；完成广远所属投资企业产权变更登记等工作；协助完成中远航运可分离转债投资项目；完成“江西关”轮等船舶及企业改制相关资产评估工作和备案工作；参与岸产企业改制工作，对改制成本和改制效益进行财务测算和分析；参与广远改制分流工作，配合有关部门，加强对委派财务负责人的业务管理；协助岸产事业部做好存量房处置相关工作；做好2008年成本费用控制工作，下达2008年行政经费及福利费支出计划的通知，配合做好精益管理费用对标工作；加强财务人员培训力度，举办《企业所得税法》培训等。 （邓伟荣 林盛鹏）

【编制广远2009年财务预算】 2008年底，财金部根据中远集团对2009年预算的指导意见和要求，并结合广远的实际情况，对广远2009年预算编制工作进行了积极有效的组织和准备，对广远各单位、各部门的预算提出了切实可行的指导、监督和及时跟踪管理，完成2009年财务预算的编报工作，并获得广远预算管理委员会的批准。

（邓伟荣 林盛鹏）

【加强预算管理】 2008年，财金部加强预算管理工作，在不断总结经验的同时，采取更符合实际的方法和手段，推进全面预算管理，协助中远航运进行滚动预算试点工作的开展，为企业降本增效服务。此外，财金部年终根据预算执行情况进行业绩考核，为绩效挂钩提供了重要依据。

（林曦）

【加强财务快报管理工作】 2008年，财金部为了进一步加强财务快报管理工作，于2008年1月28日下发了《关于做好2008年财务快报工作的通知》，明确规定广远下属单位每月上报快报的格式、内容和时间等，使财务快报在时效性和报表质量方面有了很大的提高。此外，财金部每月认真、仔细、严格审核广远下属各子公司、联营公司财务快报资料，严把质量关；建立快报工作情况反馈制度，每月将财务快报工作中出现的问题总结反馈给各单位，并针对快报编制过程中出现的问题，督促各单位及时进行整改。是年，财金部在财务快报管理工作中，坚持以准确反映企业的生产经营效果为目的，以及时提供决策信息为手段，不断细化主要生产财务指标体系，从而使财务快报工作不仅达到规范，并提高了报表的效率。

（邓伟荣　林盛鹏）

【加强经济分析工作】 2008年，财金部每月、每季度进行经济成本分析报告和其他专题分析报告。针对广远战略定位的转变，以及生产经营管理的发展，完善有关内部管理报表的体系，使报表更能反映生产经营的实际情况。在此基础上，财金部对企业的经营管理活动进行价值上的总结和分析，定量和定性相结合，注意宏观政策变化和国际政治经济环境变化的影响，密切关注“中国因素”对航运市场的影响，在经济分析报告中力求结合广远船队的经营特点，力求对现状透彻分析、探究存在问题、提出应对策略，并突出重点，丰富内容，对汇率、利率等财务风险进行了专门的研究，提出防范对策，指导广远下属公司积极应对。（林曦）

【完成华南医疗国有资产注销产权登记工作】 2008年，华南医疗股份实行转让。财金部按照产权登记管理相关办法和规定，3月6日向国资委办理华南医疗的国有产权注销登记申请，并获得国资委同意批复。

（邓伟荣　林盛鹏）

【推进酒店管理公司产权变更工作】 根据中远集团《关于同意收购广远酒店管理公司股权的批复》精神，广远拟收购远洋宾馆和广州颐和集团有限公司所持有的广远酒店管理公司10%股权。财金部依照有关规定委托广东中资信资产评估有限公司对酒店管理公司进行资产评估，于2008年5月5日向中远集团申请酒店管理公司的资产评估备案，并申请办理酒店管理公司的产权变更。（邓伟荣　林盛鹏）

【配合做好可分离债投资项目】 2008年，中远航运发行了可分离债。广远按照相关规定参与了债券的申购工作。财金部在资金方面，主动筹划，理顺交易账户，为按时支付申购款做好了充足的前提准备；对保证金资金进行统筹调度，最大限度地提高了资金使用效率；配合相关部门按照相关规定进行了可转债的后续交易工作，完成了广远首次可分离债务的帐务处理，顺利完成可分离债投资工作。（林曦）

【推进改制相关工作】 2008年，财金部配合广远推进“主辅分离、自主改制”和清算工作，进行了上海广运改制的后续工作，如产权证注销等；积极配合新利服装厂清算，并上报中远集团注销该司的产权证；理顺广远对下属企业的投资关系，推进远洋国旅等公司清算工作和金桥学院整体资产转让工作等；配合办理大富酒店名称变更等产权变更工作。

（邓伟荣　林盛鹏）

【启动处置存量房工作】 为解决广远历史遗留问题和理顺广远房地产，便于广远实施整体战略发展，广远决定对部分历史遗留房地产进行处置。为此，财金部于2008年3月10日起草文件《关于广远处置未房改的存量房的请示》上报中远集团，并获得中远集团的同意批复，从而加快了存量房的资产评估等相关工作的进行。

（邓伟荣　林盛鹏）

【举办新《企业所得税法》培训】 2008年11月20日，财金部举办新《企业所得税法》培训。广远本部各部门负责人、各下属单位的主要领导和广远所有财务人员共150人参加了培训学习。培训邀请了暨南大学资深教授沈肇章授课。沈肇章讲解了新旧所得税的差异、变化等知识，加深了参加培训人员对新《企业所得税法》的了解，提高了财务人员的业务水平。

（邓伟荣　林盛鹏）

【下发《2008年广远行政经费及福利费支出计划的通知》】　2008年初，财金部编制了2008年度经费预算，经广远领导办公会审定通过。财金部给广远各部室下发了《2008年广远关于行政经费及福利费支出计划的通知》（以下简称《通知》）。《通知》明确规定各部室（中心）各项成本费用开支必须实事求是，贯彻精益管理的思想，实现降本增效；各部室（中心）的年度指标实行总额考核，业务招待费实行专项控制；年末根据各部室（中心）各自指标完成情况作为2008年业绩考核和效绩评价的重要依据。是年，广远各部室认真贯彻《通知》中的各项规定，节约了行政经费和福利费的开支。（邓伟荣　林盛鹏）

【开展固定资产清查工作】　财金部贯彻执行《广州远洋运输公司固定资产管理办法》，为了核实固定资产的数量、质量、性能以及归属部门，保证固定资产帐、卡、物相符，并结合每年的固定资产清查工作，于2008年12月5日下发《关于开展2008年固定资产清查的通知》。广远各单位按文件要求进行固定资产自查盘点。是年，财金部会同监督部/审计部、发展部、岸产事业部等部门进行了联合检查，对下属单位的固定资产清查工作表示肯定。（邓伟荣　林盛鹏）

会计核算

【会计核算单元简介】　会计核算单元主要负责广远会计核算管理和税务管理工作，主要包括会计制度与会计政策的制定、会计基础工作的规范管理、对广远下属企业会计检查与指导、各项税费的计缴与筹划、会计决算管理、会计报表的编制与审核、对广远下属企业决算的审核与批复、会计信息系统日常管理、会计档案管理等工作。时任会计核算业务经理张美琴。员工5人。

（邓伟荣　林盛鹏）

【会计核算单元工作概况】　2008年，会计核算单元执行新《企业会计准则》，承担了财金部大量的、烦琐的核算基础性工作。主要工作如下：完成了2007年度广远年终决算工作、汇算清缴工作、《企业年度工作报告》填报工作、部署2008年广远年终决算工作及2008年所得税汇算清缴工作；加强与税务等政府主管部门的公关工作，合理、合法、科学地进行税务筹划工作；进一步规范广远下属企业的财务核算工作；参与缩短管理链条的有关工作；检查广远下属企业会计工作；参加广远全面风险控制工作小组；完善会计档案保管工作；配合广远深化改革，做好会计核算等工作。

（邓伟荣　林盛鹏）

【做好税务规划，减少税费负担】　2008年，财金部按照中远集团对税务规划的要求，进一步加大在项目的论证阶段的税务规划力度，增强税务规划的能力，统筹考虑广远系统的纳税安排，认真做好新《企业会计准则》对纳税影响的筹划，取得显

著效果。（邓伟荣　林盛鹏）

【完成对东海大厦的会计检查工作】 2008年5月19～23日，财金部对东海大厦进行了会计检查。检查的主要内容是东海大厦的基础会计核算，检查采取抽取凭证、账务抽查等形式。财金部完成对东海大厦的会计检查后，形成了专项报告，呈送广远领导。（张美琴）

【对往来账的核对、清理】 2008年，财金部针对广远部分往来账账龄较长的现状，为保证企业资产安全，对部分长账龄账款进行了清理；对广远与中远集团长期大额往来及广远与建设实业存在的大额往来的清理后，向广远领导提交了专项报告。此外，财金部安排专人对历年船员暂存工资与工资系统进行核对，为进一步夯实广远资产打下基础；同时将已无实际业务的存于内地代理的船舶备用金进行了清查，共收回上百万元资金。（张美琴）

【完成2007年度年终决算工作】 2008年1～3月，财金部根据中远集团对决算工作的要求，在新旧财务制度衔接，财务报表系统由单机版改为网络版的特殊情况下，按时完成了2007年度财务决算工作。具体工作如下：协助广远下属企业按新《企业会计准则》的要求完成财务报表新旧准则的转换；协助会计师完成了广远下属企业的税务审计和财务报表审计；指导广远下属企业完成了财务报表网络版的初期数据调整；指导下属企业完成了财务决算报表网络版的首次填制；审查了广远合并范围内下属企业的财务报表；完成了广远本部财务决算报表的填报；完成了广远系统合并财务报表的填报；与审计事务所反复沟通，结合广远及各下属企业实际，协助审计会计师完成了广远系统各企业的管理建议书；根据中远集团要求按时上报年终决算合并单位备案工作；对2007年广远合并范围内各企业下发了决算批复。（张美琴）

【做好2008年年终决算工作】 2008年，财金部按照中远集团2008年决算工作会议精神，积极部署各项工作，保证广远系统2008年度的财务决算工作能顺利进行。财金部在这方面主要做了下列工作：召开广远系统2008年度财务决算布置会，传达中远集团决算会精神，下发中远集团决算要求文件，并征求广远下属企业关于如何做好决算工作的意见；联合广远各部室做好《企业年度工作报告》的汇编工作，并按时上报中远集团；与会计师事务所、税务师事务所联系，结合企业实际，完成2008年度广远系统的财务预审、终审工作，以及税务的预审、终审工作；布置广远系统内企业做好数据调查，保证决算系统数据的正确性；审核广远各下属企业决算报表，严格遵守中远集团决算工作要求，保证广远各下属企业的财务报表质量；制定广远本部财务决算工作计划表及责任书，将任务落实到单位、责任落实到人。（张美琴）

【召开财务工作会议】 2008年8月12日，财金部召开了广远2008年财务工作会议。参会人员有总经理徐惠兴，发展部、人力资源部/组织部、监督部/审计部、岸产事业部、广远所属各企业财务委派负责人及财金部有关人员41人。在会上，财金部会计核算单元经理张美琴讲解了人工成本、应付工资、工资总额报表的填制技巧和要求以及工资预提等工效挂钩工资总额的核算等。张美琴对广远工资报表制度及核算的讲解，提高了与会人员的业务能力。

（张美琴）

【规范会计档案管理工作】 2008 年根据中远集团档案检查小组的建议，并鉴于广远会计档案装订使用的铜钉容易被借阅人员私自拆开的可能，财务部定制了广远会计档案封条，由档案管理岗位人员对现存于广远档案室的会计档案进行了全面的封条粘贴工作，有效地防止会计档案被借用人员私自拆开，保证了会计档案的完全和完整。

（张美琴）

第五节 人力资源管理

【人力资源部/组织部简介】 2008 年，人力资源部/组织部接受广远党委和行政的双重领导，行政职能向总经理负责，组织工作向党委负责。主要职责是负责人力资源的总体规划、广远管理权限内员工的招聘、调配、培训、培养及绩效考核；管理广远劳动用工合同、劳动工资、员工外派、退休审核、机构设置、职能分配和编制制定工作；组织制订并实施企业员工岗位目标绩效考核制度和本部奖励制度；管理广远本部内退、待岗、下岗人员，负责党的组织建设和统战工作；管理离退休服务中心、劳动保险统筹中心、档案管理中心 3 个挂靠中心。

人力资源部/组织部下设员工管理单元、薪酬管理单元、档案管理中心、离退休服务中心、劳动保险统筹中心。

时任总经理、组织部部长黎光葵，总经理助理郑深恩。员工管理业务经理吴思、薪酬管理业务经理张丛、组织考核业务经理周佐成、档案中心主任徐鹰、保险中心主任叶勇、保险中心主任助理邝占罗、离退休中心主任谢汉波。员工 42 人。

（吴思）

【人力资源部/组织部工作概况】 2008 年，人力资源部/组织部围绕广远战略重点，主要完成了几项重点工作：1. 恪尽职守，完成本职日常工作。对广远本部员工进行全面的人力资源管理，并为广远系统提供宏观的人事、薪酬、社保等管理工作支持，促进企业员工队伍的健康可持续发展；为企业员工提供档案、户口、社保、离退休管理等各类服务。2. 积极参与企业战略改革工作，在人事、薪酬等方面提供了数据支持和政策支持。3. 认真贯彻落实《劳动合同法》，规范清理各项劳动风险，积极构建和谐劳动关系。4. 面向管理对象众多、情况复杂的现实，认真做好服务、维稳工作，并努力争取上级部门和社会各方面的理解与支持，全力维护企业的和谐稳定。

人力资源部/组织部认真做好人力资源管理工作，完成了广远本部、各航运企业、各岸产单位新一轮的聘任和人员调整工作；制订了委派财务负责人的管理办法；组织完成了岸产企业财务总监和两家航运企业财务经理的轮岗工作；对《领导人员科学考核评价体系》的课题进行了研究；加强了对《劳动合同法》的贯彻实施的指导；积极做好企业深化改革相关人事工作等；

根据广远下发的《关于进一步加强我司外事工作管理及外事纪律的通知》，对因公出国出境管理制度进行了完善；指导配合中远航运做好留在广远的船员的管理工作；参与了船员管理改革后续船员的处理工作，加强了内退人员的管理，提高了内退人员的基本生活费，将岸产企业的188名内退人员调回广远统一管理；高效、高质完成工资日常动态变动审核；按时完成广远本部员工2007年度工资收入统计；对岸产企业领导班子、财务人员工资管理进行了专题调研；加强工资宏观管理工作；完成了船员工资改革后评估工作，拟写了《广州远洋运输公司船员工资改革后评估报告》报中远集团；编制并上报了广远2008年工资总额计划；对工资总额使用情况进行监控。

人力资源部/组织部党建工作，先后两次接受中共中央组织部组织局、国务院国资委党建联合调研组调研，广远的党建工作获高度评价；“5·12”汶川大地震后，发动党员缴纳“特殊党费”，4053名党员共缴纳189万余元，人均466元；在广东省直工委“机关党建创新成果评选活动”中，广远党委被评为“一校一刊一网一课堂”教育模式先进单位；组织部署了组织人事系统的“讲党性、重品行、作表率”活动、“抗震救灾中党员尽义务企业尽责任专题组织生活会”。

档案中心加强档案管理工作的规范化、科学化、制度化、专业化建设，推进档案管理信息化进程；在业务上创新了档案利用编研方式，并积极与媒体、上级单位合作，协助拍摄《解密档案》中关于广州远洋的电视系列节目，有效宣传了广远。档案中心工作业绩得到上级的肯定，连续3年被广东省档案局评为优秀。

离退休服务中心扎实做好“三委一室”（党工委、管委会、关工委和活动室）工作，稳妥地做好企业7000多名离退休人员的管理和服务工作，进行了一系列离退休管理服务的调研工作。针对历史遗留问题的现实，做好离退休人员的稳定工作。

保险中心积极做好日常性的各类社会保险管理工作，加强队伍建设，持续开展“文明窗口”建设活动，做好服务工作；继续做好广远有关社保方面的历史遗留问题处理工作；终止劳动关系人员的社保滞留问题，经过多次艰苦的协调工作，取得了阶段性的成果，设立了“滞留社保关系人员清理转移办公室”进行专项处理；为符合条件的船员家属协助办理劳保手续，清理1997年以前工亡员工供养亲属抚恤金待遇问题和工伤员工的评残问题。

（吴思）

员工管理

【员工管理单元简介】 员工管理单元主要职责是负责贯彻国家和中远集团的人力资源政策，负责广远人力资源的总体规划、管理权限内员工的招聘、调配、培训、培养及绩效考核，为企业的发展配备恰当的人才；负责各类人才队伍的培养，建立与完善企业员工培训与发展体系，制订年度培训计划，并对培训计划的实施进行跟踪、效果评估和监督，管理广远劳动用工合同、劳动年审、员工外派、机构设置、职能分配和编制制定工作，协调劳动关系管理；管理广远本部内退、待岗、下岗人员。时任业务经理吴思。员工6人。（吴思）

【员工管理单元工作概况】 2008年，员工管理单元认真做好人力资源管理工作，努力提升管理水平。主要工作有：制订了委派财务负责人的管理办法；对“领导人员科学考核评价体系”的课题进行了研究；加强了对《劳动合同法》贯彻实施的指导；做好企业深化改革相关人事工作等。

在2007年底考核的基础上，公布了聘期满考核优秀员工名单。完成了广远本部、各航运企业、各岸产单位新一轮的聘任和人员调整工作。修改并下发了《广远公司委派财务负责人管理办法》，对财务派出人员进行了调整，组织完成了岸产企业财务总监和两家航运企业财务经理的轮岗工作；完成了中远集团党组布置的“领导人员科学考核评价体系”课题研究工作，提交了相关研究报告；下发了《关于进一步加强我司外事工作管理及外事纪律的通知》，对因公出国出境管理制度进行了完善；指导配合中远航运做好留在广远的船员的管理工作；参与了船员管理改革后续船员的处理工作，完成了第一批6名船员解除劳动合同的工作；启动了陆地待岗人员和待岗人员的安置工作，安置了6名陆地待岗员工；加强了内退人员的管理，提高了内退人员的基本生活费，将岸产企业的188名内退人员调回广远统一管理；加强对《劳动合同法》研究，对实施《劳动合同法》给广远产生的影响进行了专题研究，对广远落实《劳动合同法》情况进行了专项检查，组织进行了《劳动合同法实施条例》和《仲裁条例》等法规的培训；抓好“红树林”工程的相关工作，制订并落实了广远2008年培训计划，认真细致做好日常人事管理工作。（吴思）

【人员聘任工作】 2008年1月，广远在2007年底考核的基础上，公布了广远本部聘期满考核优秀员工名单。4月完成了广远本部、各航运企业、各岸产单位领导班子成员新一轮的聘任和人员调整工作，对金桥学院、通导公司的领导班子成员进行了调整。（吴思）

【编制调整】 2008年2月，广远为促进企业的改革、发展，加大纪检监察工作力度，在监督部/审计部增设一名业务经理助理岗位，并于当月完成了该岗位的人员聘任。（金占涛）

【成立计算机网络监督检查小组】 为加强计算机网络、计算机信息保密保护监督管理工作，规范依法管理和检查行为，广远于2008年2月成立了计算机网络监督检查小组，并为此下发了相关通知，对监督检查小组的职责作了明确规定。（吴思）

【制定《广远公司紧缺和重点人才培训培养实施方案》】 2008年，广远起草并下发了《广远公司紧缺和重点人才培训培养实施方案》，目的是对“红树林”工程充实内涵，拓展范围，由船员向全体船岸员工延伸，实现全面覆盖，以建立一支能满足企业发展的紧缺和重点人才队伍，为企业的发展

提供坚实的人才资源保障。（阮亦欢）

【完善新员工试用期考核工作】 2008年，广远按照新的《劳动合同法》的相关要求，制定了《新员工试用期考评表》，为考核新员工在试用期的表现提供较客观的依据。

（阮亦欢）

【制定委派财务负责人工作规范制度】 2008年3月，广远下发了《广远公司委派财务负责人工作规范（试行）》，从适用范围、组织领导、推荐程序、任职条件、工作职责及权限、工作要求、考核培养、日常管理、奖励处罚等方面规范委派财务负责人的工作。（吴思）

【制定广远本部加强员工教育培训“红树林”工程实施方案】 2008年3月20日，广远下发了关于《广州远洋运输公司本部加强员工教育培训“红树林”工程实施方案》（以下简称《方案》），以大力实施“人才强企”战略，加强广远本部员工队伍建设，打造一支高素质的员工队伍。《方案》进一步充实了“红树林”工程的内涵，拓展了“红树林”工程的范围，实现了全面覆盖的部署。（张超文）

【完善劳动规章制度】 2008年4月15日，广远下发了《关于成立广远公司完善劳动规章制度工作小组的通知》，以适应劳动法规的变化，加强企业的劳动规章制度建设。（张超文）

【完善广远安全保卫工作机构】 广远为了进一步加强企业的安全保卫工作，保障“两会”和“奥运会”期间的安全，于2008年3月完善了广远安全保卫相关工作机构，成立了安全保卫领导小组和安全保卫工作小组，并对职责作了明确的规定。

（吴思）

【开展“领导人员科学考核评价体系”的课题研究】 2008年，广远为配合中远集团开展的“体现科学发展观要求的国有企业领导班子和领导人员综合考核评价办法问题”的课题研究工作，开展了“领导人员科学考核评价体系”的课题研究。通过座谈会、访谈、发放调研表、走访学习等多种手段，圆满完成了此次调研任务，并撰写了《关于“体现科学发展观要求的国有企业领导班子和领导人员综合考核评价办法问题”的课题研究报告》上报中远集团。

（阮亦欢）

【中层管理岗位公开招聘】 2008年，广远继续推行中层管理岗位公开招聘工作，进一步完善干部公开选择任用机制，对财金部资金管理业务经理、发展部发展规划业务经理助理等岗位进行了公开招聘工作，共有6人次报名应聘，有2名员工分别聘任到财金部业务经理和发展部业务经理岗位上。（吴思）

【解除谢朝东劳动合同】 原金桥学院院长兼党委副书记谢朝东因涉嫌受贿，于2007年12月被广州市公安局逮捕。因谢朝东的行为严重违反国有企业领导人员廉洁从业的规定，为严肃纪律，根据《劳动法》第三十九条的规定，广远于2008年3月解除与谢朝东的劳动合同。（吴思）

【广远获“创建学习型企业先进单位”称号】 2008年3月，广东省企业联合会和广东省企业家协会联合下发了《关于表彰2007年度广东省创建学习型企业优秀单位和个人的决定》，广远获“2007年度广东省创建学习型企业先进单位”称号；人力资源部/组织部总经理黎光葵获2007年度广东省创建学习型企业“十佳先进管理干部奖”。 （阮亦欢）

【新员工招聘】 2008年，广远招聘新员工155名，其中4名为社会招聘，其余为高等院校毕业生，水上专业毕业生为147名。 （阮亦欢）

【参与华南医疗的转让工作】 2008年4月，华南医疗完成了转让改制工作。华南医疗转让给了中国费卡公司。华南医疗的员工以协议解除劳动合同和调回广远系统等方式进行了安置，分流到供应公司、物业公司和广远本部共20名。其中，广远本部分流安置了16名。 （吴思）

【贯彻落实《劳动合同法》】 2008年，为了贯彻落实《劳动合同法》，员工管理单元加强对《劳动合同法》的研究，就《劳动合同法》对广远的影响进行了专题研究，对广远遵守《劳动合同法》情况进行了专项检查，并组织进行了《劳动合同法实施条例》和《仲裁条例》的培训，较好地执行了《劳动合同法》的规定，规范了用工行为，对用工风险进行了清理，没有出现重大的违规情况。 （吴思）

【加强因公出国（境）管理工作】 2008年，为整顿存在的一些临时因公出访人员外事意识淡薄、纪律性不强的状况，广远下发了《关于进一步加强我司外事工作管理及外事纪律的通知》，重申了外事管理工作以及外事纪律的重要性，并重新对因公出国出境管理制度进行了完善。

（阮亦欢）

【完善船舶监造人员的选调使用】 2008年，广远为更好完善选调船舶监造人员使用制度，草拟了《选调船舶监造人员使用协议》，明确了选调船舶监造人员使用的相关细节，每位选调监造人员与企业签订了使用协议。 （阮亦欢）

【撤销汽车船项目部】 2008年4月，广远为落实中远集团的战略部署，撤销广远汽车船项目部。 （吴思）

【举办“节能减排”培训班】 2008年5月，广远为了响应国家号召，提高全体员工节能减排的意识，更好地承担起企业的社会责任，专门举办了1期“节能减排”培训班。广远本部各部门员工及各基层单位的机务和热工、技术管理等从业员工152人参加了培训。培训班邀请了中国交通运输企业管理协会常务副秘书长、国家节能减运输排培训办公室成员李仁和等专家主讲。 （钟新勇）

【成立广远船员管理改革后续问题处理工作小组】 广远为了完善船员管理改革，妥善解决船员管理改革后相关后续问题，于2008年6月成立了广远船员管理改革后续问题处理工作小组，处理船员管理改革后劳动关系遗留问题；制定人员处理方案并组织实施。 （吴思）

【调整内部退养生活费】 2008年9月，广远将员工内部退养生活费标准由原来的1800元/月调整为2600元/月。（吴思）

【陆地待岗人员的安置】 2008年11月，广远启动了本部待岗人员的安置工作，通过提供岗位、竞聘等程序安置了6名本部陆地待岗员工。（吴思）

【举办“劳动合同法实施条例”培训班】 2008年11月，广远为进一步加强从业员工的法律意识，提高工作质量和服务水平，专门举办了《劳动合同法实施条例》培训班，帮助各部门、各单位法律、工会、人力资源管理3方面的从业员工系统学习、掌握、运用实施条例。通过培训，加强了有关部门从业人员的知识储备，提高了政策水平和实际工作的操作技能。（钟新勇）

【完成企业劳动年审】 2008年，广远按照《广东省分散按比例安排残疾人就业办法的规定》的要求，安排残疾人就业126人，完成了企业按比例安排残疾人就业的工作，顺利通过残疾人分散按比例就业年审。广远被广东省人民政府残疾人工作委员会评为“2008年度驻穗中央、省属单位按比例安排残疾人就业工作先进单位”。

（赵卫）

【解除及终止劳动合同】 2008年，广远解除或终止劳动合同人员163人，其中解除劳动合同158人（个人提出148人，协议解除3人，违纪解除7人），终止劳动合同5人。（吴思）

【调整企业非常设机构】 2008年，广远为适应企业机构改革和人员变动的需要，确保各项工作正常运作，对非常设机构进行了调整。新成立的机构有计算机网络监督检查小组、安全保卫相关工作机构、船员管理改革后续问题处理工作小组、安全保卫、维护稳定及突发事件应急处置工作领导小组和工作小组，并调整了预算委员会及预算管理工作小组的成员。（赵卫）

【清理职工持股投资情况】 2008年11月，根据中远集团的要求，广远对员工持股及投资情况进行了清查，没有存在员工持有本企业股权、直接或间接持有本企业出资子企业股权的情况；中层以上管理人员没有在职工或其他非国有投资者投资的非国有企业兼职的情况。（吴思）

【加强内退管理】 2008年12月，广远为落实中远集团的要求，进一步做好员工的内退管理工作，下发了《关于加强岸产企业员工内退管理的通知》，明确规定各岸产单位严格执行国家关于内部退养的政策规定，加强内退的审批管理。同时，为进一步完善员工的内退管理工作，广远将岸产企业的内退员工以及2008年度新增的内退员工全部调回广远统一管理。是年，共有188名内退员工调回广远。（金占涛）

【岸产企业领导班子调整】 2008年12月，广远调整了供应公司、通导公司、大富酒店的部分领导班子成员，并撤销了供应公司党委、纪委，成立了供应公司党总支和监察小组。（吴思）

【调整财务负责人】 2008年4月和12月，广远为了加强对财务派出人员的管理，对派出的财务负责人进行了岗位交流，分别对 2 家航运企业的财务经理、3 家岸产企业的财务总监，以及广远本部的财金部总经理、监督部/审计部总经理助理和岸产事业部财务总监进行了轮换。 （吴思）

【解聘孟政的职务】 2008 年 12 月，广远解除聘任通导公司总经理孟政职务。

（吴思）

薪酬管理

【薪酬管理单元简介】 薪酬管理单元主要职责是负责贯彻执行国家和中远集团薪酬福利政策，实施对岸产事业部、航运投资及控股企业（岸上投资及控股企业由岸产事业部负责）工资总额的核定、调控和监督检查的职责；促进完善员工福利制度，调动员工的工作积极性，合理调控以上各单位间的薪酬水平，审定以上各单位经营者年度的激励机制和奖惩制度，努力实现广远的战略发展日标。薪酬管理单元同时承担劳动统计报表、广远本部工资政策制定、发放及管理的管理职责。时任业务经理张丛。员工 2 人。 （张丛）

【薪酬管理单元工作概况】 2008 年，薪酬管理单元工作紧密围绕广远航运主业发展需要，为航运全资及控股企业董事会决策提供工资分配方面的政策法规与数据支持，先后为中远航运、中远远达、中远南方、中远营港等单位的广远方董事提供了建议或意见。为推进租入船经营工作的迅速开展，薪酬管理单元根据《广州远洋运输公司租船经营激励实施办法（试行）》发放了 2007 年度租入船专项奖励。此外，薪酬管理单元还完成劳动工资统计、广远本部员工工资发放等日常工作，按照广远有关基层单位企业负责人年薪的文件规定和考核结果，兑现了基层单位企业负责人 2007 年度的年薪。 （张丛）

【完成广远薪酬调查】 2008 年，薪酬管理单元根据《关于填报 2007 年中央企业职位薪酬调查表有关事宜的通知》要求，依据《2007 年劳资统计年报》及广远员工 2007 年收入统计的相关数据，填写了《2007 年中央企业（所属公司）薪酬调查表》。此次调查为中远集团和国资委工资收入分配管理提供了基础数据。 （张丛）

【人工成本调研】 2008 年，薪酬管理单元为全面掌握广远系统内各单位人工成本情况，提高人工成本管理水平，组织广远全资航运企业、岸产单位进行了人工成本基本情况摸查和调研工作，完成了《航运企业人工成本分析报告》、《岸产企业人工成本分析报告》。此次调研推动和提高了各单位人工成本管理意识，提高了人工成本的系统管理水平，为建立广远系统内企业人工成本控制评价体系积累了宝贵的经验。

（张丛）

【船员工资改革后评估】 2008 年，薪酬管理单元为进一步完善船员工资管理，全面了解船员对工资改革的意见和建议，稳定船员队伍，提升船员队伍素质，认真进行工资制度改革后的评估工作。通过座谈、问卷调查等多种形式收集员工的意见和建议，并形成《广州远洋运输公司船员工资改革评估报告》上报中远集团，为进一步完善船员工资管理打下了良好的基础。（张丛）

【2007 年度广远本部员工个税申报】 2008 年，薪酬管理单元与财金部密切配合，为广远本部员工提供收入统计数据查询，协助年收入达到个税申报标准的员工做好 2007 年度个税申报工作。（张丛）

【劳动工资管理】 2008 年，薪酬管理单元编制并向中远集团人力资源部上报了《2008 年度工资总额计划》，统一管理、统筹安排广远系统内各单位工资总额使用计划，使之合理、有序，有力地保障了生产经营的开展。

薪酬管理单元完成查核档案工资等历史资料 40 件，做好本部准退休员工档案工资核定工作，完成广远本部准退休员工 24 人档案工资核定工作。与此同时，做好服务工作，为员工开具收入证明 38 份。

（张丛）

【薪点跑道提升及薪点值调整】 2007 年，广远效益再创历史新高，安全工作保持基本稳定。广远领导为让广大员工共享企业改革、发展的成果，并考虑 CPI 上涨等因素，经公司领导办公会批准，自 2008 年 1 月 1 日起，对年度绩效考核及工作时间符合规定条件的员工提升一档薪点跑道。本部员工薪点值自 2008 年 1 月 1 日起进行调整，适当提高薪点值标准。（张丛）

【完成地方劳动综合统计报表】 2008 年，广远按广州市统计局的要求，遵循在地统计的原则，按在地统计过渡期统计报表继续实行“双轨制”报送的要求，做好地方劳动综合统计报表报送工作。广远作为主管单位，收集审核汇总所属基层单位的季度、年度劳资报表报送到广州市统计局，并督促所属基层单位向所在区统计局报送季度、年度劳资报表，完成广州市布置的劳动工资统计报表上报工作。（陈慧华）

【完成中远集团劳资统计报表】 2008 年，广远根据中远集团的统一部署，做好劳动工资统计工作，完成劳动工资统计年报表统计、人工成本统计及季度报表等上报工作。（陈慧华）

【劳资统计工作】 2008 年第一季度，广州市统计局举办了经济分析会。广远劳资主办参加了会议，并在会上介绍了广远国有单位人员情况和工资总额使用、员工人均收入等情况。（陈慧华）

【早期离开广远人员资料查询和协助保险中心有关资料录入】 2008 年，国家出台了一些政策，解决早期下海人员的社保问题。一些早期离开广远的人员，陆续回广远查询在广远的一些历史记录。劳资主办积极给予协助，通过查询劳资卡片，确认其进出广远的时间等记录。与此同时，劳资主办还协助保险中心录入早期离开广远人员的有关资料。（陈慧华）

【地方劳资统计报表网上报送工作】 2008 年，广远按广州市统计局的要求，通知所属单位做好地方劳资统计报表网上报送工作，驻穗单位劳资统计季度、年度报表全部在《广州市宏观经济数据库采集平台》报送。是年，薪酬管理单元较好完成地方劳资统计报表网上报送工作。（陈慧华）

【固定资产管理工作】 2008 年，薪酬管理单元根据广远的安排，完成填报本部门

《投资完成情况简表》、《中远集团2008年非船舶投资调整计划表》、《中远集团2009年非船舶投资建议计划表》及2008年固定资产清查工作。 （陈慧华）

档案管理

【档案管理中心简介】 档案管理中心（以下简称档案中心）主要职责是负责为广远系统提供人事档案、文书档案、行业业务档案、技术档案管理、职称管理、户口管理等服务工作。同时，开拓人力资源开发与服务的新功能和新市场，逐步采取承包制形式（向广远租赁场地、库房、设备，向委托方收取管理费、服务费等）走向内部独立核算。2008年，广远档案库共存125886卷（件）（其中文书档案5221卷、7879件，基建档案371盒，会计档案24600卷，船技档案233盒，航运档案3696卷，声像档案161盒，照片档案1980张，旧印模464枚，缩微档案3456张，实物档案267件，基层单位档案27360卷，保卫档案1852卷，干部人事档案15797卷，户籍档案28214件，职称档案4335卷）。档案机读目录案卷级2452条，文件级25334条。时任主任徐鹰。员工8人。

（徐鹰）

【档案中心工作概况】 2008年，档案中心在同类馆藏中规模最大、藏品最多，同比编制人数最少、工作繁杂的情况下，团结协作，开拓进取，克服人手少、任务繁重等困难，加强档案管理工作的规范化、科学化、制度化、专业化建设，推进档案管理信息化进程。

档案中心认真抓好档案基础管理工作，做好人事、文书、财会、基建、照片、声像、旧印模等各类档案的接收、整理、编目、电脑录入、保管、统计、检索、利用、借阅登记、催还、鉴定、销毁等工作；组织人员进行业务培训，提高档案人员的综合素质；对广远下属10家单位的档案管理进行指导，进一步提高了档案的整体管理水平，加强了档案库房的管理工作。

档案中心组织广远档案管理工作的检查评估（会计档案）和召开广远系统档案工作会议。做好职称管理工作，组织召开了政工、教师、工程师系列评审会和工人技师评审会，做好专业技术人员任职技术人员任职资格评审的组织管理工作，充分发挥科技、文书档案的作用，为协助广远有关部门处理湛江供贸地块产权问题，到外地调研，提供了大量的档案资料，为该地块起到凭评依据作用。

在业务上，档案中心创新档案利用编研方式，新增编《文号档案号对照表》、《红线图、四至图、报建资料索引》、《会计档案SAP上线索对照表》；续编《广州远洋运输公司历届领导任职时间》、《历年来船舶发生重大事件登记表》等。与此同时，做好第二代身份证的换发工作，做好户籍管理的日常工作。此外，档案中心与广东电视台新闻频道、广东省档案局（馆）合作，协助拍摄纪录片《解密档案》中关于广远的电视系列节目，宣传广远，提高了广远的知名度。

是年，广远荣获国家人力资源和社会保障部颁发的“国家技能人才培育突出贡献奖”。在广东省档案局组织的2008年档案管理检查评估中，广远档案中心被评为优秀等级。档案中心主任徐鹰被广东省档案学会聘任为广东省档案学会企业委员会

委员。（徐鹰）

【档案整理工作】 2008年，档案中心认真抓好档案基础业务工作，保证了各类档案的收集齐全，进一步提高了档案的归档率。从严着手，对企业各类档案进行全文扫描，按标准化进行录入。档案中心全年接收文书档案1235件，整理文书档案1235件；扫描档案272564/3270768卷/页、复查档案1635384页次；接收1艘新船技术档案36盒，2088份，并进行了盖档案号章、起钉，重新装订、目录翻译处理、电脑录入、上架排列等整理工作。接收会计档案468卷（册），全部扫描处理，上架排列；接收2002～2007年广远动态声像档案一卷共8碟；增加全宗卷档案65卷1950份；证书产权档案4卷69份；实物档案235件；旧印模档案28卷559枚。（甘光荣）

【档案宣传工作】 2008年，档案中心首次和广东电视台新闻频道、广东省档案局（馆）合作拍摄纪录片《解密档案》关于广远的系列节目。该系列节目初步设想为4期：第一期——《中国第一船光华轮的故事》；第二期——《首航台湾海峡》，第三期——《招商局起义》；第四期——《新兴力量运动会》（以上均为暂名）。部分节目已播出。（徐鹰）

【档案管理业务指导工作】 2008年4月，档案中心会同财金部先后对中远航运、建设实业、物业公司等10家单位的会计档案等进行了调研、检查、指导，比较详细地掌握了各单位档案管理的立卷归档、归档目录、档案库房管理等方面的现状，对10家单位的档案管理工作进行了指导。（徐鹰）

【科技、文书档案利用情况】 2008年，档案中心高度重视档案服务工作，充分发挥档案人员的服务意识，变过去的被动服务为主动服务，编制了各种检索工具，从库房的档案借阅工作走向社会查找利用工作，从被动等利用者上门查阅到主动为企业各项经济活动服务。全年利用借阅档案1689卷次3078件次，12680人次。为协助广州远洋湛江工贸公司地块产权问题处理工作，档案中心派出档案人员往返湛江、北京两地有关部门查找相关文件。查到可用档案36份。在中国南方遭遇雪灾期间，档案人员冒着严寒，半夜出击，为法律人员急查、急送档案，赶在天亮前将档案从广州送达湛江，供上午开庭使用，为赢取一审官司奠定了基础。全年档案利用工作直接或间接产生经济效益达6800万元（含船舶减少港口停时，土地确权，产权纠纷，追收账款，报建出租增值，基建维修等）。

（甘光荣）

【档案编研工作】 2008年，档案中心新增编《文号档案号对照表》、《红线图、四至图、报建资料索引》、《会计档案SAP上线索引对照表》；续编《广州远洋运输公司历届领导任职时间》、《历年来船舶发生重大事件登记表》、《处分人员名单》、《机关干部任免名单》、《广远组织机构沿革》、《文件归档情况说明》、《大事记》、《全宗简介》、《集体授奖登记簿》、《个人立功受奖》、《广远之最》、《历年各种会议索引》、《广远各基层、办事处成立情况》等基础数字汇编。以广远编写人员为主编纂了《广东省志（水运志）》关于广东远洋运输部分资料。（甘光荣）

【档案库房管理】 2008年，档案中心每天对各库房进行系统检查，重点检查防盗、防火、防光、防潮、防尘、防高温、防虫、防鼠等“八防”工作，针对南方多雨潮湿天气及时调整库房温湿度，全年进行库房通风、抽湿、清洁2928次；调节档案库房温湿度登记2880次；全年会计档案库房远程管理48次1680公里。 （甘光荣）

【培训档案管理人员】 2008年，档案中心坚持“走出去，请进来”的培训理念，不断培训和提高专兼职档案人员的管理水平，加快了档案现代化建设所急需人才。全年共培训广远系统专兼职档案管理人员152人次；接待兄弟单位档案人员来访和培训人员20人次。 （徐鹰）

【数字化档案管理中心建设】 2008年，档案中心致力于数字化档案管理。全年完成1985年后的文书档案、基建档案、船舶技术档案、照片档案、旧印模档案、证书档案、全宗档案等的数字化工作；继续提供人事档案进行扫描共2043卷。由外包扫描人员对已扫描的人事档案进行复核926卷。广远档案中心是中远集团系统唯一对全馆库存档案进行数字化建设的单位。

（徐鹰）

【技师培训鉴定情况】 2008年，档案中心完成技师培训和鉴定8人，鉴定成绩合格为8人，其中4名水手长和4名机工长；召开广远技师评审会，评议通过28人，其中，16名水手长和12名机工长，推荐其参加中远集团技师评审；评审通过技师水手长21人，机工长16人；填写上报《2008年中央企业技能人才培养有关情况调查表》。 （徐鹰）

【专业技术职务人员任职资格考评】 2008年，档案中心办理全日制正规院校大中专毕业生专业技术职务任职资格初次认定12人；组织人员参加职称全国统考60人，发放准考证70份，发放考试用书48本，88人取得各系列专业技术职务任职资格；参加交通运输部船舶高级系列评审7人；参加中远集团专业技术职务评审10人；召开广远专业技术职务评委会，评审通过工程师8人，助理工程师2人，助理政工师1人；会计师考试通过中级2人，初级1人；经济师考试通过中级2人；组织26位专家研究编写广远专业技术职务答辩题库；组织人员参加专业技术职务答辩17人；修改广远专业技术职务人员信息库1500人次，办理专业技术职务任职资格证书88本。 （徐鹰）

【专业技术职务人员管理】 2008年，档案中心组织考核广远本部高级专业技术人员16人；发放广远本部高级专业技术人员16人职称津贴；完成广远本部高级专业技术人员16人书费报销审核工作。

（徐鹰）

【人事档案管理工作】 2008年，档案中心接收人事档案497份。（其中：1.接收供应公司、大富酒店、金桥学院和远洋宾馆等基层单位交来已办理退休和退养员工的人事档案共77卷；2.中远航运船员管理部交来2006——2008年毕业的大学生船员人事档案共286卷，原农合工和基地工签中远航运劳动合同的船员人事档案共121卷。）是年，接收并完成3922份归档材料入库工作，转出转递人事档案128份。根据中远集团和上级领导要求，按国家一级标准重新整理人事档案，完成4000卷。全年借阅、查阅人事档案共1388份。此外，退休和死亡等员工档案改号转库共718份，并在名册、电脑系统中更改退休员工的档案号码。（黄旭刚）

【户口管理工作】 户口管理主要工作是办理集体户口迁入、迁出，死亡户口注销，员工结婚、离婚、户口项目变更及身份证办理等事务的处理。2008年，广远管理集体户口6774人、随父母迁入户口8人；大学生入户148人；市外迁移户籍证明寄出78份；迁出户口201份；寄出户口101份；办身份证426份；寄、发身份证610份；借户口登记结婚107人次；办理户籍证明92份；复印户口卡2254份；借户口办理因私护照668人次；借户口办理购买房子203份（次）；死亡注销户27人；交民政部门火化证27份；申报企业员工家属小孩户迁材料9份；到公安部门查核姓名、年龄有错的7人；两证为一人的委托书2份；查核户口历史资料11份；上报公安部门办理更改户籍资料9份。（陈献平）

劳动保险管理

【劳动保险统筹中心简介】 劳动保险统筹中心（以下简称保险中心）是广远管理员工劳动保险的职能部门，挂靠广远人力资源部/组织部管理。保险中心主要职责是负责广远本部及下属全资公司在职员工和离退休人员、合资公司的广远派出人员的养老保险、医疗保险、工伤保险、生育保险、失业保险等社会保险业务，员工家属医疗费用的报销管理工作，以及企业内部的补充养老保险业务管理和中远集团驻粤单位员工因工交通意外伤害保险管理工作。此外，保险中心还负责管理员工的计划生育工作。

2005年，保险中心受北京社会保险管理中心委托，设立北京中远社会保险管理中心广州分中心（简称广州分中心，与保险中心为一套人员两块牌子）。保险中心除了管理广远系统员工的医疗保险，还管理部分中远驻粤单位员工的医疗保险工作，包括中国船舶燃料供应公司广州分公司和湛江分公司的在职员工和离退休人员，广州中货、广州物流、广东船务、中远散运等单位异地安置在广州市的退休人员。

时任主任叶勇（兼广州分中心主任、广远计生办主任），主任助理邝占罗。员工15人（实际在岗人数13人）。（叶勇）

【保险中心工作概况】 2008年，保险中心主要做了以下工作：

在基本养老方面：对各参保单位人员增减、单位内部人员流动的社会保险台账管理，采集各单位参保人员的上年度工资性收入，申报核定参保人员各险种的缴费基数，征缴各参保单位的各项社会保险费用。对参保人员的退休办理、退休养老金核发，对离退休人员基本养老金的调整和按月发放。对离职人员的养老保险关系转移。

在基本医疗保险方面：对参保人员的参保登记和动态变更、定点医院更改等个人基本信息修改，对参保人员医疗费用的审核与结算，对广远下属各航运公司船舶购药费用、船员国外就医费用（500美元以下免赔部分）、船员上船体检费用的审核与结算，对员工体检费用的审核与结算，做好参保人员个人医保卡发放和注资工作，以及退休人员异地安置的接收和转出工作。对离休干部、员工供养亲属的医疗费用报销。

在工伤保险方面：做好工伤员工治疗工伤医疗费用的审核、申报、发放工作，工伤人员的伤残评审和待遇发放，工伤职工伤残津贴和供养亲属抚恤金的调整和发放工作。做好年度新增职工的因公交通意外伤害保险费的征缴。

在生育保险方面：对生育女员工的产前检查和生育医疗费用的审核、申报、发放，以及落实发放生育女员工的生育保险待遇。员工的计划生育日常管理工作。做好社会保险和计划生育政策的宣传工作。

在失业保险方面：做好失业人员的失业保险待遇申报工作。员工补充养老保险的到期支付和理赔工作。

其他方面：做好居住上海市员工的家属参加上海市小城镇社会保险的审核、付款工作。（叶勇）

【参保人员增减保险台账管理】 2008年，广远系统参保人员增加214人、调离207人、在职死亡21人、退休死亡89人、离休死亡6人。办理退休467人，内部调动225人。是年，保险中心做好共1229人的社会保险台账变化以及信息变更管理。

（叶勇）

【员工缴费工资基数采集核定工作】 2008年，保险中心根据中远劳动保险统筹中心函[2008]3号文和广州市社会保险基金管理中心《关于申报2009年度社会保险缴费工资的通知》，组织各参保单位按参保人员2007年1～12月申报个人所得税的工资薪金税项的月平均额为其申报2008年度社会保险缴费工资，并按上年度社会平均工资核定社会保险缴费基数，以及根据社平工资的一定值封顶保底作为各项社会保险缴费基数的核定范围：养老保险按2007年广东省在岗员工月平均工资2454元的300%封顶和60%保底，封顶值为7362元，保底值为1472元；医疗保险按2007年北京市员工月社会平均工资3322元的300%封顶和60%保底，封顶值为9966元，保底值为1993元；工伤生育保险按2007年北京市员工月社会平均工资3322元的300%即9966元封顶，按北京市2008年度员工最低工资标准730元保底；失业保险按2007年广州市员工月平均工资3349元的300%封顶和60%保底，封顶值为10047元，保底值为2009元。

2008年，各项社会保险的缴费基数不变，养老保险缴费比例：单位20%，个人8%；医疗保险缴费比例：基本医疗单位9%、个人2%，大额医疗费用互助资金单位1%、个人3元，补充医疗保险单位4%；工伤保险缴费比例：单位0.8%；生育保险缴费比例：单位0.2%；失业保险缴费比例：单位2%，个人1%，农民合同工个人不缴费。（叶勇）

【各项社会保险基金征缴工作】 2008年，筹集各项社会保险基金20523万元，其中养老保险11036万元（单位7883万元、个人3153万元），医疗保险7689万元（单位基本医疗保险4296万元、个人基本医疗保险955万元、大额医疗互助保险528万元、补充医疗保险1910万元），工伤保险376万元，生育保险94万元，失业保险1328万元（单位885万元、个人443万元）。

（岑倩碧）

【离退休人员养老金社会化发放工作】 2008年，共办理退休467人，全年发放离退休人员基本养老金共25594万元。

（陈卓驹）

【调整退休人员基本养老金】 2008年3月，保险中心根据广东省社会保险基金管理局《关于2008年度调整省直参保企业退休人员基本养老金及有关事项的通知》规定，调整2007年12月31日前已按规定领取基本养老金的退休人员基本养老金，从2008年1月起计发。其中，2008年1～2月的基本养老金调整增加额随调整后2008年3月的基本养老金标准一起发放。广远符合条件的退休人员7538人，每月人均基本养老金水平从2635.25元增加到2803.77元，增加额为168.52元，增幅达6%。（陈卓驹）

【调整生活完全不能自理的离休干部护理费标准】 2008年8月，中共广东省委组织部《关于调整因瘫痪等原因生活完全不能自理的离休干部护理费标准的通知》规定，从2008年1月起，因瘫痪等原因生活长期完全不能自理的离休干部的护理费标准由每人每月400元调整为800元。经广远普查确认，符合条件的广远离休干部有王善彩、席淑文、周志诚、赵德田等4人。

（陈卓驹）

【增加企业离休干部生活补贴】 2008年11月，保险中心根据中共广东省委老干部局《关于请协助做好2008年增加省属企业离休干部生活补贴有关工作的通知》规定，从2008年1月起，按局级80元、处级65元、科级及以下50元的标准，增发离休干部的生活补贴。广远在本次调整政策内死亡的有5人；在健在的98名离休干部中，原企业发放生活补贴的有59人，月发放款额为35877.68元（最高2082.53元，最低13.45元）；本次调整后，生活补贴发放人数增加到71人，月发放款额为40403.46元（最高2162.53元，最低17.26元）。本次调整后，98名离休干部养老待遇水平从5332.04元（最高8170元，最低3561元），增加到5378.22元（最高8250元，最低3611元），人均增加了46.18元，增幅为1%。（陈卓驹）

【参保人员医疗保险信息维护】 2008年，广州分中心全面负责广远参保单位和个人信息采集、参保登记、审核，定点医院变更（参保人每年5月份可申请变更）、人员动态变更等信息变更维护。广州分中心全年录入参保人员情况登记表214份，定点医院更改458份，医疗卡注资确认46人次，身份证号码修改362人次，报销地点变更54人次，定点医院目录整理2063个。

（邝占罗）

【医保政策宣传】 2008年，广州分中心在对外开放的广州远洋网站宣传北京医保政策和中远集团的相关政策，特别是当年的新政策和政策指南、问答、三特病、特困救助、药品目录、定点医院等内容。在广州远洋网站→新闻资讯→劳动保险→医疗保险可查到相关信息，网址：http://www.coscogz.com.cn/bxxc/index.htm。

（邝占罗）

【北京医保政策调整】 2008年7月1日，北京市劳动和社会保障局对基本医疗保险部分医疗待遇标准进行了调整：1. 在职职

工年度医疗费用报销起付线调整。基本医疗保险参保人员在职职工在一个年度内发生的符合基本医疗保险规定的门（急）诊医疗费用，纳入门诊大额医疗费用互助资金报销范围的费用标准，由累计超过2000元调整为累计超过1800元。累计超过1800元费用中在定点社区卫生服务机构发生的费用，大额医疗费用互助资金支付比例由60%调整为70%。2. 根据北京市劳动和社会保障局《关于对中远集团京外单位职工执行医保药品目录有关问题的批复》的要求，中远京外参保人员医疗费用报销，在执行当地医保药品目录时，与北京市药品目录相同的药品，外埠是乙类北京是甲类的，按北京市医保目录执行；同类需要个人部分负担的药品，其个人负担比例高于北京市的，按北京市药品目录规定的个人负担比例执行。（邝占罗）

【中远集团医保政策调整】 2008年，中远集团对医保政策进行调整，内容如下：1. 根据中远集团《关于调整住院大额医疗保险费用补充医疗保险个人负担比例的通知》规定，自2007年1月起对中远集团住院大额医疗保险费用报销比例进行调整，在职参保个人负担比例由15%调整为5%，退休人员个人负担由13.5%调整为3%，调整个人负担比例增加的费用由中远集团企业补充医疗保险基金负担。2. 根据中远集团《关于调整企业补充医疗保险支付范围和报销比例有关问题的通知》的要求：①将基本医疗保险目录内乙类（含药品、诊疗项目）、超限额医用材料纳入企业补充医疗保险基金支付范围，职工发生符合医保规定医疗费用报销起付线后，乙类、超限额医用材料按50%报销。②对住院超大额医疗费用补充医疗保险报销比例进行调整，在职职工个人负担比例由目前的15%调整为5%，退休人员个人负担比例由目前的10%调整为3%。③2008年10月31日前发生的符合医保规定医疗费用仍按原办法执行。11月1日以后发生的符合医保规定医疗费用（包括上述时间跨月住院医疗费用）按调整后办法执行。（邝占罗）

【药品目录调整】 2008年，广州分中心根据北京市劳动和社会保障局《关于对中远集团京外单位职工执行医保药品目录有关问题的批复》中的规定“在执行当地医保药品目录时，与北京市药品目录相同的药品，外埠是乙类，北京是甲类的，按北京市医保目录执行”的规定，把广东药品目录中1200多种乙类药（即是需要职工先支付10%的乙类费用），按北京的药品目录调整为甲类药（不要先支付费用）。通过医保药品目录的调整，减少了参保人员的医疗负担。经过上述政策调整后，住院（含二种特殊病门诊）符合医疗保险规定范围内的医疗费用超过基本医疗保险基金支付封顶线（7万）以上至38万元之内，职工负担5%、退休人员负担3%。医疗乙类属个人先自付10%～50%的部分，企业补充医疗保险再报销50%。（邝占罗）

【医疗费用报销】 2008年，广州分中心加强医保管理，落实双审制度。严格执行中远集团医保的规定，对医疗报销票据实行双人双审制，严格把关，对审核有问题或怀疑有问题的医疗费用实行登记和查处或退回处理，确保医保基金安全。北京社保中远管理中心要求当年的医疗费用在当年或次年1月31日前结算完毕。广州分中心根据上级要求将参保人递交该年度的医疗费用收据和费用清单及相关资料按门诊、住院、特殊病种（三特病）、计划生育等分类录入中远集团劳动保险（医保）管理信息系统。按广东省基本医疗保险药品目录、服务设施目录、检查治疗项目目录进行审核、结算、打印结算单。

是年，广州分中心完成医疗费用收单、录入、审核结算4067人次，医疗费用单据24357张，费用35503129.24元，报销金额26235287.95元。其中，门诊报销2254人次，医疗费用10497066.23元，报销金额6572997.40元；住院报销1164人次，医疗费用13735148.02元，报销金额10382355.64元；三特病报销642人次，医疗费用11268105.83元，报销金额9277151.72元；计划生育7人次，医疗费用2809.26元，报销金额2783.19元。

（邝占罗）

【特困人员医疗救助】 根据《中远集团特困人员医疗救助管理暂行规定》，整理出2007年度药费报销符合特困医疗救助条件43人，向中远集团申请特困人员医疗救助金219605元发给36位特困人员。其中，享受特困人员医疗救助金1万元以上的有6人。（邝占罗）

【在船医疗】 2008年，中远集团远洋船员在船医疗包括船舶药品、船员在国外就医（含香港、澳门特别行政区、台湾地区医疗）和上船体检。广州分中心负责广远系统各航运企业和船员在船医疗管理工作。根据《中远集团远洋船员在船医疗管理暂行规定》和《广州远洋运输公司远洋船员在船医疗管理办法》，全年审核结算广远系统各航运公司在船医疗费用，其中：船舶购药123艘，结算船舶购药费793878元；国外就医29人次，国外就医医疗费53467.72元；上船体检3245人次，体检费用462467.8元。上船体检费用中有319752.8元在“在船医疗包干费用”中列支；142715元在员工健康体检费用中列支。在船医疗全年给广远系统各航运企业节省生产成本131万元。（邝占罗）

【医疗费用报销初审】 2008年，按照中远集团文件要求，广州分中心负责整理广州地区员工递交医疗报销单据，外地员工（包括离退休人员）、员工家属邮寄的医疗费，特殊病种人员办理特殊病种申请；办理在职和退休员工（包括外地员工）住院费代垫借支款项的记录、凭证的制作，员工借支住院后结算冲还借支款的凭证制作及记录，在职和退休人员特殊病种的特殊病种申请，以及门诊报销离休人员、员工家属医疗费。全年参保人员医疗费报销初审录入共4322人次，各部门递交的员工、离退人员的住院借支凭据514人次，金额为7433771.4元。（林耀荣）

【离休人员和员工供养亲属医疗费用报销】 2008年，离休人员医疗费用报销106人次，金额为397915.93元；员工供养亲属医疗费用报销507人次，金额为243359.92元。（林耀荣）

【工伤（亡）认定、评残、因病劳动能力鉴定】 2008年，广远劳动鉴定委员会认定船员工伤17人。经广远劳动鉴定委员会初审、中远集团劳动能力鉴定及伤残评审委员会复审、北京市劳动能力鉴定中心确认，

评审确认10名工伤员工伤残等级和1名因病完全丧失劳动能力。（杨树沛）

【工伤保险待遇计发】 2008年，保险中心计发2007年度经北京市劳动能力鉴定中心认定13名工伤员工伤残等级的一次性伤残补助金434278.34元；计发伤残员工10人，定期伤残津贴188737.77元；计发工伤职工2人，工伤护理费37303.80元；审核、报销工伤医疗费用36人次，支付407221.39元；计算申报48名工亡员工、60名供养直系亲属抚恤金629327.10元。（杨树沛）

【调整定期工伤保险待遇】 2008年，保险中心根据中远集团《关于中远集团2008年调整工伤职工及工亡人员供养亲属工伤保险定期待遇的通知》规定，从7月1日起，对2007年12月31日以前，按月领取伤残津贴（不包括已经办理退休手续后按月领取基本养老金的伤残1～6级工伤员工）、生活护理费的工伤员工以及按月领取供养亲属抚恤金的工亡人员供养亲属进行待遇调整：1. 伤残津贴每人每月调整增加标准，伤残一级290元，伤残二级280元，伤残三级270元，伤残四级260元，伤残五级、六级增加210元。2. 生活护理费调整标准：以领取生活护理费职工单位所在地2007年社会平均工资为基数按比例进行调整。3. 供养亲属抚恤金调整标准：以工亡人员原单位所在地2007年社会平均工资为基数按比例进行调整。（杨树沛）

【清理工伤保险历史遗留问题】 2008年，广远针对工伤员工评残和以往因工死亡员工亲属抚恤存在的问题，为了保障工亡员工供养亲属待遇和员工工伤待遇，维护企业和谐、稳定，特成立工亡员工供养亲属待遇清理和员工工伤伤残等级评审清理两个专项工作小组进行清理工作。清理核定了2004年1月以后广远工亡船员11人及其14名供养亲属的工伤保险待遇，核发一次性工亡补助金1518288元，丧葬补助金189786元，合计1708074元，并从员工工亡次月起发放14名供养亲属抚恤金。清理历史上工亡员工供养亲属抚恤待遇发放人员，对符合工伤保险政策规定的35名工亡员工的40名供养亲属抚恤金重新核定标准，并列入中远集团工伤保险统一管理，从6月起由工伤保险基金支付抚恤金。与此同时，清理评定了161名工伤员工伤残等级，计发一次性伤残补助金1760499.61元。（杨树沛）

【生育保险待遇计发】 2008年，根据中远集团总公司《关于进一步完善中远集团职工生育保险待遇申报审批制度的通知》和《关于调整中远集团职工生育津贴计算办法的通知》规定，对10名生育女员工落实生育保险待遇306158.53元。其中，产前检查费18355.9元，生育费40291.13元，生育保险津贴247511.5元。（杨树沛）

【新增员工参加因公交通意外伤害保险】 2008年，保险中心根据《中远集团员工因公交通意外伤害保险管理暂行办法》，分4批次上报了214名新增员工参加中远集团员工因公交通意外伤害保险，缴纳每人200元的保险费42800元。（林仕东）

【原企业补充养老保险清理核查工作】 2008年，保险中心为规范广远企业年金制度的建立，按照中远集团要求做好制度建立前相应的准备工作。根据中远集团《关于做好原企业补充养老保险等有关内容清理核查工作的通知》规定的原则、项目、范围、内容，初步完成前期清理核查工作并上报中远集团。在此基础上，保险中心为保证企业年金工作顺利推进，按照中远集团《关于继续做好原企业补充养老保险清理核查工作的通知》规定，进一步对原企业补充养老保险的办理情况进行清理核查，填报《原企业补充养老保险清理核查情况汇总表》、《原企业补充养老保险清理核查明细表》，确保上报材料真实、准确。

（刁海静）

【员工计划生育工作】 2008年，广远完成与单位所在街道华乐街签订的“机团单位人口和计划生育目标管理”达标各项工作。积极参加广州市越秀区“关爱贫困母亲，共建和谐家园”为主题的幸福工程活动，向幸福工程捐款3万元，受到广州市、越秀区、华乐街计生部门的表扬。全年发放12名广远本部员工独生子女父母退休优待奖励金额136,709元。办理公司本部6名员工小孩独生子女证，发放办证一次性奖金和按月发放保健费。出具各种计生证明56人次。办理计生关系转移27人。给办了独生子女证未满14周岁的44名员工小孩发放“六一玩具费”。组织广远本部男员工（包括待、退养男员工）完成计划生育验证工作，组织94名女员工进行专项体检，发放2008年广远本部员工508人完成计划生育奖励金。（陈瑞芬）

【员工因公交通意外伤害保险参保】 2008年，保险中心根据中远集团（劳险）2008年第6号《承担因公交通意外伤害保险责任确认书》的通知，蔡梅江等14名在职员工经中远劳险中心审核确认参保并由中远集团备案，理赔给付责任从2008年4月26日零时起，由中远集团按照《暂行办法》的规定执行。根据中远（劳险）2008年第12号《承担因公交通意外伤害保险责任确认书》的通知，卢永珊等29名在职员工经中远劳险中心审核确认参保并由中远集团备案，理赔给付责任从2008年7月18日零时起，由中远集团按照《暂行办法》的规定执行。根据中远（劳险）2008年第28号《承担因公交通意外伤害保险责任确认书》的通知，叶雪容等164名在职员工经中远劳险中心审核确认参保并由中远集团备案，理赔给付责任从2008年10月8日零时起，由中远集团按照《暂行办法》的规定执行。（林仕东）

【企业年金事宜】 2008年，保险中心为保证企业年金工作顺利推进，做了一系列工作：组织企业年金从业人员岗位技能培训；参加中国农业银行泰康企业年金业务推介会，全方位了解中国企业年金制度发展脉络、国家和地方企业年金政策文件；开通广远保险宣传网页，为员工提供企业年金文件查询服务；按照中远集团《关于对中远集团劳动保险管理信息系统（一期一阶段）〈需求说明书〉征求意见的通知》要求，认真学习、研讨文件内容，提出意见和建议并反馈中远集团劳险中心。

（刁海静）

【上海地区船员农转非家属参加镇保的工作】 2008年，根据中远集团《关于中远所属上海地区船员“农转非”家属参加上海市小城镇社会保险有关问题的批复》精

神，审核办理30名上海地区船员农转非家属参加上海市小城镇社会保险，支付参保缴费517394.30元。（李日宝）

【滞留社保关系人员转移接续工作】 由于劳动力市场的发展、员工就业观念的转变以及企业的改革和改制，广远自1994年1月开始建立员工养老保险关系以来，与企业终止劳动关系的各类人员共有2000多人，这些人员要求将其原在北京市的养老保险关系接续回广州市保险中心。由于一些客观原因，社保转移接续问题一直得不到解决。广远领导和相关部门努力协调、积极工作，一方面积极做好滞留社保关系人员的维护稳定工作，一方面积极向中远集团和省、市、国家相关部门反映，得到中远集团、省、市、国家有关部门的重视。

2008年12月7日，国家人力资源和社会保障部、北京市社保局、中远集团、广东省劳动和社会保障厅、广州市社保局就与广远终止劳动关系人员的社保关系转移接续的问题，召开了第2次协调会，会上基本上确定了“特事特办、个案解决”的方式来处理社保关系滞留问题，促进了滞留社保关系人员的安定。（李日宝）

离退休管理

【离退休服务中心简介】 离退休服务中心（以下简称离退休中心）挂靠广远人力资源部/组织部。主要职责是负责广远离退休人员的管理服务工作。主要是“三委一室”（离退休中心党工委、离退休管委会、广远公司关工委和离退休人员活动室）的管理，以及离退休人员的学习教育、督促有关待遇的落实、发放福利待遇款项、日常服务（包括接纳谈话、建档造册、开展活动、组织体检和疗养、探访慰问、来访接待、信函答复、后事处理）等。2008年，广远离退休人员总数7489人，其中，离休干部97人（含代管1人）。时任主任谢汉波。员工8人。（胡伟民）

【离退休服务中心工作概况】 2008年，离退休服务中心坚持以人为本，注重管理，完善服务做了大量的工作：

在开展对突发性灾害慰问救助工作方面，分别对受雪灾影响严重的广东、安徽、湖北等13个省市的32名离退休人员进行电话慰问；对四川、陕西等地524名退休人员的地震灾情动态进行了解，发放重灾补助99人117970元；组织了2次赈灾捐款活动；排查了受洪涝影响的广东部分地区的离退休人员情况共16人次。

在日常的慰问走访方面，老人节给165名高龄老人送温暖，慰问广州住院病员228人次，转业、复退伤残军人23人次，离休干部遗孀50人，对生活发生困难的离退休人员给予及时补助432人次，办理住院借款手续366人次。

在组织离退休人员活动方面，组织了离退休女员工300多人、离休干部130多人次进行郊游活动。

在发放离退休人员各项福利待遇方面，春节发放一次性慰问金7271人，劳模（先进）春节慰问金37人，起义（北归）船员生活补贴24人，居住北方人员冬季取暖费1023人，防暑降温费7496人，中秋慰问金7535人，书报费7549人，秋游活动费7479人，新办退休纪念品费283人，生日费7253人，未参加外疗的离休干部营养费94人，老干部订报费140人，老干活动证费100人等。

在做好医疗保健工作方面，先后组织了广州及外地离退休人员2107人进行体检，组织27名老干部（含家属）到贵州健康疗养，审核离休干部巡诊药费单据1680份，申办退休人员医疗救助大额补助25人次，收集报送161人的工伤“评残”资料，办理救助卡290个。

在做好服务工作方面，全年共接收退休人员283人，协助办理73名病故离退休人员的后事。

在完成临时工作方面，审核离退休人员的《住房货币分配申请表》及《住房差额货币补贴申请表》共13批453份，协助清退原海运公司员工集资款34人，为上海地区退休人员办理“副食品补贴”、“援外人员生活补贴”提供证明共110人，其它证明62人次，协助发放《蓝色记忆》1200本，完成了关于离退休干部管理服务和青少年教育工作的调研课题报告共5份。

（胡伟民）

【举行离退休人员春节团拜会】 2008年1月25日，离退休中心在远洋宾馆“莱茵河”厅举办有广州地区离退休管委会主任、党支部书记及离退休人员代表共57人参加的“广远公司离退休人员2008年春节团拜会”。党委副书记黄继忠主持团拜会，党委书记刘书田致辞。（胡伟民）

【走访慰问离退休人员】 2008年，离退休中心以多种形式走访慰问了离退休人员，特别在元旦、春节、中秋节等重大节日期间，离退休中心陪同中远集团、广远及人力资源部/组织部领导探望离退休老领导、劳模、远洋创始人员、原香港招商局起义（北归）船员、孤寡老人、特困人员和离休干部的遗孀，全年走访慰问上述人员715人次。（胡伟民）

【协助采访拍摄《解密档案》专栏】 2008年1月，广东电视台来广远进行《中国第一船印尼接侨记》纪录片拍摄制作。其工作主要由广远党工部、档案中心负责，离退休中心积极给予配合。（胡伟民）

【突发性灾害慰问救助】 2008年，离退休中心积极参加了广远组织对中国雪灾、地震和水灾等重大自然灾害影响的各项慰问救助工作：通过各种途径慰问受灾的离退休人员572人次；协助广远工会发放地震受灾补助99人共117970元；组织了2次为四川汶川大地震的赈灾捐款活动，计有1115位离退休员工捐款132450元、954名离退休党员以特殊党费形式捐款194652元。（胡伟民）

【举行原交通部远洋运输局驻广州办事处成立50周年纪念活动】 2008年8月1日，是广远的前身—交通部远洋运输局驻广州办事处（简称广州办事处）成立50周年。8月4日，广远召开“庆祝原交通部远洋运输局驻广州办事处成立五十周年”大会，当年广州办事处工作人员及离退休人员代表共62人参加了会议。会上，广远总经理徐惠兴致辞，原广州办事处工作人员卓东明、唐越等作了发言。广远领导向与会人员赠送了《蓝色记忆》一书并合影留念。

（胡伟民）

【离退休党建工作】 2008年，离退休中心党工委组织党员围绕“继续解放思想，争当科学发展排头兵”与“开展深入学习实践科学发展观活动”展开专题讨论，坚持每季度布置党员的政治理论学习；召开党工委（扩大）会议3次；修订和规范了党支部的工作（组织）制度；开展了对大沙地、天河东、沙园3个基层党组织的党建工作调研；完成全年党费收缴工作；向下属各支部发放党员“七一”座谈费和下拨党支部活动经费；全年办妥转移党组织关系148人。（胡伟民）

【关工委工作】 2008年，广远关心下一代工作委员会（简称广远关工委）调整充实了关工委成员，由田常国任主任，刘绍杰任副主任；各二级关工委完成了辖内的在校中小学生基本情况调查；组织了25名中小学生参加了广州青少年集邮论坛活动；组织了30多名中学生参观广州市青少年科技活动中心。（胡伟民）

【离退休管理服务工作的课题调研】 2008年，离退休中心根据上级的要求并结合开展服务管理工作的需要，撰写了由中共中央组织部下达的《关于进一步做好退休干部管理服务的调研报告》，和中远集团布置的《关于离休干部医药费保障情况调查》；按中共广东省委老干部局要求，完成了《关于退休干部服务管理问题的研讨》和《关于实践科学发展观开创企业老干部工作新局面的几点思考》2篇专题材料，并在相关的会议上作了发言；向中共广东省直属机关关心下一代工作委员会提交了《针对青少年特点加强社会主义核心价值体系建设的思考》研讨专文。（胡伟民）

第六节 信息技术管理

【信息技术中心简介】 信息中心于2001年8月6日成立，是广远信息化及通信管理职能部门，属于企业内部核算单位。主要职责是负责参与和配合广远的信息系统建设规划的制定并负责实施；负责广远信息系统和网络通信的开发、建设和维护；负责和确保广远船岸通信畅通稳定；授权负责广远计算机、通信等设备及有关设施的统一管理（包括软硬件引进、开发和维护）。

信息中心设置应用开发部、市场拓展与软件事业部、通信管理与船舶资讯部、系统运行部、综合管理部等5个部门。

时任主任杨涛，副主任张筱玲、刘韶昶。应用开发部经理张筱玲（兼）、副经理梁壁泰，市场拓展与软件事业部经理张凡，通讯管理与船舶资讯部副经理曾宪民（主持工作），系统运行部经理陈维宣、副经理杜笑洋，综合管理部经理庄逸川，财务经理胡洁容（1~9月）。员工44人。

（杨涛）

【信息中心工作概况】 2008年，信息中心坚持以科学发展观统领全局，以信息化建设为手段，以改革创新为主线，创新经营，求真务实，开拓进取，和谐发展。在产品研发，深化改革，提高效率、信息安全、QC小组活动等方面都取得了令人振奋的成绩，为广远全面、健康、可持续发展发挥了应有的作用。

在深化改革方面，信息中心坚决贯彻执行广远的战略部署，停止使用广远电脑系统公司的牌子进行经营，将原来的一套班子、两块牌子的经营模式转换为只是广远的职能部门——信息技术中心，以对内服务为主。

在信息化建设方面，信息中心以改革创新为工作主线，协助中远航运梳理流程，打造先进的船员管理系统；全力执行广远的战略部署，研发汽车运输船配载系统；参加了中远集团的“远洋船舶及货物运输在线监控系统”的岸基系统的总体设计及实施工作，对中远集团下属7家二级航运公司完成了SCOM系统岸基部署工作；受中远航运委托，完成了船端业绩工资管理软件的开发、中远航运船舶管事账系统的优化、安装实施及岸基管事账测试等工作；完成广远主机系统的数据下载工作和RS/6000的使用测试工作。

在计算机和通信管理方面，坚持“技术创新，优质服务”，做好广远计算机软硬件系统日常维护，确保网络、通信畅通，为信息保驾护航，完成广远网络整体升级及保证信息安全等相关工作；协助中远南方完成新大楼项目的实施工作；全面参与广州远洋大厦的电力、通信及网络设备的部署工作；启用电脑话务员功能和电话留言功能。

在对外经营方面，完成了中国——坦桑尼亚联合海运公司（以下简称中坦公司）财务系统英文版开发及实施工作；完成了广远各家下属公司财务新准则升级工作。

是年，信息中心被评为中远集团“青年文明示范岗”；信息中心的应用开发部QC项目分别被评为省、市优秀成果。

（杨涛）

【深化改革，做好相关调整工作】 2008年10月起，信息中心根据广远的要求，停止使用广远电脑系统公司的牌子进行经营行为，将原来的一套班子、两块牌子的经营模式转换为只是广远的职能部门-信息技术中心，以对内服务为主。在调整期间，信息中心全面配合广远的各项改革工作，保证了日常工作有序、正常地进行；同时保证了财务及人事等交接工作的平稳过渡。在短短的一个月时间内完成了诸如工作流程、工资、薪酬及奖金发放、合同的签署等等调整工作。（杨涛　庄逸川）

【广远荣获“2008年度中国企业信息化500强”】 2008年，广远在实施企业信息化过程中，大力发展信息技术，全面实践精益管理，加快推进系统集成，通过信息化带动管理的现代化，提升企业的核心竞争力，信息化建设取得优异成绩。广远被CECA国家信息化测评中心评为“2008年度中国企业信息化500强”，标志着广远在信息化管理方面在国内处于领先地位。

（杨涛）

【QC项目常抓不懈】 2008年，信息中心坚持开展QC活动，取得硕果累累。其中《提高管事账核算效率》和《财务系统升

级》被评为2008年度省级优秀QC成果；《提高管事账核算效率》还被评为广州市优秀成果奖，该成果被中远集团选中参加了交通部QC成果发表，被评为成果发表优胜奖。　（张筱玲　庄逸川）

【安全工作概况】　2008年，信息中心成立了“安全工作检查小组”和“安全工作监督小组”，定时巡查总机房和办公室区域，对三大机房（总机房、计算机房、电传机房）及安全重点部位进行安全检查和评估，不放过任何安全隐患。为进一步加强网络安全及保密工作，保证广远涉密数据及信息的安全，信息中心会同广远总经办，推行相关网络安全管理规定及措施，如“强密码”、采取技术手段管理上网行为、为涉密人员配备加密U盘等。同时，信息中心还收集了常用的木马清除程序，对特定的木马病毒的查杀方法记录下来，以供部门其他人员参考，并帮助广远各部门全面开展查杀木马行动。信息中心通过采取各种措施，进一步强化了网络安全，确保了广远的网络信息安全，并保证了三大机房及计算机设备系统正常运行，全年无事故。　（庄逸川）

【应用开发部简介】　应用开发部负责广远计算机应用软件的研发和日常维护工作。主要职责是根据广远的业务发展需要，对广远应用系统的开发提出建议，并进行可行性分析；与广远业务部门共同进行业务需求调研；组建项目开发组，进行系统设计、开发、测试、培训、投产及验收等工作；按《应用开发规范》编写软件开发项目中的各阶段开发文档，包括系统分析书、系统设计书、程序说明书、测试报告、操作说明书、维护说明书、用户操作手册、系统开发的技术报告等；负责对广远投产的应用系统进行维护和功能扩充，确保系统正常运作和数据安全。时任经理张筱玲（兼），副经理梁璧泰。员工10名。

（张筱玲）

【应用开发部工作概况】　2008年，应用开发部根据广远的总体安排，除了完成日常的软件维护工作外，完成了对广远航运管理系统的功能性扩展，增加了“辅助决策”功能模块，为相关职能部门提供集成数据、合并报表、综合查询的功能；为了加快船员业绩工资的审核、发放速度，完成了对中远航运所属船舶的船端业绩工资管理软件的开发，通过船岸通讯技术，将船端业绩工资表传送到岸基，与岸端的业绩工资系统结合，提升了业绩工资审核、发放的速度；同时，为中远航运的航运管理系统扩展了新的功能，使系统逐步向分析型管理软件转变。此外，应用开发部还参加了中远集团的“远洋船舶及货物运输在线监控系统”的岸基系统的总体设计及实施工作，对中远集团下属7家二级航运公司完成了SCOM系统岸基部署工作。

（张筱玲）

【广远航运管理系统扩展新功能】　2008年4月，应用发展部对广远航运管理系统进行了功能性的扩展，增加了“辅助决策”功能模块，其中包含：运力统计，生产量统计，生产效率统计，生产效益统计，损益表分析，航次盈亏明细表分析，航线盈亏表分析，船型分析表，预警报表，月度统计数据维护，辅助决策文档维护。5月正式上线运行。　（何旭健）

【中远航运船端业绩系统的开发及应用】 2008年，应用开发部受中远航运委托，对中远航运所属船舶开发一套船端业绩工资管理软件，通过船岸通讯技术，将船端业绩工资表传送到岸基，与岸端的业绩工资系统结合，加快业绩工资审核、发放的速度。7月，业绩工资开发小组与用户进行了需求调研与交流，确定了船端、岸端业绩工资的功能需求。经过一个月的努力，开发了船端的业绩工资系统，并于8月底调试运行。10月，进行了第一个季度的实际航试，过半船舶取得了预期效果。截至12月，绝大多数船舶安装使用了该系统，实现了业绩系统所设定的目标。

（黄慧萍）

【中远航运航运管理系统的扩展新功能】 2008年1~3月，应用开发部根据中远航运的用户要求，对中远航运的航运管理系统进行了新功能的扩展，其中包括货主佣金与折让的区别、绑垫料费的管理、客户拖欠运费预警、多角度运费回收率的分析、租金水平分析。通过这次功能扩展使航运管理系统逐步向分析型软件转变。（张筱玲）

【中远航运船员管理系统的软件开发工具选型】 2008年6月开始，由信息中心主要技术骨干组成的技术小组，对《中远航运船员管理系统》的系统软件及开发工具进行选型，经过2个月的反复对比和慎重研究，最后确定了整个项目实现的主要系统软件及开发工具，应用服务器的运行环境是Web Sphere，数据库服务器是SQL Serever，流程服务器选择西安协同时光工作流服务器5.1，UI界面开发选用上海锐道提供的Dorado5.0。（梁壁泰）

【中远航运船员管理系统的开发】 2008年8月18日，《中远航运船员管理系统》项目启动，计划建设一年。项目集中了整个信息中心软件开发的技术力量，其中包括应用开发部及软件事业部的全体人员、硬件及系统的维护人员以及综合部的人员。项目采用外包为主、内部人员参与的方式，并引进了第三方合作伙伴。项目首次引进全面流程化管理的理念指导项目的研发。是年，项目工作共实现了调研、原型设计、系统设计、系统框架搭建和流程框架搭建等几个重要的阶段，同时完成了部分的业务软件编写工作。（梁壁泰）

【参与中远集团远洋船舶及货物运输在线监控系统】 “远洋船舶及货物运输在线监控系统”是中远集团首次承担的科技部项目。2008年，信息中心作为中远集团的“远洋船舶及货物运输在线监控系统”（简称SCOM）项目的参与单位，配合中远集团SCOM项目组完成了岸基系统调度数据标准接口的开发、岸基系统总体设计及在下属7家二级航运公司的实施工作，为SCOM系统在中远集团的展示、接受科技部的验收打下了基础。（张筱玲）

【市场拓展与软件事业部简介】 市场拓展与软件事业部（以下简称软件事业部）是信息中心开展对外经营业务的主管部门。主要职责是负责广远本部之外的航运信息化项目的开发，以及对外市场的产品战略发展路线的制定；负责对外经营、市场开拓、客户管理和服务、售前技术支持、对外项目管理等。时任经理张帆。员工5人。

（张帆）

【软件事业部工作概况】 2008年，软件事业部的工作重点分为两个阶段，上半年，是对广远本部之外的项目开发及服务工作；下半年，由于信息中心经营性质更改，工作重点转移至中远航运，保持原有的服务工作，不再对外拓展新业务。是年，软件事业部主要完成了中坦公司财务系统英文版开发及实施工作，解决了中坦公司长期以来手工做财务账工作繁重、数据混乱的问题，协助其实现了财务电算化；完成了南京油运公司报文发送接收系统的开发及实施工作；为中远日邮公司定制开发了汽车船配载模拟系统，为港口船长在实际配载工作中提供了帮助；完成了广远下属各家公司财务新准则升级工作，并进行了生产调试，实现了正式实施运行；密切配合中远集团SCOM项目的推进，协助其完成主要模块：数据上传接口工作；为解决长期以来健康医疗档案管理手工工作繁重的问题，开发实施了广远员工健康查询系统；软件事业部的“航运财务系统新企业会计准则升级”QC成果发布，并分别获得广东省、广州市、中远集团优秀质量管理小组称号；参与信息中心2008~2009年度核心项目中远航运船员管理信息系统开发工作；完成了中远集团、省远洋、越洋船务、中航投资有限公司、中远日邮公司、中发航运、中鞍航运、香港寰宇船务公司、福建捷安、中远南方等16家公司的软件应用系统的日常维护工作。 (张帆)

【中坦公司财务电算化实施】 2008年1月，信息中心与中坦公司进行了商务洽谈，并演示了航运公司整套信息化解决方案。经协商，双方签订了中坦公司财务电算化中英文版本开发及实施合同，并开始了系统开发的工作。由于国内外财务制度的差异性，给系统的英文翻译工作造成了很大的困难。开发组通过向外派财务人员请教、向专业翻译公司咨询等多种途径，排除困难，于6月份按期完成了中英文版的开发工作。7月，开发组派出张帆、虞笑晖作为实施组前往坦桑尼亚进行系统实施。实施组克服时差、饮食、语言等方面的困难，加班加点进行系统实施，整理了中坦公司硬件、网络环境，协助中坦公司实现了财务电算化，解决了长期以来困扰中坦公司的手工做帐工作量大、错误多的问题。财务系统也在双方努力合作下，于7月份正式投入使用。 (虞笑晖)

【开发“汽车船配载模拟系统”】 2008年1月，软件事业部与中远日邮公司港口船长进行了座谈，针对其在汽车配载模拟方面的需求，提出了开发“汽车船配载模拟系统”，成立了项目组。信息中心与大连海事大学确定了合作开发的合同。经过项目组、合作方、用户的多次交流和讨论，系统于5月完成开发工作，并交与用户试运行。经过半年的试用和不断修改，系统于11月正式投产。系统的投产，在很大程度上减少了港口船长在汽车配载上所花的时间，提高了工作效率，同时也提高了汽车船的运力。此外，该系统通过市场人员录入货盘的数据共享，不仅减少了多方数据的重复输入，也保证了货盘数据的准确性及实时性。 (张帆)

【协助中远集团SCOM项目开发】 中远集团在全系统范围开发推广SCOM项目，在航运调度数据的接口很大程度依赖于信息中心以前为中远集团调度室开发的“中远船舶调度跟踪系统"。该系统通过EMAIL形式将各下属二级公司的航运调度数据归集到中远集团总调度室，以便中远集团宏观管理各下属公司的船舶运营。SCOM项目利用这些航运调度数据转入自己的数据库，进行数据挖掘。软件事业部在SCOM项目中负责这部分数据转入接口的程序编写及调试。从2008年2～5月，软件事业部派出经验丰富的工程师参与该项目，并按期完成SCOM项目组的要求。

（陈奕）

【开发"广远职工健康查询系统"】 长期以来，广远医疗健康档案都是以手工记录的方式，不仅录入人员录入工作量繁重，而且也不方便查询与疾病跟踪管理。信息中心针对用户这一迫切需求，于2008年3～5月，开发了"广远职工健康查询系统"。该系统不仅用户方便录入所有员工的健康档案，还可以快速查询各种患病员工，以及时跟进员工的治疗，可以接收各基层单位录入的健康档案，同时为各上级申报系统提供了数据接口，解决了长期以来困扰用户的难题。（张朝辉）

【财务系统适应新准则改造实施及QC项目评选】 2008年3～6月，软件事业部财务系统改造项目组密切与广远下属航运公司财务人员沟通，及时完成了财务系统的改造工作。该项工作效率高、效果好、客户评价高，同时作为软件事业部典型案例，参与了QC项目的成果发布。航运财务系统新企业会计准则升级QC成果，分别获得了广东省、广州市、中远集团优秀质量管理小组称号。（虞笑晖）

【参与中远航运船员系统开发】 2008年10月，信息中心年度核心项目中远航运船员管理系统经过半年的选型、可行性研究、方案选择之后，正式项目启动。软件事业部全体人员参与了项目组，并负责了不同的模块。10～12月，船员系统主要进行了调研、需求分析与UI原型制作，软件事业部全体人员积极参与，加班加点，出色完成了该项工作，为船员系统的下一步工作奠定了基础。（张帆）

【系统运行部简介】 系统运行部（以下简称运维部），是广远计算机硬件管理和日常维护的主管部门。主要职责是负责广远计算机系统运行管理、机关通讯设备维修管理、数据网络运行管理、网络及计算机系统技术的研发；负责计算机供电系统管理以及计算机主机房、通讯主机房等的值班管理。时任经理陈维宣，副经理杜笑洋。员工11名。（陈维宣）

【运维部工作概况】 2008年，运维部完成了广远和中远航运之间的专线升级，由原有的2M带宽提升到8M带宽，大大提高了两地之间应用、数据访问的速度和性能；完成机房网络交换机的整体升级，由百兆网络提升到千兆网络，大幅提高了用户访问服务器的速度和性能；完成数据库服务器COSCOGZS02的升级工作，升级以后系统的性能有很大改善；完成PushMail手机邮箱系统的改版升级，后台服务器从Linux改为Windows2003，增加了许多智能设置。是年，为加强企业的网络安全管理和涉密计算机管理，运维部采取技术手段加强对用户的上网行为管理；为配合中远航运船员系统的开发，准备相应的系统环境和开发环境；配合 SCOM 项目组完成 SCOM 项目的服务器系统的安装和维护。运维部参与广州远洋大厦的准备工作，完成广州远洋大厦的前期网络规划和设计；完成中远南方新办公楼网络工程和系统的搬迁；完成岸产事业部搬迁办公室所需的电脑和线路迁移；运维部完成 RS6000 小型机上的 WebSphere 软件的升级安装，软件版本从 6.0 升级为 6.1，支持 JDK1.5，并部署了整合 loushang 和 mytools 的应用（挂 SQL 数据库）。此外，运维部采用各种技术手段为用户清除计算机木马病毒，保证系统正常运转，并在用户电脑系统中安装“一键还原”软件，方便了用户使用。（陈维宣）

【通信管理与船舶资讯部简介】 通信管理与船舶资讯部（以下简称通信部）是广远通信设备管理和日常维护的主管部门。主要职责是负责广远在通信业务技术和相关设备规范、标准、制度的贯彻实施；负责协调广远所属各航运企业通信现场管理及相关业务；负责广远本部日常通信服务和值班管理（含电传、电话、船岸通讯）；负责船舶遇险、紧急的通讯协调和指导工作；负责通讯新技术推广应用工作；负责广远本部通讯费用的审核与统计。时任副经理曾宪民（主持工作）。员工 12 人。（曾宪民）

【通信部工作概况】 2008 年，通信部坚持“技术创新，优质服务”方针，认真履行和发挥通信管理职能作用，在广远船舶信息化建设和机关、船岸通信工作过程中，电报发送投递质量实现无差错；电话转接坚持落实服务承诺措施，为用户提供优质的通信服务；在电话总机外线拨入，不需人工话务员转接而直接拨入分机的基础上，进一步启用电脑话务员功能和电话留言功能，逐步实现总机话务由有人值守转接电话过渡到无人值守，使电话转接更加快捷方便；为了提前规划好广州远洋大厦的通信方案，通信部提早进行市场调研工作，分别和广州电信、广州网通及程控电话交换机代理商等进行技术交流和咨询，初步做出广州远洋大厦的通信方案；协助建设实业在广州远洋大厦土基初期做好地线的建造工作，并提出具体的实施意见；落实中远统一采购宝利通高清视频会议室系统 800 型和桌面高清视频会议型，并派出 2 名技术员参加在北京中远大厦举办的宝利通视频会议培训学习，并于年底前安装调试。新的视频会议系统适用性广，除可用于 ISDN 语言/数据传输外，也可用于 IP 传输，传输的可靠性更高，功能更强大。

（曾宪民）

【做好降本节支工作】 2008 年，通信部坚持在机关通信工作中开展降本节支活动，在话音和各类电报为用户选择或指导用户选择经济通信路由，达到降本节支的目标。根据统计，2008 年的全年通信费用为 70.2 万元，比 2007 年全年通信费用 95.4 万元，节支了 25.2 万元。（曾宪民）

【开展“文明窗口”活动】 2008 年，通信部继续深入开展“文明窗口”活动，落实服务承诺，狠抓服务质量。该部在完成日常业务和管理工作的同时，把“文明窗口”建设工作中落实承诺服务作为常抓不懈的一项重要工作，有针对性地召开经理及管理人员会议，分析落实承诺服务存在的问题，做好现场管理和督促工作，服务工作做到领导满意、员工满意、自己满意。通信部全年为广远员工交缴住宅、手机费用 1325 人/次；为员工办理固话、手机等业务 136 人/次；该部对电话转接和电报收发投递工作进行了抽查，抽查结果表明：整个服务质量符合服务承诺标准，得到用户的肯定。 （曾宪民）

【综合管理部简介】 综合管理部（以下简称综合部）是信息中心的日常事务及财务综合管理部门。主要职责是负责广远大型计算机设备 MA 商务管理、电脑公司财务管理、安全管理、承包实施监管、计算机易耗品管理、固定资产管理、后勤管理、生产统计、办公室日常行政管理、文件保管及归档等；负责了解人员管理方面的情况，并向信息中心领导汇报或提出建议，同时负责建设、完善、推广信息中心的内部管理平台。时任经理庄逸川，财务经理胡洁容（1～9 月）。员工 6 人。 （庄逸川）

【综合部工作概况】 2008 年，综合部协调信息中心各部门之间的工作关系，加强和改进管理工作，做好后勤服务工作，确保了信息中心内部事务及各项工作的正常运行；完善落实管理办法及相关制度；做好计算机设备等资产投资计划和计算机设备维修计划的控制和实施；做好信息系统各类合同及文件的保管和归档工作；做好相关软件产品的版权申报工作；利用国家对高科技研发项目的扶持政策，申请免征技术性收入营业税；下半年，由于信息中心经营性质更改，不再以电脑系统公司的身份对外经营，综合部在短短的一个月时间内完成了诸如工作流程、工资、薪酬及奖金发放、合同的签署、财务账的清理，点算等相关调整工作。 （庄逸川）

“安吉江”轮

第六章
党群工作

第一节 党委工作

【中共广州远洋运输公司委员会简介】 中共广州远洋运输公司委员会（以下简称广远党委）隶属中远集团党组，挂靠中共广东省直属机关工作委员会，实行双重领导。2008年，党委领导班子由刘书田、徐惠兴、黄继忠、傅伟、马宗梅、翁继强等6人组成。11月起，傅伟因退休不再担任广远党委委员。广远党委下设党委工作部、组织部、纪委等工作部门。是年，广远本部及所属党委8个，党工委2个，党总支11个，党支部223个，党员5734人。

时任党委书记刘书田，党委副书记徐惠兴、黄继忠，纪委书记马宗梅。

（曾晓平）

【广远党委工作概况】 2008年，广远党委在中远集团党组的正确领导下，高举中国特色社会主义伟大旗帜，坚持以邓小平理论和“三个代表”重要思想为指导，全面贯彻落实科学发展观，紧紧围绕效益、安全、稳定及改革发展等中心工作，创新企业党建工作，发挥了党组织的政治核心作用，为企业安全生产保持稳定态势、经营效益连续五年创历史新高提供了坚强的政治保证。2008年，广远党委主要工作及成效体现在以下七个方面：1. 坚持抓好思想理论建设，扎实开展解放思想学习讨论活动，认真加强党建思想政治理论研究工作，掀起贯彻落实中共十七大精神和科学发展观的新热潮。2. 坚持抓好党的自身建设，深入开展“三创建三促进”主题实践活动，持续推进基层党建工作创新，取得了一批创新成果，远洋特色党建思想政治工作实现新跨越。3. 坚持抓好干部队伍建设，着力增强领导班子思想政治素质，提高党员干部队伍整体战斗力，深入推进加强员工教育培训“红树林”工程，“人才强企”战略取得新成效。4. 坚持抓好思想政治工作、企业文化建设和精神文明建设，大力加强先进典型培育工作，企业改革发展“软实力”得到新增强。5. 坚持抓好廉洁从业工作和反腐倡廉建设，大力推进廉洁文化建设，深入开展监督审计和效能监察工作，惩治和预防腐败工作形成新格局。6. 坚持抓好群团组织建设，大力加强工会和共青团工作，广泛开展群众性安全生产和创新创效活动，深入实施“送温暖”工程，企业健康和谐发展开创新局面。7. 坚持履行社会责任，积极应对雨雪冰冻灾害和汶川特大地震灾害，全力组织开展捐赠活动和救助行动，帮助灾区人民和受灾员工家庭渡过难关，企业形象得到新提升。

（曾晓平）

【强化企业领导班子建设】 2008年，广远党委及下属各单位党组织紧密结合实际，

认真研究解决领导班子建设中存在的问题，深入扎实推进“四好领导班子”创建活动，着力推动各级领导班子政治素质和领导能力建设。广远党委紧紧围绕增强各级领导班子领导科学发展能力这条主线，坚持理论武装，进一步巩固完善党委中心组学习，全年共组织党委中心组集体（扩大）学习4次，发放学习材料22期，组织各级党委领导班子成员参加中远集团党组举办的中共十七大精神轮训班，选派4名干部参加中纪委举办的业务学习培训班，组织30名干部参加广东省直工委解放思想学习讨论专题轮训班，从而加强了各级领导班子思想政治建设。广远党委还认真抓好各级领导班子调整考核工作，对各基层单位领导班子进行聘期届满和精神文明建设、创建“四好领导班子”、惩防体系建设等综合考核。是年，广远党委及下属各级领导班子建设呈现出良好局面，有11家基层单位领导班子被评为广远“四好领导班子”。

（谢志达）

【加强基层党组织和党员队伍建设】 2008年，广远党委始终把加强船舶党支部建设和提升远洋船舶党员队伍思想素质作为固本强基的重要着力点。紧紧围绕学习实践科学发展观、深入贯彻中共十七大、十七届三中全会精神，开展党员干部理论学习；确定先进典型培育目标，开展先进典型发掘、培育和宣传推广工作，为争先创优树立标杆；坚持抓好培养发展党员工作，全年发展党员320名，预备党员转正240名，培养入党积极分子259名；运用党委中心组学习、党支部会议、党小组活动、党课等多种形式，抓好各级领导班子、党员干部和普通群众三个层次的教育培训，取得明显成效。是年，广远基层党组织中涌现了一批先进集体和优秀个人：中远航运党委、中远远达党委等8个基层党组织，姜立军、过中华等10名共产党员，姚勇、陈建钦等7名党务工作者分别受到了中远集团党组和中共广东省委、省直工委等上级党组织的表彰。

（谢志达）

【深入推进实施“红树林”工程】 2008年，广远党委进一步推进加强员工教育培训“红树林”工程，做到充实内涵，拓展范围，全员覆盖，把加强教育培训工作从船员向全体员工延伸，突出抓好航运业务、经营管理、财务法律、党务政工等方面的专业人才梯队建设，大力加强高素质、高技能、复合型紧缺人才的培养工作。广远本部、各航运企业、岸产企业及广远团委结合实际，有针对性地开展特色鲜明的“红树林”工程，大力开展多层次、多形式、多工种，员工广泛参与的技能竞赛和专项岗位练兵活动，促进员工队伍整体素质的提升。是年，广远制定了《广远公司紧缺和重点人才培训培养实施方案》，修订了《广远公司委派财务负责人管理办法》，组织开展各类员工素质培训班11期，培训员工719人次，深入推动“红树林”工程在内涵及外延上不断拓展。 （谢志达）

【推进先进性长效机制建设】 2008年，广远党委为加强先进性长效机制建设，深化“送学上船”、“送学到家”、“网络送学”活动的内涵，创新开展党员远程教育，不断完善“一校一刊一网”教育模式，提出船舶党建工作“四个创新”、“三个统一”。“四个创新”，即理论创新、思路创新、模式创新、机制创新；“三个统一”，即坚持党的领导与支持董事会依法行使职权相统一、党管组织与完善企业法人治理结构相统一、党管干部与支持经营管理班子依法选聘市场人才相统一；开拓发挥党支部战斗堡垒作用的新思路；积极参加中共广东省委组织部举办的“城乡基层党组织互帮互助”活动，持续开展困难党员和困难员工帮扶活动；组织开展“讲党性、重品行、作表率”活动和“读书·思考·进步”专题读书活动，深入开展船舶和基层党建工作调研活动。是年，广远党委前后接受中共中央组织部组织局、国务院国资委党建局、广东省委组织部、广东省直机关工委党建调研组检查，广远党建工作成果得到了联合调研组的充分肯定和高度评价。（谢志达）

【做好思想政治工作】 2008年，广远党委为进一步提高企业思想政治工作的针对性和有效性，把思想政治工作的着力点放在排查不稳定因素，对员工开展经常性的宣传思想教育上。广远党委在年初即以召开专题会议的形式，对影响企业深化改革的不稳定因素进行了排查摸底，进一步明确了深入做好员工思想政治工作的重要性，提出了维护企业改革发展稳定的针对性措施。按照广远党委部署，广远党委领导班子成员分别带队深入基层和一线船舶，倾听员工和船员对企业改革发展的意见和建议，进行形势宣传教育和深入细致的思想政治工作；有关职能部室每季度编写宣传教育提纲，通过船舶反馈、现场检查考核、与船员谈话等途径了解船员思想状况，掌握船员思想动态，加强船员队伍思想教育工作；通过深入扎实的思想政治工作，为深化改革、打造“资本广远”，坚定信心应对国际金融危机夯实共同的思想基础，营造良好的思想氛围。（谢志达）

【创新党建思想政治理论研究】 2008年，广远党委充分发挥党建思想政治工作研究会（以下简称政研会）作为党建思想政治理论研究高端平台的作用，积极组织开展企业党建思想政治理论研究活动，形成了一批研究成果。其中，广远党建创新项目课题组撰写的论文《以科学发展观为指导，创新加强远洋企业党建工作的思考》和中远航运船舶政委王瑞军撰写的论文《用科学发展观指导远洋船舶思想政治工作》在中远集团六届三次政研会上被评为获奖论文；广远党建创新项目课题组撰写的论文还入选中共广东省委举办的“实践科学发展观，争当党建排头兵”——纪念中共十一届三中全会召开30周年党的建设理论研讨会优秀论文；广远下属各单位和各级政研会围绕解放思想、创新发展、改革稳定与构建和谐等课题开展了深入研究，仅岸产企业就撰写了论文130多篇，并汇编成《岸产企业职工解放思想论文集》；广远各部室分别组织撰写了《让员工成为“平安广远”最坚强的基石》等5篇理论文章，先后在《中国远洋报》、《中国远洋航务》等报刊上发表。（谢志达）

【推进企业文化和“软实力”建设】 2008年，广远党委大力推进以爱国主义为核心的企业文化体系建设，不断强化企业创新发展观和员工共同价值观；持续推进安全文化建设，总结提炼了“广远安全管理十大理念”，编印了《安全理念创新》手册。是年，广远被广东省安全生产监督管理局授予“广东省安全文化建设示范企业”称号；广远党委还积极宣传精益管理、系统集成理念，引导树立节能减排、降本增效意识；高质量完成了交通运输部、中远集团交办的航海文化分课题研究任务；配合中国改革开放30周年和广远成立47周年，组织开展了一系列文化宣传活动，全面提升了企业改革发展的“软实力”。

（谢志达）

【广远荣获“中央企业思想政治工作先进单位”称号】 2008年12月底，国务院国资委党委印发《国务院国资委党委下发关于表彰中央企业思想政治工作先进单位、优秀思想政治工作者的决定》，表彰了国资委成立以来在思想政治工作领域表现突出的先进单位和优秀个人。广远被评为2008年“中央企业思想政治工作先进单位”称号，广远党委书记刘书田被授予“中央企业优秀思想政治工作者”称号。

（曾晓平）

【《党旗，在“浮动国土”上飘扬》获得全国第十届党员教育电视片观摩评比特别奖】 2008年12月，中共中央组织部举办的全国第十届党员教育电视片观摩评比活动圆满结束，活动共评选出20个特别奖、93个一等奖、61个二等奖、69个三等奖和91个优秀奖。广远党委制作的专题片《党旗，在“浮动国土”上飘扬》获得特别奖。

《党旗，在“浮动国土”上飘扬》以近年来广远党委与时俱进创新开展党员教育为主要内容，由三大主体内容构成。第一部分介绍广远党委“坚持三个不动摇”（坚持党支部建在船上不动摇、坚持配备船舶政委制度不动摇、坚持思想政治工作“生命线”地位不动摇），系统总结回顾了广远党委成立47年来，在党建思想政治工作和党员教育方面形成的远洋特色光荣传统。第二部分介绍广远党委坚持与时俱进，积极推进党建思想政治工作和党员教育创新的探索与实践，重点突出近年来广远党委在先进性教育活动及中共广东省委开展的一系列党建主题实践活动中形成的成功做法，主要有坚持办好企业党校、《广州远洋》杂志、广远党建思想政治工作网络三个教育宣传阵地，创新实施“送学上船”、“送学到家”、“网络送学”三种送学途径，开辟“海上课堂、“陆地课堂”、“网络课堂”三个学习课堂等内容。第三部分主要介绍了近年来广远党委一系列党建探索和实践所形成的制度成果及经验总结，重点介绍了广远党委先进性长效机制建设的制度成果，全方位展现了广远党员干部在企业改革、发展、稳定等各个领域发挥的排头兵作用，特别是在2008年中国南方地区雨雪冰冻灾害、“5·12”汶川特大地震等重大自然灾害面前，党员队伍的创造力、凝聚力、战斗力和良好的精神风貌。

（曾晓平）

【“一校一刊一网”党员教育模式获广东省“固本强基”创新成果奖】 2008年3月29日，中共广东省委组织部举行“固本强基”创新成果评选表彰会议，广远党委“一校一刊一网”党员教育模式获得“固本强基”创新成果奖。广远党委针对基层党组织和党员分布点多、线长、面广、高度分散、流动性强等特点，通过办好“一校一刊一网”创新实施“送学到家”、“送学上船”、“网络送学”，有效解决了党员尤其是船员党员在家公休、在船工作、在外出差期间的学习教育难以开展、难以跟进、难以落实等问题，具有很强的实用性和创新性，是广远党委与时俱进深化“固本强基”工程的重大创新成果。

（曾晓平）

【党委工作部简介】 党委工作部（以下简称党工部）是广远党委党务工作的日常办事机构及团员青年工作的专业管理部门。主要职责是负责监督广远党委决议、决定的贯彻执行；管理文秘、日常事务；负责广远本部机关党委工作和广远共青团工作；负责广远思想政治工作、精神文明建设、企业文化建设；负责政研会工作；负责广远内部宣传和对外企业形象宣传；协助做好业务宣传工作；负责编辑出版《广州远洋》杂志。

时任部长姚勇、部长助理章晓彤。团委书记王茜、《广州远洋》编辑部主任王雷。员工10人。（章晓彤）

【党委工作部工作概况】 2008年，党工部在广远党委的直接领导下，认真履行各项工作职能，完成了以下各项工作任务：

1. 做好日常党务管理工作。全年起草、下发各类公文、材料和党政领导讲话59份，审核登记党群部室文件135份，收、发各类文件779份，未发生任何文件丢失及泄密事件；编报中远集团党组工作信息70条，被采纳64条；全年处理信访15件，接待来电、来访20多次；协助承办广远年初、年中工作会，党员领导干部民主生活会暨述廉议廉会等重要会议；做好中共中央组织部、国资委、中共广东省委组织部、省直工委和中远集团党组、中远集团研发中心等上级调研组接待工作；认真做好广远参加中远集团政研会常务理事会和年会有关材料准备工作；组织编写广远党委、党委工作部2007年年鉴。

2. 按照广远党委工作部署抓好党建工作。总结广远“一校一刊一网”党员远程教育模式的成果，获得中共广东省委组织部“固本强基”创新成果奖和广东省直机关党建创新成果奖；牵头制作的党员教育专题片《党旗，在“浮动国土”上飘扬》，参加中共中央组织部党员教育电视专题片评比，获得中共中远集团党组和中共国资委党委的高度评价；负责牵头组织开展“三创建三促进”党建主题实践活动、解放思想学习讨论活动和“读书·思考·进步”专题读书活动，组织广远30名党支部书记、党务工作者参加中共广东省直机关党支部书记解放思想学习讨论专题轮训班；认真抓好党委理论中心组学习和政研会建设，全年组织中心组大型集体学习4次、自学14次，并组织开展了企业思想政治工作理论课题研究，认真做好企业参加中远集团政研会常务理事会、政研会年会主题发言材料的撰写工作和经验交流材料的修改工作。

3. 推动思想政治工作创新与精神文明建设。负责策划并组织开展纪念改革开放30周年系列活动，总结提炼广远改革开放30年来创下的国际、国内和行业内取得的标志性成就，并将相关材料上报，参与“改革开放30年来中远十大成就、十大典型经验、十大风云人物”评选活动。协助广远党委抓好下属单位精神文明建设的跟踪管理；组织召开船员座谈会，了解船舶精神文明建设和先进典型培育工作的进展情况；参加中共广东省直机关组织的精神文明创建的经验做法座谈交流会；大力推进船舶先进典型培育工作，积极开展“迎奥运讲文明树新风”礼仪知识竞赛、“五五”普法知识竞赛并取得良好的效果；按照广远党委的要求，在广远本部、航运企业机关及岸产单位大力推进“红树林”工程建设，召开各个层次的动员会，通过各种媒介开展宣传，层层发动，形成了上下联动、船岸共振的“红树林”工程工作格局，推动“红树林”工程从船舶向岸上全体员工延伸。

4. 大力加强宣传教育和企业文化建设。抓好主题宣传教育，紧紧围绕学习贯彻中共十七届三中全会、解放思想学习讨论活动、“三创建三促进”党建主题实践活动、企业经营创效和安全生产、“红树林”工程、抗击冰雪灾害、汶川大地震、北京奥运会及全球金融风暴等重大内容，加强对全体船岸员工的形势任务宣传教育。加强宣传阵地建设，进一步从形式、载体上探索对《广州远洋》的开本、版面、栏目编排、色彩搭配等进行改革创新，将广州远洋网络宣传平台升级为广州远洋宣传网，扩充了网络宣传的内容和功能。做好企业品牌形象宣传和对外宣传报道。全年在各社会报纸杂志上刊发宣传企业的稿件80余篇。充分发挥宣传职能，与下属企业、其他部门加强协作。发挥团队协作精神，主导、协助其他部门制作《安全案例分享(续)》、《蓝色记忆》等出版物，刻制了多个安全、精益管理光碟；拍摄编辑中远航运水手、机工技能教学片、船员歌咏比赛、船员技能竞赛录像片，摄制并在线播报新闻专题片共计47条；完成中远集团第15次经营管理委员会摄影采访、制作相册等事宜。协助业务部室开展业务管理推广工作。起草编印了《安全理念创新》手册，总结广远安全管理的成功经验和有益创新，推广和宣传广远“十大安全文化理念”，总结广远安全管理成功经验和“平安之旅”的主要做法，申报广东省安全文化建设示范单位。

5. 以党建带团建，充分发挥共青团组织生力军和突击队作用。广远团委以团日活动为依托，深入开展“与祖国共奋进，与中远同发展”等主题教育活动，进一步推进青年思想政治工作；紧紧围绕广远中心工作和上级团组织的各项工作部署，坚持融入中心、进入管理，以创建“青年文明号”、“青年安全生产示范岗”、“青年创新创效”等团的品牌活动为载体，充分发挥团员青年生力军和突击队作用。以“培塑和谐青年，促进和谐成长”为目标，通过开展青年“红树林”工程系列活动，服务青年成长成才，涌现出大批的先进青年典型；以强化团的自身建设为基础，创新推进共青团工作的全面发展，团结带领广大团员青年为实现企业的又好又快发展作出了积极贡献。（章晓彤）

【新闻媒体对广远的重要报道】 2008年，广远集中力量对外宣传企业深化改革、安全管理、船员队伍建设、船舶结构调整等重大经营管理活动，树立企业良好的品牌形象，在各社会媒体发布宣传稿件80余篇。其中，《中国远洋报》大篇幅刊登的《坚持用科学发展观引领企业创新》、《以改革创新精神加强和改进企业党建工作》，从学习实践科学发展观的高度，概括了广远近年来在改革发展中取得的各项成绩；被编排在头版的《风正扬帆破浪行》，对广远改革开放30年的发展进行了全景式的总结；《顶风冒雪也要在春节前按时上船》、

《交纳“特殊党费”支援抗震救灾》、《一位老共产党员的遗愿》、《广远进一步救助受灾员工家庭》、《汶川地震中的海嫂们》，从多个侧面描写了广远人面对年初南方冰雪灾害和汶川大地震，为了集体利益和同胞大爱而克服困难、无私奉献的感人事迹；《以全球眼光开拓木材船市场》、《又好又快发展的中远特种船运输》，对广远特种船队的发展给予了高度关注和评价；《“安岳江”轮确保国家利益顺利返抵国内》、《在异国他乡过春节》、《从知青到船长》反映了船员不畏艰苦、拼搏向上的精神风貌；《支部建在船上　推进船舶党建》、《16名优秀协作船员转为自有船员》、《以人为本岗位成才》、《“瑞昌海”轮上的“移动学堂”》，对广远加强员工教育培训“红树林”工程进行了详细描述；《中国远洋航务》在第9期以《“双轮驱动”打造“新广远”》为题，对广远“生产经营”和“资本经营”并重的实践进行了大篇幅报道，肯定了广远的探索精神和先进经验。此外，《中国交通报》、中国国际海运网等也刊登了报道广远的文章。（王雷）

【召开2008年维护稳定工作专题会】 2008年1月28日，广远党委召开2008年维护稳定工作专题会议，传达上级维稳工作有关文件精神，总结回顾2007年稳定工作，部署安排2008年维稳任务。党委书记刘书田、党委副书记黄继忠、纪委书记兼工会主席马宗梅以及广远维稳工作小组成员共27人出席会议。总经办、人力资源部/组织部、岸产事业部、中远航运等相关部门和单位作了稳定工作排查专题发言，马宗梅作了广远维护稳定工作总结发言，刘书田对做好2008年维护稳定工作发表讲话。会议对近期企业不稳定因素的一些新动态进行了分析，明确各级党委要认真履行维护稳定的主体责任，立足深化改革、打造“资本广远”、建设“和谐广远”等中心任务，多层次、多渠道、多途径做好不稳定、不和谐的因素的摸底排查和信息收集工作，特别要重视预防和避免各种群体性事件的发生，把各种矛盾问题控制和解决在萌芽状态，全力确保企业实现既定的各项战略目标。（曾晓平）

【开展解放思想学习讨论活动】 2008年1～5月，广远党委按照中共广东省委的统一部署，开展了“继续解放思想，坚持改革开放，争当实践科学发展观的排头兵”学习讨论活动。活动坚持融入中心、服务发展，通过各种平台和载体，深入搞好思想发动，扎实开展实践调研，通过“学习宣传”、“讨论调研”、“决策部署”等阶段扎实有效的工作，各级党组织和广大干部员工进一步提高了对解放思想、实践科学发展观的认识，在全企业营造了解放思想、深化改革、争当实践科学发展观排头兵的良好氛围，有力促进了各级党组织和广大党员干部群众解放思想，更新观念，树立科学发展观，推动了各项工作再上新台阶。（谢志达）

【开展“三创建三促进”主题实践活动】 2008年，广远党委按照中共广东省直工委的部署，开展了以创建学习型、创新型、和谐型机关，促进解放思想、改革开放、科学发展为主题的“三创建三促进”学习实践活动。广远党委下发了《广远公司开展“三创建三促进”学习实践活动工作方案》（以下简称《方案》），广远各级党组织按照该《方案》的要求，将“三创建三促进”主题实践活动贯穿于全年工作中，大力开展学习调研、求计问策和攻坚克难活动，推进学习型、创新型、和谐型企业建设，以认识上的新飞跃带动思想上的大解放，以新一轮思想解放实现新一轮大发展，为广远实现科学发展夯实了思想基础、营造了良好环境。（谢志达）

【开展“读书·思考·进步”专题读书活动】 2008年4～6月，广远党委组织开展了“读书·思考·进步”专题读书活动。这是以“三创建三促进”为学习载体，推进解放思想学习讨论活动深入开展的具体行动，是促进企业精神文明建设的重要举措。为确保专题读书活动取得实效，广远各级党组织把活动与推进实施加强职工教育培训“红树林”工程结合起来，开展“读一本好书”活动，各级党委中心组成员带头读书、带头思考、带头撰写读书心得体会，全体职工每人至少读一本好书。通过活动，广大党员和干部职工自觉养成勤读书、勤思考的习惯，积极撰写读书心得，开展读书交流活动，并将读书活动的成果落实到具体工作中，受到了上级有关部门的好评。是年，广远被授予“省直机关读书心得征文优秀组织奖”。（章晓彤）

【举办“迎奥运讲文明树新风”礼仪知识竞赛活动】 2008年4月10日，广远党委下发通知，在全企业范围内开展“迎奥运讲文明树新风”礼仪知识竞赛活动。各单位纷纷响应号召，认真组织员工学习《迎奥运讲文明树新风礼仪知识简明读本》，并积极参加礼仪知识竞赛，截至4月18日，共上报竞赛答卷1585份。（章晓彤）

【召开2008年度党员领导干部专题民主生活会暨述廉议廉会议】 2008年10月15日，广远党委组织召开了2008年度党员领导干部专题民主生活会暨述廉议廉会议。会议主题是：全面贯彻落实中共十七大精神，深入学习和实践科学发展观，进一步增强政治责任感和工作使命感，提高领导科学发展的能力和水平，为深化改革、打造“资本广远”提供坚强领导保证。中共广东省直工委企业工作处处长刘新、主任科员王海龙，中远集团副总裁许立荣、组织部副部长王威、监督部办公室主任左霖等莅临会议指导。会议由广远党委书记刘书田主持，广远党委、纪委全体成员，广远本部各职能部门主要负责人，民主党派人士代表和部分职工代表共22人参加了会议。会议认真总结回顾了广远党委领导班子一年来学习贯彻科学发展观和遵守执行廉洁从业规定的有关情况，深入查找了存在的问题和不足，提出了相应的整改措施。刘新、许立荣分别作了讲话，对会议进行了点评，肯定了广远改革发展及领导班子建设取得的成绩，对广远领导班子下一步的努力方向和工作任务提出了要求。

（曾晓平）

【召开广远政研会理事会】 2008年12月17日，广远党委召开2008年政研会理事会。会议由党委副书记黄继忠主持，党委书记刘书田作了讲话，纪委书记兼工会主席马宗梅出席了会议。广远政研会理事以及来自广远本部、基层和船舶一线的党务工作者代表、论文作者代表共45人参加了会议。会议传达了中远集团政研会六届三次会员大会精神，深入分析研究了金融海啸给航运企业带来的严峻挑战，对如何传承改革发展30年广远的宝贵经验，创新加强党建思想政治工作，推动企业改革发展稳定作出了部署。会议还总结了近年来政研会的主要工作，表彰奖励了一批优秀政研论文。（谢志达）

【开展纪念改革开放30周年系列活动】 2008年，党工部为全面总结和回顾改革开放30年来广远深化改革、创新发展和党的建设各方面的成就与经验，推动广远进一步解放思想、深化改革，按照广远党委的部署，负责具体策划并组织开展了纪念改革开放30周年系列活动，通过布置落实党委中心组专题理论学习、专题理论研讨、群众性读书活动、征文活动、图片展览等活动，系统回顾、总结了广远30年来在国际、国内和行业内取得的标志性成就，以及不断解放思想开拓创新的改革经验；通过网络宣传平台、《广州远洋》杂志、展板海报等形式大力营造声势，激励广大职工进一步坚定地走改革开放之路。（谢志达）

【公文处理工作】 2008年，党工部认真做好党委公文处理工作，起草领导讲话材料32份，起草、审核广远党字文件27份，审核登记党群部室文件135份，收发外部公文674份，转发文件105份，呈送广远领导传阅的纸质文件547份次，送各部室传阅的文件341份次，未发生过任何文件丢失及泄密事件。（曾晓平）

【信息调研工作】 2008年，党工部认真履行党委参谋助手职责，扎实做好党务信息收集编辑工作，深入开展党建专题调研活动，为党委决策提供重要参考依据。全年编报中远集团党组工作信息70条，被采纳64条，其中3条被作为典型经验被中远集团《党组工作简报》采纳。是年，党工部大力协助广远党委接待中共中央组织部、中共国资委党委、中共广东省委组织部、省直工委和中远集团党组、中远集团研发中心等上级组织开展的党建专题调研活动，总结和推广广远近年来在党建思想政治工作领域取得的各项典型经验和创新成果。（曾晓平）

【信访接待工作】 2008年，党工部认真贯彻构建和谐广远要求，继续秉承“热情、依法、负责、奉献”信访工作方针，扎实做好员工群众信访接待工作，全年共处理15起员工信访，接待员工来访5批次，接听员工来电信访20多次，均予妥善处理，为构建和谐广远、维护企业稳定创造了良好条件。（曾晓平）

【开展“三学一创”活动概况】 2008年，广远“三学一创”活动坚持以科学发展观为指导，着力推进理念更新、创新形式和内涵、完善评审机制、挖掘新的典型，有力地推动了企业中心工作，使广远两个文明建设取得显著成绩。经广远“三学一创”活动领导小组审核批准，评出了广远双文明建设先进单位3个、学习“华铜海”轮先进船舶13艘、优质服务外派集体标兵1个、“文明示范窗口”4个。中远航运、“安龙江”轮等8艘船舶、《广州远洋》编辑部等4个窗口、赵寿春等7名员工受到中远集团表彰。

是年，广远“三学一创”活动呈现三个主要特点：1. 思想认识进一步提高。广远各级党组织把学创活动作为深入学习中共十七大、十七届三中全会精神的有效载体，扎实开展解放思想学习讨论，发动好广大员工，在以科学发展推进争先创优上达成共识，为企业应对国际金融海啸袭扰，抗击国际航运市场风险，推动两个文明建设同步发展提供了强大动力。各单位领导重视，开局良好，措施得力，形成党组织统一领导，党政齐抓共管，船岸同创共建的活动格局，使"三学一创"活动成为两个文明建设的核心载体和远洋企业文化建设的重要组成部分。2. 内容和形式进一步创新。各级党组织注重以职工为开展活动的主体，运用好载体，抓好切入口，营造浓厚的学创氛围，发挥由点及面、内外辐射的作用。在树典型、学先进方面，"泰安口"、"白沙岭"轮等一批优秀集体，蔡连财、吴禄伟等一批先进个人呈现一定的影响力和带动力；"广远十大杰出青年"等评先推优活动，在员工中营造出崇先进、学先进的良好风气。在员工队伍建设方面，"红树林"工程载体作用显著，实现员工素质工程覆盖全员，"海上课堂"越办越好，"红树林"越拓越广，有效提升了员工思想认识、业务技能、职业道德和风险意识。在强化管理方面，各单位、船舶结合精益管理、节能减排、安全生产，进一步完善制度，规范管理。3. 创优意识进一步增强。各单位、船舶以市场为导向，坚持"学习先进，创造一流"精神不动摇，坚持站高一步、看远一步、想深一步，不断强化员工的大局意识、竞争意识和服务意识，涌现出一批学创活动的先进集体和个人。

（谢志达）

【《广州远洋》编辑部简介】 《广州远洋》是广远的综合类月刊，创刊于1977年3月，至2008年12月止共出版422期。杂志经广东省新闻出版局审批登记，是广东省资料性出版物，登记证号为：粤内登字O第10006号。《广州远洋》编辑部主要职责是编辑出版《广州远洋》，同时兼顾企业对外宣传，媒体沟通，网络宣传等工作。《广州远洋》刊登的内容主要包括中共中央、国务院以及上级单位制定的路线方针政策、企业中心工作、企业动态、船舶建设、文学作品等。主要板块有："四人吧"、"中远视界"、"观潮台"、"头条"、"特稿"、"专题"、"本月"、"一线"、"观点"、"文字"等，下设"平安之旅"、"综合新闻"、"学创园地"、"身边人"、"广远文化"、"今日视点"、"海岸线"、"红珊瑚"等栏目。《广州远洋》的发行范围是广远本部、基层、船舶，以及上级有关部门、兄弟单位等。2008年发行数量是6200册。时任《广州远洋》编辑部主任王雷。员工2人。

（王雷）

【《广州远洋》编辑部工作概况】 2008年，《广州远洋》编辑部主要做了以下工作：1. 按计划编辑出版《广州远洋》，共出版12期，约90万字；围绕中共十七大、十七届三中全会精神和企业中心工作，做好宣传工作；在宣传深度上下功夫，加大评论的篇幅，提高理论高度，专门开辟"四人吧"；重视专题策划，实施了"抗击暴风雪"、"抗击大地震"、"纪念改革开放30周年"、北京奥运会等专题式的重点报道；做好编排创新，将2007年的20多个栏目整合成10个板块。2. 加强对外宣传，共在各社会媒体发布宣传稿件80余篇，发布广告12个，并重新设计制作了年度广告，同时与广州交通线媒体保持紧密联系和沟通。3. 加强视频宣传，协助CI策划拍摄编辑47条录像片，重点制作了广远2007年大事记电视片、被国资委选送到中共中央组织部参加评选的广远党建教育工作专题电视片，在广远成立47周年之际发布纪念“光华”轮、“银河”轮、“广水”轮等船舶事迹的专题录像片。4. 举办广远2007年“十大新闻”评选、“蔚蓝影踪”摄影展、纪念改革开放30周年图片展，深入推进广远企业文化建设。5. 加强网络宣传，对广远网络宣传平台重新设计制作，升级为广州远洋宣传网，扩充网络宣传的内容和功能，提高宣传工作效率，并开辟“三创建三促进”学习实践活动等多个专题网页。6. 协助出版《安全案例分享（续）》、《安全理念创新》、《蓝色记忆》等，创新制作精益管理活动成果电子展示PPT，协助中远南方制作企业宣传画册，并提供企业文化挂画。7. 改进宣传单元的管理方式，梳理出十个涵盖各方面工作的流程，按流程开展工作。

是年，《广州远洋》编辑部被评为广远和中远集团“文明示范窗口”。

（王雷）

【机关党委简介】 广远本部机关党委是广远机关党的建设、思想政治工作和精神文明建设的职能部门。主要职责是负责制定机关党组织的工作计划；负责机关党员的教育、管理和监督；负责审批下属党支部的换届、改选和党组织的发展工作。2008年，机关党委有党支部12个，党员270名。机关党委由朱航员、林旭东、姚勇、谭力、黎光葵5位委员组成；机关纪委由池新旺、郑深恩、姚勇3位委员组成；时任机关党委副书记、机关纪委书记姚勇（兼）。

（张穗莎）

【机关党委工作概况】 2008年，广远机关党委结合工作实际，深入学习贯彻中共十七大精神，开展“继续解放思想，坚持改革开放，争当实践科学发展观排头兵”学习讨论活动及开展“三创建三促进”党建主题实践活动及纪律教育学习月活动，全面提高党员思想政治素质。努力推进机关党建工作信息化建设，认真做好党费收缴、党员发展和党组织关系接转等日常管理工作，完成2008年党内统计的各项工作。是年，机关党委派出3人参加省直党校入党积极分子培训班学习，发展2名党员，批准1名预备党员转正，接转组织关系68人次，收缴党费157847.60元，上缴党费126278.08元。

（张穗莎）

【开展广远本部员工教育培训“红树林”工程】 2008年4月26日，机关党委召开广远本部加强员工教育培训“红树林”工程动员会。广远本部“红树林”工程工作小组全体成员出席了会议，广远加强员工教育培训“红树林”工程领导小组副组长、党委副书记黄继忠到会指导。会议解读了《广州远洋运输公司本部员工教育培训“红树林”工程实施方案》，与会人员就如何搞好本部员工教育培训工作进行了座谈和交流。

（张穗莎）

广远党校

【广远党校简介】 广远党校主要担负起广远船岸党员干部培训任务，培训对象为广远机关和基层科级以上、中级专业技术职称以上党员干部、船舶政委、党员船长、轮机长、大副等船舶党员领导，以及广远机关、船舶及基层党支部书记、入党积极分子。

时任校长黄继忠（兼），副校长凌保平。员工2人。（叶国梁）

【广远党校工作概况】 2008年，广远党校根据广远党委的工作安排，完成了二期船舶政委轮训任务，为学员提供教学教务管理、住宿、伙食安排等服务。此外，党校教师进行进修，努力提高自身素质和教学水平。（叶国梁）

【举办两期政委轮训班】 2008年4月7～20日，10月20日至11月2日，广远党校各举办了一期船舶政委轮训班。第一期培训班共有36人参加，第二期培训班有27人参加。广远党校按照教学计划，积极主动做好接待、教学教务管理和后勤工作，为培训船舶政委提供服务。培训班主要课程有：现代企业管理及中远航运全面流程管理、船舶管事账事务、中共十七大精神学习辅导、企业文化建设、船舶党建、船舶党支部领导班子建设、《劳动合同法》、船舶安全管理、ISPS规则及应急处置、如何当好船舶政委、涉外商务礼仪、管理心理学、现代信息技术与船舶信息化建设、船员思想政治工作、船舶工会工作和团支部工作等。（叶国梁）

组织党建工作

【组织模块工作概况】 2008年，组织部完成了对广远各基层单位领导班子进行聘期届满和精神文明、创建“四好领导班子”、惩防体系建设等综合考核；春节前夕，组织下属各单位对困难党员进行摸底，对25名困难党员进行慰问和帮扶；根据中共中央组织部文件精神，执行了新党费收缴标准；撤销了华南医疗党总支；5·12汶川大地震，组织广大党员缴纳“特殊党费”；先后两次向中共中央组织部、中共国资委党建局党建联合调研组汇报广远党建情况；组织指导15个广远基层单位召开了2008年度党员领导干部民主生活会暨述廉议廉会议，通报讲评了会议情况；开展创建“四好领导班子”活动，评选出11个符合 条件的“四好领导班子”；总结通报了发展党员工作和党费管理工作情况，完成了年度党内统计报表；全年发展党员313名，转出党员组织关系290名（其中移交地方党组织属地化管理的退休党员148名），转进党员组织关系108人；开展统战工作，总结广远统战工作经验材料。

（周佐成）

【2008年广远党员基本情况统计】 2008年12月，组织部对2008年度广远党委直属党组织（含代管单位）党员基本状况等进行了统计。

2008 年度广远在册党员基本情况统计表（不含代管单位及属地管理党员）

项目		党员数（人）	其中在岗职工（人）
总计		5361	2844
其中	预备党员	462	451
	女	274	138
	少数民族	46	29
年龄	35 岁以下	1067	1011
	36 岁至 45 岁	917	888
	46 岁至 54 岁	832	704
	55 岁至 59 岁	1241	241
	60 岁以上	1304	0
入党时间	1937 年 7 月 6 日以前	0	0
	1937 年 7 月 7 日至 1945 年 9 月 2 日	7	0
	1945 年 9 月 3 日至 1949 年 9 月	37	0
	1949 年 10 月至 1966 年 4 月	511	0
	1966 年 5 月至 1976 年 10 月	1713	267
	1976 年 11 月至 2002 年 10 月	1812	1334
	2002 年 11 月及以后	1281	1238
学历	研究生	64	60
	大学本科	929	720
	大学专科	1234	922
	中专	1035	605
	高中、中技	809	442
	初中及以下	1290	95

（蔡主清）

【广远党委直属党组织概况】 2008 年，广远党委下属党委 8 个（含代管）：其中二级党委 7 个：广远本部机关党委、中远航运党委、中远远达党委、供应公司党委、金桥学院党委、物业公司党委、广东中远船务党委（代管）；三级党委 1 个：中远航运船员管理部党委。下属党工委 2 个：岸产事业部党工委、离退休服务中心党工委；下属党总支 11 个，其中二级党总支 8 个：中远南方党总支、通导公司党总支、建设实业党总支、海运公司党总支、远洋宾馆党总支、远洋大厦党总支、大富酒店党总支、招商局集团广州办事处党总支（代管）；其中三级党总支 3 个：金桥学院天河校区党总支、大沙地离退休党总支、广东中远船务中兴海陆党总支（代管）；下属党支部 223 个：岸上 104 个（含代管 17 个，离退休支部 19 个），船舶 119 个（其中自营船舶 109 个，外派船舶 10 个）。

（周佐成）

【基层党组织变动情况】 2008年，广远基层党组织有所变动，与2007年相比党总支减少1个，党支部减少20个。其中，岸上减少10个，外派船舶党支部减少13个，自营船舶增加3个。 （周佐成）

【积极开展创建“四好领导班子”活动】 2008年，广远党委坚持开展以“政治素质好、经营业绩好、团结协作好、作风形象好”为主要内容的“四好领导班子”创建活动，把这项活动作为在新形势下加强基层单位领导班子建设、发挥党的政治核心作用的有效措施。中远航运、中远远达、中远南方、中远航运船员管理部、岸产事业部、建设实业、通导公司、远洋宾馆、物业公司、海运公司、大富酒店等11个单位符合“四好领导班子”标准。（周佐成）

【组织召开基层单位民主生活会】 2008年11月，广远党委所属的各航运企业、岸产企业、代管单位等15个单位，召开了党员领导干部专题民主生活会暨述廉议廉会议。参加民主生活会的各单位党员领导干部共50人。列席会议的董事、监事、财务总监等共18人。各单位的民主生活会以学习实践科学发展观为主题，会议质量普遍比2007年有所提高，总体评价均在良好以上。 （周佐成）

【汇报广远党建工作】 2008年11月11日，广远党委副书记黄继忠到北京代表广远党委就现代企业制度下党组织建设和远洋船舶党组织建设问题向中共中央组织部组织局、中共国资委党建局联合调研组进行汇报。 （周佐成）

【上级党组织派人到广远调研党建工作】 2008年11月15日，中共中央组织部组织局、中共国资委党建局、中共广东省委组织部、中共广东省直机关党工委联合调研组在中共中央组织部组织局副巡视员李志宏、中共国资委党建局党建处处长姚焕带领下，一行12人到广远进行党建工作专题调研。广远党委书记刘书田代表广远党委就企业党组织的总体情况和党建工作的主要特点，企业加强和改进党建工作的主要做法和体会，全球金融危机背景下企业党组织应对形势挑战的思考和对策等问题向联合调研组进行了汇报。联合调研组还观看了广远党建工作宣传片、《广远基层党组织工作常用资料汇编》光盘，察看了广远企业宣传网络平台，广远党务管理网络系统。联合调研组对广远党组织建设给予了高度评价，认为广远党委十分重视企业党建工作，很好地发挥了企业党组织的政治核心作用，很好地履行了企业的社会责任，企业党建工作很有特色，卓有成效。

（周佐成）

【党员发展工作】 2008年，广远各级党组织遵照中共中央组织部“坚持标准，保证质量，改善结构，慎重发展”的发展方针，加大发展党员工作力度，重点发展有文化、有理想的优秀青年、高级船员入党。制定了《广州远洋运输公司2007~2010年发展党员工作规划》，全年共发展党员313名，其中35岁以下242名，占77.32%，大专以上文化程度170人，占54.30%，生产一线业务骨干290名，占92.65%。

2008 年度广远发展党员情况表（不含代管）

项目	发展党员数				年龄			学历			岗位		入党积极分子	申请入党人数
	总数	女	少数民族	较 2007 年增加%	35 岁及以下	36 岁至 59 岁	60 岁及以上	大专以上	中专高中	初中以下	生产一线	其中船员业务骨干		
总计	313	11	4	2.29	242	71	0	170	137	6	290	276	949	1145

（蔡主清）

【加强党员管理工作】 2008 年，广远各级党组织不断完善《中国共产党党务管理信息系统》，发挥其在日常党员管理和党内统计中的作用。全年共转出党员 290 名，其中 148 名退休职工党员的组织关系转到居住地党组织，实行属地化管理；转入党员 108 名；进一步清理了挂靠党员；广远党委所属各级党组织按照党章规定，及时处理不履行党员义务、不按时交纳党费、不参加组织生活等不合格党员 19 名，其中自行脱党或党内除名 17 名，开除党籍 2 人，从而保证了党的纪律的严肃性和党员队伍的纯洁性。（周佐成）

【党费收缴管理情况】 2008 年 3 月，广远党委转发了中共广东省委组织部《转发中央组织部（关于中国共产党党费收缴、使用和管理的规定）的通知》，广远所属各基层（含代管）党组织按照上级要求，制定了相应的党费收缴标准，并从 4 月 1 日起执行。到年底，广远党委系统（含代管单位）5734 名党员共交纳党费 133.38 万元，广远党委按 70%比例（离退休党员按 35%）共上交中共广东省直工委 88.19 万元，各基层党组织按 20%比例留用党费共 30.96 万元。（周佐成）

【开展“讲党性、重品行、作表率”活动情况】 2008 年 5 月，广远党委成立了“讲党性、重品行、作表率”活动领导小组，计划用 3 年时间在领导干部和组织人事管理人员中开展“讲党性、重品行、作表率”活动。2008 年为集中活动年。通过动员准备、专题学习、自我检查、征求意见、岗位练兵、制定措施等阶段，提高了广远领导干部和组织人事部门贯彻落实科学发展观的自觉性，进一步增强了政治意识、大局意识、改革意识、服务意识，使领导干部和组织人事管理人员在思想观念、素质能力、工作作风和工作方法上有新转变、新进步、新提高。（周佐成）

【统战工作情况】 2008 年，广远统战工作紧紧围绕中心，创新思路、创新内容、创新方法，积极开展“爱企业、献良策、做贡献”主题活动，广大员工群众积极参加，共收到建言献策 537 条，被采纳 279 条，产生经济效益 2600 万元。是年，广远被国资委统战部、中共中央统战部六局评为“爱企业、献良策、做贡献”活动先进集体。（周佐成）

第二节　纪委工作

【中共广州远洋运输公司纪律检查委员会简介】 中共广州远洋运输公司纪律检查委员会（以下简称广远纪委）是在广远党委领导下的纪律检查机关，其业务受中远集团党组纪检组及广东省纪委派驻省经贸委纪检组双重领导。广远纪委的主要职能是围绕广远中心工作，协助广远党委抓好党风建设和反腐败工作，维护党的纪律、国家法律法规和企业规章制度，保证党和国家的路线方针政策的贯彻落实以及广远的健康发展。

时任纪委书记马宗梅，副书记朱航员。纪委委员有马宗梅、朱航员、黎光葵、姚勇、陈建钦、赖奕光、林耀强。工作机构为广远监督部/审计部，对外保留检查室、审理室和审计室的牌子。

监督部/审计部的主要职责是开展党风教育和反腐倡廉教育，增强广大党员的党性观念，提高各级管理人员廉洁从业的意识和遵纪守法的自觉性，构筑拒腐防变的思想道德防线；发挥组织协调作用，完善各项反腐倡廉制度，健全企业内部监控机制，提高企业经营管理制度化的水平；开展监督检查、效能监察和审计监督，发挥专职监事的监督作用，协调合资合营单位建立健全监事会并发挥监事会的职能作用，贯彻落实党的路线方针政策和企业规章制度，促进企业依法依规经营和管理人员廉洁从业，以及管理水平、运营效率的提高，确保国有资产的保值增值；做好信访举报、案件检查和审理工作，维护党员和员工群众的合法权益，对违反党纪政纪行为进行调查处理，营造企业和谐稳定的内部环境。

时任监督部/审计部总经理朱航员（兼），总经理助理佟文华（1月~12月26日）、张访苏（12月26~31日）。综合室主任余松亮、检查室主任郑意、审计室经理所春阁。员工16人（另有专职监事3人，不列入部门编制）。（余松亮）

【纪检监察审计工作概况】 2008年，广远纪委深入贯彻落实中共十七大精神和中纪委十七届二次全会精神，以及中远集团2008年纪检监察工作会议、审计工作会议精神，充分发挥组织协调作用，围绕中心、服务大局，切实加强以完善惩治和预防腐败体系为重点的反腐倡廉建设，促进广远的和谐健康发展。

在教育方面，广远纪委对广远各单位行政一把手开展了案例警示教育；对领导人员开展了贯彻落实中纪委提出的国有企业领导人员廉洁自律“七项要求”（不准利用职务上的便利通过同业经营或关联交易为本人或特定关系人谋取利益；不准相互为对方及其配偶、子女和其他特定关系人从事营利性经营活动提供便利条件；不准在企业资产整合、引入战略投资者等过程中利用职权谋取私利；不准擅自抵押、担保、委托理财；不准利用企业上市或上市公司并购、重组、定向增发等过程中的内幕信息为本人或特定关系人谋取利益；不准授意、指使、强令财会人员提供虚假财务报告；不准违反规定自定薪酬、兼职取酬、滥发补贴和奖金）的宣传教育、自查登记、审核认定和检查整改工作；对广大党员、员工开展了廉洁从业谈话教育和全员廉洁承诺活动。7～9月在广远系统内部署开展廉洁从业纪律教育月，自下而上广泛开展群众性廉洁从业知识竞赛活动，并组织了反腐倡廉文艺表演，弘扬清风正气，增强党员干部尤其是领导人员的廉洁从业意识和法纪观念。

在制度方面，广远纪委协调和督导广远各职能部门和各投资单位对防治腐败相关的经营管理制度进行修订完善，强化内控机制，规范权力运行。全年共新建制度44项，修订制度73项，制度化水平得到进一步提高。

在监督方面，广远纪委加强了对广远下属单位、合资合营单位贯彻落实财务制度、“三重一大”决策制度和企业经营管理关键业务环节的监督检查、效能监察，以及对广州远洋大厦等工程项目的招标和施工现场的监督。从源头上预治商业贿赂，严禁设置“小金库”，促进企业规范管理、降本增效，坚决纠正违规行为。全年共检查单位67个（次），进行了129项监督检查和效能监察，发现问题32个，提出整改建议33条，完善各类规章制度16项，发出《监察建议书》2份，进行诫勉谈话1人。

在审计方面，广远纪委切实发挥审计在规范财务核算、完善内控管理、促进降本增效、防范风险方面的作用。全年完成财务类审计16项（其中，任中经济责任审计3项、离任经济责任审计3项、联合审计3项、投资效益审计2项、财务收支审计1项、专项审计及检查4项），提出审计意见和建议90条（均被采纳）；船舶机务管理审计1189项，审计核减额198.9万元；日常基建审计58项，审计金额8207.63万元，节约建设成本1028.67万元，并狠抓整改，较好地完成了各项任务。

在监事业务管理方面，广远纪委以股东的名义督促16家投资企业进一步健全监事会、完善财务管理及“三重一大”集体决策等制度，并通过及时审核董事会议案、工作提示等方式促使派出监事代表股东加强对投资企业的监管。同时，专职监事充分发挥现场监督作用，促进了岸产企业的规范经营和健康发展。

（佘松亮　利惠玲　池锡锋）

纪检监察

【召开纪检监察审计工作会议】　2008年3月7日，广远纪委组织召开广远2008年纪检监察审计工作会议。会议由党委副书记黄继忠主持。广远领导，广远本部各部室，各全资控股企业的业务经理以上管理人员和参股企业广远派出负责人等共266人参加了会议。会议传达贯彻广东省纪委十届二次全会和中远集团2008年纪检监察工作会议精神，总结广远2007年纪检监察审计工作，研究部署2008年的党风建设和反腐倡廉工作。会上，纪委书记马宗梅作了题为《更加注重预防，加大监督力度，扎实推进广远公司反腐倡廉建设》的工作报告。党委书记刘书田、总经理徐惠兴分别作了讲话。（佘松亮）

【召开传达贯彻中远集团审计工作会议专题会】　2008年4月22日，广远纪委召开传达贯彻2008年中远集团审计工作会议精神专题会。广远本部各部室总经理、审计人员，各航运、岸产单位的党政一把手、财务负责人等共60人与会。会上，纪委书记马宗梅对广远2008年审计工作重点任务进行部署，总经理徐惠兴、党委书记刘书田分别作了讲话。（佘松亮）

【召开投资企业总经理廉洁从业教育专题会议】 2008年3月7日，广远纪委组织召开了广远投资企业总经理廉洁从业教育专题会议。各投资企业总经理等27人参加了会议。会上，纪委书记马宗梅对广远10年来5起基层单位行政一把手犯罪案件进行剖析，归纳案件特点，深挖思想根源，总结深刻教训，对各单位行政一把手进行警示教育。总经理徐惠兴作了讲话，提出廉洁从业的具体要求。岸产企业运营总监林立兵从企业经营风险、管理制度体系和管理层廉洁自律三方面谈了自己对廉洁从业的意见和体会。（佘松亮）

【坚持惩防体系融入经营管理，进一步提高预防腐败能力】 2008年，广远纪委认真贯彻上级纪检监察机关的工作部署，积极协助广远党委抓好惩防腐败体系建设。每半年召开惩防体系工作小组例会，研究部署体系推进工作，加强协调督导、信息交流和经验推广；年底结合落实党风建设责任制情况的检查，对各直属、控股单位惩防体系工作进行了检查评估。广远各级纪检监察机构发挥组织协调作用，各职能部门发挥主力作用，使惩防体系更加完善，更加有效，教育、制度、监督、信访案件查办等各项工作更加贴近生产经营管理，抓住了关键业务操作和关键岗位加强监督制约。全年共查处违法违纪案件5起，建立健全117项制度，企业防治腐败能力得到进一步提高。

广远纪委加大了对中远航运以全面流程管理为依托构建惩防体系做法的总结推广力度，努力探索构建以业务操作流程为载体，以监督融入管理为特征的现代企业惩防体系的有效途径。该项工作得到中远集团党组纪检组的肯定，在广东省纪委召开的国有企业党风建设和反腐倡廉工作会议上，广远纪委就此项目进行了交流。为此，广远被广东省纪委列为党风建设联系点单位。（佘松亮）

【开展贯彻落实廉洁自律“七项要求”的宣传教育、自查登记、审核认定和检查整改工作】 2008年，广远党委对贯彻落实企业领导人员廉洁从业“七项要求”高度重视，党委书记刘书田多次在工作会议和中心组集体学习会上对企业党风建设和领导人员廉洁从业提出具体要求，对存在的问题和苗头进行严肃的批评教育；广远纪委联合党委组织部下发了《关于认真贯彻落实国有企业领导人员廉洁自律七项要求的通知》，对开展廉洁自律“七项要求”的宣传教育、自查登记、审核认定和检查整改工作进行具体安排，并督促落实和总结上报。广远中层以上领导人员76人按规定填报了6个自查登记表，登记率100%。广远系统内各级领导班子成员绝大多数能严格遵守廉洁自律“七项要求”，廉洁从业和自觉接受监督的意识不断增强。（佘松亮）

【落实全员廉洁承诺和廉洁从业谈话制度】2008年，广远纪委督促广远各部门、各单位继续抓好新员工和新任职领导人员廉洁从业承诺书的签订工作。全年，广远中层以上管理人员96人签署廉洁从业承诺书，各单位党政一把手和财务负责人51人还签订了不设“小金库”承诺书，用承诺加强自我约束。

广远本部各部门和各下属单位领导人员按照党风责任制分工，开展对所管辖党员干部的廉洁从业谈话，及时给予提醒和激励。全年共进行廉洁从业谈话319人次。

（佘松亮）

【开展廉洁从业纪律教育月活动】 2008年6月，广远纪委下发通知对广远全系统开展廉洁从业纪律教育月活动进行全面部署，并购买、下发了各类党风廉政教育读本80份、专题片80张，开辟了网页专栏（廉政之窗、党纪条规、纪检杂志、廉洁视频、廉政格言等），登载各种文本、影视教育资料60多篇（份）。7～9月，广远各级党组织广泛动员和开展廉洁从业纪律教育月活动：认真组织党员、员工传达学习广东省纪委《关于切实维护党的政治纪律有关问题的通知》，进一步增强党性观念，讲政治，顾大局，严格遵守和维护党的政治纪律；组织学习《中国共产党章程》、《中国共产党纪律处分条例》、《公司法》、《劳动合同法》、《中远集团企业纪律》以及“三重一大”等法律法规、党纪条规和企业规章制度，提高党员干部遵纪守法的自觉性；组织观看了《镜鉴》、《人生的败笔》、《用金钱堆砌的坟墓》、《罪案鉴戒》4部案例警示电教片，地处海南省的中远南方和中远营港还分别组织员工观看了“2008年海南省反腐倡廉警示教育展览”，广大党员、员工从案例剖析和对照检查中得到了教育警醒，以案为鉴；开展广远系统廉洁从业知识100题答卷活动，共有1896人参加，参与率86.9%；联合广远工会自下而上组织开展群众性廉洁从业知识竞赛和反腐倡廉文艺表演，掀起“学法、知法、用法”的热潮，员工自编自演了群口快板《反腐倡廉结硕果》、女声独唱《守住清廉》、小合唱《八荣八耻记在心》、小品《阳光下的成长》和魔术《千万不能贪》等5个节目，寓教于乐，弘扬廉洁文化，300多名员工观看了表演，受到了启迪和教育；开展“每月一案”教育，对中层以上管理人员和党员的教育面达90%以上，对一般员工的教育面达80%以上；组织中层以上领导人员70人参加中纪委举办的全国党员干部学习贯彻《建立健全惩治和预防腐败体系2008～2012年工作规划》知识答题活动，参与率100%；组织广大员工学习《保密法》及相关法规规章，观看保密警示教育片，参加广东省国家保密局举办的网上答题竞赛活动，开展保密教育，增强保密意识。 （佘松亮）

【开展廉洁过节情况的检查】 2008年元旦前，广远纪委转发了中远集团《关于做好2008年元旦春节期间廉洁自律工作的通知》，下发了《关于重申严禁领导干部收送现金、有价证券和支付凭证的通知》，对“两节”（元旦、春节）廉洁自律工作进行部署，提出要求。节后，监督部/审计部组织对广州地区12个二级单位领导干部贯彻执行廉洁自律规定情况进行监督检查，对存在问题提出了整改建议。

9月中旬，广远纪委转发了广东省纪

委、监察厅《关于中秋、国庆节期间厉行节约保持廉洁的通知》，对广远各部室、各单位廉洁勤俭过节进行部署。广远下属各级纪检监察组织加强了对过节情况的监督检查。国庆期间，物业公司经营部经理林远平主动上交由房屋租赁客户谢某托送的一个夹藏1000元人民币现金的礼包。物业公司纪委对此进行通报表扬，并找到谢某，如数退回礼品、礼金，并对其提出严厉批评。谢某深刻检讨，写出“依规依法经营，不犯贿赂错误”的书面保证。物业公司纪委正确处置承租户送的礼品、礼金，对送礼当事人及广大员工开展了法纪教育，收到良好效果。（佘松亮）

【加强对财务管理的监督检查】 2008年，广远纪委对企业健全财务制度、遵守财经纪律、规范财务管理进行监督检查，重点检查相关业务操作流程建设情况、制度执行力、是否设置账外账或“小金库”以及大额度资金调动和使用情况。对发现的问题和风险，及时反馈，提出整改意见和建议。广远纪委对在经营中违反有关财务制度规定的2个基层单位分别发出了《监察建议书》。通过检查，进一步完善财务管理制度，提高执行力，堵塞管理漏洞，促进规范经营管理。（佘松亮）

【加强对“三重一大”的监督检查】 2008年，广远纪委下发《关于对广远各单位执行“三重一大”集体决策制度情况开展督查的通知》，采取各基层单位自查和上级检查相结合的方式，对“三重一大”制度是否建立、决策内容和方式是否明确、权限是否清楚、程序是否规范、执行是否严格有效、监督是否有力、违规是否纠正和防范措施是否有效等方面进行严格检查，对制度不健全的6个单位进行督导整改。全年共抽查了三项重大决策、七个重大项目、67名中层以上管理人员的任免、78笔共26446.43万元的大额度资金调动和使用情况，抽查结果均符合“三重一大”规定。广远纪委为强化资金管理，健全内控机制，制定了《广州远洋运输公司大额资金调动和支付管理办法（暂行）》，进一步加强了财务资金管理，促进企业规范运作。

（佘松亮）

【强化对企业经营管理的监督检查】 2008年，广远纪委加强对广远关键部门和关键岗位的监督检查和效能监察，及时发现基建项目、物资采购、合同管理等业务操作问题，督促整改，堵塞漏洞，把隐患消除在萌芽状态；强化各级经营管理人员的执行力，保证政令畅通，促进企业规范经营。

广远纪委严格按照中远集团《关于进一步加强中远集团合资、合营和上市公司监督管理的意见》的规定要求，加强与广远合资、合营企业监事会的沟通联系，把委派到合资、合营和上市公司工作人员纳入到党风建设责任制监督管理的范畴，加强廉洁从业教育和履职情况的监督检查。通过监督检查，督促各单位制定、修订各类经营管理制度16项，进一步推进了广远合资、合营和上市公司的监督管理工作。

（佘松亮）

【加强对企业改制和产权转让的监督检查】 2008年，广远纪委根据国资委和中远集团关于加强对国有企业改制和国有产权转让工作监督检查的政策、文件规定，派人参加企业改制工作小组，参与有关方案的研究，深入了解情况，主动将切入点前移，对改制和产权转让过程的各个环节进行监控，取得了较好成效。是年，金桥学院分校区转让进展顺利，学院转入正常教学秩序；华南医疗股权转让工作圆满结束。

此外，广远纪委还开展对中远集团批复的广远历史遗留房产问题处置的监督检查，确保处置标的严格按照有关规定执行，并对处置过程是否合法合规、公开公正，审批手续和具体的处置方案进行监控，有效保护企业和员工利益，维护企业的稳定。

（佘松亮）

【加强对广州远洋大厦重点工程的监督】 2008年，广远纪委把广州远洋大厦的兴建作为监督的重点。广州远洋大厦该项目管理领导小组、监督领导小组、效能监察和审计监督专项工作小组，每月召开会议听取具体监督工作汇报，协调解决工作遇到的问题；效能监察和审计监督专项工作小组根据监督方案及配套的十项工作管理制度切实履行职责，加强对广州远洋大厦的机电安装、人防、玻璃幕墙、裙楼透光石、消防系统安装等各项工程的招标以及施工现场的监督和审计，检查督促建设、施工和监理三方的现场管理人员履行监管职责，着力打造健康、阳光、价廉、质优的精品工程。（佘松亮）

【做好信访举报和案件查办工作】 2008年，广远纪委充分发挥广远各直属、控股单位纪检监察组织的作用，加大信访和案件的查办力度，协调解决信访反映的问题，维护员工合法权益，严肃查处违法违纪行为。先后查处了金桥学院谢朝东、赖逊荣等4个受贿、行贿案件和通导公司原总经理孟政违反廉洁自律规定案件，挽回经济损失54.8万元，并编发了谢朝东、赖逊荣案例剖析材料，帮助案发单位整改，堵塞管理漏洞，发挥案件检查的治本功能。全年共受理信访件10件，了结10件，了结率100%；初核4件，办结或转立案4件，初核了结率100%；立案5件，结案4件，结案率80%，有4人受到党纪处分，2人被解聘劳动合同。（佘松亮）

【健全监督机构，发挥职能作用】 2008年，广远纪委对广远各全资、控股企业纪检监察机构的人员配备分工及履职情况进行摸查评估，对因人员变动造成机构缺员或审批、备案手续不全的8家单位的党组织发出通知，并督促完善机构人员配备及有关备案手续。此外，通过招聘增补了2名审计人员，加强了审计力量。

（佘松亮）

【加强业务培训，提高履职能力】 2008年，广远纪委按照广远本部的统一安排，积极实施员工教育“红树林”工程。一年来广远本部纪检监察审计人员参加各类业务培训29人次，基层纪检监察人员参加中纪委和广远纪委组织的业务培训20人次，强化了纪检监察审计业务知识以及政策、金融、财经、法律、管理等知识的教育，改善了知识结构，提高了综合素质和业务水平。与此同时，广远纪委还注重纪检监察和审计工作的有机结合，优势互补，纪检监察审计监督人员深入到经营管理各个环节，了解掌握生产经营业务知识，加强实践锻炼，促进了复合型人才的培养。

（佘松亮）

【加强理论研究，积极参加广东廉政征文活动】 2008年，广远纪委为了进一步提高纪检监察人员的理论研究水平，组织各级纪检监察组织加强反腐倡廉建设理论研究工作。广远系统纪检监察人员撰写论文8篇，其中4篇参加了“广东廉政论坛”征文活动。 （佘松亮）

审计监督

【推进内控审计、管理审计、风险审计与经济责任审计的融合】 2008年，监督部/审计部进一步深化审计工作，结合经济责任审计深入开展了资金管理内控、经济效益和投资收益审计。如对远洋大厦开展经济责任审计的同时，进行内控制度审计；对省远洋、越洋船务等合资合营企业分别进行了任中经济责任联合审计；加强对境外企业的审计监管，分别对天星公司、香港中远酒店管理有限公司开展财务收支和经济效益审计；结合广远加强岸产投资企业经营管理的需要，分别对广州埃尔夫、海运公司进行投资效益和经营效益审计；根据广远对下属公司改制的要求，对金桥学院转让分校区进行转让收益及员工补偿金的专项审计，对海洋厂进行离任及承包经营效益专项审计；对广远以前遗留的原广远香港代表处账务收支的真实性和合理性进行专项审核。是年，监督部/审计部通过深入开展资金管理内控、经济效益和投资收益审计，促进了企业管理创效水平的提高和内控机制的建立健全，增强了企业防范投资风险的能力。 （利惠玲）

【狠抓问题整改，促进风险防范】 2008年，监督部/审计部认真贯彻中远集团审计工作会议精神，狠抓风险排查整改工作。4月，下发通知部署对近年来审计、效能监察和2007年广远全面风险清查发现的问题进行整改自查。6~9月，联合财金部组成3个检查组，对广远各投资企业自查和整改情况进行抽查督导并跟踪落实。广远党政一把手对问题整改工作非常重视，在检查报告上分别作出批示，明确提出了整改时限、整改效果、整改责任人等具体要求，加大了责任追究力度。监督部/审计部逐个单位下发整改督办通知，并于12月底组织专项审计，进行后续的督促检查。

（利惠玲）

【加强基建审计监督，有效控制工程建设风险】 2008年，监督部/审计部努力改进基建审计方法和手段，提高基建审计监督的有效性。如大力推进在评标小组中增加技术评委和外单位评委比例的做法，提高评标过程的公平性和公正性；对市场相对垄断的工程项目，采取先技术标评审后经济标评审的做法，确保选择性价比最高的单位承包工程；对重大项目采用先市场考察后公开招标方式，强化风险防范；修改完善《广州远洋运输公司基本建设项目审计工作办法》，提高审计办法的可操作性。

监督部/审计部加强了对广州远洋大厦工程项目招投标及施工现场、工程施工合同、工程款支付情况的审计监督，并每月召开一次监督工作会议，对有关监督工作进行通报、研究和协调，确保了该大厦工程项目的顺利实施。此外，监督部/审计部积极主动地开展对东海大厦、中远南方、远洋宾馆装修工程和各远洋宿舍小区维修工程的审计。全年共完成基建审计项目58项，审计金额8207.63万元，协助建设单

位节约工程建设成本1028.67万元，有效规避工程建设风险。（利惠玲）

【推进船舶机务管理审计转型】 2008年，监督部/审计部认真贯彻《中远集团机务管理审计工作暂行办法》，下发了《关于贯彻落实〈中远集团机务管理审计工作暂行办法〉的通知》，并以船舶修费审计为切入点，深化备件、物料采购等效益审计，推进船舶机务审计从降本增效向规范管理转变。开展了对“安吉江”、“嘉禾关”轮等船舶的修船全过程审计，参加了中远远达节油装置采购合同谈判，完成了对中远远达船舶修理成本管理的实践培训，并参加中远集团对深圳远洋运输公司机务管理、舟山中远船务物资采购管理的检查和审计。全年开展船舶机务管理审计1189项，审计核减额198.9万元，促进被审计单位进一步完善制度，提高船舶机务管理水平。（利惠玲）

监事业务管理

【加强对投资企业的监管，维护广远出资人的合法权益】 2008年，监督部/审计部以股东的名义，向16家航运和岸产投资企业的股东会或董事会提出修改《公司章程》、健全监事会、完善财务管理制度和“三重一大”集体决策制度的议案共10项，督促投资企业设立监事会或其他监督机构并调整监事到位，进一步完善管理制度，加强对企业的监督管理。此外，监督部/审计部通过及时审核董事会议案，有针对性地进行工作提示等促使派出监事代表股东加强对投资企业的监管，维护广远出资人的合法权益。（池锡锋）

【充分发挥专职监事的现场监督作用】 2008年，广远派出的专职监事认真履行工作职责，坚决贯彻执行广远的投资意图，通过参加所派驻岸产企业的各种经营会议和活动，参与广远组织的各项监督检查工作，加大了对所派驻企业的现场监督力度。专职监事在做好现场监督工作的同时，还认真做好信息反馈工作，及时将各岸产投资企业的经营管理和安全生产，尤其是重大决策、重要干部任免、重大项目安排和大额资金的调动与使用等情况报告广远领导和有关职能部门，供企业领导和监督管理部门参考。专职监事全年上报《广远岸产投资企业情况汇报材料》4份共3万多字，其中有关岸产企业经营管理和安全生产等存在问题35项，建议31项。是年，专职监事充分发挥现场监督作用，促进了岸产投资企业的规范经营和健康发展。（池锡锋）

【编发监事业务管理信息简报】 2008年，监督部/审计部不定期向广远各位派出监事发送《广远监事业务与管理》信息简报3期，帮助派出监事学习监事业务知识，了解广远和中远集团有关监事业务管理的信息与动态，更好地履行监事工作职责。监督部/审计部主办的信息简报质量不断提高，其内容紧密联系广远监事业务管理的实际，注重理论与实践的结合，强调实用性；具体内容包括监事业务管理、监事业务知识及有关中远集团监事业务管理信息摘要等，为广远的派出监事提供一块学习业务的园地。（池锡锋）

第三节　工会工作

【中国海员工会广州远洋运输公司委员会简介】　中国海员工会广州远洋运输公司委员会（以下简称广远工会）隶属于中国海员工会中国远洋运输集团委员会，同时受中国海员工会广东省委员会属地化管理。广远工会是广远职代会的日常工作机构，在广远党委和上级工会的领导下，贯彻执行党的路线方针政策，依照《工会法》开展工作。主要职责是履行工会组织维护、参与、建设、教育四大职能，搞好民主管理、民主监督，组织职工参政议政，代表和维护职工民主权利；负责广远职代会、工代会的组织筹备以及闭会期间的日常工作；负责组织对职工进行思想政治、道德法制等教育，协助普及科学文化知识；负责组织职工开展群众性的劳动竞赛、合理化建议活动；监督检查国家有关劳动保护、安全技术、职工卫生等法律、法规、条例的贯彻执行情况，维护职工的合法权益；组织工会会员广泛开展健康有益的文体活动，配合有关部门搞好职工的生活福利；负责困难职工的帮扶工作，帮助困难职工解决实际困难；根据实际情况开展建设"职工之家"活动，增强企业凝聚力和向心力；参与职工工伤、死亡事故的调查，负责善后处理工作以及劳动争议调解工作；负责广远工会的组织建设，充分发挥广远基层工会组织的作用，发展工会会员，努力建设"四有"职工队伍。

广远工会管辖15个基层工会。广远工会委员21人，常委9人。工会经费审查委员会委员3人。2008年，广远有工会会员8153人，其中女会员426人。广远工会设办公室。

时任工会主席马宗梅，副主席符雄。办公室主任蔡兆聪。员工5人。

（蔡兆聪）

【广远工会工作概况】　2008年，广远工会坚持学习贯彻落实中共十七大、十七届三中全会精神和中国工会十五大精神，贯彻落实科学发展观，围绕企业发展战略和中心任务，立足企业发展大局和工会工作全局，牢牢把握"以人为本、构建和谐、促进发展"的工作方针，解放思想，开拓思路，以维护企业整体利益和职工合法权益为根本目标，以凝聚职工队伍、引导职工建功立业为主要任务，在创新工会工作形式和手段、巩固和拓展工会工作平台、丰富工会工作内容、深化工会工作内涵、增强工作针对性和实效性等方面，进行了积极的探索和实践，取得了一定的成绩，得到了上级工会的高度评价和职工群众的认可。是年，广远工会被评为"全国交通建设系统工会工作先进集体"、"广东省工会困难职工帮扶工作先进单位"，工会主席马宗梅被评为"全国交通建设系统优秀工会工作者"、"广东省抗震救灾先进职工"、被授予"广东省五一劳动奖章"。

（蔡兆聪）

【办公室简介】　办公室主要职责是负责广远工会文秘、督办、协调、信息、信访、调研、财务等工作；负责定期组织召开广远工会工作会、工会全委会、工会常委会、年度（年中）工会总结会议；负责汇集整理有关信息和编辑出版《广远工会信息》刊物，为企业领导决策提供依据和参考意见；负责对外来公文和广远、基层工会公文的接收、流转、管理和归档；协调工会内外、上下之间的各种工作关系，确保各项工作顺利进行；负责指导广远基层工会工作，帮助新建企业组建工会组织和日常工会组织建设工作；负责广远职工代表大会、工会会员代表大会的筹备，指导广远基层工会召开职工代表大会和工会会员代表大会的工作；负责筹备召开广远职工代表团团长联席会议；负责企业民主管理、厂（船）务公开的日常工作和开展调研活动；组织职工代表对职工（代表）大会决议的落实和集体合同履行情况的巡视检查；指导广远基层工会开展创建“职工之家”活动；结合形势任务，围绕企业中心工作，运用有效的载体和方法，加强职工宣传教育、文化体育，推进职工素质工程建设；负责组织职工开展劳动竞赛、合理化建议、岗位技能练兵活动；指导检查广远基层单位、船舶开展工会劳动保护工作；参与调查处理广远职工工伤、死亡事故；组织评选先进集体和个人；实施“送温暖”工程，关心企业职工生活，对困难职工进行各种帮扶；组织安排企业职工进行疗休养活动；会同广远有关部门处理职工工亡善后工作；指导、检查、督促广远女工委开展工作。时任办公室主任蔡兆聪。员工4人。

（蔡兆聪）

综合协调

【办公室工作概况】 2008年，办公室制定下发了《广州远洋运输公司工会2008年工作要点》，对广远工会全年的工作进行了部署；协助工会领导组织召开了广远工会八届七次全委会暨2008年工会工作会、广远工会八届八次全委扩大会、广远工会八届六次常委会；配合组织好职工消防技能竞赛、职工篮球赛、女职工趣味篮球赛等群众性活动；认真做好各项工会财务预决算工作；编辑出版6期《广远工会信息》、12期电子版《广远工会信息》和7期《工会工作快讯》，增强了信息的时效性，加强工会信息的沟通交流。

（蔡兆聪）

【广远工会获广东省海员工会信息工作先进单位】 2008年1月6日，广东省海员工会表彰了一批2007年度信息工作先进单位和信息工作积极分子，广远工会被广东省海员工会授予2007年度信息工作先进单位；米军喜被授予2007年度信息工作积极分子。

（米军喜）

【“泰安口”轮获“广东省工人先锋号”、“全国工人先锋号”】 2008年1月16日，广东省总工会召开2007年度广东省10项工程劳动竞赛总结表彰暨“广东省工人先锋号”命名大会。在会上，“泰安口”轮被授予“广东省工人先锋号”。4月，“泰安口”轮被中华全国总工会授予“全国工人先锋号”。

“泰安口”轮针对船舶科技含量高、运输任务重的特点，坚持苦练硬功、挑战极限的宗旨，坚持优质服务租家、服务货主为工作的出发点和落脚点，坚持强化船员安全意识、成本意识、效益意识的教育，出色完成了一系列艰巨的运输任务。

“泰安口”轮自2002年12月18日投

入营运，至2008年12月止，累计完成27个航次任务，货运量达17.38万吨，创造经济效益（运输收入）5.47亿元，安全航行310715万海里，挂靠港口104个，先后5次接受PSC检查，次次获得无缺陷通过，安全工作、综合治理达到“八无”标准，成为名副其实的“亚洲第一船”。该轮先后荣获“中远集团先进基层党组织”、“广东省五四红旗团支部（总支）标兵”、“全国五四红旗团支部”、“中央企业学习型红旗班组（科室）标杆”、“全国学习型先进班组”、中国海员建设工会、交通运输部“优秀船舶”、“广东省工人先锋号”等称号，二次入选美国USCG（美国海岸警卫队）“21世纪优质船舶”。（米军喜）

【广远工会获广东省海员工会重点工作考评优秀单位】 2008年，广远工会坚持以科学发展观统领工作全局，认真按照广东省总工会、广东省海员工会确定的目标任务，结合本单位工作实际，坚持围绕中心，服务大局，与时俱进，开拓创新，认真履行工会各项职能，各项工作取得了显著成效。在广东省海员工会年度重点工作考评中，被广东省海员工会评为优秀单位。（米军喜）

【广东省海员工会女职委考察指导广远系统船员家属工作】 2008年4月8~12日，广东省海员工会女职工委员会（以下简称女职委）组织广东省港航系统女职工干部20多人，考察指导广远系统船员家属站工作。女职委分别听取了大连、青岛船员家属站工作汇报，并就如何深化船员家属工作，发挥船员家属站在构建和谐企业、和谐家庭中的特有优势进行了沟通交流，提出了许多富有建设性的建议，体现了上级工会组织对船员家属工作的关心和支持。

在考察活动中，广东省港航系统女职工干部分别与大连、青岛船员家属代表进行了联谊活动，进一步增进了感情和相互了解。经过沟通交流，港航系统女职工干部深有感触地说，当船员不容易，当船员家属更不容易，海嫂和军嫂一样可亲可爱可敬，称赞广远系统船员家属站工作很有创新、很有特色、很有实效。女职委分别向大连、青岛船员家属站赠送了纪念品，青岛船员家属站回赠了自行创作而有多名船员家属代表签名的安全文化作品，以此汇报“亲情祝安全”的成果。青岛船员家属代表在安全文化作品中写的是：“平安是福，幸福每一天；安全每一天，幸福在身边；为了共享安全的丰硕果实，为了彼此的深深思念，让你和我用心祈祷、共同创造。祝每个家庭拥有平安幸福！”广东省总工会党组成员、纪检组组长肖建葵，广东省海员工会主席卢晓露和广远纪委书记、工会主席马宗梅全程参加了考察活动。肖建葵代表广东省总工会、省海员工会高度评价广远船员家属工作，称赞广远船员家属工作很有远洋特色，是广东省工会工作的品牌，希望继续发扬成绩，开拓创新，服务船员，服务企业，为构建和谐社会、和谐企业、和谐家园做出新的贡献。

（米军喜）

【李铁桥到广远检查指导工作】 2008年4月15日，中国海员建设工会主席李铁桥、副主席朱临庆一行莅临广远检查、指导工作。广远党委书记刘书田向李铁桥一行汇报了广远发展历程以及安全生产、经营管理、和谐稳定等方面所取得的显著成绩；广远工会主席马宗梅汇报了工会在服务企业中心任务、发展和谐劳动关系、发挥工会桥梁纽带作用、组织和引导职工建功立业等方面所作出的努力。李铁桥在听取汇报后作了讲话，充分肯定了广远所取得的辉煌业绩，指出广远作为新中国远洋运输事业的摇篮，为中国远洋运输事业作出了巨大贡献，企业进入了健康、可持续发展的轨道；广远工会勇于探索和实践，积累了许多成功经验和做法，为推动海员产业工会工作起到了积极的推动作用。在调研会上，李铁桥还就进一步加强工会组织建设与广远领导进行了深入、广泛的交流。

（米军喜）

【徐惠兴获“中国海运60年青史人物”称号】 2008年11月7日，广远总经理徐惠兴被中国海运60年青史人物组委会、中国交通运输协会、中国船东协会、中国口岸协会、中国国际海运网、中国港航研究会联合授予“中国海运60年青史人物”光荣称号。徐惠兴，广东省政协委员。1975年大连海运学院毕业后，一直在远洋船上工作，1981年任船长，1991—1996年初，担任“华铜海”轮船长。他带领华铜海人创出了世界一流的船舶管理模式，成为“海上中华名牌”。“华铜海”轮1993年被树为“全国两个文明建设标兵船”，曾获“全国五一劳动奖状”等数十个荣誉称号，成为全国交通系统学习的典范，曾被国际航运界誉为“中国远洋船舶的一面旗帜”。1996年，徐惠兴奉命调岸工作，先后担任了广远总经理助理、副总经理、总经理。徐惠兴调岸后，发扬劳模精神，勇与时代争先，以世界的眼光、超前的战略，坚持改革创新，给广远带来了巨大的变化，尤其是在他主政广远的8年时间，更是广远走向颠峰的8年。这8年，广远从传统的国有企业发展成了拥有世界先进管理理念的现代企业；这8年，广远发展速度最快、经济效益最好、职工取得实惠最多；这8年，广远精神文明建设硕果累累，先后荣获“全国五一劳动奖状”、中央企业厂务公开先进单位、全国模范职工之家、全国厂务公开民主管理先进单位、全国模范劳动关系和谐企业、全国交通行业文明单位等荣誉称号。为此，徐惠兴本人先后荣获“全国劳动模范”，全国海员工会“金锚奖”、“最佳远洋船长”，中远集团“劳动模范”、交通部“劳动模范”、“有突出贡献中青年专家”等多项荣誉称号，享受国务院政府特殊津贴。 （米军喜）

【刘书田获“广东省五一劳动奖章”】 2008年4月30日，广东省庆祝“五一”国际劳动节暨劳动模范表彰大会在中共广东省委礼堂隆重举行。中共中央政治局委员、广东省委书记汪洋，省委副书记、省长黄华华等领导出席大会，广远50多名船员代表与广州地区各界员工群众代表1000多人一起参加了表彰大会。会上，广远党委书记刘书田被授予“广东省五一劳动奖章”。

刘书田，2004年6月任广远党委书记、副总经理，其就任5年来，带领广远党委一班人紧紧围绕企业效益安全稳定等中心任务，大力加强和改进企业党建工作，抓好各级领导班子建设和员工队伍建设，创新开展思想政治工作和企业文化建设，深入推进和谐企业建设各项工作，推动广远两个文明建设不断取得新的成绩，企业经营效益连续5年创历史新高，广远改革发展进入健康协调可持续的科学发展轨道。

刘书田2005年9月当选广州市越秀区人大代表，2007年5月当选中共广东省第十次党代会代表。（曾晓平　米军喜）

【马宗梅获“广东省五一劳动奖章”】 2008年，广东省总工会为进一步弘扬抗震救灾精神，表彰在“5·12”抗震救灾过程中涌现出来的先进典型、先进集体和先进个人。广远工会主席马宗梅被评为广东省抗震救灾先进职工，并被授予“广东省五一劳动奖章”。

10月29日，广东省总工会党组成员、纪检组长肖建葵，经济工作部部长张东升，以及广东省海员工会主席卢晓露一行莅临广远，为马宗梅召开了颁奖座谈会。在颁奖座谈会上，肖建葵代表省总工会向马宗梅颁发了奖章，并与广远党委书记刘书田和马宗梅等就评先进树劳模情况进行了深入交谈，肖建葵等人在会上高度评价了广远培养劳模、树立劳模、宣传劳模所取得的成效。

马宗梅，担任广远纪委书记、工会主席职务，其始终以高度的事业心和责任感，满腔热情地做好纪检和工会工作。马宗梅自2003年担任广远工会主席以来，争当实践科学发展观的带头人和积极推进者，开拓创新，求真务实，不断提高企业工会工作水平，认真按照上级工会的要求，带领企业船岸工会干部，紧紧围绕经济效益中心和“航运是主业，是重中之重”的经营战略，深入开展各项工会工作，使广远工会工作不断迈上新台阶。2008年马宗梅先后荣获广东省和全国优秀工会工作者称号。

（米军喜）

【肖健池获“全国五一劳动奖章”】 2008年“五一”前夕，广远船舶政委肖健池被中华全国总工会授予“全国五一劳动奖章”。

肖健池，10多年来与船舶党支部“一班人”紧密配合，充分发挥船舶党支部的战斗堡垒作用和党员先锋模范作用，带领全船党员和船员解放思想，开拓创新，深入开展各种学创活动，在船舶实行精益管理，狠抓安全生产，闯出了一条具有鲜明时代特色的远洋船舶建设的成功之路，船舶取得了双文明建设的丰硕成果，其所在的“安龙江”轮荣获20多个全国、省、市、部授予的荣誉称号，被誉为继“华铜海”轮后的中国新的“海上中华名牌”。肖健池本人先后被评为广远“十大标兵”、先进生产者和优秀共产党员、优秀党务工作者、广东省直系统优秀党务工作者、中远集团劳动模范、交通运输部劳动模范。

（米军喜）

【叶龙文荣获“航海终身贡献奖”】 2008年7月11日，第四届中国航海日庆祝大会在江苏太仓隆重开幕。在庆祝大会上，首次设立的“航海终身贡献奖”隆重揭晓，全国12位航海老功臣荣获2008年“航海终身贡献奖”。其中，广远退休船长叶龙文被授予“航海终身贡献奖”。

“航海终身贡献奖”评选活动是由交通运输部、农业部、工信部、国家海洋局等6部委在涉海单位中组织推荐评选的，叶龙文是中远集团唯一获此殊荣者。

叶龙文，从事航运工作33年。其在担任“华铜海”轮船长的8年中，率先在船上进行改革，形成了以“改革拼搏，爱国奉献”为核心的“华铜海”精神，创造了“八个一流”（一流的安全、一流的服

务、一流的劳动率、一流的效益、一流的维修保养、一流的船员管理、一流的船风船貌、一流的船员队伍），为广远乃至中国远洋船队建设提供了卓有成效的船舶管理模式，成为全国交通系统学习的榜样，船舶被誉为“中国出租船舶的一面旗帜”，成为“海上中华名牌”。叶龙文本人先后荣获中远系统“十大标兵”，广东省优秀共产党员，广东省、交通部、全国劳动模范等一系列荣誉称号，享受国务院特殊津贴。

（米军喜）

【广远工会财务工作获特等奖】 2008年，广远工会财务工作坚持保护工会资金和财产安全的原则，按照“统筹兼顾、量入而出、收支平衡、略有节余”的方针，完善财务管理制度，严格执行全面预算管理制定的各项资金计划指标和财务审批制度，盘活资金，提高使用效率，加强基层工会财务工作指导，切实做到收好、管好、用好工会经费，把有限的资源用于服务职工群众，用于服务企业中心工作，为促进广远健康协调发展、增创效益作出了应有贡献。广东省总工会对广远工会财务进行了审计，给予了充分的肯定和较高的评价，广远工会财务工作被授予“2008年度广东省海员系统工会财务会计工作竞赛评比特等奖”。（关雨标）

民主管理

【召开工会八届七次全委会暨2008年工作会】 2008年3月24日，广远工会在远洋宾馆召开八届七次全委会暨2008年工作会。会议由工会副主席符雄主持。广远工会委员、经审委全体委员，广远各全资及控股企业工会主席共30多人参加了会议。会议回顾总结了广远工会2007年工作，对2008年工作作出了部署；表彰奖励了一批达标模范工会、达标先进工会。在会上，部分基层单位工会主席作了交流发言。工会主席马宗梅出席会议，并传达了上级领导和上级工会的指示精神。（米军喜）

【召开工会八届八次全委（扩大）会】 2008年7月25日，广远工会召开八届八次全委（扩大）会。广远第八届工会委员会、经审委员会委员，广远下属各全资及控股企业工会主席30人参加了会议。会议由工会副主席符雄主持。会议传达学习了上级工会的指示精神，回顾总结了上半年工作，对下半年工作作了部署。在会上，工会主席马宗梅作了讲话。（米军喜）

【广泛征集广远十二届四次职代会职工提案】 广远十二届四次职代会于2009年初召开。为广泛听取广大职工的合理化建议，凝聚职工的智慧和力量，增强企业的发展优势和抗风险能力，坚定信心，齐心协力，有效应对金融风暴的严重冲击，进一步保持广远科学发展、健康发展和可持续发展的良好势头，2008年11月21日，广远工会下发通知，在广远系统船岸职工中广泛征集广远十二届四次职代会职工提案。广大职工从关心、支持企业改革发展，行使民主权利的理念出发，积极支持、广泛参与。截至2008年底，共征集提案183份。提案的数量虽然与上次职代会相比有所减少，但提案的质量有显著提高，职工提案的建设性意见具有较强的针对性、系统性和科学性。职工提案内容涉及经营管理、安全工作、船舶管理、队伍建设等方面的占提案总数的60%，生活福利和其他方面占40%。

虽然涉及职工福利的提案仍占较高比例，但基本是要求调低个人所得税额、提高退休金待遇、解决社保异地转移等属宏观政策调整的问题。这与企业致力改善职工生活福利、推进和谐企业建设有关，也更加说明广大职工关心企业发展，将个人利益与企业利益融为一体的强烈愿望。（米军喜）

【召开工会八届六次常委会】 2008年12月11日，广远工会召开八届六次常委会。工会主席马宗梅、工会常委会委员等人员参加了会议，党委书记刘书田，广东省总工会党组成员、纪检组组长肖建葵，省海员工会主席卢晓露、副主席陈小翠出席会议并作了讲话。会议由工会副主席符雄主持。会议总结回顾了广远工会2008年的工作情况，对广远工会2009年工作要点（征求意见稿）进行了讨论，听取了筹备召开广远十二届四次职代会的说明，提出了2009年广远工会工作的初步打算。会上，肖建葵、卢晓露作了讲话，对广远工会工作给予了充分的肯定，指出广东省海员系统工会工作5大品牌有2个出自广远工会，一个是“工会建在船上，船上建好工会”，一个是船员家属联络站工作，并称赞广远工会是广东省工会的一面旗帜、省工会工作的排头兵；肖建葵、卢晓露在讲话中还对广远工会今后的工作提出了殷切的希望。会上，刘书田介绍了2008年广远生产经营情况以及面临的新形势、新情况，要求广大职工要坚定信心，统一思想，凝聚力量，齐心协力共渡难关，为广远的改革作出新的贡献。马宗梅在会上作了总结讲话，对贯彻落实会议精神提出了要求。

（米军喜）

组织宣传文体

【召开文体协会五届六次理事会】 2008年3月14日，广远文体协会召开第五届六次文体协会理事会。广远文体协会第五届理事会成员，文体协会各分会会长、副会长、秘书长40人参加了会议。工会主席马宗梅参加了会议并作了讲话。工会副主席、文体协会常务副会长符雄向理事会汇报了文体协会2007年工作情况，对文体协会2008年的工作开展以及广远47周年庆典系列文体活动进行了部署。会议肯定了广远文体协会2007年的工作，认为文体协会各分会积极开展各项文体活动，为丰富职工文化生活、保障职工身心健康、陶冶职工思想情操、促进广远企业文化和精神文明建设等方面发挥了明显的作用。会议提出了文体协会2008年的工作任务。会上，还审议通过了2008年广远文体协会各分会活动经费的下拨方案；表彰了在2007年度工作突出的乒乓球分会，登山分会，书法、美术、摄影分会和22名优秀会员。

（米军喜）

【举办“广远杯”职工篮球赛】 2008年4月7～20日，广远在广州军体院举行“广远杯”职工篮球比赛。广东省总工会党组成员、纪检组组长肖建葵，广东省海员工会主席卢晓露，办公室主任王德澍，广远党委书记刘书田、工会主席马宗梅参加了篮球比赛的开幕式。在4月7日的开幕式上，刘书田致辞，肖建葵作了讲话。经过22场艰苦决战，物业公司代表队荣登冠军宝座，中远航运代表队夺得亚军，季军分别由广远本部代表队和远洋宾馆代表队夺得。广远本部代表队、中远远达代表队和海运服务代表队分别获得精神文明奖。另有18名运动员分别获得优秀运动员和最佳得分手称号。在4月20日的闭幕式上，广远副总经理翁继强和工会主席马宗梅分别为获奖代表队、优秀运动员、最佳得分手，以及优秀组织奖和精神文明奖代表队颁发了奖状。参加本次职工篮球赛共有13支代表队、160名运动员，200多名职工报名投篮比赛活动，是广远历年来举办的赛事规格最高、覆盖范围最广、参与人数最多的一次体育活动。（米军喜）

【广远举办47周年庆典系列活动】 2008年4月27日，是广远47周年成立的喜庆日子。为庆祝广远成立47周年，广远工会充分发挥企业文体协会和各分会的作用，组织开展了富有远洋特色的庆典系列文体活动。部分活动还邀请中远驻穗单位和海员系统单位参加。4月8～15日，羽毛球分会与广远团委联合举办了广远“青年杯”羽毛球比赛，共有5支代表队参加，中远船务队以全胜战绩荣登冠军宝座，岸产一队、岸产二队分别获得亚军和季军；足球分会举办足球联赛，经过5场比赛，广远联队勇夺冠军；4月12日，乒乓球分会举办广远“物业杯”乒乓球比赛，物业公司代表队获得第一名；棋牌分会举办“庆祝广远成立47周年拖拉机大赛”，远洋大厦代表队勇夺第一；登山分会组织70多名会员到从化石门森林公园开展“庆祝广远成立47周年登山活动”。海洋文学分会积极筹备，按期出版了第14期《海洋文学》。4月23日，体育舞协分会举办了庆祝广远成立47周年职工舞会。（米军喜）

【广远篮球队与全国职工篮球使者队开展篮球友谊赛】 2008年5月23日，在“广汽杯”2008年全国职工篮球赛组委会的安排下，广远职工篮球队与全国职工篮球使者队在广州军体院体工队球场举行了一场篮球友谊赛。广东省海员工会主席卢晓露，省总工会宣教部副部长周四根以及广州市总工会有关领导参加了篮球比赛活动。广远工会副主席符雄代表广远工会致欢迎词。随后广远篮球队与全国职工篮球使者队交换了队旗并进行了比赛。广远篮球队被中国职工文化体育协会、中国篮球协会授予“最佳风采奖”。（米军喜）

【广远乒乓球队、篮球队参加广东省海员系统迎奥运比赛】 2008年6月27～30日，广东省海员系统2008年迎奥运“海员杯”乒乓球比赛在从化湖光山庄举行，省海员系统15支代表队的80多名运动员参加了比赛。广远工会副主席符雄应邀出席了比赛开幕式。广远代表队在乒乓球比赛中，获得了女子单打、双打2项亚军和男子双打季军。7月上旬，广东省海员系统举行篮球赛，参加比赛的有海员系统13支代表队。广远代表队成功晋级8强，并获得2个集体奖、1个单项奖。（米军喜）

【承办广东省“海员杯”羽毛球总决赛】 2008年7月19～20日，由广东省海员工会主办、广远工会承办的广东省海员系统迎奥运“海员杯”羽毛球总决赛在广州军体院体工队羽毛球馆隆重举行。广东省总工会党组成员、纪检组长肖建葵，省总工会宣传教育部部长、省职工体育协会秘书长杨敏，省海员工会主席卢晓露、副主席陈小翠，广远工会主席马宗梅，省海员系统14个参赛单位的领导、运动员、教练员，以及裁判员、工作人员120人参加了活动。马宗梅代表广远在开幕式上致欢迎词。经过2天的激烈竞赛，广远代表队获得女子双打第3名和团体比赛殿军的好成绩。 （米军喜）

【举办职工文学艺术讲座】 2008年8月1日，广远文体协会支持海洋文学分会举办广远职工文学艺术讲座。讲座特邀广东省作家协会副主席谢望新、佛山市作家协会主席郑启谦主讲当前文学动态及如何创作。讲座由工会副主席符雄主持。参加讲座的有广远本部职工和广远下属单位的青年、文学艺术爱好者110人。两位知名作家生动的讲解，精彩的评述，让与会者充分领略、感受到了诗歌的诗情画意和文学艺术的魅力与朝气。在讲座会上，广远海洋文学分会宣布了第14期《海洋文学》评奖结果：夏歌撰写的散文《会飞的紫云英》、宋立明撰写的散文《春天的畅想》、赵北江撰写的散文《追梦华玲》和宋金春撰写的游记《故乡的元宵节》分别获得一等奖。

谢望新是国家一级作家、著名文艺评论家、《作品》杂志社主编，出版有《谢望新评论（上、下集）》、《珍藏起一个名字：母亲》等多部作品。郑启谦是广东省作家协会常务理事，出版有《多情的水乡》、《玫瑰情》等散文诗歌集。

（米军喜）

【广远游泳队在“职工文化月”活动中获佳绩】 2008年9月，中远集团组织开展了第二届“职工文化月”活动。3~4日，在天津举办了“职工文化月”活动开幕式暨“中远散运杯”职工家庭才艺大赛；24~25日，在青岛举办了“职工文化月”活动“青远杯”职工水上运动会暨闭幕式。广远领导对中远集团举办的“职工文化月”活动非常重视，多次指示要高质量、高水平地组织代表队参加比赛活动，以展示广远职工及家庭良好的精神风貌。对此，广远工会认真组织，经过职工自荐、单位推荐、企业考评等方法选拔人员参赛，并对入选选手进行了系统的训练和培训。经过剧烈的竞赛，广远代表队在青岛举办的水上运动会上，取得了优异成绩，在游泳比赛仅有的3个集体项目上“全面开花”，分别获得男子50米自由泳接力（谢理、何向宁、苏鸣德、宋凌鹏）、女子50米自由泳接力（薛晶、朱穗娥、梁莉文、叶健萌）两个第一名和男女混合泳接力（谢理、薛晶、叶健萌、宋凌鹏）第二名，并荣获团体总分第一名；广远被中远集团活动组委会授予优秀组织奖。在个人项目中，何向宁分别荣获男子甲组50米、100米蛙泳第一名；叶健萌分别荣获女子甲组50米自由泳、蛙泳的第一、第二名；宋凌鹏分别荣获男子乙组50米蛙泳、自由泳的第二、第三名；苏鸣德分别荣获男子甲组50米、100米自由泳的第二、第三名；谢理分别荣获男子乙组100米、50米自由泳的第三、第五名；朱穗娥分别荣获女子甲组100米自由泳、蛙泳的第四、第六名；薛晶分别荣获女子乙组50米蛙泳和100米自由泳的第五、第六名；梁莉文荣获女子乙组50米蛙泳第八名。 （米军喜）

【举办工会干部专题培训班】 2008年11月7日，广远工会举办了以学习中国工会十五大精神为专题的工会干部学习培训班。广远工会常委委员、专职工会干部、广远本部各部室工会主席、广州地区广远各全资和控股企业工会委员以及分管工会工作的人员共70人参加了培训班的学习。培训活动由工会副主席符雄主持。培训班特邀广东省南华工商学院院长易江博士讲课。易江博士从中国工会十五大召开的背景，当前社会的主要矛盾，中西方工会组织的性质和使命，以及如何进一步落实科学发展观，做好当前工会工作，并结合案例和广远实际，深入浅出地进行了讲解。出席中国工会十五大代表中远航运王叶红应邀在培训班上讲述了其在北京参加中国工会十五大的过程及感受。符雄在专题培训班上作了讲话，对工会干部理解、运用讲座内容，进一步做好工会工作提出了具体要求。（米军喜）

【召开工运理论研讨会暨工会信息工作会】为进一步加强工运理论研讨和工会信息工作，推动工会各项工作向前发展，更好地服务企业改革发展大局，2008年12月26日，广远召开2008年工运理论研讨会暨工会信息工作会。广远工运理论研讨会副会长姚勇传达了中远集团政研会和广远政研会精神，广远工运理论研讨会常务副会长符雄总结了近两年工会信息工作和工运理论研讨工作经验和成果，对下一阶段工会信息和工运理论研讨工作进行了部署；广远工会主席马宗梅作了讲话。会上，部分优秀论文作者和优秀信息员作了经验交流。广远工会领导、工运研究会理事会成员、基层单位工会主席、本次工运论文作者及优秀信息员等50人参加了会议。会议由广远工运理论研讨会秘书长蔡兆聪主持。

会议认为，两年来广远工会信息工作和工运理论研讨工作坚持以服务基层、服务船舶、服务职工为己任，紧紧围绕企业中心工作和工会重点工作，与时俱进，开拓进取，充分利用现代信息技术，实现网络化、规范化的信息工作管理，进一步提升服务基层工会和广大船岸职工的质量和水平。会议要求，一是要认清形势，提高认识，不断提升对工运理论研究、工会信息工作重要性和必要性的认识。二是要加强领导，精心组织，不断提高对工运理论研究和工会信息工作的支持和指导。三是要突出重点，抓住关键，不断提高工运理论研究和工会信息工作的实效性。四是要加强学习，增强素质，不断提高工运理论研究和工会信息工作的能力和水平。

（米军喜）

生产劳保和送温暖

【全总文工团慰问广远职工】 2008年1月15日晚，中华全国总工会文工团（以下简称全总文工团）慰问广远专场演出——《相聚在这里》，在广州军区后勤部广联礼堂举行。广东省总工会党组成员、纪检组组长肖建葵，广东省海员工会主席卢晓露、副主席陈小翠，广远在家的领导班子成员，广州地区港航系统工会领导以及来自广远本部、各基层单位的1200多名职工观看了慰问演出。在演出之前，肖建葵代表广东省总工会向广远全体职工致以新年的问候和衷心的感谢！感谢广远广大职工勤奋工作，努力拼搏，勇于创新，争创一流，为广东经济社会的新发展，为广东争当实践科学发展观的排头兵作出的新贡献。广远党委书记刘书田通报了广远2007年生产经营情况和取得的成绩，对中华全国总工会、省总工会、省海员工会等领导机关以及港航系统各兄弟单位长期以来对广远的关心、支持和帮助表示感谢；刘书田在讲话中指出，全总文工团对广远职工进行专场慰问演出，这是全总领导、省总领导对广远的关心和厚爱，希望广大船岸员工以更加优异的成绩回报上级领导的关心和支持。随后，全总文工团为广远职工献上了精彩的文艺节目。（米军喜）

【承办省海员系统工会干部团拜会】 2008年1月21日，由广远工会承办的广东省海员系统工会干部2008年迎春团拜会在远洋大厦隆重举行。广东省总工会党组成员、纪检组组长肖建葵，广东省海员工会主席卢晓露，广远总经理徐惠兴、党委书记刘书田、工会主席马宗梅以及广东省海员系统工会干部共160多人参加了迎春团拜会活动。刘书田代表广远致欢迎词。卢晓露在团拜会上作了讲话，对2007年省海员系统工会工作进行了总结，对2008年工会工作进行了全面部署。在团拜会上，肖建葵作了讲话，衷心感谢广大海员工会干部为广东省全面建设小康社会、建设社会主义和谐社会作出了新的贡献。肖建葵还代表中共广东省委、省政府对全国劳动模范、广远总经理徐惠兴进行了慰问。随后，广远、广海集团和省电子联合收费公司等单位的职工表演了文艺节目。（米军喜）

【广远领导春节期间慰问职工】 2008年春节前夕，广远领导心系员工，开展新春“送温暖”慰问活动。1月28日，总经理徐惠兴慰问了退休老领导王颂汤、程受煌、郑兰勋。徐惠兴每到一户，都与这些老领导促膝交谈，嘘寒问暖，感谢其为远洋运输事业作出的无私奉献。1月27日，党委书记刘书田来到退休船舶政委刘志爽、离休干部遗孀周兰家，详细询问了对方的身体状况和家庭情况。刘书田说，让广远的退休职工和家属生活好是企业全体职工的心愿，衷心祝愿刘志爽、周兰以及广远全体老同志晚年生活幸福，快乐安康。1月29日，副总经理傅伟慰问了广远老领导周志诚。傅伟亲切地握着周志诚的手，向其传达中远集团和广远领导的关切之情，嘱咐其好好养病，保重身体。1月29日，副总经理翁继强看望了老职工许恩霞。翁继强详细询问其生活情况，叮嘱其保重身体，并送上了慰问品和慰问金。1月21日，党委副书记黄继忠来到退休职工田常国、林治文家，送上新春祝福。1月31日，工会主席马宗梅慰问了陈新川、刘海平、邱晓虹等劳模，和劳模们作了亲切的交谈，称劳模在企业改革发展中起了模范带头作用，希望陈新川等继续发扬劳模精神，为企业的经营生产作出更大贡献。（米军喜）

【中远集团春节慰问组慰问“毓骐海”轮船员】 2008年1月30日，由中远集团工会副主席陈永生、党工部副部长辛加和率领的中远集团春节慰问组登上停靠在西基电厂码头的“毓骐海”轮进行慰问，代表中远集团给船员们拜年，并送上慰问金。慰问过程中，慰问组还转达了中远集团总裁魏家福、党组书记张富生对全体船员的问候，向船员们传达了中远集团年初召开的中远四届一次职代会精神，慰问组还从船舶安全生产、队伍建设、节日安全等方面对“毓骐海”轮提出了殷切希望。

（米军喜）

【积极开展救灾捐助活动】　2008年初，中国南方部分地区遭受严重的雨雪冰冻灾害。为关心灾区船员职工生活，让受灾船员职工过好新春佳节，广远通过电话查询、委托当地船员走访等形式，对居住在受灾地区的2281户船员及26个船员家属站进行了深入的了解，转达中远集团、广远领导的深切关怀和亲切慰问。根据部分船员家庭房屋局部坍塌等受灾情况，广远对正在进行的春节期间“送温暖”活动的范围作了进一步的扩大，及时送上慰问金和补助款。广远在做好受灾船员职工家庭救助工作的同时，又积极响应中共广东省委、省政府办公厅“送温暖、献爱心”捐助活动的号召，由广远工会牵头组织在广远系统内发起了“送温暖、献爱心”捐助活动。广远领导带头捐款做表率，广大职工大行善举，积极捐款，企业上下迅速投入到一场轰轰烈烈的抗冰冻救灾捐助活动中。截至2月3日18:00，广远工会共收到赈灾捐款近12万元，御寒衣物1000多件，并分别将其移交给广东省慈善总会、广州市慈善会和越秀区慈善会等机构。

（米军喜　黄宜振）

【开展“送温暖”活动】　2008年，广远发挥企业解困基金、助学基金的作用，帮助困难职工度过生活难关，全年补助生活困难职工1934人次，金额121万多元；特困户定期补助38户，金额7.5万多元；希望工程助学金15人次，金额8000元；高教助学29人次，金额5万多元；解困基金特困救助35人，金额22万多元，其中大额救助17人（5000元以上），金额16.5万元。元旦、春节期间，广远工会通过寄发慰问金、上门慰问等形式，共走访慰问离退休和困难职工2079人次，发放慰问金123万元，给困难职工送去了组织的关怀和温暖。是年，广远系统相关单位和部门还慰问到港船舶40艘。　（黄宜振）

【深入开展“安全在我身边，降本增效从我做起”活动】　2008年，广远工会按照中远集团工会关于开展“安全在我身边，降本增效从我做起”活动的新要求以及广东省总工会、省海员工会开展船舶、班组安全竞赛和“安康杯”劳动竞赛的通知精神，对群众性安全工作进行再宣传再发动，加强教育引导和监督指导，强化职工安全意识、成本意识、效益意识和环保意识，使活动要求变成职工的自觉行动，立足岗位，建功立业。同时，督促广远下属各单位创新活动形式和载体，丰富活动内容，使活动常抓常新，充满生机，并将企业经营效益目标、安全管理要求融入活动全过程，以燃油、船期等高成本领域为课题，广泛宣传“金融风暴”对全球经济、尤其对航运市场强烈冲击的严峻形势，增强职工的忧患意识和工作的紧迫感，从身边降本增效做起，与企业共命运渡时艰。深入开展节能减排、降耗增效等各类劳动竞赛，持续推进合理化建议和群众性经济技术创新活动，使活动紧贴经营效益、安全生产，扎实有效地深入推进。此外，广远工会与航安部联合开展了“我为节能减排献计策”为主题的有奖活动，进一步调动职工的积

极性和创造性，共征集了 75 项合理化建议，为广远降低经营管理成本，实现效益最大化作贡献。（米军喜）

【积极推进“亲情祝安全”活动深入开展】 2008 年，广远工会开展内容丰富、形式多样的群众性安全活动，组织动员广大船岸职工积极参与企业经营管理和安全生产，在巩固船舶开展的“亲情祝安全”活动基础上，指导所属基层工会重点推进船员家属站组织驻地船员和家属开展“亲情祝安全”活动，丹东、青岛、天津等船员家属站开展了安全座谈会、安全警句创作评比、休假船员安全叮嘱等活动，增强安全宣传教育效果和感染力，使“亲情祝安全”活动在广度和深度上有新的发展，达到了以亲情构筑船舶安全防线的目的。

（黄宜振）

【举办消防救生安全技能竞赛】 2008 年 6 月 22 日，广远 2008 年消防救生安全技能竞赛在金桥学院举行。来自广远系统 14 个单位的 15 支代表队，130 多名职工参加了竞赛，100 名职工参加了“救生衣穿着”有奖活动。广远副总经理翁继强、工会主席马宗梅等领导参加了整个赛事活动。翁继强致开幕词。马宗梅对这次竞赛活动进行了总结，指出竞赛活动体现了如下特点：领导重视，积极参与；计划严密，组织得力；团结协作，氛围和谐。马宗梅在总结中谈到本次竞赛取得圆满成功，达到了凝心聚力、鼓舞士气的目的，对推动群众性安全活动、加强安全文化建设产生积极的作用。（米军喜）

【马宗梅慰问天津、青岛船员家属站和离退休老同志】 2008 年 9 月，广远工会主席马宗梅和工会副主席符雄一行分赴天津、青岛等地参加中远集团职工文化月活动。期间，分别慰问了天津、青岛地区船员家属站和部分离退休老同志。马宗梅等人先到交通部劳模、原天津办事处主任石耕书家里进行慰问。随后，马宗梅等人看望了天津船员家属站，听取了船员家属站的工作汇报，对天津船员家属站的工作表示肯定。在青岛期间，马宗梅等人亲切看望了船员家属站和部分离退休老同志，召开了青岛地区离退休人员和船员家属站座谈会，和离退休职工、船员家属作了亲切交谈。

（米军喜）

【广远慰问组赴天津慰问“乐同”轮】 2008 年 10 月 25 日，为表彰“乐同”轮 9 月中旬在航经亚丁湾时抗击武装海盗的英勇行为，广远工会主席马宗梅率慰问组对停靠在天津港的“乐同”轮进行了慰问。慰问组听取了船长黄慧雄和政委普枝培关于“乐同”轮各项工作以及“乐同”轮船员在亚丁湾成功抗击武装海盗袭击的情况汇报。马宗梅在船员大会上，转达了中远集团领导对“乐同”轮全体船员的慰问，代表广远领导班子及广大船岸员工，向“乐同”轮船员致以衷心的感谢和崇高的敬意，向船舶领导转交了慰问金。马宗梅在讲话中谈到“乐同”轮在抗击海盗事件中，船员们大智大勇，毫不退缩，与海盗对峙长达 1 小时之久，最终成功阻止了海盗登船，保护了国家财产和船员的人身安全，集中体现了广远“忠于祖国、热爱远洋、艰苦奋斗、遵守纪律”的优良传统；马宗梅强调，一支久经考验、历经磨难、具有钢铁般意志的员工队伍是广远最宝贵的财富，越是在关键时刻，越能展示这支队伍的强大力量；“乐同”轮抗击海盗事件再次证明，广远的船员队伍是过硬的，是一支能打硬仗、胜仗的队伍，这也是广远生存发展的根本所在、希望所在；“乐同”轮船员的英勇表现，不仅是“乐同人”的骄傲，也是全体广远人的骄傲。马宗梅还代表广远党委和领导对“乐同”轮今后的工作提出了希望。慰问组还向船员们介绍了现今海盗袭击的特点以及如何更好地预防海盗登船等实用知识，帮助船员提高防海盗的技能和水平，增强必胜信心，消除恐惧心理，做到防患于未然。(米军喜)

【召开帮扶评审工作会议】 2008年10月16日，广远工会组织召开帮扶中心评审工作会议。党委副书记黄继忠，工会主席马宗梅，广远困难职工帮扶中心领导小组成员以及有关部室工作人员共13人参加了会议。会议由工会副主席符雄主持。会议回顾总结了2007年10月至2008年9月期间，广远三项基金的使用情况。黄继忠、马宗梅在会上分别作了讲话。会议认为，自2007年10月以来，广远积极发挥帮扶中心的作用，开展扶贫帮困、送温暖活动，做好地震内部赈灾救助活动，帮助受灾职工渡过难关；坚持为职工办好事，做实事，认真研究解决职工群众最关心、最直接、最现实的利益问题，让职工共享企业发展成果。以上这些工作都取得了较好的效果，增强了企业凝聚力。 (黄宜振)

【广远帮扶中心荣获“广东工会困难职工帮扶中心先进单位”称号】 2008年11月13日，在广东省总工会帮扶工作会议上，全省2个企业、4个市级和8个县级困难职工帮扶中心被广东省总工会授予“广东工会困难职工帮扶中心先进单位”称号，广远工会困难职工帮扶中心为2家受表彰的企业之一。

广远困难职工帮扶中心于2004年5月成立。广远自成立帮扶中心以来，面对因自然灾害、重大事故、重大疾病等影响，以及部分船员职工生产生活遇到了困难的实际，积极开展以就业帮助、生活救助、法律援助为主要内容的帮扶工作，从节日集中送温暖活动开始，到加强困难职工帮扶中心的建设，从临时性生活的救助，到帮扶长效机制的建设，重在连心，真在帮扶，一切为了困难职工，一切想着困难职工，尽最大努力解决困难职工最关心、最直接、最现实的利益问题，为构建和谐稳定广远发挥了应有的积极作用。

广远帮扶中心成立五年来，共筹集资金1000多万元，慰问职工12000人（次），慰问金额高达1900万元，足迹遍布全国各地。五年来，广远帮扶中心资助55名职工子女上学，发放希望工程助学金5万多元，其中48名已完成义务教育；高教助学金共资助59名职工子女大学生，发放高教助学金26.3万元，其中47名大学生已完成高等教育。帮扶中心积极为职工维权，5年来，接待职工626人次，无偿为特困职工提供法律救助66人次。广远的帮扶工作覆盖全国各地近100个家属站，延伸到15000多个船岸职工家庭，使帮扶成为及时雨、顺风车。5年来，救助困难职工6862人次，发放资金321.3万元，仅“5.12”汶川大地震，广远帮扶中心就对170名受灾职工进行普遍救助，金额达30多万元；值得提出的是，广远帮扶中心由

"输血型"帮扶发展成为"造血型"帮扶，积极为待岗职工提供培训条件，为其提高劳动技能，解决上岗困难。2006~2008年，广远为近万名职工一次性发放住房货币补贴，让企业发展成果惠及广大职工。

广远的帮扶工作，受到了广大职工的好评，也受到了广东省总工会、省海员工会领导的高度赞许，称赞广远帮扶工作就是要多做雪中送炭的工作，多做广大职工需要的工作，让党的阳光温暖困难职工家庭，让企业的关怀洒满困难职工心田。

（米军喜　黄宜振）

女工工作

【组织开展"三八"国际妇女节庆祝活动】 2008年2月29日、3月7日，为庆祝"三八"国际妇女节，广远女工委前后两次组织女职工以及女工委员到素有"岭南第一河山洞天"之称的英德宝晶宫溶洞、仙桥地下河进行游览观光。女职工们不仅欣赏到了大自然美妙风光、增长了知识、陶冶了情操，而且加强了沟通与交流，提升了团队的合作精神和企业凝聚力。

（米军喜）

【广远代表队获广东省直女职工登山接力赛第四名】 为庆祝"三八"国际妇女节，广东省总工会女工委于2008年3月5日在广州白云山举办了2008年"白云杯"省直女职工迎奥运登山接力赛活动。参加活动的共有50支代表队、250名运动员，比赛全程约3公里。由陈招娣、唐红兰、唐穗香、王莹、林月香等5名女将组成的广远代表队夺得了第四名。（米军喜）

【举办女职工知识讲座】 2008年8月12日，广远工会女工委举办了一次以"现代子女成长的相关知识"为主题的女职工知识讲座。讲座由女工委主任、工会副主席符雄主持，特邀中山大学人力资源办公室主任、心理咨询师、教授刘中良前来讲课。广远本部、各基层单位女职工100多人参加了活动，讲座还吸引了部分男职工前来参加。刘中良从家庭和子女教育等方面作了精彩的演讲。通过讲座，与会人员学到了教育孩子的相关知识，增强了教育孩子的信心。（米军喜）

【徐文凤荣获表彰】 2008年，广远丹东船员家属总站站长徐文凤荣获中国航海日活动组织工作委员会颁发的"海员（海军）家属贡献奖"。

广远为努力构造船员温馨港湾以稳定航运主业后方，在全国各地成立了90多个船员家属站。多年来，徐文凤一肩挑着丹东市一家企业经理、书记和工会主席三副担子，一肩挑着中远集团和广远丹东船员家属总站站长的责任，既做好本职工作，又成为优秀的船员家属站的领头人。

徐文凤真心实意为船员家庭排忧解难，解除船员的后顾之忧，做到"进家门，知家情，解家难，暖家心"，并且坚持组织发动船员家属们对船员困难家庭进行互助互帮，把丹东船员聚成一个大家庭，使船员家属站成为丹东大地的一片热土。徐文凤围绕企业中心任务，拓展工作新内容，开创工作新天地，带领船员家属们开展爱国主义、企业精神的教育活动，陶冶船员家属思想情操；组织船员家属总站开展以"亲情祝安全"为主题的安全活动，用海嫂们浓浓的亲情唤起远洋船员的安全责任感。

此外，徐文凤还为丹东地区船员办了许多好事、实事。徐文凤所在的丹东船员家属站先后多次被评为广远、中远集团的先进船员家属站。而徐文凤本人以其优秀品德及所作的贡献，多次被中远集团工会、广远工会授予优秀家属工作者称号，被中国海员工会授予优秀船员家属称号，获得中国海员工会授予的“金锚奖”，交通运输部授予的“全国交通系统优秀家属工作者”称号。（米军喜）

【举办女职工趣味篮球赛活动】 2008年11月15～16日，广远工会女工委举办了广远2008年女职工趣味篮球赛有奖活动。比赛项目有3对3篮球对抗赛、4人运球接力赛、单人定点投篮等3大项目。来自13个单位、15支代表队的运动员、投篮手，裁判员、教练员、工作人员200人参加了本次篮球趣味比赛。开赛仪式由女工委副主任李惠霞主持，女工委主任、工会副主席符雄和广远文体协会篮球分会会长、中远远达党委书记龚艳平分别代表广远工会和篮球协会致贺词，工会主席马宗梅参加了活动并在闭幕式上作了总结讲话，赞扬女职工在比赛活动中，朝气蓬勃的劲头，积极进取的精神，女职工不但在企业生产经营中发挥着半边天作用，同时在企业文体活动中也发挥着重要的、不可忽视的作用。广远女职工趣味篮球赛是广远女职工的一次体育聚会，规格高、覆盖范围广、参与人数多，是一次弘扬广远企业文化、展现广远女职工风采的重要窗口。

（米军喜）

【广东省女工工作考核组到广远检查工作】 2008年12月4日，以广东省财贸工会主席、女职委主任郭开农为组长的广东省总工会女职工工作考核组一行6人莅临广远检查指导工作。在检查汇报会上，广东省总工会党组成员、纪检组长肖建葵，省海员工会主席卢晓露以及广东省海员工会副主席、女职委主任陈小翠和考核组成员一起听取了广远工会主席马宗梅，工会副主席、女工委主任符雄，女工委副主任李惠霞关于广远女工工作情况的汇报，听取了广远信息中心副主任张筱玲关于信息中心女工委开展巾帼建功活动情况的汇报。郭开农对广远女工工作给予了充分肯定和较高的评价，认为通过考核检查，达到了互相交流、互相学习的目的，广东海员系统5个工作品牌中，有2个是广远创造的，广远工会是广东省海员工会的先进单位，是省产业工会学习的榜样。郭开农认为广远女工工作体现出三个特点：1. 思维角度和定位思考开阔，推进力度明显，结合企业实际紧密，突出了“海”味；2. 把船员家属站作为女工工作的新阵地，精心组织、精心呵护、精心建设，并取得了扎扎实实的成效，确实是一大创新；3. 女职工少，在企业中占有很少的比例，但工作规范，制度健全，建立了女工工作条例、工作指导意见和劳动保护实施细则，工作非常到位。肖建葵代表省总工会、省海员工会对广远女工工作取得的好成绩表示祝贺，并对女工工作在考核实践中加以调研的做法给予了充分的肯定，认为这体现了广东省总工会提出的“手中有典型、心中有全局、点上做文章、面上去推广”的新思路；肖建葵在讲话中还对广远下一步的女工工作作了指示。在汇报会上，马宗梅作了总结发言。（米军喜）

【召开女工工作暨机关工会工作总结会】 2008年12月5日，广远召开2008年女工工作暨机关工会工作总结会议。广远女工委委员，机关工会主席、副主席、委员，广远本部各部室工会主席、委员，各全资及控股企业女工委主任、委员，共50多人参加了会议。会议由广远女工委副主任李惠霞主持。广远工会副主席、女工委主任符雄在会上总结了2008年广远女工委、机关工会工作，并对2009年机关工会、女工工作进行了全面的布置；机关党委副书记、党工部部长姚勇代表机关党委在会上作了发言；中远航运女工委、远洋宾馆女工委和党工部工会、信息中心工会等单位在会上作了交流发言。会议对广远女工工作、机关工会工作给予了肯定，认为广远女工委及机关工会紧紧围绕企业的总体工作思路，团结一心，开拓创新，奋发有为，动员和组织广大职工为企业的安全、稳定、效益做贡献，取得了较为显著的成绩。会议对2009年工作提出了要求。工会主席马宗梅到会并作了讲话。　（米军喜）

第四节　共青团工作

【共青团广州远洋运输公司委员会简介】 共青团广州远洋运输公司委员会（以下简称广远团委）在广远党委和上级团组织领导下，负责广远和代管单位（中远集团在穗单位）共青团工作。2008年，广远有35岁以下员工4011人，28岁以下员工2456人，员工团员430人，院校学生团员3063人。广远团委所辖机关、基层、船舶团委5个、团总支9个、团支部219个（其中船舶团支部110个）。在上述团组织中，院校团组织106个。广远团委的主要职责是在党工部的领导下，全面贯彻落实党的路线方针政策和广远党委、上级团组织的指示、决定；制定广远共青团工作方针和工作计划，并组织实施；加强团的组织建设，督促落实团内生活的各项制度，组织召开广远团代会，指导下属各级团组织的换届选举，协助有关部门配备好各级团组织的专、兼职团干部，做好团员发展、推优等工作；依时收缴团费，按照有关规定控制团费和活动经费的使用、调拨；做好青年思想政治工作，组织学习培训，不断提高团员青年的思想素质和业务素质，提高团干部的组织能力和领导能力；团结带领广大团员青年深入开展“创建青年文明号，争当青年岗位能手”、“创建青年安全生产示范岗”、“青年创新创效”及“创建五四红旗团委”等主题活动；深入基层、船舶调查研究，准确把握和反映团员青年的思想、要求；结合企业和青年的特点，开展有益身心健康的文体活动，活跃青年文化生活。

时任团委书记王茜。　（王茜）

【团委工作概况】 2008年，广远共青团工作以邓小平理论和“三个代表”重要思想为指导，树立和落实科学发展观，以学习贯彻中共十七大精神为主线，以团日活动为依托，深入开展“与祖国共奋进，与中远同发展”等主题教育活动，进一步推进青年思想政治工作；紧紧围绕广远党委和上级团组织的各项工作部署，坚持融入中心、进入管理，以创建“青年文明号”、“青年安全生产示范岗”、“青年创新创效”等团的品牌活动为载体，充分发挥团员青年生力军和突击队作用；以“培塑和谐青年，促进和谐成长”为目标，通过开展青年“红树林”工程系列活动，促使青年成长成才，涌现出大批的先进青年典型；以强化团的自身建设为基础，创新地推进共青团工作的全面发展，团结带领广大团员青年为实现企业的又好又快发展作出了贡献。（王茜）

【召开学习贯彻团十六大精神座谈会】 2008年7月3日，广远团委召开学习贯彻共青团十六大精神座谈会。广远各直属单位团组织负责人、部分团委委员、团员青年骨干共24人参加了会议。会上，团委书记王茜传达了中远集团学习贯彻共青团十六大精神会议暨2008年中远集团共青团例会精神，总结了上半年广远共青团工作，对下半年的工作重点进行了布置，并对广远各级团组织和广大团员青年认真学习贯彻共青团十六大精神作出具体部署，提出了明确要求。党工部部长姚勇到会与团员青年畅谈了学习胡锦涛、李长春等中央领导重要讲话的体会，要求广大团员青年进一步树立远大理想，坚定信念，忠诚党的事业，贯彻落实科学发展观，立足岗位，以一流的工作业绩展现当代广远青年的良好风貌，为广远的改革发展贡献青春、智慧和力量。（王茜）

【召开“五四”表彰暨青年“红树林”工程动员会】 2008年5月4日，广远团委召开了“五四”表彰暨青年“红树林”工程动员会。来自广远本部、基层、船舶的部分优秀团干、优秀团员、青年岗位能手，优秀团组织、青年文明号、青年安全生产示范岗负责人及广远团委委员共43人参加了会议。广远党委副书记黄继忠、党工部部长姚勇出席了会议。会上，团委书记王茜传达了共青团广东省第十二次代表大会精神，回顾了2007年广远共青团工作，对2008年主要工作任务进行了布置。姚勇作了青年“红树林”工程活动动员，介绍了广远“红树林”工程的起源、意义、进展和取得的成效，同时对各级团组织和团员青年如何更好地开展“红树林”工程活动提出了要求。会议表彰了2006~2007年度广远先进青年集体和个人。部分获奖代表在会上做了交流发言。黄继忠在会上做了总结讲话。（王茜）

【积极开展青年创新创效活动】 2008年，广远团委为了进一步提高青年创新创效活动的质量和水平，进一步规范项目化运作模式，加强对项目的立项、培育、实施、鉴定、考核、转化等全过程管理，贴紧“三学一创”主线，围绕深化改革、节能减排、降本增效、安全管理等中心任务，积极组织团员青年投身创新实践。是年，广远团委对参加广远青年“金点子”提案征集活动中的获奖提案进行了通报表彰，发动青年参加中远集团创新创效成果大赛，共收到青年创新创效大赛项目66个、论文30篇、建议71条，经整理、评审，推荐上报中远集团6个项目、10篇论文、6条建议。（王茜）

【开展“广远公司十大杰出青年”评选】 2008年，广远团委为了树立青年典型，表彰和宣传为企业的改革发展做出突出业绩和重大贡献的先进青年，在青年员工中形成崇尚先进、学习先进的良好风气，举办了“广远公司十大杰出青年”评选活动。评选活动分推报人选、确立正式候选人、网上投票、评审会评审等几个环节。广大团员青年积极参加网上投票评选，最终从15名候选人中评选产生了“广远公司十大杰出青年”。（王茜）

【举办拓展培训】 2008年9月19日，广远团委为了进一步提升团员青年的身心素质，培育团队精神，在黄埔笑翻天乐园举办了一期拓展培训。来自广远本部、基层的33名团员青年参加了培训。培训中，参培人员组织纪律严明，团结协作，勇于挑战自我，较好地完成了培训任务。通过体力、智力锻炼和意志磨练，参培人员享受了培训的乐趣，加强了沟通，进一步增强了团队意识。（王茜）

【大力开展青年志愿活动】 2008年，广远团委认真做好四川汶川震灾捐献工作，积极参与省直团工委在省直企业机关团员青年中开展的援助四川地震灾区预约志愿献血活动，组织174名青年报名预约献血，组织有关团员青年参加了志愿献血仪式，1名青年现场进行了志愿献血；组织开展了交“特殊团费”活动，共收“特殊团费”28984.1元，并制作下发了四川汶川震灾爱心卡；组织部分团员青年开展助残志愿活动，与智障学校儿童共庆国庆。（王茜）

【开展丰富多彩的青年文化活动】 2008年，广远团委组织20名团员青年参加文学讲座；响应中远集团团委开展的网络摄影比赛活动，发动团员青年广泛参与，共报送网络摄影比赛作品100多幅；组织32名获表彰的团员青年珠海游览交流活动；联合广远羽毛球协会共同举办了中远系统驻穗单位的“青年杯”羽毛球比赛；组织广东省直片区单位组队参加了省直乒乓球比赛；组织举办了140多名青年参加的2008年迎新联谊活动。（王茜）

【一批先进集体和个人受上级表彰】 2008年，广远共青团部分集体和个人获上级团组织表彰。其中，“泰安口”轮获“全国青年文明号”，中远航运船员管理部团委被授予“中央企业五四红旗团委创建单位”，船员吴禄伟获“中央企业杰出青年岗位能手”称号；“康盛口”轮获“广东省五四红旗团支部”称号；中远航运投资发展部、远洋宾馆前台接待部、远洋大厦营销部前厅部、“乐里”轮被授予“中远集团青年文明号”；沙园管理处保安班、“康盛口”轮被授予“省直青年文明号”；周志权、刘新源、肖丹、黄东海、冯剑群、朱东辉被授予“中远集团青年岗位能手”；张炳锋、赵新被授予“省直青年岗位能手”；远洋大厦信息中心、“安泰江”、“西昌海”轮被授予“中远集团青年安全生产示范岗”。（王茜）

第七章 航运投资企业

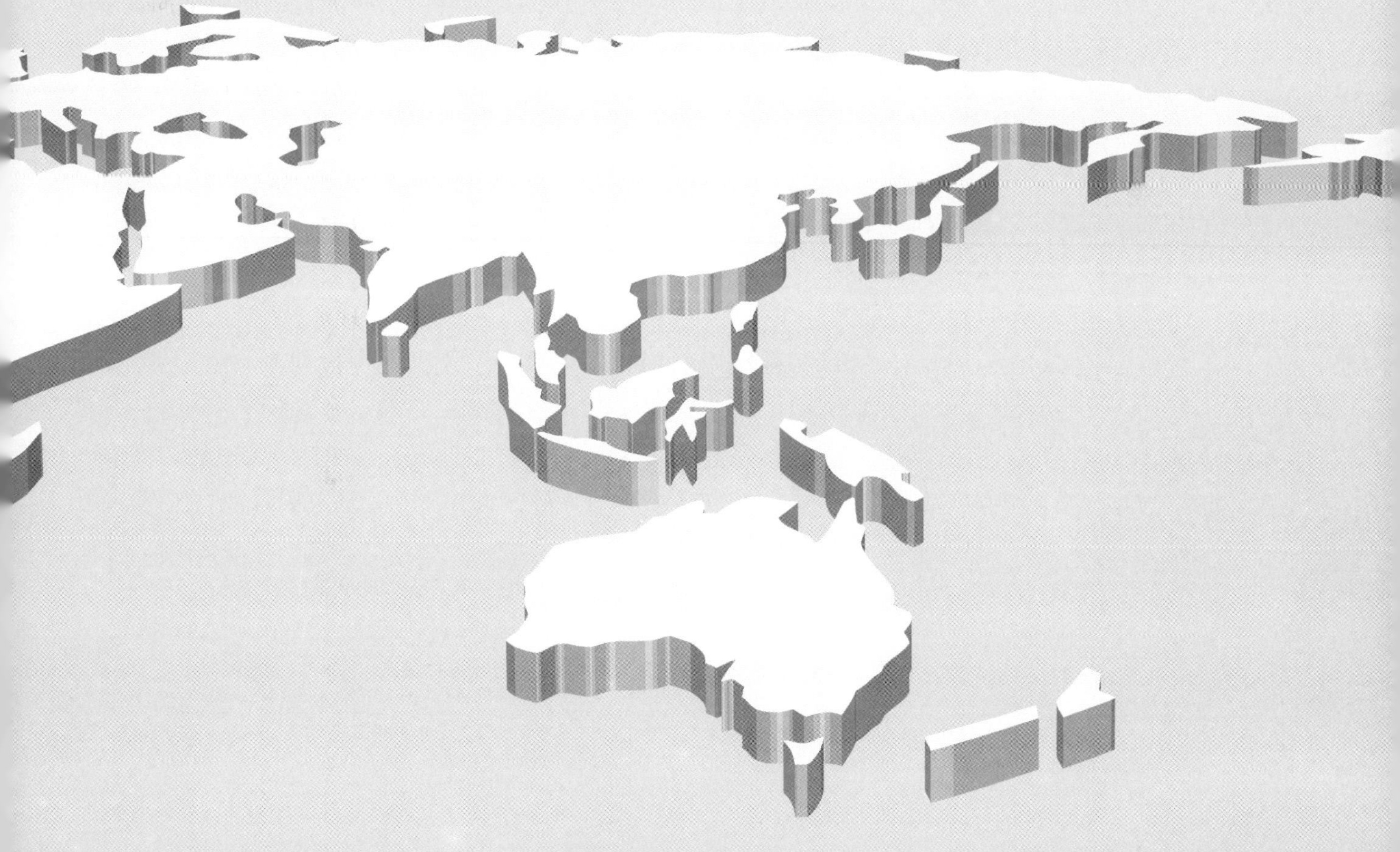

第一节 中远航运股份有限公司

【中远航运股份有限公司简介】 中远航运成立于1999年12月8日，是由广远作为主发起人，联合广远海运服务公司、广州外代、深圳远洋和广州中货共同发起设立的股份有限公司。

该公司设立时的股本为23000万元。其中，广远以其所属主要从事远洋特种运输的25艘船舶经评估确认后的经营性净资产29095.09万元出资，海运公司以现金850万元出资，广州外代以现金350万元出资，深远以现金300万元出资，广州中货以现金200万元出资。经财政部以财管字［1999］348号文批准，各发起人投入该公司的净资产及现金共计30795.09万元，同意按1：0.7469比例折为股本23000万股（每股面值1元），分别由广远持有21731万股，占总股本的94.48%；广州外代持有261万股，占总股本的1.13%。上述股权性质均界定为国有法人股。海运公司持有635万股，占总股本的2.76%；深远持有224万股，占总股本的0.97%；广州中货持有149万股，占总股本的0.65%。上述股权性质均界定为法人股。未折股部分7795.09万元计入“资本公积”。

该公司于2002年4月3日向社会公众发行人民币普通股13000万股。2002年4月18日，该公司A股股票（名称：中远航运，代码：600428）在上海证券交易所挂牌上市。

2008年，中远航运注册资本131040万元。中远航运以特种杂货远洋运输和沿海运输为主业，以杂货远洋运输市场中超长、超重、超大件、不适箱以及有特殊运载、装卸要求的货载运输为主要细分市场，向客户提供非定期运输服务。该公司主要经营远东——孟加拉、远东——西非班轮航线、东南亚和远东以西至波斯湾、东非红海、地中海、西北欧以及南美航线，形成全球范围的特种杂货远洋运输经营网络。

中远航运下设总经理办公室、人力资源部、投资发展部、财务资金部、安全质量部、航运经营部、船舶管理部、船员管理部和驻大连、青岛、上海、宁波、厦门、湛江办事处和驻连云港代表处，以及子公司中远航运（香港）投资发展有限公司（以下简称中远航运香港公司）和天津中远航运有限公司（以下简称天津中远航运）。2008年，上海办事处改制为中远航运上海分公司。

中远航运设董事会、监事会。时任董事长许立荣，副董事长兼党委书记徐惠兴，副董事长刘书田，董事翁继强、姜立军（2008年1~7月）、韩国敏（2008年8~12月）、郭京；独立董事金立佐、谭劲松、汪亦兵。监事会主席马宗梅，监事于世成，内部员工监事洪建春、张卓雁、方志伟。首席执行官先后为姜立军、韩国敏，党委副书记兼常务副总经理赖奕光，首席运营官郭京，副总经理杜俊明、郭福祥，副总经理兼财务总监林敬伟，董事会秘书薛俊东，首席执行官助理董宇航。机关员工350人，船员4359人。　　（朱红）

【中远航运工作概况】 2008年，中远航运认真贯彻落实中共十七大精神，深入学习实践科学发展观，坚持中远航运经营特种船的发展思路，围绕董事会下达的经营指标，抓住改革和发展的良好契机，抓好航运主业经营和资本运作的“双轮”驱动，拓展特种船运输品牌，在企业发展、资本运作、业务开拓、安全生产和企业党建等方面取得了良好的业绩。全年实现经营收入69.01亿，比2007年增加39.59%；利润总额17.31亿元，比2007年增长17.77%；净利润14.48亿元，比2007年增长34.86%。基本每股收益1.11元。经营效益再创历年新高。“经营效益、公司价值、股东回报”最大化再次得到体现。

【中远航运主要会计数据和财务指标】

一、主要会计数据（单位：万元）

主要会计数据	2008年	2007年	本期比上期增减（%）
总资产	712466.60	500374.44	42.39
净资产	436617.55	333811.77	30.80
营业收入	690106.08	532519.48	29.59
营业利润	173573.72	135678.34	27.81
利润总额	173080.72	146965.01	17.77
归属于上市公司股东的净利润	144822.46	107388.28	34.86

二、主要财务指标

主要财务指标	2008年	2007年	本期比上期增减（%）
每股收益（元/股）	1.11	0.82	34.75
扣除非经常性损益的每股收益（元/股）	1.11	0.76	34.86
净资产收益率（%）	33.17	32.17	增加1个百分点
每股净资产（元/股）	3.33	5.09	减少34.58个百分点

是年，中远航运的工作主要有以下几个特点：

一、主业经营创佳绩

航运始终是中远航运的主业，是中远航运经营的重点。中远航运按照股东会和董事会的战略部署，紧紧围绕企业的经营管理实际和航运业发展的新形势、新任务推进企业经营管理，促进主业经营创造良好业绩。

2008年，中远航运航线经营（非期租）完成881个航次，与2007年同比增加137个；累计完成货运量935万吨，与2007年同比增加了108万吨，增加了13.1%；周转量完成523亿吨海里，与2007年同比增加57亿吨海里，增长了12.2%；营运天31061天，比2007年的28697天多了2364天，与2007年同比上涨8.2%；平均期租水平15616美金/天，与2007年同比增长43.7%；平均在港停时3.2天，与2007年同比相比减少了0.6天，降幅15.8%。

发挥班轮优势经营。班轮经营是中远航运的优势之一，也是企业主要的利润来源。中远航运通过每天调度会和部门每周四的派船协调会调集企业的各种资源，加大派船力度，向优势航线倾斜，加大航线占有率，使班轮航线运输进一步稳定，运力扩大，市场份额进一步稳固，为企业创造了良好的经营效益。

发挥特色强项经营。半潜船、重吊船经营是中远航运的特色经营，同时也是中远航运经营的强项，特别是半潜船运输，中远航运发挥其在超极限高端运输领域形成的品牌优势，为企业创造了良好的经营效益。单是“泰安口”轮12月30日完成的12900吨BOA项目模块的定点安装，运费收入就超过700万美元。3艘半潜船为中远航运创造了良好业绩。在重吊船运输方面，随着联吊500吨重吊船“大中”、“大华”、“大富”、“大强”轮为国内外重大件设备货物客户提供的安全、优质、快捷的运输服务，不但进一步提高了中远航运特种船运输的知名品牌，还为企业创造了较好的经营效益。此外，中远航运不断开拓和增强汽车船运输业务，并根据国内外汽车船的运输需求，适时调整汽车船运力，首次完成进口业务，满足了国内外汽车海上运输客户的需要和提供了安全、优质的运输服务，获得了国内外客户的好评。

有的放矢租船经营。中远航运积极实施从拥有船向控制船转移的经营方针，成立了以首席运营官郭京为组长的租入船工作小组，仔细分析市场的变化和发展，在拥有船与控制船经营之间，确实抓好自有航运资源与外部航运资源的良好配置，根据自身掌握的货源情况，适时租入船舶经营，既舒缓了自有运力不足的压力，又创造了较好的效益。全年通过多种方式租入30多艘船舶、61.64万载重吨，完成60多个航次任务，扩大了运输生产规模，实现租船利润7722万元。

二、资本运作卓有成效

资本运作是上市公司的重要工作。中远航运积极有序推进资本运作，以获得充裕的资金，为航运主业发展创造条件。

首先是推进发行分离交易可转债。中远航运于2008年1月28日成功发行了10.5亿元分离债，年利率仅为0.8%，获得了市场的高度认可，实现了企业低成本融资，满足了企业船队调整的资金需求。与此同时，进一步推进向中远航运香港公司增资工作，进一步提升中远航运香港公司境外融资买造船平台的能力。

其次是实施分红送股。按照2007年度股东大会的决议，2008年5月实施了2007年度的利润分配计划；按照2008年第二次临时股东大会决议，实施了2008年半年度利润分配计划，并向全体股东每10股送红股10股，企业股本由原来的65520万股扩大为131040万股，并在12月25日完成了工商注册资本变更。是年，中远航运的注册资金为131040万元，比2007年翻了番。

再次是寻求新的发展契机。中远航运经过充分调研，制订了未来5年多用途船和半潜船船队发展规划。积极研究推进与NYK的合作，以提升汽车船运输实力。积极研究推进与NMA的合作，提高半潜船揽货、货物配载、装卸等经营业务技术，进一步提高中远航运半潜船经营实力和知名度。

第四是船队结构调整迈出实质性一步。随着中远航运与黄海船厂订造的28000吨多用途船、与江苏口岸船厂订造的27000吨多用途船、与广船国际订造的50000吨半潜船项目的陆续开工建造，成为中远航运成立以来开工建造新船最多的一年。

此外，中远航运积极维护投资者关系，通过网站的“投资者信箱”、“高管在线”及投资者热线电话，加强与投资者的沟通和交流，广泛获得信赖，进一步提升了企业形象。

三、船舶管理成效显著

2008年，中远航运经营和管理船舶97艘、160.7万总载重吨。属于中远航运自有产权船舶及光租广远的船舶共82艘。其中，半潜船3艘，多用途船43艘，滚装船3艘，汽车船5艘，杂货船28艘，平均船龄21.5年，20年以上老龄船舶60艘，占船队总数73%，30年以上船龄船舶13艘，最大船龄是“大田”轮34年。从船型和船龄结构来看，中远航运经营的是一支综合性强，而设备老化的特种杂货运输船队，与国际航运市场竞争异常激烈的需求有距离。然而，中远航运发挥多年形成的管理优势，充分调动船岸人员技术力量抓好技术管理，确保船队的良好技术状态，为企业创造良好效益提供保障。

中远航运围绕船舶的设备技术、安全管理和岸基技术支持，指导船员做好船舶设备维护、维修和安全管理，确保船舶处于良好技术状态，为船队的安全经营提供技术保障。针对船队船舶老旧、船型多、货种多，航经海区、港口复杂等特点，坚持各项管理工作早研究、早动员、早布置、早检查、早落实，突出重点抓好船舶海上航行安全、船舶技术管理与维护，抓好船舶安全管理和指导，提高船舶技术管理水平，保障船舶安全经营的顺利开展。

中远航运重视安全管理体系的完善和改进，连续4年获得ISM审核“活动无缺陷”，通过国家海事局外审，被交通运输部授予首批“安全诚信公司”称号。开展各项安全生产活动，进一步提升全体船员的安全防范意识，确保生产安全。加强风险控制和对老龄船的风险评估，有效指导防抗台工作，取得了防抗台风100%成功。是年，中远航运船舶接受并顺利通过PSC和船旗国检查235艘次。其中，209艘次无缺陷通过。32艘船舶被授予安全诚信船舶，4艘船舶获得“USCG21世纪优质船舶”。中远航运加大对防海盗特别是保奥运期间反恐怖工作的指导力度，对航抵重点海域和重点港口的船舶实施单船跟踪指导。全年150余艘次船舶航经亚丁湾、索马里海域，有13艘船舶遭到海盗的袭扰。其中，3艘船舶成功击退企图登轮的武装海盗，特别是“乐同”轮船员英勇抗击驱逐武装海盗的袭击，保证了人、船、货的安全。是年，中远航运确保了船舶始终处在安全良好的技术状况，全年没有发生上等级机损、海损和污染、货损货差事故、保安事件，安全形势基本平稳，为企业的经营提供了保障。

四、智慧应对金融危机

中远航运高管针对2008年下半年航运形势的急转直下，及时采取应对措施，全员参与成本控制，应对金融危机和航运风险，并多管齐下应对货、价齐跌的局面。同时，加强风险控制和防范。在航运市场极度低迷的形势下，中远航运始终坚持“现金为王”的指导思想，缩减或延缓了一些投资项目，以确保资金流的充足，为企业适时出手进行船队结构调整做好准备。

中远航运为了渡过金融寒冬，发动全体员工发扬主人翁精神，全员参与“成本控制”好点子活动。加强内部财务管理和会计信息化建设，机关各部门加强揽货力

度开展降本增效活动，在保证船舶运营安全的前提下，最大限度降低船舶管理费用的开支。

五、企业党建、工会、共青团工作有声有色

中远航运加强理论学习，加强领导班子建设，加强和完善基层党组织建设，结合形势任务做好思想政治工作。是年，发生了南方冰冻雪灾、汶川地震、国际金融危机等一系列重大事件，对中远航运广大船岸员工产生了各种各样的影响。党委结合形势任务，围绕企业生产经营，强化舆论宣传工作，认真做好员工的思想政治工作，不间断向船岸员工通报真实信息，编发《中远航运简讯》专刊，引导员工正确认识形势、消除不良影响，稳定员工特别是在船船员的情绪，使广大员工更加安心工作。与此同时，党委针对船员劳动关系变更、工资改革、福利待遇变化等船员反映强烈的思想问题，及时编写相应的宣传提纲，引导船员正确认识企业改革的目的、意义，提高船员的认同感。是年，中远航运党风廉政建设得到进一步加强，人力资源得到进一步开发，“红树林”工程得到进一步推进。

中远航运工会、共青团等群众组织发挥了重要作用。工会积极组织员工向灾区捐款活动，在春季南方雪灾、汶川大地震中，企业及员工累计向灾区捐款650多万元；工会通过组织丰富多彩的群众体育文化活动，丰富员工的业余文化生活；共青团积极开展青年“创建”活动，取得可喜成绩。

2008年，中远航运荣获众多荣誉称号，主要有：荣获中国上市公司最佳治理奖和最佳董事会奖；荣登中国上市公司价值百强和市值管理百强榜；荣获中国十佳最具持续投资价值上市公司；并连续获得优秀董事会“金圆桌”奖等重要奖项。“泰安口”轮被广东省总工会、中华全国总工会分别授予“广东省工人先锋号”和“全国工人先锋号”称号，被团中央、国资委、交通运输部、中央企业团工委等上级机关命名为“交通行业2007年度全国青年文明号”。　　　　（廖再文　朱红）

综合工作

【总经理办公室简介】　总经理办是中远航运综合协调工作的主管部门。主要职责是负责草拟中远航运的工作计划、总结以及经营管理等方面的文件；负责会议的协调，组织安排党委会、高管人员办公会和其它专题会议，组织实施和督促检查会议决议的贯彻落实；负责电话、传真、邮件往来文件和公用邮件的收发、登记、流转以及归档工作；负责发文的审核、登记和印发工作；负责报刊书籍的订阅和收发；负责高管人员的行政、文书工作；负责日常接待和信访工作；负责机要、保密工作；负责文书、科技、基建档案和其他声像资料的管理工作；负责宣传报道、业务广告宣传工作，编辑《中远航运》和《中远航运简讯》工作；负责党建工作、思想政治工作、精神文明建设和企业文化建设；负责党委、纪委日常工作并负责指导共青团工作；负责工商登记、组织机构代码登记、国际水运许可证年审、变更等事务管理；负责物业管理和后勤保障工作；负责岸基办公设备、办公用品、礼品和物业易耗品的采购、管理工作；负责车辆管理工作；负责清洁工、保安员、外驻工的管理；负

责精益管理工作；负责驻国内港口办事处（代表）的行政管理工作。时任总经理吴杰，副总经理孙雄。员工12人。（朱红）

【总经理办工作概况】 2008年，总经理办组织策划新春联欢晚会，中远集团广州地区新春团拜会，主题党日活动，党员领导干部民主生活会，驻国内港口办事处迁址，协助董事会、监事会、股东大会会务工作；接待国资委驻中远监事会、中国证监会、广东证监局、交通运输部体系审核组、中远集团副总裁、中远航运董事长许立荣及中远集团各部门等到中远航运指导参观、访问、慰问和调研巡查人员60批390人次等活动；接受中远集团档案工作、机要工作调研和检查；处理外来文件956件，归档各类纸质档案196卷、电子档案83盘、实物档案6件，提供档案利用1072卷、1220份、513人次；做好宣传工作，以《中远航运》、《中远航运简讯》、《中远航运工作简报》和网站为平台，加大对企业改革发展、经营管理、安全、稳定、职业道德、先进典型的宣传教育工作，出版《中远航运》6期，编辑《中远航运简讯》及简讯专刊72期，《中远航运工作周报》52期，对外宣传稿件150篇次；做好中远集团信息报送工作，被中远集团及国资委等上级单位采用的信息数名列中远系统前茅；完成广远2007年年鉴中远航运部分，约5万字。（朱红）

【发行10.5亿元分离交易可转债】 2008年1月28日，中远航运董事会发布公告，将发行10.5亿元分离交易的可转换公司债券。此次分离债总额的60%拟向原股东优先配售，优先配售后剩余部分采取网下向机构投资者利率询价配售与网上资金申购相结合的方式进行，每手分离债可同时获派发49份认股权证。此次分离债募集资金用于企业投资建造2艘5万吨半潜船，行权募集资金中的5000万美元用于中远航运香港公司投资建造4艘2.7万吨多用途船。本次发行的分离债，年利率仅为0.8%，充分利用了资本市场资源、实现了低成本融资，满足了企业船队资金需求，并且获得了市场的高度认可，进一步提升了中远航运在资本市场的形象。（朱红　孙雄）

【张富生在上海慰问“乐业”轮船员】 2008年1月29日，中远集团党组书记张富生和中远集团副总裁、中远航运董事长许立荣在中远集运党委书记吴树雄、工会主席房迪坤的陪同下，冒着寒风雨雪慰问停靠在上海张华浜港作业的“乐业”轮船员，为在寒风中工作的船员送去了中远集团领导的关怀和温暖。（朱红）

【张富生在上海慰问“衡山”轮】 2008年2月1日，中远集团党组书记张富生和中远集团副总裁兼中远航运董事长许立荣到停靠在上海张华浜港装货的“衡山”轮慰问。张富生向船员们介绍了中远集团2007年取得的可喜成绩，对“衡山”轮想方设法提高主机转速提高航速表示满意。（朱红）

【许立荣慰问中远驻宁波各单位】 2008年2月1日，中远集团副总裁、中远航运董事长许立荣和中远集团运输部总经理袁小宇，冒着风雪从上海赶到宁波慰问中远集团驻宁波的7家单位。许立荣听取了中远集团7家驻宁波单位的经营情况汇报，

介绍了中远集团2007年可喜的经营成就，对中远集团驻宁波各单位的工作表示非常满意。（朱红）

【赈灾捐款】 2008年2月2日，中远航运举行“迎战冰雪，让爱回家”赈灾募捐活动。在中远航运本部和船员管理部分别设立了捐款点，号召机关全体员工为滞留在广州火车站无法回家的民工献爱心。企业员工积极响应号召，踊跃捐款。中远航运驻国内港口办事处、市场分部和天津中远航运的员工通过电话踊跃认捐。截至2日18:00，共收到赈灾捐款41928元，并于18:30交送越秀区慈善会，由其转交给滞留在广州火车站急需援助的人们。

（朱红）

【中远集团安全生产督察组到中远航运督查和调研】 2008年3月5日，中远集团安监部总经理陈正杰等一行3人到中远航运进行安全督查和调研。中远航运常务副总经理赖奕光和副总经理郭福祥向安全生产督查组汇报了安全生产情况，督查组就如何建立安全长效机制与船舶管理部人员进行了座谈调研。（朱红）

【首次与优秀协作船员签订劳动合同】 2008年3月11日，中远航运与2007年被评为先进生产者的10名协作船员签订了劳动合同。这既是中远集团属下航运公司的首创，也是中远航运以人为本、激励员工的企业文化的具体体现。

中远航运使用协作船员近1400人，广大协作船员在船上充分发挥年轻力壮的优势，工作积极，学习刻苦，奋发向上，尤其是通过实施加强船员教育培训“红树林”工程，敬业精神和业务技能得到了进一步提升，为中远航运的发展做出了积极的贡献。中远航运率先推出优秀协作船员转签中远航运劳动合同的新举措，旨在激励广大协作船员努力学习、奋发进取，形成人人争当先进的良好氛围。（朱红）

【2007年年报亮丽出台】 2008年3月21日，中远航运（600428）公告2007年年报，在油价高企、汇率变动等负面因素困扰之下，坚持精益管理，全年实现净利润10.74亿元，每股收益1.64元，分配预案为每10股派7元（含税）。年报提出：2007年，中远航运在固定航线经营、发展特种船业务及租入船经营上取得长足进步，创造了历史最好经营业绩，实现营业收入5325194,827.63元，比2006年同期增加38.2%；实现营业利润1356783408.12元，比2006年同期增加73.09%；亮点之一的半潜船队3艘船共实现营业收入344883391.90元，占船队营业收入6.58%，实现船队主营利润182363510.18元，占船队主营利润11.36%。（朱红）

【姜立军会见中国远洋物流有限公司总经理叶伟龙】 2008年3月26日，中远航运首席执行官姜立军和首席运营官郭京会见了中国远洋物流有限公司总经理叶伟龙一行，双方就航运与物流协调发展和密切合作等进行了交流。（朱红）

【荣获“2007年度广东纳税百强企业”】 2008年4月1日，2007年度广东纳税百强发布会暨2008年税收宣传月活动启动仪式在广东大厦举行。会上，公布了纳税先进企业。中远航运2007年度缴纳国内税收

28881.22万元，列2007年度广东综合纳税百强企业排行榜第93位，列2007年度广东交通运输业纳税百强企业排行榜第4位。（朱红）

【姜立军会见广东海事局副局长钟国青一行】 2008年4月2日，中远航运首席执行官姜立军、常务副总经理赖奕光和副总经理杜俊明会见了广东海事局副局长钟国青、船员处副处长兼船员考试中心主任蒋青扬一行，宾主双方对长期密切合作表示满意。（朱红）

【着力提升非洲港口效率】 2008年，中远航运坚持开发和提升非洲港口效率，为远东至非洲航区的件杂货班轮运输提供保障，成为中远航运在非洲的盈利模式。3月10日，副总经理杜俊明在广州会见苏丹港务局执行总经理ABDGADIR ABU ALI先生、财务总监ALAMIN NOUREL HADI和总工程师MOHAMED FAGIR一行，双方就进一步加强合作进行工作交流。通过上述活动，提升了中远航运船舶在非洲港口的效率。（朱红）

【中远航运董事会再次荣获“优秀董事会奖”】 2008年4月12日，中国上市公司第四届“金圆桌奖”在北京举行隆重颁奖仪式。中远航运董事会荣获“金圆桌奖”的“优秀董事会奖”。这是中远航运董事会继2007年荣获“金圆桌奖”“优秀董事会奖”后，再次荣获这一殊荣。中远航运驻京首席代表黄金成代表中远航运出席颁奖仪式并领奖。（朱红）

【李明昌率队来访】 2008年4月18日，中海海盛总经理李明昌率该公司总经理办、航运部、发展部、人事部部门长等一行8人到中远航运进行业务交流。中远航运首席执行官姜立军、首席执行官助理兼投资发展部总经理董宇航等向客人详细介绍了企业基本情况，双方就上市公司关注的热点问题进行了交谈。（朱红）

【拜访中远美洲公司】 2008年5月5日，广远党委书记、中远航运董事刘书田和中远航运首席执行官姜立军在美国新泽西拜访了中远美洲公司总裁周琥。姜立军介绍了中远航运的发展情况，特别介绍了半潜船队以休斯敦为基点，开拓世界海上石油工程运输市场的情况。双方就加强今后的合作进行了广泛的交流。（朱红）

【孔永新一行来访】 2008年5月13日，建信金融租赁股份有限公司董事长孔永新一行来中远航运访问。中远航运首席执行官姜立军和常务副总经理赖奕光亲切会见了孔永新；中远航运副总经理兼财务总监林敬伟以及财金部负责人等与孔永新一行就双方的融资合作问题进行了深入的探讨。（朱红）

【与青岛远洋船员学院签定校企合作协议】 2008年5月19~20日，中远航运派出以副总经理郭福祥等人参加青岛远洋船员学院举办的第一期“航海类专业毕业生就业讲坛”。期间，郭福祥代表中远航运与青岛远洋船员学院签订了《教师随船实习协议书》。（朱红）

【中远航运名列2007年度中国上市公司综合绩效排名第39名】 2008年5月23

日，中国证券报和清华大学中国企业研究中心联合推出的2007年度中国上市公司综合绩效排名揭晓。中远航运以综合绩效得分78分的成绩名列第39名。本次排名采用上市公司2004～2007年财务数据，从盈利能力、偿债能力、成长性等3方面进行综合评价。这是中国证券报和清华大学中国企业研究中心连续8年合作推出上市公司综合绩效排名。（朱红）

【徐惠兴考察中远航运香港公司】 2008年5月27日，广远总经理、中远航运副董事长徐惠兴一行在香港考察了中远航运香港公司，听取了该公司总经理陈春的工作汇报，对中远航运香港公司的工作表示满意，并殷切希望该公司作为中远航运的海外平台，在船舶融资以及经营创利方面发挥更大、更重要的作用。（朱红）

【姜立军再次被任命为英国劳氏船级社中国国家委员会委员】 2008年，英国劳氏船级社（亚洲）中国国家委员会年会上，中远航运首席执行官姜立军再次被任命为英国劳氏船级社中国国家委员会委员，任期3年。（朱红）

【徐惠兴慰问“康盛口”轮船员】 2008年5月13日，广远总经理、中远航运副董事长徐惠兴等一行5人登上正在大连港泉水码头装运集装箱桥吊的“康盛口”轮慰问船员，并会见了该航次租船人。徐惠兴登轮后首先了解有无家住四川地震灾区的船员，并就企业对家住四川灾区船员家庭紧急调查情况向船员作了通报。接着介绍了企业安全生产、经营形势，要求船员结合半潜船的特殊性，认真开展好“百日安全活动”，保一方平安，为企业安全生产和经营效益最大化作出贡献。（练锦荣）

【中远航运荣获2007十佳最具持续投资价值上市公司】 2008年6月15日，第三届“大众证券杯”——“中国上市公司竞争力公信力TOP10调查颁奖暨2008十佳上市公司领导人峰会”在杭州隆重举行。峰会对荣获“大众证券杯”各个奖项的企业和个人颁奖。中远航运2007年凭借其历史最好经营业绩荣获“2007十佳最具持续投资价值上市公司”奖，董事会秘书薛俊东获得了“投资者关系金牌董秘”的称号。

（朱红）

【中远航运入选“2007年度主板上市公司价值百强”】 2008年6月26日，“2007年度中国上市公司主板价值百强高峰会议暨颁奖仪式”在北京举行。中远航运入选“2007年度主板上市公司价值百强”，中远航运驻北京代表黄金成出席颁奖仪式并上台领奖。

由《证券时报》社和南方基金联合主办的2007年度上市公司价值评选，立足客观专业标准、集合公众机构智慧，旨在揭示财务表现优异、治理水平较高、拥有一流管理团队、品牌、战略进而能够持续为股东创造价值的优秀上市公司。经过财务评分、公司治理评分、公众及机构投票等程序，最后经评审专家委员会审定“2007年度主板上市公司价值百强”的上市公司。

（朱红）

【薛俊东荣获“金牌董秘”】 2008年6月28日，由《新财富》杂志社主办的“第二届新财富最佳投行暨第四届新财富金牌董秘颁

奖典礼”在深圳举行。中远航运董事会秘书薛俊东荣获“金牌董秘”殊荣。（朱红）

【举办“学习创新、解放思想”主题党日活动】 2008年6月28日，中远航运利用周末在清远市举办“学习创新、解放思想”主题党日活动。260多名党员和员工参加党日活动并积极向企业提合理化建议，高管人员和相关部门现场回答了员工们提出的主要问题。（朱红）

【中远航运获2008年“价值百强”上市公司排行榜第三名】 2008年7月2日，在广州中国大酒店举行的首届中国资本榜样高峰论坛暨2007年度中国上市公司价值百强评选发布会上，由中联控股集团、《财经时报》和国资委有关专家共同组成的业绩评价课题组，发布了2007年度上市公司价值百强榜。中远航运以综合得分83.61分获得了2008年“价值百强”上市公司排行榜第三名。

此次排行榜是该课题组按照中国上市公司业绩评价指标体系，以统一测算的评价标准为基准，运用功效系数法，对截至2008年4月30日公布年报的1509家上市公司业绩进行了评价排序，最终得出了2008年“中联百强”上市公司排行榜。

（徐波）

【李景林一行到中远航运调研】 2008年7月4日，中远集团研发中心党委副书记李景林一行3人到中远航运调研。中远航运董事会秘书薛俊东和首席执行官助理董宇航向客人介绍了中远航运几年来探索发展特种杂货船队的主要做法和成功经验，并就中远航运推进资本运作、建设和谐企业等方面的工作和李景林一行进行了交流。（朱红）

【韩国敏接任中远航运首席执行官】 2008年7月21日，中远航运发布公告称，经中远航运第三届董事会第二十二次会议审议批准，董事会同意董事、首席执行官姜立军因工作变动，辞去董事、首席执行官职务，同意由韩国敏担任第三届董事会董事、首席执行官，其董事聘任提交股东大会批准。（朱红）

【举行庆“八一”拥军优属座谈会】 2008年7月31日晚，中远航运举行庆“八一”拥军优属座谈会。中远航运首席执行官韩国敏，党委副书记、常务副总经理赖奕光与企业30多名转业、复退军人、现役预备役军官、军属一起欢庆“八一”建军节。韩国敏、赖奕光等向各位退役、现役军人及军属致以节日的慰问，并希望大家继续发扬人民解放军的光荣传统和优良作风，为企业的持续发展作出贡献。（朱红）

【启动船员管理系统开发工作】 2008年8月18日，中远航运召开船员管理系统开发启动动员大会。系统开发技术人员、用户代表60多人参加了大会。会上，中远航运常务副总经理赖奕光作了发言，指出船员管理系统的开发启动，是中远航运信息化建设进程的一个重要标志，是进一步提升船员管理水平、稳定船员队伍的一项民心工程，也是促进全面流程管理的重要保障，赖奕光对开发工作提出了具体要求。系统开发项目负责人介绍了项目组成员组成及分工，并表示将按照预定时间表推进这项工作，在相关部门和员工的配合下，高效优质地完成系统开发。（朱红）

【中远航运获全国企业抗震救灾优秀作品一等奖】 2008年9月12日，全国企业抗震救灾优秀作品表彰大会在云南省昆明市举办。中远航运通讯《特殊党费献上特别的爱》（刊登于《中远航运》2008年第3期）荣获全国企业抗震救灾优秀作品新闻通讯类一等奖。（徐波）

【韩国敏会见镇江市口岸代表团】 2008年9月23日，中远航运首席执行官韩国敏、常务副总经理赖奕光和副总经理杜俊明会见了以镇江市口岸和港口管理局高国成率领的镇江口岸代表团一行，双方就进一步加强合作与服务进行了深入交谈。镇江口岸代表团成员有镇江港务集团戴永胜、镇江海关关长马金平、海事局局长张士元、镇江出入境检验检疫局局长陶卫忠、长航镇江港公安局局长蒋健、镇江边防检查站副站长何舜荣、镇江港港务集团业务处处长顾国顺等。（徐波）

【中远航运高管国庆期间慰问船员】 2008年国庆期间，中远航运组成由首席执行官韩国敏、副总经理郭福祥等高管带队的多个慰问小组，分赴上海、天津、广州等国内港口，共慰问抵港船舶21艘，为生产第一线的船员送去亲切的问候和节日的祝福，并叮嘱船员保重身体，注意安全，以良好的安全生产业绩回报家人的关爱，回报股东和企业的关怀。慰问期间，中远航运高管认真听取了船员的意见和建议，对船员反映的热点问题有的当场答复，有的拟研究后再进行答复。（徐波）

【中远航运荣获2008年中国上市公司最佳治理奖和最佳董事会奖】 2008年10月26日，由南开大学公司治理研究中心主办的2008年度“中国公司治理指数发布与研讨会”在北京人民大会堂隆重举行。会上发布了以“华尔街金融危机背景下公司治理风险的强化”为背景的《2008中国公司治理评价报告》。在此次研讨会上首次推出的“中国最佳上市公司董事会奖”和“中国最佳上市公司治理奖”两个奖项评选中，中远航运均榜上有名。中远航运首席执行官韩国敏作为获奖单位代表在研讨会上发表了获奖感言。（徐波）

【韩国敏一行拜访黄海造船厂领导】 2008年11月11日，中远航运首席执行官韩国敏和董事会秘书薛俊东一行抵达山东荣成市拜访了黄海造船厂，与该厂领导以及CCS驻厂代表就船舶建造时间和质量问题进行了广泛交流，并察看了中远航运在该厂建造中的8艘28000吨重吊船的首制船，看望了中远航运驻厂监造组5名成员。（徐波）

【韩国敏一行拜访大客户】 2008年11月12～13日，中远航运首席执行官韩国敏和董事会秘书薛俊东一行赴青岛和上海拜访了山东电力第三建设工程公司和上海电气等大客户公司领导，双方进行了亲切交谈，为双方建立长期的互惠互利的合作奠定了扎实的基础。（徐波）

【赖奕光会见劳氏船级社中国船舶业务总裁一行】 2008年11月19日，中远航运常务副总经理赖奕光会见劳氏船级社中国船舶业务总裁Nickolas Brown、中国船舶业务发展部总经理Willem Moelker、中国上海审图中心总经理薛茂根、中国南方地区总经理Alain Cortial、香港及华南地区船舶业

务副总裁陈十周和中国南方地区船舶市场经理田斌等，双方就船舶业务发展及其合作进行了交流。（朱红）

【中远航运荣获“2007年度中国最佳投资者关系管理百强”奖】 由上海证券交易所、深圳证券交易所联合指导，中国上市公司投资者关系管理研究中心主办的“2007年度中国投资者关系年会暨2007年度中国A股公司投资者关系评选活动”于2008年11月30日在北京举行，会上公布了获奖名单。中远航运荣获“2007年度中国最佳投资者关系管理百强”奖。（朱红）

【预算管理系统项目正式启动】 2008年12月10日，中远航运举行预算管理系统项目启动大会。项目相关人员、企业高管及有关部门负责人30多人参加会议，中远集团总会计师孙月英、中远航运副董事长徐惠兴、中远集团财金部副总经理马鸿瀚等领导莅临大会。孙月英作了讲话，希望中远航运对预算管理系统项目高度重视，全员参与，大胆实践，勇于创新，成功建立起全面、科学、高效的预算管理系统，为中远集团实施全面预算管理系统探索更多的经验。（朱红）

【“凤凰松”轮在江苏口岸船厂命名下水】 2008年12月15日，中远航运在江苏口岸船厂订造的27000吨多用途船首制船“凤凰松”轮在江苏口岸船厂命名下水。中远航运首席执行官韩国敏、董事会秘书薛俊东和南京船级社总经理张凯共同为该轮下水剪彩。（朱红）

资本运作

【投资发展部简介】 投资发展部是中远航运战略规划与市场研究、生产经营统计分析、资本运营和投融资项目策划及实施、投资者关系管理和信息披露以及“三会”（股东大会、董事会、监事会）日常事务的主管部门。主要职责是负责中远航运发展战略规划、产业发展规划以及项目决策管理的工作；负责宏观经济环境、航运市场环境、资本市场信息的收集、整理、分析和预测；负责航运生产经营相关数据的统计、分析与评估；负责主持船舶更新改造和船舶买卖工作的可行性研究；负责投资管理和控股公司的归档管理；负责资本运营策划和投融资项目的策划、实施；负责投资者关系管理、信息披露、“三会”的日常事务以及与证券监管部门的沟通；负责对外宣传相关内容的审核及对证券媒体的宣传工作；负责日常法律事务。时任总经理董宇航（兼）。员工8人。（孙雄）

【投资发展部工作概况】 2008年，投资发展部推进完成分离交易可转债的发行上市工作；推进向中远航运香港公司再次增资5000万美元工作；进一步加强投资管理和股权管理；参与并推进企业的分支机构改革；完成中远航运多用途船和半潜船船队发展规划的制定；完成信息披露和“三会”工作，全年组织召开7次董事会、3次监事会、1次年度股东大会和3次临时股东大会、2次审计委员会会议，公布了37份临时公告；加强投资者关系管理，进一步提升企业形象；进一步加强信息和市场研究；完成在亚太海洋油气峰会上的宣

传和布展；开展规范统计的日常以及临时性工作；开展法律方面的日常事务性和临时性工作。（孙雄）

【推进向中远航运香港公司再次增资5000万美元工作】 2008年，中远航运为进一步提升中远航运香港公司境外融资买造船平台的能力，向中远集团和国家有关部委申请对其再次增资5000万美元，以满足现有及后续买造船项目的资金需求。是年，增资工作已获得国家外管局和发改委的批准。（孙雄）

【加强投资管理和股权管理】 2008年，投资发展部持续跟踪和处理参股中远财务公司的相关股权投资方面的管理工作；加强了对非船舶投资计划的编写和调整，持续跟踪投资计划的实施情况；根据实际需求做好年中计划的调整，在不影响正常生产经营的前提下，努力降低成本。（孙雄）

【参与并推进企业分支机构改革】 2008年，投资发展部为理顺企业各地分支机构的运作管理，充分发挥其为航运主业服务的作用，参与并推进了以天津中远航运为平台整合北方机构和以上海分公司为平台整合华东机构的研究和分析。新的天津公司于年初开始运作；上海分公司的整合工作于年底前完成。此外，投资发展部还积极研究如何完善中远航运驻国内港口办事处与企业本部的工作联系机制等问题。（孙雄）

【制定多用途船和半潜船船队发展规划】 2008年，投资发展部经过充分研究，制定了未来5年中远航运多用途船和半潜船船队发展规划，并在10月中远航运召开的船队规划研讨会上获得通过。该规划体现了中远航运发展的思路，对企业船队结构调整、船员队伍发展、营销网点建设等工作具有重要的指导意义。（孙雄）

【参加亚太海洋油气峰会】 2008年9月，亚太海洋油气峰会在广州举行。投资发展部负责组织并成功完成中远航运在该会议上的宣传和布展工作。在峰会上，中远航运开展了有关半潜船业务的主题演讲，布设了半潜船业务宣传展台，同时采用了船模展览、视频宣传、业务宣传册和小礼品等配合措施，受到了参会嘉宾及会议主办方的好评。（孙雄）

【加强信息和市场研究】 2008年，投资发展部进一步完善了对航运市场的持续跟踪分析机制和相关信息研究体系，并根据事件的重要程度做出满足经营需要的深度分析，提高了相关研究信息和报告的质量，进一步贴近了企业经营实际和市场。在特种船市场研究上，详细研究了半潜船领域的DOCKWISE、OHL、FAIRSTAR、ROLLDOCK、COMBILIFT、SEAMETRIC等公司的经营发展情况和战略取向，供企业和业务人员参考；形成了半潜船运输市场研究和竞争态势分析报告，并开展了重吊船在OFFSHORE领域的相关研究。为了更好地了解和掌握航运市场的动态，投资发展部还不间断地跟踪和研究影响散货市场的各种因素，密切注意杂货班轮的市场变化迹象，并对影响企业经营的重大事件做出持续的关注和研究；如美国次级债、国际油价走势、中澳铁矿石谈判、中国宏观经济政策等，并形成了有关研究报告，供经营人员参考。另外，还前往 CLARKSON 上海办事处调研，了解多用途船租金指数的相关编制情况，对该指数进行了跟踪。

（孙雄）

【规范统计工作】 2008 年，投资发展部开展统计的日常工作，包括组织、协调、督促业务流程上相关人员共同完成企业运输生产统计年报和月报，完成运输生产周报、月度沿海、月度租船等统计报表，进行月度生产运行情况简析，根据需要不定期进行航运经济成本分析。此外，投资发展部还完成各项临时性工作，包括理顺跨部门和控股公司的管理沟通工作，解决新租入船运作流程及统计口径等相关问题，提供燃油消耗及加油价、燃油单耗分析等主管机关需要的信息，完成交通运输部和国家统计局联合进行的运输业统计调查任务，及时发现和解决日常工作中，特别是经营方式发生变化导致统计系统运行过程中出现的各种新问题。（孙雄）

【加强法律工作】 2008 年，投资发展部根据企业生产经营的实际情况和信息披露的规范要求，重新核定了中远航运与中远集团和广远的各项关联交易的种类和金额，并分别签订了新的为期 5 年的关联交易合同，为企业的正常生产经营提供了保障；参与谈判、草拟和审核框架下的各项合同，如燃油采购协议、设备租赁和维护等相关事项。与此同时，投资发展部还为企业租船、船员租赁及劳务派遣、船员改革后续工作、相关船员抚恤、补充养老保险、船员劳动仲裁和诉讼等工作及企业各部门日常合同审核、法律咨询等工作提供了法律技术支持。（孙雄）

【完成信息披露和“三会”工作】 2008 年，中远航运共召开 7 次董事会、3 次监事会、1 次年度股东大会和 3 次临时股东大会、2 次审计委员会会议，公布了 37 份临时公告。是年，中远航运“三会”会议次数和临时公告数量是历年之最。通过这些会议，中远航运顺利完成了 2007 年度报告及 2008 年定期报告的编制、企业再融资、拟定企业及控股子公司的战略发展目标、船队结构调整计划、部分董事更换及利润分配等工作。（孙雄）

【实施 2007 年度和 2008 年半年度利润分配】 2008 年 5 月，中远航运按照 2007 年度股东大会的决议，实施了 2007 年度的利润分配计划。2008 年第二次临时股东大会，审议通过了 2008 年上半年度利润分配计划。为加快利润分配工作进程，中远航运提前与中登公司上海分公司进行沟通，并于 9 月 30 日前完成了该次利润分配工作，成为上海、深圳两地上市公司实施利润分配效率最快的上市公司。（孙雄）

【完成最后一次大非解禁】 2008 年 12 月 9 日，是中远航运有限售流通股股东的最后一次解禁时间。为此，中远航运提前做好证管部门相关工作，与有限售流通股股东进行沟通，做好其事后跟踪工作，使其买卖程序符合法律、法规及股改时的相关承诺。（孙雄）

【加强投资者关系管理】 2008 年，投资发展部加强投资者关系管理。通过中远航运网站的“投资者信箱”，回复投资者提出的各类问题，接听投资者电话；协助董事会秘书安排和接待机构投资者的来访和调研；组织“高管在线”活动2次；通过交流会、午餐会等多种形式与机构投资者进行沟通，进一步提升了企业形象。

（孙雄）

【召开第三届董事会第二十次会议】 2008年3月14日，中远航运召开了第三届董事会第二十次会议，9位董事全部与会，中远航运部分高管列席会议。会议由董事长许立荣主持。会议以书面记名表决的方式逐项审议并通过了17项决议：《中远航运2007年度CEO工作报告》、《中远航运2007年度董事会工作报告》、《中远航运董事会专业委员会工作报告》、《中远航运2007年度财务决算报告》、《中远航运2007年度利润分配预案》、《中远航运2007年年度报告及摘要》、《中远航运2007年度审计工作总结》、《关于聘请中远航运2008年度审计师的决议》、《关于中远航运分离交易可转债首期募集资金使用的决议》、《关于追加与中远集团及下属公司运使费结算额度等关联交易的决议》、《关于中远航运与中远集团及下属公司、与广远及下属公司签订框架性关联交易合同的决议》、《关于中远航运管理层薪酬激励方案的决议》、《关于中远航运“康盛口”轮半潜船加宽改造的决议》、《中远航运独立董事工作制度》、《中远航运董事会审计委员会年度财务报告审议工作程序》、《关于对前期已披露的2007年期初资产负债表相关项目及金额调整的决议》、《关于召开中远航运2007年年度股东大会的决议》。（孙雄）

【召开第三届董事会第二十一次会议】 2008年4月15日，中远航运发出通知，第三届董事会第二十一次会议以书面通讯表决的形式进行。全体董事于4月25日前以书面通讯方式进行表决，审议并通过《中远航运2008年第一季度报告》。

（孙雄）

【召开第三届董事会第二十二次会议】 2008年7月18日，中远航运召开第三届董事会第二十二次会议，9位董事全部与会，中远航运部分高管列席会议。会议由董事长许立荣主持。会议以书面记名表决方式逐项审议并通过了如下决议：《关于向中远航运香港公司增资5000万美元的决议》、《修订中远航运〈公司章程〉草案》、《中远航运公司治理专项活动整改情况说明》、《关于中远航运第三届董事会董事候选人的决议》、《关于中远航运部分高管人员变动的决议》、《关于召开2008年第一次临时股东大会的决议》。会议同意姜立军因工作变动原因，辞去公司董事、首席执行官职务，同意韩国敏为中远航运第三届董事会董事候选人。（孙雄）

【召开第三届董事会第二十三次会议】 2008年7月25日，中远航运发出通知，第三届董事会第二十三次会议以书面通讯表决方式进行。全体董事于7月30日前以书面方式进行了表决，审议并通过《关于提名金立佐为中远航运第三届董事会独立董事候选人的决议》、《中远航运关于关联方资金占用情况的自查报告的决议》。

（孙雄）

【召开第三届董事会第二十四次会议】 2008年8月29日，中远航运召开第三届董事会第二十四次会议，9位董事全部与会，中远航运部分高管列席会议。会议由董事长许立荣主持。会议以书面记名表决方式逐项审议并通过了6项决议：《中远航运2008年半年度报告全文及摘要的决议》、《将“江西关”轮等9艘船舶出售给中远航运天津公司的决议》、《中远航运与中国银行等签署授信额度协议的决议》、《调整第三届董事会专门委员会组成人员的决议》、《中远航运2008年半年度利润分配预案》、《关于召开中远航运2008年第二次临时股东大会的决议》。 （孙雄）

【召开第三届董事会第二十五次会议】 2008年10月20日，中远航运发出通知，第三届董事会第二十五次会议以书面通讯表决方式进行。全体董事于10月28日前以书面方式表决，审议并通过了《中远航运2008年第三季度报告》、《关于增选中远航运第三届董事会副董事长的决议》。会议同意增选现任董事刘书田为中远航运第三届董事会副董事长。调整后的董事会由9名董事组成，其中设董事长1人，副董事长2人。 （孙雄）

【召开第三届董事会第二十六次会议】 2008年11月17日，中远航运发出通知，第三届董事会第二十六次会议以书面通讯表决形式进行。全体董事于11月20日前以书面通讯方式进行了表决，审议并通过了《关于修订中远航运〈公司章程〉的草案》、《关于召开2008年第三次临时股东大会的决议》。 （孙雄）

【召开第三届监事会第十次会议】 2008年3月19日，中远航运召开第三届监事会第十次会议，7位监事全部与会，中远航运部分高管列席会议。会议由监事会主席马宗梅主持。会议以书面记名表决方式逐项审议并通过12项决议：《中远航运2007年度CEO工作报告》、《中远航运2007年度监事会工作报告》、《中远航运2007年度财务决算报告》的议案、《中远航运2007年度利润分配预案》、《中远航运2007年年度报告及摘要》、《中远航运2007年度审计工作总结》、《关于聘请中远航运2008年度审计师的决议》、《中远航运分离交易可转债首期募集资金使用的决议》、《关于追加与中远集团及下属公司运使费结算额度等关联交易的决议》、《关于中远航运与中远集团及下属公司、与广远及下属公司签订框架性关联交易合同的决议》、《关于中远航运管理层薪酬激励方案的决议》、《关于对前期已披露的2007年期初资产负债表相关项目及金额调整的决议》。

（孙雄）

【召开第三届监事会第十一次会议】 2008年4月16日，中远航运发出通知，第三届监事会第十一次会议以书面通讯表决的形式进行。全体监事于4月25日前以书面通讯方式进行了表决，审议并通过了《中远航运2008年第一季度报告》。

（孙雄）

【召开第三届监事会第十二次会议】 2008年8月29日，中远航运召开第三届监事会第十二次会议。应到监事6人，实到4人（监事胡锦沛因工作调动原因已提出辞职；监事吴淼泳因工作原因未能参加会议，书面委托监事方志伟参加会议并行使表决权)。中远航运部分高管列席会议。会议由监事会主席马宗梅主持。会议以书面记名表决方式审议并通过2项决议:《中远航运2008年半年度报告全文及摘要》、《中远航运2008年半年度利润分配预案》。

(孙雄)

【召开2007年年度股东大会】 2008年4月24日,中远航运召开2007年年度股东大会。出席股东大会及授权委托代表9人,代表股数444774681股,占中远航运有表决权股份总数67.88%。部分董事、监事和高管出席了会议。大会由副董事长徐惠兴主持。会议以书面记名投票表决的方式逐项审议并通过了9项普通决议:《中远航运2007年度董事会工作报告》、《中远航运2007年度监事会工作报告》、《中远航运2007年度财务决算报告》、《中远航运2007年度利润分配预案》、《中远航运2007年年度报告及摘要》、《关于聘请中远航运2008年度审计师的决议》、《关于追加与中远集团及下属公司运使费结算额度等关联交易的决议》、《中远航运与中远集团及下属公司、与广远及下属公司签订框架性关联交易合同的决议》、《中远航运管理层薪酬激励方案的决议》。大会还审议通过修改《公司章程》的特别决议。

(孙雄)

【召开2008年第一次临时股东大会】 2008年8月22日,中远航运召开2008年第一次临时股东大会。出席大会的股东及股东代表共5人,代表股份总数335730385股,占中远航运有表决权股份总数的51.24%。中远航运部分董事、监事、高级管理人员及律师出席了会议。会议由董事会召集,副董事长徐惠兴主持。会议以普通决议案方式审议并以记名投票方式表决通过了3项决议:《关于向中远航运香港公司增资5000万美元的决议》、《关于选举中远航运第三届董事会董事的决议》、《关于选举中远航运第三届董事会独立董事的决议》。会议选举韩国敏担任中远航运第三届董事会董事,选举金立佐担任中远航运第三届董事会独立董事。会议以特别决议案方式审议并以记名投票方式表决通过了中远航运《公司章程》修改草案,在企业原经营范围的基础上,增加"向境外派遣各类劳务人员(含海员),职业介绍,劳务信息服务,劳动保障事务咨询"和"增设公司董事会副董事长1名"等内容。调整后的董事会由9名董事组成,其中设董事长1人,副董事长2人。 (孙雄)

【召开2008年第二次临时股东大会】 2008年9月16日,中远航运召开2008年第二次临时股东大会。出席大会的股东及股东代表共6人,代表股份总数345327720股,占中远航运有表决权股份总数的52.71%。中远航运部分董事、监事、高级管理人员及律师出席会议。会议由董事会召集,副董事长徐惠兴主持。会议以普通决议案方式审议并以记名投票方式表决通过了《中远航运2008年半年度利润分配的决议》。 (孙雄)

【召开2008年第三次临时股东大会】 2008年12月9日,中远航运召开2008年第三次临时股东大会。出席大会的股东及股东代表共5人,代表股数689655440股,占中远航运有表决权股份总数52.63%。中远航运部分董事、监事、高级管理人员及律师出席会议。会议由董事会召集，董事韩国敏主持。会议以特别议案方式审议并以记名投票方式表决通过了《关于修订中远航运〈公司章程〉草案》，中远航运注册资本由65520万元修改为131040万元；公司股份总数由65520万股修改为131040万股。（孙雄）

航运经营

【航运经营部简介】 航运经营部是中远航运的生产经营、调度管理和航运市场开发、维护的主管部门。主要职责是负责贯彻执行国际和中国政府主管部门有关运输生产的政策和法规；负责船舶运输生产、船舶调度等业务；组织制定、完善和贯彻执行航运生产经营的规章制度；根据利润指标、生产指标、安全经营指标，拟定生产计划并组织实施；对航运生产及管理状况进行分析，组织研究和总结各航线的经营情况，提出经营对策；负责市场调研和业务拓展，拜访客户，广揽货源；负责对企业所属船舶的指挥调度，根据货源和市场情况，优化运力投放，合理安排航线和货载，保证货运质量和安全，提高经济效益；负责组织落实运费回收和港口使费的审核；负责船舶保险、货物理赔业务，协同各有关部门解决保险、理赔案件；负责指导船舶货物的装卸、督促船舶改进货运质量，调查处理货损事故；当船舶发生紧急情况（遇险或遇难）时，及时向企业有关领导报告，并在应急领导小组的指挥下，按《机关应急部署和程序》对船舶实施应急措施；参加应急领导小组工作，做好各种紧急情况的反应；指导和监督船舶进行安全运输生产，做好货运质量工作，对危及船舶和人员安全的货物运输有否决权；对可能危及船舶安全的设备有严重问题的船舶提出停航或改变用途、退役的建议；对危及人身安全的船岸设备、设施、生产场地等提出修理、整改以至停工或停产处理的建议和意见；对发生各类事故的有关责任人员提出处理建议。时任总经理郭京（兼），常务副总经理杜俊明（兼），副总经理陈楚明、邱晓虹。员工60人。（李斌）

【航运经营部工作概况】 2008年，由于受国际金融危机的深刻影响，航运市场以第三季度为界，基本呈现前高后低的走势，BDI指数由11000多点直降到900多点，“量价齐跌”，航运经营面临前所未有的挑战。面对挑战，航运经营部采取两条腿走路的方针，一方面认真执行“以固定航线为依托，完善核心班轮航线”的传统经营模式，利用规模、技术、品牌和服务优势，全力打造核心精品班轮航线，抓好常规经营，确保生产经营效益；加大对宏观经贸、航运发展趋势、新兴市场、竞争对手及大客户的研究工作，不断开拓巴西、印度、非洲等新市场。通过对船舶、货源的统筹安排，实现企业整体效益最大化；加强精益管理，内部挖潜，降低企业生产经营成本。另一方面根据市场需要积极应对危机带来的市场变化，摒弃传统的船东理念，以市场为导向，以客户为中心，以效益为目标，将维护客户和开发货源作为航运业务的核心，采取大客户再开发的灵活的运价政策、航线调整、成本控制、优质服务等有效措施，将危机带来的损失降到最低。（李斌）

【生产质量指标完成情况】 2008年，中远航运全年完成航次967个，比2007年增加113个，升幅13.23%；完成运量1001万吨，比2007年增加87.40万吨，增长9.6%；完成周转量552.38亿吨海里，比2007年增加46.04亿吨海里，增长9.1%；载重量利用率为63%，比2007年减少1.7个百分点；营运率94.8%，比2007年减少2.0个百分点；燃油单耗为7.6千克/千吨海里，与2007年相比减少0.1千克/千吨海里。

是年，受外部因素影响，航运市场变化剧烈。中远航运依靠前三季度创下的良好业绩，凭借第四季度采取的有效措施，全年实现营业收入69.01亿元，与2007年同比增长29.59%；利润总额17.31亿元，与2007年同比增长17.77%；净利润14.48亿元，与2007年同比增长了34.86%。上述指标均为历史最好成绩。 （李斌）

【半潜船经营概况】 2008年，中远航运拥有3艘半潜船，5.42万载重吨。其中，2艘新型半潜船主要承运钻井平台、大型储油平台、集装箱桥吊等海上工程设施和大型机械设备。是年，半潜船合同订单充足，货源充足，运价平稳，创造了较好的经营效益，实现营业收入361365932.54元，占船队营业收入5.44%；实现船队营业利润213507133.73元，占船队营业利润12.71%。 （李斌）

【“泰安口”轮成功定位安装BOA石油平台】 2008年12月，20000吨级半潜船“泰安口”轮在马来西亚Bunga Orkid Field，经过13个小时的精心操作，成功地利用船舶DP系统（卫星动态定位系统）定点安装BOA项目的上层模块（NORTHERN FIELDS DEVELOPMENT PROJECT Bunga Orkid A topside module）。该模块高94米、宽102米、重约12900吨。此次安装作业成功，刷新了中远航运半潜船DP安装作业单件货物重量的历史纪录。

（李斌）

【重吊船经营概况】 2008年，中远航运拥有4艘重吊船，6.78万载重吨。受惠于全球基础设施建设、能源建设等工程项目货的旺盛需求，重吊船运输全年保持了相对稳定的经营水平。全年实现营业收入219200658.84元，占船队营业收入3.30%；实现船队营业利润114315150.40元，占船队营业利润6.81%。 （李斌）

【“大华”轮承运游艇去美国】 2008年新年伊始，“大华”轮第74航次从上海装载钢架设备和1艘游艇，再到高雄加装6艘游艇去美国佛罗里达州的WEST PALM BEACH港。为了确保船货安全渡过冬季太平洋风浪区，该轮全体船员根据货物特点和装载情况，按照系固要求，在专业港口船长指导下，船员相互协助，焊架子、搬运索具、搞绑扎等，对所有货物下部焊止动块，相叠货物全部用链条绑紧，货与货之间用三角木顶牢。该轮船员经过两天两夜加班加点的工作，确保了船舶按时启航，赢得了船期。 （李斌）

【汽车船经营概况】 2008年，中远航运拥有5艘汽车船，3.58万载重吨。该公司汽车船一方面继续为丰田等厂商提供国内班轮运输服务；一方面积极开拓中国至波斯湾、地中海等国际航线。同时租入部分运力，有效提高市场占有率。下半年，受汽车销售市场下滑影响，中远航运汽车船运输收入和利润出现大幅下滑。中远航运汽车船全年实现营业收入274665996.78元，占船队营业收入4.13%；实现船队营业利润17480825.78元，占船队营业利润1.04%。（李斌）

【“纪祥口”轮12航次为广州港南沙汽车码头外贸运输的处女航】 2008年1月15日，中远航运控股的中远日邮经营的“纪祥口”轮第12航次满载着182辆东风牌集装箱拖头车，驶离广州港南沙汽车码头，驶往伊朗的阿巴斯港。这是广州港南沙汽车码头自2006年6月6日投入营运以来第一个外贸航次。（李斌）

【“常发口”轮首次运载进口汽车至国内口岸】 2008年1月17日，中远航运控股的中远日邮汽车船“常发口”轮，在上海海通码头卸下348辆进口汽车，圆满完成首批进口汽车运输任务。这是国内汽车船船东第一次运载进口汽车至国内口岸，也是马来西亚宝腾公司使用汽车船出口中国的首批货物。（李斌）

【多用途船、杂货船经营概况】 2008年，中远航运拥有和控制多用途船、杂货船共69艘，计115.07万载重吨。中远航运多用途船和杂货船具有规模优势，航线布局广，可为同一客户提供全球运输服务。该公司通过合理调配航线运力，加强成本控制，实现航线整体效益最大化。是年，多用途船、杂货船由于货量减少和运价下跌，报告期多用途船和杂货船的效益受到较大影响，尤其是杂货船，受船型和船龄制约，效益大幅下滑。多用途船和杂货船全年实现营业收入5162640619.53元，占船队营业收入77.70%；实现船队营业利润1301146339.88元，占该船队营业利润77.48%。（李斌）

【“乐宜”轮巧装107节火车车厢运往非洲】 2008年3月26日，“乐宜”轮59航次在天津新港装运了57节火车敞蓬车厢、50节火车车厢起航赴苏丹。该轮待装设备多，舱容紧张，装货相当困难。中远航运天津办事处通过与各有关方协调，经过港口船长精心设计，船上与港口相互配合，采取敞车上叠装棚车或敞车的装载方法，使预配货物除8辆自卸车外全部顺利装船，充分利用了舱容，从而满足了客户需求，提高了航次效益。（李斌）

【“桃江”轮创该轮期租水平历史最高纪录】 2008年2～4月，“桃江”轮第149航次在镇江港装5532.88吨/4600袋装货物和在天津港加载2039.640吨/11496.044立方设备，开往南美厄瓜多尔的埃斯梅拉达斯港。该轮以52.08天完成了2装2卸的航次任务，单航次日租金水平超过18000美元/天，创造了该轮期租水平历史最高纪录。（李斌）

【滚装船经营概况】 2008年，中远航运拥有3艘滚装船，4.14万载重吨。中远航运将其投放机械设备和汽车运输市场，取得较好的经济效益。滚装船全年实现营业收入626838519.65元，占船队营业收入9.43%；实现船队营业利润32981907.83元，占船队营业利润1.96%。（李斌）

【远东——孟加拉航区的件杂货班轮运输概况】 2008年，根据各港口代理的统计资料，中远航运在日本市场该航区件杂货班轮运输的市场占有率约为50%；在韩国市场该航区件杂货班轮运输的市场占有率约为60%；在中国市场该航区件杂货班轮运输的市场占有率约为100%。（李斌）

【远东——非洲航区的件杂货班轮运输概况】 2008年，根据各港口代理的统计资料，中远航运在日本市场该航区件杂货班轮运输的市场占有率约为90%；在韩国市场该航区件杂货班轮运输的市场占有率约为70%；在中国市场该航区件杂货班轮运输的市场占有率约为60%；在南非市场回程班轮运输的市场占有率约为40%。

（李斌）

【中国——美洲航线概况】 2008年，根据各港口代理的统计资料，中远航运在中国出口南美西市场的占有率约在30~40%；在中国出口加勒比市场的占有率约在35%~45%；在南美回程鱼粉运输的市场占有率约为90%；在巴西回程石材运输的市场占有率约为40%。（李斌）

【中国——波斯湾、红海航线概况】 2008年，根据各港口代理的统计资料，中远航运在中国出口该航区件杂货班轮运输的市场占有率约为70%；在该回程航线的市场占有率约40%左右。（李斌）

【远东——欧洲、地中海航线概况】 2008年，根据各港口代理的统计资料，中远航运在远东——欧洲杂货船市场出口市场设备货的占有率约为70%；在远东——欧洲杂货船市场出口市场钢材的占有率约为35%；在欧洲——远东杂货船市场进口市场的占有率约为20%。（李斌）

船舶管理

【船舶管理部简介】 船舶管理部是中远航运控制及代管船舶的设备技术、安全管理和岸基技术管理、物料备件管理和燃润油料的管理、岸基技术支持管理的主管部门。主要负责船舶的航海、安全技术指导和跟踪管理；船舶机电、通导、航海设备技术的维护和修理；船舶设备技术改造、更新以及设备技术状况跟踪；船舶买卖，新造船舶技术拟定、鉴定和建造技术监督；船舶备件、物料、燃油、润油的采购和船舶使用管理跟踪；指导船员做好船舶设备维护、维修和安全管理，确保船舶处于良好技术状态；指导船员做好船舶防污和保护海洋环境；收集国内外船舶管理和防止污染的公约法规、安全管理规范、标准，以及国际先进船舶管理技术资料等，提出相应的管理和技术改造、技术创新意见和建议。时任总经理赖奕光（兼），常务副总经理郭福祥（兼），副总经理（海务）张建浩、副总经理（机务）刘建华、副总经理（技术）洪颖。员工68人。（廖再文）

【船舶管理工作概况】 2008年，中远航运认真贯彻落实中远集团、广远有关船舶技术和安全管理的要求，结合中远航运船舶管理实际，严格执行《综合管理体系》，根据船队旧船多、船型多、新旧船技术差异大，航经海区、港口复杂等特点，坚持各项管理工作早研究、早动员、早布置、早检查、早落实，突出重点，抓好船舶海上航行安全、船舶技术管理与维护，抓好船舶安全管理和指导；狠抓海务安全、机务安全、技术管理和监督，抓好物料、备件供应和管理，抓好造船技术监督等各项管理工作，给船舶安全经营、顺利完成各项经营任务提供强有力的技术支持和安全技术保障；通过强化管理，提高船舶管理执行力，下大力气抓船舶技术管理和安全管理；坚持自查为主，以跟踪、监督、检查、整改为着力点的现场管理；通过开展精益管理，现场管理，老旧船管理，燃润油和物料采购、内部控制等工作，促进船舶技术和安全管理，提高船舶技术管理水平，保障船舶安全经营的顺利开展。全年没有发生海损、机损、污染、滞留、火灾和上等级的管理事故。

在安全体系方面，完善和修改操作须知30个，船舶管理检查表6份，完成新聘员工岗位职责编写，完成对新聘员工进行体系培训，体系运行情况正常。

在海务管理方面，认真贯彻落实国务院有关安全生产的方针、政策，落实中远集团2008年安全生产工作会议精神和《中远集团2008年安全工作指导意见》。认真研究规律，创新发展，加大安全投入、依靠科技进步，给船队安全经营提供安全技术保障；布置和组织船舶先后开展了“太平斧”行动系列安全活动、进一步排查隐患专项活动、“安全生产月”活动、“秋风”行动等，进行岗位培训考试，开展员工行为安全自查等；全年劳动保护知识培训6500人次，上船现场检查指导船舶238艘次，为船舶解决海务、机务、人事、培训等问题1336项，对新船长和进出新港口的船长培训指导128人次；用电子邮件、电话跟踪和开航前指导中国沿海、国际事故多发和复杂航区等海域航行和进出港口船舶819艘次，跟踪指导大风浪航行船舶106艘次，雾航船舶216艘次，进出港船舶686艘次，中国沿海船舶跟踪率达到100%。是年，跟踪全球52个热带气旋，重点海区西北太平洋21个，最大限度减少船舶受台风影响的损失；跟踪船舶121艘次，指挥台风影响船舶81艘次，船舶管理人员累计防抗台值班917小时，全年防抗台成功率100%；按照国务院《关于开展安全生产百日督查专项行动的通知》，中远集团、广远等上级部门关于《开展安全生产百日督查专项行动的方案》的要求，依据《综合管理体系》和中远航运的安全生产实际，制订《中远航运开展安全生产百日督查专项行动的方案》，建立和完善《航行资料》、《TPC培训考试系统》、岸基船舶应急资料库等；认真做好老旧船管理，根据各类船型的结构和船龄特点给予重点管理，对航行特殊航区重点货物船舶、特殊要求货物船舶、超老龄船舶等始终实行跟踪管理和指导；海务人员跟踪全球气象和船舶动态，根据不同的天气情况实施个性化指导。

在机务管理方面，经营和代管船舶97艘，160.7万总载重吨。船舶管理部围绕船舶设备技术、安全管理和岸基技术支持，指导船员做好船舶设备维护、维修和安全管理，确保船舶处于良好技术状态，为船队的安全经营提供技术保障；机务人员按照中远航运的统一部署，在抓好船舶技术管理、技术跟踪指导、给船舶提供技术保障的同时，按计划完成了45艘船舶厂修任务，按计划完成船舶航修和船员自修保养工作；按照中远航运“十一五”船舶结构调整计划，新造船舶黄海28000吨项目、口岸27000吨项目按计划开工，监造组进驻监造；50000吨半潜船项目按计划进行详细设计，并准时开工，监造组进驻监造；根据老龄船安全风险大的特点，对老龄船进行了安全和技术评估，全年完成坞内评估船舶59艘，完成所有管理船舶的年度技术状态评估，并按操作须知要求消除存在缺陷、制定风险预控措施，邀请CCS对29年以上船龄的船舶进行技术状态评估，针对存在问题和缺陷制定风险预控措施。此外，还完成了“新荣耀”、“天王星”、“海王星”轮的接船与管理，拟退役船舶的评估和申报，20艘船舶ERS的建模工作等。机务管理全年现场检查船舶机务254艘次，解决船舶设备缺陷2093项。全年船舶接受PSC检查和船旗国检查247艘次。其中，无缺陷批注209艘次，占受检船舶的84.6%。中远航运所属船队机务管理全年无上等级污染、机损事故，无PSC滞留船舶。是年，中远航运所属船队船舶油耗（7.6）千克/千吨海里；机务费用预算与实际支出误差小于10%。投入巨款改善安全设施、培训安全人员；举办培训班57个，培训岸基1591人次，船员岗前和在岗培训8500人次。

是年，中远航运在船队老龄船舶增加、技术状况差、维修设备多，航经的航区复杂、全年气候多变、船舶经营任务重、安全压力大的情况下，船舶管理部为船队提供了良好技术指导和安全经营保障，使船队的营运率达到了94.8%。全年没有上等级机损、污染、海损、火灾、保安事件，船员工伤事故有所减少。

（廖再文）

【中远航运与CCS广州举行安全管理研讨会】　2008年1月26日，中远航运与中国船级社广州分社（CCS广州）联合举行2007年度船舶安全管理研讨会。中远航运首席执行官姜立军、常务副总经理赖奕光、副总经理郭福祥，中国船级社广州分社副总经理陈林龙及相关人员，CCS广州分社副总经理许明、副总经理谭健强，大连海军4810厂经营处代表吴海波，以及中远航运船舶管理部、安质部、船员管理部有关人员共73人参加了研讨会。会议由郭福祥主持。会上，船舶管理部副总经理刘建华作了2007年PSC情况报告；CCS广州分社代表作了船舶安全管理工作交流发言；CCS广州分社领导和中远航运高管分别讲话。与会人员就2007年国际PSC检查的新动向、遇到的新问题、应该注意的事项和怎样做好2008年船舶管理、安全管理、PSC检查工作等进行了全面交流与深入研讨。

（廖再文）

【召开2008年海务安全研讨会】　2008年3月6日，船舶管理部召开海务安全工作研讨会。中远航运首席执行官姜立军、常务副总经理赖奕光、副总经理郭福祥以及船舶管理部的海务管理人员和企业值班调度有关人员共16人参加了会议。会上，郭福祥总结了2007年海务工作的经验，指出了海务安全存在的问题，提出了2008年海务的具体工作。赖奕光通报了中远航运2007年的安全、效益和资本市场所取得的成绩，并对2008年的工作提出了要求。船舶管理部海务副总经理张建浩介绍了2007年防抗台工作的做法，通报了在防抗台中存在的问题，重点布置了2008年的船舶防抗台工作。业务经理陆海鸣介绍了做好冬季安全的好做法和注意的问题。在会上，各海务总管交流了自己在海务管理的做法和做好2008年海务工作的打算。此次海务安全研讨会的召开，加深了与会人员对海务工作重要性的认识，提高了海务整体安全管理执行力。 （廖再文）

【科学指导船舶航行】 2008年，船舶管理部海务管理人员认真指导船舶制定航次航行计划，科学设计航线，做好航次测算，选择合理、安全、经济航线，减少空驶，充分利用风、流的有利因素提高航速，减少航行时间。此外，还认真指导船舶合理安排挂港顺序，减少挂港数量；合理使用经济航速，调配航线运力；指导船舶合理积载，使船舶的纵倾系数有利于船舶的航速，降低油耗；指导船舶防抗台风，在确保安全的前提下，尽可能避免不必要的绕航，既节约了船期，又减少了油耗。

（廖再文）

【“安全诚信船舶”增加16艘】 2008年，中国海事局授予133艘船舶为2008年度“安全诚信船舶”。其中，中远航运16艘：“富裕山”、“衡山”、“富清山”、“富阳山”、“源江”、“安阳山”、“常发口”、“凉山”、“乐同”、“乐民”、“乐业”、“乐昌”、“乐盛”、“乐锦”、“乐鼎”、“安华江”轮。是年，中远航运共有“安全诚信船舶”40艘。 （廖再文）

【新造船相继开工】 2008年，中远航运船队结构调整富有成效。主要表现是新造船相继开工。4月7日，中远航运4艘27000吨多用途船的首制船在江苏泰州口岸船厂正式开工建造；12月15日，其首制船命名为“凤凰松”轮提前下船台；5月7日，中远航运28000吨多用途船1号船“大丹霞”轮在山东黄海船厂开工建造；8月28日，中远航运新型50000吨半潜船在广州开工建造，该轮由广船国际承接并与广州中船黄埔造船有限公司联合建造。

（廖再文）

【27000吨多用途船首制船举行开工仪式】 2008年4月7日，中远航运在江苏泰州口岸船舶工业公司建造4艘27000吨多用途船的首制船举行了开工仪式。中远船贸、CCS南京分社及口岸船厂有关领导，中远航运造船有关负责人、监造组负责人等参加了开工仪式。中远航运董事会秘书兼买造船项目小组组长薛俊东为首制船厂数控切割床按钮点火。这是中远航运自2002年4月上市以来，首次举行新造船的开工仪式，标志着中远航运船舶结构调整进入实质阶段。 （廖再文）

【50000吨半潜船举行开工仪式】 2008年8月28日，中远航运在广州中船黄埔造船有限公司建造的50000吨半潜船举行开工仪式。中国船级社副总裁高照杰，广远副总经理翁继强，中远航运CEO韩国敏、常务副总经理赖奕光，以及建造、设计等相关单位领导和代表出席了开工仪式。该船由广州广船国际股份有限公司承接，承担详细技术设计、设备订货及交船责任；广州中船黄埔造船有限公司承担施工技术设计、材料订货及船舶建造责任；上海船舶研究设计院和DELTA MARINE公司承担船舶设计工作。这次建造的50000吨半潜船，为双独立机舱、双螺旋桨，采用电力推进、数字化操控，其先进技术装备不仅

是亚洲独有，也是目前全球最先进的大型海上工程设备专业运输船舶之一。该船续航能力达18000海里，全船压载舱容量达8万吨，借助空气压缩机压载时间仅需4小时。（廖再文）

【“康盛口”轮加宽技术改造】 2008年7月27日至10月20日，中远航运在深圳蛇口友联船厂对“康盛口”轮进行加宽技术改造。该船根据特种杂货的特殊结构设计，没有传统船舶的船墙，开敞式装货甲板，货物可以自由装载在甲板上，货物的宽度可以跨越甲板之外，只要不受所到水域的限制，适重货物的宽度和高度将有所放宽。加宽后的“康盛口”轮总长度不变，宽由32米增至36米，载货面积由4030平方米增至4500平方米，增加了11.7%；载重量由18000吨增至2万多吨，增加量接近1.2%，载货量提高2000~4000吨；提高了船舶稳性，重心由原8.985米改为8.821米，重心下降0.164米。新增2个燃油舱，比改造前多装燃油500吨，续航能力由12000海里增至13500海里，增加量为12.5%；船体结构有较大改善，船体结构强度的最大许用静水剪力增加40.5%，中拱状态最大许用静水弯矩增加31.8%，波谷状态最大许用静水弯矩增加36.3%。此外，还相应改造附属设备和系统等，如新增水位传感器40个，新增压载舱10个，干隔舱2个。新增加压载舱遥控阀10个，新增的管系接入原排压载水系统，利用原有设备在增加2千多吨压载水量的情况下，船舶下潜和上浮速度没有明显的延滞。对船舶配载系统进行了彻底改造，原配载系统在使用中发现不少缺陷，升级困难，升级费用昂贵。这次“康盛口”轮加宽技术改造，采用华南理工大学船舶专业研究成果，为“康盛口”轮量身定做配载仪，经实践检验，使用效果良好。“康盛口”轮这次改造虽然不增加动力，但设计合理，工艺正确，严格监造，使新、旧船体过度部分线型光顺、无凸肩。（廖再文）

【中远航运成为中远集团首家“安全诚信公司”】 2008年7月24日，全国大型交通企业安全工作会在福建漳州召开。交通运输部副部长徐祖远，中国海事局常务副局长刘功臣，中远集团副总裁张良等领导以及中国航运交通企业的有关负责人160多人出席了会议。会上宣布了《关于授予中远航运等4家航运公司为2007年度安全诚信公司的决定》。中远航运以安全管理体系的良好运行、安全管理的良好记录和企业人员、船舶的诚信安全管理，成为全国航运系统首次评选“安全诚信公司”的首选公司，同时也是中远系统唯一的一家获此荣誉的公司。中远航运副总经理兼船舶管理部常务副总经理郭福祥出席会议、上台领奖，并作了安全优质铸就诚信的专题发言。（廖再文）

【“泰安口”轮荣获“交通行业全国青年文明号”】 2008年，在共青团中央、国资委、交通运输部、中央企业团工委等联合表彰的一批先进集体和个人中，中远航运“泰安口”轮获得表彰，被命名为“交通行业2007年度全国青年文明号”。（廖再文）

【“大华”轮荣获“广东省文明先进单位”称号】 2008年1月8日，中共广东省委、广东省人民政府发出“关于表彰广东省精神文明建设先进单位和先进工作者的决定”。其中，中远航运“大华”轮榜上有名，荣获“广东省文明先进单位”称号。

（廖再文）

【黄秀文荣获“中远集团劳动模范”称号】 2008年，中远航运船舶管理部机务总管黄秀文，荣获中远集团党组授予的“2007～2008年度中远集团劳动模范”称号。

（廖再文）

【王叶红当选中国工会十五大代表】 2008年10月，中远航运船舶管理部通导业务经理王叶红，被广东省总工会十一届五次全委（扩大）会议选举为中国工会第十五次全国代表大会代表。王叶红于17日出席了中国工会十五大会议。（廖再文）

【刘建华荣获中远航运2008年荣誉金章】 2008年1月15日，中远航运授予船舶管理部副总经理刘建华荣誉金章。

2008年，刘建华负责半潜船“康盛口”轮加宽改造项目。年初，修造船市场火爆，一坞难求，目标船厂以技术为借口，拒绝执行合同，并想趁机提价。刘建华为了企业利益，带领相关技术人员，多次与船厂进行协商和谈判，据理力争，用事实和数据说话，使船厂最终接受了仅略高于原合同的价格履约。此外，刘建华对“康盛口”轮加宽改造项目，认真审核，严格把关，在对方完工结算报价基础上，核减了数百万元工程款。刘建华以其智慧和辛勤工作，有效控制了“康盛口”轮加宽改造成本，保证了企业利益。（廖再文）

【加强机务管理为经营提供保障】 2008年，船舶管理部机务管理人员围绕船舶设备技术、安全管理和岸基技术支持，指导船员做好船舶设备维护、维修和安全管理，确保船舶处于良好技术状态，为船队的安全经营提供技术保障。同时，针对船队船舶老旧、船型多、货种多，航经海区、港口复杂等特点，认真贯彻落实中远集团、广远有关船舶安全管理的指示，突出重点，抓好船舶海上航行安全、船舶技术管理与维护。通过强化管理，提高船舶管理执行力，下大力气抓船舶技术管理。通过开展精益管理、船舶现场管理、老旧船管理等工作，促进船舶技术进步和安全管理，提高船舶技术管理水平，保障船舶安全经营的顺利开展。

船舶管理部机务管理人员在注重新型半潜船和重吊船技术先进在经营中为企业多创效益的同时，通过在适合安装船舶导流罩的船舶安装导流罩，减少船舶航行中的流动阻力，以提高船舶的航速；在适合进行螺旋桨削边的船舶进行螺旋桨削边，改善船舶主机与螺旋桨的匹配性能，使主机发出的功率尽可能多地转换到螺旋桨的推力上；对于一些日耗油量较高的船舶，积极推进安装燃油研磨机的工作，以改善主机燃烧状况，提高主机工作效率；针对老旧船长期以来形成宁愿使用双辅机以求安全保险，但导致燃油消耗增加的状况，采取各种改进措施改进辅机功能，并指导船员加强辅机的维护和保养，使部分船舶航行改双辅机为单辅机运行等，解决了老旧船长期使用、腐蚀、老化、磨损造成技术状态逐渐下降、维修保养困难以及备件日益缺乏等技术问题。与此同时，机务管理人员在安全管理上加大对老龄船的管理和技术状态评估，按要求消除存在缺陷；

专门请 CCS 专家对 29 年以上船龄的船舶进行评估，针对评估结果制定风险预控措施。是年，中远航运由于船舶管理部加强了机务管理，安全工作常抓不懈，确保了船舶始终处在安全良好的技术状况，全年没有发生上等级机损事故、海损事故和污染事故，为中远航运主业经营提供了保障。

（廖再文）

【“安岳江”轮不畏强权，勇于斗争，胜利返航】 2008 年 4 月中旬，“安岳江”轮在执行国内至非洲的第 134 航次任务过程中，由于受某些国际政治因素影响，船舶未能按照原定计划靠泊卸货，船上燃油、淡水和食品出现短缺，严重影响船员健康和船舶安全。“安岳江”轮船员面对错综复杂的国际势力的干扰，顶住歪曲事实的国外媒体的压力，在各级领导的亲切关怀、船舶领导和党支部的带领下，发扬广远人敢打硬仗的精神，严格执行中远航运指令，克服了常人难以想象的困难，经受了各种严峻考验，平安回到祖国的怀抱，以不屈不挠的实际行动维护了国家尊严和企业声誉。

（廖再文）

【中远集团各级领导慰问“安岳江”轮船员】 2008 年 6 月 16 日，中远集团党组书记张富生，副总裁许立荣，运输部总经理袁小宇，工会副主席陈永生，以及中远集运工会主席房迪坤，广远总经理、中远航运副董事长徐惠兴，中远航运首席执行官姜立军，董事会秘书薛俊东等各级领导登上停靠在上海的“安岳江”轮，慰问全体船员。“安岳江”轮船长孙爱军汇报了该轮第 134 航次执行危险品运输任务的情况。许立荣宣读了中远集团的慰问信，赞扬“安岳江”轮全体船员面对复杂的国际环境和艰苦的生活环境，克服困难，坚守岗位，不辱使命，体现了良好的职业素质和中远人不畏艰险、团结拼搏的优良品质，并代表中远集团向“安岳江”轮赠送了“忠于祖国，不辱使命”的锦旗。张富生作了讲话，指出“安岳江”轮全体船员以国家利益为重，以中远集团利益为重，在船舶领导和党支部的带领下，顶住歪曲事实的国外媒体的压力，发扬中远人敢打硬仗、能打硬仗、打赢硬仗的精神，做到思想不乱、工作不间断、安全不松懈，克服种种困难，终于不负众望，平安回到祖国的怀抱。张富生代表中远集团向全体船员颁发 10 万元慰问金。船舶政委苏彪代表全体船员表示：“‘安岳江人’一定不辱使命，不畏艰险，继往开来，再创佳绩”。张富生为“安岳江”轮欣然题词：“不辱使命，恪尽职守，牢记责任，心系祖国”。（刘小苑）

【船舶节能技术改造】 2008 年，船舶管理部根据船队技术状况和企业节能工作部署，有针对性地对船舶进行节能技术改造，获得了较好的效果。1. 解决“乐里”轮主机注油器常年漏水问题。4 艘大“乐”字号船舶自下水以来，主机注油器水套长期漏水。注油器漏水主要带来消耗大量淡水和冷却水处理药剂，漏下的水经机身上密封薄弱环节进入油底壳，导致机油变质。为此，船舶每次到港都要更换注油器水套 O-RING，消耗大量的备件和人力。“乐里”轮在船舶管理部的指导下，于 67～68 航次期间，轮机长、大管轮等技术骨干对注油器结构进行了一系列仔细研究和技术革新探讨，采取有效措施，彻底解决了注油器常年漏水问题，节约了用水量和备件消耗。2. 通过对“宣城”轮螺旋桨进行再次削边处理，对主机透平、空冷器、调速器及其油门位置定位器、主机和螺旋桨测速装置进行检修、改装、校验，并加强对主机缸头、进排气阀、活塞、缸套等部件的维修保养工作，使主机工况得到改善，提高了主机转速，恢复了轴带发电机，减少了辅机机油消耗，节能减排效果明显。

（廖再文）

【提高机务管理技术水平，增加经营效益】 2008年，船舶管理部推行中远航运制定的节能措施，改善动力装置热工工况、注重机桨匹配、合理使用燃油添加剂、使用新型船体油漆等，采取设备改造实现节能降耗；跟踪新型防海生物船壳油漆在船舶的使用情况，安排船舶在合适港口清理船壳寄生物，提高航速、减少油耗。各船舶积极响应船舶管理部的号召，努力探索节能降耗的好方法。其中，“乐锦”轮结合实际提出小“乐”字号船瓦西兰4L20辅机管理中应注意的几个问题，从扫气温度控制、燃油喷射系统维护管理、机油管理等几个方面提出改进措施，效果良好；“常发口”轮通过对主机开展一系列的检修维护，主机工况明显改善，润滑油消耗量大大降低，全年节省润滑油29970升，节省40.46万元；“富新山”轮查出主机3个活塞头漏机油的隐患，通过维修更新，降低机油消耗，由原每天耗油100多公斤降到20公斤，比定额还少10公斤，提升了主机工况。

（廖再文）

【“永盛”轮优化主机备车程序节能降耗】 “永盛”轮推进方式是CPP可调螺距螺旋桨直接推进，主机为MAN B&W6S46MC-C设计为不可换向定速运行带轴带发电机。按照以往的操作规程，提前1小时备车，主机启动15~20分钟，先低速87RPM运行10分钟再切换至恒速129RPM并转驾控，表示车已备好。这期间，主机空车运行40分钟，油耗约0.23吨，其中，前10分钟低速为主机负荷17%MCR，后30分钟恒速为主机负荷24%MCR。2008年，“永盛”轮轮机长从节能的角度出发，在确保安全的基础上，制定了新的主机备车操作规程。新的主机备车操作规程保持提前1小时备车不变，但改变了原直接启动主机运行为主机服务的各系统的启动，确保主机能在随时可启动运行的技术状况下，待到30分钟后正式启动主机低速运行10分钟再转至恒速并转驾控使用，此为备车节油。同时，轮机长对完车的操作也作了相应优化，改变了主机每次启、停均先低速运行10分钟，再把主机从恒速129RPM转至低速87RPM运行10分钟后停车的做法，船上根据用车情况提前把主机从恒速模式切换至联合模式，这样一来当驾控使用完毕需要完车时，主机少低速运行10分钟，可实现节油约0.039吨。最终每次启停主机可实现节省重油约0.269吨。按1～6月该轮挂靠15个港口备车启停主机33次计，全年节省重油17.754吨，按照380CST重油的时价590美元/吨计算，年约节省成本费用10474.86美元。

（廖再文）

【“宣城”轮恢复轴带发电机节能】 2008年3月，“宣城”轮通过对螺旋桨合理适当的切削和主机工况的改善，提高了主机转速，恢复轴带发电机，停用副机，降低燃油费用，节省相关备件、物料、滑油及管理费用，降低人员劳动强度，优化机舱

管理流程，节能、增效和减排效果显著，全年节约200万元。（廖再文）

【“乐和”轮维护设备节能减排】 2008年4月，“乐和”轮轮机长对该轮主机气缸油用量过大进行分析，认为气缸注油马达变频器换新后43.5HZ的频率设置偏高，即变频器的频率设置值越大，注油器马达的转速就越高，耗油也就多。为此，轮机长根据多年在同类船工作的经验和主机说明书规定额定功率下的耗油量，对变频器频率的设置值逐步调整减少，而且每次调整设置都测算汽缸油的耗量与先前汽缸油的耗量进行比较。同时，船舶抵港后，轮机长检查盘更箱或吊缸检查缸套及活塞令，以判断调整后气缸油量是否合适。该轮主机经过几次调整后，变频器频率设定在41.5HZ比较合适。“乐和”轮对该轮第61航次的油耗情况进行了统计，汽缸油的耗量在220~215升/天，每天比原来减少10升。（廖再文）

【“富新山”轮选最佳航线节能减排省船期】 2008年4月，“富新山”轮第63航次从天津经巴拿马到苏里南的PARANAM、POINT LISAS两港卸货。船舶领导认真分析积载、航区特点及天气情况等，选定经济快捷航线。该轮根据4～6月份太平洋高纬度地区大风浪天气发生频率不高，设计走日本海、清津海峡大圆航线（47.5度北），由天津到巴尔博的航程仅为8900海里。为了实现走大圆航线，船上查阅了大量的海区资料，准确标出航海线。航行中，船长在现场指挥，水手谨慎操作，驾驶员收集天气实况，观察洋流动向，船长及时调整船舶航向，尽最大可能保持船舶的顺风顺流。轮机长坚守工作岗位，根据主机负荷适时调整主机转速；大副根据每天油水消耗，及时调整压载水，使船舶始终保持最佳的航行状态。结果，该轮以56.9天的时间完成了航次任务，创造了该轮单航次速度最快、耗油最少的新纪录。

“富新山”轮选择的大圆航线，航时短、耗油低，是一条节能减排的最优航线，为其它船舶选择走大圆航线提供了有益的启示和经验，推动了船队节能减排工作的开展。（廖再文）

【“安涛江”轮老船创新效】 “安涛江”轮是一艘28年船龄的老船，其主要航线为国内至印度东海岸、孟加拉。该轮航线短，任务重，航区复杂，进出港口频繁。2008年，中远航运针对该轮船龄逐渐增大、安全管理难度加大的状况，结合各航次的工作实际和货物种类、航线特点，扎实地抓好船舶安全生产、队伍建设和船舶管理。“安涛江”轮在中远航运有关部门的指导下，加强了船员培训，提高操作技能，落实安全管理各项措施，切实维护体系的有效性，加强船舶各种设备的维修保养。该轮第450至453航次完成了上海、青岛、大连装设备12000多立方米货物运输，历时121天，安全进出国内外15个港口，安全航行18590海里，取得了较好的经济效益。（廖再文）

【“常发口”轮自制造水机备件】 2008年，“常发口”轮第22航次造水机突然发生机械故障，经检查发现泵轴轴套已偏磨下陷、铜轴衬套与轴套间间隙严重过大、铜轴衬套磨损严重、叶轮两个阻水环已磨损至接近外缘，同时泵壳上的阻水环座腐蚀磨损，但是轴封、叶轮、电动马达轴承和线圈绝缘状态良好。此泵船上没有新备件，只有1个旧机械轴封和1个旧叶轮。如果按常规向公司申请备件，待备件供船后再行修复，则船员们一段时间没水洗澡（当时船上仅剩淡水130多吨，船上每天正常消耗淡水12吨），并且要花外汇在国外港口加水（1吨10欧元）。船上为了节省外汇开支和方便船员洗澡，决定自行修理。在轮机长薛大锐的带领下，轮机员们克服困难，修复了淡水泵。修复后的淡水泵，不仅恢复了原有的工作性能，而且还提高了功效，造水量从每天平均12.5m³提高到17.2m³。（廖再文）

【"庐山"轮主机每天节油一吨】 2008年，"庐山"轮第83航次，在船舶管理部的指导下，将主机转速从205转/分钟调到195～198转/分钟，实行经济航速节省燃油。通过2个多月实践的论证，每天节约燃油1吨，即由以前的17.3吨/天下降到16.3吨/天。（廖再文）

安全质量管理

【安全质量部简介】 安全质量部是中远航运安全（综合）管理体系、DOC（符合证明）的维护、有效运行、持续改进，以及船舶SMC、ISSC审核认证与维护和船舶机务、通导、物料、备件费用的审计，船舶年度安全管理及"三学一创"活动考核的主管部门。主要负责维护中远航运的安全（综合）管理体系和船舶保安体系的有效运行，负责体系文件按照国际公约、法规、标准和国内主管部门最新有效的法规和建议进行完善；负责检查、监督岸基和船舶执行企业安全（综合）管理体系、船舶保安方针的情况；负责指导和督促新接船舶有效运行安全管理体系和保安体系，包括组织内外审核和认证，以及取得认证后的维护；负责组织企业安全（综合）管理体系有效性评价和管理复查工作；负责组织实施岸基安全（综合）管理体系的内部审核、外部认证审核；负责组织实施船舶安全管理体系和船舶保安体系的内部审核、外部认证审核、DOC年审；负责协助指定人员和保安员收集安全管理体系和船舶保安体系运行的信息并提出改进建议；负责监督和验证岸基、船舶"不合格、事故和险情"纠正措施的实施效果；负责控制安全（综合）管理体系和船舶保安计划文件的签发、修改和发放；负责企业新聘、转岗员工对体系熟悉的培训；协助人力资源部对船员进行体系熟悉培训；负责对船舶的修理、通导、物料和备件的费用进行审计，对不合理费用的支出提出改进意见；负责推动船舶开展"三学一创"活动。时任总经理钟森运（兼企业指定人员）、副总经理陈望权（兼企业保安员）。员工11人。（廖再文）

【安全质量部工作概况】 2008年，安全质量部引入ISO9001/ISO14000和OS－HAS18000管理概念，建立"三标"（质量管理体系/环境管理体系/职业安全健康管理体系）体系，推进全面流程管理体系建设，梳理、完善船员管理体系文件，制定了50多项相关操作流程，为企业可持续发展奠定了基础；加强对船岸综合管理体系活动的督促和指导，维护企业综合管理体系及船舶安全/保安体系的有效运行和持续改进；对岸基安全（综合）管理活动进行内审，在2008年度SMS体系外审中，除再次保持了活动无缺陷外，还取得全国唯一的文件无缺陷结论；根据企业实际情况、结合新生效国际法规和强制性规定，共修改了9个“安全管理手册与程序”文件、50个操作须知文件、新增操作须知43个，使企业体系文件更具覆盖性、符合性和适用性。是年，中远航运管理船舶89艘，SMC和ISSC证书全部得到有效维护；全年对89艘船舶实施了安全管理体系内审，7艘船舶接受并通过了SMC和ISSC初次审核；13艘船舶接受并通过了SMC中间审核；4艘船舶接受并通过ISSC中间审核；6艘船舶接受并通过了SMC换证审核。22艘船舶接受通过ISSC换证审核。其中，8艘船舶无缺陷记录通过ISM外审。全年派出123人次赴国内各港口，上船对船舶SMS体系活动和船舶保安工作进行检查、指导和培训，对船舶发生的不符合规范的项目和事故险情纠正进行了验证和关闭；全年在国外港口共查获偷渡分子21人，妥善处理5起船舶偷渡事件，在国内外港口无发生潜船偷渡事件；处理船舶保安突发事件5起，指导44艘船舶在国外港口提高保安等级应对措施，全年无发生船舶保安事件。是年，安全质量部共完成船舶备件、物料、通导和修船专项审计745份，涉及金额8492万元，核减金额77.4万元。是年，由于中远航运安全管理体系的有效运行，为船队的安全营运提供了有力保障。

（廖再文）

【评选先进船舶】 2008年，经过中远航运党、政、工联合评选，评选出2008年度学习“华铜海”先进船舶9艘：“乐里”、“乐宜”、“泰安口”、“大富”、“大华”、“大中”、“康盛口”、“乐同”、“常发口”轮。评选出先进船舶34艘：“安东江”、“安华江”、“安涛江”、“安泽江”、“赤云”、“大富”、“大华”、“大强”、“大中”、“发展之路”、“丰康山”、“富康口”、“富新山”、“富裕山”、“富源山”、“关河口”、“黄山”、“江宁关”、“康盛口”、“乐从”、“乐鼎”、“乐锦”、“乐里”、“乐同”、“乐宜”、“庐山”、“闽江”、“松山”、“泰安口”、“桃江”、“宣城”、“常发口”、“新丰泰”、“新荣耀”轮。

（廖再文）

【5艘船舶被中远集团授予2007～2008年度“华铜海”式船舶】 2008年，中远集团党组表彰了一批2007～2008年度“华铜海”式船舶，中远航运的“泰安口”、“安龙江”、“大华”、“乐里”、“乐宜”轮5艘船舶名列其中。

（廖再文）

【连续4次“活动无缺陷”通过中国海事局ISM外审】 2008年11月4～6日，以交通运输部海事局ISM审核中心副主任李金山为组长的审核组一行4人，对中远航运进行了SMS年度审核。该审核组对中远航运SMS运行的有效性和持续改进情况、中远航运管理层和执行层人员对安全管理体系的执行力情况、管理情况、岸基安全管理活动记录及有关机构对船舶安全管理的审核结论等关键项目进行了认真查验，最后以“活动无缺陷”通过对中远航运的审核。这是自2004年以来，中远航运连续4次“活动无缺陷”通过国家海事局ISM外审。

（廖再文）

【推进实施“质量/环境/职业安全健康”体系管理】 2008年，中远航运为全面有序开展企业可持续发展工作，推进船岸落实全球契约，建立中远航运全球契约指标体系、信息管理平台，进而建立中远航运全面风险控制暨可持续发展管理体系，成立了“可持续发展管理委员会”和项目工作组（以安全质量部为基础），推进“质量/环境/职业安全健康”管理和建立体系管理工作。

中远航运推进“质量/环境/职业安全健康”管理，引入ISO9001/ISO14000和OS-HAS18000的管理概念和标准，推进建立三大管理体系（质量管理体系/环境管理体系/职业安全健康管理体系）工作。该工作对船岸842项危险源和48项环境因素做出了标识，建立了ISO9001/ISO14000和OS-HAS18000的全面质量管理体系，体系包括《全面流程管理体系管理手册》、《操作须知》、《职责手册》等文件。12月16～18日，中国船级社认证公司“质量/环境/职业安全健康管理体系”审核组对中远航运建立的“质量/环境/职业安全健康管理体系”进行第一阶段认证审核。经过审核，该审核组认为中远航运的“质量/环境/职业健康安全管理体系”文件覆盖了所采用标准的全部要求，各职能部门能够按照企业管理体系文件要求进行操作，中远航运所建立的“全面流程管理”体系既满足IS09001：2000、IS014001：2004和OHSA-Sl8001：2007标准的要求，又符合企业“质量、环境、职业安全管理”的实际情况，可操作性强。该审核组对中远航运作出了“有一个扎实的流程管理平台，管理非常到位、执行非常到位、监督检查非常到位”的审核评价。 (廖再文)

【组织“全球契约及可持续发展管理体系”培训】 2008年5月7日，为有效促进中远航运全球契约项目工作的开展，安全质量部邀请永颢科技发展有限公司副总经理官勇，为企业有关人员讲解“全球契约及可持续发展管理体系”有关知识。中远航运常务副总经理兼可持续发展管理委员会常务副主任赖奕光，董事会秘书兼可持续发展管理委员会副主任薛俊东，可持续发展管理委员会副主任、安全质量部总经理钟森运以及可持续发展项目工作组成员和安全质量部员工共20多人参加了全程学习培训。 (廖再文)

【组织管理层与管理体系理念培训】 2008年8月19日，安全质量部为推进建立3大管理体系（质量管理体系/环境管理体系/职业安全健康管理体系）方案，组织“管理层与管理体系理念”培训，中远航运首席执行官韩国敏、常务副总经理赖奕光和可持续发展委员会成员及项目组成员共35人参加了培训。 (廖再文)

【加强船舶保安管理，提高应对海盗能力】 2008年，国际海盗活动日趋严重，安全质量部坚持以船舶保安体系为管理依据，通过内外部审核不断完善船舶保安体系，确保船队89艘船舶的ISSC体系得到有效维护。是年，完成了43艘船舶保安体系年度内审，6艘船舶ISSC中间审核，5艘代管船ISSC认证审核；组织船队89艘船舶进行了年度单船船岸联合演习，提高船岸处置各类突发保安事件的应对能力；按照《船舶保安计划》的要求，对256艘次船舶进行保安报警系统外部测试，保安报警系统始终处于良好的工作状态；认真做好

PSC检查的迎检工作，247艘次船舶接受了PSC/ISPS港口国检查，船舶保安均获得通过；认真做好ISPS的培训工作，对1982名船员、48名岸基人员进行了船舶保安体系熟悉培训；对158名船长或政委进行了船舶保安培训和保安工作谈话；编写船舶保安信息交流12期，重点对船舶反恐怖、防海盗、防偷渡、ISPS港口国检查以及奥运期间船舶保安工作，提供及时有效的保安信息和具体指导；根据企业全面流程管理的要求，派出机务、海务、安全质量/保安主管共217人次赴国内港口上船对船舶保安工作进行了现场检查、指导和培训，有针对性对船舶防偷渡工作实施跟踪指导，将船舶防偷渡防线前移，把偷渡分子有效地拒绝在船舷之外。全年，中远航运船舶47艘次抵达偷渡十分猖獗的西非和南美洲港口，均无发生潜船偷渡现象；加大对防海盗特别是保奥运期间反恐怖工作的指导力度，对航抵重点海域和重点港口的船舶实施跟踪指导。全年船舶150余艘次航经亚丁湾、索马里海域，13艘船舶遇到了海盗的袭扰。其中，3艘船舶成功击退企图登轮的武装海盗，特别是“乐同”轮船员英勇抗击、驱逐武装海盗，保证了人、船、货的安全。（廖再文）

【加强防海盗措施】 2008年，中远航运为了确保航经亚丁湾、索马里海域船舶和船员的安全，着重采取了以下的防海盗措施：

1. 成立亚丁湾、索马里海域防海盗工作小组。防海盗小组不定期召开专题会议研究和布置船舶防海盗工作，组织有关人员认真梳理船舶防海盗操作流程，完善《防海盗操作须知》及应急预案。每天调度会后，对防海盗工作进行分工、跟踪落实；指令航经亚丁湾、索马里海域的船舶，在确保机器设备正常运转和安全航行的情况下，以防海盗工作为重点，停止一切可以暂缓的维修保养工作。2. 加大防海盗的宣传教育力度。组织学习贯彻中远集团党组书记张富生在《关于“乐同”轮在亚丁湾海域成功驱逐武装海盗袭击的情况报告》上的批示和中远集团《关于防止亚丁湾、索马里海域武装海盗劫持船舶的紧急通知》等文件。大力宣扬“乐同”轮成功抗击武装海盗的英勇事迹，消除船员恐惧心理，提高船员防范武装海盗的警惕性和自信心。3. 加强防海盗的保安提示。船舶在抵亚丁湾及索马里海域前，值班调度和海务总管均对船舶安全航行和防海盗工作进行重点提示，按照联军提供的“绿色通道”、中国海军编队护航及船舶提供的实际情况为船舶设计指导性航线。安全质量主管提前对船舶上报的防海盗工作预案进行审核并反馈船舶实施，向船舶提供最新的保安信息及其他船舶防海盗的经验；保安官在船舶进入亚丁湾、索马里海域前均与船长通电话提示防海盗具体要求，实施跟踪指导；船舶在此海域每6小时报告一次船位、航行现状、防海盗相关措施的落实情况等。4. 加大防海盗的保安信息收集力度。安质部船舶保安主管通过各种不同途径收集保安信息，将收集到的有关海盗活动和军舰护航信息、上级主管机关和中远集团的指示精神、中远航运及其它公司船舶遇袭遭遇和防海盗的好做法、经验教训等信息，不定期编写成《船舶保安信息》发至各相关船舶，使船舶及时得到亚丁湾/索马里海盗的准确信息、行之有效的做法，提高船舶安全通过该区域的防范能力。5. 确保船舶内部通信畅通。为航行亚丁湾、索马里海域的船舶配备足够的对讲机，确保内部通信联络畅通。船舶回国内港口时，组织相关技术人员对船上通信联络设备进行技术检测，确保雷达、AIS、SSAS、EPIRB报警和DSC等设备均处于正常工作状态。6. 增加保安器械配置。给每艘航经亚丁湾、索马里海域的船舶增配10支火箭降落伞火焰信号，10支无雾状高压皮龙，增配4只智能充电式强光灯，4支电警棍，新配4件防弹背心，4顶钢盔，10支弹弓和弹珠3000粒，石灰200公斤，硫酸20公斤等自卫器材。7. 严格现场督查。加强对执行亚丁湾、索马里海域航线的船舶的检查指导和技术支持，确保机器设备正常运转，保证各项防范措施落实。8. 加大研究对策力度。组织有关人员认真分析武装海盗袭击船舶的特点，根据各轮的实际情况，制定针对性的预防措施。如请有关反恐工作专家一起研制应对武装海盗强行登轮的船用电网设施；到公安部门咨询购买用于威吓海盗的爆震弹装备等。是年，由于中远航运坚持执行上述各项措施，从而保证了船经亚丁湾、索马里海域船舶和船员的安全。　　（廖再文）

【“乐同”轮成功抗击海盗袭击】 2008年9月12日18:05，“乐同”轮船位13°24′2″N/048°19′7″E突然发现一艘航速25节的快艇，从左前方与船舶航向垂直行驶高速越过船头。机警的“乐同”轮船员在3海里外用雷达锁定目标，并启动了消防泵，在前后左右准备了11根出水皮龙。此时，船上拉响警报，进行广播，全体船员紧急集合。船长黄慧雄左满舵转向甩开快艇。但快艇很快绕到左舷3舱附近，企图强行登轮。“乐同”轮船员观察到快艇内有海盗8人，其中，1人开艇、2人手持冲锋枪、2人携带挂钩梯。船员看到快艇靠近，不顾危险用皮龙水枪喷射。在海盗用枪扫射的同时，一名海盗将挂钩甩到船舷上挂住，船医张锐敏临危不惧，第一个冲上去摘掉挂钩，其他船员将早已准备好的三角木、木条、啤酒瓶不断地砸向海盗。驾驶台防盗人员发射火焰降落伞信号，驾驶员用VHF16、10频道与联合军舰联系；海盗在高频里听到声音后又向驾驶台连开6枪，尔后快速绕到左舷4舱，边开枪边将钩挂住船舷。此时，张锐敏在其他船员用三角木、木条、啤酒瓶猛砸海盗的掩护下，又迅速将挂钩摘掉。海盗见势，便向第3舱、第2舱位置游动，边开枪、边挂钩，又连续3次被张锐敏摘脱。船员用三角木、木条、啤酒瓶猛力砸伤了2名海盗。但海盗还不死心，又迅速转向船艉。可艉甲板船员早已严阵以待。海盗见船员士气旺盛、反击有力，又听到船上一直呼叫联军军舰，只好被迫放弃劫船计划，驶离距“乐同”轮1.5海里处守候。“乐同”轮全体船员面对海盗连发10多枪的巨大威胁，临危不惧，利用船舷作掩护，冒着生命危险与海盗激战了25分钟，成功地阻止了海盗5次挂钩企图登船行径。

18:36，“乐同”轮船位13°24′4″N/048°25′8″E，又发现2艘高速快艇从左边横穿船头开枪射击。船长黄慧雄左满舵转向避绕，2快艇距“乐同”轮2.5海里处与船相持并驶。此时，“乐同”轮在绕向避让的同时，又用VHF16，10频道向联合军舰紧急求援。19:10，船舶航行至13°29′6″N /048°35′3″E，联合军舰直升机到达“乐同”轮上空盘旋，海盗见有飞机对“乐同”轮援助才驶离远去。

“乐同”轮全体船员英勇顽强，机智应对，将个人安危置之度外，成功地将武装海盗拒之于船舷之外，确保了船员生命安全，确保了企业财产不受损失，充分表明“乐同”轮船员是一支训练有素、敢打硬仗的队伍，是一支忠于职守、爱国奉献的队伍。同时也充分说明，船员只要严格执行全面流程管理和船舶保安体系，早意识、早安排、早防备，采取积极有效的应对措施，就可以将海盗拒于船舷之处。

9月16日，中远集团向“乐同”轮发出慰问信，对“乐同”轮进行了表彰，号召中远系统员工向“乐同”轮船员学习。10月25日，该轮返抵天津港。广远纪委书记兼工会主席马宗梅带领工作组代表广远和中远航运登船慰问船员。（廖再文）

【钟森运多次应海事局邀请作专业培训辅导】 2008年，安全质量部总经理钟森运再次被广东省海事局评为“ISM优秀审核员”。8月，钟森运应广东省海事局邀请，在增城宾馆为航运企业ISM内审员培训班学员授课，题目为“航运公司船舶安全营运与防污染管理”；10月，钟森运应广东省海事局邀请，在广州东湖宾馆与“广东省ISM审核员知识更新学习班”学员，以“航运公司体系运行存在问题探讨”为题，对ISM在中国实施的现状和未来展望进行了研讨；11月，钟森运应交通运输部海事局ISM审核中心邀请，为全国航运企业指定人员培训班撰写《安全管理体系中的指定人员》教材，为全国航运企业总经理培训班撰写《安全管理体系中总经理的责任和权力》教材。（廖再文）

财金管理

【财务资金部简介】 财务资金部是中远航运的财务管理、融资管理、资本运作、资产管理的主管部门。主要职责是负责承办该企业资产产权界定、登记、变更等管理和固定资产产权管理工作；负责编制财务预、决算，平衡收支；负责核收运费、租金、使费、备用金支付；负责企业生产经营财务等有关数据统计和分析，相关经济效益财务指标分析、成本监控；负责监督和反馈各项财金制度的执行情况并根据该企业实际情况向董事会提出修订会计制度和财务管理制度办法的建议；负责核算经营成果，为投资者、各监管部门提供合法准确的各类财务信息；负责资金运作，合理调配运用资金，平衡收支，为经营生产提供足够的财力资源；负责各项固定资产的管理和核算，按监管部门的要求办理资产产权界定、登记、变更、清产核资等工作，协同各部门定期盘点各类固定资产，做到账实、账卡相符；负责财务管理工作，统计和分析生产经营有关的数据，为生产经营提供正确的决策依据；负责税收筹划工作，依法纳税，合法节税；协同有关部门加强运费催收管理，提供运费挂账的相关信息，降低坏账，提高资金周转效率；负责协同相关部门开展资本运作工作，对投资项目进行财务分析；负责指导和监督投资控股企业的财务管理，及时反馈各项投资项目的投资效果，参与项目后评估工作；负责组织和实施内部审计工作，及时监督和反馈经营管理过程中出现的异常情况。时任总经理黄晓晖，副总经理戎文莹、李惠霞、邓自云。员工41人。（洪建春）

【财务资金部工作概况】 2008年，财务资金部加强新会计准则的学习，探讨各项新会计业务的核算办法，修订完善《中远航运会计制度》和《中远航运财务制度》；加强新税法及实施细则的学习，研究新税法实施对企业税赋的影响，实施有效的防范税务风险措施，并且针对新税法对部分会计业务的要求，采用了适宜的会计核算办法；逐步梳理、规范船员管理业务，并以精益管理为指导，细化船员费用核算，加强船员成本管理；完成了船员管事账系统的船端安装工作，提升了管事账核算的自动化程度，全面启动了船员管理信息系统的开发工作；加强运费回收管理，控制坏账风险，加速资金回笼；启动了全面预算管理的试点工作；加强资金管理，提高了资金使用效率和效益，规避人民币升值风险，提高了资金的融通能力，为保证企业的可持续发展提供了资金保证；以全面流程管理为指导，建立健全了财务治理结构。 （洪建春）

【规范各项业务的会计核算】 2008年，财务资金部加强对新会计准则的研究及相关上市公司会计处理方法的借鉴学习，对分离转债和权证相关业务的会计核算进行了充分的论证，规范了相关业务的会计核算办法。 （洪建春）

【科学评估新税法的实施对企业税赋的影响】 2008年，国家新税法的实施，对企业的经营、发展带来了深远的意义，也对中远航运各项业务的具体会计核算带来了一定的影响，人们对其操作也有一个从不熟悉到熟悉的过程。对此，中远航运组织相关人员深入学习研究新税赋的相关规定，重点探讨了职工薪酬、企业招待费、境内外投资等业务的具体会计核算方法，并科学评估了新税法对企业税赋的影响，适时采纳了相关措施，规避了纳税风险，并通过降低船舶税务折旧年限以及利用中远航运香港公司的有利税务环境，合理合法地降低税赋。 （洪建春）

【梳理、规范船员财务管理业务】 2008年，中远航运对船员财务的业务进行全面梳理。通过加强与船员的沟通，逐步采取了“预扣个人所得税”措施，降低了船员在年底欠缴个税往来账的数量。截至年底，船员欠缴费用现象以及船员往来账大幅降低，提高了船员管理工作效率。中远航运向全体船员发函，征求船员对“通过银行卡方式发放工资”的意见，收到了大部分船员的复函，减少了船员工资长期存放公司的现象。与此同时，编制了船员《薪酬手册》，对船员薪酬进行宣传，在不改变原有向船员邮寄工资单方式的同时，每月向船舶发送船员工资单明细汇总表，对船员工资收入在船舶予以公示，受到船员的欢迎。此外，财务资金部对船员路费管理制度进行了探讨，拟定了船员路费报销改革方案。 （洪建春）

【细化船员费用核算】 2008年，财务资金部以船员个人为单位分成本明细项目，对船员成本结构情况进行了详尽的测算和分析，为企业开展船员外派业务洽谈合同租金提供了参考。同时，在日常会计核算中进行了单船明细核算，从而为加强成本控制奠定了基础。 （洪建春）

【加强船员信息系统管理】 2008年，财务资金部针对船舶取消专职管事职务，船舶管事由船舶政委兼任的情况，为规范船舶管事记账核算，降低船舶政委兼职管事的工作量，提高船舶管事账核算的工作效率，开发了船员管事账核算系统，在全部船上实现船端的安装，为船舶管事账自动化核算奠定了良好基础。是年，中远航运对各项船员管理系统（工资、劳资、收入统计、公积金系统）进行了全面梳理，提出了开发新的船员管理信息系统的要求，并在年中正式成立开发小组，启动开发新系统工作。（洪建春）

【加强运费回收管理，加速回笼资金】 2008 年，财务资金部开始运用“运费回收期”管理指标，对运费回收进行分析、管理，每周定期按航线经营责任人分客户、航线、单船、单票运费的运费回收情况进行统计、分析（包含回收率、已收运费的回收期、未收运费的占用天数等），协助经营部门准确把握运费回收详情并及时催收运费，收到良好效果。是年，中远航运在应收运费大幅上涨的条件下，运费回收率较 2007 年仍略有上升，未收运费余额控制在极小的范围，平均回收期降低 15 天，节约资金成本近 1000 万元。在一定程度上，降低了因人民币升值而带来的损失。

（洪建春）

【启动全面预算管理试点工作】 2008 年，中远集团确定由中远航运试点实施全面预算管理。对此，中远航运管理层高度重视，多次组织探讨实施全面预算管理的可行性，并在中远集团的指导下，成立了全面预算管理工作小组，全面启动全面预算管理试点工作。（洪建春）

【加强资金管理，重点控制人民币升值风险】 2008 年年初，财务资金部通过对船舶投资资金需求、资金来源与运用进行分析后，编制了《中远航运 2008 年资金筹划报告》，对 2008 年企业本部及各投资公司的资金管理提出了具体措施。通过这些措施的逐步实施，中远航运实现了资金集中管理的目标，提高了资金的使用效率和效益，并通过资金贷款、来汇即结、加强中远航运本部与投资公司之间的资金调剂等手段，在一定程度上规避了人民币升值的风险。与此同时，中远航运通过加强银企合作，与多家银行签订了授信协议。截至年底，中远航运已签订授信协议银行授信额度超过 20 亿元。在航运市场和船舶市场大幅下滑并持续低迷的市场状况下，提高了资金融通能力，为企业后续发展提供了资金保障。（洪建春）

【加强税务筹划，夯实中远航运香港公司和天津中远航运】 2008 年，中远航运加强税务筹划，其所属的中远航运香港公司和天津中远航运利用良好的税务环境和金融环境，在自有船经营良好的基础上，通过各种方式增加租船业务，大幅提升了业绩和企业实力，提升了应对金融危机风险能力，优化了财务状况和资本结构，提升了融资能力，为实现中远航运船队结构调整战略奠定了基础。（洪建春）

【建立健全财务管理流程】 2008 年，国家财政部等 5 部委联合颁布了《企业内部控制规范》，并要求上市公司从 2009 年 7 月份开始实施。中远航运为适应内部控制的要求，并借此加强企业财务会计控制和财务风险管理水平，以《企业内部控制规范》为指引，全面梳理了企业财务、会计业务，建立和修订了《岸基资金支付管理规定》、《岸基银行存款管理规定》、《岸基内部资金往来账管理规定》、《银行账户管理规定》、《银行票据管理规定》、《银行预留印鉴管理规定》、《岸基现金管理规定》、《岸基管事账处理操作须知》、《岸基船舶财务管理规定》、《岸基船员工资核算管理规定》、《岸基船员公积金核算管理规定》、《岸基船员差旅费管理规定》等多个流程，结合企业《会计制度》和《财务管理制度》及其他管理制度和流程，基本搭建了较全面的财务管理流程框架，为各项财务业务操作提供了指南，加强了各项财务会计内部控制。（洪建春）

人力资源管理

【人力资源部简介】 人力资源部是中远航运人力资源规划、开发与管理，为企业战略目标的实施和长远发展提供人力资源支持的主管部门。主要职责是负责人力资源的战略规划，为企业重大人事决策提供建议和信息支持；负责企业组织结构设置和调整、各岗位职能的设计和优化工作；负责建设和管理人力资源管理信息系统；负责机关员工和船员的招聘与录用、培训与开发以及劳动关系管理；负责建立、完善和执行激励机制；负责制定、修改、完善和组织实施绩效管理体系和企业薪酬福利制度，以及机关员工及船员的各项社会保险统筹管理；负责岸基员工计划生育工作；负责行政监察；负责定期收集和整理同行业和相关行业人力资源管理的最新信息，为改进和优化企业人力资源管理提供必要的信息支持。时任总经理陈昆，副总经理陆启扬、周伟民。员工19人。（徐波）

【人力资源部工作概况】 2008年，人力资源部围绕企业各项中心工作和发展战略开展工作，以人力资源配置、培训与开发、工资与福利、制度建设为重点，以求才、用才、育才、激才为主线，执行人力资源管理新政策、新机制，推动企业人力资源管理从传统人事管理向现代企业人力资源管理的转变。是年，人力资源部认真履行部门职责，进行正常运作，如及时办理各类证件3000本，保证船员正常上船工作；及时办理员工因公出境手续，确保业务工作的正常开展；理清企业劳动用工关系，并逐步规范管理；对协作中心、劳务中介进行梳理、规范；组织制定新一期的企业董、监事，高管层和机关员工工资方案，使企业薪酬激励体系更加科学；逐步规范船员工资、福利项目的管理；初步完成人力资源的规划，尤其是船员队伍的规划，使企业员工队伍建设更具指导性；起草、完善各项人事管理流程和修订机关员工岗位职责；解决部分历史遗留难点问题；加强人力成本管理控制，并取得较好的效果；完成了天津中远航运、华东地区部分机构整合等项目。（徐波）

【精心组织招聘，满足企业船岸用人需求】 2008年，人力资源部精心策划，认真组织实施，从国内各大专院校择优选聘了172名应届毕业生，满足了企业用人需求；严格按照岸基员工选聘流程，从船员中选聘了大副1人、轮机长6人、船长4人、电机员2人，分别任职机务总管、造船主管等岸基管理岗位职务。新聘人员经过试用期考核，均符合岗位任职要求，获得正式

上岗任职资格。（徐波）

【清理和规范企业劳动用工关系】 2008年，人力资源部根据向广远定向招聘船员的实际，完成了4200余名广远自有船员劳动关系的变更，与中远航运重新签订劳动合同。并且对长期不上船或不愿意与中远航运签订劳动合同的船员254名进行了清理。（徐波）

【完成协作中心、劳务中介的梳理和规范合作】 2008年，中远航运接替广远与相关劳务合作方开展合作，经过沟通、协商，促使9家协作中心、2家劳务中介按照国家相关法规、条例要求，进行增资和重新注册等，以符合劳务派遣业务资质要求，并与上述合作方进行洽谈、签署新的合作协议，规范协作船员、外聘社会船员的租聘管理和日常管理，从而化解了企业劳动用工风险。（徐波）

【完成新一期董事、监事、高管层薪酬激励制度的制定】 2008年初，中远航运对委托佐佑管理顾问有限公司设立的新一期董事、监事、高管层薪酬激励方案进行了研究，并形成了一整套制度文件：《中远航运高级管理人员基本薪酬管理制度》、《中远航运董事、监事基本薪酬管理制度》、《中远航运高层管理团队中期激励与约束计划》和《中远航运独立董事年度津贴标准及考核办法》。上述制度分别提交中远航运第三届董事会第二十次会议和中远航运2007年年度股东大会审议通过。中远航运董事、监事、高管人员的年度报酬由基础年薪、绩效年薪和中期激励与约束计划的收入分配三部分组成。（徐波）

【实施岸基员工新的工资方案】 2008年，人力资源部按照中远航运董事会薪酬与考核委员会授权CEO组织制定员工薪酬制度的要求，委托佐佑管理顾问有限公司修订《中远航运岸基员工（非高管人员）薪酬管理规定》，并贯彻实施。该薪酬制度坚持了以下做法：员工与企业共担风险、共享收益，激励员工为企业创造良好业绩而不懈努力，从而更好地促进企业的发展；与岗位责任挂钩，不同的岗位，承担不同的责任、压力，在分配上适当拉开差距，向业务经营生产第一线适当倾斜。新的员工薪酬方案，符合市场经济条件下现代企业管理特色。（徐波）

【规范船员工资福利管理】 2008年，人力资源部针对组建船员队伍之初，船员队伍中多种用工方式并存，工资体系多样化，船员奖金、劳务费标准、发放途径更是复杂多样的实际，按照船员工资福利归口、集中管理的原则，对船员工资福利管理现状进行了调查摸底，依次理顺，取消了一些与当前实际不适应或不合理的项目，对于保留的项目，逐一实行制度化和管理流程化。（徐波）

【初步完成人力资源规划的制定】 2008年，人力资源部通过对船员现状及人员流失、提拔、离职、退休等问题，深入分析、预测，并根据企业船队发展的规划，对未来3年的船员需求进行了深入研究，制定了《2009～2011年船员人力资源规划》。中远航运于8月5日召开专题会议对规划进行了审议。下半年，人力资源部着手制定《公司机关人力资源规划报告（草案）》。（徐波）

【完善各项管理流程和修订机关员工岗位职责】 2008年，人力资源部组织完善各项人事管理流程，全面修订了机关员工岗位职责，共起草船员人事管理基础流程47个，涵盖船员的招聘、培训、证件管理、工资、福利管理各方面；组织起草船员管理部、船员人事处、船员财务处各岗位职责及企业其他新设岗位、天津中远航运各岗位职责，并对机关员工岗位职责再次进行修订；参与船员管理信息系统前期准备工作。 （徐波）

【解决部分历史遗留难点问题】 2008年，人力资源部对一些长期不上船或长期联系不上的船员进行了清理，按法定程序解除劳动合同。同时与政府相关部门进行协调，较好地解决了往年航海院校大专毕业生入户广州市的指标问题。另外，对广远历史上的农合工干部船员转为劳动合同制船员后没有人事档案的问题进行了研究，采取了相应的办法予以解决。 （徐波）

【加强人力成本管理控制】 2008年，人力资源部对人力成本管理相应的法规进行了深入研究，实事求是地制定了协作船员、外聘社会船员的薪酬策略，在保证船员的切身利益的同时，防止管理漏洞，对于不服从调配长期不上船的个别船员进行清理。经统计，通过管理总计节约人力成本费用达4300万元。 （徐波）

【实施务实的员工培训策略，促进人才成长】 2008年，人力资源部实施务实的员工培训方针，使员工培训面向岗位工作实际，有助于提高工作绩效，提高培训实效，减少培训浪费。全年，人力资源部共组织77期船员培训，共培训2084人次。

（徐波）

【深化岸基员工考核，促进员工岗位绩效】 2008年，人力资源部组织实施了全员性的岸基员工半年度、年度绩效考核，使岸基员工的绩效考核体系在实践中进一步完善。中远航运岸基员工绩效考评体系主要做法如下：考核到每个岗位，不同的岗位考核内容不同，做什么工作就考核什么方面的内容；既考核能力和实际业绩，也考核工作态度和团队精神、对企业的忠诚度；多方参与考核，考核人既有主管领导，也有发生紧密工作联系的同事，以考核促进工作改进和绩效提升，企业将绩效考评结果反馈员工本人，各层级主管人员与员工进行坦诚交流沟通，帮助员工回顾和总结以往的工作情况，制定未来的工作计划和工作目标；依据绩效考核结果，奖罚分明，每个员工绩效结果与所获得的奖励紧密联系，按贡献大小来决定奖励的档次，相同的岗位取得的业绩不同，所获得的报酬也不同，从而打破了以往“大锅饭”的做法。

（徐波）

【以天津中远航运为平台整合中远航运北方部分机构】 随着中远航运的发展，中远航运在北方地区形成了子公司、市场部和办事处并存的局面。为了促进中远航运在北方地区航运业务的一体化运作，统一形象，统一管理，2008年1月，中远航运将北京市场部、天津市场部、天津办事处整合为天津中远航运有限公司（以下简称天津中远航运）。天津中远航运的管理模式为：履行中远航运在天津、北京地区的市场开拓、港口现场、行政管理职责；各模块业务接受中远航运本部各对口部门的业务指导；人事管理（如招聘、录用、人事调动等）由中远航运本部代管；资本运作、投融资以及资金筹划和税务政策等事务仍由中远航运本部负责操作，天津中远航运给予配合。（徐波）

【以上海分公司为平台整合中远航运华东部分机构】 中远航运为了进一步促进企业在华东地区业务的一体化运作，统一形象，统一管理，促进可持续发展，于2008年11月制定并实施了《以上海分公司为平台整合公司华东地区部分机构的方案》：撤消上海市场部和宁波办事处，其全部职能由中远航运上海分公司承担，并由中远航运上海分公司行政管理上海港和长江沿线港口的港口船长。整合后的中远航运上海分公司的管理模式如下：中远航运上海分公司履行辖区内的市场开拓、港口现场、船员事务、行政管理等职责；各业务模块接受中远航运上海分公司管理的同时，接受中远航运本部各对口部门的业务指导；由航运经营部负责上海及长江沿线港口船长的业务管理，由中远航运上海分公司负责上海及长江沿线港口船长行政管理；中远航运上海分公司视为中远航运本部下属机构，其人事管理（如招聘、录用、人事调动、工资福利等）由中远航运本部负责。（徐波）

船员管理

【船员管理部简介】 中远航运船员管理部设船员一处、船员二处、船员三处和业务管理处、党委工作处、综合管理处，保留党委、纪委、工会和团委组织机构。主要职责是负责中远航运船员的调配、管理、考核等日常管理工作；代表中远航运组织开展对外劳务合作及相关业务；负责船舶党建、政治思想、工会、共青团工作和组织船舶开展各种群众性活动；协同人力资源部/组织部进行船员人才队伍建设规划和实施船员任免、奖惩、招聘、教育培训，以及船员薪酬福利、劳保管理等工作。时任总经理兼党委副书记尤扬斌，党委书记兼副总经理林耀强，副总经理梁伟民、周伟民（1～4月），党委副书记兼纪委书记易宝森，工会主席戴世华。员工63人。（黄森民）

【船员管理部工作概况】 2008年，船员管理部紧紧围绕安全与效益这个中心，坚持以人为本、严管善待的方针，以思想教育为基础，以严格管理为手段，以操作流程为依据，加强队伍建设，努力为企业和船舶生产运营提供人力资源保障。1. 加强思想教育，提高思想素质。船员管理部认真贯彻落实上级有关文件，积极抓好船员派前教育、派后跟踪、现场指导等管理工作。全年向外派船舶转发《船舶保安工作信息》11期，编写派前教育提纲4期共22篇；对442批次共3841名船员（其中高级船员1701名）进行了派前的安全生产、职业道德、遵章守纪教育；协助总经理办编写《中远航运简讯》46期，结合企业形势编写宣传教育资料22篇，做好船员日常思想教育工作。2. 结合雨雪冰冻、地震灾害、海盗猖獗、超强台风、北京奥运、金融海啸等重大特殊事件，及时采取下发邮件、电报或打电话等方式进行指导船舶1113艘次，督促船舶做好安全防范工作，维护了船舶的安全稳定。全年有150余艘次船舶航经索马里、亚丁湾海盗猖獗海域，没有发生船舶被劫事件，没有船员受伤和财产损失，“乐同”、“大华”轮成功击退海盗的袭击，受到上级的表彰。3. 加强船员调配管理，制定并修改完善了50多个操作流程或操作须知，为船员管理提供了文件体系依据；坚持每周五船员调配例会，全年共召开47次、690多人次参加船员调配会；加强与机务、海务总管的沟通联系，配好船舶领导班子，使船舶建立坚强有力的领导班子；坚持与船东的沟通协调会制度，密切配合外派船船东，并派出船东满意的船舶班子；坚持船舶班子成员上船前面谈指导，介绍企业形势，布置工作任务，提出具体要求，传授管理方法，使其增强安全责任感和工作使命感，全年与船长、政委、轮机长谈话387人次；认真做好现场考核工作，船员管理部共出差183人次到港口考核检查船舶215艘次。4. 继续推进“红树林”工程，制定《2008年“红树林”工程推进计划》，召开“红树林”工程推进会，开展“红树林”工程督导工作，举行“红树林”工程驾驶、油轮模拟器和适岗英语等技能竞赛，提高了船员的思想素质和业务技能，全年共提升高级船员489人。5. 积极与境内外27家合作船东、劳务中介合作公司联系，与14家合作船东签订了船员租赁协议书。是年，船员租金水平全部达到企业高管的指示要求，比2007年增加3092万元，散派高级船员的租金与2007年同比平均提高42%，船员租金回收率达到99.87%。6. 加强船舶党建和工会工作，继续推进船舶开展创建“四好领导班子”活动，组织评定88艘船舶班子为“四好领导班子”，完成收缴122个船舶党支部1802名党员的“特殊党费”702913元；重新制定发展船员党员3年规划，编发了3份党员发展情况通报；协助举办2期船舶政委轮训班。全年发展船员党员276名，其中高级船员201名，船员预备党员转正205名。举办6期船舶工会工作培训班，培训人数96人；检查考核船舶工会劳动保护监督检查员300多人次，培训船舶劳保检查员75人，办理了242名船员入会手续。7. 真诚为船员办好事办实事。奔赴四川地震灾区慰问受灾船员家庭71户，清理了工亡船员供养亲属抚恤金待遇历史遗留问题，对非因工死亡船员供养亲属抚恤金待遇进行了调整。组织节日慰问，国庆、春节期间慰问到港船舶73艘，给船员和已故船员遗属特困抚恤对象发放春节慰问金，发放希望工程助学金、高教助学金；做好募捐赈灾活动，协助接待往年解除、终止劳动合同人员等来访110人次。

（黄森民）

【外派“金达岭”轮船员心系租家优质服务】 2008年1月14～24日，中远远达“金达岭”轮，租给大连暨阳船务有限公司。租家要求开往京唐港装货，并备好舱。两港航行时间仅有10多个小时。当时气温零下16°~17℃。为确保按时装货，船员们为了备舱，不顾刺骨寒风，奋力拼搏。由于货舱凝结着大量似冰非冰、似货非货的冰泥块，清洁难度大，船员分工合作，昼夜奋战。船舶15日凌晨抵达京唐港，5个货舱清理得干干净净，保证了该轮按时靠泊。抵港后，水手长带领水手不顾疲劳，在寒冷天气中用大锤砸、钢钎撬舱口围及舱盖上10多厘米厚的冰块，确保了及时开舱验舱与装货。装货期间，船上每天安排人员不断清扫甲板、舱盖上的积雪及冰块，保证了装货工人的安全。与此同时，船长、大副和驾驶员冒着大雪纷飞的寒冷天气，夜以继日现场指挥、监督装货，不但实现了最大的装货量，还加快了装货进度，赢得了船期，为租家创造了良好效益。1月24日，租家港口船长在上海港上船，送给“金达岭”轮一面绣着“心系租家，优质服务”的锦旗。（黄森民）

【召开紧急会议部署调查慰问受灾船员】 2008年初，中国南方部分地区发生历史上罕见的冰雪灾害。2月1日，船员管理部为迅速落实中远集团总裁魏家福关于进行调查慰问受灾船员的指示精神，紧急召开会议作了部署。各船员调配部门向船员家里打电话了解受灾情况；向所有家属站打电话布置工作；向各轮下发通电，传达中远集团领导对广大船员的关心；制定慰问方案；迅速组织开展救灾慰问行动。

（黄森民）

【“大强”轮在印度KAKINADA港锚地建立“军事禁区”】 2008年2月21日，“大强”轮在新加坡港卸完大件后，直驶印度KAKINADA港。途中收到印度有关港口当局提供的保安资讯及提升保安等级的信息，要求“大强”轮进入该港水域后相应提升保安等级。船长黄少东迅速召开船务会，决定在马六甲海峡进行包括提升保安等级的一揽子演习。不一会儿，警铃大响，船员迅速集结到位，展开了一场没有硝烟的攻防演练。其间，搜寻炸弹演练、防海盗演习、溢油演习、防偷渡演练等先后开场。

船舶驶入锚地后，立即划海为圈，落锚为界，设立“军事禁区”，布控全局。一方面船长积极与缔约国政府发出指令协调有关保安事宜；向港口当局递交保安声明；与港口保安员签订海上保安协议；与挂靠“大强”轮的3艘受载驳船签订保安互助协议。另一方面甲板部和轮机部迅速组织人员对重要设备、器械全部清理入库，对物料间、司多间等重点部位加固锁闭；船舶保安小组对所有保安照明、器械和自卫武器清理检查和配备。晚上，船员们挑灯夜战，保安等级1～2的预防措施和界面管理的培训，船员们强化各自职责。

“大强”轮这次在印度KAKINADA港锚地抛锚卸货的5天时间里，坚决按照《保安计划》和《保安操作须知》的相关内容和程序，设立“军事禁区”，严密组织，精心设计，密集防范，全天候跟踪巡查，不仅确保了船舶及人员万无一失和运输生产的顺利进行，而且为其它兄弟船舶在海上实行保安控制提供了经验和启迪。

（梁树添）

【“富文山”轮群策群力抢船期】 2008年2月22日，“富文山”轮在抵巴拿马运河前4天，突然接到机关业务主管的指示：要求该轮务必在25日14:00前赶到巴拿马锚地，否则，不仅损失预报过河订金5500元美金，还至少损失一天船期。但该轮预计抵锚地的时间与上级要求到达的时间相差5个小时，而且主机已经满负荷运转，加上海况、天气等不确定因素还很多，不要说抢5个小时，就是抢几分钟都不容易。

船舶接到上级指令后，船长黄平立即召开了船舶领导和主要骨干船员开会，发动大伙献计献策。轮机长郭全军、大副张月南等人均提出不少合理化建议。船长查阅了大量的海区资料，指导二副选择最佳航线，带领船员们开始实施抢船期的行动。

船长坐镇驾驶台沉着指挥，大副适时根据淡水和燃油消耗数据，及时调整船舶吃水差，驾驶台适时向机舱报告洋流和风速、风向变化情况。即将退休的轮机长不顾年老体弱，每天上下机舱次数比平时多出5~6倍，并且还经常半夜起来查看机器设备，调整主机转速。年青的机工们更是勤检查勤保养，使机器设备始终保持最佳的工作状况；大厨起早贪黑想方设法改善伙食，让大家有更好的体力和旺盛的精力工作。“富文山”轮船员经过3天的艰苦拼搏，终于按上级指令按时抵达巴拿马锚地，并顺利过运河，抢来了1天船期。

（梁树添）

【“大华”轮无缺陷通过美国USCG检查】 2008年2月23日，“大华”轮在美国的西棕榈滩港接受海岸警卫队PSC检查，无缺陷通过。当天07:30，3名美国海岸警卫队的检查官在该轮船边察看，值班人员立即报告船长。船长立即广播，全船做好迎检准备。美国海岸警卫队上船登记后，就直奔船长房间。美国海岸警卫队首先检查各类证书，不断提问，船长耐心地进行解答。3名检查队员离开船长房间后，分3路进行检查：一路检查驾驶台、甲板设备，主要检查项目有：图书资料、雷达、AIS、罗经、磁罗经、救生艇、二氧化碳间、每个消防皮龙箱和救生圈等，其对甲板的保养赞不绝口；另一路下机舱检查，主要检查油水分离器、生活污水处理装置、舱底卫生等，其对机舱的整洁予以表扬；最后共同检查生活区、医院、冰库、餐厅、大台间，抽查船员房间、公用卫生间等部位。整个检查历时1个半小时。因船上准备充分，措施得当，结果无缺陷一次性通过。

（梁树添）

【徐惠兴等领导看望外派“海王星”轮船员】 2008年4月17日，天星公司“海王星”轮靠泊在黄埔老港加载货物。广远总经理、中远航运副董事长徐惠兴，广远副总经理、中远航运董事翁继强在天星公司总经理刘贤蒙陪同下登上“海王星”轮。徐惠兴等人在驾驶台、机舱、甲板等场所，巡查设备，了解情况，在船长办公室，听取了船长的工作汇报。徐惠兴向该轮通报了企业的经营生产情况，并对船舶提出做好航行安全、人身安全和搞好船员伙食等要求。

（黄森民）

【外派“德荣”轮获军方好评】 2008年6月14日，“德荣”轮靠泊青岛港，该轮船员全属中远航运。船员们辛勤劳动，机舱、甲板船容船貌都很好，一艘10年的散货船，做到甲板无锈包，机舱无滴漏，船东非常满意。港务局即推荐该轮为“奥运”军方抽检示范船，军方抽查后感叹道：“想不到10年船龄的商船，还有这么好的船貌”。

（黄森民）

【中远航运举办2008年“红树林”工程技能竞赛】 2008年7月15~16日，中远航运在金桥学院举行2008年“红树林”工程技能竞赛。开幕式由“红树林”工程项目组组长、船员管理部党委书记林耀强主持。广远总经理、中远航运副董事长徐惠兴，中远航运常务副总经理赖奕光出席了开幕式并分别致辞。广远副总经理、中远航运董事翁继强，广远党委副书记、中远航运监事黄继忠，中远航运副总经理郭福祥，以及广远本部职能部门、岸产事业部、

中远远达、中远南方、金桥学院的部分领导和参赛选手及船员代表100多人参加了开幕式。开幕式后，进行了精彩的英语竞赛和其他项目的比赛。16日，举行闭幕式，对“红树林”工程技能竞赛进行总结和表彰。（罗小光）

【“泰安口”轮创造平台浮卸新纪录】2008年7月7日，“泰安口”轮在印度VISHAKHAPATNAM港顺利浮卸深海钻探平台（Deep Sea Matdrill）。深海钻探平台长59.59米、宽49.99米（两舷超出母船TAK 7米）、高89.92米、重8392吨。装卸这类庞然大物，对“泰安口”轮来说本来是驾轻就熟的平常事。然而，由于“泰安口”轮这次浮卸作业的地点是在狭窄的港池，拖轮缺乏施展的空间，况且港方不能在浮卸作业中给予拖轮协助，只答应如果出现紧急情况时，在5~10分钟内可提供引水和拖轮服务。此外，平台上没有系泊机械，除了一部克令可以用来协助收紧缆绳外，其他完全依靠人力。在这样简陋的条件下浮卸平台，不只是“泰安口”轮，就是中远航运也无先例可循。面对困难和挑战，船长申屠启伟在中远航运半潜船专家邱晓虹和NMA专家阿曼的指导下，提出了富有创意且安全可行的浮卸方案。为了最大限度地保证平台浮卸作业的安全顺利，申屠启伟多次赴卸货现场实地考察，到港口当局查阅港池水深最新资料，对浮卸作业中可能出现的各种风险进行了认真评估，并制定出相应的应急预案。申屠启伟经过与中远航运经营部专家们的反复推敲、不断完善，确定了一套安全可行的浮卸方案。但是，在即将开始卸货作业的时候，主管卸货作业的Superintendent由于办理签证方面的原因无法来船现场指导。这就意味着这次特殊的平台浮卸作业将由船方独立完成。

7月7日，“泰安口”轮平台浮卸作业开始了。06:00，“泰安口”轮从HSL船厂码头解缆开往潜卸港池。09:00，船舶定位后开始压水下潜。10:50，平台的MAT踏水，浮卸作业进入了关键时刻。船长申屠启伟乘工作艇登上平台，从现场发出一道道指令。12:20，下潜到15.5米，平台进行相关水密检查。14:30，平台两碰垫靠上旁通，开始系缚缆绳，“泰安口”轮继续压水下潜。14:50，货离墩起浮，由于平台客观原因，平台船长无法进行精确的压载计算，对其水尺的调节也只是一个大概，其实际吃水与理论计算吃水存在较大误差，起浮后平台居然左倾5英尺。眼见平台船长惊慌失措，成竹在胸的申屠启伟船长果断地指挥平台船长在相应舱室快速压水对平台调倾，同时按预案下令大副将“泰安口”轮水尺增压0.5米至船艏艉吃水17.90米，以化解平台倾斜带来的风险。申屠启伟船长沉着稳健的指挥，使一旁余惊未退的平台船长佩服无比。15:20，船艏艉水尺17.90米，货墩下降到距平台底部足够大的安全深度。17:50，平台水尺调妥并进行进一步的系缆工作。18:30，平台10根大缆完全系妥，申屠启伟船长指挥“泰安口”轮船员对双锚、缆绳、侧推和SSP并用开始移离平台。19:00，“泰安口”轮移离平台15米左右，开始排水上浮，显示着这次特殊的深海钻探平台浮卸作业成功，创造了中远航运平台浮卸作业的一项新纪录。坐镇一旁的Jagson公司总裁Pradeep Gupta大力地握着申屠启伟船长的手动情地赞叹：“Excellent！ I can't think what will happen without you. Thank you again！”（太好了！我想在你们身上没有做不到的事情。再次谢谢你！）

（梁树添）

【“富康山”轮提前5小时赶抵巴拿马运河赢得7天船期】 “富康山”轮第77航次属加勒比海班轮。该轮先后在连云港、上海、天津装载化工原料、钢材、设备共15414吨，横渡太平洋，再过巴拿马运河，前往—HAVANA/CUBA—CARTAGENA/COLOMBIA — PUERTO CABELLO / VENEZUELA等3港卸。

2008年7月19日，“富康山”轮从天津港起航。在时速、海况正常的情况下，预计8月19～21日，也就是说需要30～32天抵达巴拿马运河。在气象正常的情况下，“富康山”轮可以按期到达巴拿马运河。7月23日，海上气象预报：在船舶前方日本沿海有一低气压，浪高3～4米。为确保船舶安全，“富康山”轮及时组织了绑扎加固，船长、驾驶员认真做好各项操纵工作，并根据海况情况适时调整航向，顺利避开了低气压，进入太平洋。7月29日，巴拿马代理告知：巴拿马运河8月19～26日封航检修，所有过往船只必须在18日12:00前到达巴拿马运河，方可安排过河。这对“富康山”轮来说，因航速的关系有不少的困难。为此，船舶领导立即召开会议研究方案，并向中远航运作了汇报。中远航运及时与港方联系，先向港口方交纳预定过河费5500美元，加上其它费用共计7000美元。如“富康山”轮不能在18日12:00前到达，代理无法安排过河，上述费用则不能退回，同时还将损失7天船期。

8月7日，当“富康山”轮接近墨西哥沿岸时，太平洋气象预报，在墨西哥西南面有一台风形成，横在“富康山”轮前面。面对这种严峻的形势，“富康山”轮全船作了总动员，船长负责指挥船舶操作，尽可能避免偏离哈干线航线；大副则带领甲板部人员加强对甲板货物的绑扎加固，同时对过河需检查的设备及各项标志的维护检修，确保过河检验顺利过关；轮机长带领轮机人员，加强对各机器的维护和保养，保证机器在满负荷的工作下最大限度地提高机器的转速，尽最大努力争取时间，抢回船期。

8月18日06:30，“富康山”轮终于提前到达巴拿马的巴尔博，比约定的12:00提前5个多小时，赢得了7天船期。

（梁树添）

【“金沙岭”轮在加蓬奥文多港查获5名偷渡分子】 2008年9月21日，当地时间18:00，“金沙岭”轮在非洲加蓬共和国OWENDO（奥文多）港装原木完毕，船员们冒雨连夜绑扎，至22日凌晨03:00绑扎完毕。随后“金沙岭”轮开始进行离港前的防潜船偷渡检查。05:30，排查到一舱附近时，在原木堆积8米高的最底部、左侧舱口围中部、舱口围加强三角板的夹缝里发现3名潜船偷渡人员。06:15，在二舱右舷的原木堆外侧的缝隙里，又搜出了2名潜船偷渡人员。该轮船长及时向外派港口船长魏庆云报告相关情况。08:45，船长通过电话向船东报告相关情况。09:30，船东代理和魏庆云乘交通艇抵达“金沙岭”轮，将5名偷渡人员带离船。（黄森民）

【“大华”轮成功抗击海盗袭击】 2008年10月7日，当地时间02:02，“大华”轮航行于红海南部进亚丁湾口分隔航道附近，船位：13°17′2″N/042°53′1″E，发现5艘航速为20.2节的不点灯快艇向该轮驶近。02:05，在相距3.5海里时，其中3艘快艇向该轮船艏、一艘向该轮中部、另一艘向该轮船艉逼近。该轮当即采取紧急措施，启动全船报警系统，同时开亮8盏大照明灯、启动8条皮龙出水；02:06，全体船员在甲板就位，点燃30支火把，驾驶台拉响汽笛，02:08船舶大舵角改向。02:10，船艉2艘小艇继续在左后以15.6节的速度跟踪该轮，船员们在左右甲板大声呐喊。02:40小艇离去。03:00解除警报，“大华”轮安全驶出亚丁湾。（黄森民）

【船员一处简介】 船员一处主要职责是负责制订本处船员调配计划，熟悉并掌握船员岗位技能总体情况；负责船员调配管理工作，为船舶选派合格、持证、健康船员；负责船员思想工作和船舶党、团组织建设，指导船舶开展学创活动，定期组织对船舶党支部、领导班子实施考核；负责接待来访船员及家属，并协助职能部门处理相关事宜；负责对违纪船员的调查，并提出处理意见；负责船员的使用、教育、考核、任职、培训、提升、奖惩等工作。船员一处负责46艘船舶的2103名船员的调配管理工作。时任业务经理林光桂，业务副经理徐琦武。员工12人。（刘小苑）

【船员一处工作概况】 2008年，船员一处按照船员调配原则，为船舶选派健康、持证、合格的船员。全年完成船员调配3070人次，办理退休手续78人；对132艘次航行沿海船舶进行安全提示，有效地促进了船舶的安全生产；积极推动实施“红树林”工程，上船前培训教育1260人，提升高级船员160人；努力推进“驾报合一”、“机电合一”工作，培训“驾报合一”人数228人（其中在船工作113人），17艘船舶实施了“驾报合一”，22艘船舶完成“驾报合一”前期工作，在“江宁关”、“江西关”、“江埔关”轮实施“机电合一”基础上，6月18日，在“富裕山”轮实施“机电合一”。现场考核船舶79艘次。其中，优秀20艘，占船舶总数的43.5%，良好25艘、占船舶总数的54.3%；及格1艘，占船舶总数的2.2%。加强船舶党建工作，发展船员党员97人、预备党员转正87人。正确处理劳务纠纷，重新安排52名船员上船工作，2名病号船员移交综合处，47名船员解除劳动合同。船员一处荣获中远集团2007～2008年度“文明示范窗口”荣誉称号。船员一处的QC课题《提高政委和普通船员考核率》获广远QC优秀奖。（刘小苑）

【“天王星”轮船员自卸大件抢船期】 2008年4月2日，“天王星”轮（船员属中远航运外派）首航最后卸港是利比亚的MISURATA港。15:00许，船上只等最后2件重达48吨的汽车克令卸下，便可转入第二航次。但这时，问题出现了：港口因没有岸吊，也没有大吨位的汽车吊，只能依靠2台船吊“联手”将大件卸下船。可码头工人因在其他船用2台船吊并吊卸大件失过手，不愿再冒风险，从而拒绝卸货！经代理多方协调，在船方出具责任豁免保函后，工人才勉强答应试一试。第一辆汽车克令刚吊离舱底便出现了大幅倾斜，使操车工人不敢再操作船上克令吊，并坚决拒绝卸货。时间就是金钱，安全就是生命。为抢船期，船长、大副、水手长认真分析起吊后大件倾斜的原因，修改起吊点，并仔细检查吊具强度，确认符合要求，即决定自卸。16:45，自卸工作正式开始。船员们仅用40分钟便顺利将2辆汽车克令卸下，确保了船期。（刘小苑）

【"乐里"轮开源节流创航次最大效益】 2008年4月，"乐里"轮第68航次从泰国的科西昌装矿到镇江港卸，该轮狠抓各个环节开源节流，实现航次效益最大化。1. 多装货。船长、大副精打细算，尽量排出压载水，结果装货28645.50吨，比原计划多装165吨。2. 争船期。22日，船从科西昌开航后，船长黄碧生紧密配合港口船长应益君，抢在早到的拟靠同一泊位的另一艘5万多吨的散装船之前进港，赢得5天船期，相当于节省145000美元船期费。5月3日，该轮靠好镇江港1号泊位后，港方计划在5日16:00完货。船长、大副密切与港方协调，合理安排卸货舱位，最终在5日07:00完货，比原计划又节省了9个小时船期。（刘小苑）

【"大田"轮成功装卸257吨重大件】 2008年6月下旬，"大田"轮第92航次在上海、天津和大连装载电厂重大件设备到越南、印尼。其中，150吨以上的有4件，最重的1件达257吨。由于装港和印尼卸港都没有起吊这么重的设备，装或卸都必须使用船上300吨的大吊。为此，船长刘丁鹅召开技术骨干会商讨对策，并对船上的吊货索具进行了检查维护，对相关人员进行装卸货知识培训。在天津吊装时，船长将货物吊离地面5厘米时停住，以检验大吊的性能状况，并对大吊的索具钢丝滑车等进行细致检查。257吨重大件货物从码头吊向甲板，在不断调整驳水维持船体平衡的情况下，安全、顺利落装在第3货舱右舷甲板上。7月31日，"大田"轮靠泊泗水港码头卸货，257吨的重大件要吊卸到一艘宽度为16米的驳船上，而重吊的舷边跨度仅6米，加上当时海面有涌浪，使得吊卸操作和技术难度相对增大。中远航运特意请了中远驻新加坡代表总经理郭淳上船现场指导，并与驳船技术人员和收货人进行协调。在船长统一指挥下，船员们精心操作，从重大件起吊到最后安全落放在驳船的3个支架上只用了2个小时，"大田"轮船员圆满完成了257吨重大件装卸工作。（刘小苑）

【"天王星"轮单航次货运量引起德国媒体关注】 2008年8月17日，"天王星"轮在德国BRAKE港装载13套大型风力发电机及风车叶往日本下关港卸，共有138件共2万多立方。以1艘7460载重吨的船舶来承运2万多立方的货载量确实令德国人难以置信，因此引起德国人的极大兴趣。然而中远航运的外派船员的确创造了奇迹。该轮在船长林少辉的带领下，精密配载，加强与租家的港口船长联系，全体船员群策群力，妥善解决了舱容、绑扎、稳性、叠装超高的问题。该轮不仅悉数装下138件货物，还多装了临时追加1片长度为39

米的风叶，最终总装货 139 件，重 2207.396 吨，体积达 20322.267 立方米，创造了该轮装载新纪录。8 月 18 日，德国《航运报（THB)》刊登了“天王星”轮完成货运任务的消息，还详细介绍了“天王星”轮的建造年份和厂家、船籍港及船舶长度、宽度、载重吨等船舶资料，同时附上了“天王星”轮过基尔运河时的照片。

（刘小苑）

【船员二处简介】 船员二处主要负责制定本处船员调配计划，熟悉并掌握船员岗位技能总体情况；负责船员调配工作，提供合格、持证、健康船员；负责船员思想教育工作和船舶党、团支部建设，负责指导船舶开展学创活动，定期组织对党支部、领导班子实施考核；负责接待船员及家属来信来访工作，并协助有关职能部门处理相关事宜；负责对违纪船员调查，并提出处理意见；负责船员的使用、教育、考核、任职、培训、提升、奖惩等工作。船员二处负责中远航运 42 艘船舶、1943 名船员的调配管理工作。时任业务经理陆润洪，副经理李国才。员工 12 人。（练锦荣）

【船员二处工作概况】 2008 年，船员二处认真执行《中远集团船员调配工作标准》和《中远航运质量体系文件》，按照调配程序，优化组合，选好船员，配强班子，完成船员换班 207 艘次，调配船员上船 1476 人次、下船 1421 人次；坚持船员派前办班教育制度，船员派前办班 192 艘次、2713 人次；坚持对高级船员上船前谈话制度，分别与船长、政委、轮机长、大副上船前谈话共 175 人次；加强跟踪指导。根据中远航运安全生产形势以及阶段性安全工作重点，通过邮件、电话等方式，分别对 780 艘次船舶进行安全、保安工作提示及指导；做好船员队伍结构调整工作，加快年轻船员培养，全面提高船员队伍综合素质，选派 183 名船员分别参加考证、知识更新、“驾报合一”、英语考证班等培训，提升高级船员 148 名；加大现场检查、考核力度，派出 28 人次，分别对船舶检查考核 61 艘次（其中：优秀船舶 12 艘、良好 28 艘、一般 2 艘）。在中远航运举办的“红树林”技能竞赛中获得团体总分第一名；加强船舶党建工作，发展党员 96 名，预备党员转正 62 名；完成各种证书办理 615 本；慰问病号船员 25 人次。在船员二处所管理的船舶中“泰安口”轮先后获得“广东省工人先锋号”、“全国工人先锋号”、“交通行业全国青年文明号”称号；“泰安口”、“大华”、“安龙江”轮被中远集团评为“华铜海”式船舶；政委肖健池荣获“全国五一劳动奖章”；水手长吴禄伟被评为“中央企业杰出青年岗位能手”，并荣获“广东省五一劳动奖章”；轮机长黄启垣被评为“中远集团劳动模范”。

（练锦荣）

【“永盛”轮船员攻坚更换吊货钢丝】 “永盛”轮是重吊船，5 年多 3 台克令吊货钢丝未更换过。由于承运大件和使用频繁，对吊货钢丝有所损坏，其中 NO.1 号克令吊货钢丝有少量断股。2008 年，该轮 17 航次为了确保安全，船舶领导决定利用在天津塘沽锚地锚泊的机会自行更换。该轮克令钢丝滚筒加装了多重保险，结构特殊，更换多了一道坎。钢丝直径 34 毫米、长 210 米、重达 5 吨，更换钢丝技术难度大。说明书警示，只允许有资格或经授权的技术人员才能对克令进行维修保养。船员们以“敢为天下先”的精神，解放思想，破除迷信，制定措施，认真组织，周密安排，克服困难，苦干巧干，奋战了一天，成功更换负重60吨的吊货钢丝。（练锦荣）

【“浦城”轮10小时紧急救助患病船员】 2008年11月28日，“浦城”轮从黄岛开往雅加达航经浙江台州附近海域时，机工长赵新华突然感到身体不适、手脚发麻、站立不稳。政委闫和平预感到赵的病情严重，立即给在医院工作的爱人打电话介绍病情、询问对策，其爱人称这很可能是“格利巴力”病，严重时可导致呼吸衰竭。于是，闫和平马上将情况向中远航运调度室报告，中远航运高管即令该轮驶向温州港锚地，同时指示有关部门安排快艇接应、安排住院事宜。船舶刚抛好锚，“东海救197号”轮很快便将病人接下船送往医院。经医院诊断赵新华所患的病为“格利巴力”病，第一周为危险期，稍有延误将危及生命。船岸协同10小时紧急救助获得成功，给了赵新华第二次生命。（练锦荣）

【“大华”轮新春三战三捷】 2008年春节期间，“大华”轮船员在澳大利亚Exmouth湾奋战7昼夜，三战三捷：一战避台风。春节前夕，一股强热带气旋直指澳大利亚Exmouth湾。“大华”轮领导组织船员分3组落实防抗台风措施，以最快速度避开台风中心。当强风席卷恶浪铺天盖地向Exmouth湾袭去时，该轮已抵达安全锚地，保证了船舶安全。二战高温。春节期间，澳大利亚气温高达49℃，工程船临时存放在该轮甲板上的乙炔、氧气成了“定时炸弹”，必须迅速转移到通风阴凉处存放。由于涌浪大，无法使用克令吊，船员们硬是用肩扛、人抬将近百只钢瓶搬移到安全地方，消除了安全隐患。三战抢工期。正月初二深夜，租家要求该轮立即返回锚地配合工程船倒货，即是与铺设海底石油电缆的工程船进行船对船装卸货物。租家租用两船每天租金50澳元。租方为了节约资金，要求“大华”轮抢工期，船员每天分2组24小时轮班装卸、绑扎和加固，连续奋战3昼夜，提前1天半把13件超重量、超体积设备和数十件不同形状的附件装卸、加固完毕。（练锦荣）

【“泰安口”轮第3方审核获好评】 2008年6月26日，“泰安口”轮在印度VISAKHAPATNAM的HSL船厂期间，由TML（Talisman Malaysia Ltd.）等6名专家组成第3方审核小组，对该轮BOA项目符合性进行第3方审核。该审核小组通过询问、查阅资料和记录、抽查设备运行操作等方法，进行全方位的严格检查、审核，给“泰安口”轮写出了“十分满意”的审核结论。（练锦荣）

【“安康江”轮成功自卸48.3吨重件】 2008年1月底，“安康江”轮第157航次在青岛港加载前往印尼PANJANG港卸货，其中一件货物重达48.3吨，加上吊具重量达49吨多。由于卸货码头没有卸大件吊具，只能自卸。船上的克令并吊虽然可吊50吨，但已有25年船龄，卸如此重货风险较大，况且船员缺乏卸大件经验。为此，船长柯文伟会同大副、轮机长、电机员认真分析船吊状况和卸货过程中可能出现的问题，结合实际制定措施，带领大家充分做好各项准备工作。2月7日，船靠PAN-

JANG 码头。8 日，并吊工作准备就绪。船长确认一切正常后，即和大副沉着指挥，起吊人员谨慎操作。48.3 吨大型货件徐徐升起平稳落在拖车上，自卸获得成功。

（练锦荣）

【船员管理三处简介】 船员管理三处主要职责是负责制定本处船员调配计划；熟悉并掌握船员岗位技能总体情况；负责船员调配管理工作，选派合格、持证、健康船员；负责船员思想政治工作和船舶党、团支部建设；负责接待来访船员及家属，并协助职能部门处理相关事宜；负责劳动纠纷的调查，并提出处理意见；负责船员的使用、教育、考核工作；负责承办并上报船员任职、培训、提升、奖惩、辞退以及审核续签、终止、解除劳动合同等工作。船员管理三处负责中远航运自营船以外的 8 家船东、37 艘（未含散派）船舶的 1731 名船员的调配管理工作。时任业务经理李锐源、副经理黄春生。员工 12 人。

（李耀祥）

【船员管理三处工作概况】 2008 年，船员三处修改、完善部门体系文件；按照“板块管理，有序流动，优化组合”原则，加强与船东沟通，了解船东的期望，科学搭配、严格把关，配好配强外派班子。全年实施调配 132 艘次船舶、上船人数 1011 人、下船人数 1237 人，办理各种证书 994 本，办理因私护照 428 本，为船舶提供持证、健康、合格的船员；坚持对船员派前办班教育以及主要干部船员上船前谈话，船员上船前教育培训 1011 人，强化船员安全意识、优质服务意识和降本增效意识；配合相关部门做好船员岗前培训工作，实施船员教育培训“红树林”工程，提升高级船员 139 人；加强船舶现场管理，分别对抵国内港口的船舶进行外派班子考核，考核船舶 28 艘；按照中远航运加快外派船员结构调整，逐渐缩小外派船员规模的总体部署，圆满完成外派香港远洋板块最后一艘船舶“华强”轮的外派工作移交任务，完成“鞍山”、“水城”“宝江”、“岱江”轮的移交任务；接受“珍珠湾”、“澎湖湾”轮外派任务；抓好船员劳动合同转签的宣传工作，并落实相关转签手续，保证了船员队伍的稳定；认真指导船舶党支部学习贯彻中共十七大精神，加强船舶党的建设，发展船员党员 82 名、预备党员转正 50 名；结合形势任务，指导船员劳动安全和治安综合治理，所属外派船舶实现了安全生产“八无”（无海损、无机损、无污染、无货损货差、无火灾、无人身伤亡上等级事故、无 PSC 检查滞留、无保安事件）和综合治理“六无”（无刑事案件和治安案件、无船员违法犯罪、无潜船偷渡事件、无海盗袭击、被盗抢损失万元以上或人员伤亡事件、无治安灾害事故、无其他严重影响船舶治安秩序的事件）。船长王彦雄被评为“中远集团劳动模范”。

（李耀祥）

【外派香远 16 艘船舶圆满完成工作移交任务】 2008 年 4 月 23 日，外派香远“华强”轮船舶工作移交在黄埔港顺利结束。至此，中远航运外派香远板块 16 艘船舶移交工作圆满完成。在外派香远 16 艘船舶中，有 2 艘船舶获得交通运输部海事局颁发的“安全诚信”证书；8 艘船舶获得美国海岸警卫队颁发的“21 世纪优质船舶”证书；在香远进行的评级检查中，有着 24

年船龄的“东方海”轮，所得分数为沿海运输船队最高的一艘。（李耀祥）

【外派“毓骐海”轮党支部受国资委表彰】 2008年春节前后，外派“毓骐海”轮船员受命承担2008年抗雨雪冰冻灾害期间的南北电煤运输任务。该轮党支部带领船员群策群力，克服该轮27年船龄和雨雪冰冻灾害带来的困难，圆满完成上级下达的电煤运输任务。“七一”前夕，该轮党支部被国资委授予“2008年抗雨雪冰冻灾害先进基层党组织”荣誉称号。（李耀祥）

【业务管理处简介】 业务管理处工作职责主要是：负责劳务外派业务洽谈、管理，客户关系维护，租赁合同管理工作；负责船员租金的催收和船员劳务政策研究、信息收集等工作；负责船员安全管理信息收集、整理以及材料起草上报工作；负责相关数据汇总和上报工作；负责船员计划生育管理工作；负责船员出境证明办理工作；负责船员服装管理工作；负责船员管理部行政口的工作计划、总结以及对外公文起草等文秘工作；负责文件管理和船员、船舶邮件的收发工作；受中远航运总经理办的委托，负责船员管理中的车辆使用调配管理工作和负责船员管理部的重要会务及日常行政事务等后勤管理工作。时任经理邱进宗，副经理黄森民。员工8人。

（黄森民）

【业务管理处工作概况】 2008年，业务管理处较好地完成本职岗位工作和领导交办的各项任务：1. 全力做好船员劳务外派业务工作，加强与境内外27家合作船东、劳务中介合作公司的沟通联系，参与中远航运“2008年船员协议项目小组”起草、研究、讨论有关租赁协议并发给合作船东和劳务中介合作公司，并签订租赁协议书，新增了2家劳务中介公司；船员外派租金大幅提高，全年外派船员租金总收入达到3.3亿多元，租金回收率达到99.87%。为中远航运申报对外劳务经营资格获得商务部批准并加入了中国对外承包商会（海员协调机构）。2. 编写“船员劳务外派业务操作流程”、“计划生育工作操作流程”以及“海员出境证明办理操作流程”等11个体系文件。3. 全年审核和寄发独生子女父母以及无子女船员退休一次性优待奖励金共256人，合计3011297元；为40名船员办理“看护假”待遇，为32名已办独生子女证的船员做每月保健费及一次性奖金动态；办理计生证明、档案转移和对转正工培训等182人次。4. 协助总经理办做好船员管理部和船员人事处、船员财务处工作用车的申报、协调、派出、维修保养以及出车情况记录等管理工作。全年累计调派623车次、乘员1221人次。5. 严格执行工作流程，做好船员出境证明管理工作。全年共办理出境证明333份、1572人次，无发生耽误船员上船事情。6. 做好邮件交寄、费用结算以及信件登记分发工作。全年办理特快专递邮件共3500件、普通邮件共3538件，分理从国内外寄回船员部各处邮件共9828件；收发各种类报刊杂志6200份次、汇款单475份。7. 做好统计报表工作。及时上报每周、每月和每季度船员劳务外派情况、船员资源情况，每季度维稳工作情况。8. 积极组织开展QC小组活动。船员管理部有5个QC小组获得广远、中远集团和广州市优秀奖，1个部门的QC小组获广远成果奖；全年共收集船岸精益管理亮点项目35个。其中，船舶33个、机关2个。9. 协助总经理办做好环市东路办公地点的会议室和员工办公场所管理、后勤保障，做好办公用品发放、办公设备改造、维修和节假日值班安排，协助了解船员服装发放情况、船员来信来访等工作。全年受理大小维修项目357项，发放船员午餐票1705人次。（黄森民）

【召开船员管理研讨会】 2008年11月16日，船员管理部召开船员管理工作研讨会。研讨会由船员管理部总经理尤扬斌主持。参加会议的有船员管理部业务副经理以上管理人员和船员调配、政工主管等。会上，各部门总结回顾年度的工作情况，提出存在问题与工作措施。研讨会对今后船员管理工作进行了深入的研究讨论。中远航运总经理办、船舶管理部等部门领导应邀参加了会议并对船员管理工作提出建设性的意见。（黄森民）

【党委工作处简介】 党委工作处（以下简称党工处）主要职责是负责船员管理部党委、纪委、团委日常工作和文秘工作；负责船员思想政治教育、职业道德教育、爱国主义教育、企业文化宣传，以及协助查处违纪违法船员等工作；负责党团组织建设，指导船舶党支部、党员教育；负责指导、督促船舶开展两个文明建设。时任主任易宝森（兼），副主任兼团委书记沈利（1～6月）、罗小光（7～12月）。员工7人。（罗小光）

【党工处工作概况】 2008年，党工处围绕中远航运的中心工作开展党的建设、宣传报道、思想教育等工作，配合总经理办编辑了46期《中远航运简讯》中的船舶、船员稿件，编写了4期船员派前教育提纲，撰写了宣传教育专题材料22份；宣传报道了“乐里”轮等7艘船舶和蔡连财等12人的先进典型材料49篇；编发船员思想调研问卷，收集87艘船舶反馈材料，整理报送和组织解答了船员关心的热点问题；组织召开了11次政工例会，分析讨论船舶党建和思想政治工作存在的主要问题和解决办法，并整理例会内容；编发了《中远航运船员管理部党委2008年工作要点》和有关党建工作通报5份，草拟了《船舶党支部工作记录簿》（初稿）和党建体系文件（初稿）11份；推进船舶开展创建“四好领导班子”活动，组织评定船舶“四好领导班子”，通报认定88艘船舶班子为“四好领导班子”；汶川地震发生后，完成收缴122个船舶党支部、共1802名党员的“特殊党费”702913元；重新制定发展船员党员3年规划，编发了3份党员发展情况通报；协助举办2期船舶政委轮训班，共有63名政委参加了轮训，组织对船舶自主择业军转政委进行了评估；制定了中远航运2008年“红树林”工程推进计划，组织召开“红树林”工程推进会，制定中远航运2008年“红树林”工程技能竞赛实施方案并参与组织实施；制定“红树林”工程督导计划，并组织开展督导工作，编辑了《“红树林”工程工作简报》11期；协助并参与处理了4起船员物品被盗和船员信访举报事件，组织船员参加广远举行的“廉洁从业知识”竞赛活动，船员组获得了第一名；参与了中远航运春节团拜会、“七一”党日的策划，参与“安岳江”轮回国后中远集团慰问活动的组织策划和宣传报道，以及船员管理改革后续问题处理工作；

全年发展船员党员276名，其中高级船员201名，船员预备党员转正205名；党工处QC小组荣获“广州市优秀质量管理小组”称号；坚持以党建带团建，35岁以下的青年中有177名被吸收为预备党员。组织、指导船舶开展创建“青年文明号”、争创“青年岗位能手”、“青年创新创效”活动，取得良好成绩，涌现出一批先进典型，“乐里”轮被评为中远集团2006～2007年度“青年文明号”；“西昌海”、“安泰江”轮被评为中远集团2006～2007年度“青年安全生产示范岗”；冯剑群、朱东辉被评为中远集团2006～2007年度“青年岗位能手”；“康盛口”轮被评为广东省直2007年度“青年文明号”；张炳锋被评为广东省直2007年度“青年岗位能手”；船员黄泽、王德军、梁满权被评为广远“十大杰出青年”。（罗小光）

【举办2期船舶政委轮训班】 2008年4月8日和10月21日，中远航运分别举办了2008年第1期和第2期船舶政委轮训班。中远航运船员管理部党委书记林耀强主持开学典礼，中远航运党委副书记、常务副总经理赖奕光出席开学典礼并作了讲话。第1期参训船舶政委36名，第2期参训船舶政委27名。第2期培训班的27名政委轮训结束后，还参加了适岗英语培训和考试，这是《中远集团船员英语适岗考试办法》实施以来，第一次统一对政委进行英语培训和考试，有7名政委通过了考试，超出了预期目标。（黄桥伙）

【举办“红树林”工程驾驶模拟器培训班】 2008年12月16日，中远航运为了使船舶驾驶员充分认识安全航速、风、流和涌等因素对船舶航行的重要性，增强驾驶员在狭水道航行和渔船密集区航行的应急应变处理能力，并丰富船舶操控经验，在金桥学院举办了第1期“红树林”工程驾驶模拟器培训班，16名船长和持有船长证书的大副参加了培训。（罗小光）

【综合管理处简介】 2008年，综合管理处的主要职责是依法维护员工的合法权益；健全工会基层组织，发挥其功能；开展多种活动，大力促进企业文化建设；加强对不适岗船员、伤病船员、内退船员的管理，努力营造稳定和谐的企业氛围；进行解困帮扶送温暖活动；检查考核船舶工会劳动保护监督员，预防和减少工伤事故的发生；清理工亡船员供养亲属抚恤金待遇的历史遗留问题。时任经理段腊春、副经理崔一立。员工9人。（崔一立）

【综合管理处工作概况】 2008年，综合管理处录制了《广东省首届“海员杯”船舶水手技能大赛》光盘并发放船舶；培训船舶劳保检查员37人，检查考核船舶劳动保护检查员300多人次；发放希望工程助学金15人次、高教助学金28人次；全年共办理退休手续252人、退养11人、解除劳动合同28人、移交回船员调配处室派船17人；在雨雪冰冻和汶川地震灾害期间，组织赈灾捐款活动，先后收到员工捐款5万多元、100多艘船舶船员捐款377510元；组织百名船员代表广远参加广东省工会“庆祝五一”劳模颁奖大会；组织中远航运船员代表队和机关代表队参加广远举办的《廉洁从业知识竞赛》，分别取得第一名和第二名；组织船员代表队参加2008年广远消防救生安全技能竞赛，船员代表一队获得团体第一名；重新划分或组建的覆盖全国60多座城市的76个船员家属站，完善船员家属联络站整体布局及工作网络建设，对12个船员家属站进行了人员整合；继续指导和组织“亲情祝安全”活动，收集安全警句2000多条并进行了评比；通过船员家属站协助广远工会搞好中远集团第二届“职工文化月”活动；协助项目组组织中远航运2008年“红树林”工程技能竞赛，并将赛程实况录像编辑成示范教学光碟下发各轮；加强工会组织建设，举办了6期船舶工会工作培训班，培训船员96人；办理了242名船员入会手续；收缴246艘次船舶工会费；策划、筹备2009年中远航运第一届第一次职工代表大会诸项工作；组队参加广远游泳选拔赛并选送优秀选手参加中远集团2008年在青岛举办的第二届“职工文化月”的水上运动会；组织船员管理部篮球队和《海洋文学》等业余文体活动，参加广远文体协会组织的企业庆典系列活动；参与中远航运举办的党日活动“七一”策划组并编辑节目和演出，为中远集团劳动保险统筹中心提供1997年以前因工死亡船员遗属证明材料的收集整理工作，使35户、40名工亡船员供养亲属纳入中远集团工伤保险管理范围；对非因工死亡船员59户、64名供养亲属抚恤金待遇进行了调整，妥善解决了历史遗留问题，保障了死亡船员抚恤对象的基本生活，促进了企业内部和谐稳定；为72名船员办理寄发供养直系亲属劳保诊疗证；为171名代管的北方船员发放冬季取暖费10万元；上报工伤评残、劳动能力签订43人；做好元旦春节期间的各类慰问工作，给予遭受冰冻和地震灾害地区的船员家庭进行电话慰问1145人次，派员赴四川地震受灾船员家庭走访慰问并为71户受灾船员家庭发放慰问金75400元；向251名特困船员寄发生活困难补助费54035元；及时做好17名病故船员的善后处理及家属安抚解释工作，共核发抚恤金117万元。

（崔一立）

大连办事处

【大连办事处简介】 大连办事处是中远航运的派出机构，隶属中远航运总经理办管理，代表中远航运处理中远航运在辽宁地区的工作事务。主要职责是负责中远航运抵葫芦岛港、锦州港、营口鲅鱼圈港、丹东港、大连及周边港口的船舶进行现场管理，对船舶安全生产进行检查、督促和布置工作；做好疏港抓船期工作；协助中远航运安全主管人员对抵港船舶进行安全检查和布置工作；为船舶和船员提供优质服务；协助处理船上突发事件；协助中远航运对大连地区船员进行管理，完成中远航运交办的其它事宜。时任主任许明顺。员工4人。

（许明顺）

【大连办事处工作概况】 2008年，中远航运及广远所属各航运公司船舶抵靠大连办事处辖区港口67艘次（外派船员的船舶19艘次不计在内），船舶在港总停时为2.22天/艘次，与2007年同比增加0.48天/艘次；船舶在港非生产性停时为0.15天/艘次，与2007年同比减少0.032天/艘次。全年共接待船员上下船298人次，办理应急体检和防疫注射45人次，接送到船探亲船员家属93人次，看望慰问患病船员及特困家庭14人次，协助处理、照料因工受伤住院船员1起，节日慰问船舶7艘次，转签船员劳动合同280人次，审核报批船员住房货币化补贴60户次，协助中远航运寻找失去联系的船员15人次，参加船员葬礼2人次，及时化解船员家庭内部矛盾、邻里矛盾和船员与公司的矛盾多起；召集船员家属联络站会议2次，协助广远成功地举办广东省海员工会女工委与大连船员家属站50余人的联谊会。对抵港船舶现场安全督导42艘次，协同中远航运及广远所属航运公司船舶安全检查6艘次，陪同中远集团督导员安全检查船舶8艘次，协同海事局检查安全船舶11艘次；协助处理船舶在港应急事件5起；圆满完成17艘次危险品装船任务，安全率达100%；转运船舶备件、代购或转递航海图书35艘次/84票次，协助安排通导设备修理4项次；接待中远航运、广远各下属公司和下属航运公司各类来大连出差人员28人次，安排会议活动6次；接待地区关系单位、客户84批次/250余人；向中远航运报送信息8项次；提交有关企业经营的合理化建议2项。是年，大连办事处被大连市政府授予外地驻大连先进办事处并获通报表彰。

（许明顺）

【努力疏港抓船期】 2008年，航运市场处于高峰期，港口经常出现超负荷状态，尤其在奥运会期间压港现象加剧。为此，大连办事处把工作重点放在疏港抓船期上。经过大连办事处人员的不懈努力，全年到港船舶在港总停时为2.22天/艘次，在港非生产性停时为0.032天/艘次，取得了较好的成效。（许明顺）

【协助中远远达船舶疏港】 2008年7月6日，中远远达所属“瑞昌海”轮109航次抵鲅鱼圈港装运钢材15000吨，时值该港严重压港，至少要等4～5天才能轮到靠泊。中远远达请求中远航运大连办事处协助疏港，使船尽快靠泊装货。大连办事处经过与港方多方协调，取得港方的支持，使该轮于次日顺利靠泊，避免了船期损失。

（许明顺）

【协助“富新山”处理应急事宜】 2008年9月13日，“富新山”轮65航次在大连大窑湾港口装运散装玉米。由于船上疏忽，发生违规排放压载水事件被海事局发现，同时又被查出船上没有散装谷物稳性报告书而被勒令停止装货。凌晨约01:00许，大连办事处现场主管张德维和主任许明顺接到船上报告后，立即赶往70公里以外的现场进行应急协调处理。许明顺代表办事处和船上向海事局主动作了检讨，并承诺责成船上整改，并请海事局批准恢复装货作业，取得海事局的理解和支持。为了确保安全，大连办事处请了大连海事大学由CCS指定的专家夜间上船进行稳性计算。由于处理妥善，既没耽误装货，又避免了违章罚款。（许明顺）

【协助“乐里”轮处理应急事宜】 2008年10月19日17:30，“乐里”轮第73航次，从大连和尚岛港装完货开航，18:30，刚刚从现场返回大连市内的大连办事处主任许明顺和中远航运业务经理贾向人，接到了该轮船长的紧急电话报告：“乐里”轮在航道内与中交一航局三公司所属船舶分公司的一艘“方驳28号”轮发生碰撞，“方驳28号”轮因进水，发生危情被拖轮直接拖走，“乐里”轮目前没发现损坏，但被交管中心命令抛锚待查。大连办事处接到报告后，立即与大连海事局、交管中心协调，结果同意在办事处和船长书面保证航行安全的前提下，“乐里”轮可以先开往下一港上海，对方的善后工作由办事处代替处理。“乐里”轮续航后，大连办事处又连夜去大连甘井子码头验看“方驳28号”轮的受损情况，与对方商谈有关解决处理事故的意向。后经中远航运的指导和授权，大连办事处妥善地与对方了结此事。（许明顺）

【组织筹办船员家属站联谊会活动】 2008年4月8～10日，广东省海员工会女工委、广远工会与中远航运大连船员家属站在大连举办联谊活动，由大连办事处协助广远工会操办。参加本次活动的有广东省总工会党组成员、纪检组组长肖建葵，广东省海员工会主席卢晓露，副主席、女工委主任陈小翠，广远工会主席马宗梅、副主席符雄，大连海员工会部分领导，中远丹东船员家属总站站长徐文凤，大连地区各船员家属站站长，大连办事处主任许明顺等50余人。大连船员家属站的代表向领导和客人汇报了工作情况，并进行了广泛经验交流和学习。肖建葵、卢晓露、马宗梅对大连地区船员家属站的工作给予了充分的肯定和赞扬。整个活动其乐融融，取得了预期的效果。此次活动，对大连地区船员家属工作起到了指导和推动作用。

（许明顺）

【办事处搬迁】 2008年12月28日，大连办事处由原办公地址大连市中山区鲁迅路74号安达大厦A座15楼乔迁至大连市中山区七七街29号401室。（许明顺）

【荣获驻连先进办事处称号】 2008年度，大连市政府从800余家外地政府、企业驻连单位中评选出30家先进单位和30名先进个人。大连办事处被大连市政府授予外地驻连先进办事处，许明顺被评为先进工作者。这是该办事处继2007年度以来连续2次获此殊荣，也是全国航运界驻连单位独此一家获此殊荣。（许明顺）

天津中远航运

【成立天津中远航运有限公司】 天津中远航运有限公司（以下简称天津中远航运）原为中远航运天津办事处。2008年1月15日，中远航运决定：将原中远航运天津办事处、中远航运北京市场部、天津中远航运分公司合并为天津中远航运有限公司，下设业务部、市场部和财务部。天津中远航运代表中远航运处理在天津、华北地区的工作事务。主要职责是为中远航运抵天津、华北各港口船舶进行现场管理工作，做好船舶配载、疏港抓船期和货源组织工作，对船舶进行安全检查、监督和布置工作与港口及有关部门的沟通，做好疏港抓船期工作；贯彻执行国家规定的各项财务制度，执行国家的各项税务规定，遵守财经纪律；组织建立、健全会计核算各项制度，负责中远航运年度各项收支预算、核算以及跟踪，并参与对各部门的考核和清算，负责编制会计报表；为船舶提供优质服务，妥善处理船舶突发事件，协助中远航运做好船员换班及家属接待工作；完成中远航运交办的其他工作。时任董事长韩国敏（兼），总经理赖奕光（兼），常务副总经理张秀河。员工13人。

（张秀河）

【与天津新港海事处签订文明共建协议】 2008年1月30日，天津中远航运与天津新港海事处文明共建签字仪式在天津举行。参加签字仪式的有天津中远航运常务副总经理张秀河，海事局新港监督处处长李奎成等。 （张秀河）

【张良慰问“三江口”轮等船舶】 2008年2月2日，中远集团副总裁张良来到天津港，对在港的“三江口”、“交城”、“项城”、“桃江”轮进行了春节慰问。张良向船舶领导通报了2007年集团所取得的各项成就，勉励船员做好安全工作，并对船舶在安全生产方面应做好的工作作了指示。“三江口”轮船长向张良汇报了船舶落实中远集团2007年1、5、6、7号通电精神的情况。船长的汇报使张良感到十分满意。张良代表中远集团总裁魏家福和党组书记张富生，对节日期间坚守在船舶一线的船员们及其家属表示节日的慰问。 （张秀河）

【中远航运高管拜会天津空港物流领导】 2008年2月26日，中远航运首席执行官姜立军、首席运营官郭京、首席执行官助理董宇航、人力资源部总经理陈昆、天津中远航运常务副总经理张秀河一行前往天津空港物流加工区，对天津港保税区的主任冯志江、副主任王富强、规划建设管理局局长张有满、综合经济局副局长杜俊侠、工商局局长黄正月进行拜访，姜立军对保税区给予天津中远航运的支持表示感谢，介绍了中远航运2007年的整体情况，并就未来天津中远航运及中远航运北方总部的功能及定位与保税区领导交换意见。 （张秀河）

【林敬伟拜会保税区税务局有关领导】 2008年2月27日，中远航运副总经理兼财务总监林敬伟、首席执行官助理董宇航、天津中远航运常务副总经理张秀河前往拜访天津港保税区国家税务局副局长吴南扉、地方税务局局长刘杏奇。林敬伟介绍了天津中远航运2007年的生产经营情况，并就天津中远航运的财税运作与对方交换了意见。 （张秀河）

【徐惠兴拜会天津港务局】 2008年9月9日，广远总经理、中远航运副董事长徐惠兴，首席执行官韩国敏，副总经理杜俊明，天津中远航运常务副总经理张秀河一行拜访天津港务局有关领导，双方进行了亲切交谈。 （张秀河）

【韩国敏一行拜访京唐港股份公司】 2008年9月10日，中远航运首席执行官韩国敏、副总经理杜俊明、天津中远航运常务副总经理张秀河一行前往京唐港，拜访京唐港股份有限公司董事长孙文仲等领导，就双方关心的问题坦诚交换了意见。 （张秀河）

青岛办事处

【青岛办事处简介】 青岛办事处是中远航运派出机构，隶属中远航运总经理办管理，代表中远航运处理中远航运在山东地区的工作事务。主要职责是负责中远航运抵威海、石岛、蓬莱、龙口、烟台、岚山、日照、青岛港的船舶现场管理，协助中远航运安全主管人员对抵港船舶进行安全生产检查、督促和布置工作；做好疏港抓船期工作；为船舶和船员提供优质服务；协助处理船上突发事件；协助中远航运对青岛地区船员进行管理，完成中远航运交办的其它事宜。时任主任毛洪泉。员工3人。

（毛洪泉）

【青岛办事处工作概况】 2008年，青岛办事处较好地完成了现场管理工作。全年抵达青岛所辖港口的船舶共63艘次，均为中远航运所属。其中，抵达青岛33艘次，黄岛8艘次，日照6艘次，岚山5艘次，烟台10艘次，龙口1艘次。有56艘次为装卸船舶，共装卸货523198运费吨，船舶平均在港总停时3.45天，比2007年降低了0.42天。对部分抵港船舶进行了安全检查和督促，现场处理了“乐业”轮在烟台装货期间，因绑扎工人操作不当造成的工人伤亡事故，和“晋城”轮在日照卸货期间，码头吸货机两次因吸入链条被打坏事件，避免了船期损失和重大经济损失。妥善处理了奥帆赛和残奥帆赛期间船舶误入禁区或航道超速等应急事件，未因处理不当而影响船期和产生经济损失，确保了船舶安全生产顺利进行。给船舶取送备件、资料、信件等，做到了快捷、安全。组织了办事处党支部以“抗震救灾中党员尽义务企业尽责任”为主题的组织活动，参加了中远航运组织的“七一”主题党日活动，参加了“五五”普法知识竞赛等，促使党员和员工时刻保持清醒头脑，保持共产党员先进性，保持员工饱满的工作热情。

（毛洪泉）

【陪同中远航运高管拜访山东客户】 2008年11月11日，中远航运首席执行官韩国敏和董事会秘书薛俊东抵达山东荣成市，拜访黄海造船厂。该厂出差在外的总经理张灿刚委派副总经理赵建平到威海机场迎接。韩国敏在该厂与赵建平、总会计师张新生等领导层以及CCS驻厂代表进行了交流并视察了该厂主要车间和设备，特意察看了中远航运在该厂正在建造中的8艘28000吨重吊船首制船。通过交流视察活动，厂方表示将每艘建造船舶交船间隔时间由4个月提前为3个月，并确保建造质量。

11月12日，韩国敏、薛俊东抵达青岛。在青岛办事处人员陪同下拜访了山东电力第三建设工程公司总经理王鲁军、副总经理张洪松、颛孙士群，物流公司总经理朱军等各领导层并进行了亲切友好的交谈，相互介绍了各自的优势。这次拜访为双方建立长期的互惠互利的合作奠定了扎实的基础。 （毛洪泉）

【韩国敏等看望青岛办事处人员】 2008年11月12日，中远航运首席执行官韩国敏和董事会秘书薛俊东在拜访青岛客户的繁忙交流活动中，抽身看望了青岛办事处全体员工（含连云港代表），并察看了新办公场所。韩国敏嘱咐办事处人员工作要有新起色，要围绕疏港抓船期、维护客户关系、关心船员、妥善处理应急事情等方面深入细致地开展工作，要努力控制成本，为中远航运作出更大的贡献。（毛洪泉）

【广东省海员工会女工委考察指导青岛船员家属站】 2008年4月10日，广东省总工会党组成员、纪检组组长肖建葵，广东省海员工会主席卢晓露带领广东省港航系统包括中远航运李惠霞在内的女工委干部共22人，由广远工会主席马宗梅、副主席符雄陪同，从大连抵达青岛，对青岛船员家属站进行了考察、指导和交流。肖建葵、卢晓露和女工委们听取了青岛船员家属站的工作汇报，并就如何深化船员家属工作，发挥船员家属站在构建和谐企业、和谐家庭中的特有优势提出了富有建设性的建议。在考察活动中，广东省港航系统女工委干部与青岛船员家属站站长崔钦枰等9位船员家属进行了联谊活动，并向青岛船员家属站赠送了纪念品，青岛船员家属站回赠了自行创作的有多名船员家属签名的安全文化作品。肖建葵代表广东省总工会、省海员工会高度评价了船员家属站工作，称赞广远系统船员家属工作很有远洋特色，是广东省工会工作的品牌，希望船员家属站继续发扬成绩，开拓创新，服务船员，服务企业，为构建和谐社会、和谐企业、和谐家园做出新的贡献。（毛洪泉）

【妥善处理“富清山”轮应急事宜】 2008年12月26日，“富清山”轮抵青岛大港公司47泊位，装载济南重汽出口到古巴的自卸车、搅拌车、吊车等共51台，3188立方米。船靠妥后，青岛办事处船舶事务主管张志耘会同大港公司的指导员和大副研究了装货方案及绑扎注意事项。开工后，船上各舱装货作业进行顺利，进度正常，预计在27日零点之前完货。19:30，第4舱底舱完货。在关舱过程中，4块舱盖刚关好了一块，关舱油管突然发生爆裂。油管破的位置正好在已盖好的那块舱盖板的底部。4舱底层高8.2米，只能在舱底搭架子。修理工作是高空作业，加上天气寒冷和舱内光线不足，难度很大。张志耘经与船长、政委、轮机长商量作了如下安排：一边请示中远航运尽快安排修船厂家，一边请港口帮忙在全港寻找作业吊篮（直接用吊篮可以节省不少时间，最大限度地减少工班待时费），试图自己修理。吊篮很快找到了，但到4舱一试，离故障点至少还差2米，自己无法修理，只好由中远航运安排修理。在船员和船厂工人的共同努力下，油管在03:30修好，船舶重新开始装货。27日07:00，该轮的51辆车全部装完并顺利开航。（张志耘）

连云港代表处

【连云港代表处简介】 连云港代表处属中远航运派出机构，隶属中远航运总经理办管理，代表中远航运处理在连云港地区的工作事务。主要职责是负责中远航运抵港船舶进行现场管理；协助中远航运安全主管人员对抵港船舶的安全进行检查和布置工作；做好疏港和抓船期工作；为船舶和船员提供优质服务；协助处理船上突发事件；完成中远航运交办的其他事宜。时任代表处代表钱春林（1月至11月13日），顾锦贤（11月14日至12月）。

（顾锦贤）

【连云港代表处工作概况】 2008年，连云港代表处较好地完成了各项现场管理工作。全年抵达连云港的船舶共75艘次（其中中远航运67艘次，广远所属其它公司及外派船8艘次），装卸货量共817742计费吨，船舶平均在港总停时2.76天；检查和跟踪检查船舶36艘次，督导抵港船舶安全率达100%，抵港船舶的安全生产面达100%；向抵港船舶传达落实中远航运安全通电、安全会议纪要和领导的讲话等；协助船舶安全主管人员全面做好各项安全工作；全年接待船员换班共56艘次，占抵港

船舶 75 艘次的 74.7%，办理上、下船船员手续，接送上下船船员共 995 人次，送船员家属上船达 60 人次，送船舶邮件、资料、备件共 293 件，无任何差错。

（顾锦贤）

【完成代表处代表变更手续】　2008 年 11 月 13 日，按中远航运要求，顾锦贤到连云港代表处履职，任代表处代表，原代表钱春林退休。12 月 16 日，连云港代表处搬入连云港市墟沟中山中路 195 号连云港远洋宾馆 201 室。中远航运驻连云港代表处代表变更，其变更手续在当地办理。经连云港市投资促进局的主办单位信息综合处的帮助，于 11 月完成了“外地驻连云港市办事机构登记证书”、“组织机构代码证”和“银行印鉴”的变更手续。（顾锦贤）

【协助“湘江”轮处理应急事宜】　2008 年 8 月 30 日，“湘江”轮因艉轴严重漏油，被连云港海事局查处，并对“湘江”轮船舶体系运行提出质疑，拟滞留船舶。连云港代表针对上述情况，为维护中远航运名誉，积极主动多方面做好工作，向连云港海事局解惑释疑，终于取得连云港海事局的理解，对“湘江”轮不滞留。这事既没影响船期，又避免了经济损失。

（顾锦贤）

【抓船期概况】　2008 年，中远航运从多疫区来连云港的船舶 13 艘次，按国检局的规定均需锚地检疫。这样，不仅影响船期而且拖轮使费要 2 万元之多；若船是夜晚到锚地，检疫人员第二天早上才出海检疫，少说又要耽搁半天。为争取船期，连云港代表多次向连云港国检局工作人员宣传船期对远洋运输企业和国民经济的重要性，取得其理解和支持。在连云港国检局的支持下，对每艘从多疫区来的船舶，连云港代表采取了和引水共同上船，靠泊后检疫完毕的做法，全年为企业创造了一大笔隐形效益。（顾锦贤）

【协助船舶抓生产节省开支】　2008 年，连云港代表处工作人员平时加强调查研究，并熟悉港口资源，发挥自己的技术技能，积极协助船舶抓生产，节省开支。主要做法：一是避免大吃水船等潮水，提前通知业务员尽可能让船舶加速；二是在大雨来临前抢装、卸离港；三是狠抓港口使费。如“三江口”轮 9 月 29 日抵港，因途中大风吊杆受损，二舱双层底漏水等均需修理，经中远航运业务调度员同意，代表处紧急联系有关部门放慢卸货进度，避免了移泊修理的拖引费 1.5 万元和占用生产泊位 1.6 万元。（顾锦贤）

上海分公司

【中远航运上海分公司简介】　上海办事处是中远航运派出机构，隶属中远航运总经理办公室管理。2008 年 12 月 11 日，中远航运正式下文取消上海办事处，成立中远航运上海分公司（以下简称上海分公司）。主要职责是负责中远航运抵上海、浙江和长江内江苏各港口（除连云港外）船舶的现场管理工作，对船舶进行安全检查、监督和布置工作，与港口及有关部门的沟通，做好疏港抓船期工作；为船舶和船员提供优质服务；协助处理船上突发事件；协助中远航运和广远有关部门对家居上海地区的船员、家属和船员家属站进行管理；完

成中远航运交办的其他事宜。时任总经理董宇航（兼），员工8人。（沈利）

【中远航运上海分公司工作概况】 2008年，上海分公司加强了船舶现场安全生产管理和疏港力度、为船舶和船员提供优质服务，完成了中远航运交付的各项任务，安全生产形势保持稳定。是年，上海分公司服务船舶359艘次，为143艘船舶进行安全督导，陪同上级领导对18艘船舶进行工作检查和现场慰问，陪同中远集团安全督导员对36艘船舶进行安全检查，陪同中远航运领导对18艘船舶进行安全检查，协助处理2艘船舶海事，为254艘船舶送船舶备件及资料，接送上下船员1613人，接送船员家属20人，接待、陪同船员急诊住院3名，为102人办理了临时登轮证，代表企业为152名船员签订了劳动合同，为船舶送船舶备用金48万元，发放上海地区船员工资249.6万元，为各船公司代垫款36万元。（沈利）

【全力做好疏港工作】 2008年，上海分公司始终把抓船期作为头等大事，把疏港工作做细做实，使船舶在港停时不断降低。通过与港务局保持沟通联系，及时安排船舶靠泊作业；船舶靠泊后，第一时间上船，参与协调装卸货等工作，协助船舶联系加油、水等；对辖区内装卸货的船舶，每天2次以上了解作业情况和进度；对在港装卸重大件危险品和重要货物的船舶，到现场协调作业，及时解决作业中出现的问题。（沈利）

【全心全意为船员服务】 2008年，上海分公司把船员管理工作作为现场管理的重要内容，全心全意为船员服务。全年，共接送船员上下船1613人次，办理入出境手续164次/1524人，外派船员17次/77人；办理船舶第二、三港入境手续，共计36艘次/61人，确保不影响船期。（沈利）

【被上海边防总站授予“诚信”单位称号】 2008年12月，中华人民共和国上海出入境边防检查总站授予上海分公司“诚信”单位称号。获得该称号的单位人员从2009年1月1日至2010年12月31日在上海边防系统上船免予检查，对船员上船可以给予以自查为主的方便和优惠政策。

（沈利）

宁波办事处

【宁波办事处简介】 宁波办事处是中远航运派出机构，隶属中远航运总经理办管理。代表中远航运处理中远航运在浙江省沿海港口宁波、镇海、北仑、舟山、海门、温州地区的工作事务。主要职责是负责中远航运抵上述地区船舶的现场管理工作；对船舶安全生产进行检查、督促和布置工作；做好疏港抓船期；为船舶船员提供优质服务；协助处理在港船舶发生突发事件；协助中远航运安全主管人员对抵港船舶进行安全检查和布置工作；为船舶和船员提供优质服务；协助中远航运对宁波地区船员、家属和物业进行管理；完成中远航运交办的其他事宜。时任主任石晓平。

（石晓平）

【宁波办事处工作概况】 2008年，宁波办事处根据中远航运对办事处的体系职责要求，认真执行赋予办事处的工作职能。

全年到宁波办事处辖区港船舶55艘次，中远航运23艘次（其中修船14艘次、作业8艘次、临时挂靠送伤员1艘次），中远南方和中远远达船舶32艘次。在港总停时1.39天。安排接送船员换班101人次，送船舶备用金30万。接待中远航运和其他各航运公司来港人员37人次，船员家属11人次，完成协助“安武江”、“金达岭”、“安岳江”轮的突发事件处理。

（石晓平）

【协助船舶抓船期】 2008年5月24日，“乐泰”轮到乍浦港卸货，由于主机故障，要推迟到港时间。港口当局见船不能按时到港，要安排其他船舶靠卸。宁波办事处知道情况后，积极和港口有关部门联系，获得港方同意不安排其他船舶，待“乐泰”轮到后即靠卸。

9月24日，“安岳江”轮到港卸货，中远航运安排航修项目。航修单位在电焊中，由于工人操作不当，造成1名电焊工死亡。家属要求上船看死亡地点。这样既耽误“安岳江”轮开航，也会给船舶生产带来不好影响。根据中远航运要求，宁波办事处及时和港口派出所及修理单位领导一起做工作，最终使家属放弃上船，“安岳江”轮按原计划开航。（石晓平）

【协助安排工伤船员】 2008年1月2日，“安武江”政委谭颜斌在船舶航行中绑扎被压伤手指。宁波办事处接到中远航运指示，立即赶到温州去看望、慰问，安排检查和治疗。

2月26日，中远航运外派“金达岭”轮工作的船员石建伟在航行中测量水时被大浪击倒，造成头部严重受伤，为抢救伤员船舶紧急挂靠舟山。宁波办事处接到通知后立即赶到舟山，接石建伟到宁波住院治疗，并代表中远航运向其慰问，使石建伟感到企业的温暖，心情稳定，配合治疗，很快痊愈出院。（石晓平）

【完成中远航运驻宁波办事处的关闭】 根据中远航运整合华东地区机构的决定，在上海成立中远航运上海分公司。中远航运宁波办事处的业务合并到中远航运上海分公司。为此，在2008年12月底关闭了中远航运驻宁波办事处。原中远航运宁波办事处的人员和业务转入上海分公司。

（石晓平）

厦门办事处

【厦门办事处简介】 厦门办事处是中远航运的派出机构，隶属中远航运总经理办管理，代表中远航运处理中远航运在福建辖区内的工作事务。主要职责是负责中远航运抵靠厦门、三都澳、福州马尾、莆田秀屿、泉州肖厝、后渚、石湖、深沪、漳州、东山以及周边新开发的港口船舶现场管理工作，对船舶安全生产进行检查、督促和布置工作；做好疏港抓船期工作；协助中远航运安全主管人员对抵港船舶进行安全检查和布置工作；为船舶和船员提供优质服务；协助处理船上突发事件；协助中远航运对福建地区船员进行管理，完成中远航运交办的其他事宜。时任主任官雄。

（官雄）

【厦门办事处工作概况】 2008年，厦门办事处在事多人少的情况下，克服种种困难，积极做好船舶现场管理和安全督导、船员上下船接送及处理在港船舶发生突发事件等工作。中远航运和广远所属航运公司抵港船舶全年53艘次，船舶在港停时平均为1.11天，安排接送船员415人，对46艘次船舶进行安全督导检查；完成了中远航运交给的各项工作任务。（官雄）

【协助抓船期】 2008年5月12日，“桃江”轮抵福州马尾港卸鱼粉，因港口泊位紧张，要推迟一天进港。厦门办事处立即与福州港务局联系，使该轮及时靠泊，争取了一天的船期。8月3日，“泰安口”轮抵厦门港进行年度检验、航修、船员换班，由于船上船员未盖出境章，刚好碰到周末，边检领导都未上班，给船舶联检带来诸多麻烦。厦门办事处通过多方努力，协助船舶顺利办好边检手续，未造成在港船期的损失，至少缩短了一天多的时间。是年，厦门办事处加强与有关部门的联系、沟通，做到在厦门、泉州卸货的船舶靠泊后未办完联检手续就开始卸货，为每艘抵港船舶最少节约4~6小时。（官雄）

【完成办事处的搬迁工作】 厦门办事处原办公地址设在厦门市东渡路90号之七502室，根据中远航运对办事处改革的安排，办事处变更办公地点，2008年办公地址设在厦门市湖滨北路72号中闽大厦17楼。（官雄）

湛江办事处

【湛江办事处简介】 湛江办事处是中远航运的派出机构，隶属中远航运总经理办管理，代表中远航运处理中远航运在湛江及广西、海南地区的工作事务。主要职责是负责中远航运和广远所属各航运公司抵靠湛江、水东、北海、钦州、防城、海口等港口的船舶现场管理工作，对船舶安全生产进行检查、督促和布置工作；做好疏港抓船期工作；协助中远航运海务、机务主管人员对抵港船舶进行安全检查和布置工作；为船舶和船员提供优质服务；协助处理船上突发事件；协助中远航运对湛江地区船员进行管理，完成中远航运交办的其他事宜。时任办事处主任黄华强。员工3人。（黄华强）

【湛江办事处工作概况】 2008年，中远航运抵靠湛江办事处所辖港口的船舶61艘次，船舶平均在港总停时2.82天/艘次；全年接送上下船员233人次；接送探亲船员家属32人次；看望慰问患病船员11人次；春节慰问船舶4艘次；陪同中远集团安全督导员或当地海事局检查船舶9艘次；全年在港船舶安全无事故。（黄华强）

【为“江埔关”轮争取船期】 2008年4月8日23:00，“江埔关”轮抵钦州港卸货。钦州港泊位较少，仅有4个散杂货泊位和1个集装箱泊位，当时所有泊位都有船舶在作业。湛江办事处在现场了解到，最早完货开航的船是在NO9号泊位装钢材的船，但要等到4月11日，而NO7集装箱泊位的船4月9日早上即可作业完毕开航。但集装箱泊位原则上是不靠散杂货船作业的。湛江办事处积极与港方协商，取得港方的同意，安排“江埔关”轮破例在4月9日早上靠集装箱泊位作业，为“江埔关”轮节省2天船期。（黄华强）

【为“乐业”轮争取船期】 2008年8月

24日，“乐业”轮抵湛江港卸货。当时湛江港压港，港内锚地共有15艘船舶在等泊，“乐业”轮按照港务局计划最快也要等到8月29日才能靠泊。湛江办事处为船舶争取船期，主动找港方协商要求插队直接靠泊。湛江办事处凭着历来的信誉和与港方的友好合作，取得港方同意，使“乐业”轮插队直接靠泊作业。该轮于8月27日07:00完货开航，节省4天船期。

（黄华强）

第二节　中远远达航运有限公司

【中远远达航运有限公司简介】　中远远达原名深圳市蛇口远达航运企业有限公司（简称蛇口远达），成立于1989年7月21日，是由广远与招商局蛇口港务公司（简称招商港务）为利用深圳的特区优势和广远航运管理上的实力，合资组建而成。注册资本300万元，注册地为深圳市蛇口。第一任董事长张胜来，第一任总经理周景林。

1989年12月26日，蛇口远达正式运营。蛇口远达成立之初，广远以“嘉玉海”、“江都”轮折价450万美元投入，占股权的90%；招商港务以现金50万美元投入，占企业股权的10%。从1995年3月10日起，原股东招商港务退出蛇口远达经营管理。2003年5月23日，招商港务将所持有的蛇口远达10%的股权全部转让给广远全资子公司海南船务企业有限公司（现中远南方）。2005年5月16日，企业名称由原“深圳市蛇口航运企业有限公司”变更为“中远远达航运有限公司”，注册资本由原300万元变更为5800万元。蛇口远达增资后，原股东比例维持不变。2007年10月17日，为简化股权关系，中远远达股东会决定，以2006年12月31日经审计的账面余额为基准，将中远南方持有的中远远达10%股权无偿划拨回广远。至此，该公司成为广远全资子公司，企业类型相应变更为有限责任公司（法人独资）。

中远远达成立之初，拥有“嘉玉海”、“江都”轮2艘船舶。2003年，中远集团实施船舶资产重组，中远远达被首次定位为木材船专业运输公司，并从大连远洋运输公司陆续购入“嘉禾关”轮等4艘木材船，总载重吨52340吨。2004年9月27日，在广远资产重组改革的大背景下，中远远达重组成立，其成为中远集团专业木材运输船队的定位也进一步清晰。同时，中远远达开始经营国际船舶管理业务，经营管理和安全代管广远船舶5艘。

2008年，中远远达拥有“嘉禾关”、“嘉山关”、“嘉荫关”、“白沙岭”轮等专业木材/散杂货两用船4艘，受委托经营管理广远木材/散杂货两用船5艘，总载重吨19.19万吨。主要从事国际木材及散/杂货运输经营，主营中国——西非、中国——东南亚、中国——澳新等航线的木材运输。同时，该公司开展经营租船业务，租入船舶25艘次，总载重吨65.0万吨。

中远远达下设业务部、安技部、办公室、财务部。

中远远达设董事会、监事会。时任董事长徐惠兴，董事翁继强、赵寿春、池新旺、何伟杰（1月）、蔡梅江（2～12月）。

监事会主席佟文华，监事谭力、邓伟荣。时任总经理兼党委副书记赵寿春，党委书记兼副总经理龚艳平，副总经理刘海平、曾远祥，财务总监黄雁。员工37人。

（曾艳萍）

【中远远达工作概况】 2008年，中远远达在广远和企业董事会的正确领导下，按照年初制定的工作思路，紧紧抓住“创新经营、强化管理、队伍建设”3个重点，落实“精管理、高效能、再创业”的经营方针，高效推进各项工作，较好地完成了董事会下达的经营指标和各项工作任务。中远远达拥有和控制船舶34艘，其中自营船9艘，租入船25艘，自营船平均期租水平20773美元/天；国有资产保值增值率178%，净资产收益率91%。完成货运量2667248吨，与2007年同比下降40%；周转量1305.4亿吨海里，与2007年同比下降25%；运输收入103242万元，与2007年同比下降1.7%；运输成本82301万元，与2007年同比下降14.64%；完成年度利润必保目标139.61%，完成奋斗目标108.51%。

是年，中远远达在2008年度深圳港籍航运公司安全管理评级中继续以综合评分第一名的成绩被评为A等级船公司；企业党委获中远集团2006～2007年度“先进基层党组织”称号；总经理赵寿春被评为2008年度“中远劳模”；“西昌海”轮获2007年全国水运系统“安全优秀船舶”称号及中远集团2006～2007年度“青年安全生产示范岗”称号；中远远达荣获广远“双文明建设先进单位”、“安全生产先进单位”称号；领导班子被广远评选为“四好领导班子”；企业荣获广远精益管理“银河奖”，“瑞昌海”轮荣获广远精益管理“阳光奖”，2个项目分获广远精益亮点“月光奖”、“星光奖”；财务部获得广远2007年度“优秀决算单位”称号。

（曾艳萍）

航运经营

【业务部简介】 业务部主要职责是负责中远远达市场营销策划、市场开发与研究、客户关系管理、揽货并签订运输合同（含租船业务）、运输生产任务的调度和指挥、航运综合业务、使费运费管理、保险理赔法律事务业务。时任经理刘海平（兼），副经理胡冠雄。员工11人。 （曾艳萍）

【业务部工作概况】 2008年，业务部面对急剧震荡的航运市场，深度分析市场形势，适时调整经营思路，突出现货波段操作，优化运力部署，加快船舶周转，精心经营，稳健操作，进一步提升了企业创效能力，经营效益保持稳健增长；着力推进大客户战略，进一步完善了《客户关系管理办法》，积极、主动做好客户维护、管理和开发工作。先后拜访和接待澳大利亚、新西兰、西非、东南亚及国内多家大客户，进一步巩固和发展了双方合作关系，推进“大客户战略”取得了实质性进展，揽货能力大幅提升，基础货源基本保持稳定；着力打造西非精品航线，5艘大船全部投放在该航线，全年完成25个航次木材运输任务，与2007年同比增加13个航次，取得了良好经营效益，企业在西非木材运输市场份额不断扩大，影响力不断跃升，打造西非精品航线已初见成效；稳健操作租船业务，坚持以“稳健经营”的原则，以

“大客户战略”为依托，以增强市场把握能力为基础，稳健操作租船业务，灵活经营，谨慎运作；在下半年航运市场开始下滑的情况下，审时度势，根据航运市场风险和自身抵御风险的能力，及时调整租船经营思路，采取“波段操作、按约还船”策略，有效规避了航运市场暴跌引发的经营风险，保证了现有租船效益。（曾艳萍）

【租船及其营运】 2008年，中远远达租入船舶25艘次，其中新租入船16艘次。全年共完成29个租入船航次，货运量959853.85吨，周转量3615808千吨海里。（洪照道）

【完成COA合同运量75.23万吨】 2008年，中远远达完成COA合同运输航次29个，完成COA合同货运量752309吨，周转量2393669千吨海里。其中印尼至中国铁矿COA完成19个航次，货量526444吨，周转量1659565千吨海里；澳洲至中国锰矿COA完成7个航次，货量208143吨，周转量638802千吨海里；中国至新西兰枕轨COA完成3个航次，货量17722吨，周转量95302千吨海里。（洪照道）

【拓展中国——西非航线】 2008年，中远远达将打造西非精品航线作为企业重大战略目标，航线投放运力不断加强。全年完成中国至西非往返航次24个，完成货运量632832吨，周转量5998914千吨海里。其中，西非至中国完成13个航次，载运木材12个航次，货量324490立方米，周转量3020512千吨海里，1个航次运载铬矿25923吨，周转量185272千吨海里；中国至西非完成11个航次。其中，6个航次以单航次租船期租给租家，完成货量155727吨，周转量1498855千吨海里。5个航次与中远航运合作，完成货量126692吨，周转量1294275千吨海里。（洪照道）

【运费回收率实现100%】 2008年，尽管金融海啸肆虐、信用环境极度脆弱，但由于中远远达积极应对，措施有力，运费回收率达100%，保持重组4年来的良好记录。运费、租金与滞期费实现100%完全回收，超出年初预定的98%运费回收率目标，有效保证了企业效益的实现。（曾艳萍）

【客户满意度近100%】 2008年12月，按照中远远达安全质量管理体系要求，业务部对重点客户进行了顾客满意度调查。调查结果显示，客户对中远远达所提供的远洋运输服务普遍表示满意，平均满意度达99.3%，全年没有客户投诉。（陈琳）

【按约履行《2001年国际燃油污染损害民事责任公约》】 2008年11月21日，《2001年国际燃油污染损害民事责任公约》（简称《燃油公约》）强制生效。《燃油公约》规定船东必须办理《强制保险及财务担保证书》并随船携带，否则不予进缔约国。中远远达为满足公约要求，及时组织人员对《燃油公约》进行系统研习，并在生效日前办妥中远远达所属9艘船舶的证书送达船舶，未发生船舶因不及时履约而被滞留或拒绝抵港现象。（陈琳）

船舶管理

【安技部简介】 安技部主要职责是负责中远远达船舶管理和成本控制、体系管理与维护、ISM 规则及 ISPS 规则、海务监督和机务监督、船舶技术改造、PSC 检查、环境保护与防污染、通讯导航管理和备件物料、燃润油供应、热工技术指导，货运质量管理与监督；负责中远远达船员租赁、考核工作，保证船舶正常营运；负责中远远达安全质量办公室日常工作。时任经理曾远祥（兼），副经理杨合武。员工 11 人。

（曾艳萍）

【安技部工作概况】 2008 年，安技部认真贯彻落实《中远集团 2008 年安全工作指导意见》，牢固树立“铁腕治安全”的思想，坚持“安全第一、预防为主、综合治理”方针，全面落实安全责任，中远远达的安全形势保持稳定，船舶安全面 100%，抗台成功率 100%，PSC 检查通过率 100%，雾航和大风浪航行指导 100%，实现了安全管理目标。是年，安技部做了大量工作：1. 坚持以船舶防范事故为重点，深入开展隐患排查治理，下发了《开展 2008 年安全生产隐患排查治理工作实施细则》和《隐患排查治理工作指引》，全年检查船舶 21 艘次，各项治理措施落实情况良好，对查出的 37 项缺陷及时进行了整改。2. 坚持以船舶雾航和防抗台为重点，做好季节性安全工作，根据不同季节气象和环境的变化，认真落实“五早”安全方针，提前部署，对在大风浪、雾航及复杂海域航行及受台风影响的船舶 268 艘次，实施全程监控和指导，保证了船舶航行安全。3. 坚持以船舶防碰撞为重点，确保船舶航行安全，下发了《关于开展防碰撞防泄漏专项整治活动“回头看”的通知》，加强对驾驶员进行避碰知识的培训和教育，收到了良好效果。4. 坚持以加强船体结构安全为重点，加大维修保养力度。针对老龄船船体结构问题，加强维护、检查、修理力度。全年厂修 4 艘船舶，有效改善了船体结构、主辅机等主要设备工况，加强对老龄船主机起动和操控系统、压载水泵排系统、锚泊设备和开关舱设备等维修保养，确保处于良好工作状态。5. 坚持以港口国检查为重点，确保实现零滞留。加强跟踪指导，定期开展自查、自纠、自改活动，及时消除安全隐患，并着力帮助和指导船舶提高自查迎检能力。全年接受 PSC 和 ISPS 检查 23 艘次，滞留为零。其中，“无缺陷”批注 22 艘次，占 95.65%。6. 坚持以落实保安措施为重点，确保船员船舶安全，下发了《关于全面落实船舶保安措施的通知》，对进出马六甲海峡、航行西非以及在海盗活动频繁水域航行的船舶进行全程监控和指导，在船岸共同努力下，没有发生船舶保安事故。

（曾艳萍）

【再获深圳港籍航运公司安全管理 A 等级】 根据中华人民共和国深圳海事局《关于印发〈2008 年度深圳港籍船舶质量报告〉的通知》，中远远达在 2008 年度深圳港籍航运公司安全管理评级中被评为 A 等级船公司。

深圳港籍航运公司安全管理评级是依据 2007 年 2 月 1 日正式实施的《深圳港籍船舶质量综合管理办法》，按照船公司及其所属船舶在评级年度内的安全管理记录、PSC 或 FSC 检查结果、事故发生情况等数据，对港籍内所有船公司在 A—E 等级内进行综合评定。中远远达是 2008 年度受评 59 家船公司中仅有的 3 家 A 等级船公司之一，各项指标综合评分名列第一。这是中远远达继在 2007 年度获评深圳港籍航运公司安全

管理A等级后，再获殊荣。　（曾艳萍）

【“瑞昌海”轮等4艘船舶改挂五星红旗】 “瑞昌海”轮是一艘载重28000吨的木材/散货两用船，2008年之前一直挂巴拿马旗，入ABS船级。2008年7月4日，“瑞昌海”轮在连云港改挂五星红旗，成为广远按照特案免税进口政策改挂五星红旗的首艘船舶，同时转入CCS船级。广远副总经理翁继强、中远远达党委书记龚艳平、“瑞昌海”轮船长王彦雄共同主持并见证了这一历史时刻。其后，“西昌海”轮于7月22日、“金牛岭”轮于9月2日、“金沙岭”轮于11月3日，均按照特案免税进口政策在中国港口完成了悬挂五星红旗的换旗仪式。　（陈长清）

【4艘新造木材船陆续开工】 2008年3月17日，中远远达新造船“COSCO武夷山”、“COSCO井冈山”轮开工仪式在福建马尾造船股份有限公司船厂隆重举行。该2轮是中远远达与马尾造船股份有限公司签订的4艘32000木材船中的首批开工船舶，建造周期20个月，预计2009年年底交付使用。福建省船舶工业集团公司副总经理黄莼、广远副总经理翁继强、中远远达总经理赵寿春以及马尾船厂、广远海运服务公司等相关单位的领导参加了仪式。此外，第3艘船舶“COSCO太行山”轮、第4艘船舶“COSCO昆仑山”轮也于7月6日在马尾船厂正式点火开工。（洪旭日　陈长清）

【“西昌海”、“白沙岭”轮获荣誉称号】 2008年1月，“白沙岭”、“西昌海”轮双双获得中远集团2007～2008年度“华铜海”式船舶荣誉称号。这是“西昌海”轮连续第7次、“白沙岭”轮连续第4次获得这一荣誉称号。　（陈长清）

【海务管理实现三个100%】 2008年，中远远达海务管理没有发生险情，实现三个100%：即在全年22次台风中，跟踪指导船舶防抗台26艘次，100%成功；跟踪指导船舶雾航15艘次，100%成功；指导船舶沿海航行、进出港及冬季寒潮大风，100%成功。　（田永刚）

【安装船舶安全BRIDGE气象软件】 为保障船舶航行安全，2008年10月，中远远达开始对所属9艘船舶安装气象软件BRIDGE，至年底全部安装完毕。安装该软件后，船舶根据海区气象有选择性的要求气导公司提供气象信息，方便船舶了解和掌握气象情况，为船舶航行安全提供了有力保障。　（田永刚）

【做好西非防盗防偷渡工作】 2008年，中远远达针对西非港口海盗偷渡严重的现象，利用通报海盗偷渡有关信息、抵港前/在港期间/离港前提醒等方法，对所有挂靠西非港口的船舶进行跟踪。中远远达全年共有船舶15艘次挂靠西非港口，在离港前查出偷渡人员13人，未发生偷渡人员留船事件。　（田永刚）

【召开管理评审会议】 2008年2月2日，中远远达召开安全质量管理体系管理评审会议。会议由总经理赵寿春主持，中远远达领导及各部门长参加。会议对2007年企业安全质量管理体系运行情况进行客观的评价，认为企业安全质量管理体系的运行达到了制定的目标，运行是有效的，并得

到了持续改进。（韩苑君）

【安全质量管理体系进行“双证”审核】 2008年6月12～13日，由中国船级社认证处、质量认证公司组成的联合审核组，对中远远达安全管理体系（认证证书是：符合证明，英文缩写为DOC）及质量管理体系（认证证书是：质量管理体系认证证书）进行联合审核（简称“双证”审核）。经过2天的审核，审核组认为中远远达的领导层及员工的安全质量审核组意识很强，安全质量管理体系运行有效，并得到持续改进，内审及管理评审是可信的，在实际运作中未发现重大的安全和质量事故，体系文件满足ISM规则和ISO9001:2000标准的要求。（韩苑君）

【安全管理体系进行年度审核】 2008年6月25～27日，由中国海事局组成的安全管理体系审核组对中远远达安全管理体系进行第3次年度审核。该审核组审阅了中远远达体系文件与ISM规则的符合性和可操作性，验证了2007年度审核提出的不符合规定情况报告的纠正情况。在审核过程中，该审核组对中远远达员工的精神风貌、和谐的工作氛围、人性化的管理特点给予了高度评价。该审核组经过整体评估，认为中远远达SMS的运行是有效的，建议交通运输部安全质量管理体系审核中心给予中远远达DOC年度签注。（韩苑君）

【对02版安全质量管理体系文件进行修改】 2007年，中远远达安全质量管理体系文件发布了02版。随着一些国际公约新修正案的生效，以及中远远达管理规章的不断完善和健全。2008年，中远远达及时组织了对02版体系文件进行修改，以确保体系文件的符合性，提高文件的可操作性，促使企业管理持续改进和水平不断提高。

（韩苑君）

【4艘船舶顺利完成船籍和体系转换】 根据交通运输部2007年《关于实施中资国际航运船舶特案免税登记政策的公告》的有关规定，中远远达之前注册巴拿马船籍的“西昌海”、“瑞昌海”、“金沙岭”、“金牛岭”轮4艘船舶符合该公告的规定，由中远集团报交通运输部审核并报财政部获得批准，享受特案免税登记，注册为中国籍船舶。2008年，经过充分的前期准备，4艘船舶顺利地完成了安全管理体系和保安体系的转换，取得了以中国旗“符合证明”（DOC）审核认证的“安全管理证书”（SMC）和“国际船舶保安证书”（ISSC）。

（韩苑君）

【优化新造木材船绑扎设计方案】 2008年，中远远达有8艘在建32000DWT木材船。在项目的细化设计和实际施工中，中远远达造船项目组发现原船舶研究设计院的设计图纸存在整体安全系数考虑过大、固定式立柱强度偏弱、移动索具的安全负荷要求超出常规标准、索具采购困难、实际绑扎操作难度太大等不足之处。经组织相关技术骨干反复考察、调研、评估，该项目组提出新的设计方案，重点加强固定立柱的强度以降低移动索具的安全负荷、采用标准绑扎索具、优化绑扎方式、降低操作难度等，得到上海船舶研究设计院、船级社、船厂的认可，降低了新造船木材绑扎索具的初置费用和营运中的管理费用。8艘新造船一次性共节省费用1200万元。

此外，还节省了船舶投入营运后的绑扎费用。（洪旭日）

【高效办理船舶特案免税手续】 2008年，中远远达经交通运输部批准，“瑞昌海”、“西昌海”、“金牛岭”和“金沙岭”轮办理特案免税改挂国旗。由于办理进口的手续繁杂，申办、变更和注销的证明、证书多，验船部门多，牵涉的政府部门多，导致各种办证、验船、通关的环节多，正常办理全部手续需船舶完货后至少一个月时间。在中远远达及广远发展部的共同努力下，“瑞昌海”轮于7月4日办完所有特案免税手续，创造了不停航办理船舶进口手续的奇迹。紧接着，“西昌海”、“金牛岭”、“金沙岭”轮分别于7、9、11月完成改挂国旗各项手续，同样是没有耽误一天船期。按每艘船节约20天船期、7～11月初船舶租金20000美金/天的保守估计，4艘船舶不停航办理船期手续，合计共创效120万美元。（曾艳萍）

【在船舶安装“士帕能”节油装置】 2007年，中远远达为提高燃油使用效率，减少排放污染，在经过船舶试验及第三方机构检验产品有效性后，在所属船队3艘船上安装“士帕能”节油装置，效果良好。船舶试验及第三方机构检测结果显示，船舶安装的“士帕能”节油装置节油率达到2.4%，节油效果较明显，节油功能稳定、有效。（曾艳萍）

财务管理

【财务部简介】 财务部主要职责是负责中远远达财务管理、会计核算、资产管理，编制财务预、决算，平衡收支；负责生产经营财务等有关数据统计、上报，实施定期经济效益分析、成本监控制度和风险管理；负责船舶及内部审计工作。时任经理黄雁（兼）。员工4人。（李漫）

【财务部工作概况】 2008年，财务部顺利完成了2007年年终决算工作，通过中瑞岳华会计师事务所审计，获得标准无保留意见。进一步加强部门建设，各岗位职责分明，在规范部门内操作流程的同时也理顺了与广远相关部门的衔接流程；建立健全会计基础工作核算流程及各项财务管理规章制度，规范财务操作，理顺经济核算流程，完善各项财务规章制度。加强资金成本管理，节约财务费用，采取有效措施，规避汇率的变动风险。完善财务信息化建设，在原基础上进行更新升级，加大管理方面的功能模块，提高工作效率。根据国家税务总局颁发的新《企业所得税法》及《企业所得税法实施条例》的要求，开始执行新的所得税法规，按照新的所得税法规进行所得税的核算和计提。（李漫）

【完善资产管理制度】 2008年，财务部为了加强企业资产管理，根据广远的制度结合中远远达的实际，制定了《中远远达航运有限公司固定资产管理细则》、《中远远达航运有限公司低值易耗品管理细则》等资产管理细则，加强了资产管理和监控力度。（李漫）

综合管理

【办公室简介】 办公室主要职责是负责中远远达综合公共关系、行政文秘、人事管理、党群事务、宣传统计、董事会管理等各项管理工作以及注册所在地留守相关业务。时任主任雷彩云。员工6人。

（曾艳萍）

【办公室工作概况】 2008年，办公室按照中远远达质量目标，细致规划，有效执行，全面完成各项指标。办公室有效策划、持续推进第3个“精益管理年”活动；协作开展安全生产各项活动；协助开展“红树林”工程、“节能减排”等专项活动。与此同时，办公室以人为本，持续推进人力资源体系建设：提高员工培训有效度，组织内部培训项目12项，共计215人次，1354课时；组织参加外部培训21项，共计45人次，619课时。中远远达全年人均培训时间为51.7课时/人。完成2007年度员工满意度调查，员工满意度指数达86.29%；完成所属船舶在船医疗统筹管理工作，船舶医药费使用控制在计划额度内，药品费用全部完成统筹报销。是年，办公室根据董事会决议及企业实际状况，办理注册地变更、设立广州分公司、董事变更的法律文件与工商变更手续，并按要求完成企业各项重要证照管理工作，确保证照有效性。积极策划、组织董事会、年度股东会的召开，保证董事会对重大事项进行及时、有效的管理与决策。积极组织、策划风险管理工作，协同其他部门，评估与提升风险抵御力，保证了风险管理工作与广远风险管理工作的相互衔接。此外，办公室还加强党建、思想工作，促进双文明建设。组织开展创建“四好领导班子”活动，大力开展“廉洁从业”教育，加强纪检检察工作。组织编写每月一期的《远达简报》，及时报道企业相关信息。（曾艳萍）

【开展第3个“精益管理年”活动】 2008年，在金融海啸导致的全球航运市场低迷背景下，中远远达开展第3个“精益管理年”活动，以“精益管理”和“系统集成”为指导理念，以货源保障、现金流管理、节能减排、“两个20%”为重点，以节能减排、“精益亮点”和“精益推广”活动为载体，创新思维，优化管理，降本增效，精心经营，将精益管理思想融和到运营生产、安全管理、资本管理和内部控制等各领域。截至12月中旬，共收到船岸申报亮点项目69个，可直接量化效益超过5377.81万元。船舶参与率、员工参与率皆达100%。是年，中远远达获广远2008年度精益管理“银河奖”，“瑞昌海”轮获精益管理“阳光奖”，“白沙岭”轮《自制克令油马达拆、装工具》获得精益亮点“月光奖”，安技部《优化新造船木材绑扎设计方案》获得精益亮点“星光奖”。（曾艳萍）

【推进员工教育培训“红树林”工程】 2008年，中远远达在船岸积极推进员工教育培训“红树林”工程，指导船舶和岸基员工结合企业的经营生产、安全管理重点继续推进“红树林”工程，取得了较好的效果。在岸基方面，全年组织企业内部培训项目12项，培训215人次；外部培训21项，培训45人次；全年人均培训时间51.7课时/人。在船舶方面，培养船长4人、政委2人、轮机长2人、大副3人、二副4人、三副2人、水手长4人、大管轮2人、二管轮3人、三管轮2人、电机员2人、机工长2人，并有20多名实习生通过在船实习培训，顺利走上水手、机工工作岗位。通过船员培训，不仅提高了船员队伍的整体素质，同时改善了船员队伍

的结构。（曾艳萍）

【召开第七届董事会 2008 年第一次会议】 2008 年 2 月 22 日，中远远达第七届董事会 2008 年第一次会议在海南省海口市召开。出席会议的有董事长徐惠兴，董事翁继强、赵寿春、何伟杰、池新旺；广远有关职能部门负责人、中远远达监事、高管人员列席了会议。会议审议并通过了《中远远达航运有限公司总经理工作报告》等 7 项决议。会上，徐惠兴及其他董事充分肯定了中远远达 2007 年取得的可喜成绩，并对 2008 年工作提出了具体要求。

（曾艳萍）

【召开 2008 年职工大会暨工会会员大会】 2008 年 3 月 19 日，中远远达召开 2008 年职工大会暨工会会员大会。会议由总经理赵寿春主持。广远工会副主席符雄出席了会议。会议审议并通过了《公司总经理工作报告》、《公司党委工作报告》、《公司工会工作报告》、《公司财务工作报告》、《2007 年度职工提案报告》等 5 项议案。在会上，符雄代表广远工会作了发言，对中远远达 2007 年度工会工作及取得的成绩给予了肯定，对中远远达 2008 年工会工作提出了具体要求，并对中远远达 2008 年再创辉煌表达了良好祝愿。（曾艳萍）

【开展“我为节能减排献良策”活动】 为激发员工多渠道了解节能减排知识，深层次思考节能减排方法，中远远达于 2008 年 6 月下旬在船岸开展了“我为节能减排献良策”活动，活动主题为节能减排，从我做起，从现在做起，从点滴做起。要求每个员工至少提出 1 条与企业、船舶经营管理活动相关的建议，企业节能减排小组对员工所提建议作出筛选、评比，对优秀建议给予奖励。此活动共收到船岸建议 107 条，大部分建议被采纳，并取得了良好效益。（曾艳萍）

【召开第七届董事会 2008 年第二次会议】 2008 年 7 月 25 日，中远远达第七届董事会 2008 年第二次会议在海南博鳌召开。出席会议的有董事长徐惠兴，董事翁继强、赵寿春、池新旺、蔡梅江；中远远达监事、广远有关职能部门负责人、中远远达高管人员列席会议。会议审议并通过了《中远远达航运有限公司总经理工作报告》等 5 项决议。董事会对中远远达 2008 年上半年生产、安全、财务等各项指标给予了充分肯定，认为中远远达全体船岸员工在燃油成本大幅上升的背景下仍能取得良好效益，是中远远达精诚团结、奋勇拼搏的结果。

（曾艳萍）

【举办企业成立 4 周年系列庆祝活动】 中远远达工会为庆祝企业重组成立 4 周年，于 2008 年 9 月举办了系列庆祝活动。活动内容包括篮球、乒乓球、羽毛球、扑克、象棋、军棋、掰手腕、爬楼梯、卡拉 OK 等比赛活动。全体员工踊跃参加，充分展示了中远远达员工的精神风貌和企业文化建设的新成果。系列庆祝活动锻炼了员工身体，增进了交流，活跃了文化生活，培养了竞争意识和团队意识，提高了企业的凝聚力和向心力。（曾艳萍）

【女子篮球队获广远女职工趣味篮球赛半场对抗赛亚军】 2008 年 11 月 15～16 日，在广远 2008 年女职工趣味篮球赛中，中远远达女子篮球队经过2个半天连续4场的激烈比赛和顽强对抗，在15支参赛队中力克群英，最终摘取了3对3篮球对抗赛亚军奖杯。在2天的赛事中，中远远达领导班子全部到场助战，带领员工为女篮队员加油助威，再次展现了中远远达的和谐氛围。（曾艳萍）

【成立中远远达广州分公司】 中远远达为便于企业经营业务的开展，按照广远领导办公会要求，于2008年12月8日成立中远远达广州分公司。中远远达广州分公司负责人由中远远达总经理赵寿春兼任。

（曾艳萍）

【“西昌海”轮被授予“安全优秀船舶”称号】 2008年，在中国海员建设工会和交通运输部交通安全委员会联合开展的2007年全国水运系统船舶、班组安全竞赛活动中，“西昌海”轮凭借出色的安全管理工作、良好的安全记录，荣获2007年全国水运系统“安全优秀船舶”称号。（曾艳萍）

【党委获中远集团2006~2007年度“先进基层党组织”称号】 2008年，中远远达党委在中远集团党组和广远党委的领导下，努力学习实践科学发展观，不断加强党的组织和作风建设，发挥党的思想政治工作优势，强化教育、完善制度，内强素质，外塑形象，企业两个文明建设协调发展，为完成企业经营效益目标、保持安全持续稳定保驾护航，取得了显著成绩。为此，被中远集团党组授予2006~2007年度“先进基层党组织”。（具石华）

【赵寿春获“中远集团劳动模范”称号】 中远远达重组成立4年来，企业经营效益屡创新高，安全生产持续保持稳定，两个文明建设一年一个新台阶。企业能取得这样的成绩，与总经理赵寿春能管理、善经营，充分发挥“班长”作用密不可分。为此，中远集团为表彰赵寿春的业绩，评其为“中远集团劳动模范”。（具石华）

第三节 中远南方沥青运输有限公司

【中远南方沥青运输有限公司简介】 中远南方是2004年9月在原海南船务企业有限公司基础上组建的，是广远全资子公司，是中国最大的国际海上沥青运输专业公司。注册地为海南省三亚市，注册资本5100万元。2008年，中远南方拥有和经营“安泰江”、“安吉江”、“安达江”、“雅江”、“洪江”、“涵江”、“亚龙湾”、“月亮湾”、“木兰湾”、“大鹏湾”、“福宁湾”、“珍珠湾”、“澎湖湾”轮13艘散装沥青船，总载重吨7.63万吨。中远南方主要从事国际、国内沿海及长江中下游散装沥青运输，业务遍及全球。并与埃克森、壳牌、BP等国际顶级石油公司及SARGEANT MARINE等世界级沥青运输商建立了良好的战略合作关系，年沥青运输量达109万吨。

中远南方下设航运部、安技部、财务部、办公室。

中远南方设董事会、监事会。时任董事长徐惠兴，董事翁继强、谭力、邓伟荣、何伟杰。监事池新旺、顾卫东、佟文华。总经理何伟杰，党总支书记、副总经理顾卫东，副总经理周佳忠、梁杰；财务总监盛开薇。员工32人。 （蒲大同）

【中远南方工作概况】 2008年，中远南方以客户需求为导向，加强市场调研，准确把握市场，通过品牌经营，拓展市场空间；积极推进精益管理，切实加强安全管理，保证船舶安全营运；实施新造沥青船项目，加快扩大船队规模；加大信息化建设力度，全面提高管理水平；发动全员参与，建设节约型企业、创建学习型企业；以“四好领导班子”为目标搞好班子建设；加强企业文化建设，不断提升企业的凝聚力和核心竞争力，实现企业价值最大化。是年，中远南方取得了较好的经济效益，基本完成了广远下达的各项任务指标，两个文明建设取得了较好成绩。全年完成货运周转量14.7亿吨海里，为年度指标的105%；完成利润总额为年度必保指标的101%；运费回收率为98%，为年度指标的100%；没有发生上等级事故，安全生产形势稳定，实现了“八无”（无海损、无机损、无污染、无货损货差、无火灾、无人身伤亡上等级事故、无PSC检查滞留、无保安事件）；完成了“福宁湾”、“珍珠湾”和“澎湖湾”3艘新造沥青船建造任务；中远南方6艘小“江”字号船改装项目，获省部级优秀QC成果奖，企业被评为广远2008年度“安全生产先进单位”。

（蒲大同）

【航运部简介】 航运部是中远南方航运生产、调度管理的主管部门。主要职责是负责企业航运生产、调度管理和市场开发、货运质量、租船揽货、客户维护；负责船舶燃油和淡水的采购供应，船舶港口使费的审核、结算和船舶保险理赔；负责经营南美航线、东南亚航线、澳大利亚、新西兰航线、非洲航线、欧洲航线、地中海航线及国内沿海航线。时任经理周佳忠（1~9月）、曾文进（9~12月）。员工6人。 （蒲大同）

【航运部工作概况】 2008年，航运部加强客户维护和开发，开拓货源市场，加强市场调研，把握市场机遇，增加船舶期租，保证稳定收入，开展第三国运输，拓展市场空间，采取积极灵活的经营策略，提升自营船的经营水平。全年共完成236个航次；完成货运量109万吨，为年度指标的103.8%；完成货运周转量14.7亿吨海里，为年度指标的105%；运输收入为年计划的98.12%。（蒲大同）

【安技部简介】 安技部是中远南方安全质量管理体系、海务、机务、船员及通导管理的主管部门。主要职责是负责中远南方安全质量管理体系的建立、实施；负责船舶安全管理、船舶建造、修理和船舶买卖；负责船舶设备的维护与保养；负责船舶备件、物料与润料的采购供应；负责海务监督、机务监督、船员管理及通导管理工作。时任经理梁杰。员工10人。（蒲大同）

【安技部工作概况】 2008年，安技部坚持“安全第一、预防为主、综合治理”方针，严格执行安全质量管理体系，认真落实安全生产责任制和各项安全管理措施，加强现场管理和船员教育培训，消除安全“短板”，保证安全生产形势稳定。安技部针对雾航、大风浪航行、防台抗台船舶分别给予有针对性的全过程、全方位跟踪指导，全年共指导雾航船舶9艘次，防抗台船舶16艘次，防抗台成功率达100%；指导船舶大风浪航行25艘次，安全面达100%。船舶接受PSC检查27艘次，均顺利通过。其中，无缺陷通过20艘次，无缺陷通过率达74.1%；接受油公司检查船舶30艘次，均顺利通过；同时抓紧实施新造、改造沥青船项目，全年共有3艘新造沥青船完工并投入营运。（蒲大同）

【财务部简介】 财务部是中远南方企业财务的主管部门。主要职责是负责制定企业各项财务内控制度和实施财务管理、资金管理、投融资管理、资产管理；负责企业的财务收支预算、决算；负责企业会计核算、纳税申报、生产统计、机务费用审计；负责企业月度、季度、年度财务、统计报表的上报；负责核收运费租金、汇付船舶备用金及各项成本费用；定期进行经济效益分析，实施成本监控；负责编报重大投资的可行性研究报告。时任经理盛开薇（兼）。员工5人。（蒲大同）

【财务部工作概况】 2008年，财务部制定了《收入管理办法》，不断完善规章制度，完成财务预算、核算、决算和审计，做好成本监控和经济效益分析，编报新造、改造沥青船的可行性研究报告。

（蒲大同）

【办公室简介】 办公室是中远南方行政管理的综合部门。主要职责是负责协助企业领导贯彻执行上级指示和部署，协调企业对外关系和各部门关系，保证企业运输生产和党政工工作正常运转。时任主任蒲大同。员工5人工。（蒲大同）

【办公室工作概况】 2008年，办公室遵照企业领导指示，草拟了企业工作计划、工作总结、请示、报告；安排了企业领导主持的各类会议，并组织实施和督促检查各项会议决议的贯彻落实；完成企业文件收发、对外接待、信访、文书档案的管理

工作；抓好机关员工培训、人事管理、劳动工资、劳动合同管理和劳动社会保险的相关工作。（蒲大同）

【第6艘新造沥青船下水】 中远南方在广州黄埔造船厂建造的第6艘5900吨沥青船按建造计划进度，于2008年1月6日顺利下水。（蒲大同）

【新办公楼乔迁揭牌】 2008年2月22日，中远南方在海口市滨海大道财富广场隆重举行新办公楼乔迁揭牌仪式，并在海口文华大酒店举行庆祝酒会。由中远集团副总裁许立荣、广远总经理徐惠兴为中远南方新办公楼揭牌。海南省政协副主席赵莉莎，海口市副市长袁光平，海南海事局局长杨盘生，广远党委书记刘书田、副总经理翁继强和中远集团有关部门领导石泽民、王增华、袁小宇、杨世诚、蔡昀，中远航运首席执行官姜立军以及广远各职能部门、下属航运公司、岸产单位领导参加了揭牌仪式及庆祝酒会。许立荣、袁光平、徐惠兴、刘书田在揭牌仪式和庆祝酒会上分别致辞。对中远南方新办公楼的乔迁揭牌活动，海南电视台、《海南日报》、《海口晚报》等新闻媒体分别作了报道。

（蒲大同）

【召开第一届董事会八次会议】 2008年2月22日，中远南方第一届董事会第八次会议在海南海口召开。会议由董事长徐惠兴主持，董事翁继强、谭力、何伟杰、邓伟荣，参加了会议；监事池新旺、佟文华、顾卫东及广远党委书记刘书田、人力资源部/组织部总经理黎光葵、航安部总经理蔡梅江、中远南方高管梁杰、周佳忠、盛开薇、金永昌列席了会议。会议审议通过了《中远南方2007年工作报告和2008年工作计划》、《中远南方2007年财务报告和2008年财务预算说明》、《中远南方2008年投资计划的议案》、《关于新造四艘万吨级及改造一艘4万吨级沥青船的议案》、《关于提高员工薪酬薪点值的议案》、《关于增加岗位编制的议案》、《关于中远南方2007年利润分配的议案》。（蒲大同）

【成立沥青市场调研课题组】 2008年3月6日，中远南方与广远发展部联合成立了沥青市场课题研究小组，由中远南方副总经理周佳忠任组长。调研课题组明确了2008年市场研究的方向与重点：加强对区域市场的研究，重点为欧洲市场、印度洋沿岸市场、大西洋沿岸市场；跟踪研究多用途沥青船，如煤焦油沥青等相关市场；研究了解全球液态沥青贸易量及流向。

（蒲大同）

【开展文明共建活动】 2008年3月21日，中远南方与中国船级社广州分社、海南分社于海南签订了联合开展文明共建活动协议。海南省交通厅副厅长周文雄、海南海事局副局长吴辉、中远集团总轮机长王新全等上级主管单位领导参加了签字活动。（蒲大同）

【举行船岸联合防海盗应急演习】 2008年3月20日，为应对复杂严峻的海上保安形势，中远南方与航行在非洲安哥拉海域的“月亮湾”轮进行了船岸联合防海盗应急演习。本次演习船岸密切配合，仿真性强，达到了预期效果。（蒲大同）

【通过壳牌油公司第二方管理评审】 2008年4月7~8日，壳牌油公司检查官Tony Moran，Capt.Luo莅临中远南方，开展油公司第二方管理评审工作。在2天的评审中，检查官对中远南方人力资源管理、应急反应、船舶安全管理、船舶维护、航行操作、货物操作等几方面工作情况、工作记录进行了评审。该检查官对此次管理评审结果给予高度认可，并指出：中远南方是壳牌油公司4年以来所审核的企业中安全管理工作最规范的企业之一，壳牌非常乐意继续与其保持良好的合作关系。

（蒲大同）

【通过法国TOTAL油公司第二方审核】 2008年4月15~16日，TOTAL油公司检查官Capt. Bernard，Mr. Kong莅临中远南方，开展合同第二方管理评审工作。此为TOTAL与中远南方首次正式沟通。在连续2天的评审中，该检查官对中远南方的人力资源管理、应急反应、船舶安全管理、船舶维护、航行操作、货物操作等几方面管理情况及绩效指标进行了深入细致的了解，对中远南方HSE管理给予了高度评价，并表示将建议TOTAL商务部门可以与中远沥青船队开展深入的合作。审核后，Capt. Bernard介绍了Total公司对船舶安全检查程序，并与中远南方进行了互动交流。

（蒲大同）

【租入船“华泓”轮投入营运】 2008年4月21日，中远南方从浙江物资供应公司租入新造4999DWT沥青船“华泓”轮正式投入营运，首航执行韩国至华东航次运输任务。租入该轮后，中远南方拥有和控制的沥青船达到13艘。 （蒲大同）

【开展员工建言献策活动】 2008年4月18日，中远南方党总支组织开展“员工建言献策评选活动”。活动围绕如何实现企业又好又快发展，紧密结合企业实际，就企业经营生产、市场开拓、客户维护、安全管理、船队发展、精益管理、节能减排、降本增效等方面工作广泛征询员工合理化建议。广大员工充分发挥企业主人翁精神，参与热情高涨，直抒自己的意见和建议。本次活动共征得合理化建议43条，并对员工们现场投票评选的最佳建议给予奖励。通过建言献策的有效平台，增进了中远南方岗位之间、部门之间的沟通与交流，广大员工多视角、重专业的意见与建议，为企业发展注入新的生机与活力。

（蒲大同）

【通过方便旗船双证审核】 2008年5月7~8日，中远南方接受CCS审核组对企业的方便旗DOC年度审核及ISO 9001质量管理体系再认证审核。该审核组对中远南方管理层、办公室、财务部、安技部、航运部的管理情况进行抽样检查和取证，对中远南方的安全质量管理工作、船队发展、人力资源管理等方面的成绩给予肯定，并针对检查中发现的个别问题提出了进一步改进的意见和建议。 （蒲大同）

【徐惠兴到中远南方现场办公】 2008年5月16日，广远总经理徐惠兴带领广远有关职能部门领导到中远南方现场办公。在现场办公会上，中远南方领导班子汇报了该公司航运经营、安全管理、财务管理、人力资源等方面的情况和存在问题。徐惠兴及广远相关职能部门领导分别就企业经营发展、安全管理、船员管理、财务管理、风险管理等方面工作提出了指导意见和具体要求。在现场办公期间，徐惠兴还召集了广远驻海南地区全体员工大会，通报了广远的生产经营和发展形势，并提出了具体要求。同时，对员工在各自岗位上作出的努力和贡献表示肯定，并致以亲切的慰问和感谢。（蒲大同）

【通过五星旗 DOC 年度审核】 2008 年 5 月 21～23 日，以海南省海事局局长杨盘生为组长的 DOC 审核组一行 4 人，到中远南方进行安全管理体系年度审核。该审核组通过对安全管理体系文件、岸基各项安全和防污染管理活动记录全面严格的审核，认为中远南方管理体系独具特色，管理要求高，体系运行持续有效，建议审核中心签发五星旗 DOC 证书年度签注。

（蒲大同）

【“安吉江”轮完成加勒比海期租任务】 2008 年 5 月 26 日，中远南方“安吉江”轮圆满完成期租加勒比海 7 年的任务，横跨太平洋胜利凯旋，安抵福建马尾港。“安吉江”轮出租期间曾获得美国海岸警备队颁发的“21 世纪优质船舶”证书。

（蒲大同）

【与 NBC 签订新一期的 COA 合同】 2008 年 5 月 30 日，韩国国民沥青 NBC 代表拜访中远南方，就双方合作过程中存在问题进行了沟通，就 2008～2009 年度的合作进行了洽谈，并签订 2008～2009 年度新一期 25 万吨 COA 合同。（蒲大同）

【参与海南首次船岸反恐演习】 2008 年 6 月 10 日，海南省海事局联合中远南方、海南港航控股有限公司、海口港务公安局，在海口港共同举行“海口港船岸反恐保安联合演习”。

模拟事件在停靠海口港的中远南方“涵江”轮上进行：1 名机工在安全巡视时突遭 1 名陌生人袭击。其他船员在巡查中发现机舱油柜附近有一包不明物品。当船舶保安员确认不明物为疑似爆炸物后，立即启动船舶应急预案，向中远南方保安员、港口保安员和海口海事局汇报，同时组织人员进行预处置、隔离、人员疏散和值守。港口随即启动三级港口设施保安应对措施；海事局相关领导抵达现场总值班室指挥协调反恐保安演习；中远南方迅速组成以总经理何伟杰为组长的应急现场处理小组，前往船舶现场协助船舶及有关单位处理相关事宜；海口港务公安局 10 名公安干警紧急赶到事发码头并登轮，先后搜索到恐怖分子并安全拆除了爆炸物，一场危机得到及时、有效、安全处理。

此次演习为海南省首次举行的船岸反恐保安联合演习，旨在提高船岸风险防范意识，加强船岸双方在保安应急方面的紧密联系，锻炼船岸人员对《船舶保安计划》、《港口设施保安计划》的执行能力，保证船舶、港口设施和水域的安全。演习共投入船舶 2 艘、人员 100 余人，历时 30 分钟。海南电视台、海南日报等当地主要媒体分别对演习进行了报道。（蒲大同）

【埃克森油公司代表来访】 2008 年 6 月 24 日，ExxonMobil Asia Pacific Pte. Ltd 全球货运优化组亚太总经理 Emilio Tsocalis 率其公司安全部（IMT）、贸易部以及运输部相关主管来中远南方访问，双方就如何进一步加强沟通与合作进行会谈。中远南方与EXXON就沥青船安全管理相关工作进行了深入交流。中远南方向EXXON具体了解了其船舶管理评分标准和老旧船安全要求。双方均表示：将在未来的合作中继续保持在船舶安全管理方面的密切沟通，互通有无，以确保营运船舶充分满足双方长期合作要求。（蒲大同）

【开展“安全生产月”活动】 2008年6月，中远南方开展“安全生产月”活动。有关部门结合船岸实际情况，及时制订“安全生产月”活动实施方案并布置落实。中远南方的“安全生产月”活动以“治理隐患”为重点，发动全体员工参与船岸隐患的排查，以防范事故的发生，确保船岸的安全。通过张贴宣传标语、学习讨论、检查指导等形式多样、内容丰富的活动，营造良好的安全文化氛围，使员工明确“安全生产月”活动主题及指导思想，进一步增强安全生产的责任感和使命感，明确安全生产工作的重要性，统一思想，上下互动，将安全工作先进经验、先进文化深化延续，使安全工作深入人心。中远南方开展的“安全生产月”活动取得了实效，促进了企业的安全文化建设，全年未发生上报等级事故。（蒲大同）

【中远集团调研组到中远南方调研】 2008年7月5日，由中远集团研发中心党委副书记李景林、战略研究室经理罗虎、网站工作室副经理肖烈组成的中远集团研发中心调研组莅临中远南方开展调研。中远南方领导班子成员及部门副经理级以上人员参加了调研会议。会上，中远南方总经理何伟杰向调研组详细介绍了企业成立以来企业管理、船队发展、市场开拓、经营业绩等方面情况。该调研组重点听取了企业相关主管领导就“老旧船舶改造”、“多用途沥青船研发”、“大客户战略”等推进项目的工作报告，并了解了企业发展过程中遇到的主要问题。该调研组表示：在此次调研中，中远南方企业成长、船队结构调整、风险预控及大客户战略推进等方面工作让人印象深刻，中远南方在发展过程中敢于创新、敢为人先、甘于奉献的精神值得肯定。（蒲大同）

【召开第一届董事会九次会议】 2008年7月25日，中远南方召开第一届董事会九次会议。会议由董事长徐惠兴主持。董事谭力、何伟杰、邓伟荣参加了会议；监事池新旺、佟文华、顾卫东及广远党委书记刘书田，人力资源部/组织部总经理黎光葵，航安部总经理蔡梅江，中远南方高管梁杰、周佳忠、盛开薇列席了会议。会议审议通过了《中远南方2008年上半年工作报告和下半年工作计划》、《中远南方2008年上半年财务报告和下半年财务预算调整说明》和《关于建立租入船安全评估流程的议案》。（蒲大同）

【“珍珠湾”轮建成交接】 2008年7月30日，中远南方第五艘沥青船（5900载重吨）交船命名仪式在广州黄埔造船厂隆重举行。广远副总经理翁继强、黄埔造船有限公司总经理陈忠前、中国船级社广州分社总经理谭好修、上海船舶研究设计院副院长万水生，以及北京中远船贸技术咨讯有限公司、中远南方等单位负责人出席了仪式。翁继强在会上致词，并为第五艘沥青船命名——“珍珠湾”轮。

“珍珠湾”轮是中远南方继“月亮湾”

轮改造工程之后与广州黄埔船厂合作的首艘6000吨级新造船，也是中远又一艘符合国际海事组织新公约要求的新造沥青船。较前4艘沥青船，其建造工艺有所突破，配备了ODME排油监控设备系统，使船舶在装载传统沥青的基础上达到了MARPOL公约对油轮提出的关于重油装载的要求。这为中远南方解决单一货源和业务拓展的问题打下基础。（蒲大同）

【企业领导出访新加坡】 2008年9月17～20日，广远总经理、中远南方董事长徐惠兴，中远南方总经理何伟杰一行，赴新加坡拜访SHELL及EXXONMOBILE两大石油公司，并约见了新加坡石油公司市场部总经理郑利强。出访人员分别就目前沥青贸易、运输市场形势、运力分布、新一代沥青船舶技术设备状况，和大客户战略合作等问题与客户展开积极的沟通与交流。在交流中，EXXONMOBILE亚太区总经理MR. EMILIO表示：希望通过加强沟通和交流，能尽快与中远南方展开进一步合作；SHELL表示SHELL愿意与固定的船东长期合作，市场与价格的波动，不会轻易影响到双方的合作，希望中远南方能继续为SHELL的沥青贸易提供优质运力；郑利强表示将继续加强与中远南方在东南亚市场的合作，提高中远南方在该区域的货源份额。受访客户均对中远南方后续新造船项目及“大客户合作战略”给予了极大的关注及积极的回应。中远南方领导此次出访，达到了开拓市场，维护客户的目的。

（蒲大同）

【举办沥青板块高级船员油轮管理培训班】 2008年9月19～22日，中远南方在广州海员学校举办2008年中远南方新进沥青板块高级船员油轮管理培训班，对新进沥青板块的30名高级船员进行了为期3天的油轮管理和企业体系专项培训。

培训班特别邀请了广州立端海事信息咨询有限公司资深油轮船长渠慎森（OCIMF认证检查官），广州CCS处长沈小清担任主讲。培训班围绕油轮安全管理、油公司检查缺陷、预检工作实施、企业管理体系、TMSA管理指南解读及推进要求、最新国际公约等相关内容，对学员进行讲解与指导。经过培训，30名新进沥青板块的高级船员，均对沥青船管理和操作有了一个比较系统的认识，对尽快适应沥青船管理工作起到了积极的促进作用。

（蒲大同）

【举行企业成立20周年庆祝活动】 中远南方的前身是海南船务企业有限公司，成立于1988年10月8日，肩负着支持海南经济建设和水运事业发展的使命。2004年，根据广远总体改革重组方案，将其沥青运输船队全部注入海南船务，企业改革重组并更名为中远南方沥青运输有限公司（中远南方）。2008年10月7日，中远南方举行了企业成立20周年庆祝活动。海南省交通厅副厅长周文雄，海南海事局党委书记邱志雄及原海南省交通厅厅长马文金等嘉宾与企业全体员工一起参加了庆祝活动。庆祝活动由中远南方党总支书记顾卫东主持并致辞。周文雄作了讲话，对中远南方成立20周年表示祝贺，对中远南方为海南的建设与发展的支持和做出的贡献表示感谢，并表示一如既往支持中远南方的发展。

企业第一任总经理，现任交通运输部副部长徐祖远特别为此发来贺电："值你公司成立20周年之时，我作为曾经在海南船务企业有限公司工作过的一名员工，谨向你们表示热烈的祝贺！向为公司不断发展作出贡献的海南地方政府新老领导和公司新老员工表示崇高的敬意！20年来，公司在各级政府、部门和单位的关心培育下，在一茬接一茬员工们的辛勤工作下，茁壮成长。目前已成为亚洲最大的沥青海上运输专业船队，并朝着打造世界沥青海上运输系统集成者的宏伟战略目标而努力，为此我感到非常欣慰！在此，衷心地希望和祝愿公司在董事会的领导下，紧紧依靠全体员工，坚持科学发展观，抓住机遇，深化改革，强化管理，保障安全，实现又好又快地发展，为国家水运经济建设和航运事业作出更大的贡献！" （蒲大同）

【召开企业领导班子民主生活会】 2008年10月18日，中远南方召开党员领导干部民主生活会暨述廉议廉会议。广远副总经理翁继强、人力资源部/组织部组织考核业务经理周佐成、监督部/审计部检查室主任郑意等参加会议并作了讲话。会上，中远南方党总支书记顾卫东首先通报了上一次民主生活会意见建议的整改和本次民主生活会征求意见建议的情况。领导班子成员围绕此次民主生活会主题及拟解决的问题，分别作了发言，并按照述廉议廉会议要求，联系思想实际，认真进行对照检查。翁继强在会上作了讲话，指出中远南方领导班子民主生活会符合广远党委的要求，达到了预期的效果，对中远南方领导班子的工作提出了希望和要求 （蒲大同）

【党总支召开换届选举大会】 2008年10月17日，中远南方党总支召开了全体党员大会，进行换届选举。广远人力资源部/组织部组织考核业务经理周佐成参加了会议。会上，中远南方党总支书记顾卫东代表党总支做工作报告，回顾了中远南方沥青重组4年来党总支的工作和取得的成效，提出下一步的工作打算。大会采用无记名、差额选举办法，选举顾卫东、周佳忠、梁杰、盛开薇、金永昌为中远南方第二届党总支委员；等额选举顾卫东为中远南方第二届党总支书记。 （蒲大同）

【"澎湖湾"轮建成交接】 2008年11月2日，中远南方新造第6艘5900DWT沥青船交接仪式在广州黄埔造船厂举行。广远、广州黄埔造厂、中国船级社广州分社、上海船舶研究设计院、北京中远船贸技术咨讯有限公司、中远南方等单位领导及代表出席了仪式。广远副总经理翁继强为中远南方第6艘5900吨新造沥青船命名为"澎湖湾"轮。至此，中远南方沥青船队第一批6艘5900吨级造沥青船陆续完工交船。中远南方拥有和控制沥青船达14艘8万多载重吨，成为亚洲最大的专业海上沥青运输公司。 （蒲大同）

【企业领导出访韩国】 2008年12月1～5日，由广远副总经理翁继强带队，携同中远南方副总经理周佳忠、业务经理周观钦前往韩国，拜访韩国长期客户 SK、NBC，并开发潜在客户 HANJING。企业领导此次出访，有针对性地解决合作中出现的问题，进一步加强中远南方与韩国客户的业务合作。

中远南方领导在与 NBC 的会谈中，双方达成以下共识：1. 双方的合作是长期的、良好的，应该继续加强、不断提升合作水平；2. 双方运力互补性强，要发挥优势不断充实合作基础；3. 为保证运输需要和运力及时调整，有效解决合作问题，建立信息交流机制；4. 随着环保和安全方面的要求越来越严格，韩国沥青码头对超过 20 年船龄的沥青船每年进行一次码头检验，暂时消除了小“江”字号船 2009、2010 年的营运资格障碍。但目前韩国对超过 25 年的船舶是否继续使用尚未有明确的规定。会谈中，中远南方特别强调了 COSCO KOREA 在双方合作中的作用和地位，取得 NBC 的认同和信任，并与 NBC 就硫磺船合作的可行性进行了初步探讨。（蒲大同）

【与海运公司签订《文明共建协议书》】 2008 年 12 月 28 日，中远南方和海运公司签订了《文明共建协议书》。中远南方和海运公司此次签订文明共建协议，旨在建立双方更加紧密的沟通、交流和协作机制，建立互信、互利和互助的伙伴关系。

（蒲大同）

【开展“精益管理年”活动】 2008 年，中远南方按照广远的统一部署，紧密结合实际，深入开展“精益管理年”活动，制定了《中远南方沥青公司 2008 年精益管理活动方案》，并下发各部门和所属船舶；成立了精益管理领导小组和工作小组，加强领导，抓好落实。是年，企业船岸员工在日常工作中自觉运用精益管理理念，节省开支，消除浪费，节能减排，降本增效，多创效益，取得了实效。（蒲大同）

第四节 天星船务有限公司

【天星船务有限公司简介】 天星船务有限公司（以下简称天星公司）是广远全资子公司，于 1985 年 10 月 8 日在香港成立。天星公司注册资本 100 万港元，以船舶经营管理人身份，主要从事海上货物运输业务。该公司成立之初拥有“织女星”、“牛郎星”轮。1988 年 8 月，购入“玉衡星”轮多用途杂货船。1993 年，出售“玉衡星”轮。1995 年该公司为进一步拓展营运业务，扩大船队规模，增强市场竞争力，购入“富裕星”轮。2004 年 6 月，出售“织女星”轮。2008 年 2 月、3 月分别购入“天王星”和“海王星”轮，随后于同年 5 月出售“牛郎星”轮，成功进行了船舶资产置换，优化了船队船型和结构，提高了竞争力。

2008 年，天星公司拥有“富裕星”、天王星”、“海王星”轮 3 艘船舶，载重量为 35191 吨。天星公司下设航运部、财务部。

天星公司设董事会。时任董事长徐惠兴，董事谭力、刘贤蒙，时任总经理刘贤蒙，副总经理蔡蛋家，财务总监陈小华。员工 8 人。（刘贤蒙）

【天星公司工作概况】 2008 年，天星公司认真履行董事会各项决议，抓住航运市场大好时机，精益管理，合理安排航线，认真组织货源，获得了良好的经济效益。全年完成货运量107万吨，与2007年同比增长27.88%；完成货运周转量39亿吨海里，与2007年同比增长24.35%；营运收入与2007年同比增长49%；租船收入与2007年同比增长46%。（刘贤蒙）

【开展“精益管理年”活动】 2008年，天星公司坚持实践精益管理理念，以降低船舶在港停时为重点，狠抓船期成本，提升经营利润。为了降低船舶在港停时，提高了派人前往装卸港疏港的密度，包括派出业务部人员和港口船长。同时加强了与中远航运驻国内港口办事处和代理的协调和沟通。通过努力，天星公司在港停时情况比2007年有所好转，2008年平均在港停时3.605天/港，比2007年的4.016天/港减少0.411/天，下降10.23%。（刘贤蒙）

【加强自有船经营管理】 2008年，天星公司始终将自有船的经营摆在重中之重的位置。天星公司针对所属船舶状况及不同航线货源的特点，坚持将自有船多投放在远东—地/欧航线上，开展拼装货运输，取得良好的经营效益，为完成董事会下达的利润指标奠定了基础。特别是2艘9000DWT的新购船，实际经营结果较大幅度地超出了可行性研究报告的预测。全年自有船营运收入为2866万美元，比2007年增长112.77%；营业利润比2007年增长330.62%。（刘贤蒙）

【积极开拓租船，扩大揽货业务】 2008年，天星公司认真总结了往年租入船经营的经验和教训，以提高服务质量为根本手段，经常上门拜访VIP客户，不断巩固和加强双方的合作关系，扩大COA货量，全年签订和完成COA货运量40万吨，比2007年增加18.5万吨，增长86%。全年先后租入船舶19艘，完成57个航次，比2007年增加26个航次；完成货运量93.54万吨，比2007年上升46.86%；完成周转量31.26亿吨海里，比2007年上升54.29%。全年实现租入船经营收入比2007年上升59.90%。（刘贤蒙）

【实现安全管理目标】 2008年，天星公司与船舶安全代管公司中远航运的有关管理人员密切配合，坚持“安全第一、预防为主”的方针，狠抓安全管理，加强季节性安全、货运安全特别是重大件货运安全和防海盗等安全工作。PSC检查无重大缺陷，多次获得无缺陷通过。所辖船舶安全生产情况平稳、正常，没有发生上报等级的海损、机损、污染和人身伤亡事故，实现了安全管理目标。（刘贤蒙）

【航运部简介】 航运部是天星公司航运生产和调度管理主管部门。主要职责是负责企业航运生产、调度管理和市场开发、租船揽货、货运质量、理赔保险、运使费审核和结算；负责船舶燃油和淡水的采购供

应；负责船舶港口使费的审核、结算。

（刘贤蒙）

【航运部工作概况】 2008年，航运部抓住航运市场转好的机遇，加强市场调研，精心经营，在积极经营好自有船的同时，努力开拓市场，灵活经营，大力开展租船业务。全年，先后租入船舶19艘，完成57个航次，取得了良好的经济效益，完成了董事会下达的各项指标。（刘贤蒙）

【财务部简介】 财务部是天星公司财务主管部门。主要职责是负责制定企业各项财务内控制度和财务管理、资金管理、资产管理、融资管理；负责企业的财务收支预算、决算；负责企业会计核算、纳税申报、生产统计；负责企业月度、季度、年度财务统计报表的上报、定期进行经济效益分析、实施成本监控；配合当地审计事务所和广远内部审计的工作；完成财务方面的其它业务工作。（陈小华）

【财务部工作概况】 2008年，财务部认真执行企业董事会的决议，进一步完善了资金管理办法有关规定，研究并建立了天星公司资金管理模式，加强各项财务管理工作，做好财务监控，进一步完善了财务信息系统，顺利完成了内、外部审计工作。在董事会上报告企业财务工作情况，进一步理顺天星股权关系工作以及天星资源处置工作，跟进单船公司的运作。

（陈小华）

【召开2008年度第一次董事会】 2008年2月22日，天星公司召开了2008年第一次董事会。董事长徐惠兴，董事谭力、刘贤蒙出席了会议。广远领导、广远各职能部门领导、天星公司高管人员列席了会议。会议由徐惠兴主持。会议审议并通过了《总经理工作报告》、《财务工作报告》、《天星公司船舶买造工作汇报》、《天星公司关于申请建造9000吨多用途船的议案》、《天星公司2007年第二次董事会决议落实情况报告》。（陈小华）

【召开2008年度第二次董事会】 2008年7月25日，天星公司召开了2008年第二次董事会。董事长徐惠兴，董事谭力、刘贤蒙出席了董事会。广远领导、各职能部门领导，天星公司高管人员列席了会议。会议由徐惠兴主持。会议审议并通过了《总经理工作报告》、《财务工作报告》、《关于船队结构调整情况的汇报》、《关于2008年第一次董事会要求落实情况的汇报》、《关于委托银行定时全额做隔夜存款的申请》、《关于天星公司资金管理的若干建议》、《关于建议天星公司进一步完善“三重一大”集体决策制度的提案》。

（陈小华）

第五节　广东省远洋运输有限公司

【广东省远洋运输有限公司简介】　省远洋1995年1月26日成立。同年10月15日，在广州经济技术开发区创业路普晖11街8号挂牌正式开业。省远洋是在广东省经贸委的倡导下，由广远、广东省电力集团公司（现今的广东省粤电集团有限公司）和香港鹏业国际有限公司（2007年8月30日全部股权转让给天星公司）、超康投资有限公司合资组建的中外合资的地方远洋运输公司，是广东省属第一家远洋企业。省远洋成立的宗旨是利用广东省沿海开放地区政策上的优势和广远股东人、财、物的实力，积极发展广东省远洋运输事业。

省远洋主要经营国际海上运输，承运广东省进口电煤及其他货物，仓储及船舶代理，并经营广东省沿海电厂的部分国内煤炭运输业务。

省远洋设董事会。董事长高仕强，副董事长刘书田，董事邓伟荣、李伟（代表广远）、陆结红、何茂贞（代表粤电集团有限公司）、何建时（代表超康投资有限公司）、翁继强（代表天星公司）。2008年10月24日成立监事会。监事会由所春阁（代表广远）、钟庆增（代表粤电集团有限公司）和刘润其（省远洋员工代表）3人组成。省远洋下设业务部、安技部、财务部、综合部。

时任总经理李伟，副总经理何茂贞。员工15人。　　（尹穗生）

【省远洋工作概况】　2008年，省远洋开展"安全和谐年"活动，抓好隐患排查和两防（防碰撞、防泄漏）整治，以确保船员和船舶安全为中心，进一步做好船舶安全保卫工作；开展租船经营活动，并成功开拓了方便旗船承运沿海电煤的先例，提高了租入船的经济效益；与广州中船黄埔造船股份有限公司签订了新造2艘7.6万吨散货船的合同，为省远洋增加自有运力打开了局面；开展"每月一案"案例警示教育活动和"纪律教育月"活动，推进企业依法经营、廉洁从业；制定和完善了《省远洋"三重一大"实施办法》和《省远洋"三重一大"监督规定》，加强了规范操作和监督管理；顶住了国际金融海啸对航运市场的巨大冲击，加强经营管理，较好地完成了各项经济指标。全年营运27个航次，完成货运量162万吨，主营业务收入比2007年有所增加，并超额完成了董事会下达的年度利润指标。　　（尹穗生）

【"毓骐海"轮抗击冰雪灾害保障电煤运输获殊荣】　2008年初，中国南方地区遭受了历史上罕见的低温雨雪冰冻灾害，电力设施严重损毁，交通运输严重受阻，电煤供应频频告急，严重影响了国计民生和经济秩序的正常运行。在此危急时刻，省远洋坚决贯彻落实中共中央、国务院"保交通、保供电、保民生"的要求，派遣"毓骐海"轮在春节前连续抢运了电煤，为保障广东省电力正常运行做出了贡献，得到了国资委和中远集团的表彰，被国资委评为"2008年抗雨雪冰冻灾害先进基层党组织"，被中远集团评为"抗击冰雪灾害先进船舶"。这是广远系统唯一获此荣誉的船

舶。“毓骐海”轮政委李智敏还在中远集团抗击冰雪灾害表彰大会上发言介绍了船舶的先进事迹。（尹穗生）

【召开七届三次董事会】 2008年3月28日，省远洋在广州市花都区召开了第七届董事会第三次会议。会议由董事长高仕强主持，副董事长刘书田，董事翁继强、邓伟荣、李伟、陆结红、何建时、何茂贞和董事会秘书张弛出席了会议。列席会议的有：股东方广远发展部企业管理业务经理谢小梅和监督部/审计部池锡锋；股东方广东省粤电集团有限公司董事会及法律事务部部长陈泽；省远洋高级顾问胡朝懿和财务部经理金霞。会议听取了总经理李伟所作的《2007年工作报告》，充分肯定了经营班子在2007年的工作成绩，董事会原则上通过了该公司的《2007年工作报告》。会议还听取和审议了该公司财务部经理金霞所作的《2007年财务决算报告》和《2008年财务预算报告》，审议了《关于公司2007年利润分配的议案》、《关于公司经营负责人2007年业绩考核结果的议案》、《关于公司2007年度员工工效挂钩工资总额的议案》、《关于2008年度〈公司经营负责人经营业绩责任书〉》和《关于〈员工工资总额工效挂钩考核办法〉中考核指标的议案》。董事会决定成立薪酬委员会，就经营班子负责人的薪酬待遇和其他员工的工资总额等薪酬政策向董事会提出建议。（尹穗生）

【股权变更】 2008年4月2日，省远洋收到广东省对外贸易经济合作厅发来《关于合资企业广东省远洋运输有限公司股权转让的批复》，同意天星公司受让原股东香港鹏业国际有限公司所持有的省远洋16.67%的股权成为省远洋的新股东。（尹穗生）

【“毓骐海”轮顺利通过各港口海事局的安全检查】 2008年，“毓骐海”轮按照安全管理体系的要求，把隐患排查和两防整治与体系内外审相结合，在行为规范、机械设备等方面加大排查力度，确保查找出来的隐患及时得到消除。“毓骐海”轮认真做好各港口海事局安全检查的应对工作，4月14日，该轮在秦皇岛港接受海事局安全检查，无缺陷通过；6月3日，在广州港接受中远督导组的百日督查安全检查，无批注通过；8月10日，在北仑港接受海事局安全、保安检查，无缺陷通过；9月30日，在天津港接受海事局半年安全检查，无缺陷通过。下半年，“毓骐海”轮还接连接受了多个港口海事局的奥运安检，均无缺陷通过。（尹穗生）

【培训驾驶员获得好成绩】 2008年5月，省远洋积极开展船舶避碰规则专项学习培训，组织驾驶员学习《1972年国际海上避碰规则》和碰撞事故案例，认真分析事故发生的原因，吸取经验教训，提高驾驶员综合素质。6月3日，中远集团督导对“毓骐海”轮驾驶员进行新题目避碰规则考试，全部驾驶员考试合格，船长郑兆虎取得100分的优异成绩，受到中远集团督导的表扬。（尹穗生）

【成功抗击台风】 2008年，省远洋坚决贯彻执行防抗台风“以防为主、防抗结合、适时早避、留有余地”的16字方针，做好防抗台工作。其针对船舶老、旧的特点，坚持以防（避）为主，提早制定防、避台风的计划和方案，并强化岸基支持，准确掌握船舶动态，对船舶进行24小时实时监控指导，及时躲避了6、7、8、13号台风，防抗台成功率100%。（尹穗生）

【“毓骐海”轮成功抗击“黑格比”台风】 2008年9月23日，0814号强台风“黑格比”中心风力达15级。根据移动路径，将直接影响到珠江口，风力达10级以上。“毓骐海”轮刚在广州港西基煤码头卸完货，正由引水员引航出港。“毓骐海”轮如何在珠江口水域择地锚泊抗台是确保船舶防抗台成功的关键。对此，省远洋领导高度重视，指示安技部布置落实防抗台具体措施并启动防台值班，与广远航安部保持联系，及时报告船舶动态、防台措施。同时与桂山交管中心、引水员沟通，力争“毓骐海”轮在大屿山锚地抛锚避台，争取主动。在“黑格比”到来之前，“毓骐海”轮经过多方努力，终于得到桂山交管中心同意，在大屿山锚地锚泊防抗台。23日11:00，在引水员的大力配合、支持下，船舶在大屿山锚地抛锚防抗台风。在锚泊抗台期间，船长按规定每小时向省远洋值班海务报告锚泊抗台情况，包括气象、锚链、锚位是否正常及周围船舶动态等。船长报告其所在锚地风力已达11级以上，其它锚地都有走锚船舶，出现紧迫局面，大型船舶避台锚地浪高达5~6米。而“毓骐海”轮由于选择了较好的避台锚地，船舶锚位正常，摇晃、偏荡幅度较小，情况良好。防抗台期间，省远洋领导及广远航安部领导夜间曾多次电话询问船舶抗台情况。24日6:45，台风在广东省电白县登陆，13:42，珠江口涌浪有所减弱，经桂山交管中心同意，“毓骐海”轮起锚北上，继续新的航程。

（尹穗生）

【成功开拓方便旗船承运沿海电煤的先例】 2008年初，中国电煤运力极端紧张。为了充分利用运力资源，增加电煤运量，省远洋抓住租入船“河北团结”轮转租期满在北方港口还船的时机，主动安排一船南北航线的电煤运输。由于“河北团结”轮是挂方便旗的船舶，按国家规定是不允许经营国内沿海运输的。省远洋通过各种途径努力争取，终于拿到了广东省交通厅和交通运输部水运司的批文，使“河北团结”轮顺利完成了南北航线的电煤运输，避免了空放损失，既增加电煤运量，又提高租船的经济效益，更开创了方便旗船跑国内航线运输电煤的先例。（尹穗生）

【签订建造2艘76000吨散货船的合同】 2008年5月30日，省远洋与广远、中远船贸公司、中国船舶工业集团公司、广州中船黄埔造船有限公司一起在广州大学城华南理工大学国际学术中心参加了建造2艘76000吨级散货船项目的合同签字仪式。省远洋与中国船舶工业集团公司和广州中船黄埔造船有限公司签订了船厂编号：HPS3013和HPS3014两艘76000吨级散货船的建造合同。新造船合同的签订，标志着省远洋正式迈出了扩大船队规模的步伐。

（尹穗生）

【通过两大股东联合审计】 2008年10月，省远洋接受了广远和粤电集团有限公司两大股东组成的纪检监察联合审计小组对总经理李伟的任中审计，均未发现违法违章违纪问题。检查人员对省远洋在经营

管理上的一套行之有效的规章制度给予了充分肯定。（尹穗生）

【召开七届四次董事会】 2008年10月24日，省远洋第七届董事会第四次会议在广州召开。会议由董事长高仕强主持，副董事长刘书田，董事邓伟荣、李伟、何建时、何茂贞和董事会秘书张弛出席了会议。董事翁继强未能参加会议，委托刘书田为其代理人，代表其对董事会的议案行使权力。董事陆结红未能参加会议，委托陈科伟为其代理人，代表其对董事会的议案行使权力。列席会议的有监事所春阁和刘润其，股东方广东省粤电集团有限公司董事会及法律事务部部长陈泽，股东方广远发展部企业管理业务经理谢小梅，股东方超康投资有限公司代表综合部经理谭玲珠，省远洋高级顾问胡朝懿、财务部经理徐锡芳。董事会原则通过了企业《二〇〇八年上半年工作报告》和《二〇〇八年上半年财务报告》，肯定了经营班子在2008年上半年工作中所做出的优异成绩，提出了经营班子下一阶段的工作重点，并原则上通过了省远洋《关于二〇〇七年奖励和二〇〇八年公司负责人薪酬待遇及其他员工的工资总额的议案》、《关于修改省远洋二〇〇七年利润分配的议案》、《关于修改公司新造2艘76000吨散货船融资方案的议案》。

（尹穗生）

【召开2008年股东会第一次会议】 2008年10月24日，省远洋召开2008年股东会第一次会议。股东广远和天星公司授权副董事长刘书田作为其代理人参加会议，行使表决权；股东广东省粤电集团有限公司授权董事长高仕强作为其代理人参加会议，行使表决权；股东超康投资有限公司授权谭玲珠作为其代理人参加会议，行使表决权。会议由高仕强主持。列席会议的有董事邓伟荣、李伟、何建时、何茂贞、董事会秘书张弛、股东方广东省粤电集团有限公司董事会及法律事务部部长陈泽、广东省电力工业燃料有限公司综合分部经理陈科伟、股东方广远发展部企业管理业务经理谢小梅、省远洋高级顾问胡朝懿、财务部经理徐锡芳。股东会对《关于选举广东省远洋运输有限公司监事代表的议案》进行了审议，通过了股东广远推荐的代表所春阁和股东广东省粤电集团有限公司推荐的代表钟庆增为监事，与省远洋员工民主选举的监事刘润其共同组成监事会。股东会原则上通过了省远洋《二〇〇八年上半年财务报告》、《关于修改公司新造船融资方案的议案》、《关于修改公司二〇〇七年利润分配的议案》等3个文件。（尹穗生）

【召开2008年第一届一次监事会会议】 2008年10月24日，省远洋召开2008年第一届一次监事会会议。监事会成员所春阁、刘润其出席了会议。钟庆增因故未出席会议，委托刘润其全权代表。监事会一致同意所春阁担任本届监事会召集人。会议强调监事会遵守《公司法》的各项规定及省远洋《公司章程》的规定，履行监事会职责。会议认为，省远洋2008年10月24日召开的七届四次董事会会议程序符合《公司法》的有关要求及省远洋《公司章程》的有关规定。（尹穗生）

【连续4年获得广远“安全生产先进单位”荣誉】 2008年12月5日，省远洋接受广远安委会的安全管理评估。经评估，认为省远洋能够认真履行安全生产职责，严格遵守各项规章制度；高度重视安全生产，制定安全生产计划，投入安全资金，满足安全生产条件，积极开展专项整治活动，安全管理体系运行有效并得到持续改进；加强对员工的培训，不断提高员工的综合素质和业务水平；各种预案定期演习，提高员工应急反应能力。为此，广远安委会授予省远洋“2008年度安全生产先进单位”称号。这是省远洋连续4年获此荣誉。

（尹穗生）

【顺利通过安全管理体系外审】 2008年12月9～12日，广东省海事局审核组对省远洋的安全管理体系实施年度审核。省远洋获得顺利通过。（尹穗生）

【业务部简介】 业务部是省远洋航运业务的主管部门。主要职责是负责企业运输生产计划的实施和船舶营运的管理；负责船舶的调度指挥，合理安排航线和货载，洽谈揽货或租船业务，测算经济效益，签订运输合同；制定航次计划，向船舶布置航次任务；指导船舶合理配载，提高船舶载重利用率；负责船舶跟踪管理，准确掌握船舶动态；与港口、货主和代理的沟通联系，快装快卸，缩短船舶在港停时，提高船舶周转；选择加油港和决定加油量，降低燃油费用，航次结束后作出书面效益结算；负责船舶现场管理，掌握船舶货运设备状况，抓好船舶安全生产；办理船舶保险和货物理赔；计收运费、租金和速遣、滞期费，向货主或租家催收运费或租金；审核船舶的港口使费及有关劳务费用；收集航运信息，掌握航运市场动态，为企业领导科学决策提供有效依据。时任经理陈鸿。员工2人。（尹穗生）

【业务部工作概况】 2008年，业务部在船舶各项费用不断上升的情况下，通过加强对船舶的调度、管理，把好港口使费的开支，加强与货主、港口和电厂等有关方面的协调、沟通，加大疏港力度，减少非生产停时，加快船舶周转等多项措施，超额完成了董事会下达的年度利润指标。

（尹穗生）

【安技部简介】 安技部是省远洋海务、机务和通导管理的主管部门。主要职责是负责执行企业的安全、环保方针，确保安全管理体系有效运行和对船舶实施海务、机务监督管理。时任经理林少衡（兼管海务），副经理郭立新（兼管机务）。员工4人。（尹穗生）

【安技部工作概况】 2008年，安技部坚持“安全第一，预防为主”的方针，做好船岸各项安全工作：加强对安全管理体系的监控，不断提高运行质量；对体系文件进行了第2次改版，进一步充实和完善体系内容，提高其符合性、有效性和可操作性；顺利通过了年度审核；制订船舶冬季安全实施方案，保持对雾航船舶的跟踪指导和核查船舶雾航措施的落实情况，确保船舶雾航安全万无一失；制订《广东省远洋公司安全保卫实施方案》，严格船舶的梯口值班、限制区域控制和离港检查制度，落实岗位责任制；北京奥运期间，及时指导船舶严格按照港口当局的要求和保安体系的规定落实保安措施，维护了船舶在奥运期间的安全稳定局面；制定《广东省远洋公司加强员工教育培训“红树林”工程

2008 年推进计划》，船舶结合“红树林”工程狠抓落实，不断提高船员的安全文化素质，提升船长 1 人、大副 1 人、二副 2 人、三副 2 人、轮机长 1 人、大管轮 1 人、二管轮 1 人、三管轮 2 人、电机员 1 人；制定《广东省远洋公司开展安全生产百日督查专项行动方案》，通过深入持久的督查行动，实现了省远洋安全生产形势的持续稳定；以“治理隐患，防范事故”为主题，开展“安全生产月”活动，提高了船岸员工的安全生产意识；开展精益管理降本增效活动，做好节能减排工作，实施经济航速，控制好备件、物料、修理费用；鼓励船员扩大自修，在天气、港口条件允许的情况下，支持船长自引自靠，抢船期，节约港口使费。是年，省远洋没有发生海务、机务事故，继续保持了安全生产的稳定局面。（尹穗生）

【“毓骐海”轮保质保量提前完成修船任务】 2008 年 7 月，“毓骐海”轮在浙江岱山海舟船厂修船。安技部严格按照中远集团《中远老旧船舶综合管理制度》的规定，结合船舶的实际情况和航运的实际需要，指导船舶科学、合理、经济地制定船舶修理单，并认真审核，严格把关。为保证修期和质量，安技部派人驻厂加强监督检查，并时刻保持与船厂生产部长、修理总管及各主管的联系沟通，取得了船厂的大力支持与配合，克服了天气炎热和修理人员缺乏等困难，圆满地完成了修船任务，不但确保了船舶保级的最低工程量和检验质量，还节省了 5 天船期和 58 万元修理费。（尹穗生）

【财务部简介】 财务部是省远洋核算生产经营成本和对资金进行管理的主管部门。主要职责是负责筹措经营资金，参与企业经营决策；编制财务计划，做好资金的回收和管理工作，提高资金使用率；定期经济分析，对存在问题提出解决办法和建议；负责成本管理，想方设法降低成本、节省开支，增加企业赢利；做好财务基础工作，建立健全财务管理制度，严格执行财经纪律，实行财务监督。时任经理徐锡芳。员工 2 人。（尹穗生）

【财务部工作概况】 2008 年，财务部认真执行《企业会计准则》，落实董事会决议，严格遵守财经纪律、法规，加强财务管理，抓好成本控制，自觉履行岗位职责，严格审核单据，及时发现财务管理上的漏洞；控制预算成本；参与企业重大投资决策，落实由中国银行广东省分行作为两艘新造船项目的贷款银行，并在贷款利率上争取到最优惠的利率；参与省远洋与黄埔船厂签订的新造船合同的修改，争取在付款的时间及付款的比例上达到预期目的，降低新造船的船价和融资成本，使股东的利益得到最大化。（尹穗生）

【综合部简介】 综合部是省远洋行政事务的主管部门。主要职责是负责企业的安全、人事、劳资、船员管理等各种行政事务工作。时任经理张弛、副经理刘润其。员工 5 人。（尹穗生）

【综合部工作概况】 2008 年，综合部进一步加大管理力度，做好降本节支工作，在各项费用不断上升的情况下，总体费用仍然控制在预算计划之内，还节余了 5.6 万元；做好人事劳资管理工作，抓好员工工资、奖金和劳保、福利等费用的测算、申报和发放工作，确保员工按时获得薪酬；执行《劳动合同法》，通过劳务派遣的方式理顺了招用的勤务工的劳动关系，消除了人事风险；了解薪酬委员会对员工薪酬调整提出的建议，组织工资改革小组进行讨论，并根据讨论的意见整理形成工资改革方案提供领导参考研究；筹办一年两度的董事会和首次召开的股东会、监事会；按时完成中远集团、广远和粤电集团有限公司及政府有关部门要求报送的各种报表和汇报；完成省远洋2007年年鉴的撰写；完成各种证照的年检报批和有关证书的变更工作；对电脑服务器的硬件进行了更换，使OA系统和内部邮件更加稳定、高效；维护好办公环境，保持良好办公秩序；维护好办公设备和各种用具，保证正常使用；做好防火、防盗和人身安全工作；协助工会开展有益员工身心健康的文娱体育活动。

（尹穗生）

第六节　福建捷安船务有限公司

【福建捷安船务有限公司简介】　福建捷安原名为福建船务企业有限公司。福建捷安是1991年4月8日经福建省政府省长办公会研究决定《关于组建福建船务企业有限公司的批复》，由广远与福建省海运发展公司出资各占50%股份，联营组建的航运企业。1991年底，福建捷安为扩大生产购船时，由于福建省海运发展公司资金困难无法再投资，其股份退为31.5%，广远追加投资后股份占68.5%。1992年，福建省海运发展公司成建制合并到福建省轮船总公司，原福建省海运发展公司的股份全部由福建省轮船总公司承担。1997年底，根据国家对有限公司规范化管理的要求，原福建船务企业有限公司更名为现福建捷安船务有限公司，党政关系挂靠福建省交通厅。福建捷安注册资本2541万元，拥有“曲江”、“桂江”、“岱江”、“宝江”轮4艘船舶，载重吨4万吨。主营国际船舶普通货物运输及国内沿海各港间普通货物运输。

福建捷安下设总经理办公室、航运部、安监室、船技部、财务部。

福建捷安设董事会。时任董事长翁继强，副董事长杨锦昌。时任总经理张唯耀，副总经理詹慧鹏。员工14人。（陈红妹）

【福建捷安工作概况】　2008年，航运市场受国际金融风暴影响，市场剧烈震荡，福建捷安老龄船舶缺乏竞争力问题凸显，经营困难。企业经营班子克服了各项管理成本居高不下等诸多不利因素，加强对自营船舶的管理力度，努力稳定经营。全年船舶运输共完成31个航次，安全航行7.22万海里，完成货运量22.8万吨，企业略有盈利。

（陈红妹）

【召开第十七次董事会议】　2008年3月18日，福建捷安召开第十七次董事会。参加会议的有董事长翁继强，副董事长杨锦昌，董事谭力、李蕾、张唯耀、邓伟荣、程鹏。企业经营管理层列席了会议。会议由翁继强主持。会议审议通过了《2007年总经理工作报告》、《2007年财务工作报告和2008年财务工作预算》、《关于更换船员班子进行试运行的报告》、《关于执行新会计准则的议案》；审议通过了福轮总股东方提案《关于更换公司董事的议案》和《修改公司章程的议案》；审议通过了《关于“岱江”轮改造费用列支财产损失的议案》、《关于购买车库的议案》、《关于申请2007年度员工奖励金的报告》等议案。

（陈红妹）

【企业董事变动】 2008年3月，福建捷安董事江传金因工作调动，不再担任董事职务由李蕾接替董事职务。此决议经福建捷安第十七次董事会通过。8月，福建捷安董事官雄因工作调动，不再担任董事职务，由蔡梅江接替董事职务。此决议经福建捷安第十七次董事会第二次会议通过。

（陈红妹）

【顺利通过安全管理体系年度审核】 2008年3月下旬，交通运输部海事局审核组对福建捷安进行了DOC年度审核。该审核组认为，福建捷安的安全管理体系文件在企业职能部门和船舶的安全管理运行较好，各项活动基本能按规定要求进行并较好地做好相关记录，该体系运行有效，准予签发DOC年度签注。（陈红妹）

【“岱江”轮财损税前列支】 2008年4月30日，福建捷安取得了当地税务部门开具的税前扣除证明，将“岱江”轮2006年散装水泥船改造费用951万元一次性进入2007年的年度损益，涉税金额300多万元。（陈红妹）

【召开2008年第二次董事会】 2008年8月5日，福建捷安召开2008年度第二次董事会。参加会议的有董事长翁继强，副董事长杨锦昌，董事李蕾、张唯耀、邓伟荣、程鹏。监事黄丽娥、乔林、黄成好列席会议。会议由翁继强主持。会议审议通过了《2008年上半年总经理工作报告》、《2008年上半年财务工作报告》；审议通过了广远股东方提案《关于更换公司董事的议案》。在会上，董事会对福建捷安提出了新的经营目标和要求。（陈红妹）

【学习实践科学发展观】 福建捷安作为福建省交通系统首批开展深入学习实践科学发展观活动的企业单位，从2008年9月下旬开始到12月底，开展实践活动，完成了学习调研、分析检查2个阶段的活动。通过福建省交通厅学习实践活动领导小组和指导检查组的正确指导，党员及员工积极参与，党组织认真实施，保证了学习实践活动高标准、严要求、高质量地开展，达到了“提高思想认识、解决突出问题、创新体制机制、促进科学发展”的目的。其“全员参与、学习工作两不误”的特点，受到福建省交通厅学习实践活动办领导小组的好评。（陈红妹）

【召开2008年第三次董事会】 2008年11月12日，福建捷安召开2008年度第三次董事会。参加会议的有董事长翁继强，副董事长杨锦昌，董事李蕾、蔡梅江、张唯耀、邓伟荣、程鹏。企业经营管理层人员列席了会议。会议由翁继强主持。会议就金融危机引发的航运市场急速下挫的严峻形势进行研讨，并对福建捷安如何积极采取应对措施，抵御经营风险，稳定经营效益，开拓创新发展，进行分析指导，并提出了进一步发展的设想和建议。（陈红妹）

【成功实施船员换班】 2008年下半年，福建捷安顺利完成了企业2艘自营船舶除船长、轮机长和大副外成套船员班子的换班工作，相较原使用的船员班子租赁费用，每套班子年节约人工成本上百万，解决了日益攀高的船员人工成本问题，减轻了企业的经营负担。（陈红妹）

【航运部简介】 航运部是福建捷安航运生产、调度管理的主管部门。主要职责是负责航运生产、调度管理、租船揽货、市场开发和客户维护、货运安全管理指导、保险保赔以及协助办公室督促和考核船舶驾驶人员。时任经理黄成好。员工3人。（陈红妹）

【航运部工作概况】 2008年，航运部坚持以经济效益为中心，沉着应对全球金融风暴给企业经营带来的剧烈震荡，狠抓自营船基础货源质量；根据老龄船舶的适货性，积极开拓货物品种，精心安排航线和货载。同时，航运部从合同条款、港口使费、船舶在港停时及调度环节入手，通过细化成本控制来谋求效益最大化；稳健应对经营工作中出现的各种问题和困难，基本实现了自营船舶的稳定经营；及时完成船舶续保和处理营运中的保险保赔案件；完成了“桂江”轮的转租。（陈红妹）

【安监室简介】 安监室是福建捷安海务安全和技术管理工作的主管部门。主要职责是负责船长和驾驶人员业务指导、检查和监督工作；负责船旗国、港口国检查有关海务方面的信息跟踪收集整理和分析；负责船舶动态跟踪管理，指导、检查船舶雾航、防抗台风、防御大风浪、防冻工作；负责船舶航海图书资料的订购、配备、修改、保管和使用情况；负责租用的船长、驾驶员适任性的审核把关。时任经理赵琛。（陈红妹）

【安监室工作概况】 2008年，安监室重点做好季节性安全工作，加大船舶现场工作和动态跟踪力度。全年指挥防台抗台船舶4艘次、大风浪操纵船舶8艘次、雾航船舶6艘次，成功率均为100%。（陈红妹）

【船技部简介】 船技部是福建捷安机务、通导管理的主管部门。主要职责是负责船舶设备维护、保养及备件、物料、润料的采购供应和机务监督及通导费用管理工作，为企业船舶的营运安全和效率提供技术保障。时任经理谢福星。员工2人。（陈红妹）

【船技部工作概况】 2008年，福建捷安自有船舶老旧船多，管理难度加大。船技部一方面加大对船舶的管理力度，重点维护“四机一炉”（主机、辅机、舵机、锚机、锅炉），并指导船舶加强对相关设备的管理、维修保养，确保生产经营正常运行；另一方面严格控制机务管理费用，对修船、物料、备件、燃/润料采购过程和申领，按照体系管理程序严格把关。船技部根据中速机使用重油时工况差的特点，使用新型低效燃油添加剂，降低油耗。同时，加强自身管理，增强业务指导能力。（陈红妹）

【财务部简介】 财务部是福建捷安财务管理、融资管理、资本运作、资产管理的主管部门。主要职责是负责建立健全财务管理制度和财务、融资、资产管理、资本运作；编制财务预、决算，平衡收支；负责核收运费租金、使费、备用金支付；负责企业生产经营财务等有关数据统计、上报以及实施定期经济效益分析，实行财务监督等工作。时任经理李军。员工3人。

（陈红妹）

【财务部工作概况】 2008年，财务部深入开展“财务管理年”活动，加强资金管理工作，严格控制预算外和非生产性支出；完成了2007年度会计审计和税务审计；无缺陷通过福建晋安地税的税务检查；完成了“岱江”轮财产损失税前抵扣申报工作，取得税务部门出具的批文；配合修改财务航运信息系统，完善了完工百分比的核算工作；完成了对有关部门的各项资料统计、申报；配合办公室完成自营船舶更换船员管理班子工作；及时核收运费租金。是年，财务部基本完成企业各项财务指标。

（陈红妹）

【办公室简介】 办公室是福建捷安行政管理的主管部门。主要职责是负责协助企业领导贯彻执行上级指示和部署；协调企业对外关系和各部门关系；负责企业日常行政事务工作，参与企业生产经营活动的综合调研、信息汇总、协调推进、管理考核及档案管理工作。时任主任蔡松文。员工3人。

（陈红妹）

【办公室工作概况】 2008年，办公室圆满完成了企业各项经营资质证书年检、审核、换证工作；草拟了各类工作计划、工作总结、请示、报告等文书；组织安排企业领导主持的各类会议，并组织实施和督促检查各项会议决议的贯彻落实；做好对外接待、文书档案的管理工作；完成人事、劳资、劳动合同管理和劳动社会保险以及对船员的调配管理工作，确保安全生产；牵头完成了企业自营船舶成套船员班子的换班工作；严格管理公务用车和各项管理成本开支，协助领导检查、督促各部室的工作，对企业领导的工作部署和重要指示进行查办落实，完成企业领导交办的各项任务。

（陈红妹）

第七节　中远鞍钢航运有限责任公司

【中远鞍钢航运有限责任公司简介】 中鞍航运是中远集团所属的广州远洋运输公司与鞍钢集团所属的鞍钢集团国际经济贸易公司各出资50%，于2004年6月6日在大连组建成立的合资合营公司。该公司注册地址：辽宁省大连市保税区中轻大厦5楼619C；经营地址：辽宁省大连市中山区人民路23号虹源大厦9楼903～907室。

中鞍航运是以经营鞍钢主副产品及原材料内外贸运输为主，并兼营其他物流运输业务的综合性物流公司。该公司的经营宗旨是立足航运主业，开拓以海运为主的围绕钢铁制造业发展的物流产业，坚持与国内外贸易紧密结合的经营战略，增强企业在海运市场的竞争能力，使股东双方获得持续稳定增长的投资回报。

中鞍航运的经营范围为国际远洋货物运输和国内沿海货物运输、船舶租赁及水路货运代理业务等项目。该公司拥有鞍钢集团与中远集团在人、财、物方面的资源优势，可为海内外客户提供安全、优质、经济、高效的内外贸运输服务。2008年，该公司注册资金5000万元，拥有“鞍山”、“水城”轮2艘杂货船，总载重29351吨。

中鞍航运下设综合部、船技部、业务部、财务部。

中鞍航运设股东会、董事会和经营管理机构。股东会是企业的最高权力机构，董事会对股东会负责。中鞍航运实行董事会领导下的总经理负责制。时任董事长张晓刚（1～8月）、王恒（9～12月），副董事长许立荣（1～8月）、刘书田（9～12月）。董事刘书田（1～8月）、王恒（1～8月）、翁继强、李东伟（8～12月）、刘凯（兼董事会秘书）、邱波（8～12月）。经营管理机构设总经理1名，副总经理2名。时任总经理邱波，副总经理李曙光、周斌。员工13人。（林举德）

【中鞍航运工作概况】 2008年，中鞍航运在中远、鞍钢两大集团的支持和中鞍航运董事会的正确领导下，在《中远集团—鞍钢集团更紧密战略合作备忘录》的总体框架下，紧紧围绕企业董事会制定的发展战略，在全球金融海啸造成对实体经济特别是国际贸易和航运业的巨大冲击的恶劣经营环境下，中鞍航运全面完成董事会下达的各项经营指标和安全质量管理目标，取得了良好的经营和管理业绩，为构建中远—鞍钢战略合作平台发挥了重要作用。

中鞍航运在航运经营上，主要经营鲅鱼圈至黄埔、鲅鱼圈至上海、大连至上海3条航线的鞍钢钢材产品运输。是年，完成货运量134.97万吨，为年度指标的134.97%；完成利润总额为年度指标的122.6%。在安全质量管理上，始终坚持“以人为本”、“安全第一，预防为主、综合治理”和“以诚取信、优质服务”的原则，认真实践“安全就是生命，安全就是效益”的安全管理理念，全面履行ISM规则和ISO9001:2000标准，深入运行安全质量管理体系，全面落实安全责任制，不断推进安全质量管理长效机制和企业安全文化建设。全年未发生任何等级的安全责任事故，安全面达100%，防台成功率达100%，PSC/NSC检查通过率达100%；货物运输无任何货损货差及货物索赔和顾客投诉发生，企业安全质量管理工作成绩显著。（林举德）

【企业经营及财务状况审计】 2008年1月5～7日，大连正风会计师事务所对中鞍航运2007年度的航运经营情况及财务状况进行审计。审计结果表明，中鞍航运2007年度航运经营和财务状况良好。

（赵艳波）

【“水城”、“鞍山”轮安全质量管理体系外审获得通过】 2008年1月15日和24日，中国船级社受交通运输部海事局的授权，根据交通运输部关于船舶安全管理体系的审核、发证的要求，分别对中鞍航运所属的“水城”、“鞍山”轮安全质量管理体系的运行情况进行SMC中间审核。审核结果表明上述两轮安全质量管理体系运行基本有效，中国船级社对两轮SMC证书做了审核签署。（林举德）

【企业安全质量管理体系外审获得通过】 2008年2月25～27日，交通运输部海事局根据交通运输部关于航运公司安全管理体系的审核、发证的要求，对中鞍航运岸基安全质量管理体系的运行情况进行第三次 DOC 年度审核。其中，“鞍山”轮作为代表船也参加了本次审核活动。审核结果表明中鞍航运安全质量管理体系符合 ISM 规则的要求，体系运行基本有效。交通运输部对中鞍航运 DOC 证书做了年度审核签署。（林举德）

【徐惠兴在中鞍航运现场办公】 2008 年 5 月 12 日，广远总经理徐惠兴率队在中鞍航运进行现场调研并召开现场办公会。中鞍航运总经理邱波报告了 1～4 月份的经营管理情况，其他部门经理就航运经营、安全质量管理体系、海务、机务、船员和财务管理作了补充报告。广远各职能部门领导对中鞍航运的经营、发展和安全管理等提出了宝贵的意见和建议。徐惠兴充分肯定了中鞍航运自成立以来所取得的成绩，对中鞍航运的定位问题、未来发展思路、航运市场开拓、企业风险管理、安全管理和船员管理工作等作了指示。（林举德）

【党总支被大连口岸工委评为先进党组织】 2008 年 7 月 1 日，在中共大连市委组织的评先活动中，中鞍航运党总支因党建工作成绩优异，被中共大连口岸工委评选为 2008 年先进党组织。（林举德）

【邱波被大连口岸工委评为优秀共产党员】 2008 年 7 月 1 日，在中共大连市委组织的评先活动中，中鞍航运总经理邱波因工作表现突出，被评为 2008 年大连市优秀共产党员。（林举德）

【雇佣劳务市场船员　降低经营成本】 2008 年，中鞍航运考虑到雇佣船员的成本过于高昂，且航运经营日益艰难，企业管理层参考广远总经理徐惠兴在中鞍航运现场办公会提出的建议，决定在船员劳务市场雇佣船员。在经过全面评估、论证以及开展大量的准备工作后，于 7 月成功地在劳务市场雇佣到成本较低的合格船员，降低了企业经营成本。（林举德）

【做好奥运会期间安全保卫工作】 2008 年，为了做好 2008 北京奥运会期间的安全保卫工作，中鞍航运根据交通运输部、海事局以及中远集团、广远的要求，下发了《关于进一步加强做好奥运会期间安保工作的通知》，并在企业和船舶全面部署落实做好奥运会期间的安全保卫工作。奥运会期间，企业安全工作稳定，无发生任何保安事件。（林举德）

【召开第二届董事会第二次会议】 2008 年 5 月 16 日，中鞍航运在辽宁省大连市富丽华大酒店召开了中鞍航运第二届董事会第二次会议。参会人员有董事长张晓刚，副董事长许立荣，董事刘书田、王恒、翁继强、刘凯（兼董事会秘书长）。列席会议人员有：中远股东方秘书葛一川、中鞍航运总经理邱波、副经理李曙光、副经理周斌。会议审议并一致通过了《中远鞍钢航运有限责任公司成立以来工作回顾》，审议并下达了中鞍航运 2008 年生产经营管理指标。（林举德）

【调整中鞍航运董事会成员】 2008 年 8 月 11 日，中鞍航运全体董事以通讯方式表决形成《中远鞍钢航运有限责任公司关于董事会成员调整的决议》。中鞍航运二届董事会成员调整为：王恒、刘书田、李东伟、翁继强、刘凯、邱波，王恒任董事长、刘书田任副董事长。（林举德）

【召开钢材货物运输物流研讨会】 2008年10月11～15日，中鞍航运组织邀请鞍钢集团所属相关单位主要负责人在海口召开钢材货物运输物流研讨会。会议就当前复杂的航运形势，航运市场快速下滑等问题进行了沟通交流，并就中鞍航运如何与鞍钢集团相关单位携手合作、共渡难关等问题达成共识。此次会议为稳定中鞍航运货源打下了良好基础。（卜康裕）

【企业被评为"守合同重信用"单位】 2008年底，中鞍航运因经营管理讲承诺守信用，成绩突出，信誉良好，被大连市工商局评为"守合同重信用"单位，享受2009年度工商免检的优惠政策。（林举德）

【召开"认清全球经济形势制定落实应对措施"的工作会议】 2008年10月31日，中鞍航运召开了以"认清全球经济形势制定落实应对措施"为主题的工作会议。会议由总经理邱波主持，全体员工参加。会上邱波分析了全球金融海啸对实体经济的影响，以及本次危机对航运业及钢材运输细分市场可能造成的冲击；如何从思想上坚定信心，经营管理上采取怎样的应对策略作了全面的阐述，并制定了相应的应对措施。（林举德）

【变更中鞍航运监事成员】 2008年12月30日，股东方广远因人事变动原因，委派担任中鞍航运监事职务的佟文华不再担任中鞍航运监事职务，其职务由广远委派张访苏担任。（林举德）

【综合部简介】 综合部是中鞍航运行政领导的日常办事机构和安全质量管理体系及船舶保安体系、海务安全和船员管理的主管部门。主要职责是负责中鞍航运总经理办公会决议、决策及交办事项的执行和企业行政事务管理；负责安全质量管理体系和保安体系的建立、运行和维护管理；负责船员租赁和管理；负责船舶海务安全管理等。时任经理林举德。员工4人。（林举德）

【综合部工作概况】 2008年，综合部认真执行中鞍航运的决策，在安全管理方面，坚持"安全第一，预防为主，综合治理"的方针，跟踪指导船舶的海务安全管理工作，全年未发生上报等级安全、污染事故和保安事件；在船员管理方面，坚持以人为本，大力倡导"严格要求、真诚关心"的人力资源管理理念，在船舶建立健全船员激励和约束机制，为打造高素质船员队伍和培养船员后备力量做了大量工作，确保了船员整体素质的提高和船员队伍的相对稳定，为安全生产提供可靠的保障；在体系管理方面，严格履行和不断完善安全质量管理体系和船舶保安体系，使体系对指导和监督船舶安全保卫工作发挥了应有的作用；在行政管理方面，认真执行并不断完善企业行政管理各项规章制度，监督总经理办公会议各项决议、决策的落实执行，为确保企业日常行政管理的正常运行发挥了重要作用。（林举德）

【船技部简介】 船技部是中鞍航运机务管理的主管部门。主要职责是负责对中鞍航运机务管理和船舶机电设备维护进行指导；负责油料、物料、备件的采购与供船；负责船舶修理计划制定与实施；负责机损事故调查处理；负责PSC/NSC检查指导与管理等。时任经理庄少平。（林举德）

【船技部工作概况】 2008年，船技部按照中鞍航运管理层的部署，始终贯彻执行“安全第一，预防为主”的方针，扎扎实实做好机务安全管理工作。在保证船舶安全营运的前提下，最大限度地降低船舶管理费用的开支。3月，“水城”轮厂修时，船技部积极与厂家沟通，做好修船前的准备工作，比原计划提前3天出厂，为企业节约了船期和修理费。下半年以来，为应对金融风暴带来的冲击，船技部积极采取应对措施，及时调整工作计划，配合船员转换，开展降本增效活动，把机务费用控制在计划之内。（庄少平）

【企业荣获广远2008年安全生产先进单位】 2008年底，广远安委会根据《广州远洋运输公司安全现状评估实施细则》的标准要求，对中鞍航运2008年全年安全管理工作进行了全面的评估考核。由于中鞍航运2008年安全管理工作成绩优异，该公司被广远安委会评为“2008年安全生产先进单位”。（林举德）

【业务部简介】 业务部是中鞍航运运输生产计划实施、船舶营运的主管部门。主要职责是负责掌握和分析航运市场信息、揽载货物并签订运输合同（含租船业务）；负责运输生产任务调度与指挥；负责使运费管理、货运质量管理和船舶保险理赔以及船舶燃油订购等工作。时任经理卜康裕。员工3人。（林举德）

【业务部工作概况】 2008年，中鞍航运自有船舶和租入船舶主要从事与鞍钢国贸签订的COA钢材内贸运输合同。自营船舶经营方面，在确保鞍钢钢材沿海运力需求足够的前提下，中鞍航运管理层认真研究国际航运市场的变化情况，把握市场脉搏，充分发挥自有船舶的经营管理优势，采取灵活机动的经营方式。在上半年国际航运市场景气时，积极主动安排自营船舶从事外贸运输，获取更高的外贸运费收入，提高企业的经营效益。在租船经营方面，企业租船经营采取极其谨慎的态度，严格控制租入船的经营风险。尤其在下半年，租入船多采取航次租船和租赁部分舱位的方式经营，极少采用长期期租的方式从事租船运输，有效地规避了由于航运市场严重下滑可能引发的期租船经营风险，取得了较好的经营效益。在航运现场管理方面，业务部积极与各装卸港方保持紧密合作关系，签订合作、速遣的协议，提高船舶在港装卸效率，缩短在港停时，进一步打造精品航线，树立中鞍品牌，提高企业竞争力。（卜康裕）

【财务部简介】 财务部是中鞍航运财务、金融、资产管理的主管部门。主要职责是负责该中鞍航运财务、金融、资产管理；负责财务成本预控管理；负责财务会计核算管理；负责经济活动分析和监控；负责资金流动管理等。时任经理周斌。员工3人。 （林举德）

【财务部工作概况】 2008年，财务部严格遵守国家关于财务管理的相关法律法规，认真执行中鞍航运各项财务管理规章制度。是年，财务部接受来自专业审计部门的财务审核，圆满完成了2008年财务结算工作。全年无违纪投资、无超预算投资和违规现象，财务运作正常，圆满完成董事会2008年下达的财务指标。 （赵艳波）

第八节　中远营港航运有限责任公司

【中远营港航运有限责任公司简介】 中远营港是广远与营口港务集团、海南港丰绿色物流公司3方合资，于2004年10月19日（工商注册时间）在海南省海口成立。3方共投资5000万元，其中广远和营口港务集团各占45%股份、海南港丰绿色物流公司占10%的股份，注册地为海南省海口市。中远营港主要经营国际远洋散杂货物运输和国内沿海货物运输、散杂货物船舶租赁、货物代理、仓储等。该公司经营宗旨是开拓进取，提供海上散杂货物的专业运输，服务客户最优，回报社会最大。2008年，中远营港拥有“平泉”、“汤泉”轮2艘散杂货专业船舶，总载重吨2.3万吨。

中远营港下设综合部、业务部、船技部和财务部。

中远营港设董事会和监事会。时任董事长翁继强，副董事长王来。董事刘学敏、徐宗顺、谭力、袁伟贤、张道路。时任监事会主席张振宇，监事朱航员、王洪基。时任总经理袁伟贤，副总经理宋振毅。员工11人。 （武建军）

【中远营港工作概况】 2008年，中远营港审时度势，对杂货市场进行了广泛调研，完成了将“汤泉”轮冷藏舱改造成普通杂货舱的重要步骤，增加了船舶的适货性，扩大了船舶的航区经营范围，同时减少了船舶装卸时间和在港生产性停时，加快了船舶周转，提高了航次经营效益。

但由于受全球金融风暴和经济危机的严重影响，第四季度企业经营举步维艰，企业税前利润严重萎缩。2008年，中远营港没有完成董事会下达的任务指标。

中远营港对2008年的安全工作，做到了早布置、早落实，全年船舶安全行驶，无发生上报等级事故。 （武建军）

【召开第二届董事会第二次会议】 2008年11月7日，中远营港召开第二届董事会第二次会议。会议由董事长翁继强主持，副董事长王来，董事刘学敏、谭力、袁伟贤、张道路参加了会议；监事会主席张振宇，监事王洪基及中远营港高管宋振毅、张印军列席了会议。董事会要求企业认真分析和研究航运市场，在下次会议向董事会提出具体的船舶封船方案，并结合中远营港实际经营情况，向董事会提供封船条

件下和继续经营条件下的2009年经营预算。（武建军）

【业务部简介】 业务部是中远营港运输生产计划实施、船舶营运的主管部门。主要职责是负责市场开发、客户关系的管理、运输生产计划的制定和实施、航运市场信息的分析和收集、船舶定载与揽货以及鉴定运输合同、日常生产调度、货运质量管理、船舶保险理赔、船舶燃油订购、运费的收取和港口使费的结算等工作。时任经理黄钢。员工3人。（黄钢）

【业务部工作概况】 2008年，业务部认真执行董事会的决议，紧贴市场，精心经营，保持灵活的经营策略。年初根据往年春节期间市场比较清淡的情况，在"汤泉"轮5月份年修前短期期租出去，规避了市场清淡的风险，保证了企业的利润。上半年营运势头良好，到7月份已经超额完成董事会下达的全年利润指标；从8月份起，中远营运考虑"平泉"、"汤泉"轮本身吊杆负荷小的特点，在东南亚市场上找货比较困难的情况，及时调整经营方式，把"汤泉"轮放到当时市场上出口货物相对多一点的印度航线。同时，为了规避回程无货的风险，将"汤泉"轮出租给熟悉印度航线的租家做一个印度航线的来回程航次，延缓了奥运会期间航运市场低迷对中远营港效益的影响，一直到9月份，经营收益保持正常状态。从第四季度开始，随着世界金融危机的影响，东南亚航运市场恶化，出口货源进一步减少，进口货源单调，加上运价低，船舶处于亏损经营状态，正常生产经营受到冲击，从而直接影响了企业效益。到年底，没有完成董事会下达的任务指标。（黄钢）

【"平泉"轮完成改造优化工程】 2007年，中远营港曾对"平泉"轮进行修船改造。但因缺乏经验，改造后2、3舱的二层舱盖高出舱底板，影响叉车作业，影响装货效率。2008年8月，中远营港利用"平泉"轮进坞更换艉轴油封时机，对舱盖进行优化改造。这次改造吸取了上次改造的经验教训，舱盖和舱底板保证了平顺，叉车行走灵活，加快了装卸速度。

（宋振毅）

【转换船舶安全管理体系】 2008年6月，中远航运向中远营港提出，船舶管理协议到期后将不再续签。按双方约定和管理协议的规定，中远航运代管"汤泉"、"平泉"轮至2008年12月31日为止。鉴于上述情况，中远营港积极组织有关人员做好前期准备工作，保证交接工作有条不紊地进行，确保了船舶安全管理体系顺利转换。

中远营港根据船舶动态进行体系转换和船员培训，申请船舶的临时SMC、ISSC证书的审核，12月31日前取得正（副）本临时DOC证书和CCS核发的相关报告和证书。（宋振毅）

【重新建立企业安全管理体系】 2008年7月，鉴于中远航运于2008年12月31日对中远营港签订的安全管理协议到期后将不再续签，届时将"汤泉"、"平泉"轮的安全管理交回中远营港自己管理。9月16日，中远营港重新建立中远营港安全管理体系文件，于11月初完成了对安全管理体系文件的编制。12月16～18日，海南省海事局体系审核办对中远营港的安全管理体系进行了临时审核，于12月26日获得安全管理临时符合证明（DOC）证书。12月28日，“汤泉”、“平泉”轮保安计划、保安评估被CCS海南分社审核通过，并获得批准书。（丁亚明）

【加强安全管理，确保航行安全】 2008年，中远营港坚持“安全第一，预防为主”方针，开展不同主题的安全生产活动，有针对性的抓季节性的船舶安全生产工作。是年，中远营港安全生产工作主要有：建立健全安全生产例会制度；建立安全监控机制；加强机关的应急反应处置能力；以安全管理体系为平台，规范企业的安全管理；狠抓季节性船舶安全航行工作。通过对安全的精益化管理，提高了安全管理水平，保证了企业安全形势平稳。中远营港全年没有发生上报等级责任事故。

（袁伟贤）

【综合部简介】 综合部是中远营港行政管理的综合部门。主要职责是负责对外协调各种公共关系，对内负责企业的董事会管理、人事管理、行政文秘、日常事务、档案管理和总务后勤管理等工作，保证企业运输生产和各项工作的正常运转。时任综合部经理丁亚明（9～12月兼船舶海务主管）。员工2人。（丁亚明）

【综合部工作概况】 2008年，综合部协助企业领导组织传达贯彻执行党的路线方针政策和国家法律、法规；组织起草、审核企业各类文件文稿，作好文字综合和文秘处理工作，确保公文处理质量，逐步实现公文处理的规范化、程序化和制度化；协调企业内外综合公共关系，协助企业领导协调各部门之间的工作关系；采购和管理企业各类办公设备及用品；对企业车辆进行办证、保险、维修和年检管理工作；办理企业工商证照、营运许可证等证照的年检工作；管理企业各类合同、协议、档案、印章。

是年，综合部做好企业员工的招聘、培训、考核、选拔工作和企业工资福利、保险等工作；与聘用员工续签劳动合同和完善相关社保各项手续；召开民主生活会和组织员工开展各项有益的业余活动；编制安全管理体系文件，建立管理体系、通过了海事局的临时审核，获得安全管理符合证明。（丁亚明）

【财务部概况】 财务部是中远营港核算生产经营成本和对资金进行管理的主管部门。主要职责是负责年度财务预算、成本控制、财务会计核算、企业资产管理、资金管理和经济活动分析等工作。时任财务部经理张印军。员工3人。（张印军）

【财务部业务概况】 2008年，财务部工作重点是强化企业财务内控工作，特别是增加了财务出纳后，对原有财务分工、职责等重新进行了合理的划分，保证了财务基础工作更加规范有序；在保证企业正常周转的情况下，灵活合理调度资金，充分利用银行不同结算手段，最大限度地提高了沉淀资金收益率；为保证准确理解新税法，正确运用新会计准则，多次参加各种培训班，提高工作能力；为应对金融危机影响，财务部多次进行各种方案财务预算工作，为企业领导经营决策提供参考。

（张印军）

第九节　广州越洋船务有限公司

【广州越洋船务有限公司简介】　越洋船务是广州市市属规模最大的散装货物海洋运输公司。该公司拥有船舶3艘，运力12.4万吨，主要承担国际及国内沿海货物运输和国内北方至南方港口的海上煤炭运输。

越洋船务下设业务部、安技部、安质办、总经办、计财部。

越洋船务设董事会。时任董事长林沃源，副董事长许遵武，董事陈江涛、杨振雄、翁继强、周小溪、熊健雄、邓伟荣。时任总经理杨振雄、党支部书记兼副总经理何兆祥、副总经理吴亮明。员工19人。

（冯丽玲）

【越洋船务工作概况】　2008年，越洋船务经历了航运市场前所未有大幅起伏。在经营班子和全体员工的共同努力下，迎难而上，全年完成货运量2482064吨，周转量3586997千吨海里，主营业务收入25740.97万元，营运率达到98%（不包括修船）。主要成本费用进度均在预算进度内完成，生产经营指标再次创下历史新纪录。是年，越洋船务顺利通过ISM/NSM体系外审，安全生产形势稳定，船舶安全面100%，无上报等级事故。（冯丽玲）

【加强海务管理，打好“四大战役”】　2008年，越洋船务打好船务管理“四大战役”：1. 雾航战役。延续以往成功的经验，早宣传、多提醒、勤跟踪，同时加大了岸基支持，及时向航行船舶通报雾情。2. 防台战役。继续贯彻防抗台十六字方针，确保2008年防抗台100%成功。3. 防碰渔船战役。通过各种渠道掌握中国沿海的休渔期结束的时间，并给船舶提前提醒，布置针对性的防范措施。4. 冬防战役。做到有布置、有落实、有反馈、有跟踪、有检查、有考核。是年，越洋船务由于打好了“四大战役”，加强了海务管理，保证了船舶安全。

（冯丽玲）

【强化机务管理，做到“四个加强”】　2008年，越洋船务在机务管理方面做到“四个加强”：加强老龄船的隐患排查、加强备件物料的使用监控；加强船舶设备维护的跟踪监督；加强船舶自修力度和广度。是年，越洋船务由于加强了机务管理，从而提高了机务管理水平，确保了船舶安全。

（冯丽玲）

【通导管理做到“两个确保”】　2008年，越洋船务加强通导的管理，做到“两个确保”：1. 加强船舶通导设备维护和跟踪管理，确保通导设备正常使用；2. 加强对取消电报员后的船舶通导设备尤其是对GMDSS系统使用的指导工作，确保持GMDSS证书人员都能熟练使用船上通讯导航系统。

（冯丽玲）

【船员管理，做到“两个认真”】　2008年，越洋船务的船员管理工作，做到了“两个认真”：1. 认真把好船员准入关。严格按照船员聘用程序的要求，严把船员质量关和船员准入关，避免不合格船员上船。

2. 认真做好在船船员的跟踪管理。充分利用航次现场办公的机会，对船舶领导班子建设情况、船舶领导工作作风情况、船上内部气氛和团结协作情况充分了解。从而保持每一套船员班子是一个安全务实的团队，保证安全、生产有效执行的团队。

（冯丽玲）

【抓好体系管理的“三件大事”】 2008年，越洋船务在体系管理方面，抓好“三件大事”：1. 参照中散船舶星级管理办法、结合该司实际，重新修订《船舶季度安全检查表》。自3月1日生效后取得了良好的效果；2. 进一步完善《企业管理信息系统》，加强企业信息化管理和逐步实现办公自动化建设；3. 做好年度船岸内审、定期评价报告以及船岸年度外审工作。

（冯丽玲）

【加强成本管理，控制成本上涨】 2008年前三季度，国际原油价格和国内燃油价格暴涨，对于越洋船务营运成本提升幅度较大，对企业赢利产生一定的影响。针对上述情况，越洋船务采取了相应措施控制成本，并取得了一定的效果。通过与燃油供应商签订长期合同争取最优惠的价格，同时在运输合同中增加燃油附加费条款冲抵燃油上涨的影响。由于采取了这2项措施，使企业燃油实际价格始终低于市场价格。润滑油在涨价前通过批量订购加大存量规避涨价带来的影响，并在“越秀海”、“花都海”轮安装了“士帕能”节油设备，节油率在1.5%以上。是年，越洋船务总成本较2007年增加11.77%，利润增加48.74%。（冯丽玲）

【加强内部管理，逐步规范企业管理和内控】 2008年，是越洋船务“规范管理年”。越洋船务在原有的基础上，对企业内部控制程序、资金管理等方面的规定不断修正，使其更便于操作更规范操作。同时，拓展了ISM体系理念，向日常管理中拓展，并开展ISM体系培训，不仅提高了企业安全管理体系的管理水平，重要的是用体系的管理理念推动了企业的日常管理。是年，越洋船务坚决落实董事会关于监督小组开始运作的决议，加强与股东单位的沟通，协助监督小组开展工作，使企业经营管理及内部控制得到有效的监督和指导，在加强监督管理和规范管理方面保证了监督小组落实。（冯丽玲）

第八章
岸上投资产业

第一节 广远岸产事业部

【广远岸产事业部简介】 岸产事业部于2004年9月27日成立，主管广远岸产全资及控股企业12家：建设实业、海运公司、远洋宾馆、酒店管理公司、远洋大厦、大富酒店、物业公司、供应公司、通导公司、金桥学院、电脑公司、东海大厦。另外还管理着11家岸产参股企业。

岸产事业部是广远岸产企业的资产管理、财务管理、党组织管理、人事管理的主管部门。主要职责是负责岸上企业的产业结构调整、理顺、改制、发展等方面工作，包括战略经营、投资管理、产业管理；负责对该部门及各岸产投资控股企业人力资源管理工作，实行综合管理、指导、协调、监督与考核；负责对岸产投资企业的会计核算、财务工作、资金使用实行综合管理、指导、检查和监督；负责该部门业务与行政管理工作；负责归口管理各岸产单位党组织，指导各岸产投资企业的领导班子建设、党群、宣传工作；负责对岸产投资及控股企业实施资产管理、财务管理、党团组织管理、人事管理。岸产事业部设置企管部、财务部、组织人事部/办公室。

时任岸产企业运营总监林立兵，总经理兼党工委副书记王玉生，党工委书记兼副总经理陈建钦，党工委委员兼财务总监张访苏。企业部经理郑再利、财务部经理张访苏（兼）、团委书记江海珊。员工17人。

（江海珊）

【岸产事业部工作概况】 2008年，是岸产事业部迎接新机遇，推进岸产企业深化改革，促进企业规范、稳步发展的重要一年。岸产事业部认真贯彻“岸产企业是广远航运主业的重要补充”的定位和发展方向，以科学发展观统领岸产企业的各项工作，进一步明确岸产企业的发展战略；根据岸产企业的业务特点，将岸产企业划分为三个业务板块：航运主业服务业务，宾馆、酒店业务和房地产、物业管理业务，并明确优先发展与航运相关的业务板块。通过优化资源配置，深化内涵发展，进一步理顺岸上产业关系，着力解决岸产企业存在的历史问题和现实困难。重点调整了金桥学院和大富酒店的发展定位，成功推进了金桥学院番禺、天河分校区的转让工作，避免了巨大的经济风险；对大富酒店成功进行了转型经营，由旅业经营为主转为由物业租赁业务为主。同时，实施了颐和沈阳合作项目退出、松涛公司持有东海大厦股权无偿划转广远及理顺建设实业、海运服务、物业公司交叉持股等工作。扎实抓牢党建思想政治工作，深入开展了“三创建三促进”、“继续解放思想，坚持改革开放，争当实践科学发展观的排头兵”、“讲党性、重品行、作表率”等主题活动，开展了“解放思想，依法经营，规范管理，谋划企业新发展”征文活动和员工教育培训“红树林”工程活动。进一步提高岸产企业经营管理水平，增强发展后劲，努力构建“阳光、和谐、高效、有为”的岸产企业。是年，岸产企业超额17.2%完成广远下达的考核利润指标，岸产企业总体营运呈现健康、稳定、发展的良好态

势。（刘新源）

【企管部简介】 企管部主要负责岸产事业部所属企业的战略管理、投资管理、产业管理、目标管理等综合管理；负责岸产企业总体发展规划的制定、修订和岸产企业各投资项目的审核、论证、申报；负责岸产企业年度投资计划的审定、编制、计划执行情况的跟踪、检查；负责岸产企业资本运营管理，包括资本运营、改制、重组方案的制定和组织实施；负责制订岸产企业经营管理绩效指标评价体系、考核标准；负责经营管理目标的管理、考核，实行量化管理和监督考核；负责岸产企业董事会事务的管理，协助派出董事代表广远履行出资者的有关职能。时任经理郑再利。员工 5 人。（郑再利）

【企管部工作概况】 2008 年，企管部加强和规范岸产企业的经营和管理，规范岸产企业的投资行为，完成了 2007 年岸产企业负责人的年度考核工作，签订了岸产企业《2008 年度经营业绩责任书》，做好岸产企业 2008 年度投资计划的申报和分解下达、管理工作；组织召开岸产 2008 年岸产专题工作会和各季度经济分析会，协调召开了各岸产企业 2008 年董事会议；对岸产企业的经营工作提出具体意见和要求，加强对岸产企业经营管理的指导；对岸产企业第 3 个“精益管理年”活动做了策划、安排和布置，保证岸产企业精益管理活动的有效推进；积极推进岸产企业改制、简化股权、清理清算历史遗留投资问题等工作。（郑再利）

【财务部简介】 财务部主要负责岸产企业的财务管理和监督职责；负责建立健全财务管理和会计核算等各项规章制度，对各岸产全资、控股及参股企业的财务管理和会计核算工作的指导和监督，组织编制和审核月度和年度等各种报表，为岸产事业部决策层提供及时准确的决策依据；负责年度财务预算的分解、下达、监督和考核工作；根据广远财金部财务决算的要求组织编制和审核各岸产全资及控股企业的会计报表；参与对各岸产全资及控股企业经营管理目标责任书的签订和清算工作；参与对各岸产全资、控股及参股企业的领导班子和财务负责人的考核工作，为岸产事业部决策层提供广远岸产企业经营班子和财务负责人委派的决策依据；根据广远人力资源部/组织部的要求，协助对各岸产全资及控股企业工效挂钩工资基金的核定及经营者年薪体系的制订提出意见和方案；参与研究各岸产全资及控股企业的发展规划、产业结构调整及分流改制工作；参与对各岸产全资及控股企业投资立项的可行性研究和后评估工作，组织和协调各级税收稽查及内、外审计单位对各岸产全资及控股企业税务和财务收支的检查工作。时任经理张访苏（兼）。员工 4 人。（林珏）

【财务部工作概况】 2008 年，财务部按照年初确定的工作思路和部署，扎实有效地开展各项工作，切实履行对岸产企业的归口管理职责：根据中远集团清理交叉股权、缩短管理链条的政策要求，结合广远岸产企业的业务特点和企业改革的需要，完善企业组织架构，简化股权，优化岸产管理结构；协调和监督管理岸产企业的资金使用和资产安全，负责岸产企业通过中远财务公司向广远本部及广远系统内其他企业的委托贷款事项的协调工作，以实现财务资源的合理使用和有效配置；严格执行对资产投资项目的监督和管理，从销售预测、资金成本及税前税后的投资收益情况等多方面对各投资项目的投资可行性进行合理评估、测算和变量风险分析，确切落实了对岸上产业投资项目的严格把关。

（林珏）

【组织人事部/办公室简介】 组织人事部/办公室是岸产事业部党组织管理、人事管理、共青团管理等工作的综合职能部门。主要职责是组织拟定和实施组织建设的工作规划、计划、程序、方针目标，建立健全组织、人力资源工作的基本管理制度；组织开展岸产单位党委（总支）书记岗位培训，指导基层党、工、团组织建设，定期组织考核岸产单位党委（总支）领导班子思想作风建设工作；组织检查岸产单位党委（总支）民主集中制、坚持集体领导和党内生活的情况，提出改进意见；审核岸产党组织的建制，督促做好各类党组织状况统计报表的填报工作；检查指导岸产单位党组织做好换届选举工作；组织实施岸产单位领导班子的考核，抓好岸产单位领导班子队伍建设；组织并指导下属企业党组织的党员管理和教育，配合纪检部门抓好端正党风、严肃党纪的工作；负责党工委统战工作；拟定和实施岸产单位人力资源开发与管理的工作规划、方针目标和工作计划；制定岸产单位人事工作程序，建立健全人力资源管理制度；组织实施广远授权管理权限内员工的招聘、调配、培训、培养工作；负责岸产单位领导班子的日常管理工作，定期组织绩效考核；负责检查、催办上级机关和岸产事业部领导有关指示以及决策的贯彻落实情况；组织和开展调查研究、收集信息资料，为岸产事业部领导的科学决策提供依据；负责处理本部党工委和行政管理等方面的文件、电报、信件，协调与广远本部各部门、岸产单位之间的工作关系；负责批转各类业务公文，核签以岸产事业部和党工委名义上报、下发的文件；负责岸产事业部工会、共青团和宣传教育以及纪检、监督等工作。经理岗位空缺，部门工作由经理助理/团委书记江海珊主持。员工5人。（刘新源）

【组织人事部/办公室工作概况】 2008年，组织人事部/办公室认真履行人事管理职能和办公室职能，指导各岸产企业的领导班子建设、团组织建设、党群、宣传、劳动用工管理、人事劳资管理等工作；协助做好岸产企业安全监督检查、纪检、审计、招投标、党员信息统计；协助做好员工培训和继续教育统计、职称评定等工作；加大岸产企业用工制度改革；加强了岸产工资总额和绩效激励机制的管理；协助做好金桥学院、大富酒店、华南医疗等改革人事问题的处理及人员的统筹安置工作；编撰岸产事业部2007年年鉴；加强岸产企业党建工作，精心组织，认真开展“三创建三促进”、“红树林”工程、财务知识竞赛活动等各项主题实践活动；抓好岸企领导班子建设，完成了岸产企业领导班子年度考核工作；指导各岸产企业领导班子民主生活会；建立和完善岸产企业领导班子后备人选的选拔培养机制和人才库建设，加强对青年骨干的考核和培养；坚持正面引导，加强了岸产企业的思想政治工作，确保岸产企业的改革发展稳定；坚持“党建带工建”、“党建带团建”，深入开展“青

年创新创效”、“青年文明号”和“青年岗位能手”活动，增强了工会和团组织的凝聚力。（刘新源）

【安全生产工作】 2008年，岸产事业部根据广远年初安全工作会议的统一部署，以保持广远安全生产形势稳定为原则，把重心放到基层，深入检查，排查隐患，指导岸产企业开展各种安全消防演习。在岸产企业中全面开展“安全生产月”、“安全隐患排查”、“平安之旅”、“百日安全督察”等活动。组织岸产企业积极参加广远组织的消防竞赛活动，远洋大厦代表队获得团体赛第三名。进一步加大对岸产企业安全管理监督力度，抓好员工的安全教育，提高员工的安全责任感，使岸产企业安全生产等各项工作稳步推进。全年没有发生重大治安、员工犯罪、火灾事故，安全面达100%。（刘新源）

【团组织工作概况】 2008年，岸产事业部团委团结和带领岸产企业全体团员青年，认真学习贯彻共青团十六大精神，紧密围绕广远团委和岸产企业部的中心工作，全面落实科学发展观，加强团组织的各项工作；进一步完善团组织建设，指导海运公司建立团总支，批准物业公司团支部升格为团总支等工作；规范团组织日常管理，制定了《岸产部团委信息报送工作制度》；探索加强对流动团员管理的机制等；开展积极向上的团主题活动，包揽广远“青年杯”羽毛球比赛亚军和季军，组织团员青年为汶川地震灾区缴纳“特殊团费”1.3万元。是年，岸产企业共有“23个集体”、13名个人获得广远、中远集团团委和省直团工委的表彰。岸产事业部团委被中远集团授予中远 “五四红旗团委”光荣称号。（刘新源）

【加强人力资源管理】 2008年，岸产事业部进一步加强岸产企业人力资源管理工作。印发了《关于加强岸产企业人事及薪酬管理的通知》、《关于加强岸产企业人事管理工作的通知》等规范性文件，重点对照《劳动合同法》的要求，加强对岸产企业劳动用工情况进行检查，避免劳动用工风险；针对岸产企业薪酬福利、规费缴交、交通费发放不统一、人员聘用不够规范等问题，进一步加强规费核查、工资总额进度控制、掌握薪酬制度、工改方案、控制人员聘用等，强化过程的监督管理，进一步夯实岸产企业人力资源管理的基础工作，加强对岸产企业的宏观指导。（刘新源）

【监督管理资金储备与资产安全】 2008年，岸产事业部按月编制各岸产企业资产情况、债务情况统计表，监控各企业资产负债的增减变化，负责岸产企业通过中远财务公司向广远本部或广远系统内其他企业的委托贷款事项的协调工作，监督管理岸产企业的资金使用和资产安全。重点关注建设实业I1-4项目进度以及资金使用和资金储备状况，通过广远财金部解决资金闲置的问题，实现财务资源的合理使用和有效配置，实现广远利益最大化，确保实现国有资产的保值增值。（林珏）

【建立有效的风险防范机制】 2008年，岸产事业部根据广远全面启动风险管理机制的工作要求，为应对全球性金融危机的影响，落实对下属投资企业的风险控制，建立科学、适用的全面风险管理预警体系，增强企业竞争力，参与了广远全面风险管理工作小组，并组织岸产企业风险调查财务工作小组对全部岸产企业进行了全面的财务风险摸底清查工作，以全面了解企业存在的各类风险，并提出有效的消除或规避措施，最大程度上防范或降低风险程度，将其掌握在可控范围内。（林珏）

【加强精神文明建设和企业文化建设】 2008年，岸产事业部党工委以学习贯彻中共十七大和十七届二中全会精神为全年党建工作主线，切实抓好精神文明建设和企业文化建设，着力培育企业文化建设的先进典型。岸产事业部以创新企业文化建设的形式，把深入开展“三学一创”活动作为企业文化的重要内容，积极开展创建两个文明建设活动，把企业文化建设与精益管理、节能减排、QC活动等紧密结合起来，挖掘活动的新内涵。通导公司工程部、远洋宾馆房口部分别荣获中远集团“文明示范窗口”，建设实业员工陈海荣获中远集团“劳动模范”称号；建设实业连续3年获得广远“两个文明建设先进单位”称号。（刘新源）

【完成预算指标的分解、下达与考核】 2008年，岸产事业部根据中远集团的要求和广远财金部2008年的财务预算工作安排，综合考虑各岸产单位精益管理措施，以自身实际经营能力、业务结构调整计划、投资计划执行进度等为依据，以产权关系为纽带，对所有全资和控股岸产企业的全年财务预算指标进行编制及调整，并对其进行进度跟踪，及时掌握各单位2008年的预算执行情况，督导各企业适时调整经营策略，确保完成2008年年度财务预算考核指标。（林珏）

【推进第3个“精益管理年”活动】 2008年，岸产事业部根据广远开展第3个“精益管理年”活动的安排和部署，结合岸产企业的实际，制定了活动实施方案，有效保证了活动的扎实推进。在开展精益管理活动过程中，加强对活动的指导和管理，把精益管理活动与降本增效活动、QC活动、节能减排等活动结合起来，使活动更加广泛深入地开展。是年，岸产事业部下发了《岸产企业精益改善活动方案》等指导性文件，举办了QC活动培训，推进QC小组活动和精益亮点项目工程的有机结合。深入开展节能减排工作，举办了“我为节能减排献一策”活动，岸产企业共有5个项目获奖，其中1个获得二等奖；岸产企业共有6个精益管理项目入围广远精益亮点，获精益亮点工程“星光奖”2个。（彭佳）

【向冰雪灾区人民“送温暖，献爱心”】 2008年，中国南方地区遭受了范围最广、面积最大、持续时间最长的冰雪灾害，交通受阻、上千万人受灾。为切实帮助受灾群众克服困难，恢复生产渡过难关，岸产事业部向岸产企业广大员工发出向灾区人民“送温暖、献爱心”活动的号召。岸产企业员工纷纷伸出援助之手，踊跃捐款、捐物帮助灾区群众渡难关。在本次捐助活动中，岸产事业部和岸产企业共为灾区群众捐款40563.6元，捐赠御寒衣物、棉被等609件。（刘新源）

【为留穗过春节外地员工送温暖】 2008年春节前夕，受寒冷雨雪天气灾害的影响，南方交通严重受阻，造成岸产企业许多外来工在春节前都未能顺利返回家乡。各岸产企业按岸产事业部的要求妥善安排好外地员工的生产和生活，送上节日的关爱与祝福，让广大留穗外地员工过上了一个喜庆祥和的春节。对正处于改制的华南医疗员工，岸产事业部向广远工会申请了一笔过节费用，用于组织好留穗外地员工过好春节，确保了华南医疗的安全稳定。

（刘新源）

【规范财务负责人定期汇报机制】 2008年2月，岸产事业部为加强广远岸产企业财务管理，建立财务信息通道，不断提升自身管理水平，根据岸产企业的实际，制定广远岸产企业财务负责人定期汇报制度。明确规定各单位财务负责人每月对企业有关财务状况、重大影响事项、财务工作动态等内容作定期汇报，以便岸产事业部领导和职能部门随时掌握企业基本经营效益情况，强化内部控制，及时防范财务系统风险。（林珏）

【召开岸产企业专题工作会】 2008年2月27日，岸产事业部在远洋宾馆国际会议厅召开岸产企业专题工作会。广远总经理徐惠兴、党委书记刘书田及广远本部各部门总经理和总经理助理、岸产企业领导班子成员、财务负责人以及岸产事业部全体员工参加了会议。会议由岸产企业运营总监林立兵主持。岸产事业部总经理王玉生作了2007年工作报告，党工委书记陈建钦对2008年党建工作进行了布置。徐惠兴、刘书田在会上作了讲话，肯定了岸产企业的历史贡献，要求岸产企业进一步加快改革，把握机遇，确保岸产企业的健康可持续发展。（刘新源）

【暂时中止理清湛江供应公司股权关系】 岸产事业部为彻底理清湛江供应公司的股权关系，合理解决湛江供应公司员工持股、债权债务、堆场权属等相关历史遗留问题，根据中远集团《关于对湛江远洋船舶供应有限公司实施清算处理的批复》精神，并经该公司股东会决议，对该公司实施清算处理。股东会决议确定2007年12月31日为清算日，并于2008年1月24刊登了清算公告。但因该公司涉及的堆场诉讼需要，湛江供应公司清算注销的后期程序自2008年2月起暂时中止办理。（陈钊）

【大力开展“三创建三促进”主题教育活动】 2008年2月，岸产事业部党工委制定了《岸产事业部开展“三创建三促进”学习实践活动工作方案》，在岸产企业中大力开展以“创建学习型、创新型、和谐型企业，促进解放思想、改革创新、科学发展”为主要内容的“三创建三促进”学习实践活动。活动过程中，党工委结合岸产企业的实际，重点抓好干部员工的思想解放、企业的创新发展及和谐企业的构建工作。通过组织广大干部员工认真学习中共十七大精神，促进广大干部员工思想上进一步飞跃；通过思想解放，进一步促进了企业的创新，较好地解决岸产企业的历史遗留问题，理顺岸产企业关系，提高经营管理水平。在构建和谐企业上，坚持以人为本，认真做好涉及员工切身利益的各项工作。各企业坚持开展“扶贫帮困”、“送温暖”活动，加强对困难员工的帮扶力度，使广大员工共享企业改革发展的成果。（刘新源）

【深入开展解放思想学习讨论活动】 2008

年3月，岸产事业部党工委扎实开展进一步解放思想活动，制定了《开展“继续解放思想，坚持改革开放，争当实践科学发展观的排头兵”学习讨论活动工作方案》和《关于开展“解放思想，依法经营，规范管理，谋划企业新发展”征文活动的通知》，在岸产企业中掀起了“以新一轮思想大解放，促进新一轮大发展”的热潮。截至6月30日，共收集到岸产企业员工撰写的解放思想论文136篇。党工委组织专门人员对论文进行了评选，汇编成《岸产企业解放思想论文集》。广远总经理徐惠兴为论文集题词，党委书记刘书田为论文集作序。12月，岸产事业部在远洋宾馆国际会议厅举行了隆重的论文集首发仪式，并对优秀论文作者进行了表彰。（刘新源）

【完成华南医疗100%股权转让】 华南医疗是中远集团批准的广远第二批改制企业。该公司的改制实施方案报中远集团，中远集团下发《关于同意华南医疗改制实施方案的批复》，表示同意。2007年10月11日，华南医疗100%股权转让在上海联合产交所挂牌公告，12月19日与德国费森尤斯卡比公司签署《股权转让协议》。2008年2月28日，华南医疗经营管理权正式移交费森尤斯卡比公司。3月31日，完成华南医疗股权转让的工商变更登记，华南医疗名称变更为费森尤斯卡比（广州）医疗用品有限公司，该公司股东为外国法人独资公司费森尤斯卡比（中国）投资有限公司。（陈钊）

【组织“迎奥运讲文明树新风”礼仪知识竞赛】 2008年4月，岸产事业部组织岸产企业开展“迎奥运讲文明树新风”礼仪知识竞赛活动。岸产事业部以此为契机在员工中宣传中华民族文明礼仪，进一步培养员工职业道德情操。截至4月18日，共收回竞赛答题卡929份。广大员工通过礼仪知识竞赛，提高了自身素质，以实际行动支持北京奥运会。（刘新源）

【解决广远综合门诊部的存续问题】 北京市社保局规定，从2008年起，广远员工在综合门诊部所发生的费用，必须凭正式医疗专用收据方可纳入北京市基本医疗保险基金支付范围。而在此之前广远综合门诊部一直采用企业内部印制的收据作为报销凭证。若无法取得正式医疗专用收据，则意味着无法得到北京社保局的认可，员工在综合门诊诊疗所发生的费用无法报销。为解决好此问题，广远成立了专项工作小组，由岸产事业部牵头，广远人力资源部/组织部、财金部、统筹中心、物业公司积极配合，共同做好此项工作。经过近半年的不懈努力，于2008年4月底从广州市税局取得了正式医疗专用收据，并报中远集团在北京市社保局备案。7月，中远集团劳动保险中心正式批准广远综合门诊部为内部定点医疗机构，解决了综合门诊部存续问题。（刘新源）

【深入开展“红树林”工程活动】 2008

年，岸产事业部党工委根据广远党委的统一部署，为进一步提高岸产企业员工的综合素质和业务技能，打造一支高素质的员工队伍，适应企业改革发展和岗位职责的需要，在岸产企业开展了“红树林”工程活动。3月24日，印发了《加强岸产企业员工教育培训“红树林”工程总体方案》。4月8日，召开了“广远岸产企业‘红树林’工程动员大会”，广远党委副书记黄继忠出席了会议，并作了讲话。

是年，岸产事业部党工委从加强“员工岗位技能培训、专业人才梯队建设、青年骨干队伍建设、高级人才队伍建设”四个方面指导岸产企业开展好“红树林”工程活动。针对岸产企业财务人员素质低、后备队伍建设薄弱、劳动用工不够规范等问题，有针对性地开展解放思想征文比赛、财务知识竞赛、加强后备干部的考核、劳动合同法培训等活动，各岸产企业也结合各自实际开展了形式多样的技能培训、知识竞赛和岗位练兵等活动。岸产企业全年共培训10000多人次，投入资金40多万元，考取各类等级证书50多人，是岸产事业部近3年来资金投入和培训人次较多的一年。 （刘新源）

【组织团员青年参观奥运珍品展】 2008年5月6日，岸产事业部团委为增长团员青年的奥运知识，体验奥运精神，以实际行动支持2008年奥运会在中国的举办，组织岸产企业（含岸产事业部本部）团员青年50多人，参观了国际奥委会奥林匹克珍藏品中国巡展广州站的展出。 （刘新源）

【深入开展“讲党性、重品行、作表率”活动】 2008年5月，岸产事业部党工委制定了《关于在广远岸产企业组织人事系统开展“讲党性、重品行、作表率”的通知》，成立了由党工委书记陈建钦任组长、各岸产企业主要党政领导任成员的活动指导小组，深入推进此项活动在岸产企业的开展。各岸产企业党组织结合单位实际情况，制定了活动方案，推动活动广泛深入开展。 （刘新源）

【办理阳山阳远建材公司账务问题】 阳山阳远建材公司因历史原因，虽已停业多年，但该公司的财务处理尚需进一步完善。由于该公司相关资料缺乏，广远专项工作小组经多方联系，查找资料，了解情况，为办理阳山阳远建材公司的销帐手续提供了依据。2008年1月22日，经广远领导办公会研究同意，全额核销该公司的股权投资额和减值准备。5月，上述股权投资的账务处理顺利通过中介机构的审计，并完成报中远集团的备案手续。 （陈钊）

【组织抗震救灾专题组织生活】 2008年6月，岸产事业部党工委统一部署，组织岸产企业基层党组织以“抗震救灾中党员尽义务和企业尽责任”为主题的专题组织生活。活动中，组织岸产企业党员干部着重学习了在抗震救灾中涌现出来的先进事迹，要求全体党员对照《中国共产党党章》和中共十七大精神，进行自我剖析。通过活动，进一步激发党员干部的责任感，增强党员的荣誉感，广大党员立足本职努力工作，以实际行动为灾区重建家园做出贡献。 （刘新源）

【加强岸产企业青年骨干及中层管理人员管理】 为加强岸产企业青年骨干及中层管

理人员队伍建设，规范青年骨干及中层管理人员的管理，培育造就一支高素质的青年骨干及中层管理人员队伍，岸产事业部于2008年6月制订并印发《岸产企业中层管理人员考核办法》，进一步加强了对青年骨干及中层管理人员的管理工作，将岸产企业中层以上管理人员的任命权收回到岸产事业部，中层以上管理人员的聘任必须报岸产事业部审批，并在年底进行岸产企业领导班子考核时，将各岸产企业青年骨干及中层管理人员纳入考核范畴。（刘新源）

【广远土地房产确权工作】 为配合广远深化改革工作的推进，广远土地房产确权工作小组经过详细摸查，对首批16处历史用地及房产的确权工作进行了专题研究。经过努力，除黄埔海员路22号大院船员食堂因土地面积问题已暂缓办理土地出让金缴交手续外，其它均已办理确权及完善土地有偿使用手续。2008年6月，根据广远深化改革的工作部署，确权工作小组又对广远及下属单位的土地房产进行了全面的清理，共清查出房产土地716宗。确权工作小组在此基础上又通过帐务和实物的清理，共清理新增房产26宗，广远及下属单位的房产土地共计742宗。确权工作小组根据轻重缓急，除其中148宗因历史原因暂缓启动外，其它广远及下属单位的土地房产均全面启动确权及完善土地有偿使用手续。截至年底，已办理确权及完善土地有偿使用手续的共计202宗。（陈钊）

【完成建设实业长期股权投资的无偿划转】 2008年，广远为简化股权结构，减少系统内交叉持股，根据中远集团下发的《关于无偿划拨广远投资企业股权的批复》的精神，与建设实业签署《国有股权无偿划转协议书》。协议约定建设实业将所持有的海运公司48%和物业公司45%的股权无偿划转给广远。协议约定无偿划转按2007年12月31日，经中介机构审计确认的长期股权投资期末余额进行。3月18日，完成《企业国有资产产权登记证》的变更登记；6月24~25日，海运公司和物业公司分别完成股东工商变更登记。至此，海运公司和物业公司均成为广远独资的有限责任公司。（陈钊）

【广远收购酒店管理公司外部股东股权】 远洋宾馆和广州颐和集团有限公司（以下简称颐和集团）分别持有广远酒店管理公司10%股权。为简化股权结构，并进一步理清广远与颐和集团的关系，根据中远集团《关于同意收购广远酒店管理公司股权的批复》，2008年8月1日，广远与颐和集团签署《股权转让协议》，广远收购颐和集团持有广远酒店管理公司10%的股权，并按协议约定一次性付清转让价款。随后即进行广远酒店管理公司的《企业国有资产产权登记证》变更和股东工商变更登记手续工作。远洋宾馆所持有的10%股权到产交所挂牌转让，由广远收购。截至2008年底，远洋宾馆挂牌转让广远酒店管理公司10%股权的相关工作处于前期资料准备阶段。（陈钊）

【金桥学院实施分校区转让】 根据广远深化改革的战略需要，金桥学院实施了定位调整，从2008年起停止非航海专业的招生，立足于为广远航运主业服务。为确保平稳退出社会办学职能，2008年5月20日，金桥学院与广东省国防科技技工学校就天河、番禺分校区的转让协议，经过协商达成一致意见，随后获得中远集团的批准同意。7月16日、21日，广东省国防科技技工学校先后接管了番禺、天河分校区。此后，金桥学院按照转让协议的有关规定在未来两年的过渡期内履行教学和管理的监督、指导职能，以确保转让的平稳过渡。（陈钊）

【召开岸产企业2008年上半年经济分析会】 2008年7月29日，岸产事业部在惠州召开广远岸产企业2008年上半年经济分析会。岸产各全资、控股企业党政一把手、财务负责人、专职监事、岸产事业部领导及部门经理以及参股企业广远方负责人共45人参加了会议。广远总经理徐惠兴、党委书记刘书田及广远本部有关部门负责人应邀出席会议。会上，3家企业代表分析汇报了本单位上半年的生产经营情况；岸产事业部对岸产企业总体经营情况作了总结和分析，对下半年的工作提出要求。岸产事业部总经理王玉生进行了点评发言。徐惠兴、刘书田作了讲话，充分肯定岸产企业在广远发展中的历史地位和重要作用，对岸产企业今后的工作提出了具体要求。岸产企业运营总监林立兵对会议作了总结发言。（彭佳）

【组织岸产企业基层党组织进行换届选举】 2008年6~7月，根据岸产事业部党工委的决定，岸产企业任期届满的党组织进行了换届选举工作。到7月底，除任期未满的物业公司党委和供应公司党委未进行换届选举外，其它岸产全资及控股企业党组织全部按要求召开了全体党员大会或党员代表大会进行了换届选举。（刘新源）

【清算注销广州松涛企业公司】 2008年9月19日，岸产企业专项工作小组为全面清理松涛企业公司的长期股权投资问题，根据中远集团《关于同意无偿划拨松涛公司所持东海大厦股权的批复》完成了松涛企业公司持有东海大厦49.74%长期股权投资无偿划转广远的工商变更登记等相关手续，为下一步松涛企业公司的清算注销奠定了基础。但由于历史原因，松涛企业公司的《企业国有资产产权登记证》一直没有办理，成为松涛企业公司清算注销不可逾越的障碍。为此，专项工作小组已按程序报中远集团申请补办松涛企业公司的《企业国有资产产权登记证》。（陈钊）

【指导各岸产企业开好民主生活会暨述廉议廉会】 2008年9~10月，岸产事业部党工委指导和监督各岸产企业开好党员领导干部民主生活会暨述廉议廉会。根据上级党组织的要求，民主生活会首次增加述廉议廉的内容。会前，岸产事业部党工委对会议进行了认真的布置，对会议时间进行了统筹安排，对会议召开的程序、流程严格按照上级的要求进行规范。党工委委员及有关工作人员，全程参加了各岸产企业的会议，帮助基层领导班子查找问题、解决问题。会后，党工委对会议材料进行收集归档和总结。通过召开会议，解决了岸产企业存在的一些实际问题，增进了领导班子之间的相互信任和团结。（刘新源）

【召开党员领导干部民主生活会暨述廉议廉会】 2008年10月23日，岸产事业部党工委召开了2008年度党员领导干部民主生活会暨述廉议廉会。广远党委书记刘书田、人力资源部/组织部部长黎光葵、监督部/审计部综合室经理佘松亮等参加了会议，岸产企业运营总监林立兵列席了会议。党工委为开好这次会议，在会前通过多种渠道向岸产企业员工广泛征求意见，同时组织领导班子成员认真进行自查。根据会议程序，在会前，党工委书记陈建钦向岸产企业和岸产部员工代表简要汇报了一年来领导班子廉洁从业情况，并接受员工代表评议。在会上，刘书田、黎光葵和佘松亮听取了岸产事业部领导班子发言，并分别作了讲话，表彰了岸产事业部党工委会议准备充分、程序规范，肯定了岸产事业部领导班子的工作能力以及3年多来的工作业绩，对班子成员提出了具体的希望和要求。

（刘新源）

【召开岸产企业2008年第三季度经济分析会】 2008年10月28日，广远岸产企业2008年第三季度经济分析会在远洋宾馆召开。会议由岸产事业部党工委书记陈建钦主持。会议传达了广远第三季度经济分析会的主要精神。建设实业、供应公司、远洋宾馆3家分别代表房地产、航运服务和酒店类3大板块报告本企业1～9月经营管理情况和第四季度的工作设想；岸产事业部总经理王玉生对岸产企业1～9月的总体经营和工作情况作了总结汇报；岸产企业营运总监林立兵作了会议总结。这次会议分析了岸产企业第四季度面临的形势，明确了岸产企业2009年的工作重点和任务，并对开展好岸产企业的各项经营管理工作提出了具体要求。（彭佳）

【清算注销海南鸿光物业公司】 2008年，广远根据中远集团《关于同意注销海南鸿光物业有限公司的批复》，成立海南鸿光物业公司清算组对海南鸿光物业公司进行清算注销。1月24日，广远完成了对海南鸿光物业公司的地税注销登记；6月18日，完成国税注销登记；11月18日，完成对该公司的工商注销登记。（陈钊）

【清算注销广州新利服装有限公司】 2008年，根据中远集团《关于对广州新利服装有限公司实施清算处理的批复》，广远对广州新利服装有限公司由原计划进行企业改制调整为清算处理的意见，1月24日，完成广州新利服装有限公司的工商注销登记；12月，完成《企业国有资产产权登记证》的注销登记。（陈钊）

【组织岸产企业财务知识竞赛】 2008年9～12月，岸产事业部党工委组织开展岸产企业财务知识竞赛活动。活动分两个部分：第一部分在9月下旬开展，组织岸产企业全体财会人员进行财务知识测试；第二部分在12月举行，以现场问答的形式，由各岸产企业组队参与，采取预、决赛制的方法进行。12月10日，举行决赛。岸产企业运营总监林立兵和岸产事业部本部各部门负责人以及岸产企业领导班子成员、中层干部和财务人员出席了活动。竞赛结果，远洋宾馆代表队夺取了第一名。

（刘新源）

【对岸产单位领导班子进行考核】 2008年12月10～25日，由岸产事业部党工委牵头，组成由岸产事业部、广远人力资源部/组织部、党工部、监督部/审计部等部门有关负责人参加的考核工作小组，在广远党委的直接领导下，对岸产事业部党工委归口管理的各岸产企业领导班子和班子成员、财务总监（含广远委派财务经理），及各企业青年业务骨干、中层以上管理人员进行考核。通过考核达到了准确掌握岸产企业领导班子及成员的德才表现、工作能力和工作绩效，进一步加强和改进各岸产企业领导班子的建设，推动岸产企业的健康、协调和可持续发展的目的。

（刘新源）

【对各岸产企业 2008 年精神文明建设进行考核】 2008 年 12 月，岸产事业部党工委采用各单位自评和岸产事业部党工委评议相结合的方式，对岸产企业 2008 年企业党建工作、思想政治工作和企业文化建设、党风廉政建设和内部监督工作、企业民主管理与工会、共青团工作等方面进行了考核。考核结果表明，各岸产企业按照广远党委和岸产事业部党工委的要求，紧密联系实际，以构建和谐岸产企业、争当“四好领导班子”为目标，充分发挥岸产企业党组织的政治核心作用，深入学习贯彻中共十七大精神和科学发展观，把精神文明建设贯穿到全年各项工作中，并取得了明显成效。（刘新源）

【调整供应公司党委、纪委组织设置】 2008 年 12 月，岸产事业部党工委根据供应公司的实际，并报广远党委、纪委同意，撤销供应公司党委和纪委，成立供应公司党总支和供应公司纪检监察工作小组。党总支委员人数设置 5 人。其中，书记 1 人，副书记 1 人，委员 3 人。纪检监察工作小组设置 3 人。（刘新源）

【退出沈阳中远颐和房地产项目】 沈阳中远颐和房地产公司为建设实业参股的四级公司，建设实业持股比例为 29%，控股股东为颐和集团，持股比例为 71%。因 2007 年沈阳中远颐和房地产公司原控股股东中远国际退出该公司，广远拟定参照中远国际的转让条件出让建设实业持有的 29%的股权，并获中远集团的批准。2008 年 11 月 24 日，建设实业在上海联合产交所挂牌公告转让沈阳中远颐和房地产公司 29%的股权。但截止 12 月 22 日公告期满仍未征集到受让方意向，为此自动终止该项目的挂牌转让。鉴于未能成功挂牌出让，建设实业提请沈阳中远颐和房地产公司股东会研究尽快销售剩余物业，再对该公司进行清算注销。（陈钊）

【岸产企业退休、内退员工移交广远统一管理】 2008 年 9～12 月，岸产事业部根据广远《关于做好岸产企业退休人员管理工作有关问题的通知》、《关于岸产企业内退人员调回广远统一管理的通知》和《关于加强岸产企业员工内退管理的通知》精神，认真做好符合条件的岸产企业广远转制合同工退休、内退人员移交广远管理工作。退休、内退员工移交广远管理以员工自愿为原则，员工必须提交书面申请自愿接受广远的统一管理。岸产企业退休、内退的广远转制合同工由广远统一管理后，享受广远退休、内退员工的待遇。原岸产企业内退员工移交广远统一管理后，将与原单位解除劳动关系，同时与广远签订劳动合同和内退协议书。岸产企业广远转制合同工申请内退后调入广远是一次性特殊政策，2009 年 2 月后岸产企业新增的内退人员其关系原则上在原单位，不再调回广远。2008 年，岸产企业共向广远移交退休员工 304 人，内退员工 188 人。（刘新源）

第二节 广州远洋船舶物资供应有限公司

【广州远洋船舶物资供应有限公司简介】 供应公司系中远集团旗下广远控股的有限责任公司。其前身是1961年4月成立的中远广州分公司黄埔仓库，属内部核算单位。1979年，改为广远供应站。1984年，广远为适应企业经营管理需要，试行管供合一，将广远供应站更名为广州远洋船舶物资供应公司。1989年，广远开展企业整顿，又将供应公司恢复为广远供应站。1996年11月12日，经中远集团批准，广远将供应站作为转制试点单位进行企业改制，由广远、中远国贸和供应公司工会3家共同出资成立广州远洋船舶物资供应有限公司，并于1997年1月2日，经广州市工商部门批准正式挂牌对外营业。2006年10月，由供应公司员工和工会共同出资并由工会作为股东持有的该公司16%股权全部转让给广远。股权转让后，广远出资比例由64%增至80%，中远国贸的出资比例仍为20%，供应公司注册资本保持不变，2006年10月30日，供应公司完成上述股东变更的工商备案登记。

供应公司的主营业务是承担中远及航行于国际水域远洋船舶的物资供应业务，为中外远洋船舶、相关企业提供油漆、润滑油、化工、物料、食品等各类物资供应，业务范围遍及华南地区各港口、修造船厂和相关企业。2007年，供应公司成功取得澳洲“酷马”红酒中国区域总代理权，正式开始拓展陆地红酒销售业务。

供应公司下设总经办/党委办/人力资源部/团委、财金部、安监部/保卫科/质管办公室、工会办公室、代理部、食品部、油料部、物料部、贸易部、运输部、南沙分公司、湛江分公司。参股企业有广州布顿钢索具有限公司（供应公司持股40%）。

供应公司设董事会、监事会。时任董事长林立兵，副董事长李敏，董事陈建钦、方少彪、江日胜。监事会召集人范桂新，监事洪广春、崔立霞。时任总经理兼党委副书记方少彪，党委书记兼副总经理甄伟，纪委书记兼工会主席江日胜，财务总监廖伟文。员工226人。（黄捷）

【供应公司工作概况】 2008年，供应公司按照岸产事业部建设“和谐、阳光、高效、有为”的岸产企业的工作部署，围绕“安全、稳定、管理、效益”的总体工作目标，克服全球金融风暴、退税政策调整、汇兑损失加大等一系列不利因素，坚持依法经营，充分发挥供应公司竞争优势，通过提高服务水平，在船舶服务主业上深入挖潜，稳固和提高了供应公司在船舶服务主业上的传统优势和核心竞争力，取得了良好的经营业绩。供应公司深入开展精益管理活动，结合节能减排活动，减少了燃油和用电费用支出；对广州新利服装有限公司的清算注销工作正式结束；大力推动企业文化建设，开展一系列文体活动，并积极参与广远的各项文体活动，取得优良成绩，营造了一种积极向上、和谐进取的良好企业氛围。供应公司本部全年实现营业收入1.2亿元，与2007年同比增长7.70%，超额完成广远下达的利润

指标。（黄捷）

【召开2008年第一次董事会】 2008年4月1日，供应公司召开2008年第一次董事会。会议由岸产企业运营总监林立兵主持。会议选举林立兵为供应公司董事长，李敏为副董事长；审议通过了董事会各项报告；总结了2007年的工作，明确了2008年努力方向和奋斗目标。（黄捷）

【安全工作】 2008年，供应公司安全工作以突出隐患治理，危险品仓库和道路运输以及防止人身伤亡为重点，加强了对危险品仓库安全投入，完善了危险品仓库的消防设施，加强仓库的安全隐患排查和隐患治理工作；加强运输车辆的安全管理，加强车辆的日常检查、保养，加强驾驶人员的安全教育，利用GPS系统狠抓超速驾驶行为。通过全体员工的共同努力，供应公司全年安全生产形势平稳，没有发生安全事故。（黄捷）

【加强应收帐款管理，防范风险】 2008年，供应公司为积极应对金融危机所造成的影响，进一步加强了对应收款的催收力度，实行每周报告制度和每月定期召开应收帐款催收专题会，对应收帐款风险控制问题进行专题研究与部署。是年，供应公司本部应收帐款回收率（净值）87.26%。（黄捷）

【红酒销售业务】 供应公司2007年成功取得澳洲“酷马”红酒中国区域总代理权后，2008年，“酷马”红酒的销售量大为增加，全年实现销售收入1354万元，比2007年同期增长80.53%。红酒陆地销售已成为供应公司服务船舶主业的重要补充。（黄捷）

【取得危运车辆营运证】 2008年，供应公司严格按照广州市交委提出的安全管理要求，加大了危险品运输安全投入力度，危险品运输车辆全部安装了GPS定位系统并组织车辆驾驶员和押运员参加培训考取从业资格证。5月，供应公司为所有11台危险品运输车辆办理了危运车辆营运证。（黄捷）

【全面启动危险品仓库年审换证工作】 供应公司危险品仓库的经营许可证将于2008年12月31日到期，须重新年审换证。8月，供应公司成立了危险品仓库年审换证工作小组，全力推进年审换证各项工作。11月17日，供应公司根据专业安全评估公司初步评估意见和广州市安监局有关专家指导建议，启动了危险品仓库安全改造工程。12月，危险品仓库安全改造工作基本完成。是年，供应公司通过安评公司的初步审验后，向广州市安监局递交了危险品仓库年审换证正式申办手续。（黄捷）

【积极采取措施应对金融危机】 2008年下半年，全球经济危机给供应公司的供应业务带来极大影响。供应公司迅速采取了一系列的应对措施和部署，在客户维护、业务拓展、应收帐款风险控制等问题上进行专题研究，密切注意市场动向，确保控制应收款风险，谨慎处理每一笔供应业务。是年，供应公司由于反应及时、措施积极，将市场变化带来的影响降到了最低，使营业收入保持了基本稳定。 （黄捷）

第三节 广州远洋建设实业公司

【广州远洋建设实业公司简介】 建设实业是广远于1993年6月8日以原基建处为班底成立的。该公司主要业务是从事房地产开发、物业经营、工程监理等多种业务。2008年，机构设置为营销部、策划部、开发部、工程部、I1–4项目部（与工程部合署办公）、财务部、办公室、党工部、远晖商厦服务中心。

建设实业设董事会、监事会。时任董事长胡锦沛（1～2月）、林立兵（3～12月），董事池新旺（1~11月）、佟文华（11~12月）、王玉生、陈建钦、郑培贤。监事赵洪先。时任总经理兼党总支部副书记郑培贤，党总支部书记陈建钦（兼），副总经理王庆来，财务总监陈永彩（1～4月）、杨泱（5～12月）。员工79人。

（周幸忠）

【建设实业工作概况】 2008年，建设实业以争当两个文明建设排头兵为目标和动力，以创建“四好领导班子”为契机，以高效严谨的作风抓好广州远洋大厦建设，以超前的市场意识抓好主业以外经营。通过抓“两公两严”（公开坦诚、公道正派+严格严厉）促进队伍建设，有力地推动了企业的两个文明建设，创造了良好的经济效益，超额完成上级下达的年度利润考核指标。广州远洋大厦建设项目进展顺利，安全形势稳定。是年，建设实业被广远授予“两个文明建设先进单位”、“安全生产先进单位”，领导班子被广远党委评为“四好领导班子”，陈海被评为“中远集团劳动模范”。

（周幸忠）

【高效运作广州远洋大厦建设项目】 2008年，建设实业把广州远洋大厦建设项目作为工作重点，结合市场实际，以经济和前瞻的眼光来做好该项目的楼宇定位与优化设计。建设实业通过“三抓”，获得了该项目建设良性高效运作的较好回报：1. 抓设计。建设实业经过分析和比较，进行周密科学的测算，经联合设计师等专业人员进行论证、研究，优化了大楼外观尤其是裙楼的设计。2. 抓施工。年初的施工遇到施工环境差劣、技术和城市管理限制以及成本控制等方面的诸多困难，进度慢而又矛盾多。建设实业领导班子不畏困难，带领项目工作团队，分析具体情况并逐个予以克服。通过一系列严谨的管理投入措施，使工程建设处于正常速度，质量也得到良好的控制。3. 抓招标。建设实业坚持“责任集中，权力分散”的管理理念，经反复探讨，明确了后续工程的招标方式，所有

招标工作均按规定和计划在上级相关部门的指导和协助下有序进行。（周幸忠）

【抓好主业以外经营】 2008年，建设实业本着“研究市场并走在市场的前面，研究客户并服务至客户的面前”的经营理念，以“市场+服务”的意识代替以往普遍存在于国企的“资源+长官”意识，以积极的盈利意识代替以往同样普遍存在于国企的交差意识，上下一心，在做好开发主业的同时，做好开发主业之外的经营工作。通过改造经营物业、提升服务品质、增加服务附加值等一系列举措，有效地实现了经营物业效益的最大化。是年，建设实业远晖商厦的出租率达到98%，最高租金每月高达85元/平方米，在周边市场位于前列。与此同时，建设实业还提前做好了修订租售业务流程、增加业务中的监管和授权流程等相关工作，以应付更大业务量特别是广州远洋大厦建设项目完工之后的经营需要。此外，建设实业还不失时机地积极寻找合适机会调整客户商业结构，逐步引进优质客户，把提升物业整体形象作为企业的长远经营目标。（周幸忠）

【召开第二届一次董事会】 2008年4月2日，建设实业召开第二届一次董事会。会议由董事长林立兵主持。参加会议有董事池新旺、王玉生、陈建钦、郑培贤。有关人员郑再利、陈钊、王庆来、杨泱、赵洪先、刘刚、蔡华建、伍剑等列席了会议。会议审议通过了《总经理工作报告》，董事会用“政通人和”四个字高度概括了建设实业2008年度的管理状况，并通过对建设实业员工素质、管理水平、经济效益的高度评价，充分肯定了建设实业在广远岸产企业所发挥的龙头作用。董事会还对今后的工作提出了具体要求。（伍剑）

【中远集团检查广州远洋大厦建设项目】 2008年6月17～19日，中远集团监督部、战略发展部对广州远洋大厦建设项目的建设进展、建设管理、监督工作情况和落实上次检查情况等方面进行了检查。经检查，对项目的建设进展和监督工作情况给予肯定，并对广州远洋大厦建设过程中遇到的问题给予了指示。（伍剑）

【进行党总支部委员会换届选举】 2008年8月15日，建设实业召开党总支换届选举大会，会议由党总支书记陈建钦主持。参加会议的正式党员35人、预备党员5人。会议采取差额选举办法，以无记名投票方式，选举产生了新一届党总支部委员会。陈建钦、郑培贤、王庆来、杨泱、刘刚5人当选为党总支委员。陈建钦当选为新一届建设实业党总支书记，郑培贤当选为副书记。（周幸忠）

【郑培贤被省直机关工委授予优秀共产党员荣誉称号】 2008年“七一”前夕，中共广东省直属机关工委表彰一批先进基层党组织、优秀共产党员和优秀党务工作者。建设实业总经理郑培贤被省直机关工委授予“优秀共产党员”称号。（周幸忠）

【召开广州远洋大厦建设项目管理与监督工作座谈会】 2008年9月12日，建设实业为了加强与提升对广州远洋大厦建设项目监督工作的质量，分析工作中的得失，进一步提高工作的前瞻性，召开了广州远洋大厦建设项目管理与监督工作座谈会。

广远纪委书记马宗梅、广远职能部门负责人和建设实业领导班子、广州远洋大厦建设项目相关工作人员出席了会议。与会人员针对该项目监督工作中的得失、现场监督办法如何做才更有效、管理和监督过程中需要沟通的事情等事宜展开了座谈。与会人员畅所欲言，充分发表意见，一致认同建设实业“责任集中，权力分散”的管理理念。马宗梅在座谈会上作了发言，认为这次座谈会为管理与被管理者的有效沟通提供了一个很好的平台，是将监督融入管理、实现监督与管理和谐的有益尝试，要求大家共同努力，把广州远洋大厦建设项目做成广东省优良样板工程。

（周幸忠）

【举行廉洁从业知识竞赛】　2008年8月15日，建设实业利用召开员工大会、党总支换届选举大会、复退军人座谈会等时机，以党支部为单位，举行了“廉洁从业知识竞赛”。广远监督部/审计部总经理朱航员到会指导。经过紧张激烈的争夺，第三党支部、第二党支部、第一党支部3个代表队分别获得一、二、三等奖。（周幸忠）

【加强“职工之家”建设】　2008年，建设实业加强“职工之家”建设，开辟了“新书架”和“影音天地”2个新的文化园地，购买了一批富有知识性、思想性，内容健康，催人奋进的新书籍和音像制品，供员工借用。与此同时，建设实业在“职工之家”增设了《员工作品园地》，经常性地收集、张贴员工创作的书法、绘画、摄影、诗歌、散文、学习和工作心得等各类作品，供员工们赏鉴与交流，深受员工欢迎。（周幸忠）

第四节　广州远洋物业管理有限公司

【广州远洋物业管理有限公司简介】　物业公司是广远和建设实业共同出资于1996年10月成立的国有全资企业，注册资本500万元。物业公司主要业务是物业管理、室内装修、水电维修、国内商品及物资供销业和房屋租赁。该公司成立之初由建设实业代管，主要负责广远在广州地区的房产物业的管理工作。1997年12月，物业公司正式独立运作。2000年2月，广远撤销行政处，并将行政处原有的房租水电费收缴、煤气供应等部分职能划归物业公司管理，同时将行政处房管科和房改办合并设置为物业公司房产部。2000年11月，将原黄埔船员基地招待所划归物业公司管理，保持接待中远船员等职能不变。2001年4月，广远实行机构改革，广远将机关大楼管理、机关食堂管理、卫生处、机关车队等四项职能及相关人员划归物业公司管理。2005年，为进一步加强广远在外地的房产管理，物业公司成立了物业公司上海分公司，负责广远在上海房产物业、商铺的租赁经营管理。至此，物业公司由成立之初单一的房改房宿舍管理增加了房产管理、招待所管理、写字楼物业管理、医疗保健、车队管理和广远本部职工食堂管理等服务职能。2008年，物业公司管辖的物业总面积77.5多万平方米，其中房改房40多万平方米，商住楼28多万平方米，物业租赁经营近9.5万平方米。

2008年5月，物业公司结合企业经营管理业务的特点及工作需要，按照“精简、统一、效能”的原则，对企业的组织结构进行了调整，将原来管理一部和管理二部合并为物业管理部，负责企业所管辖物业的工作指导、监督以及服务。7月，物业公司根据工作需要，增设了党工部，负责企业党委、纪委、工会、共青团的日常管理工作。

物业公司下设综合办公室、党工部、安全质量部、财务部、经营部、工程部、房产部、物业管理部、医疗中心和大楼管理中心；企业分支机构有上海分公司、上川岛远洋酒店、天河幼儿园、大沙地幼儿园；独立经营核算的中层管理单位有黄埔招待所和湛江物业管理分公司。

物业公司设董事会、监事会。时任董事长傅伟（1～10月）、马宗梅（10～12月），董事王玉生、陈建钦、池新旺、佟文华、郑培贤（1～6月），张清强（4月15日至12月）。监事曾德如（1～6月）、赵洪先、张国明（1～6月）、沈仕乐（6～12月）。时任副总经理张清强（主持工作），党委书记王玉生（兼），副总经理张玉凌，副总经理、党委副书记任紫侠，纪委书记兼工会主席吕英翼。员工432人。

（黄志云）

【物业公司工作概况】 2008年，物业公司坚持以“服务是根本，经营作保障”为经营管理理念，以“阳光、和谐、高效、有为”的八字方针为指导，团结一致、拼搏奋斗、积极进取，全力推进企业的规范管理和市场开拓工作，较好地完成了各项工作任务和上级下达的各项经营管理目标。

在风险管理方面，物业公司加强了企业经营风险自查，成立了规范经营管理专项工作小组，对各部门以及各分支机构在经营、财务、人事、安全等方面的风险情况进行地毯式清查，对存在问题提出解决措施，并按计划、按步骤逐项整改，加强了财务风险控制。在加强内部成本管理、内审机制的同时，进一步加强财务业务操作规程，完善物业收费管理制度，制定统一收费表模板，使物业收费管理水平得到明显提高。针对各部门日常发票报销容易出现的风险情况，进行了整改，有效加强了财务发票管理，排除财务业务风险。

在人力资源管理方面，物业公司结合企业的实际，完善人事制度，促进企业规范用工；根据部门工作和岗位需求的实际情况，对部门和岗位设置进行了改革调整，使之更有效开展工作。同时，结合《劳动合同法》、《劳动合同法实施条例》等有关法规对企业劳动用工情况进行检查，并制订了《人事管理制度》、《员工休假管理办法》等制度；根据最低工资标准的实施情况，对全部普通岗位员工薪酬跑道进行调整，使普通岗位员工工资水平与2007年同比增长7%，以此提高外来员工工作积极性；结合企业风险管理总体目标，狠抓各项规费补缴工作；通过对员工历史数据的统计、成本预算、基数申报等系列工作，顺利为128名未参保的外聘员工全部购买社保、补缴社保；完成了非转制员工的住房公积金缴纳、补缴工作。

在挖潜增效方面，物业公司本着“固本增效、开拓挖潜”的原则，充分利用现有物业，加大商业物业的经营开发。坚持面向社会、面向市场，积极做好市场调查工作，主动与承租户进行经营沟通，确保商业物业租金正常收入。继续加大各地区物业的再次挖潜力度，顺利完成东圃单身宿舍、青龙坊单身宿舍、棠下首层商铺等物业的重新定位和招引租工作，有效提高企业收益；积极开拓开发区原新利服装公司物业市场，采取分阶段逐步对外出租的经营模式，收到理想效果。全年租金收入与2007年同比增长6%。黄埔远洋酒店、上川远洋酒店开拓经营，全年呈现了较好的经营效益。

在小区物业管理方面，物业公司加强员工物业服务意识和专业技术水平的培养，本着“稳定广远业主大后方”的工作原则，积极开展各项服务工作，坚持“业主至上，服务第一”的宗旨，加大了教育培训力度。全年组织物业管理人员继续教育培训60人次，组织保安人员专业技能培训250人次。同时，狠抓安全工作的落实，通过积极开展“平安之旅”、“百日安全生产”等活动，全年安全生产实现“三无”（无火灾、无重大交通事故、无重大群体性事件发生）目标。

在精神文明建设方面，物业公司党委坚持走群众路线，为群众办实事、办好事，带领广大党员、员工积极开展“三创建三促进”活动，使广大党员、员工进一步加强党员先进性意识，提高政治思想觉悟。推动“服务好远洋、服务好业主、服务好基层，创和谐企业”活动的深入开展，有效地促进了服务水平的提高，促进了企业的健康和谐发展。（何永佳）

【开发物业经营工程】 2008年，物业公司为了进一步开发物业经营工程，成立了企业经营项目开发小组。该开发小组根据企业原有物业和岸产事业部交付使用的物业情况，不断深入市场调查，对物业租金进行准确的市场评估。如对青龙坊单身宿舍，按照早研究、早安排、早实施、早解决，高效益的工作思路，在移交工作未结束的情况下，完成了市场调查、租金评估等，有效缩短物业空置期，每年为企业增加租金收入20多万元；开发区新港路2号物业（原广州新利服装有限公司），采用改变出租方式，将原来“整体出租方式”改为“分割出租方式”，收到较好市场效果，年租金为20万元。（林远平）

【发挥房产中介作用】 2008年，物业公司中介服务中心在空置房点多、分散，人手不足的情况下，积极拓展业务市场，代办房改房分摊面积购买等代理业务；理顺一些历史遗留问题。是年，空置房出租率达98%，租金收入与2007年同比增长9%；租金回收率达96%。中介二手房中介代理服务费和房改房补购分摊面积及补差代理服务费收入2.3万元。（郑晓华）

【提高物业管理服务质量】 2008年，物业公司的小区物业管理工作重点在于加强员工物业服务质量。通过积极开展“三创建三促进”活动，加大对员工进行服务意识和专业技术的培训力度，坚持开展物业管理对标检查工作，对小区物业管理工作进行监督，及时提出存在问题和整改措施，并结合广州市创文明城市工作，加强与街道居委会、专区民警的沟通和协调，共同搞好小区环境卫生、安全管理和精神文明建设，促进企业和社区的和谐发展。是年，物业公司各项服务工作均取得良好成绩，被广远评为“2008 年度安全生产先进单位”；沙园小区被评为“广州市安全文明小区”。（郑晓华）

【实施用水一户一表工程】 2008 年，物业公司进一步推进实施用水“一户一表”改造工程，积极与市政供水公司联系和沟通，准确提供相关资料和做好报批工作，有效促成早日实施用水“一户一表”改造工程。12 月，晓港小区 764 户、沙园小区 509 户相继完成用水“一户一表”改造工程，并将水表总表移交供水公司管理，直接由供水公司到户抄表。“一户一表”改造工程的实施，大大减少企业水费长期亏损的补贴。（许参）

【安装小区监控系统、门禁系统】 2008 年，物业公司为加强小区安全的“技防”工作，分别对天河东、天河北、大沙地、马腰岭、棠下、沙园、晓港小区安装了可视监控系统和门禁防盗系统，为小区的防盗工作提供了安全保障。（许参）

【医疗中心工作概况】 2008 年，医疗中心认真履行与广远签订的医疗卫生服务协议职能，在人手短缺的情况下，坚持精益管理理念，克服困难，在全体医务人员的共同努力下，为船舶生产和船岸职工做了大量的医疗卫生保健服务工作。全年日常门诊 11330 人次，船员上船体检 2400 人次，退休、内退人员体检 1294 人次，电报会诊 182 份、船舶供药 78 艘次、供船防疫药品 45 艘次，签发船员境外体检表、酒精毒品证明书 850 份，并配合广远人力资源部/组织部、中远航运船员管理部做好船员工伤善后工作和清理历史遗留下来的伤病船员的工伤评残、工伤医疗期、员工劳动能力鉴定材料共 210 份。全年没有发生医疗差错事故。（陈新明）

【推进存量房的处置工作】 2008 年，物业公司为使广远权属存量房产的处置工作有序进行，成立了广远权属存量房产权处置领导小组及工作小组。对广远存量房产进行了深入的市场调查分析、产权处置和属地法规研究，结合各地房地产物业的实际，制定了广远存量房产的处置方案，并得到了中远集团的批准。（吴永洪）

【确保广远机关大楼工作的正常秩序】 2008 年，广远机关大楼管理中心按照物业公司与广远签署的物业管理协议，抓好安全工作，充分调动保安队伍的积极性，加强管理，对多次上访人员做好了接待、疏导工作，履行了广远委托协议，确保了广远办公大楼工作的正常秩序。（王俊江）

【召开第四届八次职代会暨 2008 年工作会】 2008 年 1 月 29 日，物业公司在黄埔远洋酒店召开了第四届八次职代会暨 2008 年工作会。参会代表 45 人，列席代表 10 人。会议由工会主席吕英翼主持。审议通过了副总经理张清强作的《物业公司 2007 年的工作总结报告和 2008 年的工作计划报告》、吕英翼作的《工会工作报告》、财务经理林静作的《物业公司 2007 年度财务决算和 2008 年财务预算的工作报告》。在职代会上，企业方与职工方签订了新的《集体劳动合同》。（何永佳）

【召开第六届三次董事会】 2008年3月26日，物业公司召开了第六届三次董事会。会议由董事长傅伟主持。参加董事会的有董事池新旺、陈建钦、郑培贤、王玉生；张清强、曾德如、林静、张国明列席了会议。董事会审议通过了副总经理张清强所作的《物业公司2007年工作总结报告和2008年的工作计划报告》、财务经理林静所作的《物业公司2007年财务决算工作报告和2008年度财务预算的工作报告》。会上，张清强汇报了六届二次董事会决议的执行情况。 （何永佳）

【加强企业党建工作】 2008年7月，物业公司党委根据工作需要增设了党工部，负责党委、纪委、工会、共青团的日常工作。党工部成立后，认真履行岗位工作职责，制订了《公司党委党内重大决策征求意见制度》、《公司党委重大决策规则和程序》等相关党建工作文件，进一步完善了党组织的管理制度，加强了党委的执行力建设。同时，根据上级党组织的要求，结合本企业的实际，积极开展“三创建三促进”等主题活动。通过开展主题活动，进一步增强党员的先锋模范意识，调动了广大员工的工作积极性，提高了全体员工的服务质量，增进了部门之间的沟通交流，加强了物业公司与广大业主的联系，确保广远航运主业后方的和谐、稳定。是年，物业公司发展党员4名。 （郭铁兵）

【加强企业文化建设】 2008年，物业公司党委将企业文化建设纳入企业办公会的议事日程进行研究、布置和检查，成为促进企业和谐发展的重要环节。通过工会开展“创学习型企业，做学习型员工”活动，组织开展各种文体活动和理论研讨活动，组织全体员工开展读一本好书活动，92名员工写了读书心得体会。吕英翼、吴卫锋的读书体会荣获省直工委读书活动三等奖。 （郭铁兵）

【加强人员培训】 2008年，物业公司为全面提高员工整体综合素质，打造一支学习型的员工队伍，组织安排各种业务学习培训。岗位培训练兵7084人次；司机、电工、厨工、收费员、管理员、医生、教师等诸多工种职业资格培训416人次；其他各类培训6000人次。全年累计培训达13500人次。通过上述培训使员工岗位技能水平得到有效提高。 （何永佳）

【节能减排工作】 2008年，物业公司本着“精益管理，从细做起”的工作原则，制定了年度精益管理、节能减排工作实施计划。通过计划的实施，提高了员工精益管理意识，做到办公用品、行政费用、经营成本均精打细算，从而有效实现了企业节能减排的工作目标。 （何永佳）

【黄埔远洋酒店工作概况】 2008年，黄埔远洋酒店坚持以“顾客至上、服务第一”的服务理念，广开门路，招商引客，全年客房平均入住率达70%以上，收入比2007年增加7%。 （吴明强）

【上川远洋酒店工作概况】 2008年，上川远洋酒店全力抓好安全经营，对使用多年的消防逃生梯进行了更换。为了拓展经营，坚持以“顾客至上，服务第一”的工作原则，主动上门招揽业务，紧密与当地旅行社进行业务沟通，在受到台风自然灾害影响和国家改变节日长假的情况下，酒店仍然确保正常的收入水平。 （毛铮）

【外地房产清理工作】 2008年，物业公司加强对外地房产清理工作，分别对原广远驻青岛办事处、连云港代表处、大连办事处、宁波办事处、上海办事处的房产完善缴纳地价手续。其中，原广远驻宁波办事处办理了相关手续，并办理好土地证和房产证；原广远驻青岛办事处、连云港代表处按规定缴纳了地价。 （吴永洪）

【湛江分公司工作概况】 2008年，湛江分公司围绕商品房、员工房改房及出租房做好日常管理工作；加强规范化管理，确保企业安全稳定；主动与业主沟通，虚心接受各方意见，发现问题，及时整改，进一步提高了服务质量。 （陈上福）

【上海分公司工作概况】 2008年，上海分公司积极配合广远和物业公司房产部工作，对原广远驻上海办事处和宁波办事处2处物业加大出租力度，做好市场调查和物业出租租金的评估准备，通过积极宣传和张贴平面广告，有效缩短物业空置时间，确保广远外地物业保值增值。（龚乾慈）

【幼儿园工作】 2008年，物业公司管辖天河幼儿园、大沙地幼儿园2所幼儿园，共有教师46名、幼儿324名。物业公司对幼儿园的管理工作，严格按照广州市教育局的要求，做好师资的培训工作和人员的配置工作。与此同时，物业公司结合幼儿园的工作实际，加强了安全工作的管理，对幼儿园的食品卫生、采购渠道、设备、设施等的管理工作作了进一步的完善和规范，在不断提高教学质量的同时进一步规范招收幼儿的程序，确保幼儿教育工作持续发展。 （唐春燕）

第五节　广州经济技术开发区广远海运服务有限公司

【广州经济技术开发区广远海运服务有限公司简介】 海运公司是广远全资的有限责任公司（法人独资），注册资金5100万元。海运公司创建于1992年9月，主要业务包括船舶修理、机电设备安装，船舶设备、备件、物料供应，船舶监造及技术咨询服务，批发、零售贸易以及自营和代理各类商品及技术的进出口贸易业务等项目。

海运公司下设办公室、财务部、技术工程部、船舶监造部、润滑油销售部。

海运公司设董事会、监事会。时任董事长马宗梅，董事胡锦沛（1～2月）、林立兵（3～12月）、陈建钦、池新旺、徐国新。监事赵洪先。时任总经理兼党总支副书记徐国新，党总支书记陈建钦（1～2月兼）、党总支书记兼副总经理周舟（3～12月），副总经理林民育。员工52人。

（韩列艺）

【海运公司工作概况】 2008年，海运公司坚持“以航运业为依托，以修监造船为主业，以服务船东为宗旨，以创新经营为动力，以创造效益为根本，以安全稳定为基础，以强化管理为手段，以成本控制为重点，打造广远海运发展的新品牌”的总体工作思路，积极发展主营业务，完成了全年各项考核指标；船舶修理、船舶监造等主营业务取得了重大发展，船舶修理业务和陆用润滑油销售业务营业收入均创历史新高；完成4艘新造船的监造任务；加强企业管理，开展全员教育培训“红树林”工程，加大了员工的学习教育培训力度，制定了员工全年培训学习计划，全年共派出23人次参加相关业务学习培训，举办了3期全员教育学习培训班，共计156人次参加了培训；加强了企业文化建设，成立了篮球队、羽毛球队、乒乓球队、棋牌队等文体活动小组，组织员工开展丰富多样的文体活动，促进员工的心身健康。

(韩列艺)

【党建工作】 2008年，海运公司党总支以开展“三创建三促进”主题实践活动为契机，结合学创活动，牢固树立和落实科学发展观，建立和巩固保持共产党员先进性教育的长效机制，开展了“讲党性、重品行、作表率”活动。年初，制定和下发了党总支工作要点，对中心组学习、党课学习、员工学习培训、纪检监察宣传教育、监督检查暨效能监察等工作制定了详细的计划并坚持做到按计划执行。加强领导班子建设，开展争当“四好领导班子”创建活动，坚持民主集中制，严格执行“三重一大”操作程序，落实廉洁从业制度，坚持中层管理人员廉洁谈话制度，组织全体员工签署廉洁从业承诺书。对党员及全体员工进行爱国主义教育，组织全体党员及员工开展了庆祝中国共产党成立87周年的主题活动和参观东江纵队纪念馆等活动。加强对党支部工作的指导，在派驻黄埔船厂和舟山船厂2个监造组中成立了临时党支部。是年，该公司领导班子被广远党委评为“四好领导班子”。 (韩列艺)

【召开第三届四次职工大会】 2008年3月15日，海运公司召开第三届四次职工大会与工会会员大会、2008年工作会、安全生产工作会。会议由工会主席韩峰主持。全体员工出席了会议。大会审议通过了总经理徐国新作的《深化改革，创新经营，努力开创广远海运发展新局面》的工作报告、韩峰作的《工会工作报告》、财务经理何进伸作的《2007年度财务决算报告及2008年度财务预算报告》和《工会经费审查报告》。会上，总经理与各经营部门负责人签订了《2008年度经营目标管理责任书》和《2008年度二级安全管理目标责任书》。全体员工签订了《员工廉洁从业承诺书》。 (韩列艺)

【召开2008年董事会】 2008年4月7日，海运公司召开2008年董事会。参加会议的有董事长马宗梅，董事林立兵、池新旺、陈建钦、徐国新。会议由马宗梅主持。

会议审议通过了《总经理年度工作报告》、《2007年度财务决算报告及2008年度财务预算报告》。董事会对海运公司2007年所取得的成绩给予了充分肯定，并对今后的工作提出了要求。 （韩列艺）

【召开生产经营研讨会】 2008年5月31日，海运公司召开2008年生产经营研讨会。部门副经理以上人员出席了会议。会议由总经理徐国新主持。会议就该公司的发展方向、经营项目定位以及如何巩固现有业务，进一步开拓新的业务等事项展开研讨，确定了以航运业为依托，做好与航运业相关联的业务，并以船舶监造为平台，发展新造船舶配套产品制造业务的经营思路。会议还对资本运作、经营业务转型、客户关系维护、人才培养以及办公场所选择等事项进行了研讨。 （韩列艺）

【完成股权变更工商登记】 2008年6月24日，海运公司按照广远简化股权专项工作小组的要求，根据广远与建设实业签署的《国有股权无偿划转协议书》等完成了股权变更工商登记手续。至此，建设实业持有海运公司48%的股权正式划转至广远，海运公司成为广远独资的有限公司，企业类型由“有限责任公司”变更为“有限责任公司（法人独资）”。 （韩列艺）

【召开年中工作会】 2008年7月12日，海运公司召开年中工作会。全体员工出席了会议。会议由海运公司党总支书记周舟主持。岸产事业部运营总监林立兵、党工委书记陈建钦到会指导。会议传达学习了中远集团、广远2008年年中工作会议精神。会上，海运公司总经理徐国新作了《抓经营，促发展，保安全，力争圆满完成2008年各项工作任务》的年中工作报告，对企业半年来的经营情况进行了总结，对下半年的工作进行了部署。 （韩列艺）

【召开廉洁从业纪律教育月活动动员大会】 2008年7月13日，海运公司召开2008年廉洁从业纪律教育月活动动员大会。全体员工出席了会议。会议由总经理兼党总支副书记徐国新主持。党总支书记周舟向全体员工传达了广远纪委关于开展2008年廉洁从业纪律教育月活动的主要内容和要求，对该公司开展此项活动进行了动员和部署。动员会还结合纪律教育月活动的要求组织全体员工学习了中共十七大报告中关于反腐倡廉的内容。 （韩列艺）

【开展企业文化建设培训讲座】 2008年7月13日，海运公司开展了企业文化建设全员教育培训讲座。讲座由总经理徐国新主讲，题目是《企业文化在企业发展中的作用》。徐国新在讲座中分别从企业文化的定义、内涵、表现形式、内容、特点，在企业发展中的作用以及海运公司企业文化的现状和做法等方面进行了阐释，并结合相关案例和海运公司企业文化建设的实际，进行深入浅出的讲解。此次讲座使员工对企业文化有了更进一步的了解，对该公司推进企业文化建设起到了指引性的作用。

（韩列艺）

【安全管理工作】 2008年，海运公司的安全管理坚持“安全第一、预防为主、综合治理”的方针，做到组织落实，思想落实，责任落实。企业领导与各部门长签订了二级安全责任书，将安全指标和各项经济指标一起纳入年终考核；制订了《船舶监造安全工作条例》，并按要求检查落实；开展了“平安之旅”、安全生产“百日督查”和“安全生产月”等活动，每周编辑一期安全简报；做好安全隐患排查活动及车辆安全检查工作，全年共派出安全检查人员40多人次，排查安全隐患4次，并现场作了整改；组队参加了广远消防救生技能竞赛，组织员工参加了全国生产安全事故隐患排查治理知识竞赛等。是年，海运公司系列安全活动的开展，促进了企业的安全稳定，确保了全年安全无事故，被广远评为“2008年度安全生产先进单位”。

（韩列艺）

【工会工作】 2008年，海运公司召开第三届四次职工大会暨工会会员大会。会上，听取了海运公司领导关于企业经营情况和财务收支状况的汇报，为确保员工的知情权，严格按照《劳动合同法》的规定，维护员工的利益，与合同到期的员工续签了劳动合同；工会加强企业文化建设，认真开展工会理论研究；积极组织员工参与文体活动，成立了篮球队、羽毛球队、乒乓球队、棋牌队等文体小组；组队参加了广远职工篮球比赛、女职工趣味篮球比赛、消防技能竞赛等活动，并获优秀组织奖和精神文明奖；组织员工为抗击冰雪灾害、抗震救灾捐款等活动，取得良好效果。

（韩列艺）

【船舶监造工作】 2008年，海运公司船舶监造分设4个驻厂监造组，全年共完成4艘新造船的监造工作（其中2艘为广远系统内5900T沥青船，2艘为广远系统外9300T多用途船）。海运公司正在履约监造的新造船舶有中远远达所属的8艘32000T木材船、中远南方所属的4艘5900T沥青船、中远航运所属的2艘5000PCTC汽车船、厦远所属的2艘32000T木材船以及广州中远物流所属的1艘142M重大件运输船。是年，海运公司新签船舶监造合同5艘。

（韩列艺）

【精益管理】 2008年，海运公司制定了精益管理活动方案，将精益管理理念贯穿到生产经营管理的每一个环节，把成本控制、船舶监造周期和依托航运主业开辟新业务方面作为精益管理活动重点。该公司负责监造并交付使用的新造船都提前了一周交船，并且依托船舶监造业务开拓了新造船32000T木材船的绑扎立柱制造业务，扩大了业务范围。同时，该公司针对润滑油销售集团式的大客户少，零散式客户多，且客户分布除广州市区外，还有花都、从化、增城、番禺等区域的特点，为减轻油价不断上涨所造成的经营成本大幅上升的问题，对润滑油销售运输车辆及行车路线进行了优化配置，将客户分布区域及所在方向进行了归类划分，确定了5条主要送货路线。经过路线优化后，基本上做到了满载货出车，尽量减少了出车次数。由于海运公司采取了有效措施，润滑油销售营业额在比2007年同期增加30%的情况下，而送货车辆使费同期增加却不到5%，不仅有效控制了成本，符合节能减排的要求。该公司还从节电、节水、节约电脑耗材和办公用纸等方面开展了精益管理活动。全年办公费用与2007年同比下降了5.2%，达到了预期目标。是年，海运公司向广远报送了5个精益管理亮点。其中，获“入围奖”1个。该公司技术工程部QC小组的

QC成果“提高船舶修理效率”获广远级优秀成果奖，并被推荐参与广州市QC成果发表。（韩列艺）

【开展形势教育活动】 2008年11月4日，海运公司开展了形势教育活动，由党总支书记周舟对全体员工进行了形势教育。教育的主要内容为宣讲中共十七届三中全会精神，并结合当前国际金融风暴情况，对企业经济形势进行分析研究。这次活动使员工们进一步认清形势，了解市场现状，增强了危机感和责任感。（韩列艺）

【成功开发新造船舶配套产品制造业务】 2008年11月，海运公司与广州中船黄埔造船有限公司签订了32000T运木船的绑扎立柱制造安装合同。这次合同的签订标志该公司由船舶修理向新造船舶配套产品制造业务方面的拓展延伸取得了初步成功，扩大了该公司以航运业为依托发展的业务范围。（韩列艺）

【获广东省企联“两会”表彰】 2008年，海运公司作为广东省企业联合会、广东省企业家协会（以下简称广东省企联“两会”）第八届常务理事单位，积极参与广东省企联“两会”组织的企业联谊、学习培训交流等活动，业绩显著，被授予2008年度“优秀会员企业”称号。（韩列艺）

第六节　广州金桥管理干部学院

【广州金桥管理干部学院简介】 金桥学院是1993年10月在广州海员学校（以下简称海校）的基础上成立的，其前身是广远教育中心。2008年，金桥学院经过全面清理风险，将天河校区、番禺校区转让出去后，只保留了学院本部。金桥学院实行“四块牌子一个机构”的管理模式，综合利用金桥学院（大专）、海校（中技）、广东省广远职业技术学校（中职）、广州远洋教育中心（员工培训）4块牌子面向社会招收学生和为广远培训船员。

金桥学院下设综合办公室、船员培训处、财务处、学生/安全保卫处、教务处、航海系、外语系、轮机系、质量管理办公室。

时任院长兼党委副书记蔡志强（1～4月）、涂慕欧（5～12月），党委书记兼副院长凌保平，副院长蔡志强（5～12月），纪委书记兼工会主席郭智谋，院长助理马志华。员工110人。（叶国梁）

【金桥学院工作概况】 2008年，金桥学院在抓好教学、学生管理，搞好船员教育培训，确保校园安全稳定的前提下，开展全面清理风险工作，取得了阶段性成效。在实践中，理清了思路，明确了学院的根本宗旨是为航运主业服务的发展方向，努力争取更多项目，培训航海船员资质，积极谋求学院的和谐、稳定和科学可持续发展。是年，金桥学院全日制成人高等教育大专学历教育方面开设有：工商行政管理、会计电算化、会计与审计、计算机应用技术、商务英语、机电一体化技术、汽车检测与维修技术等7个专业，招收新生554

人，在校生 1113 人（均在校外办学点），毕业生 519 人。全日制普通高等教育大专学历教育方面开设有：工商行政管理、会计与审计、机电一体化技术（数控技术）、计算机应用技术、旅游管理、商务英语等 6 个专业，在校生 294 人，毕业生 513 人。成人业余大专学历教育方面开设有：工商行政管理、会计与审计、机电一体化技术、计算机应用技术、会计电算化、汽车检测与维修技术、商务英语等 7 个专业，招收新生 219 人，在校生 346 人，毕业生 106 人。函授本科（专升本）学历教育方面开设有：计算机科学与技术，在校生 27 人，毕业生 36 人。在全日制中专中技学历教育方面开设有：海洋船舶驾驶、海洋船舶轮机管理、国际海员（水手）、国际海员（机工）、模具制造与数控技术、现代汽车检测与维修技术、海关业务与外贸、计算机应用技术、财会与文秘、现代汽车商务、商务英语等 11 个专业，招收新生 444 人，毕业生 894 人，在校生 2331 人（其中校外办学点 1341 人）。在职业技术（在职员工培训）教育方面，全年开展各种类型的船员培训班主要有：船长考证班、大副考证班、轮机长和大管轮考证班，B01（基本安全）、B02（精通艇筏）、B04（高级消防）、B05（精通急救）、B09（保安员），GMDSS、水手适任班、机工适任班、知识更新培训、英语强化培训、船舶驾驶模拟操纵培训、船舶政委轮训等，共 5518 人次。其中，广远 2131 人次。（叶国梁）

【开展安全、法制教育月活动】 2008 年 3 月，金桥学院在全体学生中开展安全、法制教育月活动，制订了 3 个阶段的活动计划。教育活动形式有：学院领导和公安干警给学生上课、讲座、安全事故案例剖析、同学们大讨论等。通过开展安全、法制教育月活动，提高了学生们的安全和法制观念。（叶国梁）

【推进船员教育培训“红树林”工程】 2008 年，金桥学院认真落实为广远航运主业服务的定位，按照船员教育培训“红树林”工程推进计划，抓好落实各项船员培训任务工作，为航运主业提供“优先、优惠、优质”服务。全年为广远培训各类船员 2131 人次。（陈明兆）

【开展“红树林”工程员工培训活动】 2008 年，金桥学院制定加强员工教育培训“红树林”工程的具体计划，不断增强全体员工的综合素质和业务技能，进一步提高为航运主业服务的水平。金桥学院开展“红树林”工程员工学习培训活动，学院党委书记凌保平为教职员工进行了《金桥学院突发事件应急预案》和《精益管理理念的学习与应用》2 个专题的培训。（叶国梁）

【调整学院领导班子】 2008 年 5 月 6 日，广远对金桥学院领导班子进行了调整。调整后班子成员为：院长兼党委副书记涂慕欧，党委书记兼副院长凌保平，副院长蔡志强，纪委书记兼工会主席郭智谋，院长助理马志华。（叶国梁）

【依法依规清理风险】 2008 年，金桥学院对在多年社会办学经营中，由于各方面原因形成的诸多影响学院生存与发展的严重问题和风险进行了清理。1 月 17 日，广远正式成立金桥学院全面风险清理领导小组和工作小组，并按职能分工下设综合、人事、财务审计、安全法律4个小组。各职能小组在对金桥学院在办学和发展过程中存在的问题和风险进行全面摸查后，归类出财务、人事、办学发展等七个方面的主要风险。经过充分研究分析，按照广远要求，金桥学院作出了将天河校区和番禺校区转让出去的科学决策。在4月22日的学院院长办公会议上，讨论并通过了《天河校区整体转让协议书》和《关于转让天河校区资产的请示》2份报告，呈报广远审批。金桥学院新班子于5月6日调整到位后，加大了推进清理金桥学院风险的力度，竭力排除来自两个校区的各种干扰，周密部署，深入做好员工思想工作，逐步统一了广大员工的思想，采取有力措施，努力创造稳妥推进校区转让条件。5月20日，金桥学院与受让方签订了转让天河校区和番禺校区协议；6月24日召开了金桥学院职代会主席团扩大会议，审议并通过了《校区转让广远工工作安排办法》和《外聘人员劳动关系处理办法》,确保了学院校区转让工作在依法依规的框架下进行；6月底，金桥学院顺利完成了与249名外聘员工终止合同或终止劳务协议工作；7月中旬完成全部移交工作。　(叶国梁)

【进行机构改革和薪酬改革】　2008年，金桥学院在完成天河校区和番禺校区转让后，进行了机构改革和薪酬改革。在员工代表大会上通过了《广州金桥学院机构改革方案》、《员工竞聘上岗实施细则》、《广州金桥学院薪酬改革方案》。从9月16日起，金桥学院开始实施机构改革竞聘上岗，10月上旬基本完成机构调整和员工竞聘上岗工作。改革后，金桥学院机构由原来15个处系室缩减为8个。从10月起，金桥学院实施了新的工资体系。　(叶国梁)

【配合做好“红树林”工程技能竞赛准备工作】　2008年上半年，金桥学院接受承担中远航运举办2008年“红树林”工程技能竞赛的任务。这次竞赛主要设驾驶员大型船舶模拟操作、轮机员轮机模拟操作、轮机员货油模拟操作、水手、机工英语竞赛4个项目。根据广远和中远航运的要求，金桥学院认真研究制订训练计划，扎实做好训练工作；精心制定竞赛方案和竞赛规则，并反复与中远航运主管部门和人员进行协商，为比赛做好准备工作。在各方的共同努力下，7月16日，比赛顺利举行，并取得圆满成功。　(陈明兆)

【配合做好消防安全技能竞赛的组织、筹备工作】　2008年6月22日，广远在金桥学院举办消防安全技能竞赛。为了配合广远搞好这次消防安全技能竞赛，金桥学院组织专业技能教师认真研究制订竞赛规则，购置竞赛器材，布置竞赛场地，训练参赛队员，提供后勤服务，确保了广远2008年消防安全技能竞赛的顺利举行。(陈明兆)

【开展“明理、立志、勤学、成才”主题教育系列活动】　2008年下半年，为贯彻中共十七大和《国务院关于大力发展职业教育的决定》的精神，落实《中共中央、国务院关于进一步加强和改进未成年人思想道德建设的若干意见》，丰富职业学校学生德育实践活动，促进校园文化建设，强化实践育人实效，金桥学院按照广东省教育厅部署，在全校中职中技学生中开展了“明理、立志、勤学、成才”主题教育系列

活动，学院领导分别给学生作了专题辅导。
（叶国梁）

【召开七届一次职代会】 2008年9月12日，金桥学院召开第七届一次职工代表大会。出席大会正式代表31人，特邀代表3人。大会通过了院长涂慕欧作的《坚定信心服务主业，振奋精神共图发展》工作报告、工会主席郭智谋作的《工会工作报告》、财务处长王英作的《财务工作报告》以及通过了《广州金桥学院机构改革决议》、《广州金桥学院薪酬改革决议》。在职代会上，签订了新的《集体劳动合同》。
（叶国梁）

【召开第四次党员大会】 2008年9月3日，金桥学院召开中共广州金桥管理干部学院第四次党员大会，到会党员84人。会上，党委书记凌保平作了《金桥学院党委工作报告》，纪委书记郭智谋作了《金桥学院纪委工作报告》，党委办公室主任叶国梁作了《关于党费收缴、管理和使用情况报告》。会议选举产生了中共广州金桥管理干部学院第四届委员会和中共广州金桥管理干部学院纪律检查委员会；选举产生了党委书记、副书记和纪委书记。（叶国梁）

【获批新增船员培训项目】 2008年11月10日，金桥学院收到国家海事局于2008年10月24日签发的《关于同意广远职业技术学校开展船员培训的通知》，批准该校开展的船员培训项目有：甲类三副适任培训、甲类三管轮适任培训、雷达观测与标绘和雷达模拟器（B07）、自动雷达标绘仪（B08）、大型船舶操纵特殊培训（A10）。
（陈明兆）

【开展教学大检查活动】 金桥学院为加强教学管理，规范教学行为，不断提高教学质量，促进教风学风建设，于2008年11～12月开展了教学大检查活动。这次教学检查活动，对8次公开课进行了实习实操教学检查，分专业召开了3次学生座谈，在全体学生中开展了问卷调查，对教学大纲、教学计划、教案、作业进行了检查。
（叶国梁）

【召开水手、机工专业毕业班实习安排及实习管理专题会议】 金桥学院为了做好水手、机工专业毕业班的教学和实习安排，提前研究下学期的教学实习和管理工作，2008年12月2日召开了专题会。教务处、学生/安保处、船员培训处和财务处有关人员共6人参加。会议由副院长蔡志强主持。专题会就06级水手、机工专业下学期的教学实习以及实习期间的学生管理问题进行了研究讨论，并形成了会议纪要。（叶国梁）

【做好毕业生就业推荐工作】 2008年，金桥学院为做好毕业生就业推荐工作，落实好《毕业生就业教育计划》，召开了毕业生就业工作会议，举办毕业生就业招聘会。

金桥学院通过信函、电话、上门走访等方式联系用人单位500多个，为毕业生提供近2500个就业岗位，就业率达到74%。其中，普高毕业生就业率为81%，中专技校毕业生就业率为70%。（陈明兆）

【举办元旦晚会暨歌咏比赛】 2008年12月底，金桥学院举办2009年元旦文艺晚会暨歌咏比赛。在晚会上，除了学生表演和比赛节目外，金桥学院中层以上管理人员也表演了大合唱、小组唱等节目。

（叶国梁）

【表彰“博学善教、良师益友”优秀教师和班主任】 2008年，金桥学院一批教师和班主任获得学院“博学善教、良师益友”优秀教师、优秀班主任称号。其中，受表彰的优秀教师有张伟新、伍慧丹、刘振坤，优秀班主任有曹受霞、沈红英。

（叶国梁）

第七节　广州远洋通信导航有限公司

【广州远洋通信导航有限公司简介】 通导公司是以20世纪70年代初期建立的广远通信导航设备修理所为基础，由广远、香港海通通信仪器有限公司和新加坡日升企业有限公司3方合资，于1993年8月10日在广州注册成立的中外合资企业，注册资金250万。其中，广远出资75%，是通导公司的控股公司。2001年，广远通导中心撤销，部分职能和人员与通导公司合并，成立由原来隶属通导中心变为直接隶属广远的新的通导公司，企业的规模、机构、人员及经营范围等得到全面提升。2003年，通导公司原股东香港海通通信仪器有限公司机构改革和资产重组，将原占有通导公司的15%的股权转让给新成立的香港远通海运设备服务有限公司。通导公司由广远、香港远通海运设备服务有限公司和新加坡日升企业有限公司三方合资经营，广远仍是通导公司的控股公司。2005年，鉴于通导公司良好的经营业绩和发展势头，广远、香港远通海运设备服务有限公司和新加坡日升企业有限公司合营三方于2005年4月15日，在广州召开董事会，一致同意继续合营10年。2008年三方股东同意按股比同比增加注册资金750万元，年底完成相关增资手续，通导公司的注册资金为1000万元。

通导公司经过几年的改革发展，其主要业务已由过去单一的传统维修业务发展到涵盖通导、自动化及船岸电子设备的销售、安装、检验、维修、产品研发、生产、造船设计、新造船整体打包等；其他服务项目还包括船员“驾通合一”培训，通导行业标准化研究，教材及通信导航杂志发行等业务。

通导公司具有众多资质认证。先后获得中国CCS、美国ABS、德国劳氏GL、挪威DNV、日本NK、意大利RINA、法国BV、英国劳氏LR、希腊INSB、印度IRS、韩国KR和台湾CR中国验船中心等船级社颁发的无线电安全检验资格证书，中国船级社GMDSS岸上维修资格认证证书；还获得中国CCS、美国ABS、法国BV等多家船级社授权的对“黑匣子”（VDR）的检验资格。此外，通导公司还获得法国 BVQI-ISO9001 质量体系认证证书、广东省“两个密集型”企业及产品认定证书，2008 年获广东省高新科技企业认定证书。通导公司还是中国国家标准委员会和中国交通部信息通信及导航标准化技术委员会成员，负责编写、修改 GMDSS 等相关国家标准和行业标准。

通导公司还作为 TOKIMEC、JRC、CONSILIUM、FURUNO、LITTON MARINE、RAYTHEONANSCHUTZ、KELVIN HUGHES、RACAL-DACCA、ATLAS、VINGTOR、JMC 等国际知名航海通信导航设备厂商的维修代理和日本 TKC、美国 LITTON MARINE 公司的销售代理，负责上述厂家和公司的设备备件在中国地区的销售、保修、信息交流及技术培训等。

2008 年，通导公司共有初、中、高级专业技术人员 70 余人，大部分曾被派往美国、德国、日本、丹麦、新加坡、韩国等国家的专业技术机构和设备生产厂家接受技术培训。企业还组织一批精干的技术人员大力进行船舶通信导航设备以及配套产品的研究和开发，并引进一批先进的检测设备和测量仪器，逐步建立了多个实验室。

通导公司注重企业文化建设，该公司的核心价值观是：永远追求领先，追求创新，造就一支杰出的通导人才队伍；企业方针是：阳光、和谐、高效、有为；企业使命是：将企业建设成为员工事业的摇篮和生活的家园；企业宗旨是：客户满意、员工满意、股东满意、社会满意；经营理念是：谋求共同发展，追求完美服务；经营方针是：诚信为本，客户至上；企业精神是：人人努力学习，个个奋勇争先；企业愿景是：争做通导行业中国第一，世界知名。

通导公司机构下设市场部、造船部、技术部、质保部、工程部、产品部、综合管理部、财务部。

通导公司设董事会。时任董事长傅伟（1～10 月）、马宗梅（11～12 月），副董事长陈坤波、符昭德，董事陈建钦、孟政（1～11 月），监事曾德如、范桂新。时任总经理兼党总支副书记孟政（1～12 月 26 日）、总经理闭晴安（12 月 27 日以后）。党总支书记兼副总经理涂慕欧（1～4 月）。

（任国庆）

【通导公司工作概况】 2008 年，通导公司领导班子带领全体员工坚持与时俱进、奋发拼搏、创新管理，经营效益创造了历史新高，超额完成攻坚利润指标，圆满完成各项任务，两个文明建设取得显著成果。

通导公司形成通导工程服务、新造船配套业务和产品研制三大骨干业务和船员培训、标准化研究等辅助业务。在通导工程服务方面，共检修船舶 1500 余艘次，装、检、修通信导航设备 2000 多部（套）；在新造船业务方面，全年承揽新造船通导业务 80 余艘，完成新造船 50 余艘业务工程；在产品研制和销售方面，完成驾控台、分罗经支架、舵机控制系统、GPS 信号分配器、数字式罗经分显示器的研制生产，并做好 GPS 卫星罗经 COSCO IGC-800、测深仪 COSCO DS1068、高频电话 COSCO GC-600、分罗经驱动器 COSCO RD10 销售工作，逐步建立起全球销售网络；在船舶“驾通合一”通信导航岗位技能培训方面，完成培训驾驶员（兼职船舶无线电员）100 多人次，进行人力资源战略规划，修改和完善了第二个五年规划战略目标，提出使企业业务形成产品、销售、服务一条龙的业务组合，实现企业持续、稳定、健康发展。

通导公司生产经营稳步推进，安全形势持续稳定，年内未发生任何生产安全事故，治安保卫工作实现“三无”（无火灾安全事故、无重大交通事故、无重大群体性事件发生）。通导公司党总支积极开展争创排头兵活动和中共十七大精神学习宣传活动，全面促进企业领导班子建设、员工队伍建设、党建工作、党风廉政建设和效能检查工作、思想政治工作、以及工会和共青团工作的健康发展。（任国庆）

【开展“以中共十七大精神引领公司发展”为题的征文比赛】 2008年1月，通导公司为了充分调动党员干部和广大员工学习中共十七大精神的积极性，掀起学习贯彻中共十七大精神的热潮，开展了“以中共十七大精神引领通导公司发展”征文比赛。征文活动得到了各部门的大力支持，大家踊跃参加，共收到征文14篇，选出了一等奖1名，二等奖3名，三等奖5名。通过举办征文活动，进一步加深了党员、员工对中共十七大精神的理解。（任国庆）

【举办“增活力展风采，足球友谊常在”足球友谊赛】 2008年1月25日，通导公司足球队与文冲船厂生产部足球队在奥林匹克体育公园足球场进行了一场足球友谊赛。通导公司总经理孟政为比赛开球。经过90分钟的比赛，双方最终将比分定格为3比3。此次足球赛既达到锻炼身体、培养团队精神的目的，又增进了双方的友谊和感情。（吴江波）

【提早锁定新乐船厂造船订单】 2008年入春以来，通导公司承接的新造船通导设备订单延续了2007年以来的良好势头。2月16～18日，造船部有关人员拜访了宁波新乐船厂，双方进行了友好的洽谈。新乐船厂对通导公司具备的船舶通信导航技术、解决新造船过程中相关问题的能力及设备安装调试人员负责任的工作态度给予充分肯定和高度评价。这次拜访，双方签订了新乐船厂2009～2011年间承建的12艘新造船通导设备合同。该合同的签订，既巩固了通导公司与新乐船厂战略合作伙伴的关系，又为通导公司进入北方新造船市场打下了坚实的基础。（吴江波　赵新）

【召开2008年员工大会】 2008年2月20日，通导公司召开2008年员工大会。参加会议的有总经理孟政、党总支书记涂慕欧、总经理助理汤坦夷，监事曾德如、范桂新及全体员工。孟政、涂慕欧、汤坦夷分别做了专题报告。大会表彰了2007年通导公司先进集体和先进个人。孟政还分别与各部门负责人签订了2008年经营管理目标责任书。（任国庆）

【参加中远集团2008年通信导航工作会议】 2008年3月6～7日，中远集团2008年通信导航工作会议在珠海召开。通导公司总经理孟政、党总支书记涂慕欧参加了会议。孟政在会上介绍了《通信导航》杂志复刊的准备情况，并对GPS罗经、驾控台等自主产品作了宣传。

（吴江波　岑实）

【推进技术标准战略受广州市政府奖励】 2008年4月9日，通导公司派员参加了广州市政府举办的“广州市推进技术标准战

略工作会议”。会议对广州市的22家单位予以表彰，并颁发了“资助牌”。通导公司因主持撰写交通行业标准《船用雷达性能监测器》而获得政府9万元的资助。

通导公司长期以来重视推进技术标准战略，在交通行业中具有一定的地位和知名度，是交通运输部通信导航标准委员会成员和交通运输部水上无线电通信业务技术研究小组成员，参与了多项国家和行业标准的撰写和修改。（朱克洪 杨静）

【启动青年后备干部骨干人才培训方案】 2008年4月14～18日，通导公司在本公司范围内启动青年后备骨干人才培训方案，培养对象为30岁以下德才兼备的优秀青年人才。选拔过程为：由本人提出书面申请，所在部门推荐，综合管理部进行资格初审，企业领导审批等程序，最终确定培养对象。青年后备干部骨干人才培训方案的启动，表明通导公司将人才培养纳入企业发展战略的重要组成部份，为广大青年员工提供了良好的培训机会和发展平台。

（任国庆 吴江波）

【与韩国三星重工签订船舶自动化代理协议】 2008年4月8～10日，韩国三星重工业株式会社中国首席代表康英植对通导公司进行了访问。双方就三星重工的自动化系统和配电板的代理事宜充分交换了意见，进行了设备技术交流，双方签署了船舶自动化和强电系统代理协议。此外，双方还就通导公司适时选派相关人员到韩国进行技术培训达成一致意向。（吴江波 李檬）

【加强三星重工自动化业务的开拓】 通导公司为推进韩国三星重工船舶配电盘和自动化系统的市场开拓，2008年4月13～16日，总经理孟政对长江三角洲地区的客户进行了拜访。4月13～14日，孟政与宁波新乐船厂洽谈了4艘7000T驾控台后续合同并基本达成合作意向。新乐船厂对通导公司船舶通信导航设备打包的综合能力表示赞赏，并对三星重工船舶配电盘和自动化与通导设备综合打包的业务表示浓厚兴趣。4月15日，孟政拜访了上海中远船务公司，与上海中远船务公司领导进行了洽谈。在洽谈中，孟政对通导公司的概况和三星重工船舶配电盘和自动化系统进行了详细介绍。上海中远船务公司领导听取介绍后，对通导公司在船舶通信导航方面的综合能力表示肯定，并就改造船等业务达成共识。4月16日，孟政拜访了中海电信总部，双方在船舶通信导航领域的合作交换了意见，对JRC和TKC设备的业务交换，进行了愉快的交谈，并就三星重工设备的合作事宜提出了建议，双方就结成战略合作伙伴达成一致意向。（吴江波）

【启动“青年岗位能手”评比活动】 通导公司团总支为弘扬“五四”精神，激发广大团员青年爱岗敬业的热情，于2008年5月4日在番禺百万葵园召开“青年岗位能手”评比活动启动仪式。评比活动从5月4日至6月3日为期一个月。青年岗位能手的活动评选与通导公司开展的“继续解放思想，坚持改革开放，争当实践科学发展观的排头兵”活动紧密结合。团总支通过认真、公正、考察、选拔、推荐、审查等过程，把思想素质高、工作能力强、工作业绩好的青年选拔出来，号召广大团员青年学习，有力推动了团组织的建设和企业的人才队伍建设。（吴江波 赵新）

【召开“红树林”工程动员大会暨青年后备骨干培训计划启动仪式】 2008年5月16日，通导公司召开“红树林”工程动员大会暨青年后备骨干培训计划启动仪式。岸产事业部党工委书记陈建钦，通导公司总经理孟政出席了会议并作了讲话。陈建钦、孟政强调了开展“红树林”工程对通导公司的深远意义。会议决定加大员工教育培训的投入，从整体上提高员工队伍的综合素质，使人才队伍建设与企业迅速增长的业务势头相适应。 （殷春芳　吴江波）

【举行防灾综合演习】 2008年5月15日，通导公司举行防灾综合演习活动。演习主要针对突发的灾害，如地震、火灾、爆炸等，组织大家如何在第一时间逃生和救助。演习前，通导公司制定了防灾预案，对逃生、救助、消防等演习提出了要求，安全部门进行了明确的分工。全体员工在20分钟的演习中，做到有序、快速逃生，企业领导迅速了解灾害情况，立即组织人员展开救助行动。综合演习获得成功。

（汤坦夷　吴江波）

【进行消防演习】 2008年5月15日，通导公司进行了消防演习。演习整个过程安排紧凑，指挥人员快速从容调度，全体员工认真配合。通过消防演习，提高了员工有效应对火灾的能力。

（汤坦夷　吴江波）

【取得日本JMC产品中国（华南）地区总代理权】 2008年6月11日，通导公司与日本JMC公司就JMC产品代理事宜进行了洽谈。经过双方友好协商，通导公司取得日本JMC产品在中国（华南）地区的总代理权。JMC产品的代理填补了通导公司在通信导航小型设备上的空白，使得代理的通导设备产品更加完善。 （岑实）

【三方股东对通导公司增资】 2008年6月，广远和香港远通海运设备服务有限公司、新加坡日升电子有限公司3方股东共同出资750万元给通导公司增资。增资后，通导公司注册资本达到1000万元，3方股东持股比例不变。注册资本的增加，使通导公司在扩大已有新造船业务、通导设备修理的市场份额基础上，为新产品研发提供了必要的资金保障。 （任国庆）

【日本TOKIMEC公司前来进行自动舵技术交流】 2008年6月16~21日，日本TOKIMEC公司到通导公司访问，就TOKIMEC自动舵的选型及自动舵与舵机间接口作技术交流。TOKIMEC技术人员对通导公司销售及技术工程师30名人员进行自动舵的选型及自动舵与舵机间接口技术处理的培训。 （吴江波　李檬）

【派遣工程师赴韩国进行“三星重工VDR和自动化系统”培训】 2008年6月23日至7月4日，通导公司派出工程师林志芳、吴伟涌赴韩国参加“三星重工VDR（SVDR）和自动化系统（SSAS）培训”。这次培训是三星重工公司在全球范围举行的一次技术培训，培训介绍三星重工的VDR和自动化系统SSAS的型号、配置、功能，并在实验室进行修理和调试实操，三星重工VDR回放软件操作和自动化系统SSAS的软件（GITOS、BUILDER）的设置、编辑及操作。林志芳、吴伟涌通过培训，对三星重工VDR和自动化系统

（SSAS）有了进一步的了解，顺利通过培训考试并获资格证书。（吴江波）

【为交通运输部海事局官员（PSCO）讲课获好评】 2008年6月30日至7月1日，7月14～22日，交通运输部海事局分别在东莞和珠海举办“港口国监督检查员（PSCO）知识更新培训班”。担任培训班授课的人员有海事局的领导、海事局安全与培训部门的负责人、英国船级社和中国船级社的资深验船师。作为交通运输系统的企业，通导公司是唯一有幸应邀派出教师的单位。为此，通导公司选派了有经验的师资为46名海事局官员（PSCO）讲课，深得参与培训人员的赞赏，一致认为通导公司人员的讲课既紧跟国际规范的新要求和通导技术的新发展，又密切联系国内水运系统的实际，深入浅出，有很大的启迪作用。（朱克洪）

【进行“三星重工VDR和自动化系统”培训】 2008年7月9日，通导公司举行三星重工VDR（SVDR）和自动化系统（SSAS）培训。由派去韩国三星重工学习的工程师林志芳、吴伟涌主讲。参加培训的有技术部、工程部、造船部等部门共30名员工。通过培训，使参加培训者对三星重工VDR和自动化系统（SSAS）有了初步的了解，有助于促进通导公司和三星重工合作项目的顺利开展。（吴江波）

【通过英国劳氏LR船级社的年审工作】 2008年7月9日，英国劳氏LR船级社到通导公司进行了无线电检验证书的年度审核。LR广州办事处的高级验船师MR、NARA对通导公司的新增检验人员的学习及培训等情况进行了详细的核查。此外，MR、NARA还抽查了通导公司从2007年6月起的LR船舶检验记录以及该司所掌握的相关国际规范情况。英国劳氏LR对通导公司进行了2小时的审核，认为通导公司的材料和执行情况符合劳氏的要求，MR、NARA宣布通导公司通过本次年度审核。（杨静）

【开展“迎奥运，树新风，保安全，促发展”主题活动】 2008年7月31日，通导公司举办“迎奥运，树新风，保安全，促发展”主题活动。活动第一部分由安全委员会组织对企业内部进行安全检查，对船舶施工现场检查，并对新进员工进行安全教育培训；第二部分由各部门负责整理部门内务卫生并进行评比；第三部分召开员工大会，由总经理孟政传达岸产事业部上半年经济分析会的内容，分析通导公司上半年的经济运行情况，对各部门生产经营情况进行点评，并对下半年的工作进行部署。（殷春芳　吴江波）

【开展廉洁从业知识竞赛活动】 2008年8月15日，通导公司举行廉洁从业知识竞赛活动。各部门代表组合成4支代表队参加了角逐。比赛中，各代表队选手反应灵敏，对答如流，精彩的回答和默契的配合赢得台下观众阵阵掌声。经过必答、小组共答和抢答等多回合的激烈较量，最终由市场部、质保部组成的第3代表队获得了一等奖，并选拔出殷春芳等4位选手组成通导公司代表队参与8月22日在广远举行的廉洁从业知识竞赛活动。（任国庆）

【FURUNO 公司派专家到通导公司进行技术培训】 2008 年 8 月 25 日，FURUNO 厂家派 4 名专业技术人员在通导公司培训室举行为期 5 天脱产技术培训。这次讲座吸引了中远南方、上海通导公司、天津通导公司、大连海洋电子公司等 20 余家技术主管和部分船东代表参加。本次培训既有理论学习，又有现场操作示范，具有很强的针对性和操作性。培训期间，通导公司领导与 FURUNO 有关商业代表进行了正式的会谈，双方就产品代理合作、技术服务跟踪、维修服务代理等进行了可行性探讨，达成了一定的共识，为双方业务合作奠定了基础。（严剑锋　吴江波）

【国家海事局同意通导公司开展海员 GMDSS 操作员培训】 2008 年 9 月 1 日，通导公司收到国家海事局同意其开展船员培训的批复。为此，通导公司根据国家海事局的要求，加强内部管理，对 GMDSS 通用操作员培训质量进行监督管理。（陈初阳）

【黄埔分公司完成工商注册登记】 2008 年 9 月 19 日，黄埔分公司完成工商注册登记。通导公司自天河区天河直街 18 号搬迁至黄埔区海员路 138 号以来，注册地址一直未办理变更。通导公司为继续享受天河区高新技术企业的相关优惠政策，并规避企业的异地经营风险，开展了规避企业注册地址风险整治行动，在广远法顾室的大力协助和物业公司的大力支持下，完成了企业地址的变更，并于 9 月 19 日领取了工商营业执照。（吴江波）

【团总支积极开展学习共青团十六大精神】 2008 年 9 月，共青团十六大召开以来，通导公司团总支从企业的实际情况出发，结合团员、青年的特点，以集中学习和个人自学相结合的方式，认真学习共青团十六大报告，深入解读新《团章》，在青年团员中营造了浓厚的学习氛围。在学习共青团十六大精神过程中，广大团员、青年积极撰写心得体会，进一步提升自身的理论知识，使学习收到了较好的效果。

（吴江波　赵新）

【顺利通过 BVQI ISO9001 质量体系认证审核】 2008 年 10 月 9 日，法国 BV 船级社对通导公司 ISO9001 质量体系运行情况进行监督审核。该审核员就通导公司质量目标、与顾客有关的过程、采购控制等多个要素进行了深入的审核。审核主要涉及总经理、综合管理部、市场部、技术部等部门。BV 最终审核结论为：通导公司质量体系符合 ISO9001：2000 版的要求，推荐继续使用 ISO9001BVQI 认证证书。（杨静）

【组织女职工参与广远趣味篮球赛活动】 2008 年 10 月 16 日，通导公司工会向全体女职工传达了广远工会下发的《关于广远系统女职工趣味篮球赛有奖活动的通知》精神，并进行了动员。女职工们对篮球赛活动表示浓厚的兴趣，并乐意参与。为此，通导公司工会提出了队员选拔方案和训练方案，规定了每周的训练时间，并指定 2

名男子篮球队员作为教练来指导女子篮球队员进行训练。通导公司女子篮球队在参加广远的比赛活动中，赛出了水平和风格。通导公司为此获优秀组织奖。

(汤坦夷　牛渝萍)

【召开应对金融风暴战略研讨会】 2008年11月10日，通导公司为应对美国次贷危机引发全球金融风暴对航运业的影响，解决因金融风暴引起的不稳定因素，使企业继续保持持续增长的良好势头，召开金融风暴战略研讨会，研究相关应对措施。通导公司领导和各部门经理参加了会议。会议认为，在金融海啸影响下，当务之急是必须尽快解决应收帐款问题，这是企业生存和发展的头等大事，业务部门制订相应措施，将应收帐款催收工作放在各项工作的首位。会议还提出严格控制人力资源成本，集中优势抓生产；严格控制经费支出；加强技术培训，提高工程人员业务水平、工作效率和服务质量；在谨慎投资的前提下推进合作研发新产品步伐；加强VIP客户的跟进与管理；对新造船订单应审核合同条款，明确预付款金额和违约责任，防范船厂撤单风险；加强内部管理，健全内部管理制度，实行流程化管理；加强修船业务的一线承揽与市场开拓，领导强调，应在困境中寻求发展的机会，确保平稳过渡，稳步发展，同时积蓄能量，蓄势待发，为通导科学发展打下坚实的基础。

(任国庆)

【推进企业内部网络化办公建设】 从2008年12月18日起，通导公司充分利用通导OA的网络资源，将各类下发的文件通过内部OA及时呈报企业领导。待领导批示后再由具体部门经办处理。网络化的办公程序大大缩短了文件处理时间，提高了办公效率。　　(任国庆　吴江波)

【"驾通合一"通信导航岗位技能培训工作】 2008年，通导公司以"驾通合一"通信导航岗位技能培训作为企业拓展市场领域的重要补充.利用技术和人才、设备优势为广远系统及其它航运公司培养"驾通合一"人才。在中远航运各级领导的关心、支持下顺利完成4期"驾通合一"培训，培训人数98人。同时，通导公司积极拓展外部市场，赴海南岛对海峡航运公司12艘船进行船舶现场培训，为广州航道局的驾驶员进行授课等。为了提高培训质量，通导公司为实验室增加了C站、1570组合电台等十几万元的教学设备，使教学实验设备满足于船舶实际需求，满足教学的需要；对《"驾通合一"培训教材》进行多次改版，使教学内容更加新颖，语言通俗易懂、图文并茂；在课程设置方面，将理论和实操比例设为1:3，将重点放在掌握通导业务的基本知识、通导设备的基本操作及简单故障判断维修和PSC无线电安全检验、船舶应急通信等方面。通过考试和学员的反馈以及航运公司对学员工作的测评，培训达到了预期的效果，学员基本掌握了船舶通信导航业务、设备操作及故障判断和维修的技能，为船舶安全航行保驾护航。

(吴江波　张治军)

【获广东省高新技术企业证书】 2008年12月16日，通导公司顺利通过广东省高新技术企业第一批的认定，享受2008年度高新技术企业的优惠税收政策。

(任国庆　吴江波)

第八节　广州远洋宾馆有限公司

【广州远洋宾馆有限公司简介】　远洋宾馆位于广州市环市东路412号，是广远与香港新贸航业有限公司合资经营的一家四星级宾馆。1986年2月1日，远洋宾馆成立并试业，8月28日正式营业。远洋宾馆成立初期是一家楼高21层的三星级酒店。双方股东于1996年投资，在原大楼顶层增建了5层。同年，远洋宾馆被国家旅游局评为四星级商务酒店。2001年4月29日，经外经贸部批准，远洋宾馆双方股东再次进行增资，并将合资经营期限延长为31年，即从1985年1月11日至2016年1月10日。增资后，远洋宾馆的投资总额和注册资本由原来的800万美元增加至1326万美元。其中，广远占51%股份，香港新贸航业有限公司占49%股份。2008年7月17日，经外经贸部批准，远洋宾馆股东变更为广远与香港天星船务有限公司。股东变更后，投资总额不变，仍为1326万美元，其中，广远占51%股份，香港天星船务有限公司占49%股份。

远洋宾馆营业面积为2.3万平方米。2005年下半年，远洋宾馆开始进行大规模的装修改造，新增2500平方米经营面积的资源，使原有的各类高级商务客房增至290间，具有1个可容纳500余人的多功能国际会议厅，8个专业的商务会议室，1个容纳270人就餐的宴会厅；同时设有“澳门街”风味餐厅、西餐厅及大堂酒吧，并附有商场、俱乐部、美容美发中心等。为给入住客人提供便利，远洋宾馆还设有商务中心、票务中心、健身房、停车场、银行、邮政、24小时便利店、医疗室、洗衣房、泳池、桑拿中心等多项服务功能及设施。

远洋宾馆下设总经理办公室、市场销售部、人事培训部、财务部、房务部、餐饮部、工程部、保安部、运输部、采购供应部。

远洋宾馆设董事会、监事会。时任董事长徐惠兴，董事胡锦沛（1～2月）、林立兵（2～12月）、池新旺、王玉生、施金安。监事会主席王久杰、监事张访苏、王孜孜。时任总经理施金安，党总支书记陈建钦（兼），副总经理洪舸，财务总监杨泱（1～4月）、陈永彩（5～12月）。员工692人。（郭霖）

【远洋宾馆工作概况】　2008年，远洋宾馆贯彻落实科学发展观，在整体市场情况严峻的环境下，营业收入实现整体效益稳步提升。全面推进第四期装修改造工程，重点突出远洋特色，使设施、设备得到较大改善；以创新思维推进精益管理，合理优化资源配置，做到不断精益化和持续改进；面对国际金融海啸的影响，把全面风险管理工作放在日常经营管理的重要位置，稳步提高全面风险管理水平；着力围绕以人为本、构建和谐企业攻坚克难，加强对员工的关怀，真正做到发展依靠员工。是年，远洋宾馆被广州市人民政府授予“2006～2007年度安全生产先进单位”称

号；被广州市国家税务局、广州市地方税务局联合评定为“2006～2007 年度纳税信用等级 A 级纳税人”。（郭霖）

【客房经营效益稳步提升】 2008 年，远洋宾馆在整体市场严峻的形势下，提高捕捉市场的敏锐性，掌握市场新动态，进行市场细分，积极拓展销售渠道，抓住会展、广交会等有利的市场机遇，发挥自身优势，创造效益价值最大化，使各项经营指标与同行对标保持领先地位。是年，远洋宾馆想方设法加强客房营销工作，进一步挖掘销售员的潜能，加强与订房中心的沟通联系，巩固合作关系，客房销售量达到 2203 间/夜，比 2007 年增加 510 间/夜；旅行社方面通过专人负责，在稳定原有客源的基础上，努力开发新的合作伙伴，新签订 7 家国内旅行社。在销售工作中，不断加强信息化建设，利用自有的罗盘网络平台加强直销，减少对订房中心的依赖性，扩展销售渠道，提高了酒店的直接盈利能力。全年客房销售额达到 1444 万元，与 2007 年同比增加了 29 万元。（郭霖）

【餐厅经营成为新亮点项目】 2008 年，远洋宾馆落实“增收节支、开拓创新”的经营管理理念，以经济效益、社会效益双赢为目标，坚持“员工至上、顾客第一、尽善尽美”的服务宗旨，上下一心，努力做好各项服务和管理工作。在第 104 届广交会期间，展馆外卖点总营收比 2007 年同期增长 72.13%，创下了单日营收历史新高；月饼从销量、均价、利润等方面都远远高于往年，销售量达到 55862 盒，与 2007 年同比增幅 49.8%。是年，餐饮全年营收实现 3173 万元，刷新了历史新纪录，超额完成全年的经营指标，餐饮摆脱了亏损，获得盈利。（郭霖）

【财务管理工作】 2008 年，财务部根据实际运作情况和管理要求，新制定出台了 4 个管理规定和 8 个操作规范，使财务在稽核和内部控制方面发挥更好的监控作用。5 月份，餐厅更换千里马点菜系统，改变了运行 22 年以来旧的点菜模式，缩短了手工下单到厨房的传递过程，大大提高了工作效率，并且达到点菜下单和收款结账程序的分离，起到互相监督的作用，使管理更加趋向合理化、制度化、科学化。是年，广远对委派的财务总监进行了岗位轮换，财务部做好相关交接班工作，财务管理方面呈现新的气象。（朱艳清）

【广州市旅游局检查组来馆进行质检】 2008 年 1 月 22 日，由广州市旅游局局长朱力带队莅临远洋宾馆进行春节前的安全检查工作，重点是检查现场，咨询员工安全知识，检测消防设备和安全档案管理等方面。远洋宾馆副总经理洪舸等人向检查组汇报了远洋宾馆一年来安全工作的开展情况。朱力对远洋宾馆安全管理制度的建设、安全资金的投入，以及员工安全教育等方面给予了高度的赞扬，并提出了新的要求。（翟韵琳）

【女职工喜获登山接力赛奖杯】 2008 年 3 月 5 日，由广东省总工会女工委与广东省机场集团公司工会女工委在白云山联合举办了 2008 年“白云杯”省直女职工迎奥运登山接力比赛活动，共有 50 个单位女职工队伍参加。远洋宾馆员工陈招娣和唐红兰与其它兄弟单位的 2 位队员代表广远参赛，

并在比赛中获得第四名。（翟韵琳）

【获“2007年度达标先进工会”荣誉称号】 2008年3月24日，广远工会召开八届七次全委会暨2008年工作会。在会上远洋宾馆工会被广远工会评为“2007年度达标先进工会”。（翟韵琳）

【参加2008年广州国际旅游展销会】 2008年4月，远洋宾馆与远洋大厦、大富酒店、香港中远酒店、上海远洋宾馆、青岛远洋宾馆联合组成“中远联盟酒店”参加了在广州锦汉展览中心举行的广州国际旅游展销会。会上，“中远联盟酒店”展位备受瞩目，受到了旅游专业人士和市民的关注。（郭霖）

【宾馆篮球队成立】 2008年4月，远洋宾馆为进一步丰富员工业余生活，提高员工身体素质，成立了开业以来首支员工篮球队，由工会主席洪舸任队长，共有28名队员。篮球队在参加广远2008年“广远杯”职工篮球赛中，获得第三名。（郭霖）

【召开第四届董事会第十次会议】 2008年4月11日，远洋宾馆召开了第四届董事会第十次会议。会议由董事长徐惠兴主持。会议审议通过了《远洋宾馆2007年工作总结》、《财务决算报告》、《2008年工作计划》、《财务预算报告》、《装修改造提案》等。会议同意远洋宾馆2008年的工作思路和举措，并对远洋宾馆2008年的工作提出了意见和要求。（郭霖）

【团总支顺利完成换届选举】 2008年4月22日，远洋宾馆团总支召开会议，进行换届选举。到会21名团员以无记名形式选举产生了远洋宾馆团总支新一届委员会委员，翟韵琳、郭霖、付敏娜当选。同日，团总支新一届委员会召开第一次委员会议，选举翟韵琳为团总支书记，郭霖为团总支宣传委员，付敏娜为团总支组织委员。（郭霖）

【风帆西餐厅装修复业】 2008年4月30日，远洋宾馆对27楼月恒西餐厅进行全面装修改造。7月2日，风帆西餐厅正式复业。该厅的装修设计，由曾设计过远洋宾馆一、二期装修改造工程的香港国际著名酒店装修设计师陈俊豪设计。装修后的营业面积从原来400平方米增加至550平方米，风格沿袭了远洋宾馆大堂等公共空间的设计理念，与远洋宾馆经营环境趋于整体化。27楼风帆西餐厅的全新改造，进一步改善了服务硬件环境，提升了餐厅整体硬件水平。（郭霖）

【召开建党87周年党员大会】 2008年7月1日，远洋宾馆党总支召开党员大会庆祝中国共产党建党87周年。会上，与会党员回顾了中国共产党的光辉历史，交谈如何加强党组织建设，如何发挥共产党员的先锋模范作用。会议通过3名预备党员按期转正，通过发展2名员工为预备党员。（郭霖）

【关爱女员工健康】 2008年7月11日，远洋宾馆举行“女员工保健知识讲座”，邀请了广州市越秀区第三人民医院妇幼保健专家、妇科副主任医师张医生前来讲课，为全体女员工讲授各类女性心理及生理保

健知识。（郭霖）

【党总支任期届满换届选举】 2008 年 8 月 1 日，远洋宾馆召开党员会议，进行党总支任期届满换届选举。会议由远洋宾馆总经理、党总支副书记施金安主持。会议按照《中国共产党党章》的选举规定，采用差额选举办法，通过无记名投票方式进行民主、公开的选举。会议审议通过《第二届党总支选举筹备工作报告》、《广州远洋宾馆党总支换届选举办法》。经表决，陈建钦、施金安、洪舸、陈永彩、黄伟民当选为党总支委员。通过无记名投票，选举陈建钦为新一届党总支书记，施金安为新一届党总支副书记。（郭霖）

【开展“红树林”工程活动】 2008 年 3 月，远洋宾馆开展了“红树林”工程活动，各部门努力创建优质服务窗口，在员工中推行优质服务理念；组织一线部门员工进行宾馆公共知识培训和全面考核；举行了“远洋宾馆 2008 年服务岗位技能竞赛”，以提高员工的操作技能和知识面。通过开展“红树林”工程活动，迅速掀起全员练兵的热潮，进一步提高了宾馆的整体服务水平。（翟韵琳）

【接待广州海员宾馆考察团参观学习】 2008 年 8 月 14 日，广海集团下属的广州海员宾馆中层管理人员及业务骨干一行 10 人组成考察团前来远洋宾馆参观学习。远洋宾馆总经理施金安陪同客人参观了装修改造后的各主要经营场所，并介绍了远洋宾馆的经营情况。该考察团对远洋宾馆全新的面貌表示赞赏，并表示远洋宾馆成功的升级改造和先进的管理经验为其提供了良好的学习借鉴作用。（郭霖）

【万庆良莅临宾馆视察】 2008 年 8 月 21 日，广东省副省长万庆良一行在岸产事业部党工委书记陈建钦，远洋宾馆总经理施金安、副总经理洪舸的陪同下对远洋宾馆进行了视察。施金安等人向万庆良介绍了宾馆的经营管理，并陪同其参观了全面装修改造的 3 楼海龙宴会厅、4 楼国际会议厅、21 楼新装修的客房和 27 楼风帆西餐厅。万庆良对远洋宾馆新貌表示满意，并对远洋宾馆作为商务酒店的成熟运作和成功的管理理念给予了高度评价。

（翟韵琳）

【举办远洋宾馆 22 周年庆典活动】 2008 年 8 月 28 日，是远洋宾馆成立 22 周年的纪念日。为此，远洋宾馆先后举办了多项文体比赛活动和以“超越自我，精益求精”为主题的员工知识竞赛等一系列庆典活动。通过形式丰富、寓教于乐的员工活动，把企业文化和精神文明建设融为一体，增强企业的凝聚力和员工拼搏向上的精神，为创建更加和谐的企业氛围起到了积极的推动作用。（郭霖）

【开展精益管理工作】 2008 年，远洋宾馆制定了精益管理活动方案，全面深入推进“精益管理年”活动。在活动中，远洋宾馆坚持不懈地创新工作思路，推广优秀成果。远洋宾馆以精益管理的理念，与珠海慧生能源技术发展有限公司签订了整体节能技改项目框架协议，并成立了整体节能项目联合领导小组，加强领导，强化责任。远洋宾馆成立 QC 小组，进行科技攻关。其中，“车道照明节能改造”、“大堂鲜风机改造”2项QC课题分别被评为广远成果奖；“实行全员销售长包房奖励机制”、“拓展酒店公寓市场”、“制作电子贺卡，体现个性化同时节约成本费用”和“礼宾部管理模式实行改革”4个项目获得广远2008年度“精益亮点”入围奖。

（翟韵琳）

【曹鉴燎莅临宾馆进行安全检查】 2008年9月24日，广州市副市长曹鉴燎率领由市安监局、质监局、工商、公安、消防、食安办、卫生局、市政园林局、旅游局等多个职能部门的负责人组成的联合检查组一行40人，在国庆黄金周节前莅临远洋宾馆进行安全联合大检查。该检查组重点从防火安全、食品卫生及质量安全两大方面进行现场检查，并要求员工现场操作灭火器材的使用。该检查组通过深入细致的检查，对宾馆的安全生产工作给予了充分的肯定，并提出了更高的要求。（郭霖）

【广东省星级复核小组莅临进行星级复核工作】 2008年9月26日，代表省星级评委的佛山市旅游局局长朱粤平、广州市旅游局处长谭爱英等一行5人组成星级复核小组莅临远洋宾馆进行星级复核工作。该复核小组与远洋宾馆中层以上管理人员举行了复核汇报会议，分别观看酒店广告片

和介绍片，听取复核工作的准备情况。会后，该复核小组分别参观了27楼风帆西餐厅、26楼豪华楼层、20楼女士楼层、宾馆大堂、前台、3楼海龙中餐厅和4楼国标会议厅。随后，该复核小组召开了复核意见反馈会议，对远洋宾馆的迎检准备、管理团队的服务水平、新装修改造场所，以及各项经营管理工作作了高度的肯定。

（郭霖）

【召开党员领导干部民主生活会暨述廉议廉会议】 2008年10月22日，远洋宾馆召开党员领导干部民主生活会暨述廉议廉会议。在会上，远洋宾馆党总支书记陈建钦向与会人员反馈了收集到的党员和员工的意见和建议，以及制定的整改措施；领导班子成员分别作述廉、述职发言；班子成员之间进行了批评与自我批评；广远人力资源部/组织部总经理黎光葵在会上作了总结讲话。（翟韵琳）

【推行全员销售活动】 2008年11月，远洋宾馆根据市场的需求趋势，开拓销售渠道，对长住房、长包房实行全员销售，并制定公平、公正及合理有效的奖励政策，以此促进全员销售，积极为宾馆创收。

（郭霖）

【安全管理工作】 2008年，远洋宾馆落实安全生产责任制，制定了各项安全管理制度与具体措施，完善了一系列安全操作规程，加强员工安全培训，提高员工安全防范能力。全年对新员工培训3批70人，在职员工培训8批500人，组织全员观看安全影片2次600人，娱乐场所人员观看“黄赌毒”展览2次，刊出安全黑板报2

期，发放安全简报2期，张贴安全标语50条，召开安全专题会议2次，培训外来施工人员4批120人，义务消防人员培训4批150人，参加企业安全负责人培训班1次、省安全生产监督局举办的安全主任培训班1次。远洋宾馆全年没有发生火灾、交通、食物中毒、员工违法犯罪等安全事故，确保安全形势基本稳定，安全综合管理取得显著成效。（郭霖）

【岸产事业部对宾馆领导班子成员进行年度考核】 2008年12月19日，岸产事业部对远洋宾馆领导班子成员进行年度考核。远洋宾馆领导班子成员围绕2008年度德、能、勤、绩、廉等方面的主要情况、存在的主要问题及今后的工作重点分别进行了述职。本次年度考核扩大了考核和谈话范围，除了对领导班子成员进行考核外，把业务骨干和中层干部也纳入了考核范围；考核办法重点加强与一线普通员工谈话，了解情况，组织了55位员工代表对领导班子和中层以上人员进行民主测评，并由岸产事业部工作人员进行了意见汇总。（翟韵琳）

【王润玲获“广州地区酒店服务之星”称号】 2008年，为庆祝广州酒店行业协会20周年华诞，该协会举办“广州地区酒店服务之星”评选活动。远洋宾馆作为协会成员之一，积极参与此项活动。12月22日，在广州地区酒店协会成立20周年庆典活动上，公布了获奖单位和人员名单，销售部王润玲荣获“广州地区酒店业服务之星”称号。（郭霖）

第九节 广州天河远洋大厦有限公司

【广州天河远洋大厦有限公司简介】 远洋大厦是广远投资兴建的涉外三星级商务酒店。远洋大厦占地面积3800平方米，建筑面积15000平方米。主营酒店服务业务，拥有客房227间，1个可容纳300多人的国际会议厅和6个多功能会议室。一楼有远洋海珍酒家；二楼是休闲娱乐中心，设有桑拿、沐足和酒吧等服务项目。其他服务设施还有：商务中心、会议中心、保险箱服务、票务代理、美容美发、棋牌室、停车场、商场等经营服务场所。

远洋大厦下设总经理办公室、人事部、营销部、财务部、房务部、餐饮部、工程部、保安部、工会、租赁物业管理部、娱乐部。

远洋大厦设董事会、监事会。时任董事长林立兵，董事池新旺、陈建钦、王玉生、程一高，监事池锡锋。时任总经理兼党总支副书记程一高，党总支书记王玉生(兼)。员工170人。（黄凯智）

【远洋大厦工作概况】 2008年，远洋大厦坚持“以商务为主，会议、团队并重”的市场定位，坚持“以会议带动综合消费”的经营战略，通过对市场形势的准确判断，采取灵活多变的销售措施，取得较好的经济效益；通过深入开展精益管理、节能减排和“红树林”工程等活动，特别是针对自身特点开展了“服务质量年”和“制度建设年”活动，使大厦各方面的工作取得骄人的业绩。是年，远洋大厦经营逆势而上，完成了远洋大厦历史上最好的效益指标，服务水平和客人满意度得到较大的提高。远洋大厦连续4年被广远评为“安全生产先进单位”。（张泽民）

【完善制度，依法治理】 2008年，远洋大厦为了适应《劳动合同》等一系列新劳动法律、法规的颁布实施，对照新的劳动法律、法规对现行规章制度逐一清查，自查盲点，弥补不足，先后完善《远洋大厦员工工资制度和发放规定》和《远洋大厦员工福利待遇管理规定》、修订《远洋大厦考勤和假期管理规定》及新的《员工守则》、新制订《远洋大厦员工劳动合同管理规定（试行）》，确保内部规章制度与劳动合同法衔接的同时也避免因用工给经营管理带来的困扰。同时加强财务管理，修改、完善多项规章制度，如《远洋大厦会计档案管理办法》、《远洋大厦固定资产管理办法》、《远洋大厦财务预算管理办法》、《关于加强非库存物资管理的通知》，对财务管理工作起到了良好的促进和监督作用。（黄凯智）

【开展QC小组活动】 2008年，远洋大厦QC项目《理顺管理系统接口，缩短前台办理时间》，获得了全国、交通运输部、广东省、广州市优秀成果奖。该项目针对原酒店管理系统功能单一的特点，通过对原系统功能进行整合、改进，使电话计费、IC卡门锁制发卡、VOD计费、宽带计费等功能与大厦各类接口无缝连接，产生费用自动入帐，实现了“一站式”操作，客人在前台办理时间由6分钟降为3分钟，减化操作流程，实现了预定目标，提高了工作效率，提升了服务质量。同时，该项目增强客户管理和统计等管理功能，各类营业报表，经审核处理后上传，不再打印报表。根据管理权限设置远洋大厦领导和相关管理部门人员直接进入管理系统查看，实现了报表无纸化，全年节约办公成本3500元。（张泽民）

【开展精益管理工作】 2008年，远洋大厦深入开展精益管理、节能减排、降本增效等活动，取得一定成效。全年客房经营，在逆势中取得较好成绩，餐饮经营更是营业额实现同比21%的增长、利润实现约40%的增长，毛利率和场地使用率较大幅度提高。各部门上报精益亮点48个。其中，推荐上报岸产事业部13个，被采用5个，降本节支68万元。还有4个项目获广远入围奖。（张泽民）

【开展“安全生产月”活动】 2008年5月，远洋大厦认真开展“安全生产月”活动，成立领导小组，确定“治理隐患，防范事故”为“安全生产月”活动主题，开展了形式多样、内容丰富的安全宣教活动，推动大厦安全文化建设，提高大厦员工的安全意识。远洋大厦还以专题黑板报，张贴安全生产宣传画进行广泛宣传，组织各级管理人员学习有关文件精神及安全理念小册子，进行“安全生产月”动员。活动期间，远洋大厦结合召开安全工作专题会议、进行安全大检查、组织全体员工观看安全生产影碟、请消防专家现场讲解和消防演习等活动，提高员工的安全生产意识和实际操作能力，提高各部门的配合能力以及员工应付突发事件的能力；活动中还组织各部员工进行了接消防栓出水灭火比

赛、拿灭火器进行现场灭火实操比赛以及戴防毒面具比赛，提高了员工的消防技能和消防安全意识。（张泽民）

【开展“平安之旅”活动】 2008年，远洋大厦紧紧围绕广远提出的以“安全靠大家，平安每一天”为主题的“平安之旅”活动，结合酒店行业的特点，制定了实施“平安之旅”方案，悬挂了活动横幅，召开了中层干部“平安之旅”专题会议，成立了以总经理程一高为组长的“平安之旅”活动领导小组，全面展开“平安之旅”活动；在员工打卡钟处悬挂“平安之旅”计时牌，激励员工为大厦安全每一天做出新贡献；利用内部刊物，搜集发生在大厦或其他酒店案例，每期刊登、点评，进行平安分享，从中总结经验，吸取教训，推广安全活动的先进典型。远洋大厦通过开展“平安之旅”活动，营造安全氛围，不断提高全员安全意识，进一步夯实安全基础。全年无安全事故发生，开创了安全稳定的新局面。（黄凯智）

【召开第二届董事会四次会议】 2008年4月3日，远洋大厦召开第二届董事会四次会议。会议由董事长林立兵主持，董事池新旺、王玉生、陈建钦、程一高出席会议；监事王久杰、总经理助理匡胜国、张光裕、财务经理邓玲列席会议。会议审议通过了程一高作的《2007年工作总结和2008年工作计划》、邓玲作的《远洋大厦2007年财务决算报告和2008年预算报告》、《远洋大厦2008年投资计划》。会议充分肯定了远洋大厦在2007年遇到很大困难的情况下取得的成绩，超额完成董事会下达的营收任务和利润指标，对2008年重点工作进行了布置。（张泽民）

【召开2008年工作会】 2008年1月20日，远洋大厦召开2008年工作会，全体员工出席了会议。会上，总经理程一高作了题为《“创新、突围、成长”，努力开创远洋大厦可持续发展的新局面》的工作报告，总经理助理匡胜国作了安全工作报告、总经理助理张光裕作了精益管理总结报告。会上，程一高与各部门负责人签订了《安全生产责任人任命书》和《部门经理任期责任书》。（张泽民）

【实行薪酬制度改革，提高月度工资额度】 2008年，远洋大厦根据经营状况和市场行情，推行工资制度改革。这次工资改革的最大特点是改变工资和奖金分别发放的形式，把工资和奖金发放融合在一起，在确保全年工资总额不变的前提下，提高员工的月度收入，对员工招聘、降低员工流动率和稳定员工队伍产生积极影响。同时，实施工资改革后工资水平进一步向一线和关键岗位倾斜，相关岗位的工资水平有较大幅度的提升。（黄凯智）

【召开第二届四次职代会】 2008年5月28日，远洋大厦召开第二届四次职代会。大会由总经理助理兼工会主席张光裕主持，广远岸产事业部总经理兼大厦党总支书记王玉生，广远工会副主席符雄出席了会议。大会全票通过了《大厦工作报告》、《工会工作报告》、《财务工作报告》、《员工提案工作报告》、《工会经费审查报告》、《2008年工资改革方案》和《员工守则》；大会表彰了远洋大厦2007年度各项工作先进，并向各部门下发了2008年度经营（管理）目标责任书和安全责任书。（黄凯智）

【开展学习讨论活动】 2008年，远洋大厦积极组织开展“深入解放思想，人人争当排头兵，促进大厦科学发展”学习讨论活动和“讲党性、重品行、作表率”的活动，党支部根据党总支的工作要求和大厦的行业性质，组织党员采用自学自检的形式，认真学习中共中央总书记胡锦涛12月18日在改革开放30周年纪念大会上的重要讲话。党员们通过参加学习活动，加深了对改进工作作风、端正服务意识、促进企业发展的重要性的认识，增强了党员的使命感和责任感。在活动期间，参加活动人员积极撰写学习心得，共收到学习心得12篇、论文15篇。（张泽民）

【开展反腐倡廉教育】 2008年，远洋大厦深入开展反腐倡廉教育，加大纪检监察力度，调整纪检检察小组成员，完善大厦惩防体系建设；开展对小金库、账外账和治理商业贿赂等方面的监督检查；开展廉政谈话、“纪律教育月”、每月一案学习、廉洁知识竞赛、签订承诺书和自查活动。是年，远洋大厦反腐倡廉教育，收到良好效果，有力促进了企业的廉政建设。

（张泽民）

【实施“红树林”工程】 2008年，远洋大厦制定“红树林”工程总体方案以及年度培训计划。全年共组织员工培训818人次，覆盖率100%。为了强化员工的法律意识，邀请专业律师为管理层及高学历员工进行法律常识培训，提高了大厦的防范经营管理风险能力；邀请酒店管理专业讲师为员工进行为期3天的封闭式培训，从不同角度提升全体员工的综合素质。此外，远洋大厦还举行了“红树林”工程岗位技能竞赛活动，对员工队伍的服务技能进行了实操练兵和考核评比，全面提升了广大员工的整体服务水平。（黄凯智）

【共青团工作】 2008年，远洋大厦团总支下设3个团支部，共有团员52名，占大厦青年人数173名的三分之一。团总支全面落实科学发展观，扎实工作，开拓创新，利用上团课、开座谈会、撰写学习体会、组织团员活动等形式，组织广大团员青年学习贯彻中共十七大精神，用“三个代表”重要思想和科学发展观武装团员青年的头脑，引导团员青年坚定理想信念，积极为企业创新创效，共青团员爱岗敬业、突击手和先锋队作用得到充分发挥。

（张泽民）

【开展安全生产百日督察活动】 2008年5月，远洋大厦制订了开展百日督察专项行动方案，落实《广远公司开展安全生产百日督查专项行动的方案》精神，成立了以总经理程一高为组长的百日督察活动领导小组和以总经理助理匡胜国为组长的工作小组。根据大厦营业性质，确定督察内容为各部门贯彻落实安全生产的法律、法规情况、各部门开展隐患排查、登记、整改、监控情况、各部门落实安全会议精神情况、员工安全意识和掌握的安全技能情况、各

种消防器材是否出于可使用状态。活动开展2个月，取得了良好的效果。（张泽民）

第十节　广州远洋大富酒店有限公司

【广州远洋大富酒店有限公司简介】 大富酒店成立于1999年4月，原名为广州市大富酒店有限公司，由广远航贸公司（占股权50%）、广远航贸公司工会（占股权34%）、广远工贸实业公司工会（占股权16%）合资经营。2001年，广远航贸工会股权和广远工贸实业公司股权转让给广远航贸公司，大富酒店成为广远航贸公司的全资子公司。2003年3月，根据广远发展部关于《大富酒店升级、增资和航贸公司注销》实施计划的通知精神，大富酒店升级为中远集团三级公司。2003年6月，按照上级要求对广远航贸公司和滨江招待所进行清理注销，其内退、待岗人员并入大富酒店管理，广远航贸公司结业，变更大富酒店股东。航贸公司和招待所清算后的净资产作为广远对大富酒店的投资额，增加广州远洋宾馆酒店管理公司为大富酒店的另一股东。航贸公司和滨江招待所清算后的账面资产和债务由大富酒店接收。2005年下半年经广远同意将广州市大富酒店有限公司更名为广州远洋大富酒店有限公司，对外实行独立法人经营。

大富酒店经营的业务是旅业、物业租赁、船员招待所，经营占地面积约2253平方米，共有3栋楼房。旅业以大富酒店和船员接待部（主要接待广远船员）为主。

大富酒店下设综合办公室、经营部、财务部、工程部、客房部、船员接待部。

大富酒店设董事会、监事会。时任董事长马宗梅，董事王玉生、梁伟文，监事范桂新。时任总经理兼党总支副书记梁伟文，党总支书记王玉生（兼）。（蔡利旭）

【大富酒店工作概况】 2008年，大富酒店坚持以科学发展观统领企业的各项工作，通过开展精益管理，推进企业内涵发展，较好地完成董事会下达的利润指标和各项生产经营指标；重视和加强安全生产管理，企业安全形势稳定，没有发生各类安全事故，企业利益得到保障，实现了第10个安全年；大富酒店从广远大局出发，按广远要求，顺利转型，为平稳过渡做了大量工作，特别是做好清理外聘工的工作。是年，大富酒店领导班子被评为广远“四好领导班子”。（蔡利旭）

【召开第四届一次董事会】 2008年4月7日，大富酒店召开第四届一次董事会。董事长马宗梅，董事王玉生、梁伟文，监事范桂新出席了会议；陈建钦、张访苏、郑再利、蒲逸鸣、吴涛、蔡利旭等列席了会议。会议通过了总经理梁伟文所作的工作报告，并一致通过了企业利润分配方案。

（蔡利旭）

【召开职代会、工作会、安全会】 2008年3月27～28日，大富酒店召开职工大会暨工会会员大会、工作会、安全会。会议审议通过了总经理梁伟文所作的《工作报告》、工会主席姬宝文所作的《安全工作报告》、《工会工作报告》、财务经理吴涛所

作的《财务工作报告》。大会通过了大富酒店《员工手册》和《薪酬福利管理实施办法》；会议表彰了先进，授予船员接待部为“文明窗口”，授予客房部、保安部为先进集体，授予孙毓穗、何汉生、王芳、杨文华、于广富、谢小玲等6名员工为先进生产（工作）者。广远工会副主席符雄，岸产事业部总经理王玉生出席了会议并作了讲话，对大富酒店2007年取得的各项成绩给予肯定，对大富酒店日后的工作提出了建议与期望。（蔡利旭）

【召开第一季度经济分析会议】 2008年4月18日，大富酒店召开第一季度经济分析会。总经理梁伟文在会上总结了第一季度的生产经营情况，分析经营中存在的问题，对今后经营管理工作作了具体部署。

（蔡利旭）

【开展精益管理，推进内涵发展】 2008年，大富酒店重视加强第三个“精益管理年”活动的组织领导，积极推进精益管理理论学习和方法应用，以“精益亮点”工程建设为切入点，制订了第三个“精益管理年”活动方案和细化措施，召开了酒店精益管理专题会，针对存在问题进行专门研究分析，制订解决方案。是年，大富酒店通过开展精益管理活动，挖掘自身潜力，全年增加收入37800元，节约成本费用约10420元。（蔡利旭）

【实施全面风险管理】 2008年，大富酒店按照企业风险制定计划方案，积极与政府职能部门沟通，解决历史遗留的生产经营、财务和管理风险等问题。建立适应企业全面风险管理和监控的预警体系，为防范经营风险和管理风险打下坚实的基础。

（蔡利旭）

【召开民主生活会】 2008年10月23日，大富酒店召开领导班子民主生活会。岸产事业部总经理兼大富酒店党总支书记王玉生、人力资源部/组织部周佐成、监督部/审计部王申良，大富酒店监事范桂新参加了会议。大富酒店领导班子成员分别在民主生活会上进行了自我总结，并向全体员工进行了述廉议廉。（蔡利旭）

【开展“继续解放思想，坚持改革开放，争当实践科学发展观的排头兵”学习讨论活动】 2008年，大富酒店党总支制定了《大富酒店开展“继续解放思想，坚持改革开放，争当实践科学发展观的排头兵”学习讨论活动工作方案》（以下简称《方案》，提出企业要在现有的基础上发展，从根本上解决长期积累的诸多弊端，需要继续坚持解放思想，从更高的思想高度去深刻审视所处的环境变化，深刻分析优势和不足，深刻反思精神状态，把思想观念从不适应、不利于科学发展的认识中解放出来，以新一轮思想大解放推动大富酒店新一轮大发展。是年，大富酒店加强领导，精心组织，周密安排，认真落实《方案》提出的各项措施。确保年度生产经营目标

和各项任务的完成。（蔡利旭）

【开展“纪律教育月”活动】 2008年，大富酒店以“增强党性观念，推进科学发展”、“遵纪守法、廉洁从业”为主题开展廉洁从业“纪律教育月”活动，教育和引导各级管理人员及员工严格遵守与公司所签订的《廉洁从业承诺书》。通过纪律教育活动的开展，促进了全体党员及员工坚定理想信念，加强自身修养，增强法纪观念和廉洁从业意识，切实改进领导作风和工作作风，筑牢拒腐防变的思想道德防线，真正做到诚信守法、遵章守纪、廉洁从业，营造了廉荣贪耻的良好氛围，推动企业的健康和谐发展。（蔡利旭）

【以安全促发展】 2008年，大富酒店开展“安全生产月”、“员工行为自查”、“安全生产隐患排查治理”、“百日安全督查行动”、“安全在我身边，降本增效从我做起”、“平安之旅”等安全主题活动，组织员工深入学习杜邦公司安全理念，进行安全生产知识技能培训，建立岗位安全责任制，制定企业安全突发事故应急预案，使安全责任落实到岗位，促进企业安全长效机制的形成。全年共进行安全教育7次，组织专项检查16次（包括对租赁商家的检查），整改隐患共11处，组织安全演练实操2次，加大安全防范资金投入14369.58元。是年，大富酒店通过上述安全措施有效防止了安全事故的发生，安全面达100%。（蔡利旭）

【加强工会工作】 2008年，大富酒店履行工会是员工工作和生活第一知情人、第一报告人、第一监督人的职责，坚持做好各项“送温暖”活动。在工会经费有限的情况下，做好对特困员工和生病住院员工的慰问工作，对员工进行生日慰问，并努力改善员工的集体住宿环境，使员工真正感受到工会组织的关心和温暖。与此同时，工会关心员工身体健康，重视做好夏季防暑降温工作，安排员工进行健康检查，做好女员工的保健工作，积极组织员工开展休养活动和开展有益身心健康的文体活动。

（蔡利旭）

【深化改革，推进业务整合】 2008年12月初，大富酒店成立业务整合员工遣散领导小组和工作小组，对各项工作进行周密细致安排。12月16日，大富酒店领导向全体员工宣布大富酒店旅业停业。由于旅业停业，终止劳动合同的员工15人，协议解除劳动合同的员工2人。对上述人员，大富酒店本着“以人为本、构建和谐”的原则，按照《劳动合同法》的相关条款及大富酒店的员工工龄及劳动合同的实际情况，统一终止劳动合同及协议解除劳动合同的补偿标准，共支出费用140648元。由于依法依规做好各项工作，使整合遣散外聘员工工作顺利进行，保持了企业的安全稳定。（蔡利旭）

第十一节 埃尔夫润滑油（广州）有限公司

【埃尔夫润滑油（广州）有限公司简介】 广州埃尔夫于1995年成立。1997年11月28日在广州经济技术开发区东江岸边建成华南地区第一个国家甲级调油厂，并拥有岸线128米、设计靠泊能力为5000吨的企业专用码头。广州埃尔夫是一家中外合资企业，道达尔（中国）投资有限责任公司以设备和资金出资占有58%的股份，广远以土地和资金出资占有37%的股份，广州经济技术开发区商业发展集团有限公司以资金出资占有5%的股份。广州埃尔夫拥有从欧洲进口的先进设备，根据道达尔集团在法国的研发中心提供的标准配方和精选的全部进口原材料，采用现代化的规模生产方式进行生产，所有产品均经过严格检测，达到润滑油行业的最高产品标准。广州埃尔夫的主要业务是生产一系列高品质的车用油、工业油、船用油及电厂用油，并通过在全国建立的经销网络进行分销。广州埃尔夫的最高权力机构为公司董事会。董事会由7名董事组成，其中，道达尔派出4名董事、广远派出2名董事、商业集团派出1名董事。董事长由广远方董事担任，副董事长由道达尔方董事担任。合资合同规定道达尔方派出总经理，广远方派出副总经理。

时任董事长林立兵、副董事长Jeff Attwood。时任总经理Pascal Rigaud（李豪）、副总经理王珂。员工155人。

（林海霞）

【广州埃尔夫工作概况】 2008年，广州埃尔夫在下半年经济危机和基础油价格急剧攀升中，采取有效措施调整了产品销售价格、加强分销网络建设、增加中高档产品销售力度、提升客户服务技术和厉行节约等措施，取得了令人满意的成绩，各项财务数据完成预算指标，并在道达尔下游企业亚太区年会上获得“销量增长冠军”。总销售量完成预算的105%，毛利完成预算的106%，毛利率为18.8%。全年利润与2007年同比增加971万元。（林海霞）

【大客户开拓】 2008年，广州埃尔夫继续开拓金杯、中华、大长江、丰田、日产、豪爵、劲隆、隆鑫、华南摩托车、合力叉车、江铃汽车油项目，主要涉及发动机油、变速箱油、齿轮油（服务用油、初装油）。陆用油大客户的销量完成125%，原因是丰田业务量的强劲增长，以及新增的江铃集团、金杯业务和隆鑫摩托车车队的赞助。船用油由于电厂客户的丢失和激烈的市场竞争，销量完成了目标的92%。

（林海霞）

【加大技术服务力度】 2008年，广州埃尔夫为各原始设备制造商客户提供完善的技术支持服务，除该司销售人员、技术人员外，技术总监亲自参与对客户的技术指导、技术讲座等，强有力的技术支持服务获得了客户的认可。除此之外，广州埃尔夫在全国各地举办了多次技术讲座，增强

了经销商和用户的信心，并帮助客户解决油品中使用中的技术问题，使客户满意度不断提升。（林海霞）

【销售网络情况】 2008年，广州埃尔夫加强销售网络建设，维护稳定现有的销售网络，在全国拓展了10个城市作为新的销售区域，新增了48家经销商。（林海霞）

【开发新产品】 2008年，广州埃尔夫与集团内同类公司在亚洲成功推出摩托车油新产品：新强力、新黑安捷、新蓝安捷、新银安捷。新产品的配方更加适应亚洲市场，为公司带来增值效益。与此同时，投产新的小包装罐装生产线，以使产品和包装规格多样化，适应市场需求。

（林海霞）

【开展促销活动】 2008年，广州埃尔夫开展灵活多变的促销活动，如按产品、地区开展的促销活动，配合各式的宣传资料如贴纸，海报、横幅、单张等，活动取得令人满意的效果。与此同时，开展销售积分活动，吸引高端产品的客户，使得中高档产品的销量增长较大。（林海霞）

【安全生产】 2008年，广州埃尔夫重视安全生产，加大安全生产的资金和人力投入，主要体现在对储油罐和码头进行了10年检查计划、新增了中央监控系统、安装了泡沫灭火系统和5号罐装线和发货区的水冷系统、加装了车间的通风和冷却系统、改良了污水排放系统等，并在车间二楼增设了紧急出口。急救事件从2007年的17起减少到2008年的11起。（林海霞）

【采购物流优化】 2008年，广州埃尔夫更新了超过100个采购合同，通过采购本地基础油节省了150万元。与此同时，建立并运行物流优化小组为提高物流管理和服务水平以及为组织物流招标做准备。

（林海霞）

第十二节　佛山市南海海洋包装材料厂

【佛山市南海海洋包装材料厂简介】 海洋厂筹建于1984年，成立于1986年，原名为广东省南海县海洋包装材料厂，后来历经变更为广东海洋包装材料厂、南海市海洋包装材料厂、佛山市南海海洋包装材料厂。海洋厂厂址在佛山市南海区大沥镇黄岐棉花村，占地面积1.23万平方米，建筑面积为1.41万平方米。建厂初期，海洋厂是由广远和南海县二轻局、南海实业公司三方共同投资合办的联营企业，三方投资金额各占三分之一。为加强联办厂的领导和管理，投资三方成立了董事会的管理体制。随着市场经济的发展与投资方原因，2008年1~8月，海洋厂的股东单位为佛山市南海区二轻经济开发公司（国有企业），广远（国有企业）和佛山市南海区表壳厂有限公司（民营企业），持股比例为各占33.33%。9月，海洋厂的股东单位变更为佛山市南海区二轻经济开发公司、广远、佛山市南海区表壳厂有限公司和佛山市南海华御投资发展有限公司（民营企业）持股比例分别为33.33%、33.33%、16.67%、

16.67%。10月，海洋厂的股东单位变更为佛山市南海区二轻经济开发公司、广远和佛山市南海华御投资发展有限公司，持股比例分别为50%、33.33%、16.67%。法人代表为王玉生，注册资金为555.7万元。海洋厂的主要经营范围是各种瓦楞包装袋箱，可发聚苯乙烯包装材料、装饰天花板，水产养殖浮具，救生圈，发泡胶材料。

海洋厂下设企业管理部、财务部、市场营销部、生产技术部。

海洋厂设董事会。时任董事长孔庆忠，董事冯文飘、王玉生、姜保民、欧松（1～10月）、梁福兴（9～12月）。时任总经理姜保民，党支部书记黄国杨，工会主席刘浩全。员工68人。（刘浩全）

【海洋厂工作概况】 2008年，海洋厂在董事会的领导下，实施动态股权改革和持续生产经营。海洋厂结合本单位实际情况，紧密围绕企业生产经营的中心工作，统一思想，凝聚力量，促进企业持续发展。按照年度工作计划，采取了一系列的措施，加强经营管理工作，紧扣“抓管理、创效益”的主题开展工作，并取得了一定的成效。在企业管理方面，依法依规进行企业的日常管理，适时组织员工进行业务培训，实施精益管理工作，使企业管理工作切实有效；在财务管理方面，切实加强成本核算，及时反映各种生产费用支出，以及产品、库存商品的增减变动、结存情况，并实时对其进行监督控制，特别是加强对生产、销售环节的成本分析，挖掘降本增效的潜能；在市场开拓方面，积极稳定老客户的同时大力开拓新客户，特别是在EPP系列产品方面成功开拓了多个稳定的大客户；在生产方面，加强生产技术人员的培养，严格制定生产定额，提高生产效率及机器利用率，实施集中生产、降低能耗、降低存货量策略，在一定程度上降低了生产成本。是年，海洋厂完成产量723吨，产值1390万元，销售收入为1620万元。

（刘浩全）

【召开董事会，实施企业股权改革】 2008年，海洋厂召开了第七次董事会。董事会同意广远于2007年12月31日提前终止《佛山市南海海洋包装材料股东内部承包经营合同》，实施股权改革；同意在内部承包经营合同终止至股权改革完毕前委托广远对海洋厂继续进行经营管理。董事会对海洋厂在广远承包以来在经营管理方面所取得的成绩给予了充分肯定。（刘浩全）

【保证企业质量品牌】 2008年，海洋厂严格按照质量体系的具体要求实施质量管理战略，加强质量检验的流程，开展各项质量管理培训，提高员工的质量意识，积极维护“雪宝”牌泡沫的质量品牌，全系列产品的质量信誉度在珠三角泡沫行业仍处于领先地位。是年，海洋厂通过了中诚认证中心的质量管理体系的第二次年度监督审核。（刘浩全）

【党支部工作概况】 2008年，海洋厂党支部认真贯彻党的方针和政策，组织党员学习中共十七大精神，结合企业的生产经营中心工作，努力实践科学发展观，加强党组织建设，提高党组织的战斗力和凝聚力，充分发挥共产党员的先锋模范作用和党组织在企业中的战斗堡垒作用。海洋厂党支部通过开展“一名党员一面旗帜”的活动，以点带面，为企业在金融海啸中持续发展提供强有力的保证。（刘浩全）

【工会工作概况】 2008年，海洋厂工会认真贯彻落实中共十七大精神和中华全国总工会十五大精神，紧密围绕企业的经营管理工作中心，积极发挥企业工会组织的桥梁和纽带作用。工会组织员工学习相关的法律法规，特别是通过对《劳动合同法》的宣传、落实，结合本单位的实际认真领会精神，围绕企业发展，依法解决企业劳资用工矛盾，维护企业和谐的劳资关系；组织全体员工为汶川地震灾区群众捐款，全体员工自发捐款3000元。 （刘浩全）

【团支部工作概况】 2008年，海洋厂团支部在上级团组织和厂党支部的领导下，积极开展青年团员的爱岗敬业活动，引导青年团员发挥在企业中的生力军作用。团支部组织青年团员参加所在镇团委举办的学习团中央十六大精神的活动；组织青年团员参加镇团委举办的“喜迎奥运，我为奥运添精彩活动”；举办改革开放30周年有奖知识竞赛。 （刘浩全）

【树立典型，表彰先进】 2008年，海洋厂为表彰、激励先进，树立榜样，进一步调动全体员工投身企业新一轮经营发展的积极性和创造性，经全体员工的民主评议和推荐，经党支部、工会审核，厂行政领导办公会批准，评选了8名先进生产工作者，并给予表彰和奖励。 （刘浩全）

【严格控制应收账款】 2008年，海洋厂严格控制应收账款，建立和完善应收账款制度，加强销售合同的规范化管理，规定每个营销业务员的销售赊账额度和期限，采取部门、厂部的逐级审核制度，防范市场风险。财务部每月向营销业务员出具一份《应收账款情况表》，切实保证应收货款的按时收款率。对超期不付款的客户采取法院诉讼等有效的法律手段进行追收货款。是年，海洋厂的应收账款为161.88万元，实收账款为147.89万元，全年的应收账款回收率达92%，其余的未收账款为正常的应收账款限期内。此外，海洋厂通过采取法律手段成功追收了2006年8月以前超期应收账款额为4.3万元。 （刘浩全）

【安全生产工作】 2008年，海洋厂始终将安全生产作为一切工作的中心，坚持“安全第一，预防为主”的方针，确保在安全的前提下，稳定发展生产。海洋厂为实现企业全年度安全生产的总目标，严格遵守《突发事件综合应急预案》的要求，建立健全安全领导小组管理体系，强化了安全生产管理的力度。是年，海洋厂举办了厂消防安全培训，送外参加安全培训18人次，更换消防器材20项，新员工岗前安全培训6人次。通过上述活动，使全体员工牢固树立安全生产意识，实现全年度安全生产“四个为零”（死亡事故为零，重伤事故为零，重大机械事故为零，火灾事故为零）的目标。 （刘浩全）

第十三节　东 海 大 厦

【东海大厦简介】　东海大厦位于广州市环市东路318号之一，是广远与香港天星船务有限公司合作经营的一家涉外二星级酒店。东海大厦成立于1988年，前身由中远（香港）置业有限公司直接经营。2005年11月16日，广远与中远（香港）置业有限公司签订了《东海大厦整体转让之框架协议》，自2007年1月1日起，东海大厦正式归由广远直接管理。东海大厦占地面积1052.21平方米，建筑面积6601.24平方米，拥有客房125间，1间可容纳40多人的多功能会议室，同时设有商务中心、票务代理、商场、特色西餐厅、中西式餐厅及露天茶座、美容美发等配套设施。

东海大厦下设总经理办公室、财务部、人力资源部、市场营销部、房务部、工程部、保安部、工会。

东海大厦设董事会、监事会。时任董事长林立兵，董事王玉生、刘贤蒙、邓伟荣、何向宁。监事长郑意，监事张访苏、陶雁施。时任总经理兼党支部书记何向宁，总经理助理兼工会主席王焕清（从4月份起不再担任总经理助理）。员工102人。

（刘静）

【东海大厦工作概况】　2008年，东海大厦以科学发展观为指导，紧紧围绕“安全、经营、服务”三大主题，以经营管理为重点，及时调整销售策略，经营指标屡创历史新高；以硬件建设为基础，更换前台服务系统，丰富客房类型与服务配置，提高服务水平；以标准化的服务为手段，加强制度建设与流程改善，建立客户档案；以企业文化和员工素质建设为侧重点，增强团队凝聚力，提高员工综合素质；以党支部为核心，加强廉政建设和党建工作，发挥党支部的战斗堡垒作用；以安全工作为保障，落实安全责任，提高安全工作管理水平，实现全年安全零事故；以精益管理为推动力，不断提高管理水平与服务质量。是年，东海大厦较好地完成了董事会下达的考核指标，全年主营业务收入与2007年同比增长21.79%，平均开房率81.19%，平均房价创历史新高，与2007年同比增幅27.50%，其中，3月份创非交易会时期单日、单月客房营收历史新高，4月份创交易会单月营收历史新高。是年，东海大厦获得两个文明建设双丰收，经济效益实现了扭亏为盈，获广州市越秀区建设街道办事处颁发的“建设街地区创建国家卫生城市先进单位”称号、获广州市接收社会捐赠工作站颁发的“乐善好施，扶贫济困”表彰锦旗、获广州市越秀区建设街授予的2008年度“维稳工作优秀单位”称号；保安部杨国套、张新刚被广州市越秀区保安系统分别评选为2008年度安全保卫工作“优秀管理者”和“优秀保安员”。

（刘静）

【提高硬件服务水平】　2008年，东海大厦全面提高硬件服务水平，更换了前台电脑系统，推动前台服务逐步迈向科学化、合理化、数据化；对客房电视全部安装数字电视机顶盒，为主力客源提供更丰富的频道选择，满足客人的不同需求；将中西式餐厅改外包经营为自主经营，进一步加强管理，细化服务标准；增设一个可容纳40多人的多功能会议室，进一步开拓商务会议、培训客源。（刘静）

【召开经营工作分析会议】 2008年3月4日，东海大厦管理团队召开经营工作分析会议，为体现管理的透明化、民主化、公开化，及做好人才储备。会议邀请多名一线员工参加。会议由总经理助理王焕清主持。总经办、财务部、销售部、房务部、保安部、工程部、工会共17人参加了会议。与会人员围绕各部2008年的工作计划及工作重点，充分发表意见并展开相关讨论。在会上，销售部就淡季销售工作计划作了专题报告，制度编写小组、精益管理小组就小组2008年工作计划分别作了专题报告。（刘静）

【召开第七届第一次董事会】 2008年4月3日，东海大厦召开第七届第一次董事会。参加会议的有董事长林立兵，董事王玉生、刘贤蒙、邓伟荣、何向宁。会议由林立兵主持。会议通过以下事项：同意股东广州松涛企业公司将其所持有的东海大厦49.74%的股权，按其2006年12月31日经中介机构审计确定的长期股权投资期末余额1150.97万元，无偿划转给上级主管单位广远。会议还通过了大厦合同、章程的重新修订等事项。（刘静）

【召开第七届第一次监事会】 2008年4月3日，东海大厦召开监事会会议。参加会议有监事长郑意，监事张访苏、陶雁施。会议就董事会有关变更事项进行了商讨并一致通过相关决议。（刘静）

【优化结构设置】 2008年，东海大厦为全面提高大厦营销服务水平与管理水平，适时对组织机构进行改革调整：人力资源部划归总经办统筹管理；将原属前厅部管理的销售小组改为独立的市场营销部，将原属销售部管理的前厅部划归房务部统一管理；将人力资源部独立建制，为一级部门。（刘静）

【推进制度建设】 2008年，东海大厦以制度建设为重点工作，通过制度编写小组深化推进各项规章制度与工作流程的建设工作，稳固发展根基。是年，制定下发各类职责、规定、办法、流程等规章制度（试行）156个。（刘静）

【工会工作】 2008年，东海大厦充分发挥工会组织作用，积极开展和组织员工参加各项企业文化、文体活动，为员工送关怀、送温暖。工会在大厦内开展一系列文体比赛活动，活跃工作气氛，促进内部团结；春节期间，工会组织慰问因北方冰冻雨雪天气影响而被迫留粤过节及工作的员工，为其送上关爱和节日的祝福；组织女员工召开庆祝“三八”妇女节座谈会；与大富酒店联队参加广远2008年职工篮球赛，被评为优秀组织奖；参加广远文体协会举办的拖拉机比赛，2名代表在高手林立中荣获第六名；响应国家和广远号召，开展“心系四川，捐款救灾”全员筹款募捐活动，并设置捐款箱呼吁在住宾客捐赠善款，同时举办为期3个月的“每入住一间房，即捐赠一元钱”活动，通过中远慈善基金会把捐款送达四川灾区；参加广远消防救生安全技能比赛，取得优秀组织奖；选派3名员工代表广远参加中远集团第二届职工文化月“青远杯”中远职工水上运动会，获得了团体冠军，3名代表分别获得多项奖；联合纪检小组举办东海大厦廉洁从业知识竞赛，深入推进廉洁文化建设；开展中秋文体活动；参加广远女职工趣味篮球赛有奖活动，赛出风格、赛出水平，获优秀组织奖；与大富酒店联队参加岸产事业部财务知识竞赛，获得第三名；组织员工登山活动，进一步增强团队凝聚力，推进企业文化建设。是年，东海大厦工会通过上述活动，推动了企业文化建设。

（刘静）

【开展“读书·思考·进步”活动】 2008年，东海大厦通过积极开展“读书·思考·进步”活动，提升管理人员的管理水平：组织全体管理人员学习阅读《16节科学管理课》和《麦当劳标准化管理手册》等书籍，鼓励全体管理人员学以致用，认真改善自身的管理方法，全面推行标准化管理，夯实发展基础；召开“读书·思考·进步”心得分享会；结合科学发展观活动，开展“创新营销，提高盈利”读书活动，组织全体管理人员和销售业务人员学习阅读《业绩才是硬道理》和《切割营销》等书籍并撰写读书心得，解放思想，创新思维，拓宽销售市场与销售渠道，推进差异化销售服务工作。（刘静）

【进行革命传统教育】 2008年5月，东海大厦党支部开展革命传统教育，分批组织大厦全体员工共103人到革命基地海丰红宫红场、澎湃故居等地参观学习。通过参观学习，给员工上了一堂生动的思想政治课，进一步促进解放思想，提高思想认识，并对珍惜现在、努力工作起到了良好的正面教育作用。（刘静）

【召开党建工作会议】 2008年7月1日，东海大厦党支部召开2008年党建工作会议，会议由党支部书记何向宁主持。与会人员有党员5人，入党积极分子2人。会议组织与会人员学习中共十七大报告，党支部组织委员陈长针汇报了大厦党支部2008上半年的主要工作情况。会议还听取了2名入党积极分子的思想汇报。

（刘静）

【召开党员领导干部民主生活会暨述廉议廉会议】 2008年10月20日，东海大厦党支部组织召开2008年度党员领导干部民主生活会暨述廉议廉会议。参加会议的有岸产事业部财务总监张访苏、监督部/审计部郑意、人力资源部/组织部周佐成，东海大厦总经理、党支部书记何向宁，纪检小组成员王焕清、陈长针以及列席人员黄健雄。何向宁就大厦党员领导干部全面贯彻落实中共十七大精神、深入学习和实践科学发展观、进一步增强政治责任感和工作使命感、提高领导科学发展的能力和水平等四方面的工作情况进行对照检查汇报。会上，上级与会人员对东海大厦领导班子和管理团队的工作表示肯定，指出东海大厦要充分发挥党支部的作用，进一步做好党内民主、建章立制和流程优化工作，促进大厦的民主管理、依法依规经营和科学发展。

（刘静）

【精益管理工作概况】　2008年，东海大厦制订了《东海大厦2008年精益管理活动实施方案》，深入、广泛推进各项精益管理工作的实施，并取得了较好成效。是年，东海大厦以“改善施工管理，减低工程对营业收入的影响”为课题，开展QC小组活动，超额完成预定的目标，成果顺利在广远发表并获推荐向中远集团申报；通过合理的流程设计，实现了前台接待和收银的“两岗合一”和客房部主副班的人员划分，缩短了工作链条，在提高工作效率的同时，节省了人力成本；由管理小组向全员发出一封《东海大厦节能减排倡议书》，倡导全员从各个工作细节做起，狠压经营成本费用；召开节能减排研讨会，共同研讨、制定出多项节能减排的可行性方案，并汇编为《东海大厦节能减排管理规定》，形成长效机制。全年通过实施节能减排计划，平均节省能耗达15.45%；召开大厦成本控制专题研讨会，与会人员围绕“开源节流，增收节支”广泛研讨，为完成下半年利润效益目标积极出谋划策；加强培训，提高接待水平，通过对客房牙具的合理使用，获得广远2008年度精益管理活动“入围奖”。（刘静）

【员工培训概况】　2008年，东海大厦为全面贯彻落实科学发展观，大力实施“人才强企”战略，加强大厦员工队伍建设，制定了员工教育培训“红树林”工程总体方案，明确了员工教育培训的重要意义和指导思想，成立了东海大厦“红树林”工程实施领导小组及推进“红树林”工程办公室，确立了员工教育培训的目标任务，制定了实施加强员工教育培训的各阶段步骤。东海大厦根据员工教育培训“红树林”工程总体方案，深入开展各项员工教育培训工作，不断丰富与创新培训形式，组织管理团队成员和青年骨干进行野外拓展训练，提高团体协作能力；组织员工参加省旅游局主办的酒店职业英语等级考试，通过率达15%，列同档次酒店的前茅；组织管理团队成员到远洋大厦进行学习参观和工作交流；举行房务技能大赛，激发客房服务员争当岗位“排头兵”的意识，促进服务质量与水平的提高；举行英语沙龙活动，以互动式的培训方式，进一步提高员工的英语对话水平。是年，东海大厦还创新地搭建内部培训团队，降低培训成本。东海大厦全年共有1137人次参加各种培训，取得了较好的成效。（刘静）

【《东海大厦》季刊正式出版发行】　2008年，东海大厦为进一步加强企业文化建设，稳固内部沟通桥梁，加强对外形象的塑造与宣传，通过组建季刊编辑小组，进行资料收集和编辑制作，于8月20日正式出版发行第一期季刊《东海大厦》。（刘静）

【安全工作】　2008年，东海大厦紧紧围绕安全经营的管理理念，不断加强安全防范与管理工作：成立东海大厦“反恐安全保卫”领导小组，制定小组管理架构及反恐安全保卫应急预案，全面提高大厦对“反恐安全保卫”工作的执行力；全面开展“安全生产月”活动；根据东海大厦实际，

组织全体员工进行消防疏散演练、举办酒店安全知识竞赛，参加广远举办的消防救生安全技能竞赛，获广远授予优秀组织奖，大厦前厅部员工申亚鹏被授予优秀个人奖；邀请广州消安防火咨询中心专业培训师为大厦员工进行消防安全知识培训，提高全员消防安全防范意识；是年，东海大厦完善大厦的安全管理体系，顺利通过广远的年度消防安全体系检查，在多项安全工作上取得较好成效，全年实现安全“零事故”。（刘静）

“金牛岭”轮

第九章 非常设机构

【安全委员会】 广远安全委员会主要职责是贯彻执行国家有关的安全生产法律、法规；负责组织、协调和指挥企业的安全生产活动，制订和完善安全管理规章制度，保证提供安全的生产环境和必要的资源支持；负责监督各单位、各部门的安全管理工作和安全生产教育活动，营造"人人讲安全，事事讲安全"的生产氛围；负责按照上级安全管理部门的指示，对公司总体安全工作进行计划、布置、检查、总结和评比；负责监督、协助各单位、各部门上等级安全事故调查、处理并按规定做好上报工作；负责监督各单位、各部门识别生产中的各种风险，制订应急预案，对发生的紧急情况采取应变措施；负责制订安全管理指标体系，根据《广州远洋运输公司安全管理责任处罚及奖励暂行规定》，对相关单位和安全责任人提出红、黄牌和金、银牌建议。

主任徐惠兴，副主任翁继强，成员有刘书田、傅伟、黄继忠、马宗梅、蔡梅江、林旭东、谭力、黎光葵、池新旺、姚勇、朱航员、符雄、韩国敏、赵寿春、何伟杰、邱波、袁伟贤、官雄、李伟、刘贤蒙、尤扬斌、郑培贤、徐国新、施金安、程一高、方少彪、王玉生、凌保平、蔡志强、闭晴安、孟政。

安委会下设办公室（设在航安部），为广远安委会的日常办事机构。办公室主任翁继强、副主任蔡梅江，秘书刘启清，成员有周维民、温锐波、任乃星、王涛、钱汉东、伍英华。

【加强员工教育培训"红树林"工程领导小组】 加强员工教育培训"红树林"工程领导小组主要职责是负责全面领导、部署和推进加强员工教育培训"红树林"工程；负责审批总体实施计划，审核和批准活动的经费预算，对教育培训中的重大事项进行协调和决策；负责审核加强员工教育培训"红树林"工程的总结、评先等工作。下设加强员工教育培训"红树林"工程工作小组、加强员工教育培训"红树林"工程实施小组。领导小组组长徐惠兴、刘书田，副组长黄继忠，成员傅伟、翁继强、马宗梅。

【加强员工教育培训"红树林"工程工作小组】 加强员工教育培训"红树林"工程工作小组主要职责是负责制定加强员工教育培训"红树林"工程推进方案；负责督促、指导、审核广远相关部门、各航运公司、岸产企业、广远本部各部门制订的加强员工教育培训具体计划和实施方案；负责对广远各部门、各单位的实施情况进行指导、跟踪、监督和检查，编写工作简报；负责活动的总结、评先和交流推广等工作。工作小组组长黄继忠，成员姚勇、黎光葵、蔡梅江、符雄、赖奕光、龚艳平、顾卫东、陈建钦、郭福祥、林耀强、吴思、王茜、蔡兆聪、钱汉东、陈成进。

【加强员工教育培训"红树林"工程实施小组】 加强员工教育培训"红树林"工程实施小组下设加强船员教育培训项目组、加强本部员工教育培训实施小组、加强岸产企业员工教育培训实施小组、加强紧缺和重点人才培训培养专项小组、加强员工教育培训"红树林"工程工作小组办公室。

【加强船员教育培训项目组】 加强船员教育培训项目组主要职责是制定加强船员教

育培训“红树林”工程年度推进计划，并组织实施、督促和评估；组织安排督导组成员对各航运公司及所属船舶、金桥学院开展“红树林”工程情况进行检查、指导和督促；汇总船舶“红树林”工程报告，编辑出版《“红树林”工程工作简报》；不定期组织各层次座谈会，了解“红树林”工程的进展情况和意见建议；考察各单位提出的先进船舶及个人典型，并给予指导，协助培养；不定期举办各类型观摩会、竞技比赛，展示“红树林”工程成效。项目组组长林耀强，副组长郭福祥、姚勇、黎光葵、蔡梅江、符雄、龚艳平、顾卫东。

【加强本部员工教育培训实施小组】 加强本部员工教育培训实施小组主要职责是负责制定本部加强员工教育培训“红树林”工程总体方案；负责督促、指导、审核各部门制订的加强员工教育培训具体计划和实施方案；负责对各部门员工教育培训实施情况进行检查、指导、跟踪、监督，向广远加强员工教育培训“红树林”工程工作小组汇报工作情况；负责总结经验、评比先进和交流推广等工作。实施小组组长姚勇、黎光葵。

【加强岸产企业员工教育培训实施小组】 加强岸产企业员工教育培训实施小组主要职责是负责制定岸产企业加强员工教育培训“红树林”工程总体方案；负责督促、指导、审核各岸产企业制定的加强员工教育培训具体计划和实施方案；负责对各岸产企业员工教育培训实施情况进行检查、指导、跟踪、监督，向广远工作小组汇报工作情况；负责总结经验、评比先进和交流推广等工作，视情编写工作简报。实施小组组长陈建钦、王玉生。

【加强紧缺和重点人才培训培养专项小组】 加强紧缺和重点人才培训培养专项小组主要职责是负责制定紧缺和重点人才培训培养方案；负责督促、指导、审核各单位对紧缺和重点人才培训培养方案的实施；负责对各单位紧缺和重点人才培训培养实施情况进行检查、指导、跟踪、监督，向广远加强员工教育培训“红树林”工程工作小组汇报工作情况；负责总结经验、评比先进和交流推广等工作。专项小组组长黎光葵。

【加强员工教育培训“红树林”工程工作小组办公室】 加强员工教育培训“红树林”工程工作小组办公室主要职责是制定广远公司“红树林”工程各阶段推进计划，指导各单位组织实施；协调督导组成员对各单位、部门和船舶开展“红树林”工程情况进行检查、督促和指导；汇总各单位、部门和船舶开展“红树林”工程情况报告，编发《广远公司加强员工教育培训“红树林”工程简报》；不定期组织各个层面的座谈会，了解广大船岸员工对“红树林”工程的意见和建议，并进行整理汇总上报，指导下一步的工作；负责组织考察各单位提出的先进船舶及个人典型，并给予指导，协助培养；指导各单位适时举办各类型观摩会、竞技比赛，展示“红树林”工程成效。

【广远风险管理委员会】 广远风险管理委员会下设战略风险管理分会、经营风险管理分会、财务风险管理分会和法律风险管理分会4个专业机构。主要职责是履行审议并提交企业全面风险管理年度工作报告，确定企业风险管理总体目标、风险偏好、风险承受度，批准风险管理策略和重大风险管理解决方案，批准重大决策的风险评估报告和审计部门提交的风险管理监督评价报告等。广远本部的风险管理委员会对广远总经理办公会负责，广远各控股子公司的风险管理委员会对各公司的董事会负责，广远本部的风险管理委员会与各控股子公司的风险管理委员会之间是管理与指导的关系，各控股子公司的风险管理委员会定期向广远本部的风险管理委员会提交各公司风险管理情况的工作汇报。委员会主任徐惠兴，成员有刘书田、傅伟、翁继强、黄继忠、马宗梅、王玉生、韩国敏、赵寿春、何伟杰、官雄、李伟（省远洋）、刘贤蒙。

【战略风险管理分会】 战略风险管理分会主要职责是对广远战略的分析与制定、评价与选择以及实施与控制。通过对政策风险、行业风险、品牌风险、制度风险、目标与计划风险等战略风险进行专业识别、评估、监控来妥善预防和处理风险所导致的损失及其后果，以获得最大安全保障的动态战略风险管理过程。分会组长需定期组织会议讨论、评价，并组织形成定期专业报告，报送至风险管理委员会。该分会组长傅伟，成员有谭力、姚勇、黎光葵、张庆华、任鑫。

【经营风险管理分会】 经营风险管理分会主要职责是紧盯市场变化、紧抓安全生产，防范市场变化给企业带来的经营损失，采取适当措施规避或消减市场风险。通过制度安排，提高生产效率和经营效益。分会组长需定期组织会议讨论、评价，并组织形成定期专业报告，报送至风险管理委员会。分会组长翁继强，成员有蔡梅江、周维民、杜俊明、陈新川、周佳忠、王玉生。

【财务风险管理分会】 财务风险管理分会主要职责是关注企业的财务制度建设和实施情况，关注企业资产质量和盈利能力的发展变化，如资产的流动性、债务的安全性、投资的安全性和回报能力、现金回收能力、利率、汇率、税率和股价变动带来的风险等。分会组长需定期组织会议讨论、评价，并组织形成定期专业报告，报送至风险管理委员会。分会组长林敬伟，成员有池新旺、邓伟荣、佟文华、张访苏、黄雁、盛开薇。

【法律风险管理分会】 法律风险管理分会主要职责是关注国内外与本企业相关的政治、法律环境、政策和制度的变化，对企业的重大投资行为、业务经营行为以及其他重要管理活动进行重点跟踪、关注，防范从项目策划、具体运作、合同签署到最终实施的各类法律风险的发生。分会组长需定期组织会议讨论、评价，并组织形成定期专业报告，报送至风险管理委员会。分会组长傅伟，成员有林旭东、周学茵、吴奕凡、朱航员、各投资控股公司法律主管。

【精益管理领导小组】 广远精益管理领导小组主要职责是负责领导、推动和部署广远“精益管理年”活动；负责审核活动的总体实施方案；负责审核和批准广远“精益管理年”实施方案、应用实施项目及活动经费预算；负责审核和批准外部顾问的使用，批准在工作小组下设立相关的精益管理应用实施专业小组；对广远“精益管理年”活动中的重大事项进行协调和决策；负责审核和批准广远“精益管理”项目的考核、评估、奖励办法和奖励决定；负责批准精益管理成果的发布和推广工作。领导小组组长徐惠兴、刘书田，副组长傅伟，成员有翁继强、黄继忠、马宗梅、林旭东、谭力、黎光葵、池新旺、蔡梅江、姚勇、朱航员、符雄、王玉生、韩国敏、赵寿春、何伟杰。

【精益管理工作小组】 广远精益管理工作小组主要职责是负责制订广远“精益管理年”活动总体实施方案，并负责活动的组织和落实工作；负责指导广远各部门、各二级单位制订“精益管理年”活动细化方案和精益管理应用实施方案，负责编制活动预算方案；负责考察并提出外部顾问选用和设立广远精益管理应用实施专业小组的建议；对广远各部门、各二级单位“精益管理年”活动的进展情况进行指导、跟踪、监督和检查，编制活动动态简报；负责制订广远“精益管理”项目的考核、评估、奖励办法等相关制度文件；负责组织对集团重大精益管理项目的验收、评估和考核工作，并根据考核结果提出年度奖励方案；负责精益管理成果的总结、汇编、上报和推广工作。工作小组组长傅伟，副组长谭力、池新旺，成员有黎光葵、王玉生、张莲芳、张庆华、章晓彤、谢小梅、钱汉东、佘松亮、李惠霞、蔡兆聪、张丛、何进伸、刘晓阳、姚辉、王雷和中远航运、中远远达、中远南方的主管负责人。

【QC成果评审小组】 QC成果评审小组主要职责是负责对广远QC成果的评审和优秀QC成果的推荐工作。小组成员主要由广远各部门从事质量管理工作三年以上、获得QC小组活动咨询或诊断师资格的QC推进员组成。发展部作为广远QC小组活动考核、评审主管部门，负责广远范围内QC小组活动的总体管理及日常注册登记、活动指导、成果收集、审阅确认、评审发表、经验交流、推荐上报、表彰奖励等工作。负责制定每年的QC培训计划，包括培训的对象、内容、要求、时间等，人力资源部/组织部负责培训的组织落实，重点对QC小组活动的骨干进行培训，获取交通部、省、市或集团的QC小组活动咨询或诊断师资格。评审小组组长谭力、副组长张庆华，成员有谢小梅、蒲逸鸣、郑再利、余肖群、黎清、邱进宗、梁恩发、刘朝贵。

【“十一五”规划编写/修订领导小组】 “十一五”规划编写/修订领导小组主要职责是全面领导规划编写工作；审定规划纲要和规划；保证工作小组必要的资源。领导小组组长徐惠兴、刘书田，副组长傅伟，成员有翁继强、黄继忠、马宗梅、韩国敏、郭京、尤扬斌、赵寿春、谭力、黎光葵、蔡梅江、王玉生、池新旺、何伟杰。

【“十一五”规划编写/修订工作小组】 “十一五”规划编写/修订工作小组在“十一五”规划编写/修订领导小组领导下开展工作，主要职责是制订详细的规划编写工作计划；根据工作计划按时提出规划纲要呈领导小组审核；根据领导小组的审核意见对纲要进行修改；规划纲要报中远集团；根据中远集团批准的纲要和时间要求，结合公司实际编写详细的规划；规划报领导小组审核；根据领导小组的审核意见对规划进行修改；将规划定稿上报中远集团。工作小组组长谭力，副组长周维民、王玉生、林耀强、张庆华，成员有航运分组周维民、林敬伟；岸产分组王玉生、郑再利；船员分组林耀强、周伟民；综合分组张庆华、任鑫；支持分组邓伟荣、阮亦欢。

【广远预算管理委员会】 广远预算管理委员会主要职责是负责制定广远总体预算管理的规定和程序；根据广远战略发展规划和经营计划提出广远年度各项预算指标；对广远各下属单位上报的年度预算进行审核并提出调整意见；指导和监督广远下属单位预算执行情况，根据经营环境的重大变化提出广远年度预算调整方案；定期向广远总经理办公会提交各单位预算编制情况分析报告和年度合并预算方案建议；制定广远预算考核管理办法，组织落实各项考核工作。委员会主任徐惠兴，副主任刘书田，成员有傅伟、翁继强、黄继忠、马宗梅、林旭东、谭力、黎光葵、池新旺、蔡梅江、韩国敏、林敬伟、林立兵。

【广远预算管理委员会预算工作组】 广远预算管理委员会预算工作组在广远预算管理委员会领导下开展工作，主要职责是负责研究并制定财务预算指标体系，确定预算编制工作流程；制定年度预算编制方法和编制要求，下达年度预算编制任务；搜集整理财务信息资料，做好财务预测工作，为财务预算提供编制依据；组织广远本部及所属企业财务预算编制工作，检查预算编制进度；汇总广远本部及所属企业的预算草案，提出审查意见，报预算委员会审核；组织和监督财务预算实施，对预算调整提出审查意见，报预算委员会审核；比较评价预算执行结果，提出考核意见；负责其他有关预算执行的策划和联络事项。预算工作组组长徐惠兴，副组长池新旺、林敬伟，成员有邓伟荣、张庆华、张访苏、佟文华、林曦、张美琴、叶苑群、郑潮藩、张丛、叶勇、徐臣涛。

【涉外突发事件应急处置工作小组】 广远涉外突发事件应急处置工作小组主要职责是负责境外发生的涉及广远员工、机构安全的突发事件的应急处置工作。工作小组组长黄继忠，副组长黎光葵、蔡梅江、尤扬斌，成员有林旭东、姚勇、赖奕光、赵寿春、陈建钦、梁伟民、温锐波。

【人口和计划生育委员会】 广远人口和计划生育委员会主要职责是负责贯彻落实国家和地方政府的计划生育政策，负责职工违反计划生育政策行为的调查处理，负责职工日常的计划生育工作，落实计划生育待遇。委员会主任刘书田，副主任黎光葵，成员有姚勇、林耀强、符雄、郑深恩、陈建钦、叶勇、陈瑞芬、林望梅。人口和计划生育委员会下设办公室，主任叶勇。

【劳动鉴定及伤残评审委员会】 广远劳动鉴定及伤残评审委员会主要职责是负责职工工伤事故的认定和工伤医疗期的核定，负责职工工伤伤残等级和职工劳动能力鉴定的初评工作。委员会主任刘书田，副主任马宗梅、黎光葵、张玉凌，成员有戴世华、郑深恩、叶勇、符雄、温锐波、邝占罗、黄旺新、陈新明、任乃星。

【工程系列中级职称评委会】 广远工程系列中级职称评委会主要职责是负责工程系列职称评审工作。评委会主任徐惠兴，成员谭力、所春阁、金宏、孟政、刁世福、梁合东、王庆来、周伟民。

【政工系列初级职称评委会】 广远政工系列初级职称评委会主要职责是负责政工系列职称评审工作。评委会主任刘书田，副主任黄继忠，成员有姚勇、朱航员、易宝森、黎光葵、陈建钦。

【教育系列初级职称评委会】 广远教育系列初级职称评委会主要职责是负责教育系列职称评审工作。评委会主任蔡志强，成员有陈德安、马志华、邓林闻、周映南、黄爱钦、吉留成、张厚如。

【高技能人才队伍建设领导小组】 广远高技能人才队伍建设领导小组主要职责是负责高技能人才队伍建设的领导工作。领导小组组长刘书田，副组长黄继忠，成员有黎光葵、尤扬斌、池新旺、谢朝东、王玉生。

【高技能人才队伍建设工作小组】 广远高技能人才队伍建设工作小组主要职责是负责高技能人才队伍建设的工作，执行政府和劳动行政部门有关规定和实施办法，保证鉴定质量。工作小组组长黄继忠，副组长黎光葵、周伟民，成员有徐鹰、郭智谋、程育昕、陈衡、江庆祥。

【技师评审委员会】 广远技师评审委员会主要职责是根据申报人提供的材料，负责对技师任职专业技能水平和任职资格的评审。下设广远技师考评办公室、专业理论实操考试组、船舶驾驶工专业评议组、船舶轮机工专业评议组、汽车维修工专业评议组。委员会主任徐惠兴，副主任翁继强，成员有尤扬斌、所春阁、尤天福、胡永华。技师考评办公室主任为徐鹰，成员有江庆祥。

【档案销毁鉴定小组】 广远档案销毁鉴定小组主要职责是负责销毁档案的鉴定工作。小组组长傅伟，副组长黎光葵，成员有张莲芳、姚勇、谭力、邓伟荣、蔡梅江、郑培贤、徐鹰、郑潮藩。

【应急领导小组】 广远应急领导小组主要职责是接受中远集团应急办公室和主管部门的领导，请示并落实指令；负责审定、批准和实施广远突发事件综合应急预案和专项应急预案；宣布应急预案的启动和终止；负责协调、指导广远下属单位突发事件应急处置行动。调动各方面的力量，提供信息和一切必要的支持；负责对政府部门报告，对外界发布信息；组织广远应急预案的演练；监督、审查应急管理工作。领导小组组长徐惠兴、刘书田，副组长翁继强，成员傅伟、黄继忠、马宗梅、蔡梅江、发生紧急或突发事件单位负责人。

【防抗台指挥协调小组】 广远防抗台指挥协调小组主要职责是按照上级部门的指示，部署广远和投资、控股航运公司及陆地单位的防抗台工作；督促、检查各投资、控股航运公司及陆地单位的防抗台工作，并落实公司有关防抗台决定；处理防抗台中各投资、控股航运公司防抗台指挥小组上报的问题；跟踪台风信息，研究台风动态，关注各投资、控股航运公司上报的受台风威胁的船舶动态；总结防抗台工作中的经验教训。指挥协调小组组长翁继强，副组长蔡梅江，成员有各航运公司防抗台工作负责人、航运部有关人员。

【节能领导小组】 广远节能领导小组主要职责是负责领导、推动和部署广远“节能减排”活动；负责审定广远“节能减排”活动总体实施方案；负责审核和批准广远“节能减排”实施方案、应用实施项目及活动经费预算；负责审核和批准外部顾问的使用，批准在工作小组下设立相关的节能减排活动专业小组；对广远“节能减排”活动中的重大事项进行协调和决策；负责审核和批准广远“节能减排”项目的考核、评估、奖励办法和奖励决定；负责批准节能减排成果的发布和推广工作。领导小组组长翁继强，副组长赖奕光、蔡梅江，成员有郭福祥、杜俊明、刘海平、曾远祥、周佳忠、梁杰。

【节能工作小组】 广远节能工作小组在广远节能领导小组领导下开展工作，主要职责是负责制订广远“节能减排”活动总体实施方案，并负责活动的组织和落实工作；负责指导广远各部门、各二级单位制订“节能减排”活动细化方案和节能减排应用实施方案，负责编制活动预算方案；对广远各部门、各二级单位“节能减排”活动的进展情况进行指导、跟踪、监督和检查，编制动态简报；负责制订广远“节能减排”项目的考核、评估、奖励办法等相关制度文件；负责组织对广远重大节能减排项目的验收、评估和考核工作，并根据考核结果提出年度奖励方案；负责节能减排成果的总结、汇编、上报和推广工作。工作小组组长赖奕光，副组长曾远祥、周维民，成员有洪颖、张卓雁、柯毅峰、雷汝成、廖伟权、何观文、汤志明、钱汉东。

【安全长效管理领导小组】 广远安全长效管理领导小组主要职责是负责推进广远安全长效管理机制的组织领导，研究推进工作的有关重大事宜，审核批准工作计划，提供必要的资源支持，定期评估工作进展情况，对中远集团领导小组负责。领导小组组长徐惠兴，副组长翁继强，成员有韩国敏、赵寿春、何伟杰、郭福祥、王玉生、蔡梅江。

【安全长效管理工作小组】 广远安全长效管理工作小组在广远安全长效管理领导小组的领导下，主要职责是负责制定广远安全长效管理机制工作计划，组织整个计划的具体实施，检查具体措施的落实情况，掌握各下属企业的推进活动进度，并给予监督指导，向领导小组汇报工作的进展，分析存在的问题，提出合理化建议，结合中远集团的要求，每年对工作进行总结，负责对外部联络相关事宜。工作小组办公室设在航安部。工作小组组长翁继强，副组长郭福祥、蔡梅江，成员有曾远祥、梁杰、刘建华、张建浩、严少波、杨合武、尤扬斌、周维民、温锐波、刘启清、任乃星、钱汉东、伍英华。

【“三学一创”领导小组】 “三学一创”领导小组主要职责是全面负责广远“学创”活动的领导工作，确定活动的组织、实施、考核、评比奖励方案。领导小组组长刘书田、徐惠兴，副组长黄继忠、傅伟、马宗梅、翁继强，成员有姚勇、林旭东、谭力、黎光葵、池新旺、蔡梅江、朱航员、符雄、赖奕光、龚艳平、顾卫东、陈建钦、章晓彤。

【精神文明建设领导小组】 广远精神文明建设领导小组主要职责是科学调动各方资源，确保企业精神文明目标的实现，为企业经营管理目标的实现提供强有力的思想保证和智力支持。具体负责：推动加强企业党的建设；加强企业思想政治教育和企业文化建设；加强企业党风廉政建设和企业内部监督工作；充分发挥工会、共青团的桥梁和纽带作用，加强企业民主管理。领导小组组长刘书田、徐惠兴，副组长黄继忠、马宗梅，成员有姚勇、黎光葵、朱航员、符雄、林耀强、龚艳平、顾卫东、陈建钦、章晓彤、王茜。

【党建思想政治工作研究会理事会】 广远党建思想政治工作研究会理事会主要职责是根据中共中央和上级的指示精神，围绕企业生产经营实际，深入开展调研和企业思想政治工作相关理论课题的研究，为企业改革发展提供有价值的理论研究成果和决策参考。2008年12月17日,广远对党建思想政治工作研究会理事会进行了调整。会长为刘书田，副会长黄继忠、马宗梅，秘书长姚勇，副秘书长章晓彤，成员有黎光葵、朱航员、符雄、赖奕光、龚艳平、顾卫东、陈建钦、王玉生、周舟、凌保平、甄伟、林耀强、王茜、王雷、梁伟文。

【企业文化建设推进委员会】 广远企业文化建设推进委员会主要职责是讨论确立广远企业文化核心价值体系；制定企业文化建设规划和实施方案，并监督、指导规划和方案的推进；组织对广远企业文化体系和建设成效进行评估。委员会主任刘书田、徐惠兴，副主任黄继忠、马宗梅、傅伟、翁继强、胡锦沛，成员有姚勇、林旭东、谭力、黎光葵、池新旺、蔡梅江、朱航员、符雄、韩国敏、赖奕光、龚艳平、赵寿春、顾卫东、何伟杰、陈建钦、王玉生、章晓彤。

【普法工作领导小组】 广远普法工作领导小组主要职责是按照中央和上级有关指示要求，制定广远普法宣传教育活动的长期规划、年度计划和实施方案；监督指导普法宣传教育的日常性工作；对活动进行检查、复核及总结，并对先进典型的申报进行审核。该领导小组组长为刘书田，副组长黄继忠、傅伟，成员有姚勇、林旭东、谭力、黎光葵、池新旺、蔡梅江、朱航员、符雄、赖奕光、龚艳平、顾卫东、陈建钦、章晓彤、周学茵。

【普法工作办公室】 广远普法工作办公室在广远普法工作领导小组领导下工作，主要职责是负责拟定、下发广远普法教育活动的规划、计划和实施方案；普法宣传教育活动的日常性工作；活动资料汇编、档案建立、制度建立、信息发布等基础性工作；先进典型发掘、推广和经验总结、活动评审等工作。该办公室主任为姚勇，副主任章晓彤、周学茵，成员有谢志达、温锐波、江海珊、蔡华建、吴奕凡、梁俊、刘志勇。

【广远本部综合考核检查组】 广远本部综合考核检查组在广远本部作风建设领导小

组领导下开展工作，主要职责对广远本部内部管理劳动纪律、安全工作、服务态度、办事效率、工作质量等进行综合考核检查，以加强和改进机关作风建设，树立机关良好形象。检查组组长傅伟，副组长姚勇、林旭东，成员有王茜、吴思、何进伸、任鑫、温锐波、佘松亮、蔡兆聪、郑潮藩。

【广远本部作风建设领导小组】 广远本部作风建设领导小组主要职责是加强广远机关作风建设，督促机关各部室及工作人员转变工作观念和作风，不断提高工作效率、质量和服务水平。领导小组组长刘书田，副组长傅伟、黄继忠、马宗梅，成员有姚勇、林旭东、黎光葵、朱航员、谭力、池新旺、蔡梅江、符雄。

【贯彻落实《建立健全教育制度监督并重的惩治和预防腐败体系实施纲要》领导小组】 贯彻落实《建立健全教育制度监督并重的惩治和预防腐败体系实施纲要》（简称《实施纲要》）领导小组主要职责是全面领导广远构建惩防腐败体系建设的工作，听取落实情况的专题汇报，研究和部署整体工作规划和阶段性的任务。领导小组组长刘书田，副组长徐惠兴、马宗梅，成员有傅伟、黄继忠、翁继强。

【贯彻落实《建立健全教育制度监督并重的惩治和预防腐败体系实施纲要》工作小组】 贯彻落实《建立健全教育制度监督并重的惩治和预防腐败体系实施钢要》工作小组在领导小组领导下开展工作，主要职责是负责组织广远贯彻落实中央《实施纲要》和中远集团《实施意见》的组织推进工作，研究具体实施办法和措施，指导、协调和督查广远下属企业抓好构建惩治和预防腐败体系的工作。该工作小组下设办公室，是工作小组的具体办事机构，负责拟定广远对中远集团《实施意见》的贯彻落实意见，制定下发《广远落实中远集团<实施意见>任务分解表》，督促检查所属单位按计划开展各项工作，收集综合各种情况，完成各种文书的起草编制工作。工作小组组长马宗梅，副组长朱航员、姚勇、黎光葵，成员有林旭东、谭力、池新旺、蔡梅江、符雄、陈建钦、赖奕光、龚艳平、顾卫东。

【治理商业贿赂领导小组】 治理商业贿赂领导小组主要职责是贯彻落实中共中央、国务院及国资委关于开展治理商业贿赂专项工作的各项方针、政策；研究部署、指导协调广远治理商业贿赂专项工作；研究处理与广远治理商业贿赂工作有关的其他重要问题。领导小组组长徐惠兴、刘书田，副组长马宗梅，成员有傅伟、翁继强、林旭东、姚勇、谭力、黎光葵、池新旺、蔡梅江、朱航员、符雄、王玉生、陈建钦、赖奕光、林耀强、龚艳平、顾卫东。领导小组办公室主任朱航员。

【党风廉政和反腐败工作检查办公室】 党风廉政和反腐败工作检查办公室主要职责是负责对广远党风廉政和反腐败工作检查的日常事务，贯彻检查领导小组的决策、部署，结合企业实际制定检查实施方案，协调、指导和督促下属企业开展自查并组织监督检查，对检查情况进行总结并向领导小组汇报。办公室主任马宗梅，副主任朱航员，成员有姚勇、郑意、谭伟、佘松亮。

【决策后评估委员会】 广远决策后评估委员会主要职责是领导广远决策后评估工作，听取落实情况的专题汇报，审阅评估报告及相关文件，研究和部署决策后评估工作任务，加强对企业决策项目的监督管理，促进决策水平的提高。委员会主任徐惠兴，副主任马宗梅，成员有林旭东、姚勇、谭力、池新旺、黎光葵、蔡梅江、朱航员、符雄、佟文华、王玉生、林耀强。

【劳动竞赛与群众性技术创新领导小组(合理化建议委员会)】 广远劳动竞赛与群众性技术创新领导小组（合理化建议委员会）主要职责是根据上级的指示，结合企业的实际，研究制定推行“创新工程”的有关指导性意见，协调和督促广远本部、基层单位和部门落实“创新工程”工作，研究解决工作中遇到的重要问题。领导小组（合理化建议委员会）组长徐惠兴、刘书田，副组长翁继强、黄继忠、马宗梅，成员有林旭东、姚勇、谭力、池新旺、黎光葵、蔡梅江、朱航员、符雄、郭福祥、王玉生、陈建钦。

【劳动竞赛与群众性技术创新活动办公室】 广远劳动竞赛与群众性技术创新活动办公室在广远劳动竞赛与群众性技术创新领导小组领导下开展工作，主要职责是贯彻落实领导小组关于推行“创新工程”的指导意见，调查研究，了解掌握推行“创新工程”的情况，及时向领导小组反馈有关信息和工作情况，做好立项评审、总结、推广、宣传和上报工作。办公室主任马宗梅，副主任符雄，成员有段腊春、王茜、蔡兆聪、王雷、江海珊、张丛、黄宜振。

【劳动争议调解委员会】 广远劳动争议调解委员会主要职责是调解广远本企业内发生的劳动争议；检查督促争议双方当事人履行协议；对职工进行劳动法律、法规的宣传教育，做好劳动争议的预防工作。委员会主任马宗梅，副主任黎光葵、符雄，成员有郑深恩、戴世华、陆启杨、周维民、蔡兆聪、周学茵、段腊春、江海珊。

【集体合同领导小组】 广远集体合同领导小组主要职责是根据《集体合同规定》及相关法律法规，指导企业做好《集体合同》的起草、修订、协调以及签订工作，监督《集体合同》条款的履行。领导小组组长黄继忠，副组长傅伟、马宗梅，成员有黎光葵、姚勇、朱航员、符雄、陈建钦。

【困难职工帮扶中心领导小组】 广远困难职工帮扶中心领导小组主要职责是根据上级的指示精神和企业实际，领导和指导困难职工帮扶工作，研究确定帮扶工作原则、指导思想和发展方向，研究制订帮扶工作总体规划和方案，审批资助对象及其发放标准，保证困难职工帮扶工作健康发展。领导小组组长马宗梅，副组长黄继忠、傅伟，成员有符雄、黎光葵、姚勇、朱航员、林耀强、池新旺、陈建钦、戴世华、谢汉波、周学茵。

【厂务公开领导小组】 广远厂务公开领导小组主要职责是制定广远实行厂务公开制度的实施意见，研究解决实施中的问题，指导协调有关部门密切配合、通力协作，认真搞好厂务公开工作。领导小组组长刘书田，副组长徐惠兴，成员有傅伟、翁继强、黄继忠、马宗梅、符雄、林旭东、黎光葵、池新旺、姚勇、朱航员、蔡梅江、谭力、郭福祥、陈建钦。

【厂务公开领导小组办公室】 广远厂务公开领导小组办公室在广远厂务公开领导小组领导下开展工作，主要职责是负责厂务公开的日常组织协调工作，加强研讨，总结经验，不断扩大厂务公开的覆盖面，努力提高工作水平，增强工作效果。办公室主任马宗梅，副主任符雄、姚勇，成员有余松亮、蔡兆聪、吴思、周学茵、王茜、段腊春、王雷、江海珊、米军喜、周益桥。

【厂务公开监督考核小组】 广远厂务公开监督考核小组在广远厂务公开领导小组领导下工作，主要职责是组织职工代表通过定期检查、民主评议等方式，监督厂务公开是否按规定的时间、内容、形式、程序进行；督促落实职代会依法作出的决议、决定；对公司提出改进工作的意见，督促公司落实整改方案；制定检查考核标准，制定必要的制约和激励措施。小组组长马宗梅，副组长朱航员，成员有黎光葵、符雄、池新旺、陈建钦、佟文华、易宝森、吕英翼、郭智谋、钟洪斌、肖连芬。

【开展“实施职工素质工程，创建学习型企业，争做知识型职工”活动领导小组】 广远开展“实施职工素质工程，创建学习型企业，争做知识型职工”活动领导小组主要职责是全面领导公司“实施职工素质工程，创建学习型企业，争做知识型职工”活动；审定活动计划和意见；保证开展活动必要的资源。活动领导小组组长马宗梅，副组长黎光葵，成员有林旭东、姚勇、池新旺、谭力、蔡梅江、朱航员、符雄、郭福祥、陈建钦。

【“实施职工素质工程，创建学习型企业，争做知识型职工”活动办公室】 “实施职工素质工程，创建学习型企业，争做知识型职工”活动办公室在广远开展“实施职工素质工程，创建学习型企业，争做知识型职工”活动领导小组领导下开展工作，主要职责是根据上级的要求和公司实际起草相关活动计划和指导意见，负责开展活动情况的收集整理和综合协调工作。活动办公室主任符雄，副主任蔡兆聪、王茜，成员有吴思、林曦、陈衡、王雷、徐鹰、江海珊、段腊春、米军喜。

【岸产企业改制领导小组】 岸产企业改制领导小组的主要职责是负责审核工作小组制订的岸产企业改制方案，指导工作小组、项目小组做好岸产企业的改制工作。领导小组组长徐惠兴、刘书田，成员有傅伟、翁继强、黄继忠、马宗梅、林立兵、谭力、池新旺、黎光葵、姚勇、符雄、佟文华、王玉生、陈建钦。

【岸产企业改制工作小组】 岸产企业改制工作小组在岸产企业改制领导小组领导下开展工作，该改制工作小组下设五个项目小组：上海广运改制实施项目小组、新利服装改制实施项目小组、金桥学院改制实施项目小组、建设实业改制实施项目小组、华南医疗改制实施项目小组。工作小组及项目小组负责研究制订改制实施方案和方案的具体组织实施。改制工作小组组长林立兵，副组长谭力、王玉生、陈建钦，成员有池新旺、黎光葵、姚勇、符雄、佟文华、邓伟荣、张庆华、张访苏、周学茵、郑意、吴思、任鑫、叶勇、林盛鹏、郑再利、江海珊、谢志达。

【信息化建设领导小组】 广远信息化建设领导小组的主要职责是加快推进广远信息化建设，提高信息化管理水平和效率。领导小组组长傅伟，副组长谭力、杨涛，成员有林旭东、姚勇、池新旺、黎光葵、蔡梅江、朱航员、符雄、王玉生、韩国敏。

【住房货币补贴制度改革领导小组】 广远住房货币补贴制度改革领导小组主要职责是负责审核企业住房货币补贴制度及实施方案，指导工作小组做好住房货币补贴制度改革。改革领导小组组长徐惠兴，副组长刘书田，成员有傅伟、翁继强、黄继忠、马宗梅、林旭东、姚勇、符雄、尤扬斌、黎光葵、池新旺、王玉生。

【住房货币补贴制度改革工作小组】 广远住房货币补贴制度改革工作小组主要职责是具体负责研究制定广远住房货币补贴制度，确定住房货币补贴方案。改革工作小组组长马宗梅，成员有姚勇、符雄、黎光葵、池新旺、陈建钦、谢汉波、戴世华、周学茵、陈衡、吴思、吴永洪、陈国留、神榕海、陶宏江、钟洪斌。

【爱国卫生委员会】 广远爱国卫生委员会主要职责是负责组织落实有关爱国卫生工作的法律、法规、规章和政策；负责企业爱国卫生工作及员工健康教育；承担爱国卫生工作职责，制定突发公共卫生事件的防范措施和应急对策。爱委会主任傅伟，副主任马宗梅、张玉凌，成员有姚勇、林旭东、符雄、邝占罗、郑潮藩。

【岸产企业“完善企业组织架构”领导小组】 岸产企业“完善企业组织架构”领导小组的职责是负责广远岸产企业“完善企业组织架构”工作的组织、领导、监督和审核工作。组长林立兵，副组长王玉生、谭力，成员有池新旺、朱航员、符雄、陈建钦、张访苏。领导小组下设4个专项小组。

【岸产企业“完善企业组织架构”专项工作小组】 岸产企业“完善企业组织架构”领导小组下设4个专项小组。

简化股权专项工作小组主要职责是负责建设实业持有物业公司和海运公司部分股权划转工作的具体实施。组长王玉生，副组长谭力、陈建钦、张访苏，成员有林曦、周学茵、郑再利、魏思怡、利惠玲、池锡锋、陈钊、林珏以及建设实业、物业公司、海运公司财务负责人和办公室主任；小组联络人陈钊。

股权收购专项工作小组主要职责是负责广远收购远洋宾馆和颐和公司持有酒店管理公司股权的具体实施。组长王玉生，副组长谭力、陈建钦、张访苏，成员有林曦、周学茵、郑再利、魏思怡、利惠玲、陈钊、林珏以及远洋宾馆财务负责人和办公室主任，小组联络人陈钊。

鸿光物业清算专项小组主要职责是负责海南鸿光物业公司清算处理工作的具体实施；组长王玉生；副组长谭力、张访苏；成员有盛开薇、林曦、周学茵、梁俊、利惠玲、林珏；小组联络人林珏。

松涛公司清算专项工作小组主要职责是负责广州松涛企业公司清算处理工作的具体实施。组长王玉生，副组长谭力、张访苏，成员有林曦、周学茵、梁俊、利惠玲、林珏及东海大厦财务负责人和办公室主任，小组联络人林珏。

【广州远洋大厦管理工作领导小组】 广州远洋大厦管理工作领导小组主要工作职责是审批广远大厦建设管理制度、监督制度，并检查、督促各项制度的执行情况；听取建设实业作为投资主体对重大事项的工作报告，听取总承包项目公开招标情况的汇报；及时掌握广远大厦建设项目的工作动态，加强对广远大厦建设项目的协调沟通，加强对广远大厦建设项目进度的督促检查。小组组长傅伟，副组长林立兵，成员有林旭东、谭力、池新旺、王玉生、陈建钦、朱航员、佟文华、郑培贤、王庆来、杨涛、任鑫、郑再利、沈仕乐、刘刚、伍剑。

【“履行全球契约，实施可持续发展战略”领导小组】 广远“履行全球契约，实施可持续发展战略”领导小组主要职责是按照中远集团的统一部署，研究并制定广远在实施“履行全球契约、实施中远集团可持续发展战略”工作时所需要的方针、政策以及资金、人员、机构等方面的工作，对工作小组提出指导意见。小组组长徐惠兴，副组长傅伟、翁继强，成员有谭力、林旭东、姚勇、朱航员、池新旺、黎光葵、符雄、杨涛、韩国敏、顾卫东、龚艳平。

【“履行全球契约，实施可持续发展战略”工作小组】 广远“履行全球契约，实施可持续发展战略”工作小组主要职责是按照领导小组的决议并参照中远集团的具体要求，研究、处理、协调和落实广远“履行全球契约，实施中远可持续发展战略”方面的各项具体工作。小组组长傅伟，副组长谭力，成员有张庆华、张莲芳、章晓彤、佟文华、邓伟荣、郑深恩、周维民、蔡兆聪、张筱玲、尤天福、王曙民、朱松崎、梁浩、韩苑君。

【“履行全球契约，实施可持续发展战略”协调办公室】 “履行全球契约，实施可持续发展战略”协调办公室的主要职责是协调、处理广远履行全球契约方面的日常工作。协调办公室设在发展部，联系人王曙民。

【工亡职工供养亲属待遇清理工作小组】 广远工亡职工供养亲属待遇清理工作小组主要职责是清理工亡职工供养亲属待遇情况，根据国家工伤保险条例核发工亡职工供养亲属抚恤待遇。小组组长刘书田，副组长马宗梅，成员有黎光葵、符雄、戴世华、段腊春、郑深恩、叶勇、杨树沛、李日宝、吴奕凡、刘志建。

【职工工伤伤残等级评审清理工作小组】 广远职工工伤伤残等级评审清理工作小组主要职责是清理广远历年来职工工伤人员，对没有进行工伤伤残等级评审人员进行评审，核发工伤一次性伤残补助金。小组组长刘书田，副组长马宗梅，成员有黎光葵、符雄、戴世华、张玉凌、郑深恩、段腊春、叶勇、任乃星、林树元、黄旺新、刘小波、吴奕凡、李日宝、杨树沛、冯培伟。

【广远劳动鉴定机构】 2008 年，按照广远《关于调整公司非常设机构的通知》，公司劳动鉴定及伤残评审委员会主任为刘书田，副主任马宗梅、黎光葵、张玉凌，成员有戴世华、郑深恩、叶勇、符雄、温锐波、邝占罗、黄旺新、陈新明、任乃星。

（杨树沛）

【广州远洋大厦监督工作领导小组】 监督工作领导小组主要工作职责是负责审定效能监察工作小组和审计监督工作小组工作报告，检查投标单位来源，协调各小组与建设实业的工作。小组组长马宗梅，副组长朱航员、陈建钦，成员有佟文华、邓伟荣、张访苏、周学茵。监督工作领导小组下设效能监察工作小组和审计监督工作小组。

【广州远洋大厦效能监察工作小组】 效能监察工作小组主要职责是负责向监督工作领导小组报告工作，具体负责监督检查广州远洋大厦工程建设中有关法律、法规、规章和企业内部制度的贯彻落实情况；监督检查参加广州远洋大厦建设人员履行职责及从事建设项目经营管理活动情况；监督检查广州远洋大厦管理制度的制订及执行情况；派出人员参加招标工作领导小组、招标工作小组和评标小组的工作会议，参与审定评标小组人员名单，监督项目招标、开标、评标、议标、定标过程；纠正和处理建设项目活动中的违规违纪行为；开展廉洁教育和安全监督等工作。工作小组组长朱航员，副组长陈建钦、郑意，成员有赵洪先、林树元、陈道胜、王申良。

【广州远洋大厦审计监督工作小组】 审计监督工作小组主要工作职责是负责向监督工作领导小组报告工作，具体负责对广州远洋大厦管理制度的制订和执行情况的审计监督；派出人员参加招标工作领导小组、招标工作小组和评标工作小组的工作会议，参与审定评标小组人员名单；组织开工前审计，包括审核招标文件，对项目招标、开标、评标、议标、定标过程实施审计监督，审核合同初稿；组织建设期间审计，进行施工现场勘察，审核主要项目工程量、主要材料采购价格和合格证书，检查重大隐蔽工程及分步、分项工程的验收签证单；向中远集团上报审计申请，配合中远集团聘请的中介机构的竣工结算审计工作；开展法律监督和财务监督等工作。工作小组组长佟文华，副组长张访苏、周学茵，成员有沈仕乐、利惠玲、林珏。

【船员管理改革后续问题处理工作小组】 船员管理改革后续问题处理工作小组主要职责是负责处理船员管理改革后劳动关系遗留问题；制订人员处理方案并组织实施。工作小组组长林耀强，副组长黎光葵、陆启扬、符雄，成员有梁伟民、易宝森、李惠霞、陈衡、林光桂、陆润洪、李锐源、方智英、段腊春、罗小光、刘志勇、刘学威、吴思、周学茵、叶苑群、黄宜振、赵卫。

【完善劳动规章制度工作小组】 完善劳动规章制度工作小组主要职责是负责清理广远的劳动规章制度，制订和修订广远的劳动规章制度，跟踪落实规章制度制订的相关法定程序。工作小组组长黎光葵，副组长周学茵、吴思，成员有章晓彤、郑意、蔡兆聪、张丛、任乃星、阮亦欢、赵卫、关锦庭、金占涛、刁海静、罗小光。

【计算机网络监督检查小组】 计算机网络监督检查小组在广远密码和保密委员会的领导下开展工作。其主要职责是负责对广远本部各部室、各航运公司、各岸产企业涉密计算机进行保密管理与监督检查；配合上级保密部门做好涉密计算机的保密检查；负责对广远上互联网、OA办公自动化网、邮件网的信息进行实时监控和保密检查；对泄密计算机信息在网上出现泄密事件进行调查，并提出处理意见；认真记录计算机网络、计算机信息检查情况，并按要求及时上报上级业务部门。检查小组组长傅伟，副组长林旭东、杨涛，成员有郑潮藩、陈维宣、杜笑洋、吴彩区、许德茂。

【社会治安综合治理工作办公室】 社会治安综合治理工作办公室是在安全保卫、维护稳定及突发事件应急处置工作领导小组和安全保卫、维护稳定及突发事件应急处置工作小组领导下开展工作。主要职责是制定社会治安综合治理具体工作计划并组织实施；完善社会治安防控体系；了解掌握广远本部各部门及公司直属单位的社会治安综合治理工作情况，总结、推广社会治安综合治理工作经验，发现、纠正存在的问题，推动社会治安综合治理工作的深入开展；督促、检查、指导广远公司治安防范措施的落实；负责广远公司防范邪教工作；具体负责社会治安综合治理突发事件的处置工作。社会治安综合治理办公室设在航安部。办公室主任黄继忠，副主任蔡梅江、姚勇，成员有林旭东、黎光葵、符雄、尤扬斌、林耀强、陈建钦、凌保平、温锐波、周佐成、王茜、郑朝藩、邱进宗。

【安全保卫及防恐工作办公室】 安全保卫及防恐工作办公室职责是按照领导小组和工作小组的整体部署，监督检查广远各单位突发事件应急处置工作机制落实情况；负责广远船舶安全保卫工作的部署、组织实施；监督、检查、指导中远航运船舶安全防范措施落实；防恐信息的收集、研判、风险评估、预警防范；广远公司重要物资、危险化学品运输的安全保卫工作；广远公司重点部位的安全保卫工作；研究制定广远员工安全保护工作的对策、措施；具体负责涉及员工安全的突发事件应急处置工作。安全保卫及防恐工作办公室设在航安部。办公室主任翁继强，副主任蔡梅江，成员有林旭东、姚勇、朱航员、谭力、黎光葵、池新旺、符雄、陈建钦、郭福祥、陈望权、曾远祥、梁杰、郑深恩、温锐波、钱汉东、邱进宗、林树元。

“安龙江”轮

第十章

2008年度先进集体、先进个人

第一节 上级表彰的先进集体、先进个人以及社会团体授予的荣誉称号

(一) 上级表彰的先进集体以及社会团体授予的荣誉称号

全国工人先锋号

“泰安口”轮

中央企业思想政治工作先进单位

广　远

全国交通行业文明单位

广　远（机关）

国家技能人才培养突出贡献奖

广　远

全国航运系统安全诚信公司

中远航运

2007年度全国交通行业青年文明号

“泰安口”轮

2007年度中国企业信息化500强

广　远

2007年全国水运系统安全优秀船舶

“西昌海”轮　“亚龙湾”轮

中央企业五四红旗团委创建单位

中远航运船员管理部团委

中央企业2007年度“爱企业、献良策、做贡献”主题活动优秀成果先进集体

广　远

中央企业抗击冰雪灾害先进基层党组织

“毓骐海”轮党支部

全国交通建设系统工会工作先进集体

广远工会

广东省工人先锋号

“泰安口”轮

广东省文明单位

“大华”轮

大连市口岸工委先进党组织

中鞍航运党总支

大连市工商局“守合同重信用”单位

中鞍航运

2007年度广东省创建学习型企业先进单位

广　远

2008年度深圳港籍航运A等级船公司

中远远达

广东经济体制改革研究会优秀会员

中远航运

2007年度广东综合纳税百强企业

中远航运

2007年度广东交通运输业纳税百强企业

中远航运

中国上市公司第四届“金圆桌奖”优秀董事会奖

中远航运董事会

2008年5月，中国证券报和清华大学企业研究中心联合推出的2007年度中国上市公司综合绩效企业

中远航运

2008年6月，由2007年度中国上市公司主板价值百强高峰会议评选的2007年度主板上市公司价值百强

中远航运

2008年6月，由中国上市公司市值管理研究中心评选的2008年度中国上市公司市值管理百佳

中远航运

2008年8月，由第三届“大众证券杯”活动评选的2007年十佳最具持续投资价值上市公司

中远航运

2008年10月，由南开大学公司治理研究中心主办的2008年度“中国公司治理指数发布与研讨会”评选的中国最佳上市公司董事会奖

中远航运

2006~2007年度广州市纳税信用等级A级纳税人

中远航运　远洋宾馆

全国质量信得过班组

远洋大厦工程部信息中心QC小组

全国交通行业质量信得过班组

远洋大厦工程部信息中心QC小组

全国交通行业优秀质量管理小组

信息中心管事帐QC小组

中远南方安全QC小组

广东中远船务工程有限公司飞跃QC小组

广东中远船务工程有限公司保障QC小组

广东省优秀质量管理小组

远洋大厦工程部信息中心QC小组

信息中心管事帐QC小组

中远南方安全QC小组

广东中远船务工程有限公司飞跃QC小组

广东中远船务工程有限公司保障QC小组

信息中心软件事业部QC小组

广州市优秀质量管理小组

远洋大厦工程部信息中心QC小组

物业公司汇富商务楼QC小组

建设实业装修QC小组

供应公司代理部QC小组

信息中心管事帐QC小组

中远南方安全QC小组

广东中远船务工程有限公司工艺QC小组

广东中远船务工程有限公司保障QC小组

中远航运管理船员管理部船员一处QC小组

信息中心软件事业部QC小组

中远航运船员管理部党委工作处QC小组

中远集团优秀质量管理小组

远洋大厦工程部信息中心QC小组

信息中心管事帐QC小组

中远南方安全QC小组

广东中远船务工程有限公司飞跃QC小组

广东中远船务工程有限公司保障QC小组

信息中心软件事业部QC小组

广东省档案管理优秀单位

档案中心

广东省固本强基创新成果奖《实行“一校一刊一网”教育模式》

广远党委

广东省直属机关机关党建创新成果“一校一刊一网”教育模式

广远党委

2008年度驻穗中央、省属单位按比例安排残疾人就业工作先进单位

广　远

广东省五四红旗团支部

“康盛口”轮团支部

广东省企业安全文化建设示范企业

广　远

广东工会困难职工帮扶中心先进单位

广远困难职工帮扶中心

2008年度广东省工会女职工组织建设工作先进集体

广远工会女职工委员会

2008年度广东省工会女职工实施“两项工程”工作先进集体

广远工会女职工委员会

2007年度广东省海员工会工会重点工作考评优秀单位

广远工会

2008年度广东省海员工会信息工作先进单位

广远工会

广东省直属机关先进基层党组织

"乐昌"轮党支部　"金沙岭"轮党支部

广东省直机关"三服务一促进"主题实践活动优质服务排头兵（窗口）

中远航运船舶管理部

广东省直机关"三服务一促进"主题实践活动和谐创建排头兵

广远党工部党支部

2005～2007年度广东省直属机关精神文明创建活动先进单位

中远远达

原船员管理公司

"白沙岭"轮

2007年度广东省直属机关青年文明号

沙园管理处保安班

"康盛口"轮

广州市百佳餐饮企业

远洋宾馆

2006～2007年度中远集团先进基层党组织

中远航运党委

中远远达党委

"康盛口"轮党支部

"洪江"轮党支部

中远集团青年文明号

"乐里"轮

远洋大厦营销部前厅部

中远航运投资发展部

远洋宾馆前台接待部

2007年度中远集团党务信息工作先进集体

广远党工部

中远集团抗击冰雪灾害先进船舶

"毓骐海"轮

2008年度《中国远洋报》优秀报道单位

广　远

中远集团青年安全生产示范岗

"安泰江"轮　"西昌海"轮

远洋大厦　信息中心

2006～2007年度中远集团"精益管理年"活动最佳应用奖

中远航运

广州市安全文明小区

沙园小区

广州市2006~2007年度安全生产先进单位

远洋宾馆

2007年度广州市越秀区武装工作标兵单位

广远武装部

2007年度广州市越秀区预防道路交通事故先进集体

广远总经办车队

建设实业

广州市越秀区建设街维稳工作优秀单位

东海大厦

广州市越秀区建设厅创建国家卫生城市先进单位

东海大厦

（二）上级表彰的先进个人

全国五一劳动奖章

肖健池

2008年航海终身贡献奖

叶龙文

全国海员（海军）家属贡献奖

徐文凤

中央企业优秀思想政治工作者

刘书田

全国优秀工会工作者

马宗梅

全国交通建设系统优秀工会工作者

马宗梅

中央企业杰出青年岗位能手

吴禄伟

广东省五一劳动奖章

刘书田　马宗梅　吴禄伟

广东省优秀党务工作者

姚　勇

广东省抗震救灾先进职工

马宗梅

大连市优秀共产党员

邱　波

2007 年度中央、省属单位按比例安排残疾人就业工作先进个人

黎光葵

2007 年度广东省创建学习型企业“十佳先进管理干部奖”

黎光葵

2008 年 6 月，由《新财富》杂志社主办的第二届新财富最佳投行暨第四届新财富金牌董秘活动评选的“金牌董秘”

薛俊东

2008 年 8 月，由第三届“大众证券杯”活动评选的 2007 投资者关系金牌董秘

薛俊东

广东省工会干部教育培训工作先进个人

符　雄

大连市“驻连先进工作者”

许明顺

大连口岸工委优秀共产党员

邱　波

2005～2007 年度广东省直属机关精神文明创建活动先进工作者

陈建钦　姜立军

广东省直机关“三服务一促进”主题实践活动优质服务排头兵（个人）

李锐源

广东省直属机关优秀共产党员

栾　英　郑培贤　过中华　王叶红

2005～2007 年度福建省交通厅直属机关优秀共产党员

赵　琛

广东省直属机关优秀党务工作者

韩建兴　唐四清

2007 年度广东省直属机关青年岗位能手

张炳锋　赵　新

广州餐饮大师

梁浩培

2008 年度中远集团劳动模范

张有志　王彦雄　黄启垣　赵寿春

黄秀文　陈　海　张赞术

2006～2007 年度中远集团优秀共产党员

申屠启伟　卞礼铿　林　津　应益君

姜立军　左大龙

2006～2007 年度中远集团优秀党务工作者

陈建钦　陈成进

中远集团青年岗位能手

周志权　刘新源　肖　丹　黄东海

冯剑群　朱东辉

广东省 QC 小组活动优秀领导者

谭　力

广东省 QC 小组活动优秀推进者

尤扬斌

广州市 QC 小组活动优秀推进者

杨　涛　谢小梅

广州市 QC 小组活动个人突出贡献奖

黎　清

广州地区酒店业服务之星

王润玲

2008 年度广东省海员工会信息工作积极分子

米军喜

2007 年度中远集团党务信息工作先进个人

曾晓平

2008 年度中远集团《中国远洋报》优秀通讯员

廖再文

2008 年度中远集团《中国远洋航务》优秀特约记者、通信员、最佳作者

吴　杰　廖再文

中远集团第二届职工文化月活动“青远杯”职工水上运动会

男子50米自由泳接力赛 第一名

谢 理 何向宁 苏鸣德 宋凌鹏

女子50米自由泳接力赛 第一名

薛 晶 朱穗娥 梁莉文 叶健萌

男女混合泳接力赛 第二名

谢 理 薛 晶 叶健萌 宋凌鹏

男子甲组50米蛙泳 第一名

何向宁

男子甲组100米蛙泳 第一名

何向宁

女子甲组50米自由泳 第一名

叶健萌

女子甲组50米蛙泳 第二名

叶健萌

男子乙组50米蛙泳 第二名

宋凌鹏

男子乙组50米自由泳 第三名

宋凌鹏

男子甲组50米自由泳 第二名

苏鸣德

男子甲组100米自由泳 第三名

苏鸣德

男子乙组100米自由泳 第三名

谢 理

中远集团第二届职工文化月活动“中远散运杯”家庭才艺大赛 优胜奖

方玉家庭 艾宝松家庭

广东省海员系统迎奥运“海员杯”羽毛球赛女子双打比赛 第三名

曾海云 张志玲

2007年度广州市越秀区预防道路交通事故先进工作者

江伟添 钟武霖 李沃华 陈荣先

黄一平 伍仲和 李业强 李海清

薛满雄

2008年度广州市越秀区保安系统安全保卫工作优秀管理者

杨国套

2008年度广州市越秀区保安系统安全保卫工作优秀保安员

张新刚

第二节 广远表彰的先进集体、先进个人

(一) 广远表彰的先进集体

2008年“四好领导班子”

中远航运

中远远达

岸产事业部

建设实业

远洋宾馆

物业公司

海运公司

供应公司

金桥学院

大富酒店

2008年先进集体

发展部

党工部

天星公司

中远南方安技部

海运公司技术工程部

供应公司代理部
物业公司房产部
远洋宾馆销售部

2006～2007年度五四红旗团委

岸产事业部团委
中远航运船员管理部团委

2006～2007年度五四红旗团（总）支部

广远本部联合支部
物业公司团总支部
通导公司团总支部
“乐鼎”轮团支部
“松山”轮团支部
“安泰江”轮团支部

2007～2008年度达标模范工会

中远航运工会
远洋宾馆工会

2007～2008年度达标先进工会

中远远达工会
供应公司工会
物业公司工会
建设实业工会

2007年度青年文明号

中远日邮
黄埔远洋酒店客房部
“富裕山”轮
“松山”轮

2007年度青年安全生产示范岗

远洋宾馆保安部
建设实业公司I1-4现场项目部
供应公司代理部仓管组
通导公司市场部
“白沙岭”轮
“黄山”轮
“天王星”轮

精益管理银河奖

中远远达

精益管理阳光奖

“大华”轮
“瑞昌海”轮
“月亮湾”轮

精益管理精益亮点项目月光奖

发展部　财金部　中远日邮
“宣城”轮　“月亮湾”轮　“白沙岭”轮

精益管理精益亮点项目星光奖

监督部/审计部　中远远达安技部
建设实业工程部　通导公司
“泰安口”轮　“大华”轮　“天王星”轮
“碧江”轮　“富文山”轮　“安泰山”轮

精益管理精益亮点项目入围奖

（1）广远本部、基层
总经办（2项）
发展部（2项）
人力资源部/组织部
财务部
党工部
中远航运总经理办公室
中远航运财务
中远航运船员部综合管理处
中远航运船员部船员三处
中远航运船员人事处
中远远达业务部
中远远达安技部（4项）
中远远达
中远南方财务部
中远南方办公室（2项）
中远南方安技部
中远南方航运部
大富酒店工程部
大富酒店财务部
金桥学院航海系
金桥学院实习工厂
金桥学院综合办

物业公司房产部

远洋宾馆销售部（3 项）

远洋宾馆房务部

通导公司（2 项）

远洋大厦工程部

建设实业办公室

建设实业服务中心

供应公司物料部

福建捷安财务部

(2) 船舶

一项：

“安东江”轮　“江浦关”轮

“富新山”轮　“江埔关”轮

“鞍　山”轮　“丰顺山”轮

“居庸关”轮　“安宁江”轮

“富康山”轮　“乐　和”轮

“安宝江”轮　“山海关”轮

“甬　江”轮　“安顺江”轮

“宝安城”轮　“德　荣”轮

“富裕山”轮　“海王星”轮

“康　耀”轮　“毓骐海”轮

“嘉荫关”轮　“富宁湾”轮

“洪　江”轮　“木兰湾”轮

二项：

“永　盛”轮　“乐　昌”轮　“乐　从”轮

“乐　里”轮　“白沙岭”轮　“西昌海”轮

“安达江”轮　“大鹏湾”轮

三项：

“桃　江”轮　“乐　同”轮　“天王星”轮

“常发口”轮　“黄　云”轮　“大　华”轮

“金达岭”轮　“瑞昌海”轮

“月亮湾”轮

（二）广远表彰的先进个人

先进生产（工作）者：

宫向和　陆伟荣　封桂生　黄映鸿

李宗运　林煌章　赵兴俊　张有志

陈德华　范　华　卞礼铿　张　彤

林少辉　王文忠　高塔山　陈楷民

孙锡波　陈旭强　蔡连财　黄　平

涂逢安　邱元德　吴绍全　梁汝田

林丰收　吴少从　汤益康　徐征荣

于顺明　谢文瑞　林为元　王海明

刘景生　黄贤生　何善清　张赞术

黄旭初　赵栋生　胡学伟　施跃进

马红兵　李力求　杨振华　胡艳雄

钱学峰　张双才　邱　峰　叶谋海

游启清　陈俊峰　彭超华　张日晖

杨智辉　孙玉孟　沈鸿和　过海燕

时　鑫　许木钦　周海葵　何少杰

李可生　黄　宗　陈启仁　温利民

张金友　杨伟光　刘金河　林振胜

叶家艳　林烁新　何景春　王爱中

王定涛　洪东华　刁　洋　陈计高

周仪章　李细顺　田　波　郑景清

李海涛　彭斯州　王兴绍　刘华贤

郑木辉　林敏凤　李　浩　陈耀鑫

李苏民　林淡平　鲍金辉　杨华勇

马康泽　董国方　邓　卓　严伟城

李　凯　李海民　张志锐　张一民

曾广军　安德明　黄玉鑫　钱才荣

毕重生　曹立强　张劲光　黄和兴

王焰军　韦理龙　王德超　张石辉

吴　荣　符振雄　朱国辉　刘　哲

李　镇　唐　波　余长春　李传军

刘桂凌　吴剑锋　容计纯　刁世勇

蔡纪生　杨云华　林立兵　林旭东

张庆华　郑潮藩　谢小梅　徐　鹰

林耀荣　张美琴　钱汉东　谢志达

吴学东　黄宜振　何旭健　张朝辉

陈　钊　许耀启　杜俊明　邱　波

郑培贤　施金安　杨育纯　马伟强

苏嘉成　高保东　陈　海　侯国平

何进伸　陶燕琼　严剑锋　方伟宣
陈奕良　孙毓穗　谢福星　关　雯
王孜孜　唐敦胜　姜二连　李国才
黄冬海　赵国祥　李俊斌　区海鹏
劳建平　伍慧丹　张国伟　张伟新
任紫侠　左大龙　黄卫平　李育兰
黄福遵　林新武　陈学江　罗健发
邓　玲　李　纯　郭立新　夏　丹

2006～2007 年度优秀共青团干部

张竹玲　谢志达　徐　磊　徐嘉骝
李一川　朱　红　黄志云　吴卫锋
吴帼眉　刘新源　林晓青　赵　新
吕　琎　任伍小　徐　高

2006～2007 年度优秀共青团员

王粤宁　李　漫　陈奕鹏　林志鹏
刘振坤　林晓孟　付敏娜　王　京
张　余　朱星炜　朱　虎　李　翼
周红振

2007 年度青年岗位能手

张维伟　叶苑群　梁　俊　杜笑洋
林　珏　李　翼　付文强　吕　琎
吴禄伟　徐　高　杨俊昊　罗贵泽
李　雨　莫非梁　李俊斌　黄其祥
刘　利　陈　伟　曾艳萍　陈　琳
曾立毅　陈学江　林志鹏　何进伸
林斐馨　彭淑斌　肖　丹　赵　新
苏小林　吴卫锋　李敏静　刘传福
张　余

精益管理精益亮点项目入围奖（个人）

韩列艺　陈　广　何向宁　王焕清
陶雁施等（2 项）
王俊江　邓　玲　梁凤莲（2 项）
刘贤蒙　池新旺　蔡蛋家　陈小华等

附录：各单位全称及简称对照表

全　称	简　称
中国远洋运输（集团）总公司　中远集团	中远（集团）总公司
广州远洋运输公司	广远
广远公司总经理办公室	总经办
党委工作部	党工部
人力资源部 / 组织部	人力资源部 / 组织部
劳动保险统筹中心	保险中心
离退休服务中心	离退休中心
档案管理中心	档案中心
信息技术中心	信息中心
广州远洋电脑系统公司	电脑公司
财金结算部	财金部
航运管理与安全监督部	航安部
发展战略与投资运营部	发展部
监督部 / 审计部	监督部 / 审计部
工会	工会
岸产事业部	岸产事业部
中远航运股份有限公司	中远航运
中远远达航运有限公司	中远远达
中远南方沥青运输有限公司	中远南方
福建捷安船务有限公司	福建捷安
天星船务有限公司	天星公司
广东省远洋运输有限公司	省远洋
中远鞍钢航运有限责任公司	中鞍航运
中远营港航运有限责任公司	中远营港
广州越洋船务有限公司	越洋船务
广州远洋建设实业公司	建设实业
广州远洋物业管理有限公司	物业公司
广州远洋通信导航有限公司	通导公司
广州远洋宾馆有限公司	远洋宾馆
广州天河远洋大厦有限公司	远洋大厦
广州远洋大富酒店有限公司	大富酒店
东海大厦	东海大厦

（续上表）

全　称	简　称
广州经济技术开发区广远海运服务有限公司	海运公司
广州远洋船舶物资供应有限公司	供应公司
广州金桥管理干部学院	金桥学院
广州华南医疗用品有限公司	华南医疗
佛山市南海海洋包装材料厂	海洋厂
埃尔夫润滑油（广州）有限公司	广州埃尔夫
广州中远船务工程有限公司	广州中远船务
中远（香港）集团有限公司	中远（香港）集团
中远（香港）航运有限公司	香港航运
中远集装箱运输有限公司	中远集运
中远散货运输有限公司	中远散运
上海远洋运输公司	上远
青岛远洋运输公司	青远
深圳远洋运输公司	深远
大连远洋运输公司	大远
厦门远洋运输公司	厦远
华南中远国际货运有限公司	华南中货
广州中远国际货运有限公司	广州中货
广州外轮代理公司	广州外代
广州中远物流有限公司	广州中远物流
广州中远国际航空货运代理有限公司	广州中空
中远航运（香港）投资发展有限公司	中远航运香港公司
天津中远航运子公司	天津中远航运
上海中远航运子公司	上海中远航运

图书在版编目（CIP）数据

广州远洋运输公司年鉴. 2008 /《广州远洋运输公司年鉴》编纂委员会编. —广州：广东人民出版社，2009. 12
ISBN 978-7-218-06619-6

Ⅰ. ①广…　Ⅱ. ①广…　Ⅲ. ①远洋运输-运输企业-广州市-2008-年鉴　Ⅳ. ①F552.61-54

中国版本图书馆 CIP 数据核字（2010）第 002463 号

责任编辑	肖风华
封面设计	崔思明
责任技编	黎碧霞
出版发行	广东人民出版社
印　　刷	广州市穗彩彩印厂
开　　本	787 毫米 × 1092 毫米　1/16
印　　张	26.5
插　　页	20
字　　数	600 千
版　　次	2009 年 12 月第 1 版　2009 年 12 月第 1 次印刷
书　　号	ISBN 7-218-06619-6
定　　价	138.00 元

如果发现印装质量问题，影响阅读，请与出版社（020-83795749）联系调换。
【出版社网址：http://www.gdpph.com　电子邮箱：sales@gdpph.com
图书营销中心：020-83781020　83790804　83790667　83780104（分销）】